新版
社会経済システムの制度分析
マルクスとケインズを超えて

植村博恭
磯谷明徳　著
海老塚明

名古屋大学出版会

改訂新版へのまえがき

　本書は,『社会経済システムの制度分析——マルクスとケインズを超えて』の改訂新版である。旧版が出版されたのが，1998年であるから，8年あまりの歳月が流れている。すでにわれわれ3人も，大学院で指導していただいたころの高須賀義博先生と同じ年齢になっている。当時円熟期を迎えていらっしゃった高須賀先生のように体系的な経済学を構築するにはほど遠いが，しかし，この9年間，われわれも一歩一歩地道な努力を続けてきた。旧版を読んでくださった方々からいただいたコメントにお応えするように，新版ではできる限りの改善を行っている。

　この8年間の間に生じた出来事の中で大きなことの1つは，経済学の理論分野で「制度と進化の経済学」がめざましい発展を遂げたことであろう。とくに日本においては，1997年に進化経済学会が設立され，それ以後様々な隣接分野を巻き込んで，大きく発展してきた。そして，八木紀一郎氏や有賀裕二氏の編集のもと，学会の英文機関誌 *Evolutionary and Institutionary Economics Review* が定期的に刊行されており，また進化経済学会全体の共同作業として編集された『進化経済学ハンドブック』(2006年) も出版された。われわれの『社会経済システムの制度分析』は，その副題「マルクスとケインズを超えて」に端的に示されているように，制度分析の理論書ではあっても，進化経済学とは，多少異なった理論的地点から出発したものである。しかし，われわれの「社会経済システムの制度分析」も，当初の「マクロ・ダイナミックな制度分析」という枠組みを維持しつつ，進化経済学の発展に共鳴して理論的な研究作業を進めている。われわれが提起してきた「制度論的ミクロ・マクロ・ループ」や「調整の重層性」は，わが国における進化経済学の理論的発展の一翼を担うことができ，その中で，塩沢由典氏と大変有意義な討論をさせていただいたことは，われわれにとってなによりの知的財産となっている。本改訂新版では，塩沢氏の理論的アドバイスをまだ十分に活かしきっていない面があり，今後の様々な機会に引き続き応えていきたいと考えている。

この8年間，海外の友人と引き続き研究交流を発展させることができたことも，われわれの研究の大きな助けとなっている。まずなによりも，レギュラシオン理論のR. ボワイエ，P. プチ，B. コリアとの共同研究である。その成果は，ボワイエと山田鋭夫氏の編集によって *Japanese Capitalism in Crisis*, Routledge, 2000 として出版されている。また，同じくフランスのJ. カルトゥリエからは，海老塚を中心に引き続き理論的アドバイスをいただいている。イギリスのG. ホジソンやB. ローソンも来日し，実りある討論を発展させることができた。さらに，著者のうち，磯谷と植村がその著書 *Microeconomics : Behavior, Institutions and Evolution*, Princeton University Press, 2004 を翻訳している関係で，2006年春の第10回進化経済学会北海道大会に際して訪日したS. ボウルズからは，新たに発展しつつある「進化的社会科学」の最前線を教えていただくことができた。同様に，海老塚がP. Batifourier, (ed.), *Théorie des conventions*, Economica, 2001 およびF. Eymard-Duvernay, *Économie politique de l'entreprise*, La Découverte, 2004 の翻訳に携わったことから，フランスのコンヴァンシオン派との知的・人的交流も始まろうとしている。

　われわれがこれまで学んできたこれら外国の研究者の多くは，「マルクス・ルネッサンス」（高須賀）の世代，あるいはいわゆる「68年世代」と呼ぶことのできる人たちである。いま，これらの研究者は，徐々に現役を退きつつある。時間の不可逆性には抗しがたい。果たして，これらの世代から，次世代は何を継承し発展させていくことができるのだろうか。このことは，日本においても，同様に重要な課題であるように思われる。われわれの『社会経済システムの制度分析』の改訂新版が，時代的経験と学問的成果の継承のための一助になれば，望外の喜びである。

　改訂新版の出版にあたって，なによりも名古屋大学出版会の橘宗吾氏と神舘健司氏には，心からの感謝を申し上げたい。数年前に改訂版の企画を快く受け入れていただいて以来，遅々として進まなかった改訂作業を，激励を重ねつつ辛抱強く待っていただいた。いまようやく出版の日を迎えることができたことに，心からのお礼を申し上げたいと思う。

　2007年夏

海老塚明・磯谷明徳・植村博恭

はじめに

　20世紀とは，思想的に，そして政治的かつ経済的にも，資本主義と社会主義との対峙の世紀であったと言うことができよう。しかしながら，その一方の主役である社会主義は，世紀末を目前にして，その生命力を枯渇させてしまった。世紀の一大実験であった社会主義の社会経済システムは破綻をきたし，それらの実験が行われた国々の大部分は，その道筋が，きわめて不安定であるとはいえ，現在「市場化」の途上にある。かくして，20世紀が資本主義対社会主義の世紀であったことに対比すれば，来たるべき21世紀は，当面「資本主義対資本主義」の時代となるであろう。

　このようななかで，いま，「制度の経済学」が大きな関心を集める学問分野となってきている。「制度の経済学」においてとくに重要な論点は，資本主義と呼ばれている経済システムは，「市場」が全面化したシステムではなく，様々な「制度」が埋め込まれ，そのことが「資本主義の多様性」を生み出しているという点にある。アメリカ，日本，さらにはヨーロッパは，なぜ異なった雇用システムや金融システムを持っているのか。それらの制度的編成は，それぞれの国の経済パフォーマンスにどのような影響を与えているのか。経済システムの変容，制度の変化はどのように生じるのか。これらが，「制度の経済学」が直面している課題である。

　現在，いくつかの研究グループがこれらの課題に挑戦しており，一定の成果を上げつつある。そのうち，注目すべきものの1つは，スタンフォード大学を中心とした「比較制度分析（CIA：Comparative Institutional Analysis）」であり，もう1つは，ヨーロッパ，とくにフランスを中心に展開されている「レギュラシオン・アプローチ（Régulation Approach）」であろう。その他，「進化経済学（Evolutionary Economics）」の様々な学派も興味深い成果を生み出しつつある。これから四半世紀は，「制度の経済学」あるいは「比較経済システム」分析の時代になる可能性が高い。

　しかし，現実の経済世界では，資本主義経済の「多様性」を重視するこのよう

な学問的動向とは別の思潮が世を覆っている。それが，IMFの構造調整政策に代表される「市場主義」とでも呼ぶべき考え方であり，規制緩和論に見られる昨今の日本の「改革」論もまた，その延長線上にある。経済のグローバリゼーションのもとで高い経済パフォーマンスを得るためには，市場の活力を最大限利用する必要があり，その利用を可能にする条件とは，市場の十全なワーキングを阻害する制度的要因の除去である，と「改革」論者は唱える。このような主張の基調をなしているのが，各国経済の単一な経済システムへの「収斂」論である。一方における「多様性」論と他方における「収斂」論が拮抗する，このような状況下では，各国の制度の違いを列挙し，それをもって「多様性」の証明とするわけには行かない。問われているのは，当面考えることのできる唯一の経済システムである資本主義と制度との関係である。換言すれば，「資本主義とは何か」が原理的に問いなおされなければならないと言えよう。そのことによって，「制度の経済学」もその理論的足場を確保することができるであろう。このような問題意識こそが，本書を生み出した原動力である。

　「社会経済システムの制度分析」と題された本書は，教科書の形式をとっているが，われわれが考える新しい「制度の経済学」のトルソでもある。ここで，あえて「社会経済システム」という言葉を使用するのは，「制度の経済学」は経済システム内部の分析だけでは完結しえないし，また，完結させようとしてはならないと考えるからである。そこでは，家族関係，地域コミュニティ，教育制度，社会福祉制度，国家などの社会システムを構成する諸要素が不可欠の考察対象とならざるをえないのである。そして，何よりも市場システムを成りたたせている中心，「貨幣」という存在が，まさに社会的，制度的な意味を持っている点を認識することから出発する必要があると，われわれが考えているからでもある。もちろん，本書で主題的に検討されているのは，もっぱら経済の領域に限られ，社会システムの領域に属する対象の多くは論じられないままとなっている。その主要な理由の1つは，これらの領域の全面的な検討は，多くの研究者との共同作業を必要とするという点にある。われわれが本書で提示しようとするのは，あくまでもそのような共同研究を可能とする枠組みである。あるいは，社会経済システムの全体を見渡し，そのメカニズムを理解することを可能にしてくれるようなヴィジョンであるといってもよい。

　これまで，「制度の経済学」というと，しばしばミクロ・スタティックな次元

に留まり，新古典派的な「応用ミクロ経済学」の1分野として受け取られてきた。しかしながら，本書は，このようなものとはいくぶん違ったものとなっている。本書で目指されているのは，貨幣的側面と社会制度的側面とをともに視野に納めつつ，歴史的時間，不可逆的時間のなかで進行する過程を分析するマクロ・ダイナミックな「制度の経済学」である。この点で，われわれの出発点は，やはりマルクスとケインズである。われわれは，マルクスやケインズに執拗に立ち戻りつつ，かれらが提示したパラダイムが21世紀において有している可能性と限界を確かめ，そのうえで「マルクスとケインズを超えて」進んでいこうと考えている。そのための1つのよりどころとして，われわれは，M. カレツキに多くを学んでいる。かれは，いかに両者を媒介し，どのように乗りこえたらいいかという点に関して深い示唆を与えてくれるからである。また，「貨幣」，「労働」，「制度」をキーワードとしつつ本書を展開しているのも，以上のような意図によるものである。

このようなわれわれの「社会経済システムの制度分析」の基本視角は，以下のようなものである。第1に，資本主義は，市場システム・資本循環と賃労働関係との二層構造によって成り立つシステムとして把握されるべきであると考えている。とくに，市場システムは，貨幣という制度によりその基礎を与えられている点，また，「賃労働関係」は生活領域と結びつき社会システムの様々な要素と接合している点が，資本主義把握にとって重要であると思われる。第2に，様々な制度が資本主義には埋め込まれており，それら諸制度の間の「構造的両立性」によって，資本蓄積のダイナミクスが規定される，とわれわれは認識している。その際，とくに市場的調整と制度的調整との複合的で重層的な連関を重視している。この連関のあり方が，様々な資本蓄積のレジームを規定しているのである。第3に，本書では，「制度」に媒介されたミクロ的主体の意識や行動とマクロ・ダイナミクスとの円環的規定関係に注目し，これを分析するための枠組みとして制度論的「ミクロ・マクロ・ループ」論を提示した。以上の諸点が，「制度経済学」を発展させる上で，1つの考え方を示すものとなれば幸いである。しかしながら，われわれはまた，多くの理論問題に関して未熟な点を免れていないことも自覚している。読者諸兄の忌憚のないご批判をいただければと思う。

われわれ3名は，一橋大学大学院経済学研究科在籍時代，ほぼ同時期に故・高

須賀義博先生に指導していただいたという経験を共有している。当時，先生は，インフレーション論，独占資本主義論から，価値の価格への転化問題，産業循環論といった，より原論的なトピックスへとその探究の対象領域を移し始めていたように思われる。従来の教条的なマルクス理解を批判され，経済理論が対象とする世界を，産業循環によって集約される競争論の世界と，価値・生産価格体系によって描かれる構造論の世界とに峻別したうえで，前者から後者への移行を可能にする条件を明らかにすることを通じて，両世界を結びつけるという構想，いわゆる「下降の経済学」の構想を固められたのが，80年代前半のこの時期ではなかっただろうか。それは，経済理論の対象となる全領域をカバーしうる壮大な高須賀経済原論の試みであった。しかし，その試みは，遂に完成することはなかったように思われる。後に残されたのは，教科書の体裁をとった『鉄と小麦の資本主義』（世界書院）というスケッチだけである。この本は，先生が亡くなられた1991年に出版されている。そして，それから7年後，われわれもまた教科書の体裁をとった小著を書くに至った。

　われわれは，現在，マルクス価値論の理論的有効性を根本的に疑問視している。したがって，高須賀「原論」の構想をそのまま受け継ぐことができないことは自明である。しかし，諸主体の行為論と，それを支える社会的文脈との関係をいかにつけるかという問いは，今なおわれわれの宿題となっている。制度論的「ミクロ・マクロ・ループ」論は，このようなプロブレマティークの存在なしには生まれて来なかったであろう。それだけではない。『鉄と小麦の資本主義』の末尾で展開されている「経済人」と「社会人」についての議論もまた，われわれが「制度の経済学」を構想する際の出発点となっている。さらに言えば，教条から自由な立場で，経済学の対象を原理的に掘り下げようとする姿勢そのものも継承しているつもりである。その意味では，本書は，かつて先生に指導していただいた者たちの，今は亡き先生への研究報告書である。ご存命であれば，あの人なつっこい笑顔を浮かべながら，かつてのような辛辣な批判をされるであろう。その場面を想像することが，ご存命中と同様に，われわれに次のステップを踏み出す勇気を与えてくれる。

　なお，先にも触れたように，本書は，高須賀ゼミナールに属した3名の共著である。高須賀先生は，院生がご自分と同じテーマを専攻することを拒否された。今から思えば，自らの研究テーマは，与えられるものではなく，自分自身で探す

ものだということを教えられていたのだと思う。と同時に，それは，学問の世界において徒党を組むことは厳に慎まなければならないという，われわれへの遺言ともなっている。われわれ3名もまた，長年の付き合いの中で多くの共通する体験を持つものの，それぞれに別個の研究テーマを追いかけてきた。したがって，専門とする領域も，思考の枠組みも大いに異なっている。それゆえ，本書は，それぞれが各章を分担し，責任をもって書きあげるという形をとっている。しかし，3名の間に戦略的な妥協による協力関係が成り立たない限り，この共同作業は完成しなかったであろう。作業の過程では，3名による徹底した討論もあった。そして，その際に大いに役だったのが電子メールである。本書にもし一貫した論理とメッセージがあると判断していただけるならば，それはわれわれ3名の研究領域の間に「構造的両立性」が成立したからだけでなく，電子メールという便利な媒体の賜物だと言うべきかもしれない。

　ちなみに，本書の執筆分担は，以下の通りである。序章：海老塚，第1章：海老塚，第2章：植村，第3章：磯谷，第4章：植村，第5章：磯谷，第6章第1・2節：植村，第6章3節：磯谷・植村。ただし，執筆者3名で討論を繰り返し，できるだけ全体の統一性を確立するように努めたつもりである。

　なお，本書がなるに当たっては，多くの方々のご助力を賜っている。パリ第10大学のジャン・カルトゥリエ（Jean Cartelier）教授については，その著作から多くを学んだだけではない。本書執筆者の一人である海老塚が1994年から1995年にかけて，教授のもとで在外研究生活を送らせていただいている。ちなみに，本書のような書物を書こうと，われわれが決意したのもこの時期のことである。それ以来，われわれ3名の渡仏，および2度にわたるカルトゥリエ教授の大阪市立大学経済学部客員教授としての滞日を通して，アドバイザー役を果たしていただいた。教授の深い学識を十分に活かしきれなかったことが悔やまれる。同時に，本書の構想は，1988年から1997年にかけて高須賀先生，都留康氏，山田鋭夫氏を代表とし，「文部省科学研究費補助金総合研究（A）」の研究助成のもとで行われた現代資本主義分析・日本資本主義分析に関する4つの共同研究プロジェクトにおける議論のなかではぐくまれたものである。ある意味で，本書はこれらの現状分析を1つの出発点とする「下降の旅」から生まれたものともいえる。これらの共同研究プロジェクトの代表者諸氏とメンバーの方々，さらには研究会の報告者の方々には心から感謝したい。報告者のなかには，R. ボワイエ

(R. Boyer), P. プチ (P. Petit), J. レビッツアー (J. Rebitzer), R. ローソン (R. Rowthorn), J. ショアー (J. Schor) など海外の第一線の研究者がいたことが, いま懐かしく想い出される.

さらに, 高須賀ゼミナール出身者, とくに由井敏範（久留米大学）, 都留康（一橋大学）の両氏には, 折にふれて, 様々なアドバイスをいただいた. とりわけ都留康氏には, 本書の構想についての検討会を開いていただいただけではなく, われわれ執筆者間の共同討論の場を提供していただいた. 同じく高須賀ゼミナール出身の鍋島直樹氏（富山大学）には, 金融システムの分析を中心に全体についての丁寧なコメントを頂いている. さらに, 片岡浩二（横浜国立大学）, 池田毅（九州大学）, 原田裕治（名古屋大学：日本学術振興会特別研究員）, 小湊卓夫（名古屋大学大学院）の諸氏には, 全体あるいは一部を読んでもらい, 有益なコメントをいただいた. また, すべてを挙げることはできないが, 3名それぞれが個別に参加している研究会――企業理論研究会, ポスト・ケインズ派研究会, 進化経済学会の各部会など――のメンバーの方々, そして海外の研究者仲間・友人たちとの議論も, 本書の各章の執筆に際し少なからず役立たせていただいた. もちろん, 執筆者が所属している名古屋大学経済学部, 九州大学経済学部, 大阪市立大学経済学部――特に大阪市立大学経済学部「政治経済学を考える研究会」（塩沢由典, 正木八郎, 白銀久紀, 大島真理夫, 脇村孝平, 福原宏幸, 中村健吾）――の同僚の方々には, 常日頃より討論相手となっていただいている.

以上, 記して, われわれの心よりの感謝の意を表したい.

末尾になってしまったが, 本書の企画の主旨に賛同して下さり, 最初に引き受けていただいた後藤郁夫氏は, 挫けそうになるわれわれをねばり強く支えていただいた. 当初, 氏がいなければ, 本書がこのようなかたちで日の目を見ることはできなかったであろう. また, 同じく名古屋大学出版会の橘宗吾, 村井美恵子の両氏には, 一向に捗らないわれわれの作業を辛抱強く待っていただき, ようやく無事に本にしていただくことができた. この場をかりて, 心よりお礼を申し上げる次第である.

1998年炎暑

海老塚明・磯谷明徳・植村博恭

目　　次

改訂新版へのまえがき　i
はじめに　iii
本書で使用されている主要な記号　xiv

序章　社会経済システムへの制度論的アプローチ……………………1

1　マルクスとケインズを超えて　*1*
(1) 21世紀のマルクスとケインズ
　　──なぜ，マルクスとケインズなのか？　*1*
(2) マルクスとケインズの遺産　*8*
(3) 社会経済システムの制度分析に向けて──貨幣と「賃労働関係」　*12*

2　制度分析の基礎概念　*14*
(1) 「制度の経済学」の現在と制度論の構想　*14*
(2) 「制度」をどのように理解するか　*19*
(3) 制度分析への接合論的アプローチ　*26*

3　社会経済システムのなかの資本主義と本書の構成　*28*

コラム　「制度の経済学」の諸潮流　*33*

第1章　貨幣・市場・資本主義 …………………………………………37

1　貨幣と市場　*38*
(1) マルクス理論における貨幣と市場　*38*
(2) 貨幣の存在論　*43*
(3) 若干のインプリケーション　*46*
(4) 貨幣の資本への転化　*47*

2　市場システム　*49*
(1) 制度としての「貨幣」と「市場」　*49*
(2) 市場メカニズムの貨幣論的解釈　*53*

(3) 市場システムの制度論的解釈　56
　3　資本主義システム——市場・賃金関係・賃労働関係　59
　　(1) 「利潤」と「資本主義システム」——マルクスの問題提起　59
　　(2) 「貨幣的従属」と「賃金関係」　61
　　(3) 「利潤の源泉」論と「賃労働関係」　63
　コラム　Circulation Approaches　66

第2章　資本循環と貨幣的生産理論　68

　1　貨幣システムと資本循環　69
　　(1) フローとしての貨幣とストックとしての貨幣　69
　　(2) 資本循環　70
　　(3) 資本価値の減価と増価　72
　　(4) 資本循環と経済制度　75
　2　ケインズの「企業家経済」と有効需要論の貨幣的基礎　79
　　(1) 企業家経済と共同経済——ケインズとマルクスの一接点　79
　　(2) 有効需要の原理と貨幣的生産理論　80
　　(3) 「貨幣数量説」批判　85
　3　信用創造と所得形成　86
　　(1) 貨幣循環と信用創造　86
　　(2) 所得形成と「費用の二重性」　90
　　(3) 企業と労働者の貨幣的非対称性　92
　4　信用貨幣と現代金融システム　93
　　(1) 資本循環と金融システム　93
　　(2) 内生的貨幣供給と金融システム　95
　　(3) 利子率の決定と「流動性選好論」　97
　　(4) ミンスキーの金融不安定性仮説　102
　　(5) 金融システムの制度的多様性と不安定性　105
　補論　現代金融政策の制度分析　107
　コラム　ポスト・ケインジアンの理論的課題　112

第3章　企業組織と雇用システム　114

　1　労働力の「商品化」と「賃労働関係」　114
　　(1) 労働力「商品」の特殊性　114

(2)　「賃労働関係」——ミクロとマクロをつなぐ媒介概念　*116*
　　(3)　「賃労働関係」と消費——社会経済的な含意　*118*
　2　労働市場と賃金構造　*120*
　　(1)　2つの労働市場像　*120*
　　(2)　労働市場の不完全性　*125*
　　(3)　内部労働市場と労働市場の分断化　*126*
　　(4)　賃金と雇用　*130*
　　(5)　雇用システムの多様性　*135*
　3　企業組織の制度分析　*141*
　　(1)　企業の本質——その多面性　*141*
　　(2)　企業組織への契約論アプローチ　*144*
　　(3)　企業組織への能力論アプローチ　*148*
　　(4)　企業組織への2つのアプローチに関する要約　*152*
　　(5)　株式会社制度とコーポレート・ガバナンス　*152*
　4　ビッグ・ビジネスの体制と寡占企業の理論　*161*
　　(1)　株式会社時代の経済学と「マーシャルのディレンマ」　*162*
　　(2)　不完全競争の理論　*163*
　　(3)　寡占的市場構造の成立と価格決定　*167*
　　(4)　寡占的産業組織，企業成長，そして投資　*172*
　補論　日本企業のコーポレート・ガバナンス改革の行方を考える　*179*
　コラム　「企業の経済学」前史
　　　　——「点」としての企業から「組織」としての企業へ——　*188*

第4章　資本蓄積の理論　……………………………………………*191*

　1　動態的調整の制度分析　*192*
　　(1)　市場的調整と制度的調整の重層的連関　*192*
　　(2)　「賃労働関係」の制度化による「調整」とその構造効果　*207*
　　(3)　制度の補完性と調整の構造的両立性　*213*
　2　資本蓄積モデル（構造的カレツキ＝カルドア・モデル）　*217*
　　(1)　利潤率の決定要因と稼働率—利潤率関係　*217*
　　(2)　設備投資の決定　*222*
　　(3)　労働生産性上昇の重層的規定要因
　　　　——労働保蔵効果，産業予備軍効果，カルドア＝ヴェルドーン法則　*224*

(4)　貨幣賃金率の決定要因と実質賃金の変動　*227*
　　(5)　基本モデルの方程式体系　*229*
　3　資本蓄積の動態——資本蓄積のレジームアプローチ　*231*
　　(1)　資本蓄積と所得分配　*231*
　　(2)　資本蓄積レジームの多様性と比較成長体制分析　*241*
　　(3)　諸制度の「構造的両立性」と累積的因果連関　*247*
　　(4)　景気循環の諸要因と諸類型　*250*
　4　戦後資本主義の「黄金時代」とマクロ経済構造　*253*
　　(1)　戦後資本主義の制度的特徴と利潤率の長期的変動　*253*
　　(2)　「黄金時代」の成長パターン　*256*
　　(3)　「黄金時代」の行きづまり　*260*
　5　失業とインフレーション　*261*
　　(1)　ケインズ型失業とマルクス型失業　*261*
　　(2)　インフレーション　*263*
　　(3)　スタグフレーションとコンフリクト理論　*265*
　　(4)　マクロ経済変動が経済主体の期待や行動へ与える影響
　　　　——「制度論的ミクロ・マクロ・ループ」再論　*270*

　補論　景気循環と成長の基礎理論　*272*
　コラム　レギュラシオン理論とSSA理論　*285*

第5章　所得分配と社会的再生産　……………………………*287*

　1　剰余アプローチと再生産　*288*
　　(1)　2つの経済把握　*288*
　　(2)　投入産出表　*289*
　　(3)　ケネー・マルクス・スラッファ——再生産論の系譜　*292*
　　(4)　「剰余アプローチ」の制度論的解釈　*299*
　2　所得分配論の基礎　*302*
　　(1)　限界生産力説 vs. 労働価値説　*302*
　　(2)　マルクスの所得分配モデル　*307*
　　(3)　ポスト・ケインジアン（ネオ・ケインジアン）の所得分配モデル　*308*
　　(4)　3つの所得分配モデルに関する総括　*312*
　3　市場・所有・分配　*316*
　　(1)　市場経済と所有制度　*316*

(2)　所有と権力　*320*

　補論　分配の公正・平等化をめぐって：ロールズとセン　*332*

　コラム　経済格差の拡大を考える　*340*

第6章　資本蓄積の構造変化と国際経済関係　…………………………*344*

　1　資本蓄積の構造変化　*345*

　　(1)　技術体系の変化——技術パラダイムとSSI　*345*

　　(2)　賃労働関係の変化——労使コンフリクト　*349*

　　(3)　生産組織と労働市場のフレキシビリティ　*351*

　　(4)　脱工業化と産業構造の進化　*354*

　2　国際貿易と資本蓄積　*362*

　　(1)　国際収支　*363*

　　(2)　為替レートの決定　*364*

　　(3)　国際競争力　*366*

　　(4)　開放体系における成長パターン
　　　　——輸出主導型成長と内需主導型成長　*368*

　　(5)　国際経済関係と為替レート・産業構造・価格体系　*372*

　3　「グローバリゼーション」のなかの貨幣・資本と労働　*376*

　　(1)　対外直接投資と多国籍企業　*376*

　　(2)　多国籍企業と「労働の国際化」　*385*

　　(3)　「グローバリゼーション」のもとでの金融システムと賃労働関係との構造的両立性　*389*

　　(4)　グローバリゼーションのもとでの制度変化と社会経済システムのガバナンス　*397*

おわりに——社会経済システムの制度分析の発展にむけて　*408*

参考文献　*419*

索　引　*449*

本書で使用されている主要な記号

X ：実質生産量（実質 GNP）
$\bar{X}$ ：潜在的実質生産量
Y ：名目生産量（名目 GNP）
　（ただし，物価水準一定を暗黙のうちに仮定し，X と Y とを区別しないときもある）
p ：価格（物価水準）
N ：雇用量
N_v ：可変的労働者の雇用量
N_f ：固定的労働者の雇用量
θ ：完全稼働水準における可変的労働者と固定的労働者の比率
$\lambda = X/N$ ：労働生産性
C ：消費
I ：投資
G ：政府支出
EX ：輸出
IM ：輸入
S ：貯蓄
s ：貯蓄率
K ：資本
$g = I/K$ ：資本蓄積率
KD ：資本減耗
D ：減価償却
w ：貨幣賃金率
ω ：実質賃金率
W_s ：賃金シェア（労働分配率）
$\bar{W}_s$ ：構造的賃金シェア
W ：賃金（総額）
Π ：利潤（総額）
π ：利潤シェア（利潤分配率）

r ：利潤率
m ：マークアップ率
$\mu = 1+m$ ：粗マークアップ率
$u = X/\bar{X}$ ：稼働率
$\sigma = X/K$ ：産出量・資本比率
$\bar{\sigma} = \bar{X}/K$ ：潜在的産出量・資本比率
$\rho = K/X$ ：資本係数（資本・産出量比率）
a_{ij} ：投入係数（第 j 部門の財 1 単位を生産するのに必要な第 i 部門の財の量）
l_j ：労働投入係数（第 j 部門の財 1 単位を生産するのに必要な労働投入量）
LP ：労働力
Pop ：生産年齢人口
$U = (LP-N)/LP$ ：失業率
N_{un} ：失業者数
$h = N/LP$ ：雇用率
M ：貨幣量
M^d ：貨幣需要
i ：貨幣利子率
i_R ：実質利子率
i_B ：ベース・レート
i_S ：短期貸付利子率
i_L ：長期利子率（債券利回り）
i_F ：外国債の利回り
B ：債券価格
TB ：総合収支
BT ：経常収支
BC ：資本収支
e ：為替レート

序章　社会経済システムへの制度論的アプローチ

1　マルクスとケインズを超えて

(1)　**21世紀のマルクスとケインズ——なぜ，マルクスとケインズなのか？**
① 　社会に対する「市場の反乱」

　本書を開けばすぐ分かるように，われわれが提示しようとする理論の基調音となっているのは，マルクスとケインズの経済理論である。いや，むしろマルクスとケインズに対する理論的こだわりが本書を生み出したと言った方が良いかもしれない。しかし，時代は，もはやこのような試みを自明視させてはくれない。

　マルクス主義にせよ，ケインズ主義にせよ，1970年代以降，多くの疑問が提起されるようになった。前者については，「マルクス主義」を掲げる集団や国家内部での蛮行の横行と「社会主義経済」における相次ぐ経済改革の失敗によって，後者については，後にも見るように，失業とインフレーションとの同時存在というスタグフレーションと呼ばれる事態，さらには財政赤字の膨張によって，その理論的有効性が疑問視されるようになってきたのである。そして，このような疑念を決定的にしたのは，1980年代末からのソ連・東欧の「社会主義体制」の崩壊という事件であった。これによって，1つの教義体系としてのマルクス主義は，最終的にその有効性を否定されてしまったように思われる。そしてまた，ケインズの思想と政策も，70年代以降，大きくその影響力を低下させてきた。なぜなら，ケインズ政策は，少なくともその一般的な理解によれば，政府による経済のコントロールを目指すものだったからであり，その経済思想は，経済が操作可能な対象であると考える点において，計画経済を理想とする社会主義思想と重なり合う要素を持っていたからである。したがって，次のように言うことができるだろう。伝統的なマルクス主義は，「市場経済」を廃棄することが可能であ

ると考え，ケインズ以後のケインズ主義は，国家が「市場経済」を制御することが可能であると考えた。どちらも，「市場経済」を人間の理性によって——全面的にか，それとも部分的にかという違いはあれ——置き換えることができると考えていたということである。

　このように，マルクス主義にせよ，ケインズ主義にせよ，その思想と政策は「計画」という観念を多く含み込んだものであった。しかしながら，この「計画」という観念は，その意味を広くとるならば，20世紀の産業社会を特徴づけ，しかもこの社会を深いレベルで規定した思想の1つであったということができる。この思想の本質は，次の2点にある。第1は，社会を超越した何らかの判断・意思決定の主体が存在し，この主体は，1つの全体像を描き，それに基づいて対象を操作しうるという「操作主義」。第2は，全体的な画像の組立，要するにシステムの設計は，理性的・合理的な根拠をもってなされるという「理性主義」である。たしかに，ケインズの「ハーベーロードの前提」——政府は少数の聡明な知的エリートたちによって管理され，政策決定がなされるのだから，ケインズ政策下では財政赤字が過大になるという懸念は生じないというもの——にはこれら2つの考えが色濃く反映されている。

　そして今，この「操作主義」，「理性主義」を本質とする「計画」の思想にとって代わって登場してきているのが，しばしば「市場主義」と呼ばれている風潮である[1]。それは，個人の利己心にすべての経済活動を任せれば，社会全体としての資源の最適配分が達成され，調和的な世界が形成されるとする，かつてアダム・スミスが唱えた「見えざる手」の原理の全面的な復活であると言ってよいであろう。そこから導き出される政策提言は，自己責任原則にしたがいつつ，「市場に活力を与える」ための規制緩和や民営化（privatisation）を推し進めるという「小さな政府」を目指す改革である。

　しかしながら，市場に任せれば，あるいは市場の力を「解放」すればすべてがうまく行くかどうかということは，決して自明なことではない。現在，「市場主義」が声高に主張されることを思えば，これは不思議なことである。確かに，一般均衡理論では，ある特定の仮定のもとでは，市場は調和的な「均衡」を達成するということが数学的に「論証」されてはいる。しかしながら，それは，市場の裁定人（auctioneer）という中央計画当局に類似した想定と，市場における参加者主体の無限の合理性という，到底，市場経済とは呼ぶことのできないモデルを

前提にしてのことでしかない。このような理論的枠組みにおける最も洗練された命題が、完全競争と完全情報下の「合理的期待形成」とを前提にすると、分権的市場経済における均衡は、計画経済の最適成長モデルの解と同じく、パレート最適な資源配分を達成するという周知の命題である。かくして、このような「市場主義」とそれを支える合理的経済人からなるモデルもまた、「理性主義」の枠内の産物でしかないと言わざるをえない。最も急進的な反ケインズ派として登場したはずの「合理的期待形成学派」によるモデル化の行き着いた先がこの「市場主義」であり、ケインズにもまさる「理性主義」に基づくものである以上、それは、極端なあるいは社会主義的な「計画」の思想を乗り越えるものではないと言えよう。

また「市場主義」の有効性についても、傍証の類しか存在していない。1つの傍証が、NIESの発展、東南アジア諸国の経済成長、市場経済を大胆に導入した中国の経済発展であろう。しかし、それでさえも、しばしば「開発独裁」と呼ばれる政府によって遂行された様々な誘導政策や規制政策と有機的かつ補完的に結合されたものであり、「市場主義」をそのまま肯定するものでは決してない[2]。もう1つの傍証は、1990年代以降のアメリカ合衆国の経済成長であろう。これは様々な「規制緩和」の成果であると見なされている。経済を成長させるためには、アメリカを、したがってその「規制緩和」政策を見習わなければならないと言われることさえもある。しかし、このような議論に欠けているのは、次のような認識である。第1に、戦後30年間の先進諸国の高度経済成長過程は、「資本主義の黄金時代」と呼ばれるが、このような経済成長過程は、私的セクター（市場）と公共セクターとの微妙なバランスを可能にさせる制度的編成のもとで成立していた（本書の第4章を参照）。「市場主義」では、このような戦後の歴史的過程を説明することはできない。第2に、「規制緩和」がもたらすデメリットが視野から大きく抜け落ちている。「規制緩和」は、価格低下などを通して、消費者に利益をもたらすと言われる。しかし、大多数の消費者は同時に労働者でもある。価格低下は、それが消費需要の源泉である賃金の低下を招く可能性があり、必ずしも、需要を増大させ生産量を増加させるとは限らないので、労働者の立場からすれば、それが間違いなく利益をもたらすとは言えないはずである。場合によっては、労働者に失業あるいは賃金の切り下げという負担を背負わせることになる危険性を含んでいる。「規制緩和」がもたらす社会的なメリットとデメリッ

トについての冷静なバランス計算が是非とも必要である[3]。第3に，20年以上にわたってアメリカで，そして現在の日本においても進行しているのは，所得分配の不平等の拡大であり，それに伴う社会に対する信頼感の喪失である。それは優勝劣敗を原則とする「市場主義」の必然的な帰結でもある。

以上より，「市場主義」は，結局のところ，バランスのとれた社会的考察を欠いた議論でしかないと言わざるをえない。1つの社会を根底において成り立たしめているものが，個人相互間の共感や信頼であるとするならば，「市場主義」は，そのような社会的紐帯や連帯を破壊することになるだろう[4]。そして，この世紀の転換期に進行してきたのは，まさにこのような「社会に対する市場の反乱」とでも言うべき事態なのである。

② 「市場主義」とグローバリゼーション

常識的に考えてみるならば，必要な規制緩和も規制強化もともに存在するというのが，一般的な結論と言ってよい。言いかえれば，規制をいかに組み替えたらいいのかを示すことが必要なのであって，それを，「規制緩和」などといった意味内容が曖昧な包括的概念をもちいて議論することには，より慎重でなければならない。それゆえ，ここでは社会的に何が必要であり，何が必要でないかを決める基準が明確に提示されなければならないが，それが確固たる理論のもとに提示されていないところに問題がある。

しかも，規制緩和や民営化にすべてを託すのは，あまりにも安易であり，危険の伴う方策である。それにもかかわらず，規制緩和・民営化論に代表される「市場主義」が，様々なかたちで流布されるのには，それなりの現実的な基盤がある。それが，経済のグローバリゼーションあるいはボーダレス・エコノミーの動きである。

市場で取り結ばれる諸個人間の関係もまた1つの社会関係である。しかし，他の社会関係とは違い，「市場」という社会関係は，「量的」に一元化されることをその特徴とする。たしかに，それは個人と個人との関係なのではあるが，貨幣の介在によって，その関係自体が「質的」次元を捨象された「量的」関係へと還元される。このことは，取引の相手が「誰」であるかという問いが消去されるということを意味する。すなわち，市場的な社会関係の特質は，その「量的」性質，あるいは相手の顔が見えない，または見る必要がないという意味で「匿名性」にあると言うことができる。この特質のために，市場はあらゆる社会関係の隙間に

入り込み，それらを「匿名性」の論理で相互に連結してしまう。したがって，「市場」関係は，ある種の開放性を持つと同時に，様々な社会関係を「量的」関係に還元することによって，徐々に変質させ，場合によっては解体してしまうこともありうる。市場経済が全面的に展開する「近代」という時代は，貨幣によってすべての存在が同質化されるとともに，量的に差異化され，秩序づけられるという意味で，「貨幣的秩序」によって特徴づけられる時代であるとも言えよう[5]。

　このように本来的に特定の「質」を持たない制度である「市場」は，そうであるからこそ，あらゆる社会関係の間に浸透するのであり，その意味で，潜在的に普遍的な存在であると言うことができる。まさに，本性上，特定の集団に固有な社会関係によって制約されないという点で，「市場」はボーダレスであり，グローバルである。しかし，このような「市場」関係は，それ自体としては，拡大の動力を持っているわけではない。このことは，古くから見られる定期市を見ればよく分かるだろう。そのような「市場」は，ポラニー（Polanyi [1957]）の言葉で言えば，「社会に埋め込まれた市場」であり，ローカルな場のなかで機能しているのである。これは，現代の経済システムについても当てはまる。「長期相対取引」が広範に見られる「日本型市場システム」と短期契約的な取引を主流とする「アングロ・サクソン型市場システム」――その背後には，強固な個人主義的伝統に支えられた契約制度が存在する――とでは，上に述べた「市場」の原基形態を同じくするものの，市場システムの実際の機能の仕方は大きく異なるのである。「市場」はまさに諸制度との絡み合いの中において初めて現実的な存在となりうる。そうでなければ，「市場」の社会解体作用が働くことになり，「市場」そのものの存立根拠が失われることにもなりかねないのである。したがって，われわれは，次のように考える必要がある。すなわち，実際の市場は，様々な制度の「接合」の中で存在するのであって，「市場」は，様々な制度に対して開かれたものとして理論化されなければならないということである[6]。

　「市場」が本来持っているグローバルな性質を，潜在的なものから現実的なもの，かつ動態的なものへと転換するには，一定の条件が必要である。「資本」の運動が，それである。「資本」とは，複数の市場取引の間を，時間を通じて同一性を維持しつつ移動することによって，自己増殖する貨幣である。つまり，複数の価格体系の間での交易関係が利潤をもたらすとき，そこで使用される貨幣は，

「資本」に転化する。そして，いったん「資本」が成立すれば，それは，より大きな利潤獲得の機会を求めて異なった「市場」の間を移動し，生産活動を組織化し，それによって様々な社会関係を「市場」関係の網の目の中に取り込んでいく。これが，「市場」のグローバル化である。この意味で資本の運動（＝資本循環）は，「市場」に関わる様々な制度を取り込んで展開することになるのである。

　最近のグローバル化もまたこの延長線上にあると言うことができるが，しかし，それだけでは現段階の特徴を十分に説明し尽くしたことにはならない。現代の特徴は，金融市場のグローバル化にある。資本が自由に行動するためには，資金を調達しなければならない。そして，従来の金融市場は，各国政府の規制の下に置かれていて，そのことが資本の野放図な活動を制約してきた。ところが，80年代以降の金融自由化政策によって，そのような制度的な制約が大幅に「緩和」されるに至った。資本の「活力」が解放され，各国政府は資本の活動を規制する政策を採用するならば，その国の金融システムが世界的な競争から脱落してしまう危険に直面することになったのである。まさに，「資本」主義の全面開花である。このように，システムの中心が，短期的な視野でしばしば暴走する「資本」の無限の価値増殖運動に従属する世界，これがグローバリゼーションによってもたらされた「市場主義」の世界である。そして，このような世界に最も適合的な市場システムこそが，短期契約的な取引を中心とする「アングロ・サクソン型市場システム」であると見なされているために，現在進行中の経済の「グローバリゼーション」，「規制緩和」の流れは，今世紀における第2の「アメリカニズム」の波——第1の「アメリカニズム」の波は，第二次大戦後に見られた大量生産方式とアメリカ的生活様式の普及である——といっても過言ではない性格を持っていると言えよう[7]。しかしながら，すべての「制度」が同一歩調で急速にこのような方向に変化していくわけではない。各国の諸制度は，それぞれに固有な「慣性（inertia）」を持っているからである[8]。

　③　「市場主義」を相対化するものとしての「社会経済システムの制度分析」

　われわれが本書で展開する「社会経済システムの制度分析」とは，まさにこのような現状に対して，「制度」の重要性を強調しつつ，1つの理論的立場を提起するものである。われわれの社会認識においては，一社会を構成しているのは，「経済人」ではなく，あくまでも様々な社会関係を内面化している「社会人」で

あると考えている。マルクスが言うように，「個人」とは，社会諸関係のアンサンブルにほかならない。そして，複雑に絡み合う様々な社会関係によって１つの社会が構成されているのだから，「社会人」は，いろいろな側面から多層的に規定された存在である。「経済人」という規定とは，このような「社会人」の持つ多層的な規定性の一側面を表す存在にすぎない。換言するならば，「経済人」は，具体的には，背後に「社会人」の側面を併せ持っているのであって，様々な社会関係の組み合わせによって規定されたものとして存在しているのである。例えば，後に見るように，日本における「会社人間」の背景には，それに適合的な家族関係，地域社会，企業組織，社会福祉システムがあり，それらの存在によって「会社人間」が成立しているのである。したがって，「一次元的」（マルクーゼ）な存在だと見なされがちな「経済人」にしても，様々な社会諸関係の組み合わせのあり方によって規定されたものとしてしか，具体的には存在しえないということになろう[9]。

このような「個人」の把握は，次のような社会認識をもたらす。すなわち，われわれが生きている社会経済システムの中には，様々な社会関係が存在している。そして，それぞれの社会関係は，「制度」として社会的にコード化されている。非常に抽象的なかたちで言うならば，なんらかのかたちでコード化された社会関係が「制度」であり，それぞれの「制度」は，一定の自律性を備えていると同時に，相互に接合することによって，社会経済システムを構成しているのである。社会経済システムは，相互に接合した諸制度の複合体である。したがって，「社会経済システム」を分析するには，これら諸制度そのものを分析することと，その「接合」の様式を分析すること（「接合論的アプローチ」）の両方が含まれる。本書が重視するのは，このような認識であり，ここに，われわれが，本書の分析を「制度分析」と呼ぶ理由がある。そして，このような「制度分析」こそが，現在支配的な潮流となっている「市場主義」という名の「理性主義」の引力圏から脱出することを可能にしてくれるように思われる。なぜなら，「制度分析」の視点からすれば，「市場」は，オークショニアが価格パラメーターを制御し，効率的資源配分を達成することを目的とする自己完結的メカニズムではなく，重層的な諸制度の複合体であり，また「個人」も，諸制度の複雑なアンサンブルの中でしか存在しえないからである。資本主義における諸制度のもとで成立する「経済人」は，このような多層的な総体の一部をなすにすぎないのである。

このような制度分析を目指そうとするとき，われわれは改めてマルクスとケインズという経済学上の2人の巨人に立ち返らざるをえない。なぜなら，本書の課題が，「市場主義」の理論的基礎となっている新古典派経済学に代わるべき新しい社会経済理論を提起することにあるからである。換言すれば，新古典派経済学の土台となっている「方法論的個人主義」と「均衡」概念に対して批判的に対置できる社会認識と社会経済システムの理解を体系化したマルクス，そして後に見るように「方法論的個人主義」と密接な関係にある「実物的アプローチ」に代替する「貨幣的アプローチ」を提起したケインズを決して看過することはできないのである。

このような観点から，以下では，マルクスとケインズの遺産と問題点を理論的に整理しておくことにしよう。

(2) マルクスとケインズの遺産

周知のように，マルクスは19世紀のドイツ，フランス，イギリスを移りわたりつつ理論を展開し，『ドイツ・イデオロギー』や『資本論』を著して，経済学批判を体系的に提示した思想家である。その体系は，「唯物史観」から資本主義の批判的解剖にまで及んでいる。これに対して，ケインズは，20世紀前半のイギリスにおいて活躍し，『貨幣論』や『雇用，利子および貨幣の一般理論』を著し，20世紀の経済学と経済政策に大きな影響を与えた。とくに，経済をマクロ的に把握する観点を提起した点は重要である。

① マルクスの遺産と問題点

マルクスの体系は，「唯物史観」と呼ばれる社会と歴史の認識，そして経済学の批判と資本主義の批判的解剖に及ぶきわめて壮大なものであって，その遺産も問題点もあまりに大きい。特に，20世紀の歴史は，マルクスの影響を視野に納めることなしには語ることができないのである。しかし，ここでは，とりあえずマルクスの理論的側面にしぼって，遺産と問題点を整理することにしたい[10]。マルクスの遺産と考えられるものは次の3点である。

第1に，資本主義経済を構造論的，あるいは，関係論的に把握したことが重要である。この点は，資本主義経済が再生産される循環的プロセスを簡単な数値例で描き出した再生産表式，あるいは，物と物との関係に見えるものが，実は人と人との社会関係が物的な形象へと転倒して表象されたものであることを解明した

「物象化論」を見れば明らかであろう[11]。経済主体を，それ自身で完結したアトムとしてではなく，構造の担い手として位置づけたこと，このことは，方法論的個人主義に立脚する新古典派経済学に代わる理論を構築しようとする者にとって，はかり知れない重要性を持ち続けている。社会科学のこの種の領域におけるマルクスの功績が消え去る日は当分来ないであろう。

第2に，市場と企業組織（マルクスは，しばしば「工場」と呼ぶ）の構造的連関と企業組織における権力の作用を解明しようとしたことである。資本主義経済は，自由かつ平等な経済主体の「契約」関係によって成り立つ「市場」領域と，企業組織内部における労働者に対する権力関係から構成されている。このように，資本主義経済は，「市場」によって一元化された経済システムではなく，異質な2つのシステムから構成されていることを明らかにし，これら2つのシステムに作用する力が資本主義経済の動態を生み出す大きな要因であることを指摘したのが，マルクスである。

第3に，資本主義経済の動態を，今日，その妥当性が疑問に付されている「生成・発展・消滅」という形においてではあれ，長期的な視座から，すなわち資本蓄積論の観点から把握しようとしたことである。このことは，資本主義経済の歴史的傾向とその変容の解明という重要な課題を提起することにつながるものである。

しかしながら，19世紀の資本主義を対象としたマルクスの理論は，21世紀初頭の今日のわれわれから見た場合，多くの不十分な点を持っている。それは，マルクスが生きた19世紀という歴史的制約に由来するもので，やむを得ない面もある。しかし，現在の「ポスト・ソーシャリズム」の時代においてマルクスの遺産を受け継ぐうえでも，マルクス理論の問題点をはっきりさせておくことは，今後のわれわれにとって不可欠な作業であるように思われる。

第1に，構造や制度と主体との相互規定関係の分析が十分ではなかった。資本主義経済を分析する際，労働者や資本家は経済的カテゴリーの単なる「担い手」として登場してくるだけであって，その内面的動機づけや行動の様式に関する立ち入った分析は行われてはいない。しかしながら，巨大株式会社組織と大衆消費社会の今日においては，主体の動機や行動が諸制度によっていかに規定され，また主体の行動がいかに諸制度を再生産するかということは，不可欠の分析課題にならざるをえない。また，この構造や制度と主体の意識や行動との円環的規定関

係が，どのような形で形成され，どのような形で構造変化を起こすのかということも，十分に分析されてはいない。このような分析の不十分性が，構造の「担い手」の対極に「構造を変える主体」を置くという，極端に主意主義的な革命主義をもたらした原因だと思われる。この主意主義的な革命主義が20世紀の人類に与えた悲惨な現実を直視することなしに，社会の将来を展望することは不可能だと言えよう。

第2に，マルクスが分析用具として使用した労働価値説も問題をはらんでいる。それは，とくに『資本論』では，「価値通りの交換」の仮定が置かれ，実現問題が原理的に捨象されてしまっている点に，端的に現れている。この仮定は，労働価値説によって「搾取」を分析するために必要な理論的な想定ではあったけれども，この想定によって，貨幣経済のダイナミクスと有効需要の原理の十分な理解が阻まれたことも否定できない。資本主義という社会経済システムの再生産が，貨幣的ネットワークのもとではじめて成立する点を十分に明らかにし，そのうえで再生産システムの「剰余」の分配に関する制度論的ないしは構造論的な分析を行うことが必要だと考えられる。

第3に，資本の循環的運動は様々な制度を巻き込み，それらに支えられつつ展開するものであって，資本主義という社会経済システムには，様々な「制度」が埋め込まれているのである。「傾向法則」を重視したマルクスは，残念ながら，この点を十分に分析しなかった。しかしながら，20世紀初頭以降における企業組織の発展や労使関係の制度化という歴史的現実を振り返ってみただけでも，マルクスにおいては資本主義と制度との関係に関する考察が，きわめて不十分だったと言わざるをえない。しかも，このような制度論的視点の軽視が，資本蓄積パターンの歴史的および空間的な多様性に対する認識を希薄なものにしているように思われる。

② ケインズの遺産と問題点

マルクスがこの世を去った1883年に，ケインズはこの世に生を受け，20世紀の代表的経済学者として活躍した。ケインズは，新古典派経済学（ケインズは，それを「古典派」と呼んだ）を批判し，マクロ経済学という新しい研究領域を創造し，戦後の経済政策に大きな影響を与えた。われわれがケインズの遺産と考えるのは，以下の点である[12]。

第1に，20世紀に生きたケインズは，株式会社制度の成立と「所有と経営の

分離」という現実を認識していた。ケインズの理論は，企業者，労働者，株主からなる３階級のモデルである。この意味で，巨大株式会社が存在するもとでのマクロ経済の動態を分析するという視角は，ケインズに端を発するものである（本書の第3章を参照）。

　第2に，ケインズが貨幣と実物との二分法（「古典的二分法」）を批判したことは決定的に重要である。この貨幣的アプローチは，理論的には「中立的貨幣命題」と「貨幣数量説」の批判へと結実している。このような理論的作業によって，まさに，マルクスにあっては不十分なままであった，貨幣的ネットワークとして資本主義経済を理解する端緒を切り開いたのであり，その現代的意義は大きい。

　第3に，資本主義を貨幣経済として理解する貨幣的アプローチをとることによって，「セー法則」を批判し，「有効需要の原理」を打ち立てたことは，経済学の歴史に1つの画期を与えている。この観点から，雇用面では，家計の効用最大化の前提を棄却し，「非自発的失業」の理論を提示したのであるが，これは，資本主義経済において企業家（資本家）と労働者が非対称な位置にあることを貨幣的アプローチによって基礎づけたものと理解することができる。もちろん，この点に関しては，ケインズだけでなくカレツキの理論的貢献も忘れてはならない。

　しかしながら，ケインズの理論については，同時に次のような問題点も指摘しておかなければならない。

　第1に，ケインズにあっては，貨幣のフローとしての側面とストックとしての側面との統合が未完成であるということである。この問題は，彼の著作の中で，投資をファイナンスする貨幣と資産選択に関わる貨幣（残高）との関係が十分に展開されないままであったことに現れている。また，ケインズの『一般理論』においては，利子の説明原理として「流動性選好論」が示され，貨幣供給は外生的なものとして扱われているが，現代の信用貨幣システムのもとでは，貨幣供給を外生的に与えるわけにはいかない。むしろ，内生的貨幣供給と金融資産価格の変動とを統一的に分析するフレームワークが探求されるべきであろう。これは，ポスト・ケインジアンが様々なかたちで模索している論点である。

　第2に，ケインズが，『一般理論』において，労働に対する需要は労働の限界生産物と実質賃金率が等しいところで決まるとする「古典派の第一公準」を，す

なわち限界生産力説を，受け入れている点は，議論の余地がある。これは，その後の「資本論争」を通じてスラッファやロビンソンによって批判を受けた点でもある（「資本論争」については，第2章の注4を参照）。この論争をふまえて「第一公準」を否定し，カレツキやロビンソンなどに沿ったかたちで，所得分配の問題を資本蓄積の理論のなかで再定式化する必要がある。このような資本蓄積・所得分配の理論とマルクスやスラッファの「剰余アプローチ」とをどのように結びつけるかは，大きな理論的課題である（この点は本書の第5章を参照）。この問題と関連して，ケインズ『一般理論』の体系では，実質賃金率が，マクロ的な生産水準に対応して決まる物価水準によって完全に規定されるものとなっている。しかし，資本蓄積の状態によっては，実質賃金率が優位な規定力を持つ場合――とくに「インフレーション・バリア」のケース――もありうるのであって，この観点から改めて労働市場・賃労働関係の規定性と資本蓄積との相互作用を分析する必要性が生まれてくる。

　第3に，ケインズの『一般理論』は，資本設備を一定とした短期分析であり，投資収益に関する「長期期待」も所与とされている。しかし，資本蓄積の動態の分析を行う際には，このような「短期」の枠組みを超えて，マクロ的な需要形成と供給能力の構築の両面と，さらに技術変化に与える設備投資の効果を視野に納めつつ，ケインズ体系を長期動態分析（資本蓄積論）へと発展させる必要がある。経済学史上では，ハロッドやロビンソンが『一般理論』の「一般化」として，この課題に挑戦したが，現在においてもなお依然として，この課題について理論を発展させる必要がある。

(3) 社会経済システムの制度分析に向けて――貨幣と「賃労働関係」

　このようにマルクスとケインズの理論的遺産と問題点とを検討することにより，われわれ自身の「社会経済システムの制度分析」の課題も明らかとなってくる。

　第1に，構造あるいは制度と主体との相互規定関係を，理論的に明らかにすることである。構造あるいは制度が主体の意識や行為を規定し，主体の行為が制度や構造を再生産していくという，両者の円環的な相互規定関係の分析こそが，制度分析の中心にすえられなければならない。また，このような制度と主体との円環的規定関係に，経済のマクロ的パフォーマンスがどのような影響を与えるかも

分析されなければならない。

　第2に，貨幣的アプローチに基づく需要形成プロセスの分析を軸にして，貨幣経済としての資本主義経済の動態分析のための基礎理論を確立しなければならない。そのうえで，信用創造，投資決定，需要形成などとして現れる貨幣経済としての動態と再生産システムとしての資本主義の「剰余」との関連を解明する必要がある。また，「剰余」の生産要素間のマクロ的分配と個別的経済主体間のミクロ的分配の関係，所得形成と富の分配の関係などを，資本主義に埋め込まれた諸制度を視野に納めつつ，分析しなければならない。

　第3に，マルクスとケインズが明らかにしたように，資本主義という社会経済システムの特徴は，資本家（あるいは企業家）と賃労働者という2つの社会階層によってそのシステムが構成されているという意味で，社会構成上の階層性を持っており，この関係は資本蓄積の結果として，再生産される点にある。本書では，社会経済システムの中でのこの両者の関係の総体を，レギュラシオン理論にならって「賃労働関係」と呼ぶことにする。先に，マルクスの理論と関連して，資本主義は「市場」と「企業」という2つのシステムから成り立っていると述べたが，より正確に言えば，貨幣を中心にして編成されている「市場」と企業組織内部の諸関係を含む「賃労働関係」という2つのシステムの複合体が，資本主義だということになる。このような特徴を，本書では「資本主義の構造的二層性」と名づけることにしよう。それゆえ，われわれは，このような特徴にもとづいて，貨幣的ネットワークと賃労働関係において作用する力によって投資や賃金水準が決定され，経済システムが再生産されつつ成長するという，資本主義の動態を分析することになる。

　以上のように，「社会経済システムの制度分析」は，同時に資本主義経済の動態分析でなければならないという本書の課題を設定したとき，われわれは，マルクスとケインズだけでなく，ケインズとほぼ同時期に「有効需要の原理」を発見した M. カレツキからも多くのものを学ばなければならないことに気づく。ポーランド生まれの M. カレツキは，マルクスやケインズほどは有名ではないが，20世紀における独創的な経済学者としてマルクスとケインズとをつなぐ重要な媒介環に位置し，現代のポスト・ケインジアンの源流の1つであると言ってよい[13]。実際，カレツキは，有効需要の原理だけでなく，信用貨幣の創造，投資による利潤の実現，完全雇用の社会理論的分析など，ここで設定した課題を解決する上で

多くの有益な示唆を，その深い制度認識に基づいて与えてくれる。

2 制度分析の基礎概念

(1) 「制度の経済学」の現在と制度論の構想

コースおよびノースがノーベル経済学賞を受賞して以来，経済学界で，「制度の経済学」に大きな注目が集まっている（本章コラムを参照）。しかしながら，同時に，「規制緩和」論の大合唱に見られるように，「市場主義」がますますその勢いを増していることも確かである。このような現在の現実的過程の中で，「制度」と「市場」とが対立的であるとア・プリオリに決めつけることはできないにしても，「制度主義」が特定の空間と時間における社会経済システムの個別性や多様性を強調するのに対して，「市場主義」がそのような個別性を超えた「市場」なるものの普遍性を強調する傾向があるという，対極的な構図が生み出されていることもまた事実であるように思われる。

このような「普遍性」と制度的「多様性」という対極的な構図は，果たして本書が目指すような「制度分析」に有益な視点を提供してくれるのだろうか。むしろ，こうした対立的構図を超えなければならないのではないか。この種の疑問に答えるためには，現在議論されている「制度の経済学」とは何であるのかを問うところから考察を始める必要があるように思われる。

もちろん，「制度の経済学」といっても多様である。たとえば，M. C. ヴィルヴァル［1995］とR. ボワイエ［2001］は，制度の経済学の諸潮流を分類整理するために，図0-1のような図式を提起している。この図での水平軸は，諸制度が果たす機能・役割として，マクロ・レベルでの社会的整合性（coherence）の維持という側面を重視するのか，それともミクロ・レベルにおける経済主体間の相互行動における局所的な調整という側面を重視するのかという分類基準を表している。他方，図の垂直軸は，制度の形成・淘汰を支配する原理は何かを表している。すなわち，制度の形成や淘汰のプロセスが，経済的な効率性を基準としてなされると見るのか，それとも集団的な行動，あるいは権力や社会立法のような人為的な手段を通してなされると見るのかという分類基準を示している。

ところで，現在では「制度が重要である（Institutions matter）」という直観が多くの研究者たちに広く共有され，制度の機能や役割の重要性についても共通に

序章　社会経済システムへの制度論的アプローチ　15

図 0-1　「制度の経済学」の諸潮流

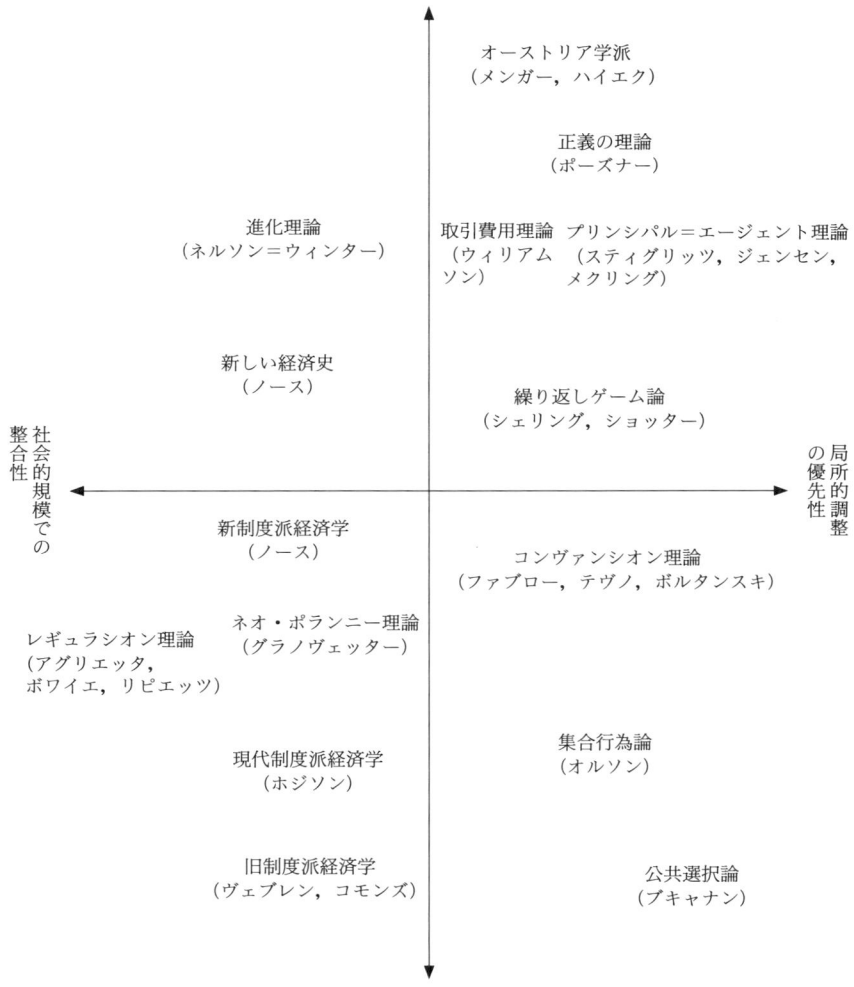

(出所) Villeval [1995] および Boyer [2001], 一部改訂して作成。

認識されている。かくして，図の水平軸上における重層的な連関を理論化する作業は必要であるけれども，「制度の経済学」諸潮流の特色が示されるのは，制度の形成・淘汰に関わる垂直軸そのものにあると見るべきだろう。

この点は以下のように考えるならば，むしろ当然のことかもしれない。昨今の「制度の経済学」の隆盛の契機となった，R. コース，O. ウィリアムソンや D. ノースの業績は，取引費用論や情報の経済学などの理論的道具を使用しているとはいえ，基本的には「個人」から「制度」へという図式を準拠枠としている。実際，ノースは次のように述べる。

「選択理論的アプローチは不可欠である。なぜなら，論理的に一貫し，潜在的に検証可能な仮説の集合は，人間行動の理論に基づかなければならないからである。ミクロ経済理論の強さは，それが個々の人間行動に関する仮説に基づいて構成されていることである。制度は人間の創造物である。制度は生成発展し，そして人間によって改められる。したがって，われわれの理論は個人から始められなければならない」(North [1990a])。

一般均衡論の基礎に置かれていた完全競争の理論があまりにも現実離れしているために，不完全競争論が展開され，それにゲームの理論が貢献し，その結果，ナッシュ均衡が重要な分析概念として浮かび上がってきたのが学説史上の流れであるが，これに H. サイモンによって提起された「限定合理性」の議論を組み込めば，われわれは主流派経済学における「制度の経済学」の主要なスペクトルを描き出すことができる。この意味で，少なくとも現在の「制度の経済学」の主流は，新古典派理論の基本的な前提をなす方法論的個人主義に立脚しており，その市場の理論的把握を制度分析へと拡大・延長することを目指すものであると結論づけることが許されるように思う。それは，新古典派の市場均衡論を参照基準とした「制度」論の構築を目指すものだと言い換えることもできる。そうであるからこそ，これらの一連の流れは新古典派の伝統に属する経済学者にとって「制度の経済学」として無理なく受け入れられているのである。

それでは，非主流派の「制度の経済学」についてはどうであろうか。非主流派の代表格であったマルクス経済学は，所有関係や階級関係を中心としつつ諸制度の構造分析を重視していたという点では，制度主義の一翼を担っていたと言うこともできる。しかし，従来のマルクス派の場合，「所有」概念が社会編成の中心的な原理として把握され，それぞれの「制度」は，その原理を維持・補強するも

のと見なされ，もっぱら諸個人の行動に対する「制度」による制約の側面が重視されてきた。マルクス経済学は，主流派経済学の方法に対比すれば，「制度」の存在を前提として「個人」のあり方を説明する。すなわち，〈「制度」から「個人」へ〉という図式である。この点が，マルクス派「制度」論の特徴をなしていたことは間違いない。この結果，「制度」が諸個人の行動自身を通して日々再生産されるという側面，したがってまた，それによる「制度」の変容——「革命」という非日常的実践によるその解体は別として——の問題はほとんど無視されることになってしまった。だが，ソ連・東欧における社会主義体制の崩壊，中国経済の市場経済化という事態は，その所有論，さらにはそれに基づく体制論的認識の妥当性を根本的に疑問に付していると同時に，上記の「制度の経済学」の胎動は，このような知的怠慢を放置することを許してはくれない状況を生み出しつつある。新古典派の「制度の経済学」へと向かう動向が，基本的に「個人」から出発して「制度」を説明する，という構図である以上，代替的な理論を構築するためには，「個人」と「制度」の関係を解明することが改めて重要な課題とならざるをえない。それでは，そのような理論構築は，いかにして可能なのだろうか。

　現実に押し進められているのは，次の2つの方向である。

　その1つは，新古典派が想定する「合理的個人」に代わる「個人」像を置くことによって，主流派の「制度の経済学」を乗り越えようとする方向である。限定合理的な経済主体から出発する様々な試みが，このような方向での理論展開を代表する。だが，このような試みはそれなりの有効性を持っているとはいえ，決して満足の行くものではない。確かに，新古典派経済学においては，現代制度学派の中心的理論家であるG. ホジソンが批判するように，「個人」についての一連の非現実的な仮定が置かれているということは事実である（Hodgson [1988]）。とは言え，新古典派経済学の思想史的な核心部分をなすのは，自由で独立した「個人」の存在から出発して，社会的なるもの——第1次的には，市場「社会」——の論理的形成を論証することにあり，この「個人」がどのような属性を有し，どのような制約を課されているかということは，この中心問題にとっては副次的なものにすぎない。新古典派制度論の議論の枠組みにとっては，「個人」なるものは，マルクスの言う「人格的依存関係」から解き放たれているという意味で，自由で独立した存在であれば基本的には十分なのである。このことは，「合理性」に様々な「現実性」あるいは「制約」を課すことによってその適用領域を

拡大しようとする最近の「制度の経済学」の動向が証明していることでもある。

　もう1つの方向は，新古典派経済学の「個人」から「制度」へという図式に対して，「制度」による「個人」の制約という図式を対置することであり，言いかえれば，新古典派の「方法論的個人主義」に対して，「方法論的全体主義」を対置することである。しかし，先に述べたところから明らかなように，これだけでは，何ら新古典派の図式に対する対抗軸とはなりえない。「制度」を担っているのは，近代的な意味での自由で独立した「個人」であり，そのような「個人」を議論の出発点に据えて制度の形成や変化を分析するところにこそ，新古典派経済学の強さがあったからである。

　それゆえ，われわれは，第3の道を模索することにならざるをえない。その際，留意すべきことは2つあるように思われる。第1に，主流派の「制度の経済学」を「制度の経済学」たらしめている〈自由で独立な「個人」から「社会的なるもの」へという図式〉そのものを相対化することが必要だということである。そのためには，この図式そのものを成り立たしめている「個人」という自明視されている前提それ自体の成立を問うという作業が不可欠である。ここに，われわれが，依然としてL. アルチュセールの言う「経済学批判」に拘らなければならない理由がある。アルチュセールによれば，「経済学批判」とは，経済学の対象である「経済」なる与件の自明性を疑問に付すことである。「『経済学を批判する』とは，それに新しい問いの構造と新しい対象を対置することを，したがって経済学の対象自体を問いただすことを意味する」（Althusser et al. [1965]）。われわれもまた，自明の前提とされている「個人」なるものを，そしてさらには「経済学」の対象である「経済」空間なるものを再検討しなければならないと考える。第2に，その上で，「個人」と「社会的なるもの」との相互規定関係を明確化し，制度の再生産や変化の過程を分析する必要がある。このことは，方法論的全体主義の〈「社会的なるもの」から「個人」へという図式〉を相対化し，先に見たその限界を乗り越えるために必要不可欠な作業である。

　以下では，上記の点を念頭に置いた上で，本書の各章で展開される議論の縦糸をなす制度論のあり方，基本となる発想法について，解説しておくことにしよう。

(2) 「制度」をどのように理解するか

① 社会化装置としての「制度」

「制度」とは何か。このことを十分に論ずるためには，一冊の大部な著作を必要とするほどの，社会科学にとっての大きなテーマである。したがって，ここでは，本書で必要とする限りでの，われわれ自身の「制度」論の要点を簡潔に述べておくにとどめよう。より進んで学びたい読者は，本章末尾に付された「コラム」とそこで挙げられる諸文献を見られたい。

「制度の経済学」に対するオルタナティブとなりうる「制度の経済学」を構築すること，これがわれわれの目指すところである。このような試みは，すでにホジソン等の現代制度学派によって行われている。彼らは，「制度の経済学」，とりわけウィリアムソンに代表される新制度学派が，「個人」の合理的選択の結果として「制度」を説明しようとするのに対して，人間は社会的，文化的，政治的な存在でもあり，単なる経済人という概念へ還元することはできないこと，また人間は効用最大化を志向するだけの自動人形などでは決してないことを明確にしようとしている。その際，現代制度学派が依拠するのが，旧制度学派の代表者であるヴェブレン（Veblen [1899]）による「制度」の定義である。ヴェブレンによれば，「制度」とは「個人と社会の特定の関係なり，特定の機能なりに関する広く行きわたった思考習慣」である。この定義を受けて，ホジソン（Hodgson [1988]）は，「制度」とは「伝統，慣習，または法的制約の作用によって継続的かつルーティン化された行動パターンを作り出す傾向を有する社会組織」であり，また「広く社会的相互作用を構造化する確定した，埋め込まれた社会的ルールの持続的なシステム」（[Hodgson [2003]]）であると定義している。

われわれもまた，基本的には，ヴェブレン＝ホジソン流の制度の定義を念頭に置いて「制度」論を考えている。しかし，つぎの2点において，ホジソンとわれわれの「制度」論は異なる。第1に，ヴェブレンが「制度」＝「思考習慣」としているのに対して，ホジソンは，「制度」＝「社会組織」としている。だが，「制度」＝「組織」として両者を同一視することは無用の混乱を招くものと言える。たとえば，教育制度を考えてみよう。それは，家庭や学校などの様々な教育機関，その上部に立つ文部科学省といった様々な「社会組織」，および憲法，教育基本法といった明文化され法的な効力を有するが，それ自体としては「組織」と呼ぶことのできないもの，さらには，入試や授業方法といったそれ自体としては法的

効力を有さない慣行などを含む多層的で複雑な要素からなる全体である。と同時に，教育制度は，「国民」の形成その他の目的を有する。それゆえ，われわれは，「組織」という用語よりもカバーする範囲が広く，なおかつ明示的あるいは暗黙的な目的を達成する社会的な仕掛を意味するものとして，「装置」という用語を採用することにする[14]。第2に，ホジソンの定義では，われわれが重視する「制度」による「主体」形成作用が陽表化されていない。この点を「制度」の定義に明示的に取り入れる必要がある。

以上の2点を踏まえて，われわれは，「制度」を，人々を特定の思考習慣・行動に誘導する社会的「装置」であると考えることにする。もちろん，特定の方向に誘導するからには，そこには当然，直接的な利得から評判へといたる様々な「誘因」と，逸脱した行動や行為に対する明示的なあるいは暗黙の「サンクション（制裁）」との両方が組み込まれていることになる。この「制度」の2つの働きによって，人々は，相互に特定の秩序を持った関係を結ぶとともに，その秩序の範囲において「社会的に」自由に行為することが可能になる。この意味で，すなわち，人々に「自由」な行為を保証するという意味において，「制度」とは人々を社会の中の「主体」＝「個人」へと変換する「装置」，すなわち「社会化装置」だということになる。

② 制度論的ミクロ・マクロ・ループ

「社会化装置」としての「制度」は，二重の特性（double nature）を有する。それは，一方では，人々を一定の方向に誘導し，それ以外の思考なり行動に対してサンクションを与えるという意味で，人々にとって——意識されようがされまいが——「拘束」であり「制約」である。しかしながら，他方において，このような「拘束」を，より具体的には，法，所有権，取引，契約，手続きなどの禁止規定を遵守する限りにおいて，人々には「自由」で「自律的」な行為が権利として保証される。すなわち，人々は社会的な「主体」（＝「個人」）となるのである。たとえば，日本国の国籍を有し，その法律を遵守する限りにおいて，その人は，選挙権，被選挙権を得るという意味で，政治的な「主体」たりうる。しかも，人々は，慣習や習慣，ルーティンに従うことで，認知・情報処理・意思決定に関わる自らの能力を創造的に発揮することができる。換言すれば，制度には「主体」の行動可能性を拡張するという積極的な役割があるのである。

また同時に，このような「主体」（＝「個人」）によって繰り返される行為が

「制度」そのものを再生産していくことになる。なぜなら、「主体」の行う行為は「制度」の枠内での自由度を伴ったある種の定型行為であって、この定型行為に支えられて「制度」は実現され、「制度」として存続することになるからである。例えば、赤信号で停止するという行為が一般的に行われることによって、「赤信号で停止する」という規則あるいは「制度」は「制度」として再生産され、存続することになる。

　したがって、「主体」が相互的な行為を行うことによって制度が生成し再生産される場において、「制度」と「主体」（＝「個人」）との相互構成的な関係が成立していることになる。そして、重要なことは、この「制度」を再生産する「主体」の行為が同時に集合的効果として、社会経済システム全体のマクロ的なパフォーマンスを生み出しているということである。しかも、マクロ的なパフォーマンスのあり方は、当然のことながら、諸「主体」の思考や行為に影響を与える。したがって、ここには、二重のループが存在している。1つは、制度が生成し再生産する場における「主体」と「制度」の間の相互構成的なループである。そしてもう1つは、ミクロ・レベルに位置している「主体」と「マクロ・パフォーマンス」との間の相互規定的なループである。この二重のループは、「主体」の意識と行為を仲立ちにして連結されている。したがって、ここから「制度」と「マクロ・パフォーマンス」の関係を論じることが可能となる。「制度」と「マクロ・パフォーマンス」は、「主体」の行為という同一のものによって形成されているのであるから、両者の間には一定の対応関係が存在することになる。つまり、一定の「制度」のあり方が一定の「マクロ・パフォーマンス」に対応するものと理解することが可能となるのである。換言すれば、「主体」の行為の集合的結果を、社会経済システムの全体的観点から評価すれば「マクロ・パフォーマンス」となり、ミクロ・レベルの観点から質的に理解すれば諸制度の集合体の再生産として把握されるのである。したがって、ここからある種の「制度」のあり方あるいは「制度」の接合のあり方によって、「マクロ・パフォーマンス」を説明することが可能になる。このことは、「制度」が定型行為を生み出し、それが「マクロ・パフォーマンス」に帰結するということを考えれば、自然なことであり、「制度」は「マクロ・パフォーマンス」のあり方に決定的な影響を与えるということになる。それゆえ、諸「制度」の分析は、「マクロ・パフォーマンス」の解明にとって必要不可欠な課題となる。また逆に、「マクロ・

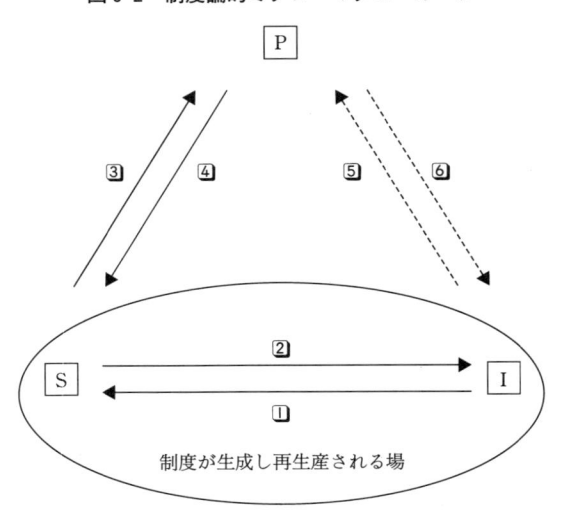

図0-2 制度論的ミクロ・マクロ・ループ

[P]

③ ④ ⑤ ⑥

[S] ――②→ [I]
   ←―①――

制度が生成し再生産される場

パフォーマンス」のあり方は，逆のルートを辿って「制度」に影響する。こうして，「制度」と「マクロ・パフォーマンス」の関係――もちろん，先の2つのループの結節点となる「主体」との関係もここに含まれる――を分析課題として取り上げることができるようになるだけではなく，後にも述べるように「マクロ・パフォーマンス」の制度分析が可能になるのである。

　以上のような理解を，簡単に図式化すれば次のようになる。われわれは，この図0-2に示されている関係を「制度論的ミクロ・マクロ・ループ」と呼ぶことにする[15]。

　ここで，Sは，「主体」(subject)（＝「個人」）を，Iは，「制度」(institution)を，Pは，マクロ的な「パフォーマンス」(performance)を示している。このループにおいては次の2点に注意する必要がある。第1に，この図式の中での「主体」とは，必ずしも文字通りの「個人」を意味するわけではないということである。それは，企業，労働組合，NPOといった組織体そのものであることもある。個人と社会全体との間には，様々な行為主体が存在しているということである。また，この場合，「制度」とは，商法や労働組合法のような法的ルールだけではなく，企業組織が編成され存続していくために必要な，明示的あるいは暗

黙の様々なルール，すなわち文化的伝統や規範，社会的に共有されたルーティンなども意味する。もちろん，よりミクロ的な「主体」としての「個人」から見た場合には，企業組織や労働組合は「制度」の複合体として把握されることになる。したがって，「主体」と「制度」の関係は，よりミクロ的なレベルからよりマクロ的なレベルへと階層的に編成されており，そのことによって，企業や産業ごとの様々なメゾ・レベルの規則性が生み出されることになる。第2に，このループに「制度論的」という言葉を冠したことの積極的な意味を説明しておきたい。3つの意味がある。まず1つ目は，ミクロ・レベルの「主体」（S）とマクロ・レベルの「パフォーマンス」（P）との関係の分析において，「制度」の果たす媒介的役割を明示的に示すためである。2つ目は，「制度」にはそれぞれ固有の慣性（inertia）があるという制度の経済学の知見を重視していることを表現するためである。そして3つ目は，一方における諸制度の慣性と他方におけるその集合的相互作用が生み出すメゾ・レベルの規則性によって生み出されるシステムに内在的な複雑性のゆえに，「主体」（S）と「パフォーマンス」（P）との間には必ずしも1対1の対応関係が成り立つわけではないということに注意を喚起するためである。

　ここで，図の中のそれぞれの矢印の意味を説明しよう。IからSへの①の実線の矢印は，「制度」によって「主体」が形成されるプロセスを表現している。これに対してSからIへの②の実線の矢印は，人々が「主体」として行為（定型行為）することによって，逆に「制度」が維持・再生産されていくプロセスを示している。「方法論的個人主義（methodological individualism）」に立脚する合理的選択論あるいは新古典派経済学に依拠する「制度の経済学」がもっぱら問題とするのは，この②のプロセスであって，彼らの視野から抜け落ちているのは，より根源的な①のプロセスである。「主体」の意識の状態，ものの考え方，行動基準，あるいは選好は，「主体」を取り囲む様々な「制度」のもとで内生的に形成されるのであって，始めから所与として与えられるものではない。換言すれば，思考慣習や慣行は，個々の「主体」のもとで個別的に現象するとしても，それらは社会的プロセスの一部である。もちろん，多層的な「制度」や社会関係をどのように内面化するかは，各「主体」によって異なっており，そのために「主体」の異質性，多様性が生み出される。つまり，「主体」の異質性も社会化プロセスのなかで内生的に生成するものなのである。そして，この①と②との相互規定的

関係の中で行為が反復されることを通して，すなわち，「制度」が生成し再生産される場における「主体」と「制度」との相互構成的な関係の中で，特定の思考習慣が固定化し，特定の行動パターンが反復されることを通して，「制度」の慣性が生じることになる。

さらにSからPへの実線で示される③のプロセスは，「制度」によって形成された諸「主体」による「制度」の維持・再生産行為——プロセス②——の結果として，一定の成果Pが得られることを意味する。もちろん，ここでPを評価する単一の基準があるわけではない。それは社会的な文脈に応じて多元的なものである。したがって，「効率性」や「競争力」だけが基準となるわけではなく，人々の生活水準や社会の安定性なども重要な基準となる。そして，「合理性」と言われているものも，本来はこのような社会的文脈の内部で意味を持つのである。これに対して，PからSへの実線で示される④のプロセスは，マクロ・パフォーマンスがミクロの「主体」の意識状態，ものの考え方，行動パターンに与える影響を表現している。より具体的に言えば，社会経済システムのマクロ的状態を，経済成長率，景気動向，失業率，株価などの様々な要約的情報によって「主体」が認知することで，その意識や行為のパターンは変化するのである。このプロセスは，さらには②のプロセスを通して「制度」の安定性や，ときにはその変化に影響を与えることになる。

さて最後に問題となるのが，破線で示される矢印である。IからPへ向かう矢印⑤は，「制度」による「主体」形成によって生み出される定型行為がマクロ・パフォーマンスを生み出すことを示す。たしかに，マクロ・パフォーマンス（P）を直接に生み出すのは，「主体」（S）である——このため，矢印の⑤⑥は，実線ではなく，破線で示されている——。しかし，その生み出す行為自身が「制度」（I）によって形成されるものであるがゆえに，「制度」（I）のマクロ的効果を論じることが可能になるのである。これに対して，PからIへ向かう矢印⑥は，逆のルートで，すなわち，マクロ・パフォーマンスのあり方が「主体」の意識や行為に，したがって，「主体」が行う定型行為の個々のあり方に影響を与え，結果として「制度」の再生産のあり方に影響を与える関係を表現している[16]。こうして，マクロ・パフォーマンスの変化が制度変化をもたらすという議論が成立することになる。そして，「制度」とマクロ・パフォーマンスがある一定期間をとってみれば，安定的かつ円環的な——したがって，構造的な——対応関係をな

すがゆえに，ここに両者の関係を解き明かすことによって，特定の社会経済システムのレジームの独自性を明らかにするという新たな分析領域が開かれることになる。

このSIP図式に示される「制度論的ミクロ・マクロ・ループ」の分析用具としてのポイントは次の3点にある。

第1に，社会経済システムにおいては，制度の階層的な重層構造が存在し，それはしばしば入れ子型構造をしているということである。企業は従業員との関係から見た場合には1つの制度的構造をなしているが，例えば金融市場との関係から見た場合には行為「主体」として立ち現れる。このように，ミクロ・レベルの「主体」とマクロ・レベルのパフォーマンスとの円環的規定関係において，諸制度は重層的な形で接合し，全体としての社会経済システムを形成していると言えよう。それゆえ，われわれは絶えず，この接合関係に注意するとともに，そこに働いている規定的因果関係——それは，分析の場面に応じて異なるが，資本主義的な社会経済システムを分析する以上，貨幣と労働が中心的な位置を占めることになる——を明示的に取り出すよう努力しなければならないことになる。

第2に，ミクロ・レベルでの「主体」の行為とマクロ・パフォーマンスは，必ずしも一対一に対応するわけではない点が重要である。「制度」の慣性が存在し，制度間の相互規定関係や補完関係が存在するからである。このため，マクロ・パフォーマンスがいかに変化しようとも，「主体」を取り巻く「制度」が変化しない場合には，「主体」の行動パターンが変化しないこともありうる。また，ミクロ・レベルでの「主体」の行為が同一であろうとも，他の諸「主体」あるいは「制度」のあり方如何によっては，同一のパフォーマンスを上げられない場合も存在することになる。

第3に，「制度」が生成し再生産される場における「主体」と「制度」の間の相互構成的な規定関係は，動態的に運動し変動する構造をなしている。そして，動態的に再生産される構造は，あたかもそれ固有のロジックに従って展開していくように現れることがある。このため，構造の変化は，1つの「制度」の内部から生じるというよりは，それぞれ一定の自律性を有する複数の「制度」間の不整合やマクロ・パフォーマンスの変化の「主体」の意識や行動パターンへの影響によって生じると考えられる。しかも，このような不整合や軋轢は「主体」レベルで受け止められることになり，それは，先に論じた多層的アイデンティティを

持った「主体」内部の葛藤を生み出すことになるのである。

(3) 制度分析への接合論的アプローチ

上記の制度理解を踏まえた上で，ここでは，われわれの制度分析における重要と思われる分析視角を，整理しておこう。

① メゾ・レベル分析

「主体」による「制度」の再生産行為が同時にマクロ・パフォーマンスを生み出す行為でもあり，諸制度とマクロ・パフォーマンスとは一定の対応関係があるという理解を前提にすれば，われわれの「制度分析」においては，ミクロでもなく，マクロでもない，その中間の「メゾ（meso）」の領域の分析が，重要なものとなる。というのは，「主体」と諸制度との円環的規定関係は，入れ子型の構造を形成しながら，メゾ・レベルでの規則性を生み出しており，その集約的結果として社会経済システムのマクロ・パフォーマンスが達成されるのである。

したがって，われわれが制度分析を行う上で方法的に注目するのは，ミクロの「主体」とマクロ・パフォーマンスの中間に位置し，両者を結びつけているこの中間領域——われわれは，この領域を「ミクロ・マクロ連接領域」と呼ぶ——であり，すなわちメゾ領域における諸制度の相互連関のあり方である。代表的家計の動学的最適化を前提とする新古典派マクロ経済動学では完全に無視されているものの，様々な「制度の経済学」においては次第にその重要性が認識されてきたのが，このメゾ・レベルの分析である。「ミクロ・マクロ連接領域」は，制度分析とマクロ動態分析とを結びつける不可欠の媒介環をなすものであるといえよう。

② 諸制度の接合論——「調整の重層性」と「構造的両立性」

メゾ・レベル分析において焦点となるのは，諸制度の「接合」関係である。われわれは，諸制度の「接合」のあり方を問題とするこの分析視角を「接合論的アプローチ」と呼ぶことにしたい。諸制度はそれぞれ固有の調整作用を持っているが，諸制度が時間的にも空間的にも，互いに絡み合いつつ重層的な入れ子構造をかたち作っているために，そこから生み出される調整作用も多段階的で重層的なものとなるのである。本書では，このことを「調整の重層性」と呼んでいる。しかも，調整作用の総体に関する数量的関係を数学的に定式化した場合，それはしばしば「非線形性（nonlinearity）」を持っており，きわめて複雑な挙動を示すの

であり，したがって，重層的な調整作用の全体において，「複雑性（complexity）」が存在することを認識することが，社会経済システムの理解にとってきわめて重要なのである。

諸制度のもとでなされる重層的な調整に媒介されて，マクロ経済的動態が生み出される。ここで問題となるのが，様々な調整の間の整合性の問題である。本書では，長期安定的なマクロ経済的動態が生み出されるとき，それら様々な調整の間に「構造的両立性」が存在するものと考えている。様々な制度経済学において，しばしば経済システムを構成する諸制度の間に「制度的補完性」が存在することが指摘されているが，制度間の補完性は，ミクロ・レベルにとどまることなく，様々な調整作用に媒介されて成立するマクロ的動態を問題とする「構造的両立性」のレベルで分析されなければならない。特定の資本蓄積レジームは，このような構造的両立性が成立することによって，持続的で安定的なものとなると考えられる（詳しくは，第4章を参照）。

③ 累積的因果性とコンフリクト

すでに述べたように，ミクロ「主体」と「制度」もまた円環的関係を形成している。したがって，それぞれの「制度」は相対的な自律性を持っているだけではなく，独自の発展と進化の能力を持っている。というのは，特定の制度的枠組みの内部においてミクロ「主体」は自由を獲得するのであって，その諸活動が相互に強め合いながら，「制度」が再生産され，一定の方向に向かって変化していくのである。このような過程のもとでは，原因が結果となり，それがさらにまた，次の因果連鎖における原因となるという形で，過程が進行していく。このような事態を，われわれは「累積的因果性」と呼ぶ。これは，ある変数の変化が増幅されていくような「ポジティヴ・フィードバック」が作用する事態と考えることもできる。これは，カルドアやミュルダールが「循環的・累積的因果連関（circular and cumulative causation）」という言葉で表現したものでもある。

さらに，それとともに，それぞれの「制度」が独自の発展と進化を遂げる可能性を持つということは，それまで「構造的両立性」を有していた諸制度間にコンフリクトが生じる可能性があることを意味している。このようなコンフリクトは，諸制度によって多層的に規定されるミクロ「主体」の内部に軋轢を生み出すことによって，ある制度からの逸脱行為あるいは反逆行為がはじまることになる。制度の内生的変容のロジックを見出すことは非常に困難な課題であるが，上

表0-1 接合論的アプローチにおける分析領域と分析対象

全体の枠組みとしての貨幣・金融システムと「賃労働関係」	
分 析 領 域	分 析 対 象
集計量レベルでのダイナミクス (マクロ・ダイナミクス)	＊安定的成長と構造的危機 ＊蓄積レジームの形成と経路依存性 ＊マクロ変数間の構造的連関 ＊需要形成と生産性上昇の累積的連関 ＊制度進化あるいは産業動態間の適合性
ミクロ・マクロの連接領域 （接合・構造的両立性）	＊技術パラダイム ＊市場 ＊企業間関係 ＊集団的行動とコンフリクト ＊企業組織とイノベーション
ミクロ「主体」	＊ルーティンやルールに基づく行動 ＊学習過程 ＊期待形成 ＊役割・コンフリクト・逸脱

記のような理解が，この問題に対する１つのヒントになりうるのではないかと思われる。

④　分析領域と分析対象

　ここで，本書で取り上げる分析対象をミクロ―マクロの連関のなかでの分析領域に応じて整理すれば，表 0-1 のようになる。

3　社会経済システムのなかの資本主義と本書の構成

　本書は，資本主義という社会経済システムの制度分析を行うものであり，本書の章立ても，資本主義の持っている構造と対応したものとなっている。

　資本主義は，社会システムの内部で存在しているとともに，１社会の枠を超えて世界的な連関を作り上げている。すでに述べたように，各国の資本主義のシステムは，貨幣を中心とした「市場システム・資本循環」と「賃労働関係」という「構造的二層性」を持っている。ミクロ的なレベルで諸制度を伴って両者の結節点となり，資本主義のダイナミズムを生み出しているのが，組織体としての「企業」である。また，「賃労働関係」は，「経済」領域をはるかに超えた幅広い社会

序章　社会経済システムへの制度論的アプローチ　29

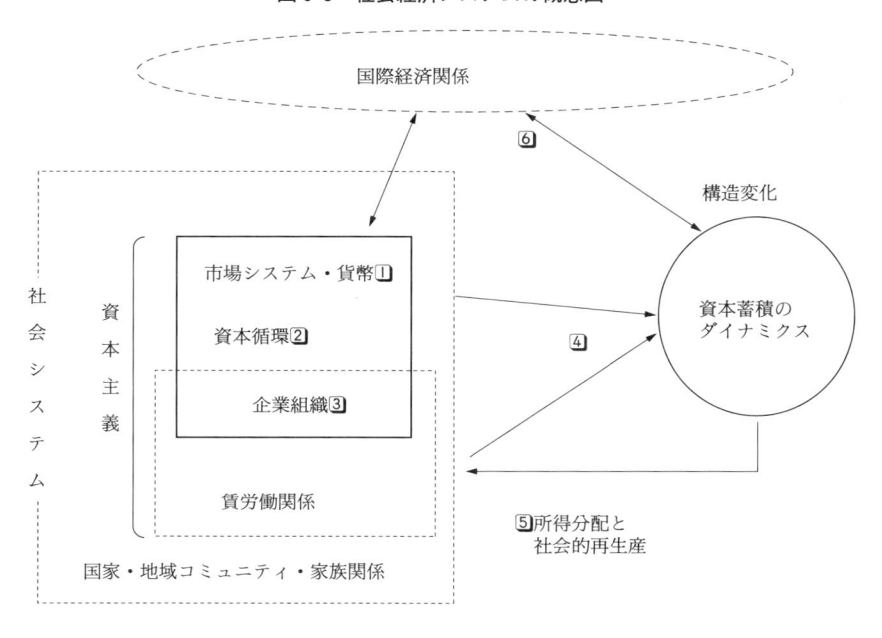

図0-3　社会経済システムの概念図

[図：社会経済システムの概念図。国際経済関係（点線の楕円）の下に、社会システム（点線の枠）があり、その中に資本主義（実線の枠）があり、市場システム・貨幣①、資本循環②、企業組織③、賃労働関係を含む。外側に国家・地域コミュニティ・家族関係。右側に「構造変化」と「資本蓄積のダイナミクス」（円）があり、④、⑤所得分配と社会的再生産、⑥の矢印で結ばれている。]

関係の網の目の中に位置している。資本の循環的運動が、様々な制度を巻き込みながら展開するのであり、このために資本主義の構造のいたるところに「制度」が埋め込まれているのであって、この結果、慣行や制度的ルールに媒介されて、資本主義は再生産され、ダイナミックな運動を繰り返すのである。

われわれの理解する資本主義という社会経済システムを図示すれば、図0-3のようになる。

本書では、このような資本主義の基本構造に基づいて、はじめに、第1のサブ・システムである市場システム・資本循環が説明される。すなわち、第1章では貨幣の基本的な構造と市場システムが論じられる（①）。そこでは、貨幣が「支払システム」という「制度」として把握される。その上で、貨幣を中心に形成される市場システムの制度的特徴が解明され、さらにそれに基づいて、資本主義の社会経済システムの階層構造が貨幣論的に分析される。これをうけて、第2章では、流通と生産とを巻き込みつつ価値増殖する貨幣の運動、すなわち「資本循環」について論じる（②）。資本は、様々な制度を巻き込みつつ、実物的要因

と金融的要因とを不可分に結びつけて展開する運動体である。そして，実物的要因と金融的要因との連関，信用創造と需要形成，さらに金融システムの運動のあり方にとって「制度」の果たしている役割が説明される。

他方，資本主義のもう1つのサブ・システムが，「賃労働関係」である。資本主義のもとでは，「労働力」は，擬似的な「商品」として扱われるのであって，この点で資本主義は他の経済システムと異なった特殊性を持っている。しかし，「労働力」は，通常の「商品」のように扱うことはできない。それは，市場システムとは別のディメンジョンの社会性を持っており，しかも企業組織内部では，それ固有の権力関係のなかに置かれている。第3章では，企業組織の制度分析に基づき，企業組織を中心に据えて「賃労働関係」のより具体的な存在のあり方が分析される（③）。この領域には，雇用慣行，労使交渉制度などといった多くの「制度」，さらには国家，家族関係や地域コミュニティなど社会システムの諸要素が大きく関わっている。

以上，2つのサブ・システムの相互作用から資本主義のダイナミクスは生み出される。その際，それら2つのサブ・システムのうちに埋め込まれている「制度」と「市場」が，価格や数量，さらに生産性の上昇や所得分配などに関して，動態的に調整する役割を演じる。このような調整は，多層的・重層的性格を持っている。第4章は，このような重層的な調整メカニズムによって生み出される資本蓄積のダイナミクスを，構造的な観点から分析している（④）。それは，制度的編成の相違に応じて，異なった資本蓄積レジームを描くのであり，とくに，戦後の先進資本主義諸国の経済成長は，「資本主義の黄金時代」と呼ばれるほどのきわだった特徴を持っている。それを生み出した制度的構造を明らかにすることによって，制度と市場の関係についてのより深い理解が可能となる。

このような資本蓄積のダイナミクスを通じて，社会経済システムそのものが再生産される。すなわち，この過程を通じて所得と資産の分配が決定され，社会関係が再生産されるのである。第5章では，このような再生産システムにおける「剰余」の分配と社会階層の再生産を分析している（⑤）。分配構造と社会関係の再生産には，企業組織の再生産，国民経済の再生産，さらには労働者の世代的再生産にいたるまで，様々なタイムスパンを持った多層的な再生産の過程が存在しており，そして，そのそれぞれに固有の「制度」が関わっているのである。

資本蓄積のあり方は，その内部では，技術革新や労使関係のコンフリクトなど

によって変化し，外部からは，国際経済関係の影響を大きく受ける。その結果として，資本蓄積の過程には構造変化が生じるのである。第6章では，資本蓄積の構造変化と国際経済関係の相互作用が分析されている（⑥）。このような構造変化は，資本主義の2つのサブ・システム，すなわち，市場システム・資本循環と賃労働関係とが，経済のグローバリゼーションや社会システムの変化などに際して，諸制度に規定されつつ異なった対応を示すことによってもたらされる側面が大きい。われわれの制度分析もまた，そこに焦点を当てることになる。

注

1）この言葉は，伊藤元重［1996］から借用させていただいた。
2）この点については，Boyer［1994］を参照されたい。
3）現在の日本経済の状況についても，冷静な判断が必要である。これについては，山家［1997］を参照のこと。
4）社会の安定にとっての「信頼」の重要性については，Fukuyama［1995］を見られたい。
5）Simmel［1900］は，この点についての鋭い洞察を示している。
6）Hollingsworth and Boyer［1997］を参照されたい。
7）グローバリゼーションと国家，社会との関係については，Boyer［1996］，Boyer and Drache (eds.)［1996］を参照のこと。
8）制度の慣性について考えるには，Boyer and Orléan［1994］が興味深い。
9）このような「経済人」の把握については，高須賀［1991］から学んだものである。Bowles and Gintis［1993a］も参照されたい。また，社会諸関係のアンサンブルとして「個人」を把握する方法については，Marx and Engels［1947］が必読文献である。
10）マルクスの生涯と著作に関しては，都留・佐藤・高須賀・島田［1982］を参照されたい。
11）物象化論については，Marx［1867］第1章第4節を見られたい。また，物象化論の現代的展開として，廣松［1982/1993］がある。
12）ケインズ『一般理論』（Keynes［1936］）に関しては，宮崎・伊東［1961］を参照されたい。
13）ポスト・ケインジアンの源泉としてのケインズとカレツキについては，鍋島［2001］の研究が，参照されるべきである。
14）この「装置」ということばのヒントになったのは，アルチュセールの「国家のイデオロギー装置（appareils idéologiques d'Etat）」論（Althusser［1970］）である。
15）本書の旧版（植村・磯谷・海老塚［1998］）におけるSIP図式は，SとPの中間にIを位置づけたものであった。この点について，塩沢［1999b］から非常に的確な批判を受けた。批判のポイントは，旧SIP図式ではあたかも「制度」それ自体が「活動」し

てPを生み出すかのようであるが，Pを生み出すのはあくまでもSの「活動」であるという点にあった。本書でのSIP図式の改変は，この批判に応えるものとして構想されている。

16) 本書の執筆者の一人である磯谷［2004］は，SとIの円環関係の領域を「制度フィールド」と命名し，この円環関係の領域とPとのループを「制度論的ミクロ・マクロ・ループ」として定式化している。本書もここから多くを学んでいるが，①ミクロ・マクロ・ループはあくまでもSとPの円環関係であること，②IとPの結節点はSでしかありえないことを強調するために，敢えて本文のような三角形の「ループ」を提示するにいたった。

> コラム 「制度の経済学」の諸潮流

「制度が重要である（Institutions matter）」。

これは，20世紀末の四半世紀において，経済学の主流，非主流を問わず，制度と制度主義に関心を持つ研究者たちに共有されてきた認識である。そして現在では，制度が重要であるという言明は，経済学に限らず，社会学，経営学，政治学，そして法学といった社会科学全体の共有精神にもなってきている。いまや社会科学者が制度という同一の研究対象を扱う傾向が強まり，社会科学の分野における制度研究の学際化が急速に進みつつある。他方で，現実の世界においても，経済のグローバル化やICT（情報通信技術）の発展といった急速な環境変化に直面して，われわれを取り巻く様々な制度は変化と多様化を余儀なくされている。

このように，理論世界での中心的な研究対象であるだけでなく，現実世界においても多様な進化を遂げる制度なのであるが，はたして制度とは何かという，その定義そのものについて一般的な合意は形成されていないというのが現状である。この現状を反映して，「制度の経済学」の現在においても，図0-1が示唆するように，多様なアプローチ，多様な研究グループが並存する。果たしてこのような理論的な多様性や多元性は，論理実証主義的あるいは反証主義的な科学観を前提とする現代科学論の主流が要請する厳密性や論理性の観点から見て，1つの学問領域として未成熟な状態，あるいは後進的な状態を表すものとして否定的に理解されねばならないのだろうか。決して，そうではない。経済学を含む社会科学の分野では，通常，競合関係にあるいくつかの研究グループが存在することにより競争や協力が発生し，そこからより確実で，説得的な考え方が実践的，経験的に選び出されていく。この意味で，「制度の経済学」における多様性や多元性もまた，新たな理論の創造を可能にする意図せざる新奇性や創発を生み出す源泉をなすものと理解されるべきなのである。

ただし，このように「制度の経済学」の理論的な「多元主義」を積極的に承認するとしても，われわれ自身も含む個々の研究者やアプローチは，「制度の経済学とは何か」という問いに対して真摯に答えることなしですますわけにはいかない。しかも，もしだれもこのような解答の試みをしないならば，図0-1に見ることができるような理論的な多様性はそもそも生まれようはずもないだろうからである。

われわれが本書において試みるのは，過去30年近くの間に進められてきた「制度の経済学」の諸成果に貨幣と労働——生産・再生産と「賃労働関係」——という2つの要素を組み入れ，それらが作り出す独自の世界から再度，諸

制度の分析を照射しかえす時に何が言えるのだろうかを問うことにある。そして，貨幣と労働への着目は，「制度」分析が「制度の経済学」として文字通り「経済学」の内部にのみ留まるのではなく，それらを通して「経済学」の外部——社会・文化・政治などの諸領域——にまで目を見開かざるをえなくなることを期待してのことである。同時にまた，貨幣と労働への着目は，多元主義がややもすれば陥りかねない極端な相対主義に与することなく，われわれ自身の制度分析に特定の理論的な軸足を築いておきたいという意図を込めてのことでもある。

　こうした意図は，本書全体の議論を通して試みられる。ただし，社会科学におけるいかなる研究・議論も通例そうであるように，本書におけるわれわれの議論も，「制度の経済学」としてこれまで推進されてきたいくつかの先行研究との真剣な対話・討論，検討から成り立っている。

　以下では，本書の議論において，われわれがとくに重要であると考えている6つの研究成果について触れておくことにする。「制度の経済学とは何か」を考えようとするならば，なによりもまず「新」・「旧」2つの制度主義の対質に目を向けねばならない。「旧」制度主義（'Old' institutionalism）は，ドイツ歴史学派とヴェブレン，ミッチェル，コモンズに代表されるアメリカ制度派経済学に由来する。そこでは，制度がどのように個人の選好と目的に影響を及ぼすのかを強調し，市場とその他の諸制度が，どの程度まで相互に結合し合い，また他の諸制度に依存するのかに注目する。他方，「新」制度主義（'New' institutionalism）は，その起源のいくつかをC. メンガーのオーストリア学派に持つ。ここでは，所与の個人の仮定から出発し，この諸個人の相互作用からいかにして制度が創発されるのかを説明しようと試みる。かくして，「新」制度主義は個人を基本的に不変なもの，また固定的な概念的基礎と見なすのに対して，「旧」制度主義は社会経済システムとその構成要素との相互の連関，あるいは社会経済システムの開放性を強調しようとする。

　ところで，現在の「制度の経済学」の主流を形成するのは，まさしくこの新制度主義に属する研究グループにほかならない。それゆえ，まず第1に挙げるべきは，「新」制度主義の研究グループということになろう。その代表的存在は，企業組織を組織内での権限・権威関係にもとづく市場に代替的な資源配分メカニズムとして捉え，取引費用節約の比較効率性によって企業の存在理由を解明するというR. コース（Coase [1937]）の精神を結晶化し発展させた「取引費用の経済学（transaction cost economics）」。その代表的な論者であるウィリアムソンの「新」制度主義（Williamson [1975] [1985] [1996]）がそれである。また，この取引費用経済学に不完備契約の理論が付け加えられることによ

り論じられるエージェンシー理論（Alchian and Demsetz [1972], Jensen and Meckling [1976]）や財産権（あるいは所有権）アプローチ（Grossman and Hart [1986], Hart and Moore [1990], Hart [1995]）も，この新制度主義に属する研究グループとして分類されることになる。

第2に，コース＝ウィリアムソンとは異なる知的伝統からの新制度主義も存在する。方法論的個人主義と徹底した主観主義を基本にして，オーストリア学派と新制度派の接続を試みる，ラングロワなどによるネオ・オーストリアンの「新」制度主義（Langlois (ed.) [1986]）がそれである。

第3は，ホジソンの「現代」制度主義（Hodgson [1988] [1998a] [1999a] [1999b] [2001c] [2004]）である。これは，ヨーロッパ制度主義の立場からヴェブレン，ミッチェル，コモンズに代表される「旧」制度主義の精神，発想・視点の現代的な再生を試みようとするものである。

第4は，青木昌彦に代表される「比較制度分析」（青木 [1995] [1996b], Aoki [2001b], 青木・奥野編 [1996]）である。ここにおいては，進化ゲームの理論に基づいて制度が複数均衡として存立可能であるとし，複数ある均衡のうちで「進化的安定均衡」であるものは，経路依存性を持つことが強調される。すなわち，経済システムの多様性と進化を明らかにする経済システムの比較制度分析とその広範な応用への枠組みを提起する。青木が強調する「制度的補完性」や「経路依存性」といった概念は，今では様々な制度経済学で共通して使用される一般的な概念になっている。さらに，Aoki [2001] では，新たに人びとの認知メカニズムに焦点をあてることによって，これまでは外生的と見なされてきたゲームのルールを内生化する試みが追加され，「均衡の要約的表現であると同時に共有予想でもある」制度観を提起するに至っている。

第5は，フランス出自の「レギュラシオン理論」である。この研究グループは，特定の時代・空間における諸制度の配置のもとでのマクロ経済構図を析出し，成長レジームの発展と危機の分析に理論的，実証的な強みを発揮してきた。そして今では，これまで欠落していた「ミクロ経済学の制度的基礎」へと議論の歩を進めつつある（Boyer [2004a], Amable [2003]）。

第6は，レギュラシオン理論と同じくフランス生まれで，近年注目を浴びている制度の経済学であるコンヴァンシオン理論である。このコンヴァンシオン理論は，1989年の *Revue économique* 誌の特集号において産声を上げた。東欧の社会主義体制が崩壊したこの年，アカデミズムの世界では，すでに異端派理論の軸の1つとなっていたマルクス理論は凋落し，新古典派理論が隆盛を極めようとしていた。方法論レベルでは，多くの異端派理論が依拠してきた方法論的全体主義の説得力が極度に低下し，新古典派経済学の基礎となっている方法

論的個人主義が経済学のみならず多くの他の学問分野をも浸食しつつあった。このような状況下でコンヴァンシオン理論の共通認識となっていたのは，正統派の全面的な拒否に基づく経済理論の構築の試みはことごとく失敗してきたという認定である。したがって，コンヴァンシオン理論は，差し当たって方法論的全体主義を捨て，正統派の方法論的個人主義に内在することによって，内部から正統派の理論を批判し，乗り越えようとする。このようなコンヴァンシオン理論がまず着目するのは，ミクロ的な個人であり，その個人間の調整の問題である。コンヴァンシオン理論の正統派批判の論点を簡単に言うと，正統派が基礎に置く個人の戦略的合理性のみでは，個人間の調整は不可能であり，この調整は個人の合意によって生み出されながらも個人を越えた客観的な目印が必要だということにある。この目印がコンヴァンシオン（convention＝慣行）であり，だからこそコンヴァンシオン理論は自らの方法論的立場を「刷新された方法論的個人主義」と呼ぶことになる。さらに，コンヴァンシオン派は，個人に戦略的合理性のみではなく，反省能力，解釈能力を付与する。そうすることによって，表象のレベルにおける調整問題や政治の領域をも包含した包括的な理論を打ち立てようとしている。コンヴァンシオン理論が目指しているのは，政治の領域を内在化させた文字通りの制度の政治経済学なのである。いまやその適用分野は，労働経済学，組織と企業の理論，産業経済学，医療経済学，文化経済学，金融経済学へと拡大しつつある。この新たな理論潮流については，Salais and Thévenot (eds.) [1986], Boltanski and Thévenot [1991], Reynaud [1992], Salais and Storper [1994], Orléan [1999], Boltanski and Chiapello [1999], Orléan (ed.) [2004], Batifoulier (ed.) [2001], Favereau and Lazega (eds.) [2002], Eymard-Duvernay [2004], Eymard-Duvernay (ed.) [2006] 等を参照されたい。

　さて，繰り返しになるが，現在の「制度の経済学」には，以上の6つの研究成果の他にも多様な研究成果が存在する。過去30年近くの「制度の経済学」の諸成果を俯瞰しようとするならば，ホジソンによる2つの編著（Hodgson (ed.) [1993] [2003]）が有益である。「制度の経済学」という大海に漕ぎ出す際の海図の役割を果たしてくれるはずである。さらに，日本語文献としては，「制度の経済学」の構図を俯瞰し，展望したものとして，磯谷 [2004]，八木 [1992] [1993] があり，制度そのものを論じたものとしては，盛山 [1995]，河野 [2002]，また新制度派組織理論をめぐっては，佐藤・山田 [2004]，菊澤 [2006] がある。また多様な「制度の経済学」への日本語による簡便な手引きとしては，進化経済学会編 [2006] に所収された学説解説が有益である。いずれの文献も一度は目を通しておくべき文献といえよう。

第1章　貨幣・市場・資本主義

　本章では，われわれが生きている資本主義経済とは一体いかなるものであるのかを明らかにする。もちろん，資本主義経済の全体的な把握は，本書全体を通して与えられる。ここで提示されるのは，そのような全体的な把握の土台となる基本的な諸概念である。資本主義経済を構成する主要な要素の1つは，市場である。したがって，市場システムとはどのようなシステムであるのかが明らかにされねばならない。

　ところで，すでに序章でも述べたように，資本主義経済と市場システムを同一視することはできない。市場システムの存在は，文明の歴史と同様に古い。歴史上，様々な形態の市場システムが生成し，消滅してきた。しかし，それらすべてを資本主義システムと呼ぶわけにはいかない。当然のことながら，「資本」の存在，これが資本主義経済と市場システムを区別するメルクマールとなる。とは言え，市場システムと資本との関係はいくぶん複雑である。資本の存在は市場システムの存在を前提にする。それとともに，ポラニーの言葉をもじって言えば，市場システムが社会から離陸し，社会に全面化するのは，資本の登場をまってのことである。しかしながら，市場システムを純粋に考察するためには，いったん「資本」を捨象したレベルで議論を展開しなければならない。というのは，後に見るように，市場システムの理解にとって，「貨幣」と「資本」とを区別することが非常に重要だからである。

　本章の第1節では，まず「貨幣」と「市場」との関係を考察する。貨幣こそが，従来の市場理論の躓きの石であったと考えるからである。そこで提示された理解に基づいて，第2節では，「市場メカニズム」論を展開する。だが，現実には，「市場」は「資本主義的市場システム」として存在する。この資本主義的市場システムが存続しうるためには，ある条件が必要とされる。なぜなら，資本主義的市場システムは「利潤」を動因としてワークするのであるが，クローズド・

システム（共同体）を考えるならば，利潤の存在理由そのものが証明されなければならない。換言するならば，資本は本来，共同体間の隙間を活動領域にし，そのことによって利潤を得ていたのであるが，それが共同体内部においても存続可能であるとすれば，どのような条件が前提されなければならないかということが問題となる。その条件は「賃金関係」である。「賃金関係」という媒介環を通して，資本主義経済システムにおける「市場」システムは，労働に関わる諸制度と結びつけられる。ここに「賃労働関係」が成立する。賃金関係に媒介された資本主義経済システムの二層性を明らかにすることが，第3節の課題である。

　本章で明らかにされる市場システムの理解は，続く第2章において，資本の循環運動とその金融的側面への注目という観点から，より議論が深められる。また「賃労働関係」の成立がもたらす社会制度的な帰結は現代の資本主義経済の分析にとって非常に重要である。その1つが，現代の資本主義経済を動かす主役としての企業組織の形成である（第3章）。もう1つの帰結は，人々の日常生活と切り離すことのできない労働世界が資本主義的市場システムおよび企業組織に組み入れられることから生じる，様々な制度諸形態の形成である。これを社会的制度編成と呼ぶとすれば，現代の資本主義経済を分析することは，資本主義的市場システム，企業，社会的制度編成の「接合」のあり方と，それが生み出す動態的過程およびその再生産メカニズムを問うことに他ならないのである（第4および5章）。

1　貨幣と市場

(1)　マルクス理論における貨幣と市場

　われわれが，最初にマルクスの市場理論を取り上げるのは，それが筆者たちが慣れ親しんできた古典的な市場理論だということにあるだけではない。この市場理論は，これから見ていくように，価値論を前提にして市場を再構築するという指向性において経済学的思考の1つの典型をなしており，それゆえに今なお市場を考える際に豊かな示唆を与えてくれると考えられるからである。といっても，マルクスのテキスト・クリティークをしようというわけではない。ここでは，マルクスの市場理論を題材としながら，オルタナティヴな市場理論構築の方向性を探ることが課題となる。

マルクスの市場理論は，主にその著『資本論』第1巻第1篇「商品と貨幣」において展開されている（Marx [1867]）。周知のように，マルクスは，労働価値説の立場に立っており，それが論理展開の出発点をなしている。彼の理解に従えば，商品の価値は，その商品を生産するために，社会的に必要とされる労働量によって決定される。このことを彼は，概略次のように説明している。

すなわち，商品なるものは，特定の人間欲望の充足に役立つという要因である「使用価値」と，一定の比率——これを「交換価値」という——で他の商品と交換されるものであるという要因を持っている。ところで，商品交換は，自分が持っていない商品の「使用価値」の獲得を目指しておこなわれるのであり，したがって，そこでは異なった「使用価値」同士が等値されるのであるから，「使用価値」そのものは交換比率決定の基準とはなりえない。1クォーターの小麦は，靴墨，絹，金といった様々な商品と交換されうるということを指摘した上で，マルクスは，次のように述べている。

> 「x量の靴墨もy量の絹もz量の金その他も，みな1クォーターの小麦の交換価値なのだから，x量の靴墨やy量の絹やz量の金などは，互いに置き替えられうる，または互いに等しい大きさの，諸交換価値でなければならない。そこで，第1に，同じ商品の妥当な諸交換価値は1つの同じものを表している，ということになる。しかし，第2に，およそ交換価値は，ただ，それとは区別される或る実質の表現様式，『現象形態』でしかありえない，ということになる。」

ここで言われている「1つの同じもの」あるいは「或る実質」が「価値」と呼ばれるものであり，交換価値を決定する際の基準となるものを示している。それでは，「価値」は何によって決定されるのであろうか。

ここで，「使用価値」を度外視すると，交換される2つの商品に残る共通なものは，「人間労働の生産物」という属性だけであるとされる。しかし，人間労働そのものが直接に商品価値を形成するものとしての「価値実体」ではない。労働には，2つの側面があり，目的意識的に特定の「使用価値」を生産するという側面が「具体的有用労働」と呼ばれ，これに対して，「無差別な人間労働の，すなわちその支出の形態にはかかわりのない人間労働力の支出」という側面が「抽象的人間労働」と呼ばれる。この後者の「抽象的人間労働」こそが，商品価値を形成するとされる。つまり，その価値量は，その商品の生産に社会的に必要とされ

る「抽象的人間労働」の量によって決定されるということになる。

　物々交換的な想定をあえて問わないとしても，ここではまず多角的な交換関係が成り立っているということが前提となり，その結果として，交換を可能にする基準点＝重心が存在するということが指摘されている。その上で，この基準点を決定するのが，その財の生産に投下された「無差別な」人間労働量であるように議論は続いていく。この場合，たしかに各財がこのような交換の基準点に位置づけられるならば，各財はそのものとして直接的交換可能性を有することになる。ここでは，量的問題としての交換基準の問題と質的問題としての交換可能性の問題が一体になっていると言えよう。財は価値という同質的で量的な「価値」という「数量空間」＝「価値空間」の中に置かれることによってまさに商品となるのである。逆に言えば，すべての財がこのような「数量空間」の中に置かれていることによって，先に述べた貨幣抜きの，物々交換的な多角的交換関係が成立しうると考えることができる。

　マルクスが次に設定した課題は，このような「価値空間」の存在を前提として，そこから如何に貨幣が生成するのかを明らかにすることである。これが，『資本論』第1巻第1章第3節「価値形態または交換価値」において展開される価値形態論の課題である。マルクス価値形態論は，2商品間の関係から始まる。それは次のように書くことができる。

$$a\mathrm{A} = b\mathrm{B}$$

　この式は，「商品Aのa量は商品Bのb量に値する」ということを表現している。これを「簡単な価値形態」――以下では，形態Ⅰ――と呼ぶ。重要なのは，この等式の両辺に置かれている商品が異なった役割を演じていることを理解することである。商品Aは，価値を表現する側にある。すなわち，商品Aは私的労働の生産物であるのだから，その所有者は自らの商品の価値が社会的にどれだけのものであると認定されるのかを直接的に知ることはできない。そこで，彼は，商品Aによって得ることのできる商品がどれだけであるかによって，自らの価値を表示することになる。このような商品Aは，「相対的価値形態」にあると言われる。これに対して，価値表現に役立つ商品Bは，「等価形態」にあると言われる。この関係の中では，「等価形態」にある商品は，直接的交換可能性を有する。何故なら，商品Aが私的労働の生産物であるのに対して，商品Bは，その私的労働がどれだけの量の労働として社会的に認められるのかを示すものとして，社会的

労働そのものを代表しているからである。

　もちろん，可能性としては，自己の商品を除く全商品を等価形態に置くことができる。

$$aA = bB, = cC, \ldots\ldots, = nN$$

これが，「拡大された価値形態」——形態Ⅱ——と呼ばれるものである。これは，商品Aの価値表現——形態Ⅰ——の「寄せ木細工」であり，その価値は，全商品数が n 個であるとすれば，$n-1$ 個の商品によって表現される。しかし，ここで表現されているのは，商品Aの価値だけであって，すべての商品の価値についての「統一的な価値表現」はなされていない。そこで，マルクスは，形態Ⅰには，$bB = aA$ という「逆の関係」が含まれているということを根拠として，形態Ⅱを逆転させる。その結果成立するのが，「一般的価値形態」——形態Ⅲ——と呼ばれるものである。

$$bB =, \ cC =, \ldots\ldots, \ nN = aA$$

ここでは，商品Aを除くすべての商品の価値が商品Aによって，「単純」かつ「統一的」に表現されている。このような位置に置かれた商品Aが「一般的等価物」であり，この機能を担う特定の商品——例えば，金——こそが貨幣なのだとされる。こうして，商品Aによって，表現される価値，これが諸商品の価格——貨幣価格——だということになる。以上が，商品世界における貨幣生成の「必然性」に関する論証の概略である。

　だが，ここに問題が生じる。マルクス自身も気がついていたように，形態Ⅱの相対的価値形態には，すべての商品を置くことができる。そうだとすれば，形態Ⅱは，商品の数——ここでは，n 個——だけ成立することになる。このことは，それを逆転させて生じる形態Ⅲもまた n 個成立することになる。したがって，n 個の商品に対して，$n(n-1)/2$ の価格が存在することになる[1]。このような事態が何を意味するかは，マルクス自身が「第2章交換過程」において明らかにしている。

　「どの商品所持者にとっても，他人の商品はどれでも自分の商品の特殊的等価物と見なされ，したがって自分の商品はすべての他の商品の一般的等価物と見なされる。だが，すべての商品所持者が同じことをするのだから，どの商品も一般的等価物ではなく，したがってまた諸商品は互いに価値として等値され価値量として比較されるための一般的な相対的価値形態を持っていな

い。したがってまた，諸商品は，けっして商品として相対するのでなく，ただ生産物または使用価値として相対するだけである。」

　このことは，貨幣の存在を前提にしない限りは，全面的な商品交換は不可能であるということを意味している。まさに，マルクスが貨幣の必然性を論証しようとして展開した価値形態論は，結果的に，貨幣生成論の不可能性を示してしまったのだと言えよう。たしかに，価値形態論の根底にある理解，すなわち，商品交換が行われるためには，それぞれの財が社会的に受容される数量として表現されなければならないという洞察は，上記の文言が示しているように，正しい。しかしながら，マルクスは，その数量を貨幣価格とすることはできなかった。それは，貨幣価格以前に，「価値」によって数量空間を与えてしまっていたからである。価値論の役割はこの点にある。このように貨幣ぬきに数量空間が与えられ，それによって商品空間，それゆえ市場空間が規定されてしまうならば，貨幣の出番はない。すでに，貨幣の役割が先取りされてしまっているからである。ここでは，貨幣をこの空間に取り込むことが課題として設定されることになる。それは，貨幣＝商品とすることによって果たされる。価値論を前提とする経済理論が貨幣商品説になるのは，この理由による。

　しかし，このような価値論に基づく市場理解は，根本的な難点を含んでいる。それは，社会的に受容されうる数量表現が必要とされる事態，あるいはマルクスが「商品の命がけの飛躍」または市場経済の「無政府性」と呼んだ事態を引き起こす，市場の基本的な原則としての「分散性」，この問題が消去されてしまうということである。市場経済の「分散性」とは，それぞれの主体の意思決定が，他主体のそれとは無関係に独立に行われうるということを意味する。これに対して，マルクスに限らず，新古典派を含めて，通常の経済学が市場を論理化する際に依拠する，「価値空間」の存在を前提とする価値論は，商品を予め確定されている数量空間の内部に位置づけることによって，商品はそれ自体として交換可能──初期における物々交換の想定──となり，市場経済の分散性という特性が消し去られてしまう結果となる。さらに，貨幣を二次的な生成物とすることによって，分散性が貨幣経済としての市場経済において如何に実現されているのかという問題を無視し，さらには，貨幣を価値空間に属する商品と見なすことによって，貨幣の制度的側面を軽視することになる[2]。われわれが，試みようとするのは，貨幣の存在を前提することによって，このような価値論の限界を突破するこ

とである。

(2) 貨幣の存在論

　市場経済の「数量空間」とはどのようなものであろうか。この「空間」の性格は，非常にアンビバレントであるように思われる。

　それは一方で，交換を可能にするという点で市場経済の成立にとって前提でなければならず，その意味で個々の活動にとって超越的な存在である。しかし，他方で，それは市場経済に内在的なものでなければならない[3]。何故なら，この「数量空間」は，「価値空間」のように予め確定している「数量」をこの空間に属する個々の要素に外在的に与えるのではなく——そうであれば，マルクス価値論と同様に，私的諸主体の自由な行動を構成要素とする市場のイメージは消滅してしまう——，むしろ個々の要素の活動によって形成される「数量」でなければならないからである。また，そうでないかぎり，分散化された市場経済のもとでの諸個人の行動の自由は保証されえない。このような空間は，マルクスも言うように，「統一的で一般的な価値表現」を可能とする貨幣の存在によって与えられるという意味で，「貨幣空間」と呼ぶほかはないであろう。貨幣の存在が，「観念的価格」（マルクス）を成立させ，「命懸けの交換」を含んだ全面的交換を可能とする。

　ここで銘記すべきは，貨幣こそが市場における自由で独立した「個人」＝「私的個人」の存在を可能にするということである。財が「商品」になるためには，「統一的で一般的な価値表現」が必要である。ということは，通常「生産手段の私的所有に基づく私的生産」こそが商品生産成立の前提条件であるとされているが，実は，この「統一的で一般的な価値表現」が成り立たないかぎり，交換が，したがって「私的生産」が成り立たないと言うことである。換言すれば，「私的なるもの」が存在しえないということである。貨幣以前に「私的個人」なるものは存在しえないのである。われわれは，市場経済なるものは，貨幣なしには概念化しえないという，ある意味で自明のことから議論を出発させざるをえない。かくして，貨幣の存在を前提にして市場理論を組み立てなければならないことになる。

　次に問われなければならない問題は，このように貨幣の存在を前提にすることがどのような市場理論をもたらすかということである。ここでは，本格的な論究

を行うことはできないが，簡単にその方向性を確認しておこう。

第1に，以上のように理解するかぎり，市場理論においては，「私的」なるもの，あるいは「個人」と「社会的なるもの」の対立的理解は意味をなさない。「私的個人」なるものは構築されるべき概念であって，もはや前提ではないからである。貨幣の存在によって，個人は自由で独立した「個人」＝「私的個人」となるのだが，同時に彼らの間の相互関係が「私的個人」にとって外的なものとして現象することになる。また，だからこそ，「個人」の自由と独立が保証されるという関係が明示的に市場理論に組み込まれなければならない。このことを貨幣の哲学者ゲオルグ・ジンメルは次のように的確に表現している。「貨幣は，なるほど人間のあいだに関係をつくり出しはするが，しかし人間を関係の外部に放置する」のであり，それゆえにこそ，「人間同士の」「あの独立性がはじめて成立する」（Simmel［1900］）のである，と。貨幣の存在によって，「個人」と「社会」が，そして両者の亀裂が生み出されるのである。

第2に，貨幣の存在が前提になるということは，それが市場外から与えられるということを意味する。より正確に言えば，貨幣の存在によって市場という「数量空間」が形成されるのであって，逆ではないということである。つまり，貨幣は交換の論理から導出されるものではないのである。この意味で，差し当たり，貨幣を，市場と対比される存在という通常の意味で，「制度」だと考えることができる。この点は，「主体」を形成する社会的な「装置」というわれわれの「制度」の定義からしてもそうである。

市場理論の構築ということからすれば，ここで，2つのことが重要であると思われる。1つは，貨幣の入手の問題である。貨幣が交換の論理から出てこないということは，その入手は財の販売による貨幣の獲得という交換形式とは異なったメカニズムの結果だということになる。貨幣商品論の立場に立つならば，貨幣となった商品は，商品交換のロジックに従って各個人の手に入ることになる。金商品＝貨幣説に立つマルクスの場合には，金原産点での物々交換という手続きによって貨幣が市場に流入してくることになる。この「制度」的メカニズムが明らかにされなければならない。それは同時に「私的個人」の生成メカニズムでもある。何故なら，貨幣を入手することによって，個々の成員は，「自由と独立」を手にし，「私的個人」となることができるからである。

もう1つ重要なことは，貨幣を出発点とするアプローチと，財から出発するア

プローチとのあいだには，非常に強い緊張関係が存在するということである。前者を貨幣的アプローチ，後者を実物的アプローチと呼ぶならば，実物的アプローチは，貨幣を排除した財空間を価値空間あるいは交換可能空間に転化し，そのうえでこの空間に貨幣を導入しようとしてきた，あるいはこの空間から貨幣を析出しようとしてきた。このような発想がいわゆる実物世界と貨幣世界の「古典的二分法」——実物世界をそれ自体として完結した体系と見なし，貨幣は実物世界を覆う単なるヴェールであって，実物世界に実質的な影響を与えないとする考え——を基礎づけてきたのである。すでに見てきたように，貨幣的アプローチは，この「古典的二分法」を乗り越える可能性を孕んでいる。この観点をより鮮明に打ち出しているのが，貨幣的アプローチを強く主張しているジャン・カルトゥリエである。

> 「この価値と貨幣の選択は，当然のことながら，経済諸関係の量的性格の表象に関わっている。
> ——第1のものは，貨幣という量的な社会的紐帯の存在に基礎を置き，ゲームのルール，すなわち，貨幣的社会の機能様式を明らかにすることに努める。問題は，貨幣の確認を基礎として，社会生活の様々な側面を導出し，経済活動の諸形態を描写することである。
> ——第2のものは，貨幣を適切な量化を行うものとしては退け，実物的与件を基礎として量化された世界を合理的に再構築する。すなわち，問題は価値論であり，その目的は，大きさ（価格あるいは価値）を，その存在が前提されている対象（財のノマンクラチュール）に結びつけることである。」
> (Cartelier [1985])

しかしながら，なぜ経済学は貨幣を排除しようとするのであろうか。カルトゥリエによれば，自由主義の勃興によって富の概念が君主・権力およびそれと密接な関係を有する貨幣から切り離され，個人の欲求対象に移行したことに起因するとされる（Cartelier [1987]）。ここに，「経済学に固有の理論的構造は，与えられた現象の等質的空間と，その空間の現象の経済的性格を欲求の主体としての人間（ホモ・エコノミクス［＝経済的人間］という与件）のなかに基礎づけるイデオロギー的人間学とを無媒介に直接に関係づけることである」（Althusser et al. [1965]）と喝破したアルチュセールの「経済学批判」とカルトゥリエの提唱する「貨幣的アプローチ」が重なり合うことになる。「貨幣的アプローチ」は，「欲求

主体としての人間」とその欲求の対象としての「財」という非社会関係的な次元において「経済」なるものを定義し，そのうえで，そのような「個人」から「社会的なるもの」を導こうとする従来の「経済学」に対する根底的な批判をその出発点に置いている[4]。

(3) 若干のインプリケーション

上記のような理解が有する従来の経済理論に対するいくつかのインプリケーションを確認しておこう。

① 以上で見てきたところより明らかなように，貨幣は，「商品」に概念的に先行しており，なおかつ一定の共同体に固有の存在であると言うことができる。かつてマルクスは，商品交換は，共同体と共同体の間で始まると述べた。このことは，共同体にとって「外部的」であるがゆえに，商品交換は，したがって貨幣は「廃棄」可能なのだということを含意する。しかし，われわれのように，「物々交換」から「貨幣」を導出することが不可能であると考えるならば，彼の考えは逆転させられなければならない。貨幣は，社会＝共同体形成の始源に位置する。その発生機制は，言語のそれと同じく，濃い霧の彼方にある。言語によって，言語そのものの発生を説明することが極端に困難なように，市場を主要な対象とする経済学のロジックによって貨幣の生成を語ることもまた極端に困難である。なぜなら，それは市場の前提となる「社会」なるものや「個人」なるものの生成を説くことに等しいからである。それゆえ，われわれは，貨幣の存在を前提として，市場を考察しなければならない。貨幣によって形成される「市場」は，「共同体」＝「社会」と不可分の形で存在するということである。その「社会」特有の社会関係との複雑な絡み合いの中でしか，「市場」は存在しえないのである。

② 前項の最後に述べた点は重要である。「物々交換」から「貨幣」が導出されるとする考え方は，個々人が所有する「資産」の1つが「貨幣」になるということを意味する。ここから，第1に，「物々交換」＝「市場」のロジックが「貨幣」を生み出すのであって，そのロジック以外の社会関係は，「市場」とは無関係であるとする「市場」観を導くことになる。ここには，「制度」の入り込む余地はない。このような見方の論理的帰結が，新古典派的市場理解によってたつ「市場主義」にほかならない。第2に，このロジックに従えば，「貨幣」は「資産」で

なければならない。「資産」であることが「貨幣」となる要件であるとされる。しかし，容易に理解されるように，取引において 100 円は，100 円としてしか通用しないのに対して，ストックとしての「資産」は，それが「貨幣」に変換されるかどうかが不確実であり，さらに，それによって得られる貨幣額を時と場所によって変動させる。フローとしての「貨幣」とストックとしての「資産」との区別が，上のロジックにおいては消し去られてしまうのである。このことの問題点，および「貨幣」があたかも「資産」として扱われる条件については，後に述べることにする。

ところで，ケインズを含めて経済学のなかではストックとしての「貨幣残高」を「貨幣」として呼ぶことがしばしばあるが，この「ストックとしての貨幣」は，本書の考えにもとづけば厳密には「貨幣」ではなく，「金融資産」である。「制度としての貨幣」は，あくまでフローのレベルで成立する。しかしながら，この「フローとしての貨幣」と「ストックとしての貨幣＝金融資産」とのあいだには，いわゆるフロー・ストック関係が成立しており，両者をともに視野におさめて分析する必要がある。この点は，第 2 章で詳しく検討することにしたい。

③ 「貨幣」の存在が，「市場」の場における「主体」を生み出す以上，「貨幣」は，われわれが序章で定義した意味での「制度」であり，またそのようにして形成される「主体」によって織りなされる「市場」も「貨幣システム」という名の「制度」である。そして，それが「制度」である以上，「秩序」形成作用を持っている。次に分析されるべきは，この「貨幣という制度」そのものである。

(4) 貨幣の資本への転化

「制度」として「貨幣システム」を分析する前に，続く章との関係上，前もって述べておかなければならないことがある。それは，「貨幣」が「資産」として扱われる条件に関わる。「商品交換は共同体と共同体の間に始まる」というマルクスの歴史的な寓話に対比しながら，その条件を明らかにしておこう。マルクスの寓話が，彼の理論によって基礎付けられた寓話であるのと同様，われわれの寓話も，後の理論展開によって根拠付けられることになるであろう。

すでに述べたように，従来のマルクス経済学においては，共同体間における「物々交換」が，「商品交換」の原基形態であるとする了解が存在する。このマルクスの観点を徹底することによって，独自の経済学体系を打ち立てたのが宇野弘

蔵である。すなわち，「共同体」=「労働生産過程」=「社会的実体」と理解することによって，商品・貨幣・資本という「流通形態」を「共同体」のロジックから分離するとともに，逆に「流通形態」の展開から「実体」を排除するという試みを提起したのである[5]。われわれも，「共同体」間における「物々交換」なるものの存在を否定しない。われわれと宇野（そして，マルクス）との相違点は，このような「物々交換」が発展して「貨幣」を生み出すという理解をわれわれが拒否する点にある。共同体間の「物々交換」は，「共同体」内における「貨幣」の存在を前提にしているのであって，「市場」間の「物々交換」でしかないと言わざるをえない。

共同体間に「物々交換」が行われていたとして，それでは，誰がそのような「物々交換」を媒介するのであろうか。そのような「媒介者」は，生活者として，持続的である必要はないが，いずれかの共同体に属さなければならない。しかし，同時に，「媒介者」は，当該の共同体の規制から「自由」でなければならない。何故なら，彼は，他の「共同体」と接触するためには，特定の共同体規制によって拘束されることがあってはならないからである。したがって，このような「媒介者」は，両義的な存在性格を有することになる。一方で，彼は，共同体成員であり，他方で，その共同体の「異邦人」である。このような両義性こそが，共同体間の「物々交換」の「媒介者」の存在性格である。

この「媒介者」は，共同体間の「物々交換」を生業とすることによって，生活の糧を得なければならない。それは，次のようなシステムが存在することによって可能となる。まず，「媒介者」は，自己が所属する共同体Aの産物 a の一定量 X_a を，共同体Bの産物 b の一定量 X_b と「交換」し，それを共同体Aに持ち帰る。「媒介者」が「媒介者」として持続的に存在するためには，共同体Aにおいて，$X_b > X_a$ という貨幣的評価が与えられなければならない。共同体内において，「貨幣」が存在することが前提であるから，この評価額の差額の少なくとも一部が「媒介者」の生活の糧となる。これは，売上総額マイナス原価という意味では，すでにして「利益」である。かくして，「媒介者」は「商人」へと転化する。と同時に，X_a が他の共同体Aの成員から委託されたものである場合には，彼の「異邦人」としての「立場」あるいは「才覚」が，X_a が彼の有している貨幣によって購われたものである場合には，その貨幣額が，「資本」へと転化する。

さらに，一旦「利益」概念が生じるならば，「商人」は，複数の共同体へと「交易」を拡大するのみならず，複数の共同体間の「交易」を媒介するようになる。こうなると，それぞれの共同体に特有な複数の「貨幣」による決済の必要性が生じるようになる。ここに，様々な共同体を縦断した，「貨幣」市場と金融のネットワークが形成されることになる[6]。「貨幣」は，ここにおいて「資産」に転化することによって，グローバルな性格を手にすることになる。「市場」という「秩序」の形成者である「貨幣」が，その「市場」のロジックに従属するという事態が生じる。このことは，「資産」としての「貨幣」が売買の対象，さらには投機の対象となることを意味する。すなわち，「貨幣」はここに手段であるとともに目的ともなることとなる。自己目的化された「貨幣」は，共同体規制を乗り越えて，独自の運動を開始することになる。

2　市場システム

(1)　制度としての「貨幣」と「市場」

　「貨幣商品」説を排し，「貨幣存在」を前提にするのが，われわれの基本的な立場である。したがって，「貨幣存在」によって形成される「市場」なるものを概念化する必要が生じる。ここで重要なのは，われわれは「貨幣」を，第一次的には市場経済を成り立たせている最も根本的な「制度」として理解しているのであって，物的なストック，あるいは「資産」として理解しているのではないということである。われわれは，現代フランスの「貨幣的アプローチ」を代表するジャン・カルトゥリエ（Cartelier [1996]）と同様に，「制度」としての「貨幣」は，次のような要件を満たさなければならないと考える[7]。

　① 「共通の計算単位」としての「貨幣」

　「貨幣」は，社会のすべての人に受容され，諸「個人」間の関係を量的に表現する「共通の計算単位」であって「資産」ではない。したがって，ここで問題としている「フローとしての貨幣」は，「価値保存」という機能を果たすわけではない。この点は，貨幣をもっぱらストックと考えるケインズの貨幣理解とは異なっている。貨幣によって数量化＝客観化されることによって，「市場」という「経済空間」が成立する。

　② 「主権」と「貨幣発行システム」

貨幣は資産ではないのだから,「個人」が所有する「財」=「資産」が貨幣となることはない。もちろん,かつて金貨が流通していた時代もあり,金はまさに個人が所有する資産であったわけだが,金は,王の鋳造所において整形され,刻印されることによって初めて金貨,すなわち貨幣となる。したがって,貨幣を発行=創造するのは,金貨流通時代においては,「王権」とそのもとに存在する貨幣鋳造所であると言えよう。もう少し一般化するならば,「主権」と「貨幣創造 (minting, monnayage)」こそが,制度としての「貨幣システム」の骨格をなすということである。ここで,「主権」とは,個人からは独立した,「共同体」にとっての共通性を保証するための正統化された「最高意思決定権」のことであり,貨幣システムとは,貨幣を創造するのみならず,それを人々の手に渡すシステムをも含んだものである。後者については,敷衍しておく必要があろう。

「貨幣創造」は,何等の基準もなく行われるわけではない。それは,貨幣を必要とする人々の要求によって決まる。さらに言えば,この人々の要求額を決めているのは,その人々が予測する負債額である。「貨幣創造額」は,基本的には,こうして決定される。したがって,現代経済学の用語で言うならば,貨幣は「内生的」に供給されるということになる。もちろん,個々人の単なる要求によって貨幣が発行されるわけではない。それには,一定の規則が必要となる。金貨幣のみが流通する「純粋金属流通システム」においては,金の所有者のみが貨幣を入手する権利を有している。これに対して,すべてが口座決済されるような,「純粋信用システム」の場合はどうなるのであろうか。金に代わるものが存在しているのであろうか。かつての「貨幣システム」において,金が果たしていた役割を検討してみなければならない。

「純粋金属流通システム」においては,その社会の存在する金の総額が,貨幣創造額の上限をなしている。もちろん,金所持者が彼が所有するすべての金を貨幣に鋳造してもらう必要はない。どちらにしても,金所持者が「鋳造所」に持ち込む金量が,現実に創造される貨幣量を決定する。取引が終了するならば,貨幣はもはや必要ないので,資産,すなわち金地金へと転換する。現実に貨幣が溶解され,金地金になるかどうかは,問題ではない。市場取引の「期末」に取引が終了してしまえば,金貨は,理論的に貨幣でなくなるということが重要である。こうして,貨幣は,取引期間の期首に創造され,期末に消滅する。注意すべきは,期末においては,資産であるのは,金であって,貨幣ではないということであ

る。

　ここで，もう2つほど注意しておきたい。第1に，金が資産であるのは，それを保持することが，貨幣の入手につながるからである。もちろん，次期において，その資産がどれだけの貨幣を入手することができるかは，今期の期末においては不明である。取引の不確実性が，一定の期間における不確実性，すなわち，貨幣経済＝市場経済の根源的な「共時的な不確実性」を指示するとすれば，複数の期間にまたがる，このような不確実性は，根源的な「通時的な不確実性」そのものである。第2に，鋳造所，さらには貨幣創造機関からの貨幣の「入手可能性」の有無こそが，そのモノが資産であるか否かを決定する。だが，入手可能性の程度は異なる。このことは，次のことを意味する。それは，貨幣の「入手可能性」を基準として，多層的な「資産市場」が形成されるということである。例えば，「純粋金属流通システム」においては，金以外の資産は，金への代替可能性あるいは金との交換可能性に応じて階層的な資産市場をなすことになる。ここに，多層的な資産市場形成の契機が与えられることになる。

　③　信用貨幣と「収支バランスの清算」規則

　「純粋金属流通システム」において見られるように，貨幣が資産ではないとするならば，貨幣は取引期間の期首に創造され，期末に消滅する。すなわち，貨幣は期間内でのみ存在するフローである。貨幣が資産でない以上，「純粋信用システム」の場合も，事態は異ならないはずである。「純粋信用経済」においては，貨幣は，中央銀行が発行する「信用貨幣」である。信用貨幣は，まさに信用であるがゆえに，中央銀行によって貸し出され，最終的に返済されることで消滅する。したがって，先の問題，すなわち「貨幣創造額」についていうならば，中央銀行による貸出の基準は，当の相手の「返済可能性」にあるということになる。この返済可能性に対する「信用」こそが，ここでは，第1ランクの資産となる。と同時に，ここに「純粋金属流通システム」と「純粋信用システム」との相違が見出される。「純粋金属流通システム」の場合には，金という目に見える物理的存在が貨幣入手の「元手」をなしているのに対して，「純粋信用システム」の場合には，それは「信用」という，主観的なモノである。

　さらに詳しく見てみると，「純粋金属流通システム」においては，金の所持者は，その一部あるいは全部を貨幣に鋳造するのだが，その目的が金という資産の増大にあるかどうかは，問題にならない。もちろん，金貨幣を消費目的のために

使用し続けるならば，早晩，彼の「資産」は底をつくことにはなるが，当面の問題として言えば，入手した貨幣を，資本として使用するか，それとも消費財源として使用するかは，ここでの事態には何の影響も与えない。これに対して，「純粋信用システム」においては，事態は非常に異なる。「純粋信用システム」では，返済能力こそが，貨幣入手の決め手である。したがって，少なくとも，借り入れた貨幣と同等，あるいはそれ以上の貨幣を取得しうる能力こそが，返済能力そのものだということになる。すなわち，この段階では，貨幣を入手する主体の目的は，貨幣による貨幣の獲得である。マルクスの定式化に従えば，M（貨幣）—C（商品）—M（貨幣）ということになる。もちろん，マルクスの言うように，この範式は，個々の当事者にとっては意味をなさない。何故なら，貨幣の獲得を目的とする以上，個々の当事者にとっては，期首と比較した場合の期末における貨幣額の増加が重大な関心事となる。さらに，返済は利子をともなわなければならない。したがって，返済能力はまさに収益能力ということになる。これは，「資本」である。予想収益率を利子率によって現在還元した期待収益能力が，貨幣額での「資本」となる。

　もう1つ，「純粋金属流通システム」と「純粋信用システム」を区別する点がある。「純粋金属流通システム」においても，不確実性を有する取引の結果として，期末には，期首とは異なった資産分布状況が生まれる。しかしながら，期首において得ることのできる貨幣額は，その時点での手持ちの金量によって制約されている。したがって，赤字（期首の貨幣額＞期末の貨幣額）が生じようとも，それは期首の手持ちの金量の範囲のことにすぎない。ところが，「純粋信用システム」では，事態は異なる。この場合には，貨幣発行の「元手」は，主観的な期待収益能力でしかない。このとき，期末に赤字が生じたらどうなるのであろうか。もちろん，期首に発行された貨幣総額は，その期間における「所得」を形成し，かつ期末に中央銀行に返済されなければならない。しかし，返済の原資は，期間中の取引によって得た貨幣でしかない。そうであるとすれば，「赤字」の主体は，「黒字」の主体に対して借用証書——例えば，社債の発行——を振り出すことによって返済資金を調達する他はない。このようにして，期首に発行された貨幣は期末に返済されて消滅する。この意味での貨幣はあくまで「フロー」である。以上が，すなわち，経済全体で見た場合の$M-C-M$が，マクロ的な「等価交換」の原則の貫徹形態である。注意すべきは，期首において発行される貨幣

総額には，期末に返済されるべき利子に対応する量の貨幣がすでに含まれているということである。さらに，そこには「黒字」主体が得る「利潤」——これは，ケインズが『貨幣論』で言及している「利潤」=「意外の利潤 windfalls」——と「赤字」主体の「損失」が含まれていることである。

(2) 市場メカニズムの貨幣論的解釈

われわれの「市場メカニズム」論が多くの他のそれと決定的に異なるのは，それが「商品」あるいは「財」ではなく，「貨幣」を出発点にすえているというところにある。われわれの理解では，貨幣の創造と消滅の間に横たわる期間に成立する取引関係のシステム総体が，「市場」である。そして，この市場メカニズム論の目的は，「市場」における取引過程と価格形成を明らかにすることである。

この目的は，しかし，次のような条件の下で達成されなければならない。まず注意すべきことは，市場というシステムは，きわめて「分散化」されているということである。このことは，次の2つのことを意味している。第1に，各取引主体は，独立に，自己の予測と意思決定のみに基づいて支出を行う。第2に，その取引の結果は，個々の取引主体にとっては外的なものとして現れる。つまり，その「期待」が実現するか否かは，個々の取引主体の自由に決定できる範囲を超えているということである。本書では，「均衡 (equilibrium)」という言葉を使用しているが，ここでは取引主体の事前の「期待」が事後の結果と一致する状態を指している。これに対して，このような一致が成立しない状態を，「不均衡 (disequilibrium)」と呼んでいる。ここで，取引主体の「期待」の形成は，序章で論じた制度論的「ミクロ・マクロ・ループ」の結果として行われるものであって，個別主体の最大化行動の結果ではない。市場における「取引」に関わる制度的編成やマクロ経済状況などが，取引主体の「期待」の形成に影響を与えるのである。

本書におけるこのような「均衡」の理解は，新古典派経済学のそれとは大きく異なっているので注意してほしい。個別的主体の最大化行動を採用していないという点で，われわれはワルラス的な「一般均衡理論」だけでなくE. マランボやJ. P. ベナシーの「一般不均衡理論」にも与しない[8]。また，本書では，すべての取引主体の「期待」と取引の結果が一致する場合を，市場は「一般均衡」状態にあると言っている。もちろん，一般的には，取引は市場全体の状況とは無関係に

表1-1 貨幣支払マトリックス

取引主体	1	2	…	H	支出
1	d_{11}	d_{12}	…	d_{1h}	d_1
2	d_{21}	d_{22}	…	d_{2h}	d_2
…	…	…	…	…	…
H	d_{h1}	d_{h2}	…	d_{hh}	d_h
収入	r_1	r_2	…	r_h	x

「相対取引」として行われるので,「取引」は「不均衡」の状態でおこなわれるのが常態である。そこでは,取引主体の事前の期待は裏切られ,市場メカニズムによって恒常的にその期待が満足されない取引主体が生み出されている。このような市場システムの特質を勘案した上で,作成されているのが,以下に示す(表1-1)カルトゥリエの「貨幣支払マトリックス(matrix of monetary payments)」である (Cartelier [1991b])。

この表の d_{ij} は取引主体 i の取引主体 j に対する支出を,r_j は取引主体 j の総収入を,x は社会の総収入=総支出を示す。なお,ここでは,取引主体と商品の間に1対1の対応関係があると仮定されている。

このマトリックスの構造は,彼によれば次のようになっている。①マトリックス内のすべての数字は,ある取引主体にとっての支出 outlay(行)を示すと同時に他の個人にとっての収入 receipts(列)をも示している。②すべての取引主体の支出のあり方が分かれば,個々の取引主体の収入のあり方も分かる。③支払手段の入手可能性は,流通の前提条件である。商品交換によって貨幣が得られるのではなく,貨幣の入手とその支出が前提となって,商品交換が行われるのである。

ここで,x_h は取引主体 H の期待販売量を,y_h は商品 h の単位当り販売量から得られると期待される期待単位収入を,c_{h1} は取引主体 H の総収入に占める取引主体 H の商品1に対する消費割合を,p^e_{h1} は取引主体 H の商品1に対する予想価格を,a_{1h} は商品 h を1単位生産するのに要する商品1の量だとすると,取引主体 H の商品1の市場での支出は,つぎのように書くことができる。

$$x_h y_h c_{h1} + p^e_{h1} a_{1h} x_h = d_{h1} \tag{1.1}$$

(1.1)式の左辺の第1項 $x_h y_h c_{h1}$ は,期待所得のうちの H によって商品1に支出され,消費される部分を示す。(1.1)式の左辺の第2項は,H が商品 x_h を生産し

たときに，投入物として使用される商品1の予想総購買価格を示している。

ここでは，商品1の市場価格は，事後的に次のように決まる。それは，商品1の市場にもたらされる需要（貨幣総額）を，商品供給量で除したものである。

$$p_1^* = \sum_h d_{1h}/x_1 = d_1/x_1 \qquad (1.2)$$

以上のようなシステムは，次のような特性を持っている。第1に，ここでは，市場において「販売」されたすべての商品が問題となっている。言いかえれば，このマトリックスは，「市場」における「取引」の事後的な貨幣論的記述である。したがって，ここでは，第4章で詳しく説明するような「市場」における調整メカニズムそれ自体が論じられているわけではない。第4章で詳しく説明するように，実際の市場では，「価格調整」とともに在庫調整を最短期の調整とする多層的な「数量調整」のメカニズムが存在しているのであり，それらがルールや慣習的行動にもとづく制度的調整と結びつきつつ，より大域的な調整を生み出しているのである。しかし，この「貨幣支払マトリックス」において重要なことは，市場における特定の調整メカニズムの想定とは独立に，「不均衡」下での取引が実行可能であることを示している点にある。

第2に，市場で取引が行われたとき，そのことは，実際に成立する価格 p^* が予想価格 p^e に等しいということも，すべての取引主体の収支バランスがゼロに等しい——「黒字」の取引主体も「赤字」の取引主体も存在しない——ということも保証していない。そのような「不均衡」取引のもとでも，ある取引主体の「支出」は，必ず別の取引主体の「収入」を生み出すのである。ここで重要なのは，このような理解がケインズやカレツキによって定式化された「有効需要の原理」に市場制度論的基礎を与えている点である。第2章で詳しく見ることにしたいが，有効需要の形成は貨幣の支出と表裏一体のものである。ケインズやカレツキの発想を継ぐマクロ経済動学の基礎として，「貨幣支払マトリックス」をおく理由もここにある。

第3に，市場メカニズムそのものには，単純再生産——期首における貨幣の賦存状況と期末における貨幣の賦存状況が等しいような事態——それ自身を保証するようなメカニズムは含まれていない。たしかに，市場メカニズムは，個々の取引に関しては，局所的な調整を行うが，それが大域的な調整を円滑に行いうるという保証はどこにもないのである。「分散化された経済」として市場経済を考え

る限り，一般的には，$p^* \neq p^e$ となるために，個々の取引主体の収支バランスは正または負となる可能性が極めて高く，この結果，先に見たように，収支バランスの清算が必要となることになる。

(3) 市場システムの制度論的解釈

さて，次に以上で説明したカルトゥリエの市場システムの貨幣論的理解を基礎として，市場システムに関するより制度論的な解釈を提示することにしよう。市場における取引は，「均衡」状態においてしか行われないのではなく，通常は，「不均衡」状態で逐次的に行われる。この点は，「オークショニア（auctioneer）」を通じてすべての取引が一挙かつ同時に成立すると考えるワルラス的な市場理解とは決定的に異なっているものである。「相対取引（あいたい）」を基本とする通常の市場においては，「不均衡」状態のもとで逐次的に取引がなされ，その限りで「市場価格」が決定されるのである。したがって，この市場価格が，「均衡価格」である保証はどこにもない。ここに，市場の「分散性」が示されている。制度論的に見た場合，分散的な市場システムの特徴は，以下のようなものである。

まず第1に，このような「分散性」のために，市場は，経済の単純再生産を保証しないことになる。とはいえ，そのことは貨幣制度のもとで成立する市場システムが統一性と持続性を持っていないということを意味しない。この統一性と持続性を保証しているのが，社会全体としての「等価交換」であり，各個人の「収支バランスの清算」規則である。「収支バランスの清算」規則，これは，黒字の主体が赤字の主体に融資することによって，全体として資産状況の変化を引き起こすことになるが，このようにして，貨幣の創造と消滅，すなわち発行貨幣額と中央銀行に返済される貨幣額が等しくなり（等価関係），貨幣循環の円環関係は維持される。すなわち，社会全体としての「等価交換」とは，期首において発行＝創造されたのと同額の貨幣が期末において返済＝消滅することである。まさに，「貨幣は期首において創造され，期末において消滅する」のである。このことによって，このシステムの一貫性が保たれる。「貨幣制度」にとっての，「収支バランスの清算」規則の重要性はここにある。この意味で，「収支バランスの清算」規則は，市場システムにとって最も重要なメタ・ルールである。

第2に，市場は分散性を特徴とするために，時間的にも空間的にもきわめて多層的に編成されており，したがって，すべての市場が同時に調整されることはな

い。市場において情報は瞬時に伝達されるわけではなく，しばしば局所的に分有されている。また，市場における反応の連鎖は，信用や在庫などの媒介によって相対的に切り離されつつ成立しているので，時間的および空間的に離れて存在する市場のあいだには，相対的な自律性が存在するのである。したがって，ある市場の「不均衡」は，時間的過程のなかで別の市場における取引に影響を与えていく。このことは，市場による完全な「自動調整機能」を暗黙のうちに仮定する新古典派の「ワルラス的市場」の想定を否定することを意味する。したがって，市場における取引だけでは，「一般均衡」の成立だけではなく，社会経済システムの「再生産」をも保証することはできない点は，ここで強調しておかなければならない。市場のみが経済システムの大域的な調整のすべてを一挙に担っているように考えるのは，資本主義における市場の「分散性」と制度の重層性を無視した理解と言えるのである。

　ここでもちろん，社会経済システムの「再生産」そのものは，厳密な意味での単純再生産ではなく，成長や循環を含んだ「ゆらぎをもった定常系」（塩沢［1990］［1997a, b］）であって，絶えず変化しつつ，同一性，恒常性を保つことになる。上で述べたように，全体としての「等価関係」が維持されながら，全体としての社会経済システムの再生産がなされることによって，社会は存続していく。社会が存続していくためには，第5章第1節で見るような物的再生産の条件が充たされなければならない。しかしながら，市場システムそのものがこのような社会経済システムの「再生産」機能を持っているわけではないことは，すでに明らかにしたとおりである。市場システムには分散的性格があるので，「取引」の結果がシステムの「再生産」ではなく，システムの不安定化，さらにはシステムの「発散」へと発展する可能性を否定できないのである。市場メカニズムは資本主義において大域的調整のすべてを担っているわけでは決してないのであって，そこには，市場的調整と制度的調整との重層的連関全体が複雑に関わっているのである。この点は，第4章で論じられる。もちろん，上記の物的再生産のあり方と，貨幣システムのそれが無関係であるわけではない。当該の貨幣システムが存続するためには，貨幣システムに対する社会からの信認が不可欠であり，それには，物的再生産の円滑な進行が前提となる。と同時に，物的再生産が貨幣システムを通して行われることも事実であり，この意味で，市場メカニズムは，間違いなく物的再生産の調整メカニズムの1つである。物的再生産と貨幣システムの相

互規定関係の解明あるいは貨幣的再生産の理論の構築は，大きな課題である。この論点については，第5章で改めて議論することになる。

第3に，市場システムの分散性は，「貨幣制度」を成り立たしめる「等価交換」を前提する以上，特殊例外的なケース（＝「単純再生産」）を別とすれば，取引主体に「黒字」と「赤字」を生じさせ，それにともなって期首と期末の資産状況は変化する。この意味で，市場システムは，優勝劣敗，弱肉強食を特色とし，その結果として，個々の取引主体を超えた市場の力によって，個々の取引主体の事前の「期待」は裏切られ，その「断念」がつねに生み出されていく。そして，この強制作用は，しばしば自己増幅的である。例えば，「純粋金属流通システム」においては，「黒字」の主体Aは，より多くの金を保持するという意味で，次期の期首において，前期の期首よりも市場への介入能力（貨幣入手能力）を高めることになるし，「赤字」の主体Bについては逆になる。「純粋信用システム」においても，「黒字」の主体は，その期待収益能力を高めることによって，「純粋金属流通システム」のもとでの「黒字」主体Aと同じようにより有利な状況におかれることになる。市場システムの分析のみから言うことができるのは，ここまでであるが，しかしより制度論的な観点から言えば，情報能力や「契約」の履行を強制する能力といった「市場」への介入能力の高さが，さらなる市場取引に対するコントロール能力・収益能力へと転化することが考えられ，その場合には，資産格差は一層拡大する傾向を示すことになろう。少なくとも，上記の「市場」モデルのなかに，このような市場コントロール能力の発生を抑制するメカニズムが存在しないことは確かである。市場メカニズムが「資産格差」拡大メカニズムとして作用する蓋然性は高いと言わざるをえない。そして，この「格差」もまた，それが一定の限度――それを前もって規定することは困難であるが――を超えてしまうならば，社会そのものに対する「信頼」を失わせ，当該社会の正統性を疑問に付すことによって，社会システムの，それゆえに経済の正常な再生産を困難にすることになろう。したがって，ここにもまた，格差の拡大を抑制する制度的要因が関与せざるをえない必然性が存在する。

総じて，カルトゥリエの市場モデルから引き出される結論は，市場の存在は，市場にとってのメタ制度である貨幣制度をも含めた諸「制度」の存在と密接不可分だということであり，それゆえに「オープン・システム」だということである。すなわち，市場自体が貨幣制度に基礎をおく1つの「制度」であり，また，

市場の具体的な編成の中には，法律や商慣行といった様々な制度が埋め込まれているのである。これは，一般均衡理論，そして，それを理論的なベースとする「市場主義」と正反対の結論である。われわれの「市場メカニズム」についての結論が，資本主義の動態メカニズムにどのような影響を与えるのかを，第2章以下で明らかにしていきたい。だが，その前に，ここまで言及されながらも，明確に提示されることのなかった「資本主義システム」を定義しておこう。

3　資本主義システム——市場・賃金関係・賃労働関係

(1)　「利潤」と「資本主義システム」——マルクスの問題提起

　従来のマルクス経済学においては，$M-C-M'(=M+\Delta M)$ をもって，「資本の一般的定式」としてきた。ここで，M は「前貸し貨幣資本（額）」，C は商品，M' は「前貸し貨幣資本（額）」（M）プラス利潤（ΔM）——ただし，『資本論』冒頭の段階では，剰余価値（surplus value）と呼ばれている——である。つまり，「自己増殖する価値の運動体」，これがマルクスにおける「資本」の規定である。その上で，マルクスが設定した問題は，この利潤（＝剰余価値）なるものはいかにして生みだされるのかを明らかにすることである。『資本論』のこの論理段階では，「価値通りの交換」——これを，マルクス経済学では，「等価交換」と呼ぶ——，すなわち，貨幣商品である金をも含むすべての商品は，それを生産するのに社会的に必要とされる労働時間を基準として交換されるということが前提とされているのであるから，貨幣（M）による商品（C）の購買とその商品の貨幣に対する販売という交換関係からは，利潤（ΔM）は発生しようがないということになる。

　マルクスは，この「難問」を次のようにして解決しようとした。すなわち，前貸し貨幣資本によって購入される商品の中に，それが有する価値以上の価値を創造することができる「商品」が存在すると見なすことによって，その「商品」の価値とその「商品」が——実際に労働することによって——生みだす価値の差額が「利潤」を形成するとしたのである。そのような特殊な「商品」こそ，マルクス経済学において「労働力商品」と呼ばれるものである。

　「労働力商品」の価値は，それが商品である以上，他の商品と同様に，それを生産するのに社会的に必要な労働時間によって決定される。ただし，「労働力商

品」は，他の商品と異なって，労働によって直接に生産されるものではない。「労働力」そのものは，人間の身体に宿る労働する能力なのだから，労働力の「生産」は，人間そのものの日々の「再生産」に等しい。したがって，労働力の価値は，人間が日々生活して行くために消費しなければならないそれら様々な消費財を生産するために社会的に必要とされる労働時間によって決定されることになる。これが，マルクスによる「労働力商品」の価値規定の仕方である。その価値が 6 時間労働によって決まるならば，それに見合った賃金（例えば，6 労働時間に見合った貨幣商品＝金）を支払えば，マルクス的な意味での「等価交換」の原則は遵守されることになる。

さらに，一旦購入した商品をどのように使用しようと自由であるという市場経済の掟に則れば，「労働力商品」を何時間働かせようが，それは購買者の意思次第だということになる。例えば，8 時間労働させるとするならば，労働力の購買者は 8 時間労働マイナス 6 時間労働＝ 2 時間労働の成果（「価値」）を無償で手に入れることができる。この 2 時間労働分の「価値」を，マルクスは「利潤」（＝「剰余価値」）の「源泉」とみなし，それが「無償」で——労働者はそれに対する何らかの対価を得ることなしに——資本所有者の手に入る事態を「搾取」と呼んだのである（この「搾取」論の現代経済学からの再定式化とその意義については，第 5 章における労働価値説と「マルクス基本定理」の項を参照されたい）。マルクスは，この「搾取」という言葉によって，資本主義経済は同質的な諸個人から構成されるのではなく，社会的立場を根本的に異にする 2 つの「階級」（あるいは「階層」）——生産手段を有さないが故に，自己の労働力を販売せざるをえない労働者階級と，生産手段を所有しており，他人の労働を搾取することができる資本家階級——からなっており，そのことが利潤の「源泉」ともなっていることを明らかにしようとしたと言えよう。

ところで，われわれは，序章でも述べたように，マルクスの問題点の 1 つは，「労働価値」説を理論の礎石にしたところにあると考えている。そこで，この第 1 章においては，カルトゥリエの「貨幣的アプローチ」に依拠することで，マルクスにおけるこの欠陥を乗り越えることを試みてきた。それでは，資本主義経済における階層性に関する上記のようなマルクスの問題提起は，われわれが依拠する「貨幣的アプローチ」の枠組みにおいては，どのように位置づけることができるのであろうか。これを明らかにすることが，われわれの次の課題となる。

(2) 「貨幣的従属」と「賃金関係」

「純粋金属流通システム」においては「金」という資産を,「純粋信用システム」においては「資本」という資産を有している者が, 貨幣を入手でき, それゆえに, 市場における私的な「主体」となることができた。なぜなら, 貨幣を入手することによって, 彼は自らの行動のイニシアティブをとることができる, 独立し, 自立した（あるいは自律的な）主体たりうるからである。このような意味で, かれは市場の構成員たりうると言える。しかし, 実は, この「自由, 平等, ベンサム」の物語から排除された人々がいることを忘れてはならない。すなわち資産を持たない, したがって, 貨幣入手——王国の鋳造所からであれ, 中央銀行からであれ——の条件を満たさない人々の存在である。本章における市場の定義を厳密に適用すれば, かれらは市場の構成員たりえない。先に, 市場システムは, 資産格差を拡大する可能性を有していると述べたが, 実は, それ以前の問題として, 市場システムそのものが, 私的で自律した「主体」と, 貨幣入手の条件を満たさないという意味で, 非私的で非自律的な「主体」という2つの「階層」を生みだすのである。

だがしかし, 生活必需品を含むすべての財が商品となっている経済状態においては, かれらもまた貨幣を入手しなければならない。どのようにしてか。「貨幣的アプローチ」のモデルに則して述べるならば, 次のようになる。貨幣は, まずは私的な「主体」の手にのみ渡る。そうであるとすると, もう一方の非私的な「主体」が貨幣を入手するルートは, 私的な「主体」からということになる。かれらは, 私的「主体」の市場での活動に協力することにより, その対価として貨幣を入手することになる。このような貨幣を「賃金」という。この場合, 私的「主体」は,「企業家」と呼ばれ, 非私的「主体」は「賃労働者」と呼ばれることになる。市場における活動のイニシアティブは, 企業家である私的「主体」の独立した意思によって決定されるのであり, したがって非私的「主体」＝賃労働者が賃金を得ることができるか否かもまた, 企業家の意思決定に従属していることになる。

以上のような「賃労働者」の置かれている状態を, カルトゥリエは「貨幣的従属関係 rapport de soumission monétaire」と呼ぶ。そして, このような「貨幣的従属関係」が示す貨幣的非対称性を含んだ「企業家」と「賃労働者」の関係を, ここではカルトゥリエにならって「賃金関係（relation salarial）」と呼ぶことに

する。

　ここで注意すべき問題は，次の3つの点である。

　第1に，この「非対称性」は，失業の形式的可能性を与えるということである。なぜなら，賃金が支払われるか否か，つまり雇用されるか否かは，もっぱら雇用者側である企業家の意思決定に依存するのであって，賃労働者は，その意思決定に関与できないからである。もちろん，このような条件のもとで，実際にどのような帰結がもたらされるかは，「雇用」をとりまく制度的環境，とりわけ法制度，企業組織のあり方，技能形成のあり方，慣習や慣行などに大きく規定されるであろう。

　第2に，マクロ的な「等価交換」の原則が存在する以上，企業家は，全体として見れば，期首に入手した貨幣を支出し，それを期末に取り戻す。これに対して，賃労働者は貯蓄をしないという古典派経済学の通常の仮定を採用するとすれば，賃労働者は，期首に企業家から支払われた賃金を生活のために支出し，その結果，期末には手元に貨幣がない状態におかれる。ここにはカレツキがかつて述べたように，「企業家は支出したものを受け取り，賃労働者は，受け取ったものを支出する」という，階層間の貨幣循環における「非対称性」が存在している。

　第3に，「利潤」の存在と「賃金関係」によって資本主義システムを特徴づけるかぎり，それは，市場関係と非市場的関係という2つのサブ・システムが，「賃金関係」を媒介として接合されたものとして把握されなければならない。こうした資本主義経済システムに対する接合論的な観点に立つかぎりで，消費財の市場において消費財の購買者として登場する賃労働者も，市場主体となりうるのである。そして，この接合論的アプローチからすれば，資本主義経済システムを市場経済一般に解消できないことも明らかになる。こうした理解は，現在われわれが生きている経済システム——これを，われわれは「資本主義経済システム」と呼ぶが——を市場メカニズムのみによって理解可能だとする主流派経済学に対する批判をなすだけではない。それは，同時に「労働力」を「商品」と考え，等価交換という単一の数量空間を設定することによって，賃労働者を市場の構成員であるかのように理解しようとする傾向を有するマルクスの「労働力商品」論——後に見るように豊かな発想の源泉ともなっており，現代的な形で拡張することが可能な論点を含んでいることを否定することはできないが——を相対化する視点をも与えてくれることになっていることに留意すべきである。

(3) 「利潤の源泉」論と「賃労働関係」

マルクスが提起した資本主義経済の階層構造については，「非対称性」を有する２つの「階層」あるいは「階級」の存在を明らかにすることによって，新たな形での定式化が可能であった。それでは，マルクスのもう１つの問題提起，すなわち「利潤の源泉」問題は，貨幣的アプローチから見て，どのように位置づけられるだろうか。

これまでの議論から明らかになることは，次の諸点である。

第１に，マルクスの「利潤の源泉」問題についての理論は，彼の「労働力商品」論を基礎とするものであった。しかしながら，これまで議論してきたように，マルクスの「労働力商品」論それ自体は資本主義経済システムの多層的規定性を十分に含みこみえないという弱点を有する以上，労働価値説に依拠するマルクスの剰余価値論もまた適切なものではない。後に第５章で明らかにするように，「利潤」の物的基礎は「剰余生産物」である。再生産系としての社会経済システムによって生み出される剰余生産物は，「純生産物」から賃労働者が「賃金」によって購入する財部分である「賃金財バスケット」を控除した残余である。したがって，賃金財バスケットが確定できるならば，剰余生産物を確定することができる。この賃金財バスケットの決定には，賃金決定，価格決定，労働者の消費に対する選好など非常に多くの要因が影響しており，それらが大域的には，社会経済システムのもとでの資本蓄積のダイナミックな過程のなかで，相互規定的に作用することになる。この問題は，第３章と第４章において議論される。

第２に，カルトゥリエの「貨幣支払マトリックス」から分かるように，ある主体の支出は，他の主体の収入となる。したがって，利潤も支出の結果として生じることになる。まず始めに支出があり，それが結果として所得を形成する。ただし，それは，貨幣タームでの名目所得であって，それが，それぞれの所得範疇にどのように分配されるのかが分からなければ，利潤額を決定することはできない。そして，分配過程は，生産のあり方と密接に結び付いている。この問題は第４章で検討され，分配論それ自体は第５章で議論される。

第３に，第１の論点と関連して，「労働力商品」論に，システムの多層性や賃労働者の多層的規定性といった論点を組み入れるためには，新たな概念が不可欠である。この点は，雇用の問題が「労働市場」における需給関係の問題に還元しえないということを想起すれば，容易に理解しうるであろう。たとえば労働の雇

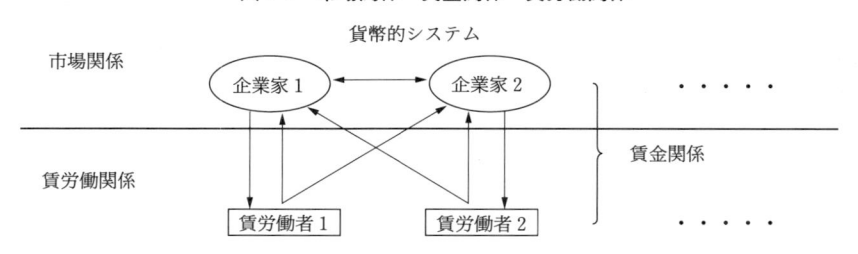

図1-1　市場関係・賃金関係・賃労働関係

[図1-1: 貨幣的システムの図。市場関係のレベルに企業家1と企業家2が矢印で結ばれ、賃労働関係のレベルに賃労働者1と賃労働者2が配置され、企業家と賃労働者の間が矢印で結ばれている。右側に賃金関係として括られている。]

用に際しては，その購入が直ちにその消費の可能性を与える通常の商品と異なり，いかにして賃労働者に労働インセンティブを与えるのかということが，企業家にとって大きな課題となる。また，賃労働者の「賃金」支出は同時に消費需要となるが故に，その消費需要がどのように形成されるのかが，経済学的に問題になるだけではない。賃労働者の再生産は，まさに社会の再生産である。賃労働者の存在は，賃金支出という売り買いのレベルのみではなく，その生活過程全般に関わる社会的諸制度と密接な関係を持たざるをえない。これらの諸関係の総体を表す概念を，われわれは「賃労働関係」と呼ぶことにしよう。この「賃労働関係」それ自体の議論は第3章で，その再生産の問題は第5章で論じられる。

　以上の資本主義経済システムを構成する「市場」，「賃金関係」，および「賃労働関係」の関連を，カルトゥリエの図式化に倣って図示すれば，図1-1のようになるだろう（図中の矢印は，貨幣の流れを表している）。

　この図1-1を前提として，カルトゥリエに従って，「利潤の源泉」を考えてみよう。マルクスとは異なり，この図では，期首と期末の貨幣額は等しい（「等価交換」）。したがって，図式的には，$M-C-M$ ということになる。そうだとすれば，期首の貨幣額の中にすでに利潤が含まれていると考えなければならない。問題はどの部分が「利潤」として認定されることになるのかということである。図1-1を全体として見ると，企業家のグループと賃労働者のグループに分類することができる。企業家間の取引は，誰かの支出は誰かの収入であるという意味で，全体としてはプラス・マイナス・ゼロである。そのような状況のもとでは，総体としての企業家にとっての唯一のコストとなるのは，賃労働者に支払う賃金部分だけである。総収入―コスト＝利潤だと考えれば，企業家が期首に入手した全貨幣額からコストとしての賃金を差し引いたもの，すなわち企業家間の取引，

より正確には企業家の支出総額が「利潤」だということになる。ところで，企業家間の取引はもっぱら資本財あるいは投資財の取引である。それゆえ，「利潤の源泉」は，投資支出そのものだということになる。以上のような理解は，「投資が利潤を生み出す」とするケインズやカレツキの把握に構造論的基礎を与えてくれるものである。

注
1) この点を強く指摘したものとして，高須賀 [1977b]，Cartelier [1991a] がある。
2) 貨幣論の観点から，マルクス価値論を批判的に考察した文献として，以下のものをあげることができる。片岡 [1994][1996]，正木 [1989][1992]，向井 [1992][1995][1996]。
3) 貨幣の内在的かつ超越的な存在性格について，哲学的に考察した研究者に左右田喜一郎（Soda [1909][1911]）がいる。彼は，その思索の到達点において，後に見るカルトゥリエと同様に，経済概念に対する貨幣の論理的先行性を主張するに到っている。
4) 以上の論点については，海老塚 [1997]，片岡 [1997] を参照されたい。
5) 宇野経済学体系については，宇野 [1962] を参照されたい。また，宇野原理論体系の特色については，高須賀 [1977a]，海老塚 [1983] を見られたい。
6) 金融ネットワークの形成過程およびそのロジックについては，Boyer-Xambeu, Deleplace, and Gillard [1986] および Favier [1987] を参照されたい。
7) 以下の説明は，Cartelier [1996] に依拠している。
8) 「一般不均衡理論（general disequilibrium theory）」とは，「オークショニア（auctioneer）」のいない市場では，価格は固定的で数量調整が行われるとの理解にもとづいて構築された数量制約下の「不均衡モデル」であり，主要な文献は以下のものである：Barro and Grossman [1976]，Mallinvaud [1977]，Benassy [1986]。そのもとになった議論は，クラウワーのケインズ理解で，彼はケインズの消費関数が所得の関数となるのは，家計が労働市場で不完全雇用による数量制約を受け，新しい予算制約のもとで再決定を行っているためであるという理解を示した（Clower [1965]）。本章の議論と形式上類似しているところもあるが，しかし，ここでの議論は，第 1 に経済主体の最大化行動を前提としていない点，第 2 に商品一般の取引の「ショートサイド」ではなく，賃金稼得者の「貨幣的従属」を問題にしている点で，「一般不均衡理論」とは大きく異なっている。

コラム　Circulation Approaches

　「市場主義」の興隆にともなって，その理論的基礎となる新古典派経済学が経済学の世界を席巻しようとしている。かつて新古典派経済学に対する最大の批判者であったマルクス経済学が没落した現在，なお新古典派経済学に挑戦し，それに代わるオルタナティヴを提示しようとする学派として，われわれはポスト・ケインジアンを挙げることができる。しかし，近年もう1つの流れが存在することが明らかになってきた。それが，フランス，イタリアを中心に活動している南欧ケインジアンとでも呼ぶべき流れである。言語上の問題もあって，英語中心の経済学の世界では久しく無視されてきたが，ポスト・ケインジアンとの対話を目指す書物（Deleplace and Nell（eds.）［1996］）が登場したことによって，その存在が認知されるようになってきた。

　この書物においては，彼等のアプローチの仕方は，Circulation Approaches と命名されている。Approaches が複数形になっている点に注意が必要である。確かに，マルクスの問題意識を継承しつつ，理論的にはケインズの貨幣的経済理論から大きな影響を受けている点，貨幣をフローおよび制度として把握し，その観点から一般均衡論を批判し，また，貨幣の運動を経済理論および経済分析の中心に据える点では，共通性を有するものの，具体的な理論構築の方向性は非常に異なっているからである。この書物に寄稿している論者，フランスのミッシェル・アグリエッタ（Michel Aglietta）は，レギュラシオン・アプローチの生みの親であり，シュザンヌ・ドゥ・ブリュノフ（Suzanne-Simone de Brunoff）は，フランス・マルクス経済学の大御所である。また，フランスのベルナール・シュミット（Bernard Schmitt）やイタリアのアウグスト・グラツィアーニ（Augusto Graziani）は，ケインズ理論を貨幣循環——貨幣の創造—消滅プロセス——論として読み直す試みを提唱しており，彼等の理論は，Circuit Theory と呼ばれる。さらに，第1章で依拠したジャン・カルトゥリエ，カルロ・ベネッティ（Carlo Benetti），ギラン・ドゥプラス（Ghislain Deleplace）らは，自らの方法を貨幣的アプローチと称し，かつてはアンテルバンシオン叢書——邦訳書として，Deleplace［1979］がある——を，また現在も，*Cahiers d'économie politique* 誌を中心として，独自の理論活動を展開している。

　こうして見ると，この書物の編者が言うように，彼等は，ポスト・ケインジアンのような共通の理論的土台を有してはいないのであって，その意味では，Circulation Approach 学派なるものは存在しない。と同時に，例えば，シュミットの理論の一部がカルトゥリエらによって踏襲されているように，相互の

間に理論的交流があるのも事実である。その全体像の解明は，今後の課題として残されている。しかしながら，彼等の問題意識の重要性は，次のような文言の中に見て取ることができよう。カルトゥリエらは，レギュラシオン・アプローチについて次のように批評している（Cartelier and de Vroey [1989]）。

「われわれが惜しいと思うのは，レギュラシオニストたちが，一般に，学問の伝統的な根本問題を取り上げてこなかったことである。スミス，マルクス，あるいはワルラスのあいだの（重要な）違いを越えて，実際には次のような問題が一貫して存在するように思われる。すなわち，個人の意思決定の自律性と個人行動の協調の特殊な様式を同時に含む，（たとえば，法と慣習に基礎を置く社会とは異なった）商品的（marchande）社会的分業に基礎を置く社会の可能性の条件とは何であるのかという問題である。」

「レギュラシオン・アプローチが中間的な抽象水準にしかなく，支配的な経済理論に対する信頼するに足る代替理論として存在しているのでないとすれば，それは，このアプローチが，明確な，万人によって認められる『基礎領域』を確立するに至っていないということを意味する。それを救うには，対立している領域の外部に逃げたところで研究をおこなうのではなく，逆に，うかつにも一般均衡の独占に任せてしまった大きな問題を新たに取り上げ研究することである。」

多くの非あるいは反新古典派経済学が，新古典派に代わる市場理論の構築という方向ではなく，新古典派が扱っていない問題——従来であれば，「制度」——に「逃げ込む」ことによって，自己の存在証明を得ようとしてきた。しかし，そのような試みは，新古典派市場理論の拡張によって，掘崩される運命にある。そして，まさにこの点に，すなわち，貨幣論を軸にして，新古典派経済学のハード・コアである，一般均衡論＝市場理論に切り込み，それに代わる市場理論を打ち立てようとする点において，彼等の試みは，真剣な検討に値すると言えよう。

第2章　資本循環と貨幣的生産理論

　現在，われわれが経済活動をおこなっている経済システムは，資本主義あるいは資本制経済と呼ばれるが，その中心となる社会関係が「資本（capital）」である。様々な経済学説は，それぞれ独自の「資本」概念を持っているが，第2章では，それを主としてK. マルクスとJ. M. ケインズの理解に基づいて説明していくことにしよう。したがって，ここでは新古典派経済学のように「資本」を生産要素の1つと考えているわけではなく，貨幣によって媒介された社会関係であり，貨幣的収益を生み出していく循環的運動であると考えているのである。ここでは，このような理解に基づいて，マルクスとケインズを制度分析の観点から統合しようとする本書の理論的基礎の1つが与えられる。

　前章において「制度としての貨幣」の理解と市場システムの制度論的理解が説明されたが，ここではそれを前提として，「資本」の運動とその金融的側面を説明することにしたい。前章で説明したように，社会関係としての「貨幣」は，一定期間内のみに存在する「フロー」としての性格がその本質をなしている。しかし，「資本」を分析対象とする本章では，多期間にわたって維持される「ストックとしての貨幣」すなわち「金融資産」としての「貨幣」が重要なものとなる。そして，ケインジアンが「貨幣」という場合には，むしろこの「ストックとしての貨幣」を指すことも多い。したがって，本章では，問題となっている「貨幣」が「フローとしての貨幣」なのか「ストックとしての貨幣」なのかを明示しながら，説明を進めることにしよう[1]。

　したがって，ここでは次の観点を重視している。第1に，「資本」の循環的運動のなかでのフローとストックの関係を分析し，両者を統一的に説明するように努めている。また，第2に，「資本循環への制度論的アプローチ」と呼ばれている制度分析の観点を展開し，資本循環と経済制度との関係を解明している。それは，「資本」の循環的運動の様々な箇所に制度が「埋め込まれている（embedded)」と理解することによって，その循環的運動の構造と動態を分析するものである。第3に，M. カレツキや現代ポスト・ケインジアンの議論も取り上げ，制度分析の観点から現代の金融システムの構造と動態，貨幣供給の内生性，利子率や金融資産価格の決定などについて説明する。

1 貨幣システムと資本循環

(1) フローとしての貨幣とストックとしての貨幣

　ここでは，まず「資本」とは何かを，貨幣的ネットワークの観点から説明しよう。「資本」は，まずわれわれの目にとまる形式としては，時間のなかで自己増殖運動する貨幣として現れるので，資本主義という経済システムの運動は，このような貨幣的な観点からアプローチすると理解しやすい。

　資本としての貨幣の運動を分析するときに，とくに重要なのが「フロー（flow）」と「ストック（stock）」の区別である。「フロー」とは，一定期間に観察される経済量であり，「ストック」とは，ある時点で存在する経済量である。言いかえれば，「ストック」の異時点間の変化が「フロー」となり，「フロー」の集積が「ストック」を形成する。この「フロー・ストック分析」は，「時間」が明示的に扱われる分析である。また，「ストック」は所有することができるが，「フロー」は所有することができないことも，制度分析の観点からは重要である。資本主義経済は貨幣的ネットワークを基礎に成立し，その「貨幣」は，第一義的にはフローの次元のものであるが，同時に金融資産としてストックの次元をもあわせ持っている。これが，本章の基本認識である。すなわち，まず，「貨幣」を社会関係として把握した場合には，それは，本質的にフローとしての次元で成立するものと把握されなければならない点は，前章の「貨幣支払マトリックス」の分析によって示された。「貨幣」は，「貨幣支払マトリックス」で示される構造を持った制度であって，「期首に創造され，期末に消滅する」ものである。そして，それによって，取引当事者の期待が満足されない「不均衡」状態のもとでも取引が行われる。したがって，この「貨幣支払マトリックス」は，「フローとしての貨幣」の制度的構造を記述したものである。

　しかし，その枠組みにおいても，各期間の期首と期末においては，「金融資産」である「貨幣残高」，すなわち「ストックとしての貨幣」が存在しており，それ

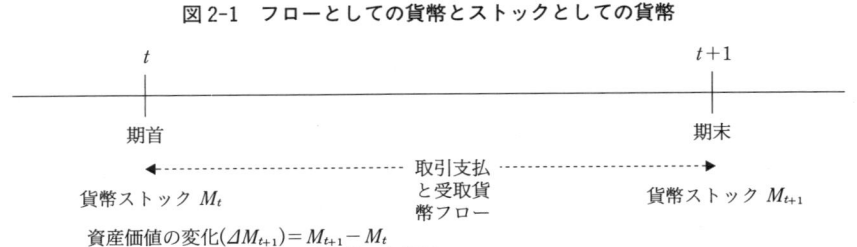

図2-1　フローとしての貨幣とストックとしての貨幣

```
        t                                    t+1
────────┼────────────────────────────────────┼────────
       期首                                   期末
                   <---- 取引支払 ---->
貨幣ストック $M_t$    と受取貨         貨幣ストック $M_{t+1}$
                     幣フロー
      資産価値の変化 $(\Delta M_{t+1}) = M_{t+1} - M_t$
                          = 受取額 − 支払額
```

は期間を通じて維持される。通常「価値保蔵手段」と呼ばれている「貨幣」の側面が，そこに存在しているのである。このように，ここでは，「フローとしての貨幣」と「ストックとしての貨幣」との関係が中心問題となる。いま，この両者の関係を，期首と期末を区別して経済過程を分析する「期間分析」をもちいて図示すれば，図2-1のようになる。

まず，期首には貨幣ストック M_t が存在する。期間 t において，商品の交換にともない支払いと受取りが行われ，貨幣のフローが発生する。貨幣の受取額と支払額の差だけ貨幣ストックの価値に変化が生じ，期末に貨幣ストック M_{t+1} が残ることになる。このように，貨幣経済を時間を通じて動態的に把握するためには，「フローとしての貨幣」の側面と「ストックとしての貨幣」の側面とを統一的に分析しなければならないのである。この点は，現代の発達した金融システムの分析にとってもきわめて重要な分析視点であり，のちに詳しく説明するように，フローとしての貨幣供給のあり方とストックとしての金融資産の価格変化との関係の分析へと発展するものである。

(2) 資本循環

「ストックとしての貨幣」，すなわち「金融資産」としての貨幣は，時間の連続性のなかで存在している。この「ストックとしての貨幣」が時間の連続性の中で同一性を持って自己増殖する運動体として経済主体に認識されたとき，それは「資本」と呼ばれる。すなわち，前章で説明した「自己増殖する価値としての資本」である。このように「資本」は，時間を通じてくり返される運動体として存在し，そのように循環形態にある「資本としての貨幣」は，「資本循環」と呼ばれる。このような「循環」は，「時間」のなかで進行する過程であって，その運

動を様々な期待と行為とが媒介しているのである。これは，次のような「一般的定式」として表すことができるが，この定式は，K. マルクスによって初めて明示的に与えられたものであり，本章では，これを詳しく見ていくことにしよう(Marx [1867])。

$$\text{貨幣} - \text{商品} - \text{貨幣}$$
$$(M_t) \quad (C) \quad (M_{t+1})$$

ここで観察されている運動は，市場において，まず貨幣（money）によって商品（commodity）が買われ，次にその商品（commodity）が売られ再び貨幣（money）が入手されるプロセスである。貨幣による商品の購買がこの運動の起動力となるが，それは始点も終点も貨幣なので，くり返し循環する形態である。資本は，無限に価値増殖する運動体なのである。このような枠組みは，資本主義経済に対する「過程分析」の基礎となるものである[2]。

次に，この運動はなにによってその運動の力を与えられているか，考えてみよう。再び入手された貨幣量（M_{t+1}）が，最初の貨幣量（M_t）よりも大きいことが，この循環運動を突き動かしている究極の根拠である。ここで，これら両者の差額 $M_{t+1} - M_t$ は「利潤（profit）」と呼ばれ，これに基づき最も単純なかたちでの利潤率の定式が次のように与えられる。

$$r_t = \frac{M_{t+1} - M_t}{M_t} \tag{2.1}$$

利潤率は，様々な局面で局所的あるいは一時的には負になることがありうるが，再生産が維持され成長する経済システム全体では正である。このように，再生産系としての経済システム全体として利潤が正になる根拠については，第5章で詳しく論じることにしよう。いずれにしても，資本主義経済は，この利潤の獲得を目的とした資本の循環的運動が，システムに対して規定的な役割を演じることによって，きわめてダイナミックな運動を実現しているのである。

このような貨幣（M_t）―商品（C）―貨幣（M_{t+1}）の資本循環の運動のほかに，商品（C_A）を売って貨幣を手に入れ，別の商品（C_B）を買うという運動，すなわち，商品（C_A）―貨幣（M）―商品（C_B）という別の形態の運動もこれと並んで存在している。とくに，自営業者どうしの交換の場合には，このような消費目的の交換が部分的には観察される。しかし，このような運動の目的は，特定の商品の入手とその消費なので，貨幣の自己増殖によって突き動かされている資本主義経済とし

ては，それは副次的な形態である。

(3) 資本価値の減価と増価

　フローとストックとを区別した貨幣的分析において次に問題となるのが，資本循環のなかに存在するストックとしての物的資本の評価問題である。原理的に言って，生産過程のなかにある資本設備と中間生産物は，貨幣と交換されない限り市場的評価を与えることはできない。また，とくに生産過程にある資本設備に関しては，つねにその中古市場が存在しているとは限らないので，そもそも市場的評価を与えることができないという点が，きわめて難しい問題となる。ここでは，そのような物的資本がどのようなかたちで評価されるか，考えてみよう。ここで重要な点は，資本の循環過程のなかにある物的資本は，資本価値が時間を通じて連続しているという前提のもとに，「観念的に評価される」ということである。これは，「資本価値の評価問題」と呼ばれる問題である。しかし，その評価は客観的なかたちで，一意的に定まるものではなく，時間的観点からみて異なった3つの評価が存在する点に注意しなければならない。

　まず，市場からは2つの異なった時点での市場的評価が与えられる。すなわち，その物的資本が過去に市場で取引されたときに与えられた市場的評価と現時点において同種類の物的資本がフローとして取引されるときに与えられる市場的評価との2つの評価である。さらにこれに加えて，企業レベルでの私的評価としては，将来にわたる期待収益の割引現在価値としても資本価値は定義されうる。これらそれぞれの評価について，少し詳しく説明しよう。

　第1の市場的評価は，過去の取引によってもたらされた評価であって，いわゆる「取得価格」と呼ばれているものである。第2の市場的評価は「再調達価格」と呼ばれ，現時点での市場から与えられる社会的評価である。価格体系は時々刻々変化しているので，これら2つの評価はくい違うのが，動態過程としての資本主義経済の常態である。すなわち，いまt時点において，物的資本が存在し，それは$t-m$時点に取得したものとする。このとき，この物的資本の「取得価格」K_{t-m}と「再調達価格」K_tとは，一般的に一致するとは限らない。「取得価格」K_{t-m}は修正できない過去の事実であるが，「再調達価格」K_tは，市場の状態に応じて毎期ごとに変化する可能性がある。したがって，そこでは，不断に「資本減価」（devalorisation, Entwertung）や「資本増価」（valorisation, Verwertung）が生じる。その意味では，資本価値は不連続な変化をするのである。

このうち，生産過程における社会技術的変化によってもたらされる陳腐化から生じる減価は，とくに重要であり，これはK. マルクスが「道徳的磨損（無形の磨損）」と呼んだ問題である（植村［1985］）。生産過程にある資本設備に関しては，それを生産している生産過程で生産性が上昇したり，それを使用している生産過程でより生産性の高い生産方法が導入されたりすれば，既存の物的資本はその価値の減少を余儀なくされる。企業は，一定の減価償却方法にしたがって，資本設備の減価償却を行っているが，そのような経常的な減価償却を越えた不連続な減価が，「道徳的磨損」として生じるのである。すなわち，いま資本設備の一定割合が減価償却されるとし，その減価償却率をδとすると，減価償却額は$D_t=\delta K_t$となる。また，「道徳的磨損」による資本減価を$\varDelta_t$とすると，次の式が成立する（ここでは，簡単にするため設備投資はゼロとし，減価分だけを表している）。

$$K_{t+1} = K_t - \delta K_t - \varDelta_t \qquad (2.2)$$

ここで，「道徳的磨損」による資本減価が発生していない場合は，$\varDelta_t=0$であるが，それが発生している場合は，$\varDelta_t>0$となる。資本設備は簡単に設置したり廃棄したりできず，言いかえれば，「可塑的」ではないので，急速な社会技術的変化を伴う経済過程においては，このような「減価」が顕著なものとなるのである。激しい技術革新にさらされている現代の生産過程では，資本設備の「減価」は不断に発生し，しかも，社会にとってはまだ価値があるものでも経済的に減価してしまうことが起こりうるのである。このような資本減価は，資本蓄積の動態において少なからぬ影響を持っている。ところで，ケインズも，経常的減価償却費を「補足的費用」と呼び，これと区別される可変的な減価償却費を「使用費用（user cost）」のなかに入れているが，このように，ケインズにおいても，設備の使用に伴う無形の磨損に関する期待がその費用計算の中に組み入れられている点は，きわめて興味深い。

また，のちに第4章で詳しく見るように，このような資本減価をできる限り回避する要請のために，「硬直性」と「バッファー」との双対関係を軸に，在庫調整，稼働率調整，雇用調整などといったかたちで，数量的「調整」の複合的で多層的な構造が作りあげられているのである。しかし，それにもかかわらず，不況過程では，集中的な資本減価が発生することが，資本主義の調整メカニズムに

とって重要な意味を持っている。

　第3の評価として，将来の期待収益からみた私的評価としての資本価値について説明しよう。それには，将来収益に関する「期待（expectation）」が大きな役割を演じる。資本の運動は，修正不可能な過去と予測不可能な将来をもって進行する不可逆的過程なので，将来収益と将来の資本価値の変動には，「根本的不確実性（fundamental uncertainty）」がつきまとう。これは，ポスト・ケインジアンの経済学者によって強調されている点である[3]。こうして，将来の所得の割引現在価値としての資本価値は，将来にわたって得られる企業の収益の流れに対する「期待（expectation）」を表現するものとなるのである。これは，ケインズにおける資本資産の需要価格としての「資本」概念に対応するものである。ここで，$t+1$ 時点以降の期待収益を $R^e_{t+n}(n=1,\cdots,\infty)$，期待利子率を i とすると，t 時点での資本価値 K_t は次の式で与えられる。

$$K_t = \sum_{n=1}^{\infty} \frac{R^e_{t+n}}{(1+i)^n} \qquad (2.3)$$

こうして与えられる収益に関する「期待」は，たしかに主観的評価ではあるが，それは，経済主体をとりまく経済状態や制度的環境に依存している。すなわち，それは，例えばマクロ経済全体の動態や金融市場の状態から影響を受けるのである。

　以上のように，「資本」という運動体の持つ同一性は，過去の評価と現在の評価，そして「期待」要因によって左右される将来収益に基づく評価という三重の規定性の中で維持されるのである。また，「資本価値の評価」には，会計制度や減価償却基準などの制度的要因が大きく影響する。したがって，それは制度的要因が資本蓄積に影響を与える1つの回路となっている。とくに，戦後の先進資本主義諸国においては，優遇税制を通じた資本設備の加速度償却がみられ，これが設備投資を促進した点は見逃せない。このような問題は，M. アグリエッタによって強調された点であるが，原理的に言って，資本減価には市場メカニズムの論理だけでなく制度を通じて計画性や社会性が介入する余地があり，現代の資本主義においては，それが資本蓄積の動態に大きく影響を与えているのである（Aglietta [1976]）。

(4) 資本循環と経済制度

「資本」とは，異時点間で同一性を持つ関係であり，市場過程や生産活動がもたらす不確実性に対応しつつ，将来にわたって価値を維持し自己増殖を遂げていく運動である。それは，カネ（貨幣），ヒト（労働），モノ（物的資本）に次々と姿を変えながら，運動していく[4]。しかも，その循環運動のなかには，様々な経済制度が埋め込まれている。「資本」は，その循環がどのような経済制度と恒常的な活動を包摂しているかによって，「商人資本形式」，「金貸資本形式」，「産業資本形式」などの異なった形式として存在している。資本主義経済のなかでは，これらの異なった形式の「資本」が，同時に存在し，互いに絡みあいながら運動しているのである。

まず，「商人資本形式」であるが，これは，市場において商品を安く買い，高く売って利潤を獲得する活動であり，次のように表すことができる。

$$M - C - M' \tag{2.4}$$

ここで，M は貨幣，C は商品である。このような形式の「資本」は，流通過程において，価格体系の間で時間的あるいは空間的差異が存在するときには，つねに運動することが可能なものである。この価格体系の差異から発生する利潤を，「譲渡利潤」という。「商人資本形式」は，通常，商業を営む個人や企業によって担われている。その歴史は古く，すでに香料貿易など異なる慣習を持った地域間の遠隔地貿易においては，この形式の資本が成立していたのである。もちろん，現在でも流通システムの中で異なる価格体系が存在しさえすれば，このような資本の運動形式を通して流通から利潤が発生することが可能である。実際，総合商社などは，このような形式の運動を主軸として活動しているのである。

これに対して，「金貸資本形式」は，貨幣がただ異時点にまたがる貸借関係のなかに存在するだけで成立する。

$$M - M' \tag{2.5}$$

この形式の運動が可能となるためには，「利子」の存在が不可欠である。金融システムのなかで，貨幣が異時点間に存在するだけでなぜ増殖するのか，という問題が生じるが，それは，後に利子の発生根拠を論じるさいに詳しく説明することにしたい。ここで重要な点は，貨幣の異時点にわたる転売が行われる場である金融市場において，ストックとしての貨幣，すなわち資本から生み出される将来収益に関する期待が形成され，それが経済主体間で共有されることである。金融シ

ステムのなかで，とくに銀行間取引のネットワークや銀行による貸付けを通して運動しているのは，この形式の資本である。

　資本主義経済においては，「資本」は生産過程を包摂し，「ものづくり」を行いつつ運動している。この点が，資本主義経済とそれ以前の経済システムとの大きな違いである。このような生産活動を包摂した「資本」は，「産業資本形式」，あるいは単に「産業資本」と呼ばれる。「産業資本」の成立には，「労働力の商品化」が不可欠の歴史的前提であり，雇用関係（雇う者と雇われる者の関係）を通じて，労働者を企業組織に統合して生産過程を遂行することが必要である。この「産業資本」という特殊歴史的な社会関係が制度論的観点からどのような意味を持っているか，「資本」という運動形式と企業組織の活動が実際にどのように結びついているか，ということに関しては，第3章の賃労働関係と企業組織を扱う箇所で詳しく論じることにしたい。ここでは，まず形式的に，「産業資本」の運動形式を示せば，次のようになる。

$$M - C \genfrac{<}{}{0pt}{}{MP}{LP} \cdots P \cdots C - M' \qquad (2.6)$$

ここで，MP は生産手段（機械や原材料），LP は労働力，P は生産過程を表している。ここで示されているのは，市場で貨幣によって生産手段と労働力を購入し，それらを用いて生産過程において生産を行い，そして，その生産物を商品として市場で販売し，再び貨幣を入手するという過程である。このような「産業資本」の循環的運動とその構造的連関は，K. マルクスによってはじめて十分な理解を与えられたものである。

　それでは，資本の循環的運動と様々な経済制度との関係を，原理的に説明することにしよう。資本循環の運動は，生産と流通に関わる様々な制度に媒介されることによって可能になっている。言いかえれば，資本循環の重要な部分に制度が「埋め込まれている（embedded）」のであって，それが資本循環の運動を可能にするとともに，制約を与えていると考えられる。ここでは，このような理解を「資本循環への制度論的アプローチ」と呼ぶことにしよう。この観点から，資本の循環的運動がいかに諸制度によって規定され制約されるかに応じて，資本循環にいかなる多様性が生じうるのか考察することができる。

　まずなによりも，資本が成立するための制度的前提である貨幣は，社会関係であり，「制度としての貨幣」である。したがって，資本価値の維持と増殖は，決

済ルールなどの貨幣システムを支える制度に媒介されてはじめて可能となっている。そして，資本が自己増殖運動をするさいに，資本価値の維持と増殖を確認する制度が，会計制度である。会計制度によって，経済主体は，資本価値と資本から得られる収益とを量的に確認することができる。歴史的に見た場合，M. ウェーバーが強調したように，近代の複式簿記による「資本計算」は，合理的な経営活動を飛躍的に発展させた。とくに，貸借対照表（バランスシート）によって，資本の運動に関わるフローとストックを統一的に把握できるようになったのである。また，資本の自己増殖運動においては，それにともなって将来的に得られる収益に対する経済主体の「期待」が，重要な役割を演じている。そして，この「期待」の形成には，資本が運動している経済の環境やマクロ経済状態に関する情報，またその伝達を媒介する諸制度が，大きく影響を与えているのである。

次に，生産過程を包摂する産業資本の循環において，制度が持つ重要性を個々に確認すれば，次のようになる。まず，生産手段の購入は，具体的には，資本財や原材料の市場に媒介されて行われるので，それらの市場がどのような制度的編成を持っているかが，資本の生産活動を大きく制約する。しかも，資本財や原材料の市場においては，しばしば長期的取引が行われており，下請システムのように購入側の企業による取引相手の組織化も行われている。また，これとは対照的に，不特定の取引相手とのオープン調達なども行われており，取引形態には，制度的多様性が存在している。労働力の購買は，労働市場によって行われるが，後に見るように，それは通常の商品市場とは異なって，取引される商品は自己意識と生身の身体を持った労働力という特殊な商品である。そのため，企業組織内で労働者が自らの意志で努力して働くことを促す制度が必要となる。そこでは，賃金制度や雇用ルールなど雇用関係に関わる様々な制度が，資本の運動を規定している。とくに，企業組織内では，職務区分や技能形成のあり方，職場間の分業関係，賃金や昇進を通じて労働者へ労働インセンティブを与える諸制度が，重要な役割を演じる。さらに，生産過程から生み出される生産物を商品として販売する際には，商品の流通システムが重要な役割を演じ，それが商品の売れ行きに影響を与える。

一般的に言って，資本循環が諸制度に媒介されることによって成立している点に，資本主義が各国ごとに多様な制度的編成を持つ原理的根拠がある。資本主義は，諸制度に媒介されて可能となる資本の循環的運動に突き動かされて発展し，

また，資本の循環的運動と様々な社会的要素との相互作用のなかで，制度進化が誘発されるのである。資本の循環運動のなかでの制度の生成と進化は，単に制度によって費用が節約されるということではなく，企業の長期的な成長を支える様々な能力を，社会的な制約のもとでいかに統合するか，という問題を様々な制度が解決することによってもたらされる。

したがって，「資本循環への制度論的アプローチ」は，資本の循環運動によって突き動かされている資本主義経済に関するわれわれの制度分析の基礎を与えるものである。この理解に基づけば，企業の運動は，資本価値の増殖が究極の目的であったとしても，企業組織の具体的な行動基準は，厳密なかたちでの「利潤最大化」ではなく，状況に応じて幅を持ったものであることが確認できる。すなわち，それは企業組織内部の組織構造や金融市場の状態，さらには，企業組織をとりまく社会的環境などによって，大きく影響されるものと考えられるのである。換言すれば，企業行動の具体的基準は，企業の組織内部の編成とそれを取り巻く制度的環境に大きく依存している。「ものづくり」の生産活動を重視して企業の成長を実現しようとする場合もあるし，また金融取引を利用して企業の金融資産を増大させようとする場合もあるのである。したがって，それは各国の金融市場の発達の度合いによっても大きく影響を受ける。この「資本循環への制度論的アプローチ」をより具体化するためには，企業組織のなかでの金融的要因と実物的要因との相互作用，所有構造やコーポレート・ガバナンスの問題に立ち入らなければならないが，それは，企業組織を考察する第3章で，詳しく取り上げることにしよう。

これまで説明してきた「資本循環」は，それ自体としては，個別資本のミクロ的運動形式である。したがって，理論的には，このような個別資本の循環の絡み合いをどのようにマクロ経済全体の循環に結びつけるかという問題が存在する。これは，一種の「集計問題」であり，それは序章で説明したメゾ・レベルとしての「ミクロ・マクロ連節領域」における複雑な制度と構造が関わっている。すなわち，個別資本の資本循環とマクロ経済全体の循環とを媒介するこの領域においては，生産活動の持つ複雑な時間構造や金融システムにおける貸借関係の多様な時間構造に規定され，異なる長さの時間的構造を持った資本の循環的運動が複雑に絡み合って存在しているのである。また，個別資本循環は，地場企業のように特定の地域で活動しているものから，国際金融市場でグローバルな規模で活動し

ているものまで存在しており，空間的にも重層的な構造を持っている。したがって，資本循環の相互関係には，時間的および空間的な複雑性が存在しているのである。

2　ケインズの「企業家経済」と有効需要論の貨幣的基礎

(1)　企業家経済と共同経済――ケインズとマルクスの一接点

次に，貨幣経済のなかで，生産決定がどのように行われるか，原理的な観点から考えてみよう。まず，企業の生産決定は，貨幣タームでの収入に依存して行われる，という点がとくに重要である。この点に関しては，ケインズが『一般理論』の準備段階の草稿で展開した議論が，非常に示唆に富む。そこで，ケインズは，先に説明したマルクスの「資本」の定式に言及し，それを高く評価したうえで，それを手がかりに「供給はそれ自らの需要を作り出す」という「セー法則 (Say's law)」を批判している。

ケインズは，商品―貨幣―商品の動きをする経済活動を「共同経済 (co-operative economy)」と呼び，これに対して貨幣―商品―貨幣という運動を「企業家経済 (entrepreneur economy)」と呼んで，それらを区別しているのである。この点は，ケインズが貨幣経済としての資本主義をどのように認識していたか示すものとして，きわめて興味深いので，少し長くなるが，ケインズ自身の言葉を引用しておこう。「共同経済と企業家経済との区別は，カール・マルクスによる含蓄に富む研究と若干の関わりがある。……彼は，現実の世界での生産の性質が，経済学者達がしばしば想定するように，$C-M-C'$ のケース，すなわち，一商品（ないし努力）を他の商品（ないし努力）をうるために貨幣と交換するケースではないと指摘した。これは，私的消費者の立場であるかもしれない。だが，それは事業の態度ではない。この場合それは $M-C-M'$ であり，貨幣を得るために商品（ないし努力）とひきかえに貨幣を手放すのである」(Keynes [1979] p. 81)。この文章に引き続く注の中で，ケインズは，資本主義の搾取的性格を強調するマルクスが M' が M を上回ることを，デフレーションへの傾向を重視するホブソンやダグラス少佐は，逆に M が M' を上回ることを主張しているのを取り上げている。そして，「マルクスが，M' の持続的超過が，……一連の恐慌によって不可避的に中断されるだろうし，その間は，M が超過するに違いないと

付け加えたとき，彼は中庸に位置する真理に到達しようとしていた」とマルクスを高く評価し，返す刀で M と M' とがつねに等しいと考えている「古典派」を批判したのであった。

　ケインズは，このような企業家経済の考察を通して，「有効需要の原理」の意味を次のように確認している。「いかにして，共同経済において生産されたであろう産出物が，企業家経済においては「非収益的」であるかもしれないといったことがありうるのか，これに関する説明は，われわれが端的に有効需要の変動と呼ぶことになろうものに見いだされるはずである」(Keynes [1979] p. 80)。かくして，ケインズは次のように結論する。「供給はそれ自らの需要を生み出すという命題を，支出はそれ自らの所得を生み出すという命題と置き換えることになるだろう」(Keynes [1979] p. 81) と。「支出はそれ自らの所得を生み出す」という考えが，まさに「有効需要の原理」のエッセンスである。

　このようなケインズの議論において特徴的なことは，企業家経済における有効需要の変動の問題が，将来獲得されると期待される貨幣量の問題と結びつけられていることである。この点に関するケインズの考えを最も端的に表しているのは，次の言葉である。「企業家は，生産物数量ではなく，彼の取得する貨幣の額に関心を抱くのである。彼はそうすることによって，彼の貨幣利潤を増やすと期待するならば，たとえこの利潤が生産物で測って以前より僅かな生産物を表すとしても，生産を拡大させようとするだろう」(Keynes [1979] p. 82)。生産量の決定は，貨幣的評価のなかで行われるのである。第4章では，「数量調整」について論じるが，それも貨幣的評価のなかで行われることに注意する必要がある。

(2) 有効需要の原理と貨幣的生産理論

　ケインズの文章に表されたこのような理解は，ケインズの「有効需要論」の貨幣論的基礎を端的に表現したものと言えるだろう。すなわち，貨幣タームでの収入によって企業の生産量が規定されるということが，「有効需要」の問題を理解するとき中心に置かれなければならない観点である。貨幣によって商品が購買されるということが，まさに企業の生産量の決定を規定することを意味している。「有効需要」とは，このように第一義的には，貨幣的な概念である。すなわち，有効需要が生産量の変動を規定する過程においては，その変動を在庫水準の変動などといった数量的シグナルが媒介するが，そのシグナルが最終的に貨幣ターム

での販売額とそれによってもたらされる利潤に対する期待に基づいて評価されることによって、生産量が決定されるのである。言いかえれば、有効需要から生産量へ至る因果連関は、獲得されるであろう貨幣額に対する期待に突き動かされ、貨幣的評価が付与された数量的反応体系として成立するのである。したがって、企業が貨幣的ネットワークの動きから独立に生産量を決定できるわけではない、という点が重要なものである。このような理解からすると、貨幣が実物的連関に対する単なるヴェールである、といういわゆる「中立的貨幣命題」は、原理的に否定されることとなる。以上のように、貨幣的ネットワークと生産活動とは分離することができず、生産活動はまさに貨幣的運動によってつき動かされているものとする理解は、「貨幣的生産理論（the monetary theory of production）」と呼ばれている。

このような「有効需要」に関する考えは、同時に、「供給はそれ自らの需要を作り出す」とされる「セー法則（Say's law）」の否定を含意している。まず、「有効需要」の制約の問題を、個別企業のレベルで見てみよう。そこでは、企業によって生産された商品は、市場に出されても必ずしも売れるとはかぎらないという点が、とりわけ重要である。言いかえれば、市場において、その商品に対して購買者によって貨幣が支出されることが必要であるが、それが十分な水準でなされる保証はどこにもないのである。市場における企業間の販売競争と市場全体に割り振られた需要の水準によって、個別企業に対する需要制約が規定される。しかも、需要を獲得しようとして、企業がその商品の価格を大きく下げたとしても、商品の供給に見合った需要が発生する必然性はない。貨幣タームでの需要全体の水準が低ければ、商品は多量に売れ残り、企業は生産費を回収することができず、生産規模の縮小やさらには倒産を余儀なくされるといったことが生じるのである。この点は、なにが企業の生産量を規定するか、という問題にとって決定的に重要である。すなわち、企業の生産量を規定する主要な要因は、生産量の増加に伴う生産費の上昇ではなく、企業の生産物に対する有効需要の制約なのである。このように、通常、資本主義における企業の生産活動は、有効需要の制約下におかれている。

個々の企業の需要制約を最終的に規定するのは、経済全体のマクロ的な「有効需要」の制約である。貨幣的ネットワークの中で運動する資本主義経済は、加熱した好況期をのぞいて、通常、マクロ経済的な需要制約下にあるが、経済全体の

マクロ的な「有効需要」の制約は，どのように決まるのであろうか。そのことを確認するために，マクロ経済レベルでの需要の構成要素を見てみよう。有効需要（ED）の構成要素をマクロ経済的に見ると，それは名目値（すなわち貨幣ターム）での消費（C），投資（I），政府支出（G）および輸出－輸入（$EX-IM$）よりなりたち，総需要は次の式で表すことができる。

$$ED = C + I + G + (EX - IM) \tag{2.7}$$

ここで，この「有効需要（ED）」によって「名目国内総生産（GDP）」が決定されると考え，それを Y とすれば，次のようになる。

$$Y = C + I + G + (EX - IM) \tag{2.8}$$

これは，「国民所得勘定」に対応したものであって，なじみの深いものであるが，「有効需要の原理」の理解にとって重要な問題は，この式の需給の一致をどのように理解するかということである。問題の核心は，投資（I）の扱いであり，これには注意が必要である。

「投資」としては，次の2種類の内容を区別する必要がある。第1は，設備投資（fixed investment）であり，第2は，在庫投資（inventory investment）である。さらに，設備投資は，更新投資 I_R と純投資 I_N からなる。更新投資 I_R は，償却が終わった資本設備の買い換えのための投資であり，純投資 I_N は，更新投資を越えた投資部分である。また，更新投資と純投資をあわせたもの $I_R + I_N$ は粗投資と呼ばれる。純投資は，ストックとしての資本設備の増加であるから，次のように考えることができる。

$$\begin{aligned} I_{Nt} &= K_{t+1} - K_t \\ &= K_{t+1} - K_t + (I_{Rt} - KD_t) \end{aligned} \tag{2.9}$$

ここで，KD_t は「固定資本減耗分」であり，先の「資本減価」の定式(2.2)より，次のようになる。$KD_t = D_t - \Delta_t = \delta K_t - \Delta_t$。また，更新投資 I_{Rt} の定義より，$I_{Rt} - KD_t = 0$ である。したがって，「固定資本減耗分」には，「減価償却費」だけでなく「道徳的磨損」の問題がそのなかに入り込んでいるので，「固定資本減耗分」（KD_t）を厳密に定義した場合，更新投資 I_R と純投資 I_N の境界は，不確実な「道徳的磨損」に関わる微妙な不確定部分を含んでいる。

次に，在庫投資 I_Z であるが，それはストックとしての「在庫」の変動であり，さらに在庫投資を「意図した在庫投資」と「意図せざる在庫投資」とに分けることができる。もっとも，この両者を実際に区別することは難しい。いずれにして

も，投資 I には，粗投資 I_R+I_N を含めてよいが，問題は，この投資 I のなかに「在庫投資」を入れるか否かによって，(2.8)式の意味が変わってくる点である。もし，「在庫投資」を含めて考えれば，この式は，事後的に成立する会計的恒等式である。例えば，「国民所得勘定」は，すべての「在庫投資」を含んでいるので，それは会計的恒等式なのである。これに対して，「投資」から「在庫投資」をのぞけば，(2.8)式の右辺は事前的な有効需要の水準を表すことになり，この有効需要の水準に，「在庫投資」の変動が発生しない状態で，生産量が対応していることを示すものとなる。すなわち，それは，一種の均衡条件式となる。そして，もし，この等式が成立しないならば，それは「取引」の事前に形成された「期待」が実現されなかったことを意味し，この需給ギャップは，「在庫投資」の増減によって埋められることになる。一般的には，市場では，このような意味での「不均衡」取引が行われているのである。ケインズは，同時代のホートレーから批判されたように，在庫調整を明示的に分析していなかった。もちろん，このような需要と供給とのギャップに対する反応としては，価格調整や在庫調整のほかに，カレツキのように稼働率調整を考えることもできる。第 3 章と第 4 章で詳しく見るように現代の寡占市場においては，カレツキ型の稼働率調整が重要な役割を演じている。このような関連から言えば，在庫調整過程は多段階的な数量調整過程のなかでの，最短期の調整過程として位置づけられる（なお，「消費」は第 3 章，「投資」は第 4 章，輸出と輸入は第 6 章で，詳しく説明される）。

以上の議論からマクロ経済的な投資と貯蓄の関係が導き出される。いま，政府支出と経常収支を捨象すると，総需要 Y_d は消費 C と更新投資 I_R と新投資 I_N を加えたものであり，総供給（＝総所得）Y_s は消費 C と減価償却 D と所得のうち消費されない部分，すなわち貯蓄 S を加えたものに等しくなる。これを表したのが，以下の式である。

$$Y_d = C + I_R + I_N \qquad (2.10)$$
$$Y_s = C + D + S \qquad (2.11)$$

ここで，マクロ経済全体での「商品市場」における取引の結果，取引主体の事前の「期待」が満たされることで「在庫水準」が変動せず，その意味で需要と供給とが一致したとすると，$Y_d = Y_s$ が成立する。今後，「商品市場の均衡」という言葉を使用することがあるが，それはこの意味での需給の一致を指すものとする。

(2.10) と (2.11) より,

$$I_R + I_N = D + S \qquad (2.12)$$

左辺は粗投資, 右辺は粗貯蓄であり, これは,「粗投資＝粗貯蓄」の均等式である。先に説明したように, 更新投資 I_R と固定資本減耗分 KD とは一致しているが, 減価償却 D とは, 減価償却方法の問題や「道徳的磨損」が介在するので, 必ずしも一致するとは限らない。もし, 両者が一致し $I_R = D$ となるならば, $I_N = S$ となって, 純投資と純貯蓄も等しくなる。

いずれにしても, ここで重要なのは左辺と右辺の因果関係である。われわれは, 左辺の投資が右辺の貯蓄を決定しているものと理解する。まさに,「支出はそれ自らの所得を生み出す」のである。その逆に,「供給はそれ自らの需要を作り出す」とする「セー法則」が成立するためには, いかなる貯蓄の水準にもそれに対応するように投資が調整されると主張できなければならない。しかしながら, これは, 一般的には成り立たない。第1に, 所得の一部が貯蓄や減価償却引当金のかたちで退蔵されるので, この「ストックとしての貨幣」の退蔵が, 貯蓄と投資支出とを切り離してしまうのである。とくに, 減価償却引当金を形成するのは企業であり, 純貯蓄を形成するのは主として家計（資本家や労働者の）であって, これに対して投資決定を行う主体はもっぱら企業である。つまり, 貯蓄形成をする主体と投資決定を行う主体は, 同一の経済主体ではない。したがって, 商品市場が均衡する水準で投資支出が行われる保証はないのである。しかも, 商品市場が不均衡のもとでも取引は成立し, 在庫の変動が生じる。第2に, たとえ貯蓄と投資の間を金融システムが媒介するとしても, 利子率の変化によって, 貯蓄と投資を均等化させることができるとは言えない点が, とりわけ重要である。なぜならば, のちに詳しく見るように, 利子率は,「貸付資金」の供給（貯蓄）と需要（投資）に関する貨幣フローの受給一致で一義的に決まるものではなく, 他の様々な要因の影響を受ける複数の利子率が存在するからである。特に政策金利は, 中央銀行の政策変数であり, また, 債権利回り, すなわち長期金利は債券市場における金融資産ストックに対する期待によって影響を受けるからである。したがって, 一般的に言って, 利子率には投資と貯蓄を均等化させる機能はないと言うべきであろう。第3に, マクロ経済レベルでの需要制約を緩和するためには, 政府による消費や投資が重要な役割をはたす。いわゆる「財政政策」である。とくに, 財政政策は, 総需要の水準を高めるだけでなく, 将来獲得

できるキャッシュ・フローに対する個別企業の期待を改善することによって，設備投資に間接的な効果を持つこともある。しかし，政府による財政政策が，常に十分な需要形成を実現するとは言い難い。むしろ，十分な投資水準を安定的に維持するために，どのような経済制度が必要か，これは制度分析にとって重要な検討課題である[5]。

(3) 「貨幣数量説」批判

次に，以上のマクロ的な需給関係と物価水準との関係を考えることにしよう。ここで重要なのは，「貨幣的生産理論」の理解は，いわゆる「貨幣数量説」を批判するうえでの基礎を与えるものとなることである。「貨幣数量説」は長い歴史を持っているが，近年のマネタリストの復活とともに，ケインジアンとマネタリストとの論争の中心的問題ともなっている。問題をわかりやすい枠組みで考えるために，まずA. フィッシャーによって定式化された「交換方程式」を示すことにしよう。

$$MV = pX \qquad (2.13)$$

ここで，M は貨幣量，V は貨幣の流通速度であり，p は物価水準，X は実質生産量である。ここで，$pX = Y$ は「名目国民総生産」になり，X は「実質国民総生産」，p は「GNPデフレーター」に対応する。ここで，(2.13) 式の左辺は総需要，右辺は総供給と読むことができ，この式は因果関係を読み込まないならば，つねに成り立つ恒等式である。「貨幣数量説」は，この式に特定の因果関係を読み込むことによって成立する。すなわち，それは，貨幣量 M の増減が実物的関係とは無関係に一意的に物価水準 p の変化を規定すると主張するのである。もし，この考えが成り立つならば，貨幣は実物的関係を覆うたんなるヴェールにすぎないものとなり，貨幣量の変化は物価水準を変化させるだけで，実物的関係には影響を与えないことになる。すなわち，「貨幣の中立性 (neutrality)」が，言いかえれば「貨幣と実物の二分法」が成立することになるのである[6]。

この「貨幣数量説」は，どのような点に問題があるのだろうか。まず第1に，そもそも方程式の諸変数間の因果関係の問題がある。すなわち，貨幣数量説を仮定するように，貨幣量を外生的に与えることが，はたして可能かということである。次節で詳しく説明するように，貨幣供給量は，企業の資金需要に応じて内生的に決定されるのであって，中央銀行などが外からその大きさを決定することは

一般的に困難なものである。第2に，たとえ特定の局面で一時的に貨幣量を外生的に規定しえたとしても，貨幣による購買額の変化は企業の生産決定や投資決定に影響を与え，実質生産量 (X) を変化させる点が重要である。これは原理的に言って，商品を購買するためにはそれに先立って貨幣の保有が必要だということから帰結する。このため実質生産量 (X) は貨幣量 (M) から独立ではないのであって，貨幣量の変化が長期利子率や投資需要に影響を与え，それが実質生産量に影響を与えるのである。したがって，そこには貨幣と実物とのあいだの相互作用が存在する。第3に，流通速度 (V) は，利子率や，さらにはストックとしての貨幣に関わる金融市場の制度的編成の変化によっても影響をうけて変化するものと考えられる。このような関連のなかでは，貨幣量の変化は，財・サービスの取引に使用される貨幣と金融資産の取引に使用される貨幣との比率を変化させることだろう。とくに現代では，金融イノベーションが貨幣の流通速度を高めることが問題となっているのである。

　以上のように，貨幣的要因と実物的要因とは分離不可能で，それらの要因は相互に影響しあっているのであり，したがって，「貨幣と実物との二分法」は原理的に成立しない。したがって，インフレーションの原因を貨幣量の増加のみによって説明するのは，あまりに単純すぎる説明なのである。そこには，価格と数量の調整や賃金と雇用の調整，さらには産業構造などの経済システムの構造的連関が大きく関わるのであり，第4章で詳しく説明するように，インフレーションの分析には，「構造論的アプローチ」が必要なのである。

3　信用創造と所得形成

(1) 貨幣循環と信用創造

　貨幣はどのようにして経済システムのなかに入り，そのなかを循環するのであろうか。これは，第1章で説明した「貨幣創造」と「貨幣循環 (monetary circuit)」と呼ばれる貨幣の創造―消滅プロセスの問題であるが，ここではそれを信用貨幣の世界でより詳細に説明することにしよう（「貨幣循環」については，Lavoie [1992] および Deleplace and Nell (eds.) [1996] と「第1章コラム」を参照されたい）。「信用」とは，一種の債権・債務関係であり，したがって，「信用貨幣」とは，銀行債務が貨幣化したものにほかならない。そのさい重要な点は，

信用創造は，銀行から企業へ貸付が行われることによって発生するもので，その信用が結果として貯蓄をもたらすということである。言いかえれば，貯蓄が預金され，それが貸し付けられるのではない。信用の供与の基礎となるのは，企業の投資計画が生み出す収益性に関する期待であって，それが信用の「返済可能性」の基礎を与えるのである。このような信用貨幣の創造は，投資支出や賃金の支払を通じて所得を形成する。貨幣が創造され消滅するときは，これに対応して金融資産や金融負債の残高が変化する。これは，第1章の「貨幣支払マトリックス」で見たとおりである。すなわち，貨幣というフローは，金融資産や金融負債というストックの残高の変化に対応しているのである。したがって，ここでも貨幣に関するストック・フロー分析が重要なものとなる。

　ここで，以上の信用貨幣の創造過程における貨幣のフローと金融資産のストックとの関係を，簡単なバランスシート（貸借対照表）によって説明することにしよう。それを表したのが，表2-1である。ここでは，企業と労働者，それに中央銀行と民間銀行とからなる経済システムを考える（ここでは，とくにLavoie[1992]の議論を参考としている）。

　まず，貨幣循環の第1ステップから見ていこう。それは，民間銀行から企業に貸付が行われることによって，開始される。これは，企業の将来収益に対する期待に基づいて作られた投資計画に対してなされるものである。ここで，企業は投資資金を投資の実施に先立って用意しておく必要があるという点が原理的に重要である。そのためには，企業は銀行から R の額の資金を借り入れなければならない。投資の実施とそれによって支出された貨幣の受取りは，企業部門の内部で行われる。この過程を通じて，企業に対して供与された信用は，銀行にとって資産となる。また同時に，企業によって銀行に同額の預金がなされるので，これが銀行の負債となる。

　第2ステップは，企業の借入 R が家計に分配され，それが銀行の預金となることによって達成される。この段階では，借入を行っているものと実際に貨幣を手にしているものが異なっている。しかし，これは一時的な状態である。

　第3ステップでは，家計が消費 $R-S_h$ を行い，この消費によって支出された貨幣が企業の手に入って，企業の銀行預金となる。所得のうち消費しなかった部分は貯蓄 S_h となり，これは家計の銀行預金にとどまる。したがって，第3ステップでは，銀行の負債として，企業からの負債 $R-S_h$ と家計からの負債 S_h が

表2-1 貨幣循環と信用創造

ステップ1

資産	民間銀行	負債
企業への新規貸付 R		企業の新規預金 R

ステップ2

資産	民間銀行	負債
企業への新規貸付 R		家計の新規預金 R

ステップ3

資産	民間銀行	負債
企業への新規貸付 R		企業の新規預金 $R - S_h$ 家計の新規預金 S_h

ステップ4

資産	民間銀行	負債
企業への貸付 S_h		家計の預金 S_h

ステップ5

資産	民間銀行	負債
整理後の企業への貸付 M_h		家計の預金 $M_h = S_h - E_h$

ステップ6

資産	民間銀行	負債
整理後の企業への貸付 M_h 準備 $t_d(1-t_{cb})M_h$		家計の預金 $(1-t_{cb})M_h$ 中央銀行からの借入 $t_d(1-t_{cb})M_h + t_{cb}M_h$
	中央銀行	
民間銀行への貸付 $t_d(1-t_{cb})M_h + t_{cb}M_h$		民間銀行の預金 $t_d(1-t_{cb})M_h$ 未決済銀行券 $t_{cb}M_h$

計上される。

　第4ステップでは，企業が当初の借入の一部を返済する。家計の消費を通じて企業が手に入れた貨幣 $R-S_h$ で，この返済が行われる。この企業による返済の後のバランスシートは，次のようになる。銀行の資産としては，企業に対する貸付のうち未返済部分 S_h が計上され，銀行の負債としては，家計の貯蓄 S_h が計上される。この返済の過程で信用は消滅する。まさに，信用貨幣は貸付により創造され，返済によって消滅するのである。

　次に，第5ステップとして，家計がその貯蓄のすべてを銀行に預金するのではなく，貯蓄の一部 E_h を金融資産（債券や株式）の形態で保有するケースを考えてみよう。この場合には，このような家計による金融資産の購入によって，貨幣 E_h がさらに企業の手に入る。これによって，企業は，さらに E_h だけ借入金を返済することができる。結果として，家計の貯蓄のうち銀行預金となっているのは，$M_h = S_h - E_h$ となる。

　第6ステップにおいては，民間銀行と中央銀行との関係が明示的に問題となる。ここで，準備率を t_d と，現金通貨の必要量の割合を t_{cb} とする。まず，民間銀行の準備について言えば，それは中央銀行からの借入によって維持される。また，家計が現金通貨の形態で $t_{cb}M_h$ を保有しようとする場合，家計の銀行預金は $(1-t_{cb})M_h$ となる。あるいは，この状態を生み出す過程として，家計によって $t_{cb}M_h$ だけの引き出しが行われたと考えることもできる。この状態における民間銀行の資産と負債を見ると，資産としては，整理後の企業への貸付 M_h と準備金 $t_d(1-t_{cb})M_h$ が計上される。これに対して，負債の側には，家計の預金 $(1-t_{cb})M_h$ と中央銀行からの借入 $t_d(1-t_{cb})M_h + t_{cb}M_h$ が計上される。企業への貸付，準備金，家計からの預金の帳尻を合わせる額だけ，中央銀行から借入が行われていることになるのである。そのさい，民間銀行の中央銀行からの借入に関する利子率，すなわち公定歩合は，中央銀行によって政策的に決められる。次に，中央銀行の資産と負債であるが，資産としては，民間銀行への貸付 $t_d(1-t_{cb})M_h + t_{cb}M_h$ が計上され，負債としては，民間銀行の預金 $t_d(1-t_{cb})M_h$ と未決済銀行券 $t_{cb}M_h$ とが計上される。したがって，このバランスシートにおいては，準備金と現金保有額（＝未決済銀行券）の合計が，いわゆる「ハイパワード・マネー（high powered money）」となる。ここで注意しなければならないのが，因果関係である。すなわち，因果関係は，投資計画を規定する企業の期待を出発点とし，企業

から民間銀行への資金需要を経て，ハイパワード・マネーに至るものであって，その逆ではない。現金通貨，すなわち未決済銀行券は，この一連のプロセスの結果として生じる残差にすぎない。この過程においては，中央銀行は公定歩合をコントロールすることはできるけれども，ハイパワード・マネーの供給量をコントロールすることはできないのである。このことの意味は，「内生的貨幣供給論」を論じる段階で詳しく説明することにしよう。

(2) 所得形成と「費用の二重性」

貨幣の創造—消滅プロセスとしての貨幣循環のなかでは，ある経済主体による貨幣の「支出」は，必ず他の経済主体の貨幣的な「所得」となっている。まさに，「支出は所得を生み出す」のである。このことは，「費用」にとってとくに重要な意味を持っている。すなわち，ある企業にとっての「費用」は，その「支出」であり，他の経済主体に「所得」をもたらす。この意味では，高コストは同時に高所得を意味する。したがって，「費用」は低ければ低いほどよいというものではなく，費用構造が需要構造にどのようなかたちで貢献するかが重要なのである。「費用」は同時に「支出」でもあるという「費用」の持つ性格を，「費用の二重性」と呼ぶことにしよう。これは，「有効需要の原理」と費用構造との関連を理解するうえで中心的な観点である。

貨幣の循環過程において「支出」された貨幣のフローは，同時に「所得」のフローとなり，その「所得」は「粗利潤」と「賃金」に分かれて，それぞれ企業と労働者に帰属する。純利潤 Π，賃金 W，減価償却 D とすると，粗利潤は $\Pi+D$ である。すなわち，

$$Y = \Pi + W + D \tag{2.14}$$

また，国民総生産 Y から減価償却分 D を引いた $\Pi+W$ が，「国民所得」(NI)である。したがって，

$$NI = \Pi + W \tag{2.15}$$

ここで，「利潤」と「賃金」のそれぞれについて見ていこう。まず「利潤」について見れば，次のような重要な原理が存在する。すなわち，「利潤」は，それが実現するまえに生産物が売れていることが必要であり，そのため有効需要が必要であるという点である。この点はきわめて重要なものなので，少し問題を明確化しておきたい。いま，カレツキにならって，簡単化のために労働者はその賃金

をすべて消費すると仮定しよう。この仮定のもとでは，貯蓄は，利潤からのみ生じることになる。純投資を I_N，利潤を Π，貯蓄を S，貯蓄率を s とし，純部分でも投資＝貯蓄が成り立つとすると，$I_N = S$ より次の式が成立する。

$$I_N = s\Pi \tag{2.16}$$

ここでの問題は，左辺と右辺で，どちらがどちらを決定しているかということ，すなわち因果関係である。支出が所得を生むと考えるわれわれの理解からすれば，あくまでも投資 I という支出が利潤 Π という所得を決定するのであって，その逆ではない。なぜなら，両辺のうち，企業の決意によって決められるのは，投資支出だからである。すなわち，利潤の実現を可能にする貨幣は，投資支出を通じてもたらされるのであり，これは，経済のマクロ的動態を分析するうえできわめて重要な論理である。すなわち，言いかえれば，「投資はそれ自らをファイナンスする」のである。これは，しばしば「カレツキ原理」と呼ばれているものである。さらに，上記の式の両辺を資本 K で割ると，

$$\frac{I_N}{K} = \frac{s\Pi}{K} \tag{2.17}$$

ここで，投資 I は，資本の増加 ΔK であり，$I_N = \Delta K$ であることを考慮すると，左辺は，資本蓄積率 $g = \Delta K/K$ であり，また，右辺は $r = \Pi/K$ は利潤率なので，ここから，次の式が導かれる。

$$g = sr \tag{2.18}$$

これは，J. ロビンソンや L. パシネッティが定式化し使用したことから，通常「ケンブリッジ方程式（Cambridge equation）」と呼ばれるものである（Pasinetti [1974]）。これは，利潤からの貯蓄率 s が与えられたときに，資本蓄積率 g が利潤率 r を決定する関係を示している。この資本蓄積率 g が，どのように決定されるかということは，「投資関数」の問題である。また，信用の拡大に基づく投資支出の増大が，生産量や実質利潤の水準にどのような効果を持つかは，稼働率水準や分配に関わる社会経済システムの制度的規定関係に依存している。これらの点は，第 4 章で詳しく説明される。

次に，「賃金」について考えてみよう。「賃金」は企業の「費用」の1つである。「費用の二重性」によって，企業の「費用」は同時にその「支出」であり，必ず別の経済主体に「所得」をもたらす。そして，さらに次の「支出」をうながす。その意味では，まさに「需要の源泉」となる。したがって，「賃金」も「費

用」であるから，同様な性格を持っている。すなわち，「賃金」は個別企業にとっては「費用」であるが，マクロ的に見れば労働者の「所得」であり，「消費」の源泉でもある。この「賃金の二重性」も，のちに詳しく見るように，M. カレツキによって強調されたものであり，景気循環のダイナミクスを分析するうえで，重要な視点である。これに加えて，賃金には「インセンティブとしての賃金」の側面があり，したがって賃金は「三重の役割」を持つ（Bowles and Boyer [1990a]）。この点については，第3章で詳しく論じられる。

(3) 企業と労働者の貨幣的非対称性

ある経済主体による貨幣の「支出」は，必ず他の経済主体の「所得」となるが，第1章の「貨幣創造システム」の説明で，詳しく見たように，経済には他の経済主体の「支出」に基づかない貨幣の取得が存在し，それが市場システムの動態にとって決定的に重要な役割を演じている。これが，「貨幣創造」である（Cartelier [1996]）。したがって，このプロセスは，貨幣循環のシステムの内部における通常の「支出」と「所得」の連鎖とは別個の独立した貨幣の注入口としての役割を果たしている。

信用貨幣経済においては，先に見た銀行システムによる信用貨幣の創造がこれにあたる。この点を，貨幣循環のプロセスに即して具体的に説明すれば，次のようになる。経済主体の「支出」とは独立に行われる信用貨幣の創造は，まず，民間銀行から企業への貸付によって開始され，中央銀行の民間銀行への貸付によって完結する過程である。これは，企業にとっては負債であるが，この負債の創出が経済システムにとって，「貨幣創造」となるのである。この信用貨幣が流通する根拠は，中央銀行の「最後の貸手」としての信用にあるが，このように創造される貨幣量を決定するのは，この貸付の過程それ自体によるのである。

この点に関してとくに重要なのは，第1章で強調したように，資本主義経済には，このような「貨幣創造」のプロセスに接近できる経済主体と接近できない経済主体とが存在しているということである。ここには，貨幣循環システムの観点から見た企業と労働者との非対称性が存在する。これは，資本主義経済の大きな特徴である。すなわち，企業は，銀行システムから貸付を受けることによって信用創造過程にアクセスできるが，労働者はそれを行うことができないのである。これは，資本主義という貨幣経済にとって決定的に重要な点であって，この「貨

幣的従属」において，労働者が貨幣的な関係のなかで企業に対して従属的な位置に甘んじなければならない究極の根拠がある。労働者ができるのは，賃金という形態での企業の「支出」を自らの「所得」として受けとることだけなのである。M. カレツキが強調するように，「資本家はその支出したものを受け取り，労働者はその受け取ったものを支出する」のである。

新古典派経済学において採用されている，能力を持った者は事業を始めるための資本を入手できるという「ビジネス・デモクラシー」の想定は，非現実的なものである。カレツキは，次のようなことを言っている。「企業者をして企業者たらしめるもっとも重要な要件は資本の所有である」(Kalecki [1971], 邦訳 p. 110)。つまり，信用にアクセスしうるためには，それに先だって，一定の資本額を持っていなければならないのである。資本を所有しない労働者は，銀行から長期的な貸付を受けることは困難なのである。さらに，このことは，たんに「企業と労働者の非対称性」をもたらすだけでなく，企業間でも企業規模の相違をもたらすことになる。そして，この問題は，株式会社制度が一般化している現代の資本主義を念頭において考えた場合にも妥当するのであるが，ただし，その場合は，信用にアクセスできるのは企業の経営者であってその株主ではないという点がとくに重要である。しかし，この企業の経営者も，企業の経営者としての地位にあり，その役割を演じるかぎりで，信用にアクセスできるにすぎない経済主体なのであり，それも本書で強調している「主体の多層性」の一側面にほかならない。

4 信用貨幣と現代金融システム

(1) 資本循環と金融システム

「フローとしての貨幣」と「ストックとしての貨幣」の連関が，時間を通じた過程のなかで複雑な構造を持っていることは，これまで見てきた。これに加えて，ストックとしての金融資産には，銀行預金，債券，株式など様々な形態のものが存在し，それら相互で転換が行われている。それらが作る全体的構造が，金融システムを形成する。ここでは，まずこのような金融システムとこれまで説明してきた資本循環との関係を考えてみよう。資本循環は，「ストックとしての貨幣」の自己増殖運動であるから，それは，一方で「フローとしての貨幣」の創造と接し，他方で，ストックとしての金融資産として，債券や株式などの他の金融

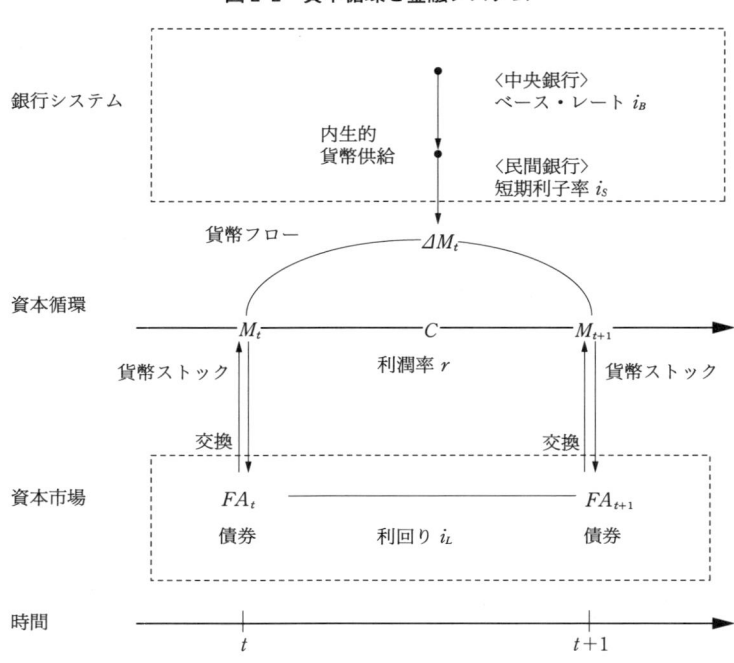

図2-2　資本循環と金融システム

```
銀行システム ┌──────────────────────────────┐
             │              ●               │
             │         内生的     〈中央銀行〉│
             │         貨幣供給   ベース・レート $i_B$ │
             │              ●               │
             │                    〈民間銀行〉│
             │                    短期利子率 $i_S$ │
             └──────────────────────────────┘
                  貨幣フロー    $\Delta M_t$
                        ⌒──────⌒
資本循環      ─────$M_t$────$C$────$M_{t+1}$─────→
                    ↕              ↕
                  貨幣ストック    貨幣ストック
                  利潤率 $r$
                    ↕ 交換         ↕ 交換
資本市場      ┌─────────────────────────────┐
             │   $FA_t$ ─────── $FA_{t+1}$    │
             │   債券    利回り $i_L$   債券   │
             └─────────────────────────────┘

時間          ────────┼────────────┼──────→
                     $t$          $t+1$
```

資産との転換がなされることになる。「資本循環」をはさんだこのような貨幣フローと金融資産ストックとの連関を図示すれば，図2-2のようになる。

　この図において，M は貨幣ストックを，FA は債券などの金融資産を表している。貨幣ストックの増加分 ΔM は当該期間のフローとしての貨幣の創造であり，これは，銀行システムによって内生的に供給される。先に，資本循環の結節点には，様々な制度が「埋め込まれている」と説明したが，同様に金融システムの内部にも様々な制度は「埋め込まれている」点が強調されなければならない。まず，銀行システムに関してとくに重要なのは，中央銀行は「最後の貸手」であり，民間銀行は中央銀行のこの最終的支払い手段に特権的にアクセスできる地位にある点である。また，これに基づいて，中央銀行と民間銀行との間には，階層化されたシステムが形成されており，そこには各国の制度的相違が存在するのである（Aglietta and Orléan [1982]）[7]。そして，そのもとで展開される貨幣政策は，マクロ的な有効需要管理に大きな役割を演じている。また，資本市場におい

ては，株式所有に関する制度的なあり方が，株式の収益性に関する期待に影響し，それが債券価格の動きに大きな影響を与える。とくに，日本で顕著に見られる法人企業相互間での株式持ち合いなども，債券価格の長期的趨勢に影響を与えている。このように，銀行システムは，銀行間の階層的構造を持っている点で，また金融資産市場はその収益性に関する期待が大きな役割を演じ，それが金融システムの制度的編成に影響を受ける点で，一般の商品市場とは大きく相違した制度的特質を持っている。

したがって，金融システムを分析する場合には，銀行システムを通じたフローとしての貨幣の供給と金融資産市場におけるストックとしての貨幣や他の金融資産の運動の全体が，制度論的観点から分析されなければならない。この点を，次に「内生的貨幣供給」と「利子率の階層構造」という観点から見ていくことにしよう。

(2) **内生的貨幣供給と金融システム**

現代の資本主義においては，貨幣はその大部分が銀行システムによって創造される信用貨幣である。前節で見たように，貨幣供給に関する因果関係の出発点は，企業が投資計画を決定するさいの期待である。企業の投資計画に基づいて，民間銀行に対する資金需要が発生し，民間銀行から企業への貸付が行われる。この貸付を起点として，貨幣フローが発生する。それによって生じる貨幣の循環を経て，銀行のもとに預金が形成され，さらなる準備金の必要を発生させる。これに対応して，中央銀行は，未決済通貨残高に対応した貨幣を供給する。貨幣供給に関するこのような理解は，「内生的貨幣供給 (endogenous money supply) 論」と呼ばれる。それは，貨幣供給が，経済システムの内部の期待形成，需要条件，生産条件，価格形成などの諸条件によって決定されることを指すものであり，ここで重要な点は，銀行から企業に貸付が行われた時点で，すでに貨幣は創出されていると考えることである。このような理解は，カルドアやムーアといったポスト・ケインジアンの経済学者によって主張されたものである (Kaldor [1982], Moore [1988])。これは，中央銀行が貨幣供給をコントロールでき，したがって，それを外生的 (exogenous) なものであると考えるマネタリストと対立する考えである。内生的貨幣供給において最も重要な点は，銀行が企業に対して貸付を行う際に，貸付量が利子率とはひとまず独立であると理解する点である。企業

は，その投資計画にしたがって，銀行に借入の要求を行う。これに対して，銀行による信用の供与は，所与の利子率のもとで，企業により個々の借入要求に対する「可否」として，決定される。貨幣供給は，「信用によって誘発され，需要によって決定される」のである。もちろん，貨幣需要に関しては，利子率の水準が投資決定に影響を与えることがありうるので，貨幣需要は利子率によって影響を受けることがあることは，無視できない。

　内生的貨幣供給の立場に立った場合，信用乗数の解釈は注意を要することがらである。ハイパワード・マネーを H，貨幣量を M とすると，通常次のような関係が成立する。

$$M = h_m H \tag{2.19}$$

h_m は信用乗数と呼ばれる。この式において，因果関係は，M から H であって，その逆ではない。銀行による一定の貸付基準が満たされれば，企業の資金需要に対応した銀行からの貸付が行われる。これによって，経済全体の貨幣需要が決定され，それが所与の利子率のもとで，ハイパワード・マネーを決定するのである。この観点においては，中央銀行は債券の割引窓口を閉じることはできないので，貨幣供給に外生的に制約を加えることはできないとされる。このような理解と新古典派の外生的貨幣供給の理解とを対比したのが，図2-3である。このグラフに基づいて，しばしば，内生的貨幣供給論者は自らを「ホリゾンタリスト（horizontalist）」と，新古典派の外生的貨幣供給論者を「ヴァーティカリスト（verticalist）」と呼んでいる。

　もっとも，内生的貨幣供給論にも様々な考えがある。とくに，中央銀行がハイパワード・マネーの供給に関して，完全に受動的か否かは，議論の分かれるところである。また，近年，貨幣供給の内生性と金融市場の内部構造の分析とを統合する考えも現れている。R. ポーリンなどによって主張されている「構造的アプローチ（structural approach）」がそれである（Pollin [1991]）。この考えでは，貨幣供給の内生性の根拠は，中央銀行の受動的な供給態度というよりは，むしろ金融システム内部での多様な貨幣機能代替手段の弾力的な創造に求められるのである。この観点からは，金融革新や金融制度の進化が，貨幣機能代替手段を生み出すことによって，金融システム内部の流動性を高めていくものと考えられる。内生的な貨幣供給と金融市場における金融資産の状態との関係をどのように関連づけるかは，内生的貨幣供給論にとって大きな課題である。また，インターバン

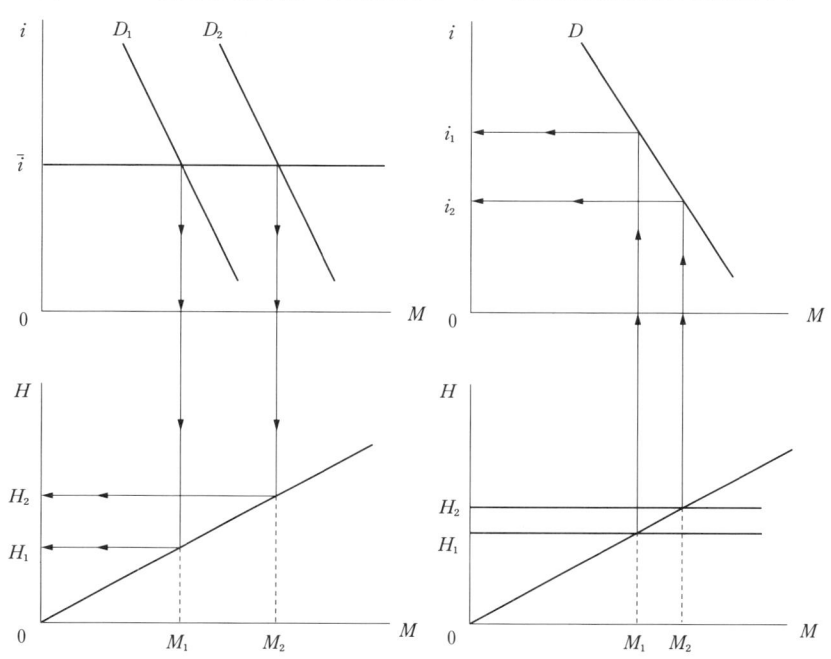

図 2-3　A　内生的貨幣供給と外生的利子率　　B　外生的貨幣供給と内生的利子率

ク市場や銀行の貸付態度に依存して，信用乗数も内生的に変化することがある。したがって，ハイパワード・マネーを操作することで，貨幣量をコントロールすることは，原理的に成立しがたいのである。

(3) 利子率の決定と「流動性選好論」

利子率がどのように決まるか，考察することにしよう。ここでも，フローとしての貨幣とストックとしての貨幣との関係が中心問題となり，様々な利子率の決定メカニズムが解明されるべきものとなるのである。したがって，ここでは金融システム全体の構造が問題となるのである。金融システムにおいては，一方で，中央銀行と民間銀行からなる階層的な構造を持った銀行システムが存在し，他方で，債券や株式を売買する市場である資本市場が存在する。

利子率の決定を論じるさいには，少なくとも3つの異なった利子率を区別する必要がある。第1は，中央銀行の割引利子率（i_B）であり，日本の場合には，「公

定歩合」がこれにあたる。これは，民間銀行が主として中央銀行から借入によって資金調達している限り，民間銀行の貸付利子率の基礎となる利子率であって，「ベース・レート」となる。この中央銀行の割引利子率は，中央銀行の政策的観点から完全に外生的に決定され，そのさい，中央銀行の政策スタンスや政策的な慣行 (convention) が重要な役割を演じる。通常，中央銀行の景気判断が大きく反映され，将来的に好景気が持続すると判断されれば，割引利子率は高めに誘導され，逆に景気が失速すると判断されれば，低めに誘導されることになる。

第2は，短期貸付利子率 (i_S) であり，民間銀行が企業に対して貸付を行う際の利子率である。これは，民間銀行の貸付態度を反映するが，それはベース・レートに，おおむね一定率 (m_i) を上乗せして決定され，ベース・レート動きと連動している。すなわち，

$$i_S = (1 + m_i) i_B \tag{2.20}$$

ただし，民間銀行がインターバンク市場からの資金調達に大きく依存している状況では，インターバンク市場金利も短期貸付利子率に影響を与えると考えることができる。

中央銀行の割引利子率と民間銀行の短期貸付利子率は，フローとしての貨幣の次元に関わるものであるが，これらの利子率は，貨幣フローの大きさとは独立に決定される点が重要である。言いかえれば，これらの利子率は，民間銀行から企業への貸出量に直接に影響を与えることはない。貸出量は，まずなによりも企業による資金需要によって決定されるのである。

第3は，長期利子率であり，これは債券市場において決定される債券利回りに対応する。この長期利子率は，ストックとしての貨幣，すなわち金融資産としての貨幣と債券との転換に関わるものである。債券価格と，債券からの期待収益により，その利回りは次のように定義できる。いま，債券価格を B とし，債券利回りを i_L とする。永久確定利付き債券の場合，額面を A，配当率を r_d とすると，次のような式で表される。

$$\begin{aligned} B &= \sum_{t=1}^{\infty} \frac{r_d A}{(1+i_L)^t} \\ &= \frac{r_d A}{1+i_L} + \frac{r_d A}{(1+i_L)^2} + \cdots + \frac{r_d A}{(1+i_L)^n} + \cdots \\ &= \frac{r_d A}{i_L} \end{aligned} \tag{2.21}$$

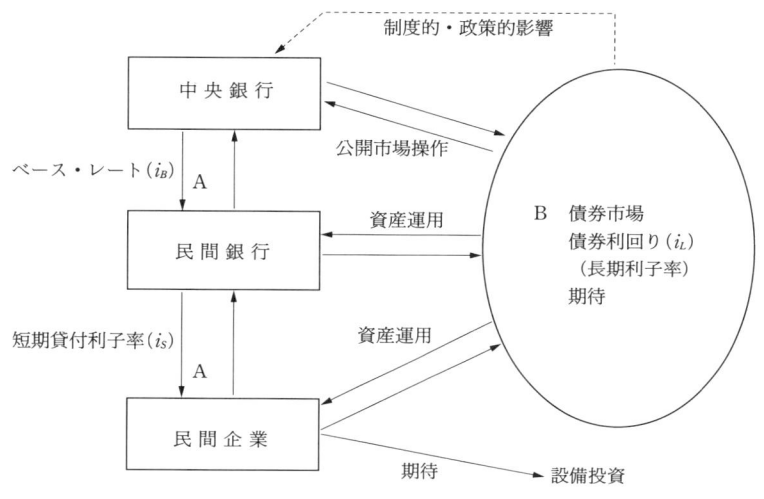

図 2-4　3つの利子率と金融システムの全体的構図

```
                    制度的・政策的影響
           ┌──────────┐ ← ─ ─ ─ ─ ─ ─ ─ ─ ─ ┐
           │ 中 央 銀 行 │ ←──────────────    │
           └──────────┘    公開市場操作   │    │
ベース・レート($i_B$) ↑↓ A                  │   ╱─────────╲
           ┌──────────┐    資産運用       │  ╱             ╲
           │ 民 間 銀 行 │ ←──────────────→ │ │ B  債券市場   │
           └──────────┘                   │ │  債券利回り($i_L$) │
短期貸付利子率($i_S$) ↑↓ A                │ │   (長期利子率) │
           ┌──────────┐    資産運用       │ │    期待       │
           │ 民 間 企 業 │ ←──────────────→ │  ╲             ╱
           └──────────┘      期待         │   ╲─────────╱
                         ──→ 設備投資
```

A：フローとしての貨幣の動き
B：ストックとしての金融資産の取引

この式からわかるように，配当率 r_d を所与とすると，債券価格 B と債券利回り i_L は，反対方向に動く．

　以上，3種類の利子率を念頭において，利子率と貨幣のフローと金融資産市場との全体的構図を示したのが，図 2-4 である．

　このような全体的関連のなかで，利子率の決定の理論的根拠はどのようなものと考えたらよいのだろうか．ここで取り上げる必要があるのが，ケインズの利子決定論である「流動性選好論 (liquidity preference theory)」である (Keynes [1936])．ケインズの言う「流動性 (liquidity)」とは，様々な資産に関して，それを転売できる可能性であって，それが最も大きいものが貨幣である．そこでは，様々な資産の保有形態の選択が問題となるのであり，ケインズ自身の枠組に即して特定化すれば，金融資産を「債券」のかたちで保有するか，「貨幣」のかたちで保有するか，が問題となる．ここで，「貨幣」とは，「ストックとしての貨幣」であって，現金だけでなく，預金通貨や様々な貨幣代替的金融資産をさす．したがって，「流動性選好」とは，不確実性が存在するもとにおける，現金や現金転換性の高い流動資産へと金融資産を転換しようとする選好のことである．流

動性選好論においては，貨幣に利子が発生するのは，資産を流動性が最も高い貨幣の形態で持たないで貨幣を手放すことに対する報酬であると説明される。ここで，貨幣はその購買力を行使できるが，債券は，それを保持している限り貨幣に変えることができないし，たとえ転売し貨幣に転換しようとしても，そこには大きな不確実性をともなうのである。この観点からは，ケインズが言うように，金融資産のなかで転売可能性が最も高い貨幣は，「現在と将来とを結ぶ連鎖」となる。不確実性が存在するなかで，人々は，将来時点で支払いの必要が発生するのに備えて，現在，貨幣を保持しようとするのである。

さて，問題は，ケインズの「流動性」という概念を，本書の観点からどのように理解できるかということである。われわれは，「流動性」とは，決して財に備わった性質ではなく，むしろ，金融システムの構造や状態から規定されて形成される「期待の状態」であると考えている。われわれは，序章において，制度と経済主体との相互構成的関係，およびミクロ的主体とマクロ・パフォーマンスとの相互規定関係を重視する「制度論的ミクロ・マクロ・ループ」という観点を，提起した[8]。この観点によって，「流動性」を次のように再解釈することができる。すなわち，金融資産の転売の行為は，不可逆的時間のなかで行われるので，不確実性をともなう。そのような不確実性をともなう過程においては，貨幣を含む様々な金融資産が，将来どれだけのキャッシュフローをもたらすかが重要なものとなり，それに対する「期待」が各経済主体において形成される。貨幣と様々な貨幣代替的金融資産とのあいだには，流動性の大きさに関して階層的構造が存在しているが，それは，金融資産市場という場の構造と状態のなかで，くりかえし行われる転売行為を通じて形成される経済主体の共有された「期待」に基づいて，生み出されるものである。つまり，各経済主体が金融資産の転売の可能性に賦与する「確かさの度合い」は，金融資産の転売行為が行われる場の性質と状態，そしてそれに影響を与える制度的諸要因によって規定されると考えることができるのである。それは，より具体的には，債券市場の編成，銀行システムの安定性，そして金融政策によって影響を受け，また，それは景気循環過程を通じて変動する。そして，各経済主体のもとに保有される貨幣残高は，このような金融資産の取引過程の結果として生じるものである。

現代株式会社制度のもとで，株式市場の組織化が進むと，それはこのような期待形成に大きな影響を与える[9]。とくに，株式市場における取引のルールや企業

業績の情報伝達経路などの制度的編成が，株式価格の「期待形成」に際して重要な役割を果たす。そこでは，株式の取引を行っている経済主体間で，株価の長期的な傾向に対して共通に保有される「期待」，すなわち一種の「共有信念」が形成され，それが各取引主体の行動に大きな影響を与えるのである。

短期利子率と長期利子率との相互作用をどのように考えるかは，理論的な難しい問題である。もし，現在のベース・レートや短期貸付利子率が，一時的なもので，長期的には別の水準に落ちつくという期待を，不確実性下の金融市場で金融資産を取引する企業や家計が持った場合，短期利子率と長期利子率との間に格差が発生する。そのさい，重要なことは，ベース・レートに関する中央銀行の政策的慣習は，長期利子率からはひとまず独立しているということである。もちろん，長期利子率から短期利子率へのフィードバックがまったくないわけではない。中央銀行は，その政策決定に関わる諸集団の意見を，とくに金融資産の所有者の意見を，「市場の意見」として聞くことが常である。これは，「市場の意見」とは言っても，市場メカニズムの作用ではない。むしろ，このような経済過程からのフィードバックは，いわば制度的チャンネルを通じてなされている。この点に関しては，各国間で中央銀行の政策決定上の独立性の相違が，制度分析の対象として重要なものとなるのである。

したがって，利子率決定に関する理論的根拠について重要な点は，利子率は貨幣的現象であって，それを決定する要因は単一のものではないということである。それは，貨幣資本の循環がそれ自身では形式的なものであり，その運動は，それが運動する場の制度的構造と期待形成によって規定されることに由来する。つまり，複数の性質の異なる利子率が存在し，フローとしての貨幣やストックとしての貨幣が運動する場としての金融システムを規定する様々な制度的要因や期待が，それぞれの利子率の水準を規定することになるのである。したがって，利子率の構造がどのように決定されるかを論じることは，フローとしての貨幣とストックとしての貨幣とが運動する場である金融システムの構造全体を論じることにほかならないことになる。このように，利子率を決定する単一の原理があるわけではなく，それは制度的構造全体に規定されているのであって，各経済主体の「流動性」に対する評価は，その期待形成に影響されつつ，ベース・レートを基準に，様々な利子率の全体的構造を作り出すのである。このように，利子率を経済主体の期待形成を内包した１つの構造として把握することは，金融システムの

分析にとって，きわめて重要である。

　もちろん，経済システムが安定的に成長している場合，利子率の上限と下限を規定する力は働いている。まず，利子率の上限であるが，長期的には，利子率は経済全体の利潤率を上回ることはできない。経済全体の利潤率は，後に見るように，成長率や貯蓄率，さらには労働分配率などによって規定される。もし，利子率が，利潤率を上回れば，剰余はまったく企業のもとに残らず，金利生活者のものとなってしまう。また，下限としては，銀行貸付の名目利子率は，再生産可能な商品の価格の上昇率を大きく下回ることはできないという制約が存在する。もし，下回ってしまうと，商品を現在生産して，将来販売することによって利益が発生し，販売が繰り延べられるという異常現象が発生してしまうが，これは永続しえないからである。

　資本主義において利子率の変化が重要なのは，とくに，それが投資決定に影響を与え，資本蓄積の動態を規定する1つの要因となるからである。この点は，第4章で詳しく見ることにしよう。

(4) ミンスキーの金融不安定性仮説

　資本蓄積の動態を分析するのは第4章の課題であるが，ここでは，それにさきだって，経済が拡大する過程で，投資と金融の状態や負債構造などがどのように変化するか，考えてみよう。このような問題に関して，とくに参照する必要があるのが，H. ミンスキーの「金融不安定性仮説（financial instability hypothesis）」である（Minsky [1975] [1982] [1986] [1996]）。ミンスキー理論の特徴は，資本主義経済にはもともと金融不安定性を生み出す傾向がある点を指摘していることである。すなわち，そこでは経済の拡大に伴って，とくに負債構造が脆弱化する可能性のあることが示されている。好況過程においては，資本設備，すなわち資本資産から安定的に収益が生み出されるが，そのような状況の持続によって企業のもとに十分なキャッシュフローがもたらされるので，流動性に賦与される評価は低下していく。このため，資金調達の方法が，より長期的で，より危険な形態へとシフトし，負債構造が脆弱化していくのである[10]。

　H. ミンスキーは，銀行が企業に資金を貸し付け，企業がそれをもちいて投資を行う過程，すなわち，資本資産を購入する一連の過程を分析している。図2-5のように投資の水準は，資本資産の需要価格（P_K）と資本資産の供給価格（P_I）

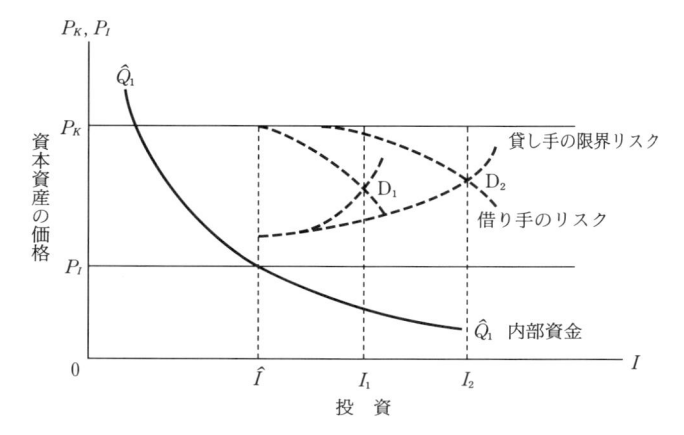

図 2-5　ミンスキーの投資・金融フレームワーク

P_K, P_I（縦軸）　資本資産の価格
I（横軸）　投資

曲線ラベル：$\hat{Q}_1$　内部資金、貸し手の限界リスク、借り手のリスク
点：D_1, D_2
水準：P_K, P_I, $\hat{I}$, I_1, I_2

に基づいて決定される。資本資産の需要価格は、特定の資本資産から得られる予想収益の割引現在価値であり、資本資産の供給価格は、貨幣賃金、原材料費、利子費用などの資本財の生産費にマークアップを上乗せして決定される。資本資産の需要価格が供給価格を上回るなら、投資収益がプラスとなる。投資が内部資金によってファイナンスできる水準（$\hat{I}$）を上回る場合には、銀行から資金を借り入れることになる。そこで、問題となるのが、貸し手（銀行）と借り手（企業）の双方のリスクに対する評価である。「貸し手のリスク」とは、借り手による債務不履行のリスクであり、「借り手のリスク」とは、購入された資本資産が生み出すと期待されるキャッシュフローと資産市場での将来価格の変化に関するリスクである。投資決定においては、資本資産の需要価格と供給価格の差から貸し手のリスクと借り手のリスクの合計を差し引いた値が、投資資金の貸付けの判断の基準となる。こうして、投資の実行とともに、企業の負債構造が変化する。

H. ミンスキーは、負債構造を 3 つに分類している。「ヘッジ金融（hedge finance）」、「投機的金融（speculative finance）」、「ポンツィ金融（Ponzi finance）」である。「ヘッジ金融」とは、将来の金利変動とは独立に各期のキャッシュフローが、元金と利子支払いを上回るものを言う。これに対して、「投機的金融」と「ポンツィ金融」は、近い将来期間における所得の受取りの期待額が、契約現金支払い額を下回るものを言い、このうち「投機的金融」とは、そのネット・キャッシュフローが利子支払いを賄える状態であり、「ポンツィ金融」とは、利

子支払いを賄えない状態である。「ポンツィ金融」になると，利子支払いのためにさらに資金を借り入れなければならないことになる。ここで重要なことは，「投機的金融」か「ポンツィ金融」かは，短期利子率の水準に依存している点であり，短期利子率の上昇は，それまで「投機的金融」であったものを「ポンツィ金融」に変えてしまうのである。

　まず，好況過程においては，「貸し手のリスク」も「借り手のリスク」も，ともに低く評価されるようになり，貸付けと投資行動は積極的なものとなる。これにともない，負債・自己資本比率が上昇し，負債構造が「ヘッジ金融」から「投機的金融」へと変化することによって，脆弱なものとなっていく。もちろん，そのような状態においても投資が活発に行われ，需要が拡大し，そのことによって企業が持続的に高収益を得ているかぎりは負債を返済することが可能であり，問題は発生しない。しかし，負債構造は短期利子率のわずかな変動に対して非常に過敏なものとなり，短期利子率の上昇によって，容易に「投機的金融」から「ポンツィ金融」へと変化してしまう可能性が生じる。これが，負債構造の脆弱性の増大がかかえる問題である。そして，たとえば，インフレーションの加速化を恐れて中央銀行が短期利子率を引き上げれば，一部の企業が「ポンツィ金融」の状態となって，金融危機が発生するのである。また，好況の進行にともなう商品市場での需給状態の変化や実質賃金の上昇などといった実物的要因の変化にともなう収益性の悪化も，キャッシュフローの不足をもたらし，金融危機の引き金となる可能性がある。

　もっとも，H. ミンスキーの理論においては，好況過程で負債・自己資本比率が上昇すると考えられているが，この変化が常に発生するとは言えないだろう。なぜならば，好況期は投資が活発になり，それによってより大きな利潤が実現し，自己資本も急速に拡大するからである。また，マクロ的に見た場合，企業の負債の増大が，流動性獲得の唯一の方法であるとも一義的には言えない。金融市場における様々な金融資産の売買を通して，流動性を確保することができるからである。この点は，国際経済関係を視野に納めてミンスキーの理論を考える場合，とくに重要である。

　次に，景気の転換後の不況過程を見てみよう。ここでミンスキーが指摘するのは，いわゆる「負債デフレーション（debt　deflation）」が発生する可能性である[11]。不況過程では，企業が獲得できるキャッシュフローが激減し，銀行の貸出

も減少するので，企業は保有している資本資産を売却することによって，負債を返済するための資金を調達しなければならなくなる。しかし，このとき物価水準の下落によって資産の貨幣評価が低下し，さらに獲得できるキャッシュフローも減少することによって，負債の返済が困難なものとなってしまうのである。このような事態が発生すると，資産価格の下落，投資の縮小，企業収益の悪化の連鎖によって，不況がいっそう長期化することになるのである。

このような「金融不安定性」の発生の仕方は，金融システムにおける制度的編成によって大きく影響される。H. ミンスキーは，内部的あるいは外部的ショックに対して金融システムの安定性が復元される領域を，「金融システムの安定領域」と呼んでいるが，これは，景気循環の過程だけでなく，銀行システムにおける貸付け，監視，返済に関するルールや債券取引のルールなど金融システムにおける諸制度のあり方にも大きく規定されている。したがって，金融システムの制度的構造が，各国間の金融システムの性質の相違やそのパフォーマンスに重要な意味を持っている。したがって，「金融システムの安定領域」は，政府の経済政策に関わる制度的枠組みによっても規定されており，政府が財政政策によって企業の利潤フローを維持し，中央銀行が「最後の貸し手」として介入することで損失を被った銀行に対して再融資するならば，このような政策的対応は，金融システムの安定化に寄与するのである（鍋島［1995］）。

(5) **金融システムの制度的多様性と不安定性**

先進資本主義諸国の金融システムは，制度的に必ずしも同一タイプに収斂しているのではなく，現在，各国間で制度的多様性が存在している。先に見たように，先進資本主義諸国の金融システムは，銀行システムと資本市場を中心にして編成されていて，それら相互規定関係が大変重要な役割を演じている。これら両者の関連は，国によって異なっており，それに対応して，金融システムは大きく2つの類型に分けることができる。すなわち，企業が外部資金を調達するさいに，銀行からの融資に依存する金融システムのタイプ，および債券や株式を発行し資金調達することによってこれを行う，資本市場に依存する金融システムのタイプである。一般的に，前者は「銀行中心型金融システム」，後者は「資本市場中心型金融システム」と呼ばれている（池尾［2003］，野下［1995］）[12]。

戦後の資本主義経済においては，ドイツや日本の金融システムが，「銀行中心

型金融システム」として，代表的なものである。日本の金融システムは，各企業集団においてメインバンクが融資の中心的な役割を演じる「メインバンク・システム」として有名である。「銀行中心型金融システム」が形成され発展する理由としては，内部資金比率が高いことや資本市場の歴史的未発達などがあげられ，さらに「銀行中心型金融システム」が制度的に定着しており，容易には制度変化することが難しくなっていることも影響している。「銀行中心型金融システム」では，銀行の融資を通じて産業への長期的な資金配分が行われ，この過程のなかで銀行は，企業の投資プロジェクトに対するモニタリングを行う。「銀行中心型金融システム」が適切に運営されるか否かは，この銀行によるモニタリングに依存している。このため，「銀行中心型金融システム」は，経済の発展途上の段階において，十分なモニタリング能力を持った銀行システムが存在する場合には，長期的な投資資金の金融を可能にすることによって，有効性を発揮すると言われている。また，このことに関連して，中小企業に対する金融の制度化のあり方によって，「銀行中心型金融システム」の国のなかにも，制度的多様性が存在している。

これに対して，「資本市場中心型金融システム」は，アメリカやイギリスなどアングロ・サクソン諸国の金融システムが，その典型である。「資本市場中心型金融システム」が成立するためには，歴史的に資本市場が発展していることが必要であり，そこでは企業の資金調達は，主として債券や株式の発行を通じて資本市場から行われる。資本市場では，株価や債券の価格や取引量の変動を通じて，企業の経営状態に関する情報の伝達が行われ，このような市場的評価によって，企業経営の規律付けが行われる。したがって，「資本市場中心型金融システム」は，短期的に様々な部門間や企業間の資金配分を効率的に行う点では，優れている。しかし，金融の期間が短期的なものになりやすく，長期的な視野にたって資金を供給することが必要な投資プロジェクトに対しては，必ずしも適切でない面を持っている。また，株式や債券の価格は，バブルの形成や崩壊などといった，きわめて不安定に変動する可能性があり，これが「資本市場中心型金融システム」固有の不安定性を生み出すことになっている。

ここで検討すべき問題は，これら相異なる金融システムのもとでミンスキーの言う「金融不安定性」の発生形態が，どのように異なるかということである。もともと，ミンスキーの「金融不安定性仮説」は，銀行による貸付けのプロセスに

おいて発生する「金融不安定性」を問題としている。しかしながら，それを資本市場における金融資産取引を視野に納めて拡張することは可能である。まず，「銀行中心型金融システム」の場合には，資本市場における金融資産に対する評価の変動は小さく，そこから不安定性が発生する可能性は小さいが，その反面，銀行によるリスク管理能力が不十分な場合には，そのことが「金融不安定性」を増幅させる可能性がある。とくに，民間銀行どうしの貸付け競争や中央銀行の金融緩和政策の持続がリスク管理を甘いものとし，投機的な金融が拡大することもあるのである。これに対して，「資本市場中心型金融システム」の国では，資本市場が発達していることによって，債券や株式の短期的な売買が拡大し，これが投機的な期待形成を助長することで，金融資産価値の不安定な膨張をもたらす可能性がある。いわゆる金融資産「バブル」の形成である。とくに，銀行からの信用供与の拡大によって資産価格が高騰する場合には，金融システムの安定化作用が維持される領域をきわめて狭くする可能性があるのである。

　それでは，現在，金融のグローバリゼーションが進み，「金融自由化」の圧力が強まるなかで，各国の金融システムはどのように変化していくのであろうか。現在，国際金融市場においては，巨額の資本取引がなされており，「銀行中心型金融システム」をこれまで維持していた国においても，金融自由化によって「資本市場中心型金融システム」へと次第に転換していく可能性が生じている。これにともなって，金融制度の再構築も必要となり，それは，また各国のコーポレート・ガバナンスの変化を誘発することにもなっている。このなかで，金融システムや企業システムにおける制度変化の仕方によっては，金融システムの構造自体が不安定なものとなっていく可能性もある。このきわめて現代的な問題については，改めて第6章で詳しく検討することにしよう。

補論　現代金融政策の制度分析

　金融政策には，通常，市場における流動性を管理する役割と景気循環を調整する役割があると言われている。しかし，実際の金融政策においては，それらへの重点の置き方が国によって異なっている。

　とくに，金融政策のスタンスについて，1970年代以来，ケインジアンとマネタリストの対立が存在してきたことは，有名である。ケインジアンは，伝統的に中央銀行の裁量的金融政策を支持し，マネタリストはこれを批判してきた。具体

的には，ケインジアンは，中央銀行が裁量的に利子率を設定すべきだと考えるのに対して，マネタリストは，裁量的金融政策はかえって市場を混乱させるだけで，潜在成長率（k%）にあわせて，k%で貨幣供給を行うべきだと主張する。いわゆる「k%ルール」である。マネタリストは，理論的に，期待物価上昇率と現実の物価上昇率とが一致する「長期」においては，貨幣と実物の「二分法」が成り立つと考えており，その意味で，現代版の「貨幣数量説」である。1970年代後半以降，アメリカやイギリスなどマネタリズムを採用した中央銀行のもとでは，インフレーションを抑制するために金融引き締め政策がとられた。

これに対して，ケインジアンのカルドアやムーアなどの「内生的貨幣供給論」の立場から，批判が行われた。すなわち，そもそも中央銀行が公開市場操作などを通じて貨幣供給をk%にコントロールすることは，不可能なことだと主張された。なぜならば，本章の本文でも説明したように，貨幣供給は，企業の資金需要に基づいて銀行から企業に貸付がなされることによって内生的に生じるのであり，それを中央銀行がコントロールすることが難しいからである。

実際の中央銀行の政策的スタンスは，国によって異なっている点が制度分析の観点から重要である。すなわち，中央銀行の政策は，それをとりまく制度的構造に大きく依存しているのである。この問題を分析しているものとして注目すべき研究として，G. エプシュタインのモデルがあげられる（Epstein [1994]，鍋島 [1995]）。かれは，「SSA（社会的蓄積構造）理論」の観点からこの問題にアプローチしている（「SSA理論」については，第4章コラムを参照）。

エプシュタインは，労働市場と金融市場においては，そこで取り引きされる労働力や信用は，「交換」そのものだけでは，その属性は十分には特定化されず，そこに権力関係が介在することとなると考える「抗争交換（contested exchange）理論」に基づいて，中央銀行の政策を考察している（「抗争交換理論」については，第3章および第5章を参照）[13]。そこでは，中央銀行の政策に影響を与えるものとして，金融関係者，産業関係者，労働者という3つの集団が，取り上げられている。そして，これらの関係が，①資本―労働関係，②金融―産業関係，③中央銀行―国家関係という3つの制度的構造を軸に分析されているのである。すなわち，資本―労働関係においては，景気の拡大にともなう稼働率の上昇が，賃金および利潤の分配にどのような影響を与えるかが重要なものとなり，これが金融政策が拡張的か，緊縮的かというスタンスの違いに影響を与え

る。また，金融―産業関係において，産業への金融のメカニズムが銀行借入依存型か資本市場依存型かに応じて，中央銀行の政策が異なったものとなる。さらに中央銀行の国家からの独立性に応じて，中央銀行の金融政策のスタンスに相違が生じる。先のケインジアンとマネタリストの論争も，このような制度的背景を視野に納めて理解する必要がある。

例えば，景気拡大にともなって，企業の利潤と賃金が増大し，かつ金融が銀行借入依存型で，金融と産業の利害関係が共通な場合には，すべての集団が中央銀行に金融緩和策をとるように圧力をかけることになるだろう。また，景気を押さえ込むことが賃金抑制に有効である場合は，金融や産業から金融引き締めを求める圧力が生じる可能性が高くなる。おそらく，このような各利害集団の圧力は，それぞれが持っている期待や共有信念などにも大きく影響を受けることになる。したがって，各国の中央銀行の政策の問題に関しては，中央銀行をとりまく諸集団に関する制度分析と政策形成過程の分析が必要となるのである。

注

1）ケインズの「貨幣」認識は，詳しく見ると複雑である。『一般理論』「第13章　利子の一般理論」で展開されている「流動性選好論」においては，金融資産（ストック）としての「貨幣」が問題となり，貨幣需要に関しても「投機的動機（＝資産動機）」が強調されている。しかし，『貨幣論』における「貨幣」認識は，それとは異なっているし，また，『一般理論』においても，「投機的動機」の貨幣需要と並んで，投資の実施に先立ってあらかじめ用意されるべき貨幣に対する需要を「金融的動機」と呼んで取り上げている。そして，この「金融的動機」については，『一般理論』執筆以後の論文でふたたび論じられているのである。これは，ある意味で，フローとしての「貨幣」の内生的供給に結びつく視角と言えなくもない。このようなケインズにおける「貨幣」認識の問題に関しては，以下の文献を参照されたい：Keynes［1936］［1937］，宮崎・伊東［1961］，長谷田［1977］［1985］，大塚［1986］，Rochon［1999］，鍋島［2001］。

2）マルクスの「資本の一般的定式」については『資本論』第1巻を，「資本の三循環」については『資本論』第2巻を参照されたい。また，マルクスの「資本循環」論に基づいて作られた独自のモデルとしては，D. フォーリーのモデルがある（Foley［1982］［1986a］［1986b］，北原［1987］，植村［1988］を参照されたい）。

3）「不確実性（uncertainty）」は，ケインズの経済学にとって，重要な概念である。ここで，「不確実性」とは，「将来に関するわれわれの知識的基礎はきわめて不確実なものであり，保険統計的な計算によって将来の事象についての何らかの確率を形成することは不可能である」（鍋島［2001］, p. 108）ということを意味するものである。ただし，われわれの制度分析の観点においては，「不確実性」を経済過程に根本的に存在す

るものというよりも，資本の循環的運動過程において，それを規定する様々な制度的な場の構造と状態から影響を受けるものと考えている。

4）「資本」概念は，経済学の学派によって大きな理解の相違がある。例えば，新古典派経済学では，「資本」は物的生産設備を意味する。これに対して，ケインズにおいては，「資本」は貨幣的に評価された生産設備であって，将来的に収益をもたらすものと認識されている。したがって，それは貨幣的概念である。マルクスにおいては，「資本」は「自己増殖する価値の運動体」であり，資本家と労働者の社会関係である。「資本」を歴史的に形成された社会関係であると理解する場合，やはりケインズとマルクスの資本概念は重要なものであるといえよう。また，マクロ経済学における「集計的資本概念」に関しては，1950年代後半から1960年代前半にかけて，新古典派とポスト・ケインジアンとの間でいわゆる「ケンブリッジ資本論争」が展開された（Harcourt［1972］を参照）。この論争では，最終的にポスト・ケインジアンの主張が正しいことが確認され，「異質的な資本財が資本という単一の質に還元できない」（Dobb［1973］）ことが認識された。異質的な資本財は，貨幣的評価と予想収益に媒介されることによって，はじめて同質的な「資本」に還元されるのであり，この点は現在マクロ経済学を再構築する際にも重要である。

5）投資水準のコントロールに関して，ケインズ自身は，「投資の社会化」を考えていた。この点を鍋島は，「ケインズが要求していたのは，国家が投資量を管理することによって投資をいっそう高い水準で恒久的に安定化させることを狙った「投資の社会化」であった。それは，もはや公共投資を単なる呼び水として用いる政策にはとどまらない一方で，不況のときに赤字財政によって経済活動水準を上昇させようとする補整的財政政策とも性格を異にしている。……すなわち，『一般理論』においては，今日「ケインジアン政策」として知られている短期的・裁量的な微調整政策よりも，むしろ長期的視野にもとづいて投資水準を安定化させるための「政策ルール」を提示することに重点がおかれていた」（鍋島［2001］, p. 31）と説明している。

6）「貨幣の中立性（neutrality）」の問題は，貨幣経済を分析するうえで中心的な理論問題である。一般的に言えば，古典派と新古典派はこれを肯定し，ケインジアンはこれを否定する傾向がある。しかしながら，近年，新古典派の最適成長理論の内部でも「名目貨幣成長率はすべての実質変数に対して瞬時的に厳密な独立性を持つ」とする「超中立性（super neutrality）」を主張する議論と「キャッシュ・イン・アドバンス・モデル（cash-in-advance model）」などでこれを否定する議論の展開が見られる（加納［1997］）。ここで，原理的に重要なのは，「貨幣は財を買い，財は貨幣を買うが，財は財を買わない」というクラウワーの命題をどのように受けとめるかであろう（Clower［1967］）。クラウワーの場合には，単純商品経済における「商品貨幣」の枠組みで議論をしているが，本書では，「制度としての貨幣」の観点から，資本主義における貨幣創造のプロセスの内生性および「貨幣が商品を買う」プロセスと賃金稼得者の予算制約の原理的な重要性を主張することで，「貨幣の中立性」を否定しようと試みている。

7）レギュラシオン理論における金融システム分析としては，次のようなものがある：

Aglietta and Orléan [1982] [2002], Aglietta, Brender and Coudert [1990], Aglietta [1995], Geoffron and Rubinstein [1997], Orléan [1999]。近年，とくに欧州通貨統合の分析が積極的に行われている。また，1990年代以降のアメリカの成長体制を「資産的成長体制」（Aglietta and Rebérioux [2004]）あるいは「金融主導型成長体制」（Boyer [2004c]）と特徴付け，金融資産価格の上昇と需要形成の関係を分析している。レギュラシオン理論については，第4章コラムを参照されたい。

8) ここでは，「流動性選好論」と「利子の構造」の問題を，「期待仮説」の考え方を基礎とし，かつ本書の基本的観点である「制度論的ミクロ・マクロ・ループ」の観点を重視して分析している。「期待仮説」については，Moore [1988] を参照されたい。

9) 株式市場における「共有知識（common knowledge）」の役割については，Crotty [1994] が示唆に富む。また，金融市場における市場参加者の集団の「共有信念」すなわち「コンヴァンシオン（convention）」の形成プロセスについて，「コンヴァンシオン理論」による分析が進められている（Orléan [1999]）。

10) H. ミンスキーの「金融不安定性仮説」に関して，とくに次の文献が参照されるべきである：Dymski and Pollin [1992], Dymski and Pollin (eds.) [1994], Minsky [1975] [1982] [1986] [1996], Taylor and O'Connell [1985], 青木達彦編 [1995], 北原 [1992], 黒木 [1995], 鍋島 [1995] [2001], 野下 [1995] [1996]。また，H. ミンスキーの分析をアジア金融危機に応用したものとしては，Arestis and Glickman [2002], Dymsky [1999], Kregel [1998] がある。アジア金融危機においては，国際的な資本の流出入と「金融不安定性」との関連が重要な役割を演じている。

11)「負債デフレーション（debt deflation）」は，A. フィッシャーや H. ミンスキーによって強調されたものである。とくに，これは1990年代後半の日本経済が不良債権を抱え，長期不況から容易に脱出できなかった重要な原因の1つである。

12) 金融システムの制度的多様性に関する研究のうち，「比較制度分析」の研究としては，日本のメインバンク・システムに関するものが重要であり，主要な文献としては次のようなものがある：青木 [1995], Aoki and Dore [1994], Aoki and Saxonhouse [2000], Aoki and Patrick [1994]。

13) アメリカ・ラディカル派の金融システム分析としては，次のようなものがある：Crotty [1986] [1994], Dymski [1990], Dymski, Epstein and Pollin (eds.) [1993], Dymski and Pollin [1992], Dymski and Pollin (eds.) [1994], Epstein [1989] [1991] [1992] [1993] [1994], Epstein and Schor [1990a] [1990b], Woolfson [1993]。アメリカ・ラディカル派経済学のうち，とくに SSA 理論に関しては，第4章コラムを参照されたい。

> **コラム**　ポスト・ケインジアンの理論的課題

　「ポスト・ケインジアン（post-Keynesian）」と呼ばれる経済学者は，J. M. ケインズの経済理論の一層の発展を目指すものであるが，同時に，M. カレツキや K. マルクスなどに強い影響を受けている研究者もいる。初期に中心的な役割を果たしたのは，J. ロビンソン，N. カルドア，P. スラッファなどのケンブリッジ大学の経済学者たちであるが，同時代の R. ハロッド，M. カレツキ，J. シュタインドルなども「ポスト・ケインジアン」の形成に大きな影響を与えた経済学者である。

　現在，「ポスト・ケインジアン」といわれる経済学者は，非常に多岐にわたっているが，通常，3つのグループが存在すると言われる。第1には，「アメリカン・ポスト・ケインジアン」であり，ケインズの『貨幣論』や『一般理論』をもとに，ケインズの経済学が真に目指したところを復元しようとしている。その意味で，「ケインズ・ファンダメンタリスト」としての性格を持っている。彼らは，「貨幣的生産理論（monetary theory of production）」の重要性を主張しており，その代表的な経済学者としては，P. デヴィッドソンがあげられる（Davidson [1978]）。そこでは，内生的貨幣供給論の展開や「流動性選好論」の再解釈などの研究が進められている。

　第2のグループは，「スラッフィアン（Sraffian）」あるいは「ネオ・リカーディアン（neo-Ricardian）」と呼ばれるグループで，P. スラッファの『商品による商品の生産』（Sraffa [1960]）の枠組みを理論的基礎として，生産価格体系をもとに経済分析をするグループである。その一部は，生産価格の成立する世界を自然状態と理解し，それを主として理論的分析の対象とする傾向がある。代表的な経済学者としては，L. パシネッティ，B. シェフォルド，I. スティードマンなどがいる（Pasinetti [1974] [1981], Schefold [1989], Steedman [1977]）。スラッファ理論の説明は，本書第5章を参照されたい。

　第3は，M. カレツキの経済学を出発点として理論を構築しようとしている経済学者のグループで，経済を「循環的成長（cyclical growth）」の枠組みで動学的に分析している。代表的経済学者としては，M. ソーヤーや G. ハーコートがいる（Sawyer [1985]）。その『経済成長論』では，定常状態を対象にしていた J. ロビンソンではあるが，晩年はカレツキ的な「循環的成長」の枠組みを重視していた，と G. ハーコートなどは強調している。現在，この第3の「カレツキアン」に近いところから，経済の構造的・制度的特質を前提としてマクロ動学を研究する「構造的マクロ経済学（structuralist macroeconomics）」も生み出されている（Dutt [1990], Setterfield (ed.) [2002], Taylor [1991] [2004],

ローソン［1994］)。そして，これは「第4章コラム」で取り上げているレギュラシオン理論やSSA理論とも非常に近い位置にあり，実際かなりの程度までオーバーラップしている。

　第1のグループと第3のグループの中間に位置し，カレツキの枠組みを基礎に，独自の「金融不安定性仮説」を展開している経済学者にH. ミンスキーがおり，アメリカの非新古典派の金融経済学者に大きな影響を与えている。また，A. アイクナーの寡占経済理論も現実経済から出発した興味深いマクロ理論である (Eichner [1976])。さらに，フランスでは，独自の貨幣的経済理論を展開している「貨幣循環 (monetary circuit) アプローチ」が存在する（ポスト・ケインジアンと貨幣循環アプローチとの関係については，Lavoie [1992], Deleplace and Nell(eds.) [1996] および第1章コラムを参照されたい)。

　ポスト・ケインジアンは，このように多岐にわたり，一部には拡散傾向すら見られるが，20世紀の経済システムの現実をふまえて新古典派経済学に対するオルタナティヴな理論を構築しようとするそもそもの方向性から見た場合，次のような理論的課題が見てとれる。第1に，「貨幣的生産理論」において，N. カルドアやムーアなどによって主張されている「内生的貨幣供給論」とケインズ自身に端を発する「流動性選好論」とをどのように統一的に扱うかという課題がある。そのさい，銀行システムと資本市場の全体を視野に納めたうえで，貨幣供給メカニズムを理論化することが必要であり，さらに貨幣供給と金融資産価格の変動との因果連関を解明することも重要な課題となっている。第2に，カレツキ的な循環的成長の枠組みとスラッフィアンが重視する「再生産」の枠組みとを体系的にどのように関連づけるかという問題がある。そのためには，「循環的変動」も「再生産」もともに複合的時間構造を持った重層的なシステムである点をふまえて理論化する必要があろう。この点に関しては，「複雑系 (complex system) の経済学」との理論的連携が必要であるように思われる。第3に，これまで，ポスト・ケインジアンは，新古典派的な「ミクロ的基礎づけ」に依拠しないことを特徴としてきたが，まだ独自の「ミクロ的基礎」を持っているとは言いがたい。そこで，例えば，期待形成，行動パターンの形成，集合行為の様式，などについての独自の理論化が望まれる。本書の随所で「社会経済システムの制度分析」とポスト・ケインジアンのマクロ経済理論とを結びつけようとしているのも，このような課題を意識してのことである。

第3章　企業組織と雇用システム

　第2章では，ストックとしての貨幣が時間的連続性の中で自己増殖する運動体として経済主体に認識される時，「資本」という概念が成立すること，そして資本循環の過程は，価値のフローを表すとともに，この過程のどの瞬間においても一定の資本価値ストックが存在することを見た。資本とは，時間的連続性の中で貨幣資本，生産資本，商品資本というように次々にその姿態を変えていく運動体だということになる。この過程は何よりも時間を要する過程である。そこで，循環に要する時間が必要以上に拡大すれば，それは資本にとって決定的な損失となる。可能な限りの時間の節約が資本価値の維持と増殖にとって何よりも重要になる。他方で，資本循環過程の特定の局面においては，モノ，ヒト，カネ，さらには情報といった諸資源の様々な形での結合を見出すことができる。しかも，この結合は瞬時的に行われるのでもなければ，離散的に繰り返されるものでもない。結合は空間的な広がりにおいて，また時間的連続性の中で行われる。したがって，諸資源の結合の空間的統一性と時間的持続性が満たされない限り，資本循環の正常な進行は保証されないことになる。

　時間と空間において「資本」が定義され，その循環においては時間的持続性と空間的統一性が保証されねばならないという観点から，生産の局面にある「生産資本」へのより踏み込んだ考察，より具体的には生産の組織化の主体である「企業」についての考察を行うのが，第3章での課題である。

1　労働力の「商品化」と「賃労働関係」

(1)　労働力「商品」の特殊性

　直接的生産過程にある資本は，それをストックとして見るならば原材料・仕掛け品在庫，未償却の耐久実物資産などのようなモノに集積として存在する。だ

が，それだけでは機能しえない。そこに人間が介在し，これらのモノを動かし組合せを変え，かつその変化・変形を制御して，目的のものを作る過程の中で，資本は初めて生きてくる。それゆえ資本は「労働」を離れては存在しえない。このように資本が生きている資本であるためには，労働という具体的な人間活動を担う人々，労働者層の存在が前提されねばならない。これらの人々はどのように生み出されたのか[1]。これは，生産の資本制的組織化の発生に関わる重要な問題であるが，ここではこの点には触れないでおこう。

さて労働は資本によって購入される。ここで買いの対象となるのは，労働者の一定の生活時間とその間資本家の指示に従うという意思とであり，買い手の資本家は売り手のこうした同意をもとに必要な労働を入手する。労働の売買の時点で存在するのは「労働そのもの」ではなく，労働者の労働する能力，すなわち「労働力」である。労働力が売買の対象となる事態は「労働力の商品化」と呼ばれる。この労働力という商品には，一般的商品の範疇に解消しえない特殊な性格が存在する。すなわち，労働力の場合，主体としての労働者それ自身とは不可分であり，要するに主体と客体とが分離できないということである。労働力はたとえどれほど商品として擬制化されたとしても，意思と感情を持つ人格的存在としての労働者から切り離すことはできない。労働力の売買という契約によって，労働者の動機や努力といった要因までも特定化できるわけではなく，資本家の必要とする労働が必ず実現されるとも限らない。資本家が物的生産要素と同じように労働力をみずからの所有物として処分権を行使でき，必要とする労働を実現できるのは，労働者を有効に支配する限りにおいてである。この生産における支配の有効性は，資本家による管理・統制の程度に依存する。このことがモノに対する直接的働きかけである労働（直接労働）とこの労働を管理する労働（管理労働）の分離を必然化させる。このようにして，生産における命令─服従関係の階層的な組織化が生ずることになる。

生産というミクロ的次元における資本と労働との間の対立は，労働力からの労働の抽出水準と統制の程度をめぐるものとして，また直接労働と管理労働の対立として発生する。この対立は，労働力「商品」に内在する特殊な性格に基づくものである。また，A. マーシャルがかつて指摘したように，労働の売り手は，交渉においてしばしば不利な立場に置かれる[2]。こうした資本と労働との間の非対称的関係については，第1章および第2章で「賃金関係」としてすでに議論した

論点でもある。

　ところで，生産における労働と資本の間の対立がつねに顕在化するのであれば，資本の運動は不安定なものになり，その時間的連続性も阻害されることになる。しかし，対立はつねに顕在化するわけではなく，むしろ対立関係がそれとして成立するためには，そのための土俵となるものが必要である。対立は，粗野な形での闘争の形をとったり，一定のルールや法制度のもとで展開されたり，あるいはまた一方的な抑圧として現れたりと多様であろう。この対立の関係は，多くの場合，事後的に確認される「妥協」として見てとることができる。妥協は対立を決して解消するものではなく，この妥協を支える諸条件が変化すれば，不安定化することもある。ミクロの生産単位における資本と労働の対立と妥協をこのように理解しうるとすれば，次なる問題はこうした理解を可能にしてくれるような概念装置は何かということである。

(2)　「賃労働関係」——ミクロとマクロをつなぐ媒介概念

　わが国の先行研究を繙くならば，われわれの問題関心に近いものとして，戦後日本の労働経済学確立の中心人物の一人である隅谷三喜男［1976］が主張した「賃労働」の理論をあげることができる。そこでは，資本の一般理論では捨象される資本制社会関係の中で受ける独自の社会的性格としての賃労働に関するより具体的な次元での研究が指向される。賃労働の理論では，資本循環過程と労働力の再生産過程とが交差し，相互に関連し合う過程全般を分析することが課題とされる。具体的には，労働市場，労働過程，賃金，消費生活過程，労使関係の領域に分けて考察を試みようというのである。隅谷の構想は，図3-1のように要約される。ここで MP は生産手段，LP は労働力，$LP(C)$ は商品として購入される労働力である。

　上記のそれぞれの領域において現実に生ずる諸問題とその原因分析の試みというのも確かに重要なものである。しかし，ここでのわれわれの問題関心は別のところにある。まず第1に，労働市場—労働過程—消費生活過程からなる賃労働の再生産過程のそれぞれの領域において，本源的に存在する諸経済主体間の対立の総結果としての妥協として構成された諸制度に着目することである。第2に，これらの諸制度が生み出す様々な調整効果が経済のミクロ的次元においてどのように作用し，同時にそれがマクロ的な経済動態をどのように規定するのかを意識的

図 3-1　隅谷「賃労働の理論」の構想

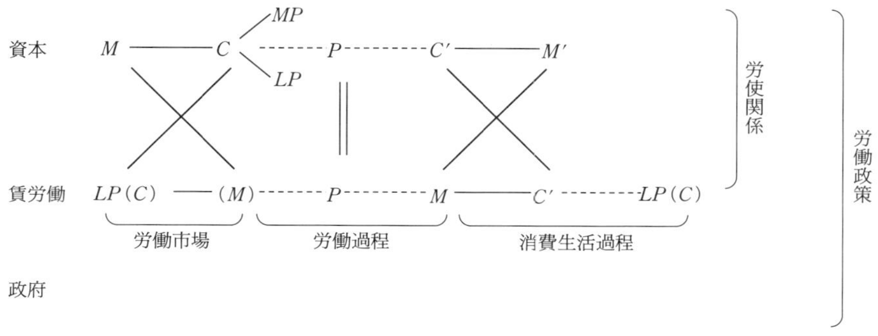

```
資本    M ──── C ┬─ MP ------- P ------- C' ──── M'    ┐
                 └─ LP                                  │ 労使
                  ╲ ╱           ‖           ╲ ╱        │ 関係    ┐
                  ╱ ╲                       ╱ ╲        │         │ 労働
賃労働  LP(C) ──(M) ------- P ------- M ──── C' ------ LP(C) ┘   │ 政策
          └── 労働市場 ──┘└── 労働過程 ──┘└── 消費生活過程 ──┘    │
                                                                  │
政府                                                              ┘
```

にとりあげることである。

　こうしたわれわれの問題意識に合致する概念装置は，第1章で議論した「賃労働関係」である。この概念は，レギュラシオン理論の代表的論客であるR.ボワイエによって，「労働力の使用と再生産を規定する総体」として定義されている。具体的には，次のような5つの構成要素からなるものとされる。①労働力の生産的消費形態，すなわち生産手段と労働組織の形態，②技術的・社会的分業の形態，③賃労働者の帰属と移動の様式，④直接賃金および失業保険や年金などの間接的収入の決定のあり方，⑤賃労働者の消費生活様式である[3]。これらの5つは単なる指標以上のものではなく，また時空をこえて普遍的であるわけでもない。時代と地域を異にすれば，相互の組合せも構成も多様なものとなるはずであり，指標の検出それ自体にさしたる重要性があるわけではない。しかしながら，「賃労働関係」の変化と資本主義経済システムの中での諸制度の接合のあり方とは密接な関連を持ち，また各国の経済パフォーマンスの相違の少なからぬ部分がこの賃労働関係の相違によって説明しうるというレギュラシオン学派による強調は，本書においても共有されている[4]。

　ここでは，「賃労働関係」は，ミクロ的関係ばかりかマクロ的関係をも包摂する概念であること，言い換えるならば，経済社会のミクロ的次元とマクロ的次元をつなぐ制度的回路（媒介概念）であることに注目しよう。これと同時に，「賃労働関係」の二面的性格，対立と妥協，敵対関係と協同関係の双方を内包する概念であることも明らかにしよう[5]。

「賃労働関係」を構成するマクロ的制度が生み出す効果を考察するのは比較的容易である。代表的なものとしては，国家の法的強制を伴う労働立法，社会保障制度，全国レベルでの団体交渉などを挙げることができよう。これらはいずれもマクロ的な需要形成に影響を及ぼすことになる。

　他方，「賃労働関係」を構成するミクロ的制度が生み出す効果についてはどうであろうか。生産における労働編成のあり方が生産性の上昇の度合いを決める。この生産性の上昇によって，労使双方への分配の増加の可能性が高まり，両者の妥協の幅も拡がる。しかしながら，生産性の上昇の程度は，労働過程において労働者からどの程度の労働努力をひきだすことができるかにかかっている。この時，労使関係が「時計仕掛けで動く予定調和の世界」での関係ならば，考えうるあらゆる状況の処理について事前の合意も可能だろうが，実際には種々の不確実性が存在し，考えうる状況の網羅的な記述は不可能となる。したがって，こうした中で重要な役割を果たすのが，労使の間でなされる権威・命令の授受に基づき，労働過程を有効に管理・統制することである。権威・命令が労働者に受容されかつ円滑に機能するためには，管理の正当性に関する合意が必要であるとともに，仕事ぶりの正当な評価とそれに応じた報酬とペナルティからなる労働者処遇の体系，すなわち賃金・雇用に関する体系についての合意がなければならない。以上のような労使妥協のもとで労働編成様式と賃金・雇用の体系が成立し，中長期的に安定するならば，生産性上昇率や実質賃金上昇率といった諸変数間に統計的に有意な一定の関係が成立することになる。こうしたミクロ経済次元での諸関係は，団体交渉や賃金・雇用慣行などの制度的回路を介して集積され，マクロ的需要形成を規定する。すなわち，団体交渉や賃金・雇用慣行などが賃金相場の形成や賃金調整・雇用調整に影響を及ぼすことで，マクロ的総賃金（＝賃金率×雇用量）と消費需要を，裏返せば総利潤と投資需要を規定することになる。かくして，「賃労働関係」とは経済のミクロとマクロの結節点に位置するものにほかならず，現実に生起するマクロ経済動態の分析に使用されることによってはじめて意味を持つ概念なのである。

(3) 「賃労働関係」と消費——社会経済的な含意

　すでに見たように「賃労働関係」の概念は労働者の消費生活様式を含み，かれらの消費意識や生活スタイルが消費行動を通してマクロの需要形成に影響を及ぼ

すと想定されている。第4章でも考察するように，消費需要はマクロ的需要形成の一項目を構成し，その構成比率もかなり高く，比較的安定した経済変数であると見なされてきた。消費を決めている要因は何かを究明することにより，マクロ経済動態を分析する1つの重要な回路を明らかにしうることになる。

ところで，消費について原理的な考察をしようとすると，それはきわめて大変な作業を伴うことになる。ここでは経済学におけるこれまでの消費理論を検討する中から，消費における「社会経済的含意」を摘記することだけにとどめておこうと思う。

さて「消費理論」に関するかぎり，経済学，とくに新古典派経済学はこれまでとりわけ精緻な体系を作り上げてきたと言える。ところが，この精緻化された消費理論を仔細に検討してみると，この理論は消費行動のごく特殊な部分に特化したものだということが分かる。すなわち，消費主体の欲求および効用関数を「所与」として，自己の可処分所得の諸財間への配分の選択行動ないし意思決定のみが対象とされるものにすぎないからである。そこで，まず第1に指摘しておかねばならないのは，消費行動とは，貯蓄と消費への所得の配分の決定から，実際の支出の配分決定，また購入量の選択にしても，それには商品の銘柄や店舗の選択を含む，本来「多層的」なものだということである。

第2に問題とすべきは，消費者の欲求が「所与」とされる点である。これは欲求の「独立性」の仮定と言い換えられようが，実際にはむしろ欲求の「非独立性」を想定することの方がより妥当であると言える。2つの考察が可能である。①財に関する消費者と生産者の持つ情報の量と質に関する非対称性。生産者による欲求の管理・操作が成功をおさめうる一因は，この非対称性が存在するからである。また技術進歩などにより消費財の範囲と多様化が進み，また製品差別化などの非価格競争が競争の主要な手段として定着するような場合には，この非対称性はより現実的なものになる。②消費者間の外部効果と，消費者と生産者との間の外部効果。前者は消費者個人の効用関数の中に他の消費者がどれだけ消費するかが変数として入ることを指す。T. ヴェブレンの慣習的な見せびらかしの消費としての「顕示的消費」や，個人の効用関数は自己の消費の関数であるだけではなく，自己の接触範囲内のすべての人の消費の加重平均値の関数であるとするJ. S. デューゼンベリーの「デモンストレーション効果」が代表的なものであり，消費者の欲求形成には不確定な要因を含むことになる。これは同時に，後者の外

部効果が作用する前提条件ともなるのである。後者は生産者の宣伝・広告活動によって欲求それ自体が管理・操作される事態を指し，ガルブレイスが「依存効果」と呼び，欲求が生産に依存するようになるような状態がまさにそれである。要するに，消費者と生産者の情報の非対称性のゆえに，また消費の外部効果のゆえに，消費者の欲求は決して独立ではありえない。

　第3は，欲求形成の「相互共同性」についてである。欲求の形成や変化は，個人ないし家計が関与する地域社会，階層，階級などの社会集団からの規定を受ける。欲求はアプリオリに所与として与えられるものではなく，消費主体と社会との相互共同的規定の下で形成されると見るべきだろう。個人ないし家族と社会の相互規定関係の中で，ある消費パターンや生活スタイルが内的に欲望され外的に強制されるとき，それが「社会的消費ノルム」となるのである。

　以上，ここでは消費欲求の「多層性」「非独立性」「相互共同性」の3点を論じた。まさしくこれらの諸点は，本書の「序章」で述べたマルクスの「問題点」の第1点で論じた〈主体と構造との相互規定関係〉の論点に密接に関わっている。消費行動は，この主体と構造の相互規定関係を最も良く表現するとみなしうるだろう。というのも，消費とは，財，商品を通して，他人に対して自己自身を表出するプロセスであり，ある社会階級や集団，文化的運動などに対して自己同一性を確認するプロセスにほかならないからである。そして，このことが可能であるためには，財，商品に何らかの社会的イメージが付与されていなければならない。財の社会的イメージは，その社会の一般的な文化的コード，価値，慣習，そして社会構造に依存し，とくに階級構造のあり方，それに付着した文化的慣習がその決定にとって重要な役割を果たす。このように消費は，「経済」領域と「社会」領域の結節点に位置し，ある一定の消費パターンの定着によって両者の関係の安定化に寄与するとともに，その変化は両者の関係のダイナミクスを生み出す制度的な回路としても機能するのである。

2　労働市場と賃金構造

(1)　2つの労働市場像

　労働市場の2つの捉え方を考えてみよう。第2章において，ケインズの「有効需要論」を議論したが，ここでもまた，ケインズ『一般理論』における見解が有

益な視点を提供してくれる。ケインズによれば,「古典派」[6]の雇用理論には,2つの前提条件,いわゆる古典派の第1公準と第2公準が隠されているとする。「公準」とは,数学でいう公理にあたり,それ自体は証明抜きで真理とされ,そこから諸々の定理が導出される理論体系の根本前提にあたるものである。ケインズが指摘するこれら2つの公準から構成されるのが,古典派(あるいは新古典派)の労働市場であり,古典派理論の根本前提に異議申し立てすることから構想されるのが,ケインズ(あるいはケインジアン)の労働市場である。

① 古典派の労働市場

「古典派の第1公準」は,右下がりの労働需要曲線に基礎を与えるものであり,ケインズはこれを「賃金は労働の限界生産物に等しい」と表現する。すなわち,所与の賃金の下で,企業家は,労働の限界生産物が賃金を上回っている限り,雇用を追加してその差額を加えてゆき,労働の限界生産物が賃金を下回って損失が出始めそうだと判断したところで雇用の追加を止める。結局,両者が等しくなるような水準で雇用量が決定される。かくして,第1公準とは,企業家は利潤を最大にするように雇用量の決定を行うという企業家の利潤最大化行動を,経済学用語で表現し直したものにほかならない。「古典派の第2公準」は,右上がりの労働供給曲線に基礎を与えるものであり,ケインズはこれを「賃金の効用は労働の限界不(負)効用に等しい」と表現する。労働を1時間ずつ増やしていった時,その追加された1時間に感じる労働者の疲労・苦痛は次第に大きくなっていく,すなわち,労働の限界負効用は逓増する。所与の賃金の下で,労働者は,賃金がもたらすであろう正の効用が,労働の限界負効用を上回っている限り,労働の追加供給に応ずるが,限界負効用の方が賃金の効用を上回りそうだと判断した時点で,労働の追加供給を停止する。かくして,第2公準とは,労働者は自らの効用を最大にするように労働供給の決定を行うということを,経済学用語で表現し直したものにほかならない。

このようにして労働需要曲線と労働供給曲線が与えられると,古典派では賃金と物価が伸縮的に変動すると想定されるから,2つの曲線の交点Eで均衡雇用量(N^*)とそれに対応した実質賃金(ω^*)が決定される。

さて,図3-2に図示されているのは,一企業の労働需要曲線,あるいは一労働者の労働供給曲線にすぎない。しかし,新古典派理論での社会とは,個人の総和として描かれるから,存在する企業数だけ,あるいは労働者の人数分だけ足し合

図 3-2　古典派の労働市場

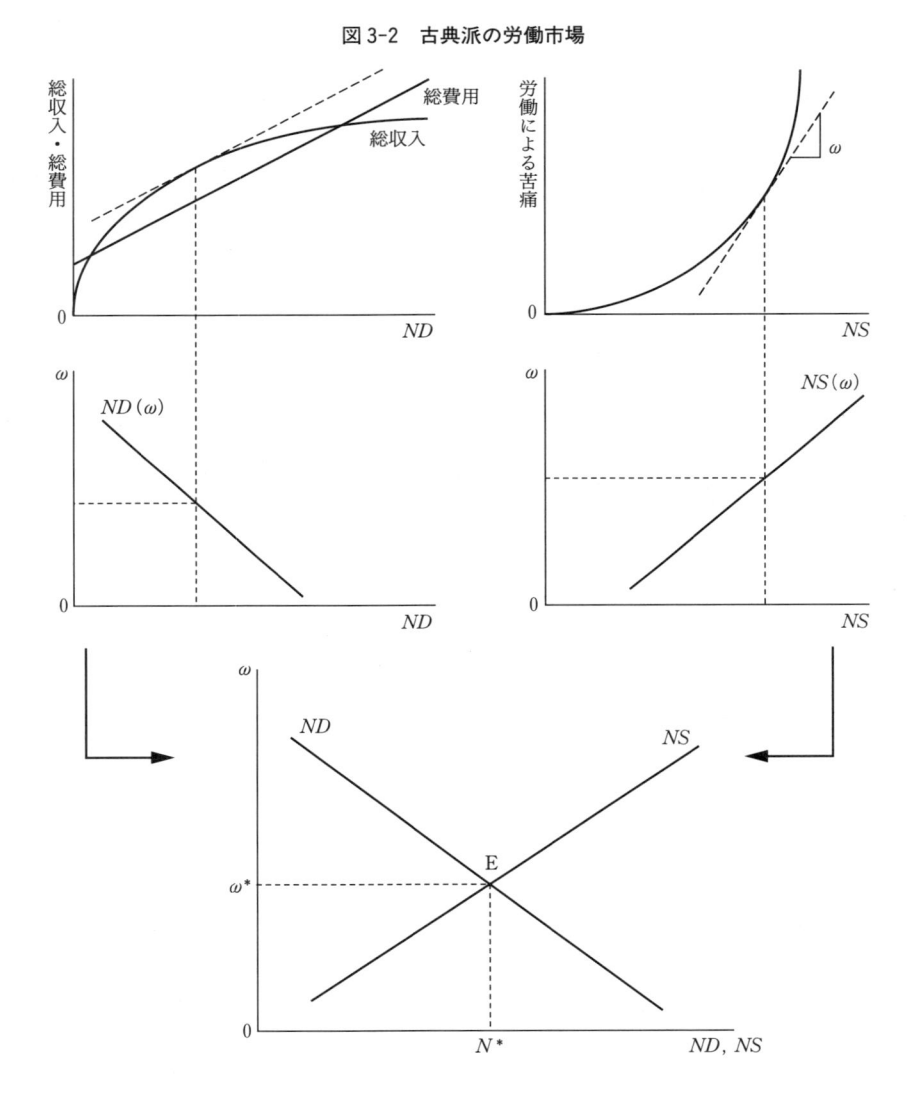

わせれば，社会全体の労働需要曲線と労働供給曲線を求めることができる。これらの両曲線の交点において労働市場における全体としての需給が一致する。この時に成立する賃金率の下であれば，この賃金水準で働きたいと考える全ての人が雇用されるのだから，ここには失業者は存在しないことになる。

② ケインズ（あるいはケインジアン）の労働市場

　ケインズは，古典派の第1公準を肯定し，古典派の第2公準を否定する。右下がりの労働需要曲線を導く第1公準とは，企業は利潤最大化を目標にするということを言い換えたものなのだから，それについては問題はないとケインズは判断した。

　それでは，第2公準についてはどうか。通常の教科書的説明においては，労働組合などによる賃下げ反対の行動や政府の規制，あるいは労働市場における賃金の調整速度の緩慢さなどを理由にして，賃金が硬直化すると想定する。あるいは，より単純に，短期においては，賃金は固定的であると仮定されたりもする。確かに『一般理論』のケインズは，貨幣賃金が不変であるという仮定に基づいて議論を進めるが，「この単純化は，説明を簡単なものにするためにのみ導入されるものであって，のちに取り除かれる。貨幣賃金その他が変化しうるものであろうとなかろうと，議論の本質的な特徴は正確に同一である」（Keynes［1936］p. 27）とも述べる。

　それでは，ケインズによる第2公準の否定とはどのように理解すべきなのか。ここでは，井上［2004］における説明を援用しようと思う。今問題にしている労働量は，社会全体のそれであるから，労働者数×労働者一人当たりの労働時間と定義されることになる。この時，総労働供給を増加させる方法には2通りある。第1は，労働者数を一定にして，一人当たりの労働時間を増加するというやり方である。この場合には，労働の限界負効用が増大するから，賃金を引き上げる必要がある。第2は，一人当たりの労働時間を一定にして，労働者数を増やすというやり方である。この場合，追加労働供給部分の労働時間は同じままであるから，労働の限界負効用は増大しない。すなわち，賃金を一定に据えおいたまま，労働供給全体の増加を図ることができる。かくして，労働者数の増加が可能であるうちは，まず第2の方法が採用され，労働者全員が雇用された後に，その上で労働供給の追加が必要になった時にはじめて一人当たりの労働時間の延長が実行される。このような順序での労働供給の増加を，ケインズは1つの社会的な傾向と考えていた，と井上は主張する。労働供給の増加のあり方が，このようなものであるならば，労働供給曲線は，古典派が言うような右上がりの曲線ではありえない。すなわち，図3-3に図示されるように，労働供給曲線は，完全雇用に至るまでは，所与の賃金に対して水平になり，その後は，右上がりになる。

図 3-3 ケインズの労働市場

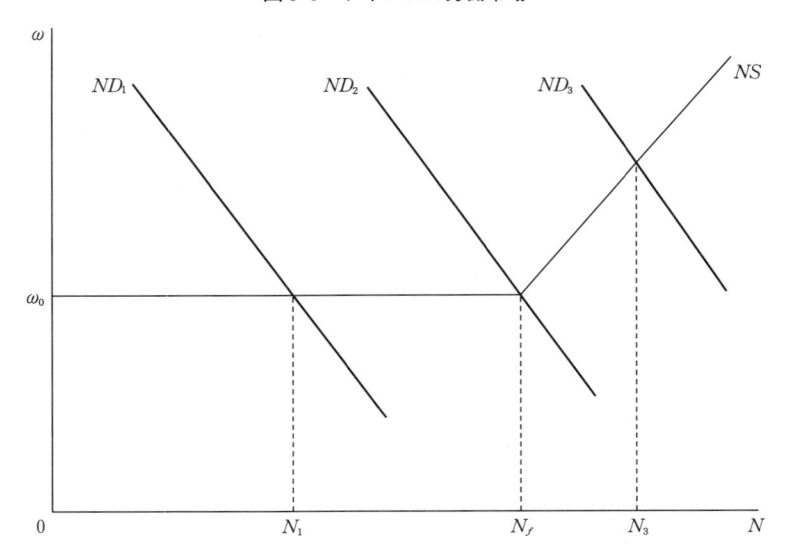

　この図において，もし労働需要曲線が ND_1 の位置にあるならば，この時の雇用量は N_1 であり，$N_f - N_1$ として示される部分は，現行賃金（ω_0）で働きたいという意志を持っていながらも，専ら需要不足のために失業せざるをえない人々，いわゆる「非自発的失業」が発生することになる。この非自発的失業の発生について注意しなければならないのは，次の2点である。第1は，非自発的失業の発生は，市場における何か特別な機能不全の結果として生じたものでないという点である。むしろ，それは，市場の正常なメカニズムの結果としてもたらされたものだということである。第2は，図3-3からも明らかなように，古典派が描く労働市場の世界は，N_f 以降の完全雇用到達以後の状況にほかならないということである。かくして，古典派理論は，完全雇用という特殊な状況下でのみ成立する特殊な理論なのであって，それに対して，ケインズ（あるいはケインジアン）の理論は，それを部分理論として内に含むところの「一般」理論を目指すものであった。ケインズが自らの著作を『一般理論』と称したのは，まさしくこの意味においてであったのである。

(2) 労働市場の不完全性

　労働資源の配分とその価格づけが行われる場が労働市場である。この市場の特徴は、それが必ずしも完全でもなければ、そこで支配的に働くメカニズムがスポット市場のそれでもないということである。これは、すでに述べたように、労働という生産要素の契約においては、たとえ職務の内容は特定しえたとしても、労働者の動機や努力までも特定することは困難だという点に起因する。換言すれば、労働取引に関わる契約においては、情報の不完全性や非対称性を免れえないということである。とくに取引される労働においては、取引契約前に存在している属性に関する情報（労働者の潜在能力）と取引契約後の経済行動に関わる情報（労働者の勤勉さや熱心さ）のいずれについても不完全性を伴うことになる。このように考えうるすべての状況について網羅的に記述するのが不可能であり、情報が不完全である場合には、一方の当事者の行為が他方の当事者の効用に影響を与え、他方の当事者の行為を変化させてしまうという「外部性」が発生する。外部性を内部化する必要が生ずることになるし、契約の完全性を達成しようとすることはそれ自体に過大なコストがかかることになる。

　この点を先駆的に取り上げ、雇用契約は一時的な契約取引ではなく、「長期契約」の形をとることに注目したのが、R. H. コース［1937］であった。長期契約は、その内容が前もって完全に明記されているわけではなく、その具体的内容は雇用者の権限によってその都度決定されねばならない。こうすることで一時的な契約のたびごとに生ずる取引コストを節約でき、かつ環境の変化に応じて雇用された労働の適切な配置も可能となる。コースは、このように市場の価格メカニズムに代わる、権限という組織のメカニズムを見出したのである。すなわち、契約の条件が一般的に定められ、その特定の使用法が購買者の手に委ねられるようになるとき、「企業」という関係が成立すると見たのである。企業という権限的な関係は短期の契約が不十分であるときに出現する傾向があるというコースの指摘は、市場の不完全性に由来する長期契約の存在が企業組織の基本因だとするものである。こうしたコース的見解は、経済的諸資源の配分が市場の価格メカニズムだけによって行われるのではないことを明らかにしたものにほかならない。

　ただし、ここでの「不完全性」については、次の点に注意しなければならない。それを、単にメカニックな意味での市場における資源配分の調整の機能不全の問題として捉えてはならないということである。ここでの労働市場の「不完全

性」とは，労働市場は競争市場のモデルとは本質的に異なっているということ，かくして労働サービスの取引関係である雇用関係も競争市場が想定するような取引関係とは本質的に異なるということである。このような意味での労働市場の不完全性を明示しようとするならば，それは組織の形成を要請し，そして組織は人的固定性によって特徴づけられることが考慮されねばならない。企業組織とは，何よりも人的資源の集積として存在し，その組織化が企業を1つの人的組織にするのである。このように企業組織を労働の観点から捉え，それを「内部労働市場」として概念化したのが，ドリンジャー＝ピオーリ［1971］であった。

(3) 内部労働市場と労働市場の分断化
① 内部労働市場論

「内部労働市場 (internal labor market)」とは，労働資源の配分と価格づけが企業組織の内部においてなされる場になることを指す。この内部労働市場の形成は，どのように議論されるのだろうか。労働市場が完全であるとしよう。この場合には，企業にとって必要な労働は他の生産諸要素と同様にその時々の市場価格で自由に調達でき，外部の市場，すなわち「外部」労働市場から直接雇い入れればよい。また不要となった労働は，外部の市場に直接送り返せばよい。同じく労働側も，自己の労働に適合する企業を自由に選択すればよい。この場合，企業の内部は外部の市場と直接につなげられ，内部と外部を区別する必要はないことになる。しかし，労働市場が完全ではなく，不完全であるならば，こうした議論そのものが成り立たなくなる。むしろ，A. マーシャルが『経済学原理』の中で指摘したように，「特殊化された能力をもった労働の追加供給をするのには非常に長い時間を要する」のが労働力「商品」の特殊性の1つであるならば，このことにより，企業内の特定の職務に必要な特定の技能を備えた労働が外部の市場からいつでも購入できるという保証はない。この場合，企業は，自ら必要とする労働を買うのではなく，「作らざる」をえなくなる。内部労働が作られる場，これが「内部労働市場」にほかならず，同時にそれは労働資源の配分とその価格づけの場にもなるのである。

　ところで，ドリンジャー＝ピオーリは，内部労働市場の形成要因として，企業特殊的技能，職場内訓練，職場の慣行の3つを指摘した。前の2要因はG. ベッカーに代表される人的資本理論から引き継いだものであり，後の1要因はかつて

制度派労働経済学者たちが注目したものである。後者の要因は，先任権のルールとそれにもとづくレイオフや内部昇進の制度化を意味している。これらは具体的には，次のような事態を指している。外部の市場から雇い入れられた労働は，まず最初に最も低い技能水準と賃金水準の職務に配置され，この「入港点（port of entry）」から順次より高い職務へと昇進する。この入港点で企業の内部と外部がつながり，内部には企業独自に組み立てられた職務階梯とそれに対応する内部賃金の構造が構成される。宮本［1991］が指摘するように，ドリンジャー＝ピオーリの内部労働市場論は，内部労働に関わる「制度化」の側面，すなわちそれをどのように配分し価格づけるかということと，その「技能形成」の側面，すなわち仕事を通じてどのように訓練するかということの2側面が交差する形で概念化がなされている。ドリンジャー＝ピオーリは，後者の視点に立ち，それが生産の効率性を促すものとして，内部労働市場を肯定的に位置づけた。しかしながら，内部労働市場における制度化の要請と技能形成の要請とは，必ずしも重なり合うものではなく，これらのどちらの側面を重視するのかという点で，その位置づけと理解の仕方に違いが生ずることになる。

　ここでは，きわめて対照的な2つの見解を挙げておこう。1つは，ゴードン＝エドワーズ＝ライク［1982］に代表されるアメリカ・ラディカル派の見解である。かれらは，内部労働市場の形成を技術的な効率性の追求によるものとは見ない。すなわち，そこでは制度化の要請の見地がより強く前面に押し出され，内部労働市場として制度化された職務等級や賃金等級，内部昇進などは，「第一義的」には，労働者を「分割支配（divide and conquer）」するための諸制度と見なされるのである。ただし，この労働者を「分割支配」する手段という観点の強調には少しばかり注意を要する。この観点は，後述の「分断的労働市場」論が展開される中で，資本と労働とのコンフリクトないしは両者の相互作用の結果を強調する視点の中に組み込まれることになるからである。もう1つの見解は，技能の企業特殊性を強調し，技能形成の場として内部労働市場を理解しようとするもので，代表的論者としてはドリンジャー＝ピオーリ，小池和男を挙げることができる。とくに小池［1990］［1991］の「知的熟練」論は，技能の企業特殊性の概念が内部労働市場に固有な性格であることを体系的に明示化した貴重な貢献である。その内容を簡単に要約すれば，次のようになる。ここで問題とされる技能とは，企業内の関連する職務群＝キャリアを幅広く経験することによる多能型の技能であ

り，これは仕事を通じながらの訓練，幅広いOJTを通じて習得される。こうした習得を促すために，技能の向上を公平に評価し，それを反映した報酬制度が必要になる。さらに，獲得された技能は，変化と異常への対応を可能にするものであり，これもまたOJTを通じて習得される（現場労働者がふだんの作業とふだんと違った作業の両方を担うことを，小池は「統合方式」と呼ぶ）。以上の小池「知的熟練」論は，技能の企業特殊性を内部労働市場の形成要因として位置づけ，同時にその経済的効率性を主張することになるのである。

② 労働市場の分断化

内部労働市場の形成を制度化の要請と技能形成の要請のどちらかの観点から説明するにせよ，あるいは，それが企業と労働側のいずれのイニシアティブによるものであったのかにせよ，労働の「内部化」という現象自体は，現在においても変わることのない現実である。内部労働市場の着想から導かれる重要な帰結は，新規雇用の「入港点」と高齢労働者が引退する出口の2カ所で外部の市場とつながっているにすぎない分断された，あるいは階層化された労働市場が形成されるということである。

この「分断的労働市場（segmented labor market）」については，ドリンジャー＝ピオーリによって，次のように記述された。すなわち，先任権のルール，職務等級や賃金等級，内部昇進などの制度によって内部労働市場が閉鎖化され，相対的に高い賃金と安定的な雇用を特徴とする「第一次市場」と，そのような制度化を欠く低賃金と不安定な雇用の「第二次市場」に分断されるということである。またわが国でも，京浜工業地帯の実態調査に基づいて，氏原［1966］は，かつて次のように述べた。「大工場労働市場と中小工場労働市場との間には，自由な労働移動は存在しない。……両労働市場の間の関係は，労働移動の流れが，大工場──→小工場の方が，小工場──→大工場よりは，大きいという意味で水平的ではなく，階層的である」と。

さて分断的労働市場の形成をどのように理解するのかについては，ゴードン＝エドワーズ＝ライク［1982］によって興味深い見解が提起されている。分断的労働市場へのかれらのアプローチの特徴は，その徹底した長期的・歴史的接近の態度にあり，それは，独占資本主義のダイナミクスに密接に関連する歴史的分断化過程の結果と見なされる点にある。かれらの理解においては，大きく2つの視点が交差し合う[7]。第1は，分断化の理解において，企業および経営側による労

者の分割支配という観点が強調されることと、それがエドワーズ［1979］の労働過程における統制形態の3段階把握によって基礎づけられることである[8]。第2は、独占資本主義期を特徴づける核産業セクターと縁辺産業セクターの二重化という産業二重構造への注目である。

まず第1の視点についてである。エドワーズは、統制形態を「単純統制」、「技術的統制」、「官僚制的統制」の3つに分類する。分断化の基礎にあるのは官僚制的統制である。官僚制的統制は、第1に、内部昇進制と職務・賃金の等級づけのシステム、第2に、人事・労務管理部による監督機能の強化、第3に、課業のいっそうの区分とその明確化がなされることによって、1930年代に全面的な導入が行われた。しかし、これが分断的労働市場の成立と結びつくのは第2次大戦後である。それは新たな労使関係の制度化、あるいは新たな労使妥協の成立を必要としたからである。かれらは、これを相互協定的労使関係と呼び、労働側は、一方で統制システムの運用に対しては苦情処理機構と先任権制度を確立するが、他方で団体交渉の内容は賃金と付加給付の問題に限定されるのに対して、労働条件をめぐる問題は経営権として経営側の専決事項とされる関係を内容とするものであった。第2の視点である産業二重構造が、核産業セクターでの第一次市場と縁辺産業セクターでの第二次市場という労働市場への分断化に結果するのは、核産業セクターで相互協定的労使関係が成立して以後であり、この意味で、産業二重化は分断化のための必要条件と見なされる。ただし、産業における分断化が進展する一方で、これに職業における分断化がつけ加わる。核産業セクターでの急速な技術革新は、技能形成と技術革新に対する使用者の管理の必要を高め、専門的・技術的・管理的な職務とOJTを通じて形成される企業特殊的技能を有する職務とに分化させる。こうして「独立的第一次市場」と「従属的第一次市場」という第一次市場内部での分断化が生ずる。

以上、ゴードン＝エドワーズ＝ライクにおける分断的労働市場は、歴史的な前提条件としての産業二重構造、相互協定的労使関係の成立、そして技術革新に伴う職業における分断化に基づき、独立的第一次市場、従属的第一次市場、第二次市場という3層の階層構造を持つものとして概念化されるのである。

ところで、労働市場の分断化が、経済全体に対して、どのようなマクロ経済効果を有するのかについてはこれまで議論されることが少なかった。たとえば「内部労働市場」は、インセンティブ・メカニズムと技能形成による生産性の向上の

効果と分断化による資本蓄積へのバッファー効果を持つ。これらの点については，第4章においてより詳しく検討される。

(4) 賃金と雇用
① 賃金の多面的役割

まず賃金が持つ多面的な性格を述べることから始めよう。賃金は「三重の役割」を果たす (Bowles and Boyer [1990a])。

第1は，「費用」としての賃金である。賃金は単位労働費用を構成する一要素となる。個々の企業にとって，賃金上昇が労務費の負担増加となることは言うまでもない。第2は，「所得」としての賃金である。個々の労働者にとって賃金は生活を支えるための所得である。賃金上昇は，個々の企業にとっては費用増を意味するが，もしそれが経済全体として行われるならば，消費購買力の増大となり，消費財産業の売上げ額を高める要因となる。それゆえ，マクロ的に見て，他の支出項目に変化がない限り，総需要も増大する。第3は，「インセンティブ」としての賃金である。企業組織を各々の目的を持った参加者（従業員，投資家，供給者，流通業者，消費者など）の連合体と考えるならば，各々の参加者は，組織に対する「コミットメント」の見返りとして組織からの「インセンティブ」を受け取る。ここで従業員に提示されるインセンティブとは，金銭的支払いばかりでなく，自己達成や職務満足といった非金銭的ベネフィットをも含む。したがって，ここでの賃金とは労働時間に対する見返りとしての労働の価格を意味するだけではない。単に雇用関係に関わる自己の利害主張にとどまらない，職場と企業の運営に積極的に関与し，責任を分有するという組織に対するコミットメントに対する報酬をも意味するものとなる。したがって，賃金は労働という生産要素の資源配分上の効率性に作用する変数であると同時に，組織内での生産の効率性にも作用する一変数となるのである。組織内の生産効率性に影響を及ぼす賃金の作用を論ずるものに，今日「効率賃金 (efficiency wages)」仮説と呼ばれるようになった考え方がある。

② 賃金の硬直性と雇用の決定

「効率賃金」の仮説が提起された直接の契機は，企業の外部に現行の賃金水準よりも低い賃金で働いてもよいという失業者が存在する（ケインズが主張する「非自発的失業」の存在）にもかかわらず，なぜ賃金は低下しないのかという賃

金の下方硬直性を説明することにあった。この問題に対するケインズ自身の解答については，これまで十分な説得力を持つとは見なされてこなかった。貨幣賃金がどのように変化しても，それが雇用水準に全く影響を及ぼさないことを示しうるには，「流動性のわな」や投資の利子非弾力性といった極端な事態を想定せざるをえなかったし，また労働者は職業間あるいは産業間の相対的な賃金の比較に大きな関心を持つという事実の指摘も，労働者の「貨幣錯覚」に基づく行動と見なされた。要するに，賃金の硬直性はアド・ホックに仮定されたものにすぎないか，J. ロビンソン［1962b］の「貨幣賃金は経済の現実的な発展に拘束されないそれ自身の経路をたどる」といった主張に典型的に見られるように歴史的・文化的な領域にその根拠が求められるにすぎなかった。

これに対して，1980年代後半に登場するニュー・ケインジアンと呼ばれる研究者たちは，賃金の硬直性が企業と労働者の合理的行動という前提のもとでさえ成り立つことを明らかにしようと試みる。3つの代表的な見解が存在する。ベイリー，アザリアディスによる「暗黙の契約理論（implicit contract theory）」，アカロフ＝イェーレン，スティグリッツ＝シャピロによる「効率賃金理論」，リンドベック＝スノーワーによる「インサイダー・アウトサイダー理論（insider-outsider theory）」がそれである。ここでは，「効率賃金」の理論を取り上げてみよう。効率賃金の考え方とは，市場を清算する賃金よりも高い実質賃金をすでに雇用されている労働者に支払うことによって，労働生産性が上昇し，利潤の増加につながるというものである。

まず，基本となる主張を概説してみよう。

短期の生産関数は，次のように定義される。

$$X = AF(e(\omega)N) \qquad (3.1)$$

ここで，X は生産量，A は生産状態を示すシフトパラメータ，e は労働効率，ω は実質賃金，N は雇用量である。労働効率（e）は実質賃金（ω）の増加関数であり，最終的に逓減すると仮定する。

生産物の価格を $p=1$ とすると，実質利潤 Π は，

$$\Pi = AF(e(\omega)N) - \omega N \qquad (3.2)$$

と表されるが，企業はこれを最大にするように賃金と雇用を決定すると仮定する。

最大化のための1階の条件より，

$$\partial \Pi / \partial \omega = [e'(\omega)AF'(e(\omega)N)-1]N = 0 \quad (3.3)$$

$$\partial \Pi / \partial N = e(\omega)AF'(e(\omega)N) - \omega = 0 \quad (3.4)$$

を得る。最適実質賃金を ω^* とすると，両式から次の関係を得る。

$$\omega^* = e(\omega^*)/e'(\omega^*) \quad (3.5)$$

$$e(\omega^*)AF'(e(\omega^*)N) = \omega^* \quad (3.6)$$

(3.5)式において，実質賃金の最適水準（ω^*）が決定され，この水準は経済の活動水準から独立であることが分かる。各企業は，(3.6)式により（効率単位で測った）労働の限界生産力が最適実質賃金に等しくなる点まで雇用する。最適実質賃金は労働市場の状況に無関係に決まるのであるから，(3.5)式で決まる ω^* が労働市場における需給をバランスさせるという保証はどこにもない。仮に，ω^* の水準で総労働需要が総労働供給を下回ることになれば，その差が失業の水準である。この失業は明らかに「非自発的」失業である。というのも，失業者は ω^* の実質賃金水準での雇用を望んでいるにもかかわらず，雇用者は，実質賃金がこの水準あるいはこれよりも低い水準であっても，かれらを雇うというインセンティブをまったく持たないからである。

③ 効率賃金の「社会経済学」的理解――賃金の「公正」をめぐって

さて，効率賃金理論とは，市場清算賃金をこえる意図的な賃金引き上げが利潤の増加につながるという意味で，組織内生産（あるいは経営）が「効率的」になる点に注目するモデル全般をさす。したがって，賃金が組織の効率性にどのような形で作用するのかに応じて，いくつかのバリエーションがありうる。たとえば，表3-1のような6つの分類が可能となろう。

さて表3-1から容易に推察できるように，「効率賃金」とは高賃金のアメとムチにほかならない。高賃金のアメによって労働意欲が刺激され，これが生産性の上昇に寄与する。またムチとして，高賃金が離職・失業のコストを高めることで，労働意欲が刺激される。こうした発想に対して，宮本［1991］は，高賃金と高生産性の因果関係はほとんど検証不可能であるし，ましてや労働意欲そのものについても直接に観察不能なままであり，また高賃金が良質な労働者を引き寄せ，彼らの離職を阻止する（逆選択モデルや転職モデル）という主張にしても競争市場のメカニズムとして理解可能だとの批判を提起する[9]。

問題となるのは，組織「内部」での賃金の作用であり，賃金が在職中の労働者の労働意欲に及ぼす影響こそが検討されねばならないというのである。この点

表3-1　6つの効率賃金モデル

モデル	効率賃金の支払いに導く諸問題	企業にとっての高賃金の利益
怠業モデル	労働者の努力水準と成果の不完全な観察可能性／モニタリング・コストの存在	良好な成果を促す失業コストの上昇／モニタリング・コストの節約
転職モデル	企業は転職コストの一部（募集費用と訓練費用）を負担しなければならない	離職率が賃金の減少関数ならば，高賃金が転職コストの負担を減少させる
逆選択モデル	労働者の質と成果の不完全な観察可能性	より優秀な労働者の引きよせが可能になること
社会学的モデル（贈与交換モデル）	士気や企業への忠誠心が，賃金をめぐる公正の認識に依存すること	労働規範，士気，企業への忠誠心が，生産性を上昇させる
組合脅威モデル	現役労働者の入れ替えにコストがかかることが，かれらに交渉力を与える	労使平和の維持，あるいは組合組織化の防止
ラディカル派モデル	企業と労働者との間の資産保有の非対称性／労働契約の不完備性	失業コストの上昇に基づく労働努力水準の上昇／監督コストの節約

（出所）　Katz［1986］p. 251 を一部変更。

で，とりわけ注意しておかねばならないのは，自己の利害にのみ関心をもつ「個人人格」を持つだけではなく，組織の全体の利害や共通の目的，組織に対する共通の関心を内面化した「組織人格」を持つ存在として，組織の構成員を考えねばならないという指摘である。組織内での労働者の動機づけは，個人の個別的な利害を刺激することだけではなく，組織全体への関心や共同の目標をも動機づけるものでなければならない。この観点から，宮本［1991］は，効率賃金仮説に欠けているのは，賃金と労働意欲を媒介する「公正（fairness）」の観念ないし期待であると指摘する。この指摘は，賃金の短期的硬直性を理解する上でも，また組織として企業を把握する上でも，1つの重要な視点を提供すると思われる。というのも，組織を諸個人が役割体系およびシンボル体系の中に「社会化する場」として理解しうるならば，企業内の労働者についても独特の「社会化」が行われることになり，そこでは組織における社会的および心理的要因に言及しなければならないからである。まさしく賃金の「公正」を問題にする時には，決定された賃金が果たして労働者の活動に見合ったものであるのかどうか，また労使間の関係として妥当なものであるのかどうか等々の判断や感情に踏み込まねばならない。

さて「公正賃金」によって賃金の硬直性を説明しようとする試みとしては，上記の「贈与交換モデル (gift exchange model)」(Akerlof [1982]) とヒックス [1974] がある。要点のみを解説しておこう。贈与交換モデルは，雇用者と被雇用者とが同じ企業組織の構成員として，社会規範上，「公正な」交換を行う結果として成立する「公正賃金」を効率賃金と考える。ここでの公正賃金とは，労働者相互において，あるいは企業それ自体に対して集団的な「心情」を持つ労働者は，周囲や過去の経験を参照して，自分および同僚の労働態度や成果に対しそれに値すると考えるような賃金水準を指す。そして企業が実際に支払う賃金を，この公正賃金と比較する。雇用者が公正賃金を支払う限り，労働者はその返礼として雇用者が期待する水準の労働意欲を提供する。しかし，もし支払い賃金が公正賃金に達していなければ，労働者は最低レベルの労働意欲でもってこれに応酬することになる。

以上より，この仮説は2つの含意を持つことになる。第1は，この仮説が市場清算賃金を越える賃金を支払う産業と市場清算賃金のみを支払う産業の分断に基づく労働市場の分断化に関する1つの代替的説明を提起するということである。ここから，収益性の高い産業では，企業はその成果を独占せず労働側に分配するのが必要だということになる。第2は，その分配の仕方は特定の労働者に片寄ることなく，所属労働者全体に広くいきわたるものでなければならないということである。

ところで，第1の含意についてはより慎重な検討を要するだろう。「労働市場の分断化」の議論においてすでに述べたように，産業の分断化は労働市場の分断化の「必要条件」にすぎず，また企業の利益分配という事実についても，雇用者側の意図的な（自主的な）支払いではなく，労働組合の交渉力に基づく（「組合脅威モデル」，「インサイダー・アウトサイダー理論」）ものかもしれないからである。しかし，第2の含意は，賃金の「公正」を論ずる上で極めて重要な視点を提起する。ここでの「公正」とは一体何なのであろうか。ヒックスは「ある第3者，ないし裁定者が一般的諸原則を適用して，公正な賃金を規定することなのではない。必要なことは，労働者自身が自分は公正に遇されていると感じていることである」[10] と答え，またアカロフは「公正な処遇という観念は，……絶対的な基準に基づくのではなく，むしろ自分自身の状況と他の人々の状況との比較に基づいている」[11] と述べる。要するに，公正の観念というのは，ある安定した相対

比較の関係が保証されること，あるいはこの関係においてなにがしかの「持続性」を期待しうること，すなわち「信頼」を必要とする。そして，ヒックスは，この「持続性」を「雇用」の持続性——労働市場の特性から賃金の変化を考察する視点としての「継続的で規則的な雇用」への注目——に求める。この雇用の持続性に体系としての賃金の持続性が対応する。賃金は，それぞれの職種や雇用ごとに独立して決められるわけではなく，隣接あるいは類縁関係にある職種や雇用の間で相互に規定し合う一個の体系（システム）を形成するのであり，この体系は，それ自体が雇用の持続性とともに継承され，慣習的是認を得てきたという意味で，「公正」と見なされる。現行の賃金体系を維持しようとする限り，雇用者は特定部門のみの賃金引上げを控え，被雇用者は自己の部門のみの賃金引下げに抵抗する。もし仮に市場の状況に応じて特定の賃金を上下させるならば，それは現行の賃金体系を覆すことであり，公正の期待に反することになる。結果として，雇用関係の信頼は失われ，労使関係が不安定化して，労働意欲が損なわれることになる。それゆえ，贈与交換モデルの第2の含意というのは，労働者の公正の期待に対する雇用者の側による自主的な対応の結果であると解釈できることになる。

(5) 雇用システムの多様性

さて，以下では一個の体系（システム）としての雇用の態様について議論することにしよう。ここでは，雇用システムの類型と分岐を説明する1つの試み，すなわち雇用システムの制度的な多様性を明らかにしようとするD. マースデン [1999] の議論を取り上げることにする。

① 不完備契約と雇用ルール

労働サービスの取引を記述する雇用契約には，「契約の不完備性（imcompleteness of contracts）」を伴うことを特徴とする。この「不完備性」というのは，情報の不完全性や非対称性が存在する状況での契約の作成，監視，管理には様々な困難が伴うこと，また契約に際して，想定しうる全ての状況を網羅的に記述することは困難であるということを指している。このような不完備性を伴う雇用契約の最大の特徴は，雇用された従業員はある範囲内において雇用者の権限に従うことを合意する点にある。

この点に関して，「企業は，非常に短期の契約が不十分であるときに出現する」

と述べたコース［1937］は，短期の契約とは異なる長期の契約，すなわち雇用契約を，「その契約とは，生産要素がある一定の範囲の中で，ある報酬の対価として，企業家の指示に従うことに同意する，というものである。この契約の本質は，企業家の権限の範囲を明確にしさえすればよいという点にある。その範囲の中では，それゆえ，企業は他の生産要素に命令することができる」[12]というように特徴づける。「不完備」であるということは，契約において「空白」が存在するということでもある。この空白は雇用者の権限によって埋められる。確かに雇用者の権限は，従業員の職務配置の決定だけでなく，従業員の能力の査定と業績の評価，報酬や昇進の決定，そして解雇に至るまでの雇用関係の全てにわたる。もちろん，そのプロセスでは当事者間の交渉がなされるが，最終的な決定は雇用者の権限による。しかしながら，ここで問題になるのは，コースがいう，雇用者の権限として承認される「ある一定の範囲」とはどのように決まるのかということである。契約のなかに，そうした権限の範囲が明記されているわけではないのだから，雇用者の権限の行使における機会主義の問題が発生する可能性がある。雇用者による現実の権限の行使が，雇用者の機会主義と見なされる場合もあれば，権限の濫用と見なされる場合もあるだろう。かくして，不完備契約に基づく労働取引においては，雇用者の権限が制度化されるとともに，そのような権限の行使をガバナンスするメカニズムも必要とされるのである。その役割を果たすのが，雇用ルール（employment rules）や慣行（employment practices）だということになる。

② 雇用ルールの4類型

契約の不完備性を伴う雇用関係が持続的であるためには，労使双方にとって受け入れ可能な事後的な決定のための枠組みがなければならない。前述したように，雇用ルールがその役割を果たすことになる。マースデン［1999］は，そうしたルールのタイプを4つに類型化し，それぞれのルールの違いに応じて雇用関係の内容が異なり，その相違が最終的に雇用システムの相違に帰着すると理解する。

このルールは2つの要件を満たすものでなければならない。1つは「効率性（efficiency）」の制約であり，もう1つは「履行可能性（enforceability）」の制約である。前者においては，生産の効率性のために，職務をどのように定義し，その職務を労働者の能力にどのように結びつけるのかが問題となる。後者において

は、職務を労働者にどのように配分するかが問題となる。その際には、その配分が労働者に受け入れ可能なものでなければならず、その一方で、雇用者の権限が機会主義に転化するのを阻止できるものでなければならない。これら2つの制約を満たす方法については、それぞれ2つの方法が存在する。まず「効率性」の制約を満たす方法には、「生産的方法（production approach）」と「訓練的方法（training approach）」の2つがある。前者では、生産過程における技術的な必要性に優先性が置かれ、それに従って職務（すなわち、課業の集合）が定義される。後者では、労働者の能力と企業の側が要請する技能訓練が優先されることによって職務が定義される。次いで、「履行可能性」の制約を満たす方法には、「課業中心型（task-centred）」と「機能中心型（function-centred）」の2つがある。前者では、個々の課業の内容を厳密に定義した上で、それに労働者を配置するのに対して、後者では、企業の側が要求する機能に応じて労働者を配置する。かくして、効率性と履行可能性という2つの制約を満たす、それぞれにおける2つの方法を組み合わせることにより、雇用ルールの4つの類型を導くことができる。

表3-2での1行目の「仕事ポスト」ルールにおいては、個々の課業が直接に職務に結びつけられる。厳密に定義された職務と労働者を一対一に対応させるルールがこのルールである。次いで、「職務縄張り」ルールでは、課業の割り当てが、職業的技能によって規定された職務の縄張りに直接結びつけられる。これらの2つのルールにおける重要な特徴は、職務の定義における「透明性（transparency）」にある。すなわち、職務の保有者が果たすべき責務が明確にされ、かつ職務評価の基準も明確にされることによって、雇用者側の恣意性が排除されることになる。

表3-2での第2行目の「職能等級」ルールと「技能資格」ルールにおいては、労働者の職務能力を基準として課業が配分されることになる。前者では、その基

表3-2　雇用ルールの4類型

		「効率性」制約	
		生産的方法	訓練的方法
「履行可能性」制約	課業中心型	仕事ポスト（work post）ルール	職務縄張り（job territory）ルール
	機能中心型	職能等級（competence-rank）ルール	技能資格（qualification）ルール

(出所) Marsden [1999] p. 33 より。

準が職能等級としてルール化されるのに対して，後者では，技能資格としてルール化されることになる。第1行目の2つのルールの下での職務の定義と対比するならば，ここでの職務の範囲はより大括りになり，その境界も明確に区分されず，重なり合う課業が含まれることになる。このような職務の境界の曖昧さという条件下で，雇用者側の恣意性が制約されるためには，誰がどのような課業を行うのかということについての手続きが明確にされなければならない。この手続きの明確化が，前者では職能等級としてのルール化，後者では技能資格のルール化にほかならない。職能等級ルールの具体的な適用事例は，日本企業の多くで採用されてきた「職能資格制度」に見出すことができる。「職能資格」とは個人の「職務遂行能力」として定義される。職務に必要とされる知識や技能をもとに職能資格が設定され，それぞれの資格は何段階かに等級化される。そして，この職能等級を基準として，配置や異動，能力開発を行い，賃金や昇進を決めていく。ただし，職能資格はある特定の職務に対応するものではなく，職種や職務を横断して定義されるということに注意しなければならない。すなわち，ここでの資格とは，特定の企業内でのみ通用するものであり，資格の基準や等級の数は企業ごとに異なり，決して企業横断的なものではない。これに対して，「技能資格」ルールにおける資格は，企業の枠を超えて広く社会的に承認され，技能資格は企業間の移動の可能性を保障するものになるのである。

③ 雇用ルールと労働市場構造——技能形成とフレキシビリティ

雇用ルールは，労働市場の制度的構造と相互に補完的な関係にある。4つのタイプの雇用ルールから4つのタイプの労働市場が導かれ，それ以外の市場として「第2次労働市場」としての外部労働市場が概念化されることになる。

効率性の制約を満たす1つの方法である「生産的方法」は「内部労働市場」と補完的な関係にあり，もう1つの方法である「訓練的方法」は「職業別労働市場」と補完的な関係にある。すでに議論したように，内部労働市場は，内部昇進に基づく空席ポストの補充，内部訓練に基づく技能形成からなる雇用システムとして概念化される。これに対して，職業別労働市場は，技能資格に基づく空席ポストの補充，職業ごとに標準化される職業訓練機関に基づく技能形成からなる雇用システムとして概念化される。すなわち，内部労働市場（ILM）と職業別労働市場（OLM）という2つの労働市場は，技能形成の制度化のあり方の違いによって区別され，前者は，OJT型の技能形成の制度化から成り，後者は，Off-

JT型の技能形成の制度化から成り立つ。これら2つの労働市場から区別されるのが，「外部労働市場」である。この市場を特徴づけるのは，不熟練労働の雇用システムであるというだけでなく，たとえ高い技能を備えた労働の雇用があった場合であっても，その内部において技能形成の制度化を伴わないという点にある。すなわち，雇用と技能形成の制度的な結びつきを欠く雇用システムが外部労働市場型のそれだということになる。

　さらに，履行可能性の制約を満たす2つの方法によって，2つの異なる内部労働市場モデルと2つの異なる職業別労働市場モデルが導かれることになる。「課業中心型」と「機能中心型」という2つの方法は，職務フレキシビリティの追求のあり方という点で異なる方向を指向する。一般にフレキシビリティ（flexibility）という用語は「変化に対する適応性」を意味するものであるが，労働市場のフレキシビリティ論で問題とされたのは，商品需要の変動や技術変化に対応した労働力の人員数や質の適応性をめぐってのものであった。フレキシビリティは，需要変化に対してフレキシブルな課業の再配分や異常への対応などに示される問題解決能力の発揮などで対応する「機能的フレキシビリティ（functional flexibility）」と需要変化や技術変化に総労働時間や労働者数を変えることで対応する「数量的フレキシビリティ（numerical flexibility）」という2つに大別できる。履行可能性の制約を満たす方法としての「課業中心型」においては，数量的フレキシビリティの追求がなされる一方，職務の定義に曖昧さがなく，その境界も明確に区分されることを基準にして職務の配分がなされるこの方法では，技能や能力開発のための学習の可能性が限られており，それゆえ機能的フレキシビリティへのインセンティブは弱い。これに対して，「機能中心型」には，機能的フレキシビリティの追求が対応することになる。しかも，この方法では，労働者に直接割り当てられた課業の範囲を超えて多様な課業に取り組むインセンティブが与えられ，生産物市場での需要変動に対応したフレキシブルな課業の再配分や異常への対応などに示される問題解決能力の発揮など，大きな機能的フレキシビリティが達成される。

　ここで議論した技能形成の制度化のあり方とフレキシビリティの追求のあり方を組み合わせることによって，表3-3のような4つの労働市場モデルを導くことができる。

表 3-3 技能形成，フレキシビリティ，労働市場の構造

<table>
<tr><th colspan="2" rowspan="2"></th><th colspan="2">「効率性」制約</th></tr>
<tr><th>生産的方法</th><th>訓練的方法</th></tr>
<tr><td rowspan="2">「履行可能性」制約</td><td>課業中心型</td><td>テーラー主義型 ILMs

・低い機能的フレキシビリティ
・コア従業員に関する低い数量的フレキシビリティ</td><td>職人型 OLMs

・低い機能的フレキシビリティ
・高い数量的フレキシビリティ</td></tr>
<tr><td>機能中心型</td><td>機能的で柔軟な ILMs

・高い機能的フレキシビリティ
・コア従業員に関する低い数量的フレキシビリティ</td><td>機能的で柔軟な OLMs

・良好な機能的フレキシビリティ，かつ良好な数量的フレキシビリティ</td></tr>
</table>

(注) ILMs：内部労働市場，OLMs：職業別労働市場

表 3-4 雇用システムの各国別類型

<table>
<tr><th colspan="2" rowspan="2"></th><th colspan="2">「効率性」制約</th></tr>
<tr><th>生産的方法</th><th>訓練的方法</th></tr>
<tr><td rowspan="2">「履行可能性」制約</td><td>課業中心型</td><td>アメリカ型・フランス型

・OJT と狭く定義された職務に制約された問題解決行動
・低信頼関係
・株主モデル型のコーポレート・ガバナンス</td><td>イギリス型

・明確に定義された技能の範囲内での問題解決行動
・低信頼関係
・株主モデル型のコーポレート・ガバナンス</td></tr>
<tr><td>機能中心型</td><td>日本型

・「ふだんと違う」課業と集団的な問題解決行動によって強化されるOJT
・高信頼関係
・ステークホルダー型のコーポレート・ガバナンス</td><td>ドイツ型

・広い技能の範囲内での問題解決行動
・高信頼関係
・ステークホルダー型のコーポレート・ガバナンス</td></tr>
</table>

④ 雇用システムの各国別類型

この表 3-3 の各セルにおける労働市場モデルから容易に類推できるように，4つのセルに各国別の雇用システムを割り振ることができる。表 3-4 は，雇用システムの各国別類型を示したものである。

3 企業組織の制度分析

(1) 企業の本質――その多面性

ここではまず,企業という存在が持つ様々な本質を多角的に浮かび上がらせることにする。以下では,伊丹［2001］に倣い,企業という存在の多面的な本質を5つにまとめ,それぞれについて論点整理をするとともに,それらがどのような相互関係にあるのかも考察する。

第1は,「技術的変換体」としての企業という本質である。企業は,自らが必要とするインプットを市場から購入し,それに自分が得意とする技術的変換を加え,そのアウトプットとしての財・サービスを市場に販売する。これは企業の最も根本的な本質をなす。別言すれば,企業は技術のポテンシャルを考えて自らの技術能力を決め,需要のポテンシャルを考えて自らの生産を決め,技術と需要の間をつなぐ技術的変換を行う。この意味で,企業は技術と需要をつなぐ存在だとも言える。このつなぎの効率,すなわち変換の経済効率の良し悪し,具体的には当該企業における付加価値の産出効率の良し悪しとして現れるが,これが企業という存在の最も基本的な効率指標になる。

第2は,「資金結合体」としての企業という本質である。企業という場での技術的変換のためには,本源的な経営資源が必要になる。通常,本源的な経営資源としては,ヒト,モノ,カネ,情報(知識)が挙げられるが,モノは,多くの場合カネによって購入可能であり,また情報(知識)は,その担い手であるヒトから独立してはありえないから,企業を構成する本源的資源は,カネとヒトだということになる。かくして,企業はカネの結合体であると同時にヒトの結合体であるということになる。資金結合体としての企業の本質についてであるが,そこには2つの側面がある。1つは,資金拠出の多様なあり方(出資形態の多様性,出資額の大小とそれに関わる権利義務関係の多様性)の結合体としての側面であり,もう1つは,技術的変換に伴って生ずる企業と市場との間のカネの流出入における結節点としての側面である。後者のカネの流出入の結果が,自己資金の増加額として計算される時に利益(利潤)という概念が生まれるが,この自己資本に帰属すべき金額という意味での利益の産出効率もまた,技術的変換体としての企業における付加価値の産出効率と並んで,企業活動の活発さを測る重要な効率指標

となる。

　第3は，「情報（知識）蓄積体」としての企業という本質である。企業はヒトの結合体である。この場合，ヒトのどのような側面が企業での技術的変換にとって本質的に重要かが問題になる。それは，情報（知識）の担い手，学習の担い手としてのヒトの側面である。情報（知識）の蓄積や学習は，個人を単位として遂行されるが，組織として，あるいはチームとしてもそれを行う。組織は「創造性豊かな個人を助け，知識創造のためのより良い条件を作り出す」（Nonaka and Takeuchi［1995］）役割を担う。この意味で，企業は必ずしも個人には還元しきれない情報（知識）蓄積体であり，ここに企業が集団の集合としての組織の継続性を重んじる1つの理由がある。

　第4は，「統治体」としての企業という本質である。企業の統治という行為は，企業の内部においても企業の外部からも生ずる。前者は，企業が主体的に自己の組織体内部で行う統治行為であり，企業のマネジメントと言われる行為の大半がこれにあたる。後者は，企業という組織自体を誰が統治するかという問題，いわゆるコーポレート・ガバナンスに関わる統治行為である。この統治体としての企業の本質から，企業の2つの側面が，その下位概念として浮かび上がる。1つは，資源配分機構としての企業の側面であり，企業は階層秩序を通じた権限による指示に基づく集権的な資源配分のシステムだというものである。もう1つは，権力・権威機構としての企業であり，これは，企業内の組織構造が階層制を伴うということから必然化する側面である。

　以上の4つの企業の本質を整理するならば，これらは概念的に階層的な関係にある。最も基礎的な本質をなすのが技術的変換体としてのそれである。この技術変換体を編成するために，資金結合体，そして情報（知識）蓄積体としての企業という2つの概念が生まれてくる。そして，これら3つの本質を持つ企業を適切に運営し，永続させていくためには，統治体としての企業という概念が必然的に必要となってくる。

　さて，これら4つの企業の本質を総合して考える時，企業活動に関わる多様な利害関係者（ステークホルダー）に対して何らかの形で分配を行うという，第5の企業の本質である「分配機構」としての企業の本質を考えることができる。企業の活動に関係する人々が個人的に関心を持つことが多いと思われるのは，富（あるいは所得），権力，名誉，時間の4つであり，これら4つの変数の分配機構

として企業は機能する。この分配機構としての企業の機能は，企業の最も基礎的な本質である技術的変換体の企業という本質と直接的な関連を持つものとは言えないが，これら4つの分配経路を通して企業の外部にあって，企業を取り巻くマクロ的な経済環境，さらには社会経済的な環境との双方向的な関係を取り結ぶことになる。すなわち，企業の分配機構としての本質から，企業が社会の中で引き起こす様々な問題の多くが発生する。富（あるいは所得）の分配は，経済的な平等・不平等をめぐる社会問題の出発点になり，権力の分配は抑圧や自己疎外といった様々な心理的問題の原点の1つになる。また名誉の分配は，働く人々の誇りや存在意義に関わる問題を生むだろうし，時間の分配は家庭生活と仕事の両立をめぐる問題や広く子供の教育問題にも関わる，多様な社会問題の原点でもある。このような意味で，企業は，生産技術を具体化する均質な主体というのではなく，法的・社会的制度配置の中で，一定の組織を形成している社会的な存在であるということになる。

　企業という組織は，以上のような5つの本質を複合的に併せ持つ存在である。しかしながら，こうした企業の多様な側面の全てを総合し，企業という存在をトータルに理解しうるような企業の一般理論を構築するのは至難の業に近い。理論研究および理論分析一般が一定の抽象という操作を実行しなければならないのと同様に，企業の一般理論においても一定の抽象という操作を実行しなければならない。かくして，ここで述べたような企業の多様な側面のどの部分を切り取り，どの部分に，そしてどのレベルに焦点を当てて理論化を行うかによって，企業の理論の多様なヴァリアントが生ずることになる。とは言え，「企業と社会との関わりを体系的に捉える理論構築への努力」（谷本 [1993]）も必要であることは言うまでもない。その場合には，企業と社会の相互関係，企業社会システムの構造をどのようにトータルに理解するかが問われることになる。かくして，企業組織に関するより広範な理論的な展望を得ようとするならば，谷本 [2002] が指摘するように，①従来の経済学から見る企業理論，②組織の視点から見る企業理論，③ネットワークの視点から見る企業理論，④社会システムの視点から見る企業理論といったそれぞれのアプローチについての詳細な検討が必要になろう。

　しかしながら，ここでは，1980年代・90年代における企業組織の経済分析を代表する2つの流れである「契約論アプローチ」と「能力論アプローチ」に焦点を当て，それぞれについてのより詳細な検討を行うとともに，その限界について

も議論することにしたい。

(2) 企業組織への契約論アプローチ
① R. コースの「企業の本質」

企業への「契約論アプローチ」を大別すると,「エージェンシー理論」と「取引費用の理論」の2つを挙げることができる。いずれも「なぜ企業は存在するのか」というコース [1937] における問いを出発点としている。

この問いに対するコース自身の解答は2通りの仕方——大町・花田・平野 [1998] は,これをR. コースの「2面性」と見なす——でなされた。1つは,市場と企業は資源配分に関する代替的な仕組みであるとし,資源配分メカニズムという点に注目すれば,両者は同一であると見なすことである。それでは,なぜ市場のほかに企業が必要なのかといえば,市場を使用する費用が企業という組織形態を使用する費用を上回る時,市場に代わって企業が登場するというものであった。もう1つは,前節での「雇用ルール」の議論に際して述べたように,市場と企業の差異は,市場での当該当事者間の平等な関係を前提にした売買契約（短期契約）と企業組織内部での権限・権威関係を予定した雇用契約（長期契約）との差異に見るというものである。市場と企業とが等しく資源配分の仕組みであるといっても,市場は価格をシグナルとした売買にもとづく分権的な配分システムであるのに対して,企業は組織内階層制を通じた指令にもとづく集権的な配分システムであるというのである。

かくして,コースによる問いから始まる企業論の展開,いわゆる企業への契約論アプローチは,大町・花田・平野 [1998] がコースの「2面性」と呼んだ2つの側面のどちらに焦点をあてるかによって2つの議論,すなわち「取引費用の理論」と「エージェンシー理論」とが展開されることになる。

② 取引費用の理論

われわれがここで注目するのは,企業は権限・権威関係を内蔵する点で市場とは明確に異なるとするコースにおける企業の存在をめぐる議論の1つの側面が,取引費用の理論（Williamson [1975] [1985] [1996]）に引き継がれているという点である。

取引費用の理論における分析の単位は「取引」である。そして,市場と種々の組織形態は,取引を制御するのに必要な諸費用——取引契約前にかかる探索と情

報の費用，取引契約をかわすこと自体にかかる交渉と意思決定の費用，取引契約後にかかる監視と執行の費用——を節約する目的で選択されると発想する。どのような取引様式が選択されるかは，当該取引の属性に依存し，選択された取引様式に応じて組織形態も異なるものと見なされる。取引の属性の差異にとって，とりわけ重要であるのが取引される「資産の特殊性（asset specificity）」である。

さて，当該の取引でしか価値を持たない取引特殊的資産が存在し，特定の取引相手との取引特殊的な投資を行う必要が大きい取引当事者の場合には，取引相手の事後的な機会主義的な行動に直接さらされる可能性が高まる。こうした機会主義的行動を抑制し取引がきちんと遂行されるためには，それを可能にするガバナンス構造の設計が必要になる。この観点から，ウィリアムソン［1985］では，図3-4に示されるように，取引特殊的投資の度合いが異なる場合と，取引頻度の度合いが異なる場合の組合せによる効率的なガバナンス構造のタイポロジーが提示される。

図3-4は，次のことを示している。取引特殊的な投資がゼロである場合，取引頻度が高かろうと低かろうと，スポット契約という形での市場取引の形態がとられればよいということになる。ここでは特定の取引相手に限定されずに自由に取引を行うことができ，特定の取引相手の機会主義的行動にさらされることがないからである。これに対して，取引特殊的な投資の度合いが大きい場合には，特定

図3-4 効率的ガバナンスの諸タイプ

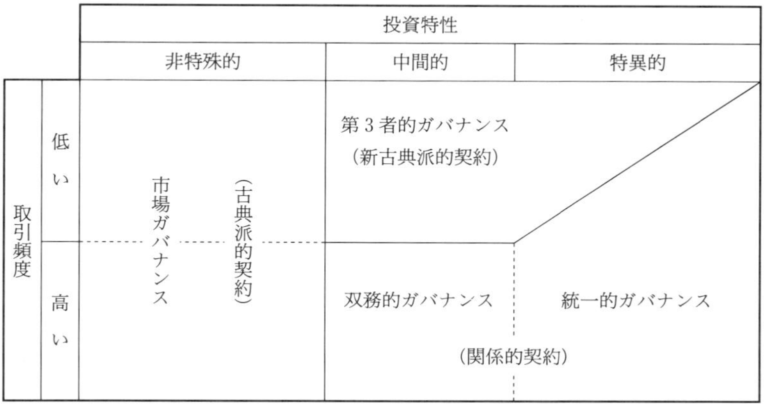

取引頻度		投資特性		
		非特殊的	中間的	特異的
	低い	市場ガバナンス（古典派的契約）	第3者的ガバナンス（新古典派的契約）	
	高い		双務的ガバナンス	統一的ガバナンス
			（関係的契約）	

（出所）Williamson［1985］p. 79.

の取引相手との取引しかできないのだから，取引相手の機会主義的な行動に直接にさらされる可能性が高まることになる。この場合，特定の取引相手に対して取引特殊的な投資を実行する取引当事者は，取引相手との長期にわたって安定的な継続取引契約が結ばれないかぎり，あるいはかれの所有権が統合され取引そのものが内部組織化されるということがないかぎり，そもそも最初から取引特殊的な投資を実施しようというインセンティブを持たないだろう。かくして，取引特殊的投資の度合いが大きく，かつ取引頻度が高ければ，取引そのものを内部化した垂直統合組織のもとでの統一的ガバナンスが効率的であること，また取引特殊的投資の度合いが中間的で，かつ取引頻度が高ければ，関係的契約にもとづく双務的ガバナンスが効率的になるということになる。このように，取引特殊的投資の度合いが大きいことから生ずる機会主義的行動を抑制し取引がきちんと実行されるためには，市場ガバナンスとは異なる特別なガバナンス構造が必要になるのである。

③　エージェンシー理論

市場と企業は本質的に同一であるとするコースのもう一方の側面は，エージェンシー理論というより一般的な理論的枠組みのなかで議論されることになる。

エージェンシー関係は，依頼人（principal）が自己の目的を達成するための意思決定や行為を代理人（agent）に委託するときに生ずる。しかし，両者の利害が異なり，情報の不完全性・非対称性が支配する状況下で，依頼人の目的に沿うような行動を代理人にとらせるためには，監視のための仕組みを作り上げねばならないし，もしそのためのコストが過大になるというような場合には，代理人の行動を依頼人の目的に適うようにさせるインセンティブ・メカニズムを含む契約を設計し締結する必要がある。このエージェンシー関係は，企業に関わる多様な利害関係者間の関係，所有者と経営者，経営者と一般従業員，アッセンブラーとサプライヤーなどの関係に広く想定することができ，エージェンシー理論は，これらの利害関係者間で発生する利害対立を回避するための最適な契約はどのように設計できるのかを問題とする。したがって，この理論における企業とは，諸種のインセンティブ契約の「束」として概念化されることになる。

2つの代表的な議論であるアルチアン＝デムゼッツ［1972］とジェンセン＝メクリング［1976］の議論を取り上げてみよう。アルチアン＝デムゼッツは，「ある従業員に，その資料をファイルするのではなく，この手紙をタイプしてくれと

言うのは，乾物屋であのパンではなくこのツナ缶を売ってくれと言うのと同じである。わたしはその乾物屋から購買を続けるという契約をしているわけではないし，従業員も雇い主もかれらの関係を継続すべきだという契約上の義務を負っているわけでもない」[13]とし，「従業員は雇い主と同様にたやすく契約を打ち切ることができる。したがって，長期契約は企業の本質的な属性でない」[14]と述べる。かくして，雇用契約と売買契約との間に本質的な差異はない。ただし，両者を分かつものがあるとすれば，それは投入物の結合生産過程でのチームの使用と，そのチーム生産における集権化した契約主体の立場に雇用者が立つことであると，かれらは指摘する。企業とはチーム生産の利益を効率的に利用するために存在するものということになる。かれらにとっては，企業も市場も資源の所有者たちが協働する際に取り交わす契約の一形態であり，企業は市場と競合するもう1つの市場にほかならないのである。

さらに，ジェンセン＝メクリング［1976］は，アルチアン＝デムゼッツの主張にもまして企業の契約的な本性を強調する。かれらは，「企業は，個人間の一連の契約関係の束として機能する法的擬制（a legal fiction）の1つの形態と見なされる。それは，組織を個人と見なすことを可能にする『法律のもとでの人工的な構築物』である」[15]と述べる。かれらにとっては，企業にせよ市場にせよ，そこにあるのは多数の個人間の契約関係にすぎないのである。

エージェンシー理論は，契約と組織の一般理論の形成を促すという役割を果たしたとはいえ，果たしてこの理論は1つの企業の理論と言えるのだろうか。この理論では，企業の概念そのものの内実が失われてしまっていることに注意しなければならない。アルチアン＝デムゼッツによるチーム生産の枠組みは，生産組織分析への展開可能性を宿していたと言えようが，それがジェンセン＝メクリングの手にかかると，企業は関係諸主体間の契約の総和でしかないとしたうえで，市場の均衡行動に還元し，徹頭徹尾，その歴史的・社会的存在としてのアイデンティティを剥奪しようとするところにまで行き着いてしまう。こうして，エージェンシー理論においては，コースによる「なぜ企業が存在するのか」という問いかけそのものが棄却されてしまうのである。

④ 契約論アプローチの限界

企業への契約論アプローチの限界を，次の3点に集約しよう。

第1は，与件としての原子論的個人の想定であり，第2は，議論の中での生産

の無視である。そして,第3に,契約論アプローチに基づく種々の組織形態の説明は,結局のところ,比較静学的な説明にすぎないということである。

まず第1の限界をめぐってである。このアプローチでの諸個人は,相異なる利害と不完全な情報を持つと見なされるが,かれらはあたかも同一世界のモデルを共有するかのように行動すると想定されている。この想定の故に,解釈上の曖昧さや異なる認知といった問題は巧妙に回避されることになるが,それは,情報が知識に転換するためには特定の認知的枠組みを通した解釈がなければならないこと,さらに,同一の情報集合の下にあっても,異なる解釈が生じうることを,このアプローチでは取り扱えないことを意味する。かくして,このアプローチでは,経済主体の認知の次元と学習の次元や学習プロセスを統合することに十分な成功をおさめることができないということになる[16]。

第2の限界については,次の通りである。企業は市場の付属物ではないし,単なる取引や交換の場であるだけではない。最も基礎的な企業の本質である技術変換体としての機能,すなわち,企業自らが必要とする投入物を市場から購入し,それに自分が得意とする技術的変換を加え,その産出物として財・サービスを市場に販売するという機能を果たさない企業は,およそ企業として存在しえないだろう。また,生産を費用の側面から捉え,生産費用の概念が考慮される場合でさえ,それは所与とされ,取引形態やガバナンスの構造ごとに異なるとは見なされない。

第3の限界は,次のような帰結を導くことになる。契約論アプローチによる分析の焦点は,投入・産出構造,生産技術が所与であるという仮定の下で,最適な契約構造,モニタリングの最適水準を発見することにあてられる。この場合の企業は,純粋に反応体であって,活動体ではない。結果として,技術革新と動学的変化の問題は無視されざるをえないものとなる。

(3) 企業組織への能力論アプローチ

① ペンローズ,リチャードソン,そしてネルソン=ウィンター

企業への能力論アプローチ[17]とは,その分析の単位を「企業」とし,企業の学習能力と製品開発能力によって企業間に存在する差異と進化能力を説明しようとするものにほかならない。このアプローチでは,企業の存在,その境界,構造は,個々の企業,企業を構成する個人と集団に独自な知識・能力,すなわち企業

特殊的資産であるコンピタンス（competence）ないしはケイパビリティ（capability）によって説明されることになる。企業は，知識の「貯蔵庫（repository）」であるとともに「発生器（generator）」（Foss［2001］）であると定義される。このような知識への注目は，企業の理論において，そうした知識がどのように創造，維持，複製され，そして修正されるのかをめぐる諸問題を前面に押し出すことになる。こうした企業像は，ペンローズ［1959］やリチャードソン［1972］の影響をうけたものである。

　技術，技能，管理その他における能力は企業内部に蓄積され，価値創造の源となるとともに，それぞれの企業に独自のアイデンティティを生み出す。これに企業が所持する有形資産を加えて，経営資源の集合体として企業を捉えるべきことを強調したのが，ペンローズ［1959］であった。ペンローズによれば，生産過程に投入されるのは資源そのものではなく，資源がもたらすサービスであり，サービスは企業に蓄積された経験や知識の関数であり，したがって企業ごとに異なることになる。また，ペンローズの議論の主題である企業組織の成長にとって決定的に重要なのは，経営企画のプロセスである。プランナーは自社の製品の強みと弱み，外的環境のもたらす機会と制約を評価することによって，企業とその環境のイメージ[18]を創り出す。このイメージ形成の仕方の如何が企業行動の成否を大きく左右する。そして，これらのイメージも，企業の持つ経験や知識から生まれるのである。このようにペンローズは，知識の貯蔵庫としての企業の戦略的な重要性を早い段階から認識していた研究者の1人であった。そして，知識の貯蔵庫としての企業は，ネルソン＝ウィンター［1982］によって一層豊かな内容を持つものとして概念化されることになる。能力論アプローチにもとづく議論のほとんどは，暗示的にせよ明示的にせよ，ネルソン＝ウィンターによる議論を下敷きにしていると言える。以下では，企業への能力論アプローチにおけるいくつかの鍵概念を取りあげ，それらについての論点の整理といくつかの考察を行ってみようと思う。

　② ルーティンと学習

　ルーティン（routine）とは，企業の日常的に繰り返される予測可能な行動パターンを指す。企業を構成する諸個人は，こうしたルーティンに従って行動し，選択し，決定することになる。ルーティンは学習によって形成される。企業という文脈における学習とルーティンを，ドシ［1994］は，次のような5つの特徴づ

けを行う。

　第1に，学習は累積的である。第2に，学習のプロセスは，社会的・集団的なものであり，学習は個人の模倣や競い合いを通してのみ生ずるのではない。この意味で，学習は「制度化されたプロセス」，あるいは「解釈や判断，実験，フィードバック，評価の制度化されたプロセス」（Hodgson [1999b]）なのであり，そこには，人々が当然と見なす社会的に伝達される認知的枠組みとルーティン化された集団的慣行を含んでいる。第3に，学習によって生み出された知識は，組織ルーティンのなかに含まれる。ルーティンに埋め込まれた知識には，完全にはコード化[19]しえず，容易に表現しえない暗黙的な次元を持つものも含まれる。第4に，ルーティンには，静学的なそれと動学的なそれとがある。前者には，過去に遂行された業務を複製する能力が体化されている。そして，後者は，新たな学習へと向かわせるものである。第5に，ルーティンには暗黙的な次元の知識が含まれるのだから，模倣が困難である。その限りで，それは企業特殊的な資産となるコンピタンスやケイパビリティの一因をなし，今度は，そうしたコンピタンスやケイパビリティが，企業を差異化し，企業間の競争力格差を生むのである。

　これら5つの特徴づけにおいて重要である論点は，2つである。第1の点は，「組織ルーティン（organizational routine）」の概念である。組織ルーティンとは，一般に，個人の一代限りの技能を超えて，組織のなかで継承される規則的な活動パターンを指すもの（藤本 [2003]）とされる。「組織能力（organizational capability）」を相互に調整された組織ルーティンの束として捉えるならば，それは個々の企業の競争力や収益に影響を与え，長期的に企業間の差を生み出すことになる。加えて，それは模倣が困難であるのだから，組織能力に根ざす企業間の差異は持続する可能性が強いということになる[20]。この議論は，契約論アプローチにおいては決して説明できない能力論アプローチに固有の貢献であるといえる。

　第2の点は，「学習（learning）」の概念である。能力論アプローチにおける学習は，既に獲得した認知的枠組みに依存するとともに，本質的に開放的で，暫定的，潜在的に可謬的なプロセスと見なされている（Hodgson [1998a]）。ここでは間違うということが更なる学習の機会になりうるのである。これは，学習とは諸個人の認知的枠組みが構築され，評価され，そして修正されるプロセスそのも

のであると言い換えることができる。こうした学習の概念は，人間の行動における主体的な革新性や創造性に気づかせてくれる点で確かに有益である。さらに，学習という現象は，均衡や合理的最適化の概念構成とは本来的に相容れないことを明確にしてくれる点でも有益である。

③ 経路依存性と企業進化の内生性

能力論アプローチのもう1つの貢献は，企業進化は「経路依存性（path dependence）」を持つことを強調した点にある。ある時点で企業がどのような能力を持っているのかは，当該企業のそれまでの能力の蓄積過程に制約されると想定されねばならないからである。ここでの経路依存性とは，漸進的な進化経路のみを意味するだけではなく，進化経路の分岐が生ずることも含意されている。

進化経路の分岐にとって決定的であるのは，「イノベーション（innovation）[21]」である。ネルソン＝ウィンター［1982］は，イノベーションをルーティンの本来的に予測不可能な突然変異であると見た。しかし，これだけでは決して十分な説明だとは言えない。この点に関しては，ドシ［1994］やラングロア＝ロバートソン［1995］による企業組織内に存在する補完的資産（complementary assets）に着目した説明がある。すなわち，企業は，自己の主要資産であるコア・コンピタンスに基づいて事業を進めるなかで，補完的資産を発展させ，後には，この補完的資産が主要資産に取って代わる時，企業の進化経路に分岐が生ずる。そして，補完的資産の主要資産への転換をもたらすのは，「テクノロジー機会（technology opportunities）」の出現にあるというのである。この議論には，一方での企業の製品ラインの多様化や企業活動の多角化と，他方での事業転換といった内生的な企業進化をうまく説明しうる1つの方向性が示唆されているように思われる。しかしながら，テクノロジー機会の出現はどのようにして起こるのかという点についての説明が依然として残ることになる。

④ 能力論アプローチの限界

企業への能力論アプローチは，学習，イノベーション，プロセス，持続的な競争優位の追求といった論点を中心に置くことによって，より活動的な組織体としての企業を活写しようとする。それは契約論アプローチからの企業の理論とは異なる分析概念と分析枠組みを提起することに成功していると評価できる。しかし，同時に，このアプローチの限界，あるいは不十分な点についても指摘することができる。次の2点を指摘できるだろう。

第1は，ルーティンや学習についての説明はすぐれて認知論的だという点である。この点から，このアプローチでのルーティン，学習論は，依然として実証を欠いた理論的研究だとする清水［1999］の指摘が妥当するとともに，ルーティンの形成や学習のプロセスが議論されうるのは，果たして組織と組織を構成する個人（あるいは集団）に限られるのか，それとも組織間の境界を超えてもありうるのか，また個人，集団，組織，組織間のそれぞれのレベルでどのような議論がなされるべきなのかについても，このアプローチでは必ずしも明快であるとは言えない。

　第2は，第1の限界に関連するものである。組織ルーティンの形成とそのあり方に影響を及ぼすことになる労使関係のあり方や労使間の妥協のあり方やこのルーティンに含まれる企業組織内の権威・権限関係についての考察がなされることはない。したがって，企業組織のガバナンスがどのようなものかという議論も未展開のまま残される。

(4) 企業組織への2つのアプローチに関する要約

　さて，上で議論した企業組織への2つのアプローチを要約し，それぞれの主張と論点を整理し直すならば，表3-5のようになるだろう。

(5) 株式会社制度とコーポレート・ガバナンス

　前項までは，企業組織の経済分析に関する2つの代表的なアプローチを検討した。ここでは，具体的な企業形態のなかの1つである「株式会社」に焦点を合わせて議論を行うことにする。

　株式会社とは，株主を企業の所有者とし，株主の有限責任制と株式の分割譲渡の可能性が制度的に保証された法人組織を指す。出資者の有限責任制のもとでは，株主の責任は出資の範囲内のものとされ，かれらは経営の責任から免れることができ，その責任は自らの投資のリスクとなる。また，株式の自由譲渡が可能であるためには，自由な転売ができる市場を必要とし，流動的な株式市場の組織化がなされなければならない。この株式の組織的市場の存在は，株主が経営に関与する存在であること自体を制度的に否定する。すなわち，株主は自己の出資を瞬時に回収することができ，また投資リスクを多数の企業に分散することができる。有限責任の制度と，投資リスクの分散のための流動的市場の組織化という，

表3-5 契約論アプローチと能力論アプローチ：要約

	契約論アプローチ		能力論アプローチ
	契約の「束」理論	取引費用（不完備契約）の理論	
行動仮説	最大化 モラル・ハザード	限定合理性 機会主義	創造性，ルール・フォローイング，学習，機会主義は必然でない
主たる経済主体	経営者	経営者	企業家，企業組織
説明を行う上での中心的特徴	財・サービスの質	取引特殊的な資産	能力の知識特性，能力の稠密度（impactedness）
中心となる費用カテゴリー	生産性の測定に要する費用	契約上の取引費用	情報と生産コスト
相互活動の構造（市場の失敗の原因）	囚人のジレンマ・ゲーム（インセンティブ）	交渉ゲーム（インセンティブ）	協調ゲーム（「発言」の失敗）
中心となる説明対象	投入，産出，生産技術が所与の下での企業の存在と境界	産出と生産技術が所与の下での企業の存在と境界	投入，産出，生産技術が変化する下での企業の存在と境界。競争優位の源泉

（出所）Foss [1993] p. 141 より。

　これら2つによって，株主は経営の責任を免れ，さらに経営に関与する必要を免れた存在になる。株式会社という制度においては，このような意味で，出資と経営，所有と経営の分離が必然化することになる。これを法的に制度化するのが，企業の「法人（corporation）」という概念である。

　岩井 [2003] が強調するように，株式会社とは，株主が法人としての会社を所有し，その法人としての会社が会社資産，すなわち会社それ自体を所有する「二重の所有関係」によって構成される。かくして，株式会社は，「法人」としての存在と，「会社それ自体（企業財産）」としての存在という形に二重化されたものとなる（宮本光晴 [2004]）。法人企業としての株式会社の概念図は，図3-5のように示される。

　図3-5における株主は，企業の法的所有者であるが，その所有に基づく支配は，会社それ自体，すなわち会社資産には及ばない。株式会社において，会社資産，すなわち会社それ自体を所有するのは，法人である。「法人」という概念は，

図 3-5　法人企業の概念

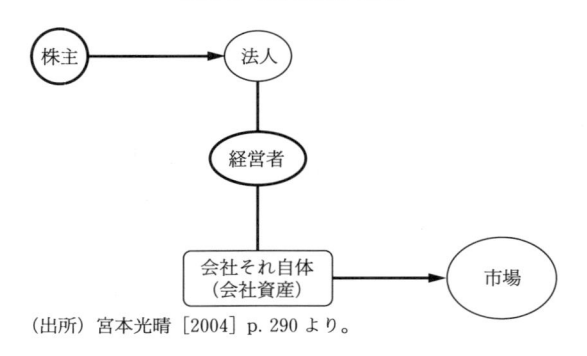

```
株主 ──→ 法人
          │
        経営者
          │
   会社それ自体 ──→ 市場
   (会社資産)
```

（出所）宮本光晴［2004］p. 290 より。

会社資産を所有する法的主体，あるいは契約を取り結ぶ法的主体を意味している。しかしながら，法人そのものが所有や契約の意思決定を行うわけではない。法人としての企業が現実の社会で経営行動を行うための様々な意思決定においては，その企業の名のもとに，実際に資産を運用したり，外部の個人や企業との契約を結んだりする生身の人間（自然人）が必要になる。そうした役割を果たすのが，法人の代表者あるいは代理人としての代表取締役や最高経営責任者（CEO）だということになる。他方で，会社それ自体を経営しコントロールするのが経営者でもある。かくして，経営者は，「法人」と「会社それ自体」を媒介する存在として位置づけられることになるのである。

　このように，株式会社は「法人」と「会社それ自体」に二重化されることによって，所有と経営が制度的に分離される。すでに述べたように，株主の所有に基づく支配は「法人」に及ぶだけであって，「会社それ自体」は株主の支配から切り離されている。企業の法的所有者としての株主の支配は，「法人」の代表者である経営者の任免を通してであり，このメカニズムが有効に作用するかどうかに，株主支配の内実が帰着することになる。その一方で，経営者の関心は，このメカニズムが有効に作用することを阻止し，「会社それ自体」の経営とコントロールを株主からいかに守るかにあることになる。まさしくこの点に，コーポレート・ガバナンスの課題があり，また同時に，ここからコーポレート・ガバナンスにおける組織化の違いも生まれるのである。たとえば，法人の代表者としての経営者の任免のメカニズムが有効に作用し，株主による経営者のコントロールが可能になるならば，それは株主支配型のコーポレート・ガバナンスの組織化と

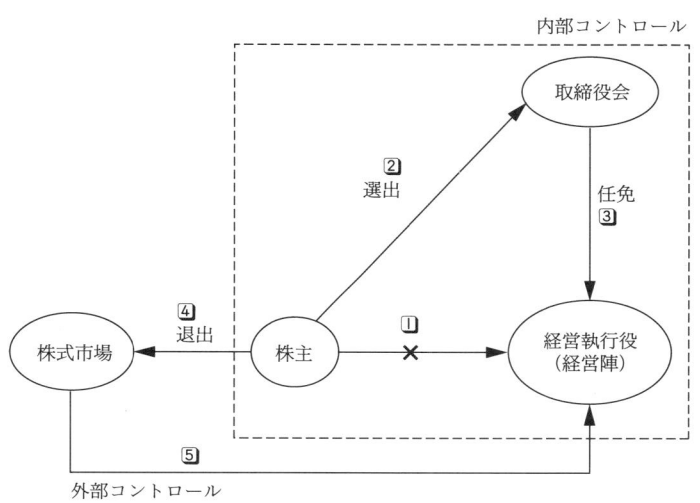

図3-6 株式会社のガバナンス構造：一般的枠組み

[内部コントロール]

取締役会 —（③任免）→ 経営執行役（経営陣）
株主 —（②選出）→ 取締役会
株主 —①✕→ 経営執行役（経営陣）
株主 —（④退出）→ 株式市場
株式市場 —⑤→ 経営執行役（経営陣）

外部コントロール

（出所）宮本光晴［2004］より。

なる。他方で，経営者をコントロールしうるだけの株主が不在である場合には，それは経営者支配型のコーポレート・ガバナンスの組織化となるのである。

さて，ここでは，上で述べた株式会社の本質をめぐる議論を前提にして，株式会社のガバナンス構造を示すことにしよう。まず，株式会社のガバナンス構造の一般的枠組みを示した後に，「経営者企業（managerial firm）」におけるガバナンスの2類型——アメリカ型と日本型——を検出し，この日米の経営者企業のガバナンス構造（および，第2章で議論した金融システムの2類型）と雇用システムとの制度的補完性を論じた上で，コーポレート・ガバナンスの今日的な課題について言及しようと思う[22]。

① 株式会社のガバナンス構造

株式会社のガバナンス構造の一般的枠組みに関しては，宮本光晴［2004］による図3-6のような図式化が極めて有益な視点を提供してくれる。

株式会社制度の下で必然的に生ずる「所有と経営の分離」に対応した，所有者が経営者をどのようにガバナンスするのかということは，経営の規律づけの問題として論じられることになるが，この規律づけがなされるかどうかは，図3-6における内部コントロールのメカニズムと外部コントロールのメカニズムが有効に

作用するのかどうかに依存する。これら2つのコントロールのメカニズムを詳しく解説しよう。

まず内部コントロールのメカニズムである。株主は企業経営の直接のコントロールから制度的に切り離されている（矢印❶の切断）。だが，株主は，株主総会における取締役の選出を通じて取締役会をコントロールし（矢印❷の成立），そして取締役会は，経営執行役の任免やその成果のモニタリングを通じて企業経営をコントロールする（矢印❸の成立）。次に外部コントロールのメカニズムである。株主は当該企業から「退出」することができる（矢印❹）。すなわち，「投資先の経営が気に入らなければ株を売る」というウォールストリート・ルールに基づく株式の売却である。結果として，株価が下落して，当該企業の買収や乗っ取りが起これば，株式市場を通じた企業経営のコントロールがなされることになる。たとえ実際に企業買収や乗っ取りが生じなくとも，株価下落や買収・乗っ取りへの恐れは，経営者の行動に少なからず影響を及ぼすことになる。こうして企業経営への株式市場を通したコントロール（矢印❺の成立）が，外部コントロールのメカニズムとして制度化される。以上が，株式会社のガバナンスにおける一般的枠組みである。

ところで，株式会社の発展の歴史を顧みるとき，20世紀における株式会社の発展は，「経営者企業」のそれとして特徴づけることができる。しかも，この経営者企業を他国に先駆けて確立させたのは，20世紀初頭のアメリカにおいてであった。

② アメリカの経営者企業

図3-6が示すように株主→取締役会→経営執行役という内部コントロールのメカニズムが株式会社制度の原型をなしている。このメカニズムの無効を実証することで，アメリカにおける経営者企業の成立をいち早く唱えたのはバーリ＝ミーンズ［1932］であった。かれらは，株式会社の規模拡大が株式所有の分散を必然化し，その結果支配株主が消滅して，経営者をコントロールしうる株主が不在であるという意味での「経営者企業」の成立を主張した。かくして，アメリカの経営者企業のガバナンスにおいては，何よりもまず株式所有の分散化が，株主から取締役会への矢印❷を切断する。すなわち，株式所有の分散化と支配株主の消滅によって，株主総会は形骸化され，株主名簿を掌握できる経営者が株主総会をコントロールする。続いて，取締役会から経営執行役への矢印❸において，70年

代までのアメリカ企業の取締役会はその大半が内部出身者で占められ，外部取締役にしてもそれは最高経営責任者の交友関係にもとづくものであったことから，取締役会が経営執行役を任免しその成果をモニターすることによる企業経営のコントロールは有効でなくなる。

これらから，アメリカの経営者企業が株主からコントロールを一切受けないかというと決してそうではない。株式所有の分散化は，高度に流動的な株式市場の成立を前提する。この高度に流動的な株式市場は，株式の公開買い付け（TOB）を容易にすることにより，敵対的買収やその脅威が企業経営に対する規律づけとして作用する。かくして，内部コントロールの作用を阻止したアメリカの経営者企業は，株主市場から経営執行役への矢印5である企業経営に対する外部コントロールの下に置かれることになる。

③　日本の経営者企業

日本における株式所有は，金融機関や事業法人が株式保有する結果，株式所有の分散化は抑制される一方，大口の株主は友好的株主として，株式総会の場で経営側の提案に異議を唱えることはない。この意味で，株主から取締役会への矢印2が切断される。続いて，取締役会から経営執行役への矢印3である。日本の経営者企業の取締役会は，そのほぼ全員が内部出身者からなり，経営執行役が同時に取締役でもあるというように，両者は一体化する。したがって，矢印3では，取締役会→経営執行役というよりも取締役会＝経営執行役が成立する。さらに，わが国の株式市場においては，安定株主と株式の相互持ち合いの組織化が深く進行してきた。これらは，外部の株主からの介入，敵対的買収を阻止するだけでなく，現行株主としての介入も相互不干渉として排除する役割を果たしてきたのである。結果として，日本の経営者企業においては，株主市場から経営執行役へという矢印5は切断され，企業経営に対する外部コントロールのメカニズムは無効になる。しかし，日本の経営者企業が何のガバナンスも受けないかというと決してそうではない。安定株主と株式の相互持ち合いの中心に位置するメインバンクが企業経営をコントロールするのである。すなわち，メインバンクは，融資先企業の支配株主，あるいは大株主であると同時に最大の債権者として企業経営のあり方，企業の業績，とりわけ財務状況をモニターする。もし企業業績が悪化した場合には，救済融資，役員派遣，再建計画の策定などの方法によって企業経営に積極的に介入する。

以上，日本の経営者企業においては，内部コントロールを阻止すると同時に，外部コントロールも阻止し，それに代わってメインバンクによるコントロールを制度化したのである。図3-7は，図3-6に基づいて，日米の経営者企業それぞれにおけるガバナンスのあり方を要約的に図示したものである。

④ 日米の経営者企業のガバナンス構造と雇用システム

アメリカの経営者企業は，株式市場からのコントロールという外部コントロールの下に置かれるのに対して，日本の経営者企業は，メインバンクによるコントロールの下に置かれる。かくして，アメリカの経営者企業は，買収や乗っ取り，それらの可能性が生じないような一定の株価水準を維持するように努めなければならない。株式市場を通じた外部コントロールの下にあり，企業経営の内部情報を完全には入手しえない状況下においては，株価を左右するのは短期利潤の動向であるのだから，アメリカの経営者企業には「短期」利潤の制約が課されることになる。これに対して，日本の経営者企業においては，メインバンクが債権者兼株主として当該企業の財務状況を長期にわたってモニターし，経営の内部情報を長期にわたって蓄積することができる。これが，経営者企業の行動を長期の視点から判断することを可能にし，また当該の経営者企業にとっては，利潤の制約を「長期」利潤の制約とすることが可能になる。このように，短期の株価を圧力として外部コントロールが作用するというのが，アメリカの経営者企業であるのに対して，日本の経営者企業においてはそのような圧力は作用しない。それを阻止する制度的要因が株式の相互持ち合いと安定株主の組織化であったし，またメインバンクにしても，融資先企業に対する長期継続的な取引関係を維持するものとして機能してきた。ここから，「短期的」視野での行動が支配するアメリカの経営者企業，「長期的」な行動が支配的な日本の経営者企業という類型化が生まれることになる。

こうした経営者企業に関する日米の類型化が，両者における雇用システムの違いをもたらす。アメリカの経営者企業に対する短期利潤の制約は，短期のレイオフの制度化を必要とするのに対して，日本の経営者企業における長期利潤の制約は，短期の生産の変動に対して雇用の継続や時間をかけた調整を可能にする。事実，わが国における生産，雇用および労働時間の動きについては，次のような特徴づけがなされてきた。第1に，生産の変動に対して，労働時間はほぼ同時に変動し，雇用はかなり遅れて変動する。第2に，雇用の変動は生産に対して非弾力

第**3**章　企業組織と雇用システム　*159*

図 3-7　日米の経営者企業のガバナンス構造

A　アメリカの経営者企業

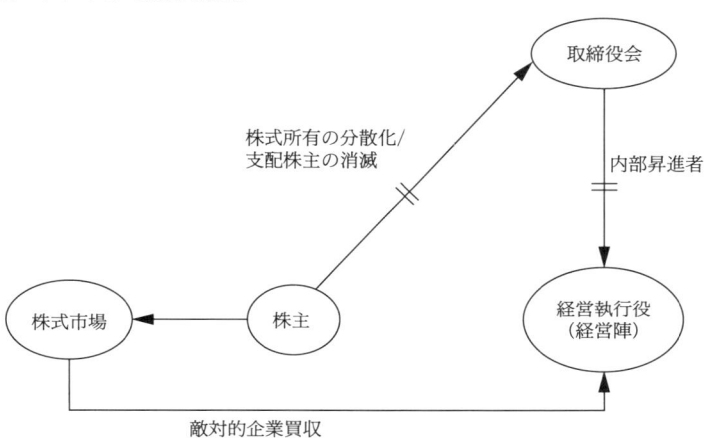

- 株主 → 取締役会：株式所有の分散化／支配株主の消滅
- 取締役会 → 経営執行役（経営陣）：内部昇進者
- 株主 → 株式市場
- 株式市場 → 経営執行役（経営陣）：敵対的企業買収

B　日本の経営者企業

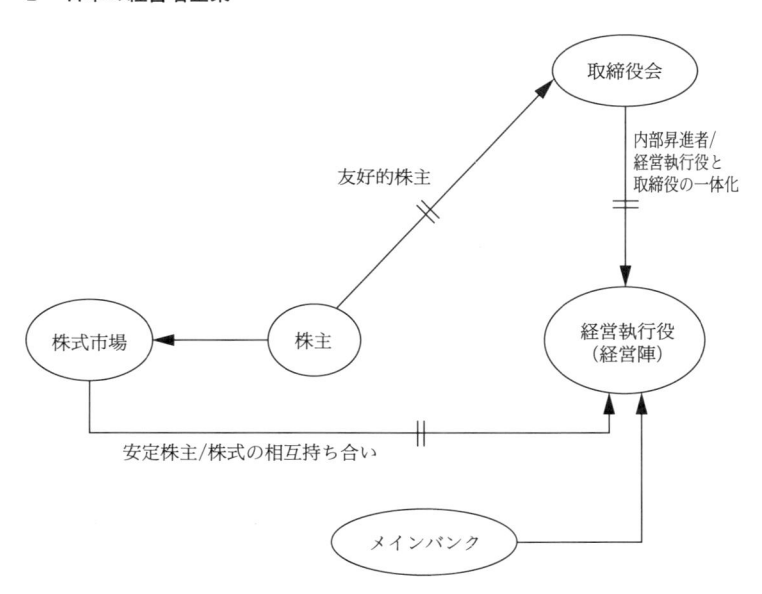

- 株主 → 取締役会：友好的株主
- 取締役会 → 経営執行役（経営陣）：内部昇進者／経営執行役と取締役の一体化
- 株主 → 株式市場
- 株式市場 → 経営執行役（経営陣）：安定株主／株式の相互持ち合い
- メインバンク ↔ 経営執行役（経営陣）

的である。第3に，時間あたり生産性は生産とともに変動する。さらに，これら3つの特徴は，少なくとも80年代までは日本，アメリカ，イギリス，ドイツといった主要先進諸国に共通して観察される統計的な事実である一方，生産に対する雇用の遅れが顕著で変動も小さいのは日本，次いでドイツ，そしてイギリス，アメリカは雇用調整の速度が速くかつ変動も大きいという違いも観察できるとされてきた。明らかに日本企業では，短期的な景気変動に伴う雇用量の調整において，人員で調整を行うことはできるだけ避け，労働時間などの調整によって対処しようとしてきたのである。

　以上を要約しよう。少なくとも1980年代に至るまでのアメリカ企業とともに日本企業も経営者企業の一典型をなしている。しかし，同じ経営者企業であるといっても，そのガバナンスのあり方には大きな相違が存在する。

　まず，日米間には，すでに第2章で指摘したように企業金融構造における相違が存在する。すなわち，日米間のコーポレート・ガバナンス構造の違いが，日本企業の資金調達は銀行からの借り入れに大きく依存するという意味で「銀行中心型」，一方，アメリカ企業は，外部資金の調達の多くを証券発行によってまかなうという意味で「資本市場中心型」というように，企業金融構造の違いを背景としていることはよく知られた事実である。

　続いて，アメリカの経営者企業はある一定水準の株価を維持しなければならないという制約条件の下で，短期利潤の制約が課されるのに対して，日本の経営者企業に対しては，一定水準の利潤という制約条件が課されるとはいえ，アメリカの経営者企業に対して課されるような短期の圧力は働かない。このような日米の経営者企業におけるガバナンス構造の相違が，ここで述べたような日米間の雇用システムにおける違いをもたらすのである。ただし，この点については，次のような指摘をしておく必要があるだろう。日米の経営者企業のいずれにおいても，労働市場のタイプとしては共通して「内部労働市場」のそれだということである。アメリカ企業における短期のレイオフは，リコール（呼び戻し）を前提としてのことであり，また先任権の制度化によって，少なくとも工場労働者に関する長期勤続者の雇用は実質的に保障されている。ホワイトカラーに関しても，中間管理職に対しては内部昇進の制度が適用されることにより，事実上の雇用の保障がなされている。同様に，日本企業に関しては，雇用の維持を図ったうえで最終的に希望退職に向かうことがルール化されてきた。このように競争市場ではなく

企業内部のルールや慣行に基づく内部労働市場の形成において，日米の経営者企業は共通する。そして，内部労働市場の形成に関わる内部の雇用のルールや慣行が維持されるのは，少なくとも短期的に株主利益や資本利益が抑制されてのことであり，この意味で経営者企業型のガバナンスが内部労働市場の制度的な前提となるのである。そのうえで，経営者企業としての日本企業とアメリカ企業のガバナンス構造の相違が，日米間の雇用システムにおける違いをもたらすのである。

さて1960年代・70年代を通して，日米企業のガバナンス構造を支配したのは，バーリ＝ミーンズ以来の経営者企業型のそれであった。ところが，1980年代になると，アメリカ企業のコーポレート・ガバナンスは，経営者企業型から「株主企業（あるいは株主支配）」型のそれへと転換する。これに対して，日本の経営者企業におけるガバナンス構造のあり方は，80年代には賞賛を獲得するが，90年代を通じて，その評価は一変した。そして現在，日本企業のガバナンス構造はその転換を迫られている。1990年代以降における日本企業におけるコーポレート・ガバナンスの改革の方向性とその課題については，本章末尾の補論で取り上げようと思う。

4　ビッグ・ビジネスの体制と寡占企業の理論

本節での議論は，これまでの議論とは少しばかり趣を異にする。時計の針を大幅に戻して，議論の出発点を20世紀の初頭に置こうと思う。

さて20世紀を貫く基本的な特徴に，一方における株式会社体制，他方における大衆消費社会の到来に基礎を置くビッグ・ビジネス体制の確立をあげることにさほどの異論はないだろう。大法人企業の発展は，19世紀末の25年間に生じた「第2次産業革命」によってもたらされた科学技術をベースとする化学，電機，石油，商標付き包装製品産業をはじめとする資本集約型産業の成長と密接に結びついている。M. ドッブ［1946］は，この世紀転換期を「資本主義の2つの段階を分かつ分水嶺」と呼び，またA. D. チャンドラー［1977］［1990］は，この時期に出現することになる新しい形態の資本主義を「経営者資本主義（managerial capitalism）」の到来と呼んだ。

この19世紀末から20世紀初頭にかけて出現した「大企業経済」（L. ハナ）あるいは巨大株式会社体制を，経済学はこれまでどのように理解しようとし，また

どのような課題に答えようとしてきたのだろうか。以下では，A. マーシャルの経済学と，それを起点とするその後の理論の展開に注目し，次の第4章の議論への橋渡しをするためのいくつかの論点を析出しようと思う。

(1) 株式会社時代の経済学と「マーシャルのディレンマ」

さて，株式会社制度の台頭と大規模組織の出現という現実に直面して，その理論的理解に苦悩した経済学者として，A. マーシャルをあげることができる。マーシャルは，かれが生きた当時の現実に照らして，大規模生産の利益，すなわち「収穫逓増」効果の作用を認識していた。長期の理論をとると長期供給曲線は右下がりになる。とすると，もし他の企業に先んじて最も有利な生産方法をとりいれた企業は，生産規模の拡大によって生産費を引下げ，他企業との競争に打ち勝つ結果，生産規模を拡大し続け，やがてその産業を独占するにちがいない。ところが，現実の市場では，市場を完全に独占している企業は存在していない。こうした現実を矛盾なく説明することができるかどうかというのが，いわゆる「マーシャルのディレンマ」と呼ばれるものである。

この問題に対して，マーシャル自身は2通りの解答を示した。1つは，収穫逓増を「内部経済」によるものと「外部経済」によるものとに区別して理解することであり，もう1つは，企業成長のライフサイクル仮説による企業の生存期間の有限性を強調することである。後者に関しては，『経済学原理』第6版の挿入文が示すように「木々の成長について述べたことは，経済成長においても，停滞することはあっても死亡することのない最近の大株式会社の発展以前には，一般原則として作用した。今日においては，そのような法則はもはや普遍的ではない」として，この要因が妥当しないことを認めるが，こうした言及以上に理論的展開がなされることはなかった。

むしろ「マーシャルのディレンマ」として大きな論争を巻き起こしたのは，前者の解答をめぐってであった。マーシャルの「内部経済」とは，技術革新のほか，企業内の管理機構の改革や工場内配置の変更などを含む，個々の企業の努力により達成可能な費用改善効果を指す。また「外部経済」とは，市場規模の成長そのものが，直接・間接に及ぼす費用低減効果を指し，これには市場規模の拡大に伴い，販路開拓が容易になるとか，原材料市場の組織化が可能になるなどを含む。この区別に基づき，マーシャルは，収穫逓増現象を個々の企業の内部経済に

由来するよりも外部経済に由来することが多いと想定する。外部経済が作用する場合には、産業内のすべての企業が等分にその恩恵を享受することになり、たとえ収穫逓増が作用しても、それは一社の完全独占をもたらさないと考えた。

ところで、収穫逓増現象は内部経済ではなく外部経済に依るものであるとするマーシャルの想定に対しては、大きく分けて2つのタイプの批判が展開されることになった。P. スラッファ［1926］による批判とJ. シュタインドル［1947］［1952］による批判がそれである。スラッファの批判は、収穫逓増法則を認めることと部分均衡分析の方法とは両立しないということであった。すなわち、外部経済の作用が他の産業にも何らかの影響を及ぼさないはずはないのだから、これは「他の事情にして等しいならば（*ceteris paribus*）」という部分均衡論の方法に矛盾するという問題提起であった。この観点から、かれは、生産規模の拡大が完全独占を導かないのは供給側の要因よりも需要側の要因にあるとすべきだと主張する。すなわち、完全競争を条件とする価格理論とちがって現実は、価格を切り下げるか、あるいは販売費用を増やすかしなければ、より多くの商品を販売できず、これが企業規模の拡大を制限していると考えるのである。ここで想定される市場とは、需要者の惰性や嗜好、商標や伝統などによって同じ品質のものでも価格差ができる結果、通常の独占者が考えるものと同じ利益を得ることになり、価格を下げないかぎり需要が増えないという市場である。この発想は、J. ロビンソンによって継承され、「不完全競争の理論」へと結実していくのである。

もう1つの批判であるシュタインドルの視点は、マーシャルの企業の有機的成長の理論に想定されている仮説を、産業の集中過程に伴う市場構造の変化として把握し、それを企業成長と産業集中の理論として展開する試みへと引き継がれていく。以下では、これら2つの理論展開の試みを順を追って見ていこう。

(2) **不完全競争の理論**

「マーシャルのディレンマ」は、スラッファによる批判を経て、完全競争と完全独占の「中間」領域である不完全競争市場での理論的解決への方向へと向かうことになる。J. ロビンソンの『不完全競争の経済学』［1933］とE. H. チェンバレンの『独占的競争の理論』［1933］との2つが代表的著作である。両者は、より現実的な市場への理論的な接近を試みるという点で一致するが、後者には、①製品差別化の強調、②企業間競争関係の導入という2点で、前者にはない独自性

が存在する。ここでは，主としてロビンソン［1933］に依拠しながら，議論の骨子を明らかにしよう。

「不完全」競争市場の特徴は，市場の「不完全性」を，需要者（買手）側の要因を前面に押し出して説明する点に求められる。これは，スラッファのマーシャル批判を全面的に受け継いだものであり，価格を引き下げるか，販売費用を増加させるかしなければ需要を増やすことができない市場を想定することである。スラッファは，とくに価格引き下げの側面を重視したが，この想定はそのままロビンソンにも引き継がれる。

このような市場では，完全競争市場とは異なり，個々の企業にとっての需要曲線は水平ではなく，右下がりとなる。なぜ需要曲線が右下がりになるのかについては，次のような説明がなされる。市場の地理的隔たりに起因する輸送費の増大が需要を粘着的にし，また買手の嗜好や惰性がこれを補強する。同時に，売手の側でも，広告やサービス，のれんなどによって，たとえ価格を市場価格より引き上げたとしても，顧客の一部を失うにすぎない状態が生ずる。逆に価格を引き下げたとしても，それによって増える需要者には限度があり，他の生産者の顧客をすべて獲得できるわけでもない。これを需要の価格弾力性を用いて表現すれば，その値は，無限大ではなく，ある一定の値となるような市場だと言い換えることができる。このような市場で，企業は，資本設備一定という条件の下で，利潤（Π）を最大にするように生産量（X）をどのように決めるのだろうか。製品価格をp，総費用をTCとすれば，利潤Πは，

$$\Pi = pX - TC \tag{3.7}$$

である。利潤最大化の条件は，

$$d(pX)/dX = dTC/dX \tag{3.8}$$

となり，限界収入＝限界費用となる点で生産量が決まる。

また(3.8)式は，次のように書き換えることができる。

$$p = 1/(1 - 1/\varepsilon) \times dTC/dX \tag{3.9}$$

ここで，εは需要の価格弾力性であり，需要曲線の形状が決まれば，それに応じて定まる。(3.8)(3.9)式は，利潤最大化を満たす生産量が価格と相関的に決定されることを示している。以上の関係は，図3-8のように図示される。

限界収入曲線と限界費用曲線の交点であるE点が，この市場での企業の短期均衡を示しており，$p_0 - c$が産出1単位当たりの利潤を表わす。$(p_0 - c) \times X_0$の部

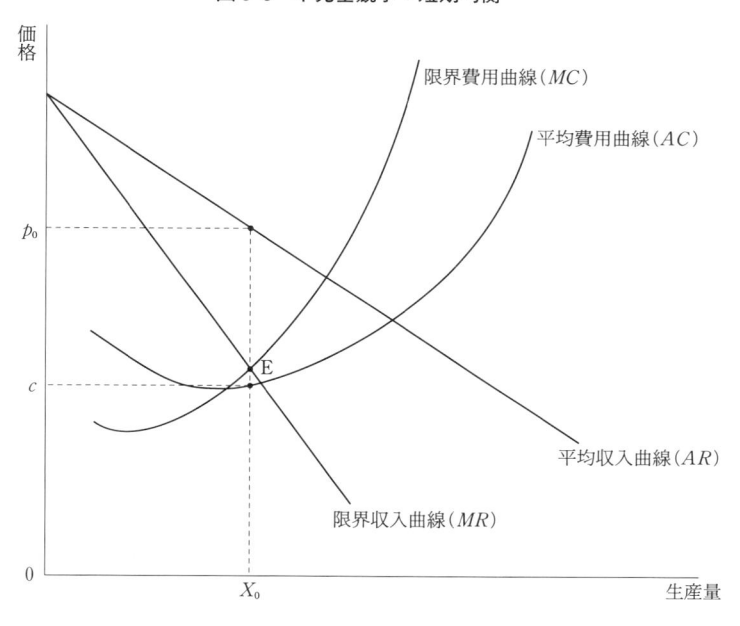

第**3**章　企業組織と雇用システム　*165*

図 3-8　不完全競争：短期均衡

[図：縦軸「価格」、横軸「生産量」。限界費用曲線(MC)、平均費用曲線(AC)、平均収入曲線(AR)、限界収入曲線(MR)が描かれ、点 E において p_0、X_0、c が示されている]

分が利潤の大きさを表すが，いわゆる超過利潤であり，これによって新規企業の参入が誘発されることになる。参入が続く限り，個別企業にとっては顧客が奪われ需要量は減少し始める。それは同一価格のもとでの販売数量の低下となって現れるから，平均収入曲線は下方にシフトする。こうした平均収入曲線のシフトは，限界収入曲線を下方にシフトさせ，それと同時に利潤最大化を保証する点，限界収入＝限界費用を満たす生産量はこれまでよりも低い水準となる。こうして利潤が減少していき，やがてゼロになった時，すなわち平均収入曲線と平均費用曲線が接する状態になった時に，産業の長期均衡が成立する。この状態は，図 3-9 のように図示できる。

　産業の長期均衡点 E は，平均収入曲線が右下がりであるために，必ずU字型の平均費用曲線の右下がりの部分に位置することになる。この点の生産量は平均費用最低点でのそれ（稼働率 100 パーセントの生産量）を下回る。したがって，この理論は $(\bar{X}-X_0)$ だけの「過剰能力」の存在を示すことができる。このように過剰能力が存在するために，現実の生産量は能力水準のそれよりも少なくな

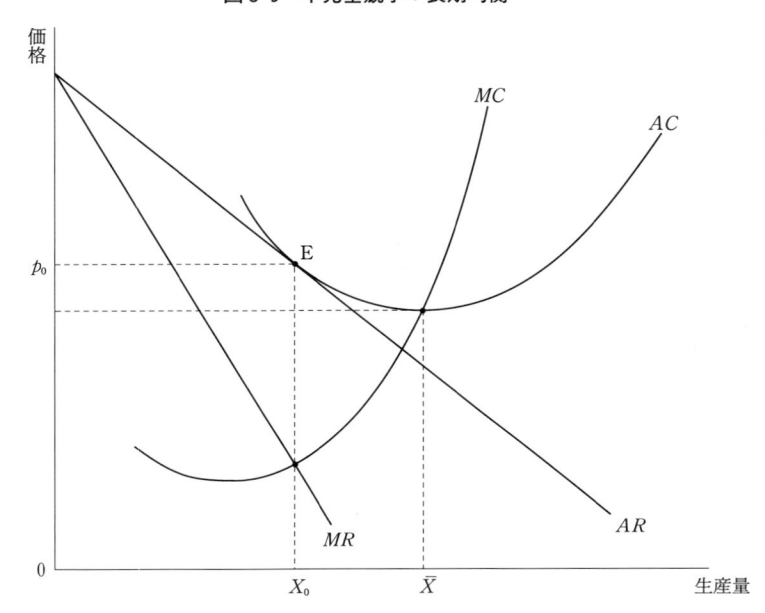

図3-9 不完全競争：長期均衡

り，反対に価格は高くなるのである。

　以上，ロビンソンの不完全競争の理論は，不完全競争という条件下で，右下がりの平均収入曲線と逓減的平均費用曲線が接する点で均衡が成立することを論証した点で，収穫逓増現象と競争的市場構造とは両立しえないという「マーシャルのディレンマ」に対する一応の理論的解決に導くものだった。

　しかしながら，以上の「不完全競争の理論」における市場把握は，19世紀末以来の巨大株式会社体制の中での市場構造把握として果たして適切なものなのだろうか。

　まず第1に，不完全競争の理論において含意されている市場構造の相違とは，個々の企業に対する需要曲線の相違として捉えられているにすぎないという点に注意すべきである。(3.9)式から明らかなように，それは需要の価格弾力性（ε）の相違に帰着する。しかも，この需要の価格弾力性という概念が実在するとしても，それは個々人の頭の中で計算されたものにすぎず，きわめて不確実で不安定なものにすぎないのである。

第2は，所与の生産関数，費用関数，需要関数を前提とし，利潤最大化という行動目標が設定されるならば，完全競争の場合の「生産量」の選択にせよ，不完全競争の場合の「生産量―価格」の組合せの選択にせよ，これらはいわば自動的に導き出されるのであり，両者に本質的な違いはないという点である。完全競争であろうと不完全競争であろうと，そこでの企業（および企業家）とは，市場という与件を所与として，それに適応して利潤最大化をはかってゆく受動的な存在にすぎないと把握されている。いまだ知覚されていない情報や機会に対する能動的な働きかけという企業家に固有の機能も当然ここには存在しない。

　結局，ロビンソンが不完全競争の理論で問題としたのは，マーシャルが指摘したような19世紀末以来の株式会社体制の中で登場してきた近代的独占形態ではなかった。したがって問題とされるべきだったのは，市場という与件それ自体の変化であったし，企業間の競争関係に対する人為的な制限によって市場構造それ自体が変化していく動態的過程でなければならなかった。大規模組織の形成という事実を基礎に，企業間競争を人為的に制限し，供給の制限，価格の操作等を通じて市場と生産を支配する「寡占的市場」構造こそが問題とされねばならなかった。ロビンソン自身も，ロビンソン［1933］は静学的前提に基づく限界分析に全面的に依拠したもので，そこでの理論的解決は「誤った転向」であったと表明するに至り[23]，「不完全競争の理論」から完全に訣別することになった。

(3) 寡占的市場構造の成立と価格決定

　産業内での大企業と中・小企業の共存という「寡占的市場」構造の実態を明らかにし，その理論化を促す役目を果たしたのが，A. A. バーリとG. C. ミーンズによる実証研究と1930年代半ばから後半にかけてオックスフォード大学で組織されたグループによる実態調査，いわゆるオックスフォード経済調査である。バーリ＝ミーンズが明らかにしたのは，第1に，1929年のアメリカでは総資産の49.2パーセントが上位200社によって占められ（すなわち，経済力の集中），寡占的大企業が大部分の産業で圧倒的優位を占めていること，第2に，これらの企業では「所有と経営の分離」が見られるということであった。さらにオックスフォード調査グループのR. L. ホールとC. J. ヒッチ［1939］によって公表された実態調査の結果では，「大多数の企業家は限界収入と限界費用とを等しくするような企てを行っていない」とされ，限界収入＝限界費用の状態をもって，利潤

最大状態を意味する個別均衡と見る不完全競争の理論の中心的仮説は事実として妥当しないとされたのである[24]。

それでは，企業家は，現実の価格決定に際し，どのような方式を採るのだろうか。以下では，寡占市場において価格はいかにして決定されるのかという問題に取り組む，相互に関連し合う3つの議論を取り上げる。

① フル・コスト原則

ホール＝ヒッチ［1939］は，「フル・コスト原則（full cost pricing）」と呼ばれる価格決定方式が採用されていると報告する。具体的には「単位当りの主要費用が基礎としてとられ，それに共通費用をカヴァーするために一定比率が加えられ，さらに利潤のために，ある慣習的な比率が加えられる」というものである。これを定式化すれば，次のようになる。

$$p = a + am' + am'' = a(1+m) \tag{3.10}$$

ここで，a は平均主要費用，m' は間接費をカヴァーするためのマークアップ率，m'' は利潤のためのマークアップ率であり，$m = m' + m''$ である。

この定式化から明らかなように，価格（p）がある水準に一度設定されると，賃金費用や原材料費といったすべての企業に影響を及ぼすような費用の著しい変化が生ずる場合を除いて，通常，価格は硬直化する。

② 屈折需要曲線の理論

P. スウィージー［1939］による「屈折需要曲線（kinked demand curve）」は，寡占的市場という条件下では企業は現行価格をあえて変更しようとしないことを証明するために提起された分析ツールにほかならない。寡占市場では，ある企業が価格の変更を行おうとする場合，競争相手企業がそれに対してどのように反応するかを考慮しなければならない[25]。ある企業が単独で価格引上げを試みる場合，他の競争企業はこれに倣うはずはなく，価格を据え置くであろうから，この企業に対する需要は激減する。それゆえ，この企業の需要曲線は上方に対しては弾力的になる。反対に，単独で価格引下げを行おうとする場合には，他企業も報復のために価格引下げに追随するだろうから，この企業は思い通りの需要の増大を実現できない。したがって，この企業の需要曲線は下方に対しては非弾力的になる。このような関係を図示すれば，図3-10のようになり，需要曲線は d' を中心に $dd'd''$ と屈折する。この需要曲線から導出される限界収入曲線は，不連続な区間 AB を持つ曲線となる。

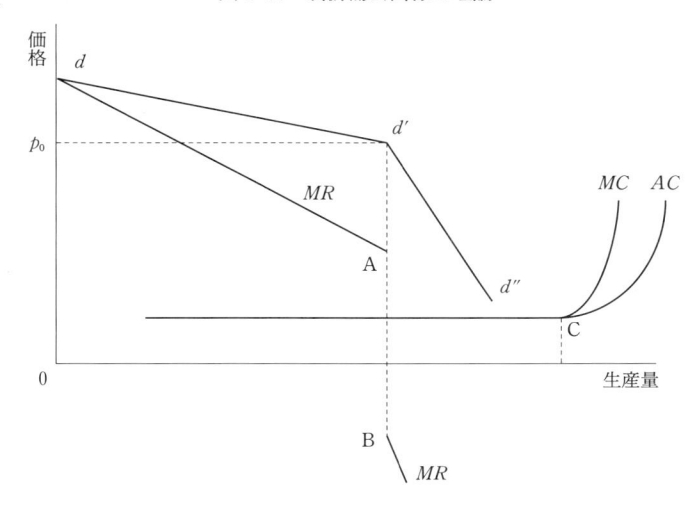

第3章　企業組織と雇用システム　*169*

図 3-10　屈折需要曲線の理論

　他方，費用曲線については，スウィージーは完全稼働点Cまでは収穫逓減の法則が作用しない水平な曲線を描く。そこで限界収入＝限界費用という短期均衡条件を想定すると，限界収入曲線の不連続な区間 AB を限界費用曲線が通過する限り，企業は現行価格（p_0）を維持することの方が得策となる。もし価格を変化させると，限界収入と限界費用の差が一時的に拡大し，この企業の利潤追求に不利な結果が生ずるからである[26]。かくして，寡占的市場で一度決まった価格は硬直化する傾向を持つ。

　ところで，硬直化の傾向を持つ価格水準それ自体はどのようにして決定されるのか。屈折需要曲線の理論は，この疑問に対する解答を持ち合わせてはいない。この点に関しては，「フル・コスト原則」と「屈折需要曲線の理論」とが補完的な関係にあるというべきである。図における屈折点 d' での価格 p_0 が，フル・コスト原則によって確定され，この価格水準において屈折する需要曲線を用いれば，この価格の硬直化は屈折需要曲線の理論の論理に従うからである。また平均主要費用曲線は完全稼働点まで水平だと想定されるのだから，この曲線と限界費用曲線は一致し，したがって現行価格（p_0）が平均主要費用と，それに一定比率を乗じて得られる粗利潤との和であるフル・コストに等しいことは，図 3-10 からも明らかだろう。

③ 参入阻止価格の理論

「フル・コスト原則」と「屈折需要曲線の理論」が補完的関係にあるとしても，なお未解決な問題が1つ残されている。マークアップ率 m はどの水準に決められるのかという問題である。これに一定の解答を与えてくれるのが，「参入阻止価格の理論 (theory of entry-preventing price)」である。ここでは J. S. ベイン [1952] の「制限価格」モデルを取り上げることにする[27]。

参入阻止価格の理論とは，産業内部の既存の少数企業間の競争ではなく，まったく新たに外部から参入する企業の側面に注目するものである。ベインは，既存企業に絶対的費用の優位がある場合，それを利用してある価格を設定すれば，既存企業にとっては利潤がプラスであっても，参入企業にとっては利潤がマイナスとなるような価格水準にあることに注目してモデル化を試みる。ベインはこの価格を「制限価格」と呼ぶ。

図 3-11 を用いて解説しよう。AC, MC は既存企業の平均費用曲線および限界費用曲線を表す。新規参入企業は費用の面で既存企業より絶対的に劣ると仮定される。すなわち，$AC_1 > AC$, $MC_1 > MC$。既存企業における短期均衡は E 点で達成され，それに対応する x_0, p_0 が決まる。この均衡状態では，価格 p_0 が平均費用を上回り，超過利潤が存在することになるから，これが新規参入を誘発する。その結果，既存企業のマーケット・シェアは減少し，需要曲線は左方にシフトする。こうして企業の新規参入に伴って価格 p_1 まで低下する時，新規参入企業の平均費用曲線 AC_1 と等しくなり，参入による利益は消滅する。この価格 p_1 がベインの制限価格であり，新規企業の参入を阻止しうる価格の「上限」をなすことになる。というのも，この価格を超える水準では，新規参入企業も超過利潤の獲得が可能になるからである。この価格設定がフル・コスト原則に基づくとすると，

$$p_1 = AC(1+\bar{m}) \tag{3.11}$$

であり，$\bar{m}$ は新規企業の参入阻止可能な場合のマークアップ率の「上限」を表すことになる。価格 p_1 においては，既存企業の利潤は短期のそれより減少するとはいえ，依然として超過利潤を獲得している。このように，寡占企業は短期的な利潤最大化行動をとるよりも，あえてそれを下回る価格設定をすることによって，マーケット・シェアを維持し，結果として長期にわたり超過利潤を確保しようとするのである。

第3章　企業組織と雇用システム　*171*

図3-11　制限価格モデル

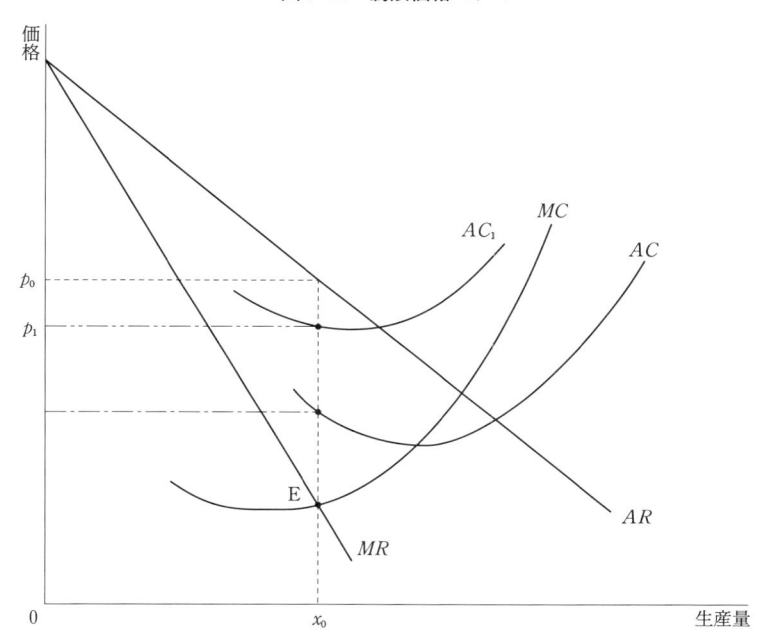

　以上の「参入阻止価格の理論」は，第1に，フル・コスト原則に含まれているマークアップ率の決定の問題を解決する試みであったということ，第2に，潜在的な競争企業の市場参入条件（参入障壁）に着目して寡占価格の決定を論証しようとするものであった。これは，既存の少数企業間の相互依存関係という枠をこえて，アウトサイダーである潜在的競争企業との，いわば見えざるライバルとの競争にまで分析視点を拡張するという点で，モディリアーニ［1958］の言うように寡占理論における「新しい展開」であった。しかし，潜在的競争企業における予想と行動の分析に強調点が置かれるあまり，寡占的市場の構造それ自体や既存寡占企業の行動に関する分析が後景に退いてしまったという感は否めない。ここで再び「マーシャルのディレンマ」が示唆していたもう1つの問題，すなわち株式会社制度の下での資本蓄積を通した競争がもたらす寡占的市場構造という市場構造それ自体の変化を議論せざるをえなくなる。この問題に真正面から取り組んだのが，シュタインドル［1947］［1952］である。

(4) 寡占的産業組織，企業成長，そして投資

シュタインドルは，「マーシャルのディレンマ」を解決するためのもう1つの方向である，産業の集中過程に伴う市場構造の変化，すなわち寡占的市場構造への移行の問題を分析しようとする。かれは寡占化を促進する主要な要因の1つとして，技術進歩の効果を重視する。費用削減的な技術進歩に基づく産業・企業の成長は，生産規模の拡大とこれに基づく売上利潤の増大をもたらす。こうした技術進歩はすべての企業に開かれているわけではなく，それにはある一定の資本量を必要とする。機械・設備など高度な生産方法の採用に要する最低必要資本量が大きくなればなるほど，それが参入障壁となって「費用格差」を生じさせ，生産量の格差を生じさせる傾向を生む。この場合，大企業だけが技術化においても組織化においても確実な方法を用いることができ，規模の経済性を確実に発揮できる。こうして，「大」企業と「中・小」企業との間の売上利潤格差が生まれるのである。売上利潤（Π）は，次のように表すことができる。

$$\Pi = O - F \cdot \bar{X} - (NL + RM)O \tag{3.12}$$

ここで，O は売上高，$F \cdot \bar{X}$ は固定費用（$\bar{X}$ は能力生産量），主要費用のうち，$NL \cdot O$ は労働費用の部分，$RM \cdot O$ は原材料費用の部分である。また，F，NL，RM はそれぞれ正の実数である。資本集約度がすべての規模で等しいと仮定すれば，規模の拡大とともに総固定費用は高くなるが，反対に単位当たりの労働費用と原材料費用は低くなる。したがって，もし平均固定費用の上昇が平均主要費用の低下によって償われて余りあるならば，平均総費用は規模の利益を享受していることになる。この意味で，有利な組織を持ち生産性の高い企業ほど，売上利潤の高い企業となる。

売上利潤率（ξ）は，次式のように表すことができる。

$$\xi = \Pi/O = 1 - F/u - (NL + RM) \tag{3.13}$$

ここで，$u(=O/\bar{X})$ は設備稼働率である。もし意図しない稼働率の低下がすべての企業に一律に生じるとすると，売上高に対する固定費用の割合が大きくなり，大企業ほど不利になる。かくして，競争的な産業であれば，こうした稼働率低下は大企業に対する強い価格引下げ圧力として作用することになり，そして実際の価格の引下げの影響は限界企業の淘汰となって現れる。

企業の成長を規定する要因を見てみよう。売上高 O は，次のように定式化される。

$$O=(O/\bar{X})\cdot(\bar{X}/Z)\cdot(Z/E)\cdot E = u\cdot(1/k)\cdot gr\cdot E \qquad (3.14)$$

ここで，Z は使用総資本，E は自己資金であり，また k は資本集約度，gr は資金調達比率を表す。(3.14)式について，変化率をとると，

$$\hat{O}=\hat{u}-\hat{k}+\hat{gr}+\hat{\alpha} \qquad (3.15)$$

を得る。ここで $\hat{\alpha}$ は内部蓄積率である。シュタインドルは，この内部蓄積率を企業成長の背後にある推進力と見なし，この内部蓄積と設備稼働率が成長を規定する主要因と見なしている。

さて，以上の予備的議論を念頭に置いて，シュタインドルは寡占的市場構造への移行という市場構造それ自体の変化をどのように理解したのか，そして，このことが資本主義経済に対してどのような本質的な変化をもたらすと考えたのか，かれの考察と主張の骨子を概説しよう。

議論の出発点として，内部蓄積と設備稼働率が投資に与える影響に基づいて，2つの型の産業――「競争」型産業と「独占」型産業――が区分される。この区分はあくまでも「理想型」のものだが，区分の基準は過剰能力の有無に求められる。「競争」型産業では，一定量以上の過剰能力に対して長期的に余剰資本の駆逐メカニズムが作用する。結果として，この産業での設備稼働率は一定水準に復帰する傾向を持ち，その系として売上利潤の弾力性は大きく，内部蓄積も需要に対して弾力的である。したがって，設備稼働率は投資に対して大きな影響を与えない。他方，「独占」型産業では，余剰資本の駆逐メカニズムが作用せず，稼働率は需要によって大きな影響を受ける。個別産業が，不必要な過剰能力に対処しうる唯一の方法は，生産能力の拡張と更新を遅くすることだけである。このことを別の面から言うと，この型の産業の売上利潤は非弾力的で，内部蓄積も需要に対して非弾力的であると言うことになる。

以上のことを，さらに図を用いて説明しよう。

まず「競争」型産業についての分析（図3-12）である。各企業は同一生産物を生産するとし，その生産量を平均費用の高低の順に並べると，CD線のような費用曲線（「特定経費曲線」と呼ばれる）を得る。DE線は価格線である。この曲線が右下がりなのは，多量を生産する費用の低い企業での生産物価格は多少低下すると考えるからで，EFによって販売努力の大きさが測られる。DE線とCD線の差額が売上利潤であり，面積CDE がこの産業全体の売上利潤の大きさを表す。

図 3-12 「競争」型産業

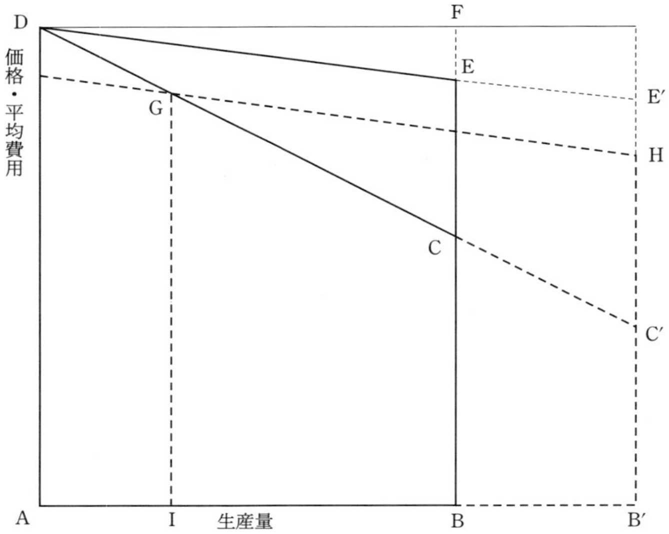
D
F
E
E′
G
H
C
C′
A
I
B
B′
価格・平均費用
生産量

いまある「進歩的企業」が費用切下げに成功したとする。生産量は AB から AB′ に増加し，費用切下げの効果は生産量の増加部分（BB′ 部分）にのみ現れると仮定すると，価格線は DE′線，特定経費曲線は C′D 線となる。追加された生産量に対する売上利潤は増大し，産業全体の売上利潤も増加（すなわち，面積 C′DE′＞面積 CDE）する。売上利潤は，産業全体が既知とされている成長率で拡張するために必要な水準をこえて増大し，産業全体の内部蓄積が進展する。こうなると販路をめぐる激しい競争が始まる。まず最も低費用の企業が，価格を B′E′ から B′H に引下げる。この価格引下げ圧力が産業全体に波及し，産業全体の価格線は DE′ 線から GH 線へと下方にシフトする。これにより限界企業 AI が淘汰される。産業全体の売上利潤は減少し，与えられた産業全体の成長率に照応するような水準に達した時，価格低下のプロセスは停止することになる。ここには，可能なかぎり売上利潤を増大させようとする進歩的企業の費用削減努力と，高費用の企業を淘汰し，その結果再び売上利潤の減少をもたらすことになる「過剰内部蓄積の爆発力」との相互作用をみてとることができる。売上利潤の増加は内部蓄積率の増大を導き，さらに内部蓄積率の増大は生産能力の増加を導く

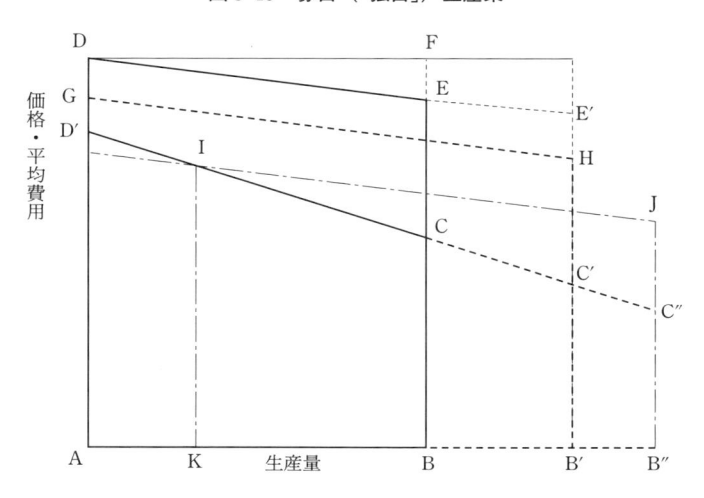

図 3-13　寡占（「独占」）型産業

　ことになるが，生産能力がその産業の売上高の拡大以上に増加すれば必ず「絶対的集中」が生ずる。上記の過程での最終的な帰結は，まさしくこの「絶対的集中」にほかならない。こうして，この型の産業は，少数大規模企業から成る「寡占」型の産業へと移行するのである。

　次は，「独占」型ないし寡占型産業についての分析（図 3-13）である。

　この産業では，限界企業も正常以上の売上利潤を得ているので，特定経費曲線は CD′ 線となる。したがって，最初に成立している産業全体の売上利潤の大きさは面積 DD′CE である。いま進歩的企業が費用切下げに成功したとすると，価格線は DE′ 線，特定経費曲線は C′D′ 線となる。産業全体の売上利潤は面積 DD′C′E′ へと増加し，この時，進歩的企業は販路の拡大をはかろうと価格引下げを試み，その結果として，産業全体の価格線は下方にシフトし，GH 線となる。しかし，この価格線のシフトによっては，限界企業は淘汰されず，価格引下げの効果は産業全体の売上利潤の大きさを面積 DD′C′E′ から面積 GD′C′H へと縮減させるだけで，どの企業にとっても望ましいものではない。また，あえて限界企業の淘汰をめざして大幅な価格引下げが試みられ，価格線が IJ 線までシフトしたとすれば，AK の限界企業が淘汰され，進歩的企業は B′B″ だけの販路の拡大が可能となるが，この時の売上利潤は面積 IC″J となり，大幅に減少する。

いずれの場合にも，価格引下げはすべての企業にとって売上利潤の大幅な減少に帰結し，何らの利益も生み出さない。したがって，寡占型産業では，たとえ技術革新による費用低下があったとしても，価格線の下方へのシフトはおこらず，DE′線のままに維持される。このように寡占型産業では，費用引下げをもたらす技術革新があっても，必ずしも価格低下はおこらない。その結果，正常な水準をこえた売上利潤に基づいて行われる内部蓄積は，この産業に一定の成長を可能とさせる生産能力拡張のために必要な投資量をこえる傾向をもち，「意図しない過剰能力」の創出という帰結を生む。設備稼働率の低下が生じ，投資へのインセンティブが失われることになる。

以上の2つの型の産業についての比較分析から，シュタインドルは最終的に次のように主張する。「独占産業の成長が他の型の産業を犠牲にして行われると，経済の機能に次のような変化をもたらす……。すなわち，売上利潤の非弾力性を強め，売上利潤の上昇傾向さえもたらし，かくして，余剰資本を駆逐するメカニズムを破壊し，それによって設備稼働率を減退せしめ，投資の刺激を失わしめること，これである」[28]と。この最後の主張は，今日ではシュタインドルの「長期停滞論」として人口に膾炙しているものである。シュタインドルといえば，この「長期停滞論」に関心が集中し，議論と批判もこれをめぐってなされてきたという感が強い。批判の論点としては，第1に，経済の独占化・寡占化が進行すればするほど，投資への刺激は衰退するのかどうか，第2に，シュタインドルの分析の理論的な正しさを認めたとしても，競争の衰退が資本主義の長期的な傾向であると果たして言えるかどうかといったことを挙げることができる。だが20世紀，とくに第2次大戦後の資本主義の歴史そのものが，かれのこれらの主張を完全には擁護できないことを物語るとすべきだろう。

とはいえ，本節での一連の考察から明らかなように，かれの分析は，収穫逓増をめぐる「マーシャルのディレンマ」の解決において，「不完全競争の理論」のように市場という与件を所与として取り扱うのではなく，そうした与件それ自体の変化を明らかにするという「反対の方向」（Robinson [1971]）を志向したものであり，そして，寡占的市場構造への移行は企業成長を伴う競争過程が生み出す絶対的集中に基づくことを明らかにしたのである。この意味で，シュタインドルの寡占理論は，寡占価格論と投資理論（企業成長の理論）を総合する動態的寡占理論の嚆矢として独自の位置を占めるものということができる。

以上，この最終節で，市場という与件それ自体の変化のプロセスを分析しなければならないこと，そして動態的寡占理論としての新たな展開への契機を確認したのは，次章への「橋渡し」を意図してのことである。さらにもう1点，次章への「橋渡し」という観点から，スラッファ［1926］のマーシャル批判における次のような主張――「競争的条件に従っていると自認している実業者に対して，彼らの生産の限界が，企業の生産の内部的条件の中にあるはずであり，それによって，費用を増加せずには，より多くを生産できないといったとすれば，彼らはこういった主張を不合理と考えるだろう」[29]――が含意するところを考察しておかねばならない。

　ここでは新古典派経済学が主張する費用逓増（収穫逓減）下での主体的均衡という基本原理が退けられている。こうしたスラッファの主張を受け継ぎ，より具体的な形での議論を展開するのが，R. カーンや塩沢由典である。カーンは「操業短縮の存在は完全競争の状態と両立しえない」（Kahn ［1989］）と述べた。この主張を解説しておこう。一財を生産している企業を考え，固定設備は所与とし，生産技術は収穫一定と仮定する。完全稼働を設備の技術的容量によって定義し，この点での生産量を $\bar{x}$ とする。総費用を $TC(x)$，固定費用を F とすれば，可変費用は Vx（V はある正の実数）という形に表される。この時，総費用 $TC(x)$ は次のようになる。

$$
\begin{aligned}
TC(x) &= F + Vx & x \leq \bar{x} \text{ の場合} \\
TC(x) &> F + V\bar{x} & x > \bar{x} \text{ の場合}
\end{aligned}
\tag{3.16}
$$

(3.16)式の総費用曲線を図示すれば，図3-14のようになる。

　(3.16)式から，平均費用（AC）と限界費用（MC）をもとめると，

$$AC = F/x + V$$
$$MC = V$$

となる。

　平均費用曲線，限界費用曲線が図3-15のような形状である場合，「完全競争」下での企業の最大化行動（価格＝限界費用の条件）という新古典派経済学の主張が前提される限り，生産費が価格を超過しない企業は完全設備能力での生産を行わねばならない。平均費用最低点での価格 p_0 は，当該企業が利潤を生むか損失を生むかの臨界的な価格であり，製品価格 p が p_0 以上であれば利潤が生ずる。もし $p_0 > p > V$ であれば，製品の販売によって可変費用を上回る収入を得るこ

図 3-14　完全稼働と総費用

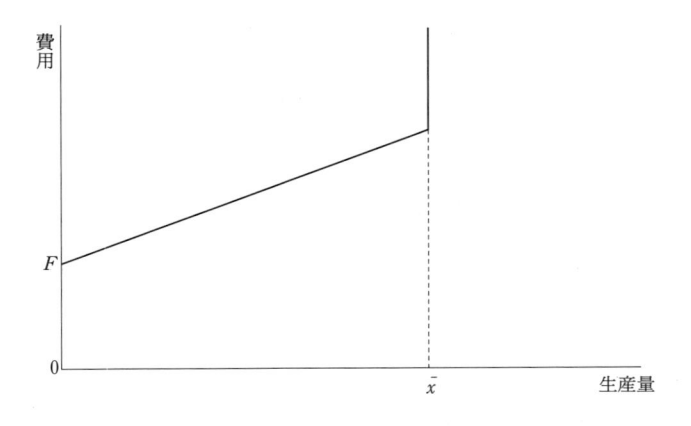

図 3-15　操業短縮と完全競争の非両立性

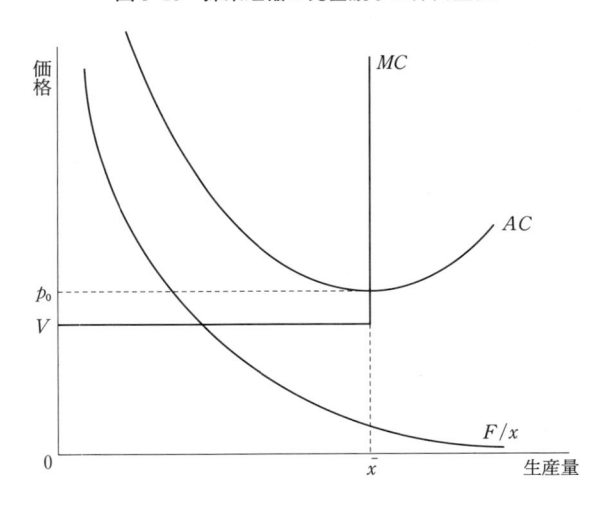

とができるから、それによる固定費用のいくぶんなりの補塡が可能となる。そして、$p \leq V$ となれば、この企業は操業を停止するのが最も得策となる。このように企業の主体的均衡の原理に従う限り、利潤を得ようとする企業は最大可能生産量 $\bar{x}$ まで生産を行わなければならない、すなわち完全稼働点での操業か、そうでなければまったく操業しないかのいずれかでしかない。要するに、カーンが主張

するように，完全競争下での操業短縮は論理的に成立しえないのである。

　さて，ここからどのような含意を引き出すことができるだろうか。まず第1に，与えられた価格のもとでの企業家の生産の限界を決めるものが，「企業の生産の内部条件の中にある」という主体均衡の基本原理が退けられるということ，この場合には，価格と生産量の一義的決定は不確定なものとなる。第2に，企業家たちが生産を増加させ利潤を拡大しようとする時，「闘わねばならない障碍物は生産費用のうちにあるのではない」（Sraffa [1926]）ということである。塩沢[1990] は，この点に「市場」概念の根本的革新の視点を見出す。塩沢は「市場をたんに価格情報がとびかう（透明な）場として捉えてはならず，過去と未来の中間にたつ歴史性をもった構造」，「歴史性のなかに過程するものとして現れる」[30] と述べる。本書における「市場」への制度論的アプローチもまた，この塩沢の見解と同一の方向を指向したものである。市場は与件として扱われるべきではなく，それ自体が動態的な過程の中にある1つの制度だということになる。したがって，このことにより，市場経済の動態的過程には「市場」的調整と「制度」的調整の複合としての調整過程が埋め込まれているという第4章での議論が導かれることになる。第3に，スラッファ，カーン，塩沢による完全稼働未満の操業が新古典派理論では原理的にありえないという主張は，第4章でのとくに「稼働率調整」の議論を基礎づけるものである。

補論　日本企業のコーポレート・ガバナンス改革の行方を考える

　1960年代・70年代を通して，日米企業のガバナンス構造を支配したのは，バーリ＝ミーンズ以来の経営者企業型のそれであった。ところが，1980年代になると，アメリカ企業のコーポレート・ガバナンスは，経営者企業型から「株主企業（あるいは株主支配）」型のそれへと転換する。これに対して，日本の経営者企業におけるガバナンス構造のあり方は，80年代には賞賛を獲得するが，90年代を通じて，その評価は一変した。そして現在，日本企業のガバナンス構造はその転換を迫られている。この点については，既に述べた通りである。この補論では，1990年代以降における日本企業におけるコーポレート・ガバナンスの改革の課題とその行方について論じることにする。

　さて，わが国においてコーポレート・ガバナンスに対する関心が急速な高まりを見せることになった背景には，90年代に入ってからのわが国内外での経済環

境の大きな変化があったことを指摘できるだろう。

　国外的な要因としては，以下の諸点を指摘できる。第1は，90年代に入り明確になってきたコーポレート・ガバナンスの国際的な収斂の動きである。アメリカ企業のガバナンスは，70年代末からのM&Aの進展，さらにはLBO，敵対的企業買収の盛行を経て，90年代には株主行動主義（investor activism）が支配するようになった。かくして，そのコーポレート・ガバナンスのあり方は，経営者企業型から株主企業（あるいは株主支配）型のそれへと転換した。こうした動きが，国際的に伝播することになったのである[31]。第2は，日本企業の経済活動のグローバル化がコーポレート・ガバナンスへの関心を直接的に喚起したことである。すなわち，日本企業の海外における子会社展開は，現地の法制度への適応を不可欠とする一方，海外の子会社を，本社がどのようにコントロールするのかという，いわゆるグローバル・グループ経営の必要性が，世界標準に合致したコーポレート・ガバナンスの仕組みの導入を要請したのである。第3は，資金調達面でのグローバル化が，アメリカ型のコーポレート・ガバナンスへの流れを生み出したことである。例えば，日本企業がニューヨーク証券取引所への上場を計画すれば，アメリカ型のコーポレート・ガバナンスへの適応を要請される。また90年代になると，社債による資金調達の重要性が上昇した。この資金調達の社債市場への依存度の高まりは，企業にとっての情報公開や透明性の重要度を引き上げ，それが資金調達コストに大きな影響を及ぼすことになった。これらの事態の進展は，会計基準の国際化とともに，企業にコーポレート・ガバナンスを意識させる重要な契機となったのである。第4に，90年代のアメリカにおける株主行動主義の先頭に立ったのは年金基金を中心とした機関投資家であったが，90年代末のわが国でも同様に，機関投資家の存在感が高まったことが，日本企業が株主重視の経営を意識する大きな要因となってきていることである[32]。

　国内的要因としては，次の点を指摘できる。第1は，バブル崩壊後の経済の長期低迷が明確になるにつれて，これまでの日本型と呼ばれてきたコーポレート・ガバナンスの構造がすでに機能不全に陥ってしまっていることが次第に認識されるようになったことである。この過程で，日本企業におけるメインバンク・コントロールの衰退が明確になり，日本の企業システムにおけるガバナンスの不在があらわになったのである。第2は，1997年末の金融破綻以降の局面において，企業間の収益格差が大幅に拡大することになったが，こうした収益格差は，この

10年余りの間に進展してきた日本企業におけるコーポレート・ガバナンス構造の分化から影響を受けて生じているのではないかという問いに注目が集まったことである。

以上で指摘した諸要因の中で，決定的に重要であるのは，バブル崩壊後の90年代において日本の経営者企業におけるメインバンク・コントロールの衰退が明らかになったことである。この結果は，図3-7での日本の経営者企業のガバナンス構造の図式化において，全ての矢印が切断されるという事態を導いた。日本の企業システムにおけるコーポレート・ガバナンスの不在が明らかになったのである。

こうした事態に直面して，日本企業のコーポレート・ガバナンス改革の方向性は，結果として2つの方向へと向かわざるをえないということになる。すなわち，1つは，株主から取締役会への矢印の復活を通じた内部コントロールの方向に向かうのか，もう1つは，株式市場から経営執行役への矢印を通じた外部コントロールの方向に向かうのか，のいずれかだということである。

ところで，これら2つの改革の方向性がどのようなものであり，またどうあるべきかを考える上で注目しておかねばならないのは，次の諸点である。

①日本の資金調達行動の変化とその結果として生じた資本構成の変化は，80年代から継続するトレンドである。これに加えて，90年代に入ると，株式の所有構造が変化をし始め，特に95年を境にして，株式の持ち合い比率と安定保有比率のいずれもが低下し続ける。代わって急増したのが，外国人投資家による株式保有である。明らかに，図3-7におけるような株式市場から経営執行役への矢印の切断という形での株式市場から相対的に独立した企業経営という従来のあり方は，大きな変容を迫られている。

②97年の金融破綻以降，新たな外部環境に対応するため，日本企業は自発的に経営組織の改革に着手し始めた。これと並行して，90年代後半からは，政府による法整備が矢継ぎ早に実行されることになった。97年の独占禁止法の改正による持ち株会社の解禁を皮切りに，98年からは段階的な商法改正が実行されてきた。2001年の商法改正では，社外監査役の定義を強化する一方，社外監査役を監査役の半数以上とすることが義務づけられた。続く2002年の商法改正では，過半数の社外取締役で構成された指名，報酬，監査の3つの委員会を設置すれば，大規模公開会社（「大会社」「みなし大会社」）は監査役制度をとらなくて

済むことになった。これにより日本企業は，監査役を中心としたシステム（「監査役設置会社」）と取締役会を中心としたシステム（「委員会等設置会社」）の2つの仕組みのいずれかを選択できるようになった。

　さて，②は日本企業における内部コントロールのあり方をめぐる改革に関わるものである。「委員会等設置会社（2006年5月施行の新会社法では「等」は削除された）」の制度化は，90年代のアメリカにおける株主支配型企業のコーポレート・ガバナンスに倣うものであるが，その多くは執行役員制度の導入である。改革の主眼は，意思決定と執行の分離にあり，取締役会の任務を経営の意思決定機関として位置づけ，また取締役の人数を限定することにより，迅速な意思決定を行うことこそが最重要の課題とされる。これは，取締役と執行役を分離することで，環境変化への対応のスピードを速め，経営組織全体の効率化を高めることを目的としている。それゆえ，改革の現状は，取締役会による経営の監視（モニター）機能の強化といった方向にあるわけではない。また，社外取締役が経営のモニター役としての役割を果たしうるかといえば，必ずしもそうとは言えないだろう。むしろ社外取締役には，部外者の視点から経営に対して有益な助言を行う存在であることが期待されているのである。かくして，日本企業のコーポレート・ガバナンス改革における内部コントロールの強化という側面をめぐっては，経営機能の強化と効率化という課題が優先され，この課題と同時に経営のモニター機能の強化をどのように確立していくのかという課題がなお残されたままになっている。

　おそらく現状においてより重要であるのは，上の①で述べたことから生ずる外部コントロールのあり方をめぐる改革の問題であろう。表3-6は，過去20年ほ

表3-6　所有者別持株比率の推移（単位数ベース）

(%)

年度	長銀・都銀・地銀	信託銀行			生命保険会社	損害保険会社	事業法人等	証券会社	個　人	外国人(法人+個人)
			投資信託	年金信託						
1985	21.6	—	1.7	0.8	13.5	4.5	24.1	2.0	25.2	5.7
1990	16.4	9.8	3.6	0.9	13.2	4.1	25.2	1.7	23.1	4.2
1995	15.4	10.1	2.1	1.8	11.2	3.6	23.6	1.4	23.6	9.4
2000	11.5	14.3	2.2	4.3	7.6	2.8	22.3	0.8	26.3	13.2
2003	5.7	17.4	3.2	4.1	4.9	2.3	25.1	1.1	22.7	19.7
2005	4.0	15.3	3.9	3.1	4.0	1.8	24.3	1.4	23.7	24.1

(注)　2005年度の数値は，㈱ライブドアを含まない数値。
(出所)　東京証券取引所「株式分布状況調査」各年版より作成。

どの株式保有の構造の推移（単位数ベース，2003年度以降は単元数ベース）を示している。

　この表における銀行と事業法人等を「長期株主」とし，証券会社，個人および外国人を「短期株主」，信託銀行，生命保険会社および損害保険会社を「機関投資家」とすれば，長期株主と短期株主の比重は，90年代の後半にすでに逆転している。このことは，株式市場から経営執行役への矢印を通じたコントロールにおける短期株主の圧力が今後ますます強まることを予想させる。これに対して，長期株主としての銀行の株式保有は，2000年に入ると急激に低下することになるが，事業法人等の株式保有はさほど低下していない。問題は，今なお全株式保有の約3割を占めるこの長期株主が，日本企業のガバナンス改革にどのように関わるのかということである。可能性として指摘できるのは，これまでのような友好的，あるいはサイレント・パートナーとしての株主ではなく，長期株主による「発言（voice）」として株主から取締役会へのコントロールの作用に関与するということであろう。現在のところ，銀行と事業法人の株式所有がどのようにガバナンスに関与するかはなお不明であるが，おそらく，ここで鍵となるのは，短期・長期株主以外の株主である機関投資家がどのような行動をとるのかという点であろう。

　かくして，日本企業のコーポレート・ガバナンス改革の行方をめぐっての1つの方向性として，次のような指摘をすることができるだろう。現在の取締役会の改革に見られるように，日本企業のコーポレート・ガバナンス改革が目指すものが，経営機能の効率化と強化にあるというのであれば，いま必要とされているのは，そのような経営に対するモニター機能を強化することであり，かつそうしたモニターを長期的な視点から行うことが求められている。すなわち，機関投資家も含めた長期株主が，取締役会に対する発言の機能を発揮し，長期的な視点からの企業経営に対するモニター役を積極的に果たすというのがそれである。そして，このような企業に対して長期的にコミットメントする株主は，株主本来の権利の制限につながり，短期的には日本の株式市場の魅力を低下させるように見えるが，それが良い経営につながるならば，株主にとっての長期的な利益にもつながっていくはずである。このような株主の育成と存在がいま求められているのである。

注

1）これは，従来マルクス経済学において「原始的蓄積」論として議論されてきた問題である。マルクス『資本論』第1巻第7篇第24章を参照。
2）マーシャルによる労働力「商品」の特殊性についての指摘は，Marshall [1920] 第6篇第4章，第5章を参照。なおこの項と次項での議論については，コリア [1991] における「訳者解説」（花田昌宣稿）も参照されたい。
3）Boyer [1986] 訳 p. 80 を参照。
4）R. ボワイエによる近著 [2004a] などによれば，この点について新たな見解が示されつつある。いわゆる「フォーディズム」の時代として描き出された50年代・60年代の高度経済成長の時代には，賃労働関係が支配的制度形態であると見なされたが，フォーディズムの危機以降，特に80年代半ば以降は，それが大きく変化したとされる。すなわち，支配的制度形態が，賃労働関係から別の制度形態に転換したとされる。諸制度の「階層的序列」の可変性として論じられるのがそれである。山田 [2004] や原田 [2005] を参照されたい。
5）ここでの議論は，平野 [1993] および平野 [1996]に多くを負っている。
6）経済学史的に見れば明らかに異例の用語法であるが，ケインズの『一般理論』では，A. スミスからマーシャルまでをも含めて「古典派」と呼ぶ。
7）ここでの労働市場の分断化の議論については，都留 [1985] に多くを負う。
8）エドワーズの労働過程分析については，鈴木 [1995/96] がきわめて有益であり，さらに欧米における労働過程論を網羅的に議論した鈴木 [2001] も参照。
9）「逆選択モデル（adverse selection model）」では，労働市場において，労働者の質の良し悪しに関して，労働者自身は知っているが，企業の経営者はそれを十分に知ることはできないという情報の非対称性が存在する状況を想定する。賃金が低くても働こうとする労働者は一般に質の悪い労働者が多い。賃金水準をあまり引き下げると悪質な労働者と同等に扱われるのを嫌う良質な労働者が市場から退出してしまうという「逆選択」の問題が生ずる。この問題が深刻になれば，賃金が下落すれば平均的な労働の質も下落してしまうことになる。このような状況であれば，企業にとってある一定の水準以下に賃金を引き下げることは，もはや最適ではなくなる。「転職モデル（labor turnover model）」とは，企業は労働者が急に離職することのないように，賃金を労働の需給が一致する水準よりも高く設定することである。高めの賃金設定をすることそれ自体は，企業のコストの増加につながるが，それによって急に離職する者の数が減ればそれだけ企業にとってのメリットになる。このため，企業間の労働移動が容易であればあるほど，企業が賃金を高く設定することは，労働移動による企業にとってのコストを低下させ，結果として企業の効率性を高めることになる。特に，非自発的失業が多ければそれだけ労働者が新しい職を求めて離職する可能性は小さくなるので，非自発的失業が存在する下でも，企業はあえて現行の賃金を引き下げて新しい労働者を雇うインセンティブを持たない。
10）Hicks [1974] 訳 p. 89。
11）Akerlof and Yellen (eds.) [1986] p. 75。

12) Coase [1988] p. 39.
13) Alchian and Demsetz [1972] p. 777.
14) Alchian and Demsetz [1972] p. 783.
15) Jensen and Meckling [1976] pp. 310-311.
16) 契約論アプローチは，個人の認知能力の制約を認めない——例えば，取引費用の理論では，主体の限定合理性を仮定し，個人にとっての認知制約の存在を認めている——わけではないし，行動することによる学習という学習過程の理論も所持している。しかしながら，その考察の範囲と深さは極端に狭く浅い。その主たる欠点は，主体の認知能力が所与とされる点にある。このアプローチでの「学習」の概念とは，所与で不変の認知枠組みのもとで主観的に設定された事前確率の分布を更新するために新情報を使用するという「ベイズ的学習（Bayesian learning）」を意味するにすぎない。
17) 能力論アプローチの提起については，ペンローズ，ネルソン＝ウィンターの他に，Chandler [1962] [1992a] [1992b], Dosi and Marengo [1994], March and Simon [1993], Winter [1987], Nonaka and Takeuchi [1995] Ch. 2 などを参照。
18) 「イメージとしての環境」の強調については，F. ナイトに遡ることができる。かれは，意識ある活動とは，眼前の刺激に直接反応するのではなく，将来の事態についての自らのイメージに対して反応することだと述べた。現実は不確実な世界だから，そのイメージの形成の仕方如何で個人の行動の成否が左右される。ナイトにとっての企業とは，自分の描く将来のイメージに対して確信を持つ者が，確信の持てない人たちに一定の保障を与える代わりに，前者の指示に従ってもらうという意思決定上の分業的契約の場であるということになる。組織を構成するメンバーの不確実性への対処能力の差異に応じて企業組織内のヒエラルキーが形成され，またこうした組織的工夫によって，社会全体としても，不確実性からくる生産効率上の制約をある程度免れることができるというのである。また，将来の不確実性に対処する制度的仕組みとしての企業については，Hodgson [1988] も参照。
19) 「コード」とは，辞書や文法書のように記号が持っている意味を定めたり，記号の結合の仕方の規則を与えたりするものを指す。
20) 藤本 [2003] では，「組織能力」を，①ある経済主体が持つ経営資源・知識・組織ルーティンなどの体系であり，②その企業独特のものであり，③他者がそう簡単には真似できないものであり，④結果としてその組織の競争力・生存能力を高めるもの，と定義される。
21) イノベーション活動は，ベイズ的な確率改訂や回帰的推定とは別種の学習を含んでいる。その活動では，主体が新しい環境の表現を獲得することを必要とし，かれらに絶えず拡大する機会を持つ世界を明らかにさせ，そして利用できるようにさせる新たなスキルの開発を必要とする。
22) 以下における議論は，宮本光晴 [2004] における第 6 章「コーポレート・ガバナンス」の議論に負う。また，以下の図 3-6 と図 3-7 は，宮本光晴 [2004] における図式化に則ったものである。
23) Robinson [1966] p. vii.

24) ホール=ヒッチ［1939］による主張と同様の主張が，舞台を米国に移してなされ，1946年から1950年代初めにかけて *American Economic Review* 誌を中心にして展開された論争が「限界主義論争（marginalist controversy）」である。論争の口火を切ったR. A. レスター［1946］は，先行研究のレビューと質問票による自らの調査結果に基づいて，企業の産出量の決定に限界費用はほとんど寄与していないこと，限界費用曲線はU字型ではないこと，また限界費用は広い範囲でほとんど一定か，完全稼働に至るまで減少すると考えるのが適当であることを示した。このレスター論文に対して，F. マハループやG. スティグラーなどが限界原理擁護の論陣を張ったが，アイトマン=ガスリー［1952］によって，より明確な質問とより多くの回答を集めた調査結果が公表され，その結果は，限界原理は現実には妥当しないというものであった。今では古典となりつつあり，最適化原理を擁護するために進化論的アナロジーを用いた論文として良く知られているアルチアン［1950］は，この論争の最終の段階に登場した。この事実はあまり知られていない。詳細は，塩沢［1998］を参照されたい。

25) 自分の行動だけでなく，他の様々な人々の行動と思惑がお互いの利害を決める環境を「戦略的環境」と呼ぶとすれば，少数者間の競争を特徴とする寡占市場は，典型的な戦略的環境の状態にある。寡占市場にある各企業においては，ある企業の戦略は自らの利益に直接的な影響を与えるとともに，ライバル企業の利益にも影響を与える。さらに，影響を受けたライバル企業が対抗戦略に打ってでると，それが当該企業の利益に影響を与えることになる。こうして，寡占市場の各企業は「戦略的な相互依存関係」を無視して行動することはできないことになる。こうした戦略的相互依存関係を特徴とする世界で観察される多くの出来事は，ゲーム論の議論の俎上にのせることができる。かくして，寡占市場の分析には，戦略的行動を分析するゲームの理論が不可欠のものとなる。

26) 当該の企業が価格を p_0 から引き上げようとして生産量を減らすならば，$MR > MC$（$=AC$）となり，この企業にとっては生産量を増やした方が利潤の増加につながることになる。逆に，価格を p_0 から引き下げようとして生産量を増やすならば，$MR < MC(=AC)$ となり，この企業にとっては生産量を減らした方が有利になる。

27) Bain［1952］のほか，Modigliani［1958］やSlylos-Labini［1962］によって定式化がなされた。

28) Steindl［1952］「まえがき」訳p. 10。

29) Sraffa［1926］訳pp. 103-104。

30) 塩沢［1990］p. 144, 155。

31) 国際的な伝播の動きに関しては，次の通りである。イギリスでは，90年代の一連の委員会報告（「キャドベリー委員会」，「グリーンベリー委員会」，そして「ハンペル委員会」）を通じて，上場企業に対するコーポレート・ガバナンスの方策が整備された。また，OECDでは，世界的な国際分散投資の進展を背景として，円滑な資本移動と資本コストの低減のためには世界共通の枠組みが必要であるという判断から，コーポレート・ガバナンス・コード（99年）が採択された。さらに，新興国，特に東アジア諸国においても，1997年のアジア金融危機後，コーポレート・ガバナンスへの関心が

高まった．これらの国々では，支配株主である財閥家族による少数株主の利益の侵害が改革の対象とされた．例えば，韓国では，外部取締役の導入を義務化する商法改正がなされた．

32) 少子高齢化の進展とともに，わが国においても年金基金の行動の重要性が高まりつつあるが，年金運用では長期で高い利回りが期待できる投資対象として，株式市場での運用割合が増加している．さらに，これまでサイレント・パートナーとされてきた生命保険会社が近年では投資収益率への選好を強めつつあると言われている．

> **コラム**　「企業の経済学」前史
> ────「点」としての企業から「組織」としての企業へ────

　本章の第3節では，1980年代・90年代における企業組織の経済分析を代表する2つのアプローチである企業組織への「契約論アプローチ」と「能力論アプローチ」を詳説した。

　今日，ミルグラム＝ロバーツ［1992］に代表されるような「組織の経済学」や「組織の経済分析」に関する標準的なテキストの登場が示すように，企業組織の経済分析の分野における80年代・90年代の成果は目覚ましい。だが，企業が組織であるという自明の事実が企業の理論の中に組み込まれるようになるには，今なお経済学の教育現場において採用され続ける新古典派経済学の企業像をいかに乗り越えるかという企業の「内側」への探求という道程を経なければならなかった。このコラムでは，80年代以降の議論を導くことになった60年代から70年代にかけての新古典派経済学における企業像に対する挑戦の試みを，今日の企業の経済学の前史として振り返り，そうした挑戦の試みがどのような点で不十分であったのかを指摘することにしよう。

　まず，新古典派経済学における「企業」理解である。それは，「市場の条件」＝「完全競争市場」と「技術の条件」＝「生産関数」と「完全な技術情報」によって決められた投入と産出の変換器として概念化される。すなわち，一方に生産関数や費用関数を置き，もう一方に生産要素市場や生産物市場を置き，この2つから企業の利潤最大化行動が分析され，利潤最大化の条件が導かれる。このように，企業の存在それ自体が市場と技術に分解され，これら2つの作用が交差する生産の単位が企業であるということになる。ここでは，生産についての意思決定はなされるものの，生産がなされる内部の諸関係がどのようなものか，さらに，生産がどのようになされるのかについても立ち入る必要はない。企業の「内側」はブラック・ボックスであり，企業は空間的な広がりを持たない「質点」として捉えられる。「点」とは，市場に登場する一個の経済主体のことであり，それゆえ，企業の理論としては，この点の軌跡として，その市場行動を分析すればよい。あるいは，この「点」とは，そうした市場行動から決まる投入と産出の組合せの点のことであり，この点の軌跡として生産関数や費用関数の分析に集中すればよいことになる。このように新古典派の企業論は文字通りの「企業の」理論ではない。それは，市場において均衡価格がどのように決まるのか，そして，その市場価格が環境与件の変化に対応してどう変化するかを予測することに主たる目的があるという意味で，「市場の」理論にほかならないのである。

さて、こうした新古典派の企業論に対して、1960年代から70年代にかけては、企業の行動目的は何かが問題にされ、新古典派企業論の利潤最大化行動に代替する行動仮説を提起することにより、その限界を乗り越えようとする試みがなされることになる。「企業の行動理論」と「経営者企業の理論」という2つのアプローチが登場した。

①企業の行動理論：マーチ＝サイモン［1958］やサイアート＝マーチ［1963］に代表されるこの理論は、H. サイモンによって提起された人間の行動の「限定合理性（bounded rationality）」にその基礎を置く。限定合理性とは、人間の意思決定能力には限界があるという意味だが、取引環境が不確実で複雑になればなる程、企業にとって最大化行動をとること自体がそもそも困難となる。つまり、意思決定者は極大化に努めているかもしれないが、つねにそれが可能であるとは限らない。かくして、新古典派企業理論へのオルタナティヴとして、この理論では「最大化」に代わる「満足化」という企業の行動原理を導入する。

②経営者企業の理論：この理論の基礎にあるのは、バーリ＝ミーンズ［1932］によって提起された「経営者支配」論である。株式会社制度の下での「所有と経営の分離」の進行は、経営者の株主からの相対的な自律性を高め、一定の制約のもとではあれ、経営者の「裁量的行動」の余地を拡大させる。ここから、企業の目的関数（経営者の動機）をめぐり、「利潤最大化」に代わるいくつかの行動仮説が提出されることになった。W. ボーモル［1962］の「売上高最大化」、O. ウィリアムソン［1964］の「経営者効用最大化」、また R. マリス［1964］［1998］の「企業成長率最大化」といった諸仮説がそれである。ウィリアムソン、およびマリスの議論を要約しておこう。「経営者効用最大化」仮説とは、次のような経営者の効用関数、$U = U(M, S, \Pi)$ を最大化するよう企業の経営を行うというものである。Π は利潤であるが、ここでは経営者の動機が利潤のような金銭的要素だけではなく、自らの地位、名声、権力といった非金銭的要素によっても影響されると想定されている。M は経営者の「自由裁量的支出」ないし「役得」をさし、株主や従業員の干渉を受けることのない独占的な権力に基づくものである。S はスタッフ支出であり、経営者にとっては企業規模が拡大し、管理階層すなわちスタッフが増えるほど、自らの権限の及ぶ領域が増えることになり、それだけ自分の地位や名声も向上することになる。結果として、経営者は S の増加に効用を持つことになる。マリスの「企業成長率最大化」仮説は、経営者の効用関数に関するウィリアムソンの発想と同じ観点に立ち、その動機を「企業規模の拡張」に集約させる。経営者は自己の地位を脅かされない範囲で企業の成長を最大にするように行動するというわけである。

この場合，経営者の効用関数は，$U=U(g,v)$ と設定される。g は総資産で表した企業規模の成長率であり，v は評価率で，$v=V/K$ である。V は株式の市場価格，K は企業の資産の帳簿上の価値である。経営者は v の上昇に効用を持つが，v の低下による企業の乗っ取りの危険が生じない範囲での g の最大化を志向するというのが，マリスの主張にほかならない。

いずれの主張においても，新古典派企業論が想定する利潤最大化行動（あるいは，株価最大化行動）と必ずしも一致するとは限らない企業行動原理が導かれることになる。しかし，これらの代替的行動仮説の提示については，H. ライベンシュタイン［1979］から次のような批判を受けることになる。これらは「伝統的なミクロ理論のブラック・ボックスをそのままにしておき，ブラック・ボックスの中の行動に関する新古典派の主張を変更しているにすぎない」と。また，Aoki［1984］も同様の批判を行い，経営者の効用関数を「与件」として扱うのではなく，それを論理的に構成する議論を明示的に扱うことが，企業のより満足のいく「内」的理論にとって不可欠なのであると主張する。結局，60年代から70年代にかけての議論は，企業の「内側」への探求としては不十分だったのであり，「企業の経済学」が文字通り企業の内部構造・内部組織の分析に到達するには，80年代以降の議論の登場を待たざるをえなかったのである。

第4章　資本蓄積の理論

　資本主義においては，時間の経過のなかで，企業活動を通して資本が新たに生み出され蓄積される。この過程が，資本蓄積と呼ばれる。第4章では，社会経済システムの制度分析に基づいて，資本蓄積の動態を理論的に説明することにしよう。これまで貨幣・市場システム，資本循環，賃労働関係，企業組織などを説明してきた。本章では，これらに対する理解をふまえて，まず市場システムと諸制度によって生み出される動態的な調整メカニズムについて分析をおこない，そのうえで，資本蓄積の理論を展開することにしたい。

　ここで示される資本蓄積論は，とくに次の点に特徴がある。第1に，ここでは「ミクロ・マクロの連接領域」における様々な動態的調整メカニズムを検討しつつ，「集計量レベルでのマクロ・ダイナミクス」が分析される。そのさい，とくに市場的調整と制度的調整の複合的で重層的な連関に注意がはらわれている。第2に，資本主義が「市場・資本循環」と「賃労働関係」からなる「構造的二層性」を持ち，両者の接合関係が資本主義の制度的特質を規定するという本書における理解に基づいて，資本蓄積の動態をこれら両者の相互作用の生み出すダイナミクスとして描き出す。また，ここから，多様な資本蓄積レジームが形成される可能性を分析している。

　したがって，ここで示される資本蓄積論は，ケインズやカレツキの伝統に属するマクロ経済動学と制度分析との統合をめざすものであり，本書の「社会経済システムの制度分析」における動学分析の中心をなすものである。そのさい，序章で論じたように，マルクス，ケインズ，カレツキの理論的遺産が重視されているが，それとともに，カルドアやロビンソンの理論，さらには近年の「構造的マクロ経済学（structuralist macroeconomics）」の成果をふまえ，過剰能力や失業が存在するもとでの資本主義の動態を分析する枠組みを示すことにしたい。

1 動態的調整の制度分析

(1) 市場的調整と制度的調整の重層的連関

　資本蓄積の動態は，市場システムと諸制度によって生み出される様々な調整メカニズムに媒介されている。したがって，資本蓄積の動態を分析するまえに，それらの調整メカニズムとそれが作り出す構造効果を様々な角度から検討し，その全体的構造を明らかにしておくことにしよう。

　ここで，様々な調整メカニズムを分析するさい，とくに次の観点を重視している。まず第1に，経済過程の調整メカニズムは，市場的調整と制度的調整が複合的に分かちがたく結びついており，様々な慣習や制度的ルールが市場システムの動態過程には埋め込まれている。言いかえれば，市場システムそのものが制度的基礎のうえで作用しているのである。第2に，調整メカニズムの作用においては，「硬直性」と「バッファー（緩衝）」との双対的構造に着目する必要がある。具体的には，生産設備の硬直性に対する在庫調整や稼働率調整，あるいは正規労働者の硬直性に対する非正規労働者といった可変的ストックによるバッファー装置が存在している。このような双対的構造は，たんなる技術的要請によるものではなく，不確実性と情報の局所性に直面している企業がその資本価値の減価を避けるために必要とされるのである。しかも，バッファーの存在によって，各々の調整過程は自律性を獲得する。第3に，経済過程の調整メカニズムは，重層的で多段階的な構造を持っており，空間的には，ミクロ的なレベルからマクロ的なレベルまで，あるいは「局所的（ローカル）」なレベルから「大域的（グローバル）」なレベルまで，様々な種類の調整メカニズムが相互に絡み合いながら存在している。また，時間的にも，様々な調整メカニズムは，それぞれ異なった時間的視野と時間構造を持っており，それに応じて重層的で多段階的な連関を作り上げている。経済システムは，たがいに絡み合った制度の集合によって成り立っているが，そのダイナミズムは，重層的な調整メカニズムの相互の絡み合った複雑な作用によって媒介されているのである。この観点は，「調整の重層性」と呼ぶことができるが，これは調整メカニズムの動態的分析を行ううえで，不可欠なものである。

　様々な調整メカニズムは，それが持つ時間的視野とシステムの維持・再生産との関わりで，少なくとも次の3つのレベルの「調整」として，区別することが許

されよう。まず第1に，短期的な環境変化に対するシステムの反応としての「適応的調整（adjustment）」のレベルがある。この場合には，システムの基本的構造は維持されつつ，数量や価格などの数量的シグナルが変化する。第2に，相異なる部分システムや集団どうしの構造的な相互作用としての「コーディネーション（co-ordination）」のレベルがある。それは，しばしばルーティンや制度的ルールに基づいて，システムの運動や変化の方向を規定する。そして第3には，経済システムの要素や構造自体の定向的な「進化（evolution）」過程それ自体が，中長期的な動態的調整メカニズムとしての役割をはたしている。

フランスを中心に発展した「制度の経済学」であるレギュラシオン理論では，社会的諸要素の対立とルールの形成を通じて，動態的に統一性が生み出される仕方を，「レギュラシオン（régulation）」という概念を用いて理論化している（レギュラシオン理論については，第4章コラムを参照）。「レギュラシオン」は，システムの総体の調整にかかわる概念であって，「レギュラシオン」によって，資本蓄積が誘導されるのである。ここで，この「レギュラシオン」を，先の3つのレベルの「調整」にさらに諸集団間のコンフリクトの動態をも含めた「全体的調整」を指す概念だと理解することもできる。ただし，本書では，序章でも説明したように，重層的な連関のなかで異なったレベルの調整メカニズムをそれぞれ分節化し，「部分的調整」と「全体的調整」の相互規定的関係として分析したほうが，調整メカニズムの動態過程に関する理解が深まるのではないかと考えている。これは，「ミクロ・マクロ連接領域」の動態を明示的に分析する作業であるといってもよい[1]。

① 商品市場の動態と競争過程による調整(1)——産業部門内競争と価格/数量/技術変化による調整

第1章で見たように，市場は，「制度としての貨幣」によって結ばれた取引のシステムであり，制度化された交換のシステムである（Cartelier [1995], Boyer [1996]）。証券取引所のように「競り人」がいる市場は特殊なものであって，「競り人」のいない一般的な市場では，各取引主体の取引に先だつ事前の期待が事後的にみたされないまま，「相対取引」として取引が逐次的に進行している。その意味で，それは一種の不均衡状態における取引の過程である。しかも，市場取引は，自律分散的に行われ，時間的にも空間的にも多様なバッファーを持った多層的な過程として編成されている（西部編著 [2004]）。また，市場過程において

は，複数の異質的な企業が，資本の循環的な価値増殖運動に媒介されつつ，たがいに競争の過程におかれているのである。

ここでは，まず，この競争過程における調整メカニズムを分析することにしよう。「競争」とは，利潤追求を目的とする企業どうしの相互規定的な構造的制約関係を意味し，それは，資本主義経済にとって最も重要な動態的調整メカニズムの1つである。

産業部門内では，複数の異なった企業が存在し，それらは企業組織の相違や技術革新のダイナミズムに応じて差異と多様性を持っている。このようななかで，産業内の価格形成について言えば，どのような技術を持ち，どのような価格帯で価格を設定する企業群が需要を獲得し成長していくかということが，産業部門内競争の下での価格形成の中心問題である。一般的には，産業への需要の増加に対して迅速に供給を増加させることができる企業群の価格が，その産業の「価格ノルム」となっていく。しかし，その価格がどの程度迅速に調整されるかは，産業の性質や状態によって異なっている。

市場での需要と供給の調整メカニズムとしては，「価格調整（price adjustment）」と「数量調整（quantity adjustment）」が存在し，さらにはそれらの混合メカニズムも形成されている。市場での需要と供給の相互作用において，もっぱら価格が変動し需給を調整するのが「価格調整」であり，もっぱら販売量や生産量が変動して需給を調整するのが「数量調整」である。まず何よりも重要なことは，現実の調整過程においては，価格と数量とが，相対的に独立に変化することであり，決して同時に微調整されるものではないということである。しばしば，それらは異なった時間構造を持って入れ子型に交互に作用する場合もある（西部編著［2004］）。

価格調整が支配的であるか数量調整が支配的であるかは，市場の構造的条件や経済の活動水準に依存している。さらに，この点をより詳しく言えば，それは次の3つの事情に関わっている。第1に，市場構造が競争的か寡占的かということに依存する。一般的に言って，きわめて多数の企業が存在することによって市場が十分に競争的であれば，価格競争が行われることによって価格調整が支配的となり，寡占的であれば価格はむしろ硬直的なものとなって，数量調整が支配的なものとなる。第2に，産業の持つ技術的および素材的特質にも影響される。寡占的な製造業の場合は，在庫や稼働率の調整を通して数量調整が主となるが，在庫

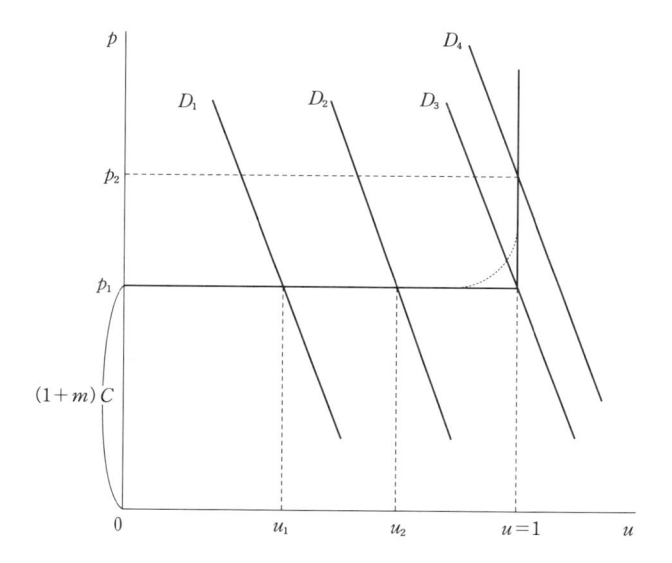

図 4-1 稼働率水準と数量調整/価格調整

ストックを持てないサービス業では，在庫調整を行うことができないので，需給の変動は大きく価格に反映される。第 3 に，製造業で寡占市場であっても，市場内で競争する諸企業が不完全稼働状態にあるのか完全稼働状態にあるのかによって，調整メカニズムのあり方が異なってくる。不完全稼働状態であれば，価格は，「マークアップ原理」にもとづいて決定され，稼働率調整によって弾力的な数量調整が可能であるが，完全稼働状態では稼働率調整が不可能となり，価格調整に移行する。この様子を図示すれば，図 4-1 のようになる。

ここで，まず稼働率が不完全稼働状態 ($u<1$) で需要制約が存在するならば，需要が増大し，需要曲線が D_1 から D_2 にシフトするとき，価格は変化せずに p_1 のままとどまり，需要の増加に伴って稼働率が u_1 から u_2 に上昇する。このとき，可変費用を C，マークアップ率を m とすると，価格は「マークアップ原理」によって $p_1=(1+m)C$ として設定されている。さらに需要が増加し，完全稼働状態 ($u=1$) に到達してからは，例えば，さらなる需要の増大によって需要曲線が D_3 から D_4 にシフトした場合，稼働率は上昇できず，価格が p_1 から p_2 に上昇するのである。ただし，この調整メカニズムの転換に関して，厳密には，

個別企業の完全稼働水準と経済全体の完全稼働水準のあいだにズレがありうる。言いかえれば，様々な個別企業は，同時に完全稼働水準に達するわけではないので，経済全体では，完全稼働水準の近傍の価格は，図4-1の点線の部分のようになだらかに上昇すると考えることができる。

次に，需要量（X^d）と生産量（X^s）を明示的に区別して，価格調整と数量調整の調整過程をより詳しく分析することにしよう（今後，添字がついていない X は，生産量を指すものとする）。まず，「価格調整」は，次のように定式化することができる。

$$\frac{p_{t+1}-p_t}{p_t} = \alpha(X_t^d - X_t^s), \quad \alpha > 0 \qquad (4.1)$$

ここで，α は価格の調整速度，X_t^d は t 期の需要量，X_t^s は t 期の生産量である。ここでは，価格がどのように表示されるのか，また改訂期間がどれくらいかといったことが大きな意味を持ち，調整速度に影響を与える。それは，「競り人」がいる組織された市場と「競り人」のいない市場では異なった過程となる。「競り人」のいない市場では，需要量と生産量とが一致しない価格のもとでも取引が行われるので，売れ残りや不足が生じる。もちろん，価格の変動は，次期の需要量（X_{t+1}^d）と生産量（X_{t+1}^s）に影響を及ぼすが，一般的に，それによって需要量と生産量とが一致する水準で安定するとは限らない。このような価格変化は，他の産業の市場における価格にも逐次的に影響を与えていくが，ここで重要なことは，価格調整は，すべての市場で同時に行われるのではないということである。

次に，「数量調整」であるが，それは現代の寡占市場のようなタイプの「競り人」のいない市場で，一般的に行われているものである。「数量調整」は，「調整（adjustment）」にかかる時間に応じて特徴的な多段階的構造を持っている。これは，認知できる情報の局所性と将来の不確実性をともなう経済変動に対して，ミクロレベルで企業が対応する重要な調整メカニズムである。これを表したのが，表4-1である。

数量調整は，在庫や未使用生産能力などの「バッファー」を不可欠の要素として行われる。そのような可変的ストックによる「バッファー」の存在によって，生産設備や企業組織が可塑的ではなく，そこに硬直性が存在するにもかかわらず，相対的に自律的な局所的変化が，調整過程のなかで可能となるのである。そして，このような「バッファー」を介して成立する調整メカニズムは，それが持

表4-1 数量調整の多段階的構造

フロー	ストック	調整のレベル	期待と費用
需要量(X^d) ［需給ギャップ］ 生産量(X^s) ［生産量/資本比率］ 投資量(I)	在庫ストック(Z) 資本ストック(K)	在庫調整 稼働率調整 資本ストック調整	期待販売額 在庫持越費用 期待収益 資本価値減価

つタイムスパンに応じて多段階的構造をなしている点に特徴がある。さらに、ここで重要なことは、在庫も資本設備も決して物的な領域だけ調整が行われるわけではなく、その調整が資本循環のプロセスのなかで行われるのであり、したがって、そこに貨幣的な評価が不可避的に関わっているということである。つまり、数量的調整過程といえども、販売額や収益に関する期待形成、資金の利用可能性や利子率などによって影響をうけるのである[2]。

さてまず、最も短い期間における需給ギャップは、「在庫調整」によって埋められる。在庫を Z とすれば、次のように表される。

$$Z_{t+1} - Z_t = -(X_t^d - X_t^s) \tag{4.2}$$

需要量 X_t^d と生産量 X_t^s との差が、在庫の変化となる。この過程では価格は変化していない。在庫の増減は1つの「数量的シグナル」といえるが、第2章で見たような自己増殖する資本価値としての企業においては、それが、販売額に対する「期待」に影響を与えることによって、生産量に影響を与えるという関連が介在している。つまり、企業が現在の価格で実現すると考える販売額に対する「期待」を介して機能するのである。また、在庫の一部が転売や買いおきといった商人の営利活動 ($M-C-M'$) によって担われている点もきわめて重要である (Aglietta and Brender [1984], Kaldor [1985], 塩沢 [1990])。商人の営利活動も、資金の利用可能性や利子率などの貨幣的制約のなかで行われている。このような貨幣的かつ実物的な連関を通して、企業は、在庫量の変化に応じて生産量を変化させる。問題は、そのさいに企業がどのような在庫量を適正量と考えるかである。状況によっては、企業は意図的に在庫調整の積み増しや取り崩しを行う場合もあり、したがって、「適正在庫水準」(Z^*) は、過去の需要のトレンドや将来の需要期待などを基準にして決まるが、それが具体的にどのように決まるかについては諸説があり、その調整過程の安定性も様々な議論がある。この点に関し

て，本書で強調したいのは，「適正在庫水準」は，単に数量的観点からだけでなく，より貨幣的な観点から分析する必要があり，すなわち企業の販売額や在庫の持ち越し費用，さらには利子率などに関する期待に影響を受けると考えた方がよいということである。

現代の寡占企業の場合，生産量の調整は，稼働率を変化させることによって行われる。これは，「稼働率調整」と呼ばれる。この稼働率調整は，同時にストックとしての資本の価値増殖に影響を与えることになる。まず，稼働率 u は，「潜在的生産量」に対する「現実の生産量」の比として，次のように定式化される。

$$u_t = X_t^s / \bar{X}_t \tag{4.3}$$

ここで，X_t^s は現実の生産量，$\bar{X}_t$ は完全稼働水準での潜在的生産量である。これに対応して，産出量・資本比率 $\sigma = X_t/K_t$ と潜在的産出量・資本比率 $\bar{\sigma} = \bar{X}_t/K_t$ が定義される。稼働率 u_t の調整は，次のように表すことができる。

$$u_{t+1} - u_t = -\beta(Z_t - Z^*), \quad \beta > 0 \tag{4.4}$$

ここで，Z^* は適正在庫水準であり，β は稼働率の調整速度である。ただし，在庫水準に対する稼働率の反応は，(4.4) のように連続的なこともあるが，一定の閾値に達すると急激に行われる場合もある。

この現実の稼働率 u_t が標準稼働率に対してどの水準にあるかに応じて，稼働率を標準稼働率に近づけるように設備投資が行われる。稼働率が上昇すると投資が増大するのである。これが，「資本ストック調整原理」による設備投資であり，このような設備投資のダイナミズムが，商品市場の動態を大きく規定することになるのである。この点は，のちの資本蓄積モデルで詳しく分析することにしよう。また，稼働率が大きく低下すると，既存の資本ストックが廃棄されることもある。したがって，資本ストックの調整過程には，将来の資本減価の予想なども大きく影響を与える。さらに，これに加えて，寡占市場において活動する企業は，需要変動や潜在的参入者に対処するために，計画的に過剰能力を保持する傾向がある。これは，第3章で詳しく説明した「計画的過剰能力」問題であり，寡占経済の大きな特徴である (Steindl [1952])。

さて次に，市場的調整と制度的調整の複合的連関を分析するうえできわめて重要な問題の1つ，すなわち稼働率調整と雇用調整とがいかに連動するかという問題を説明しておこう。数量調整は商品市場の需給調整メカニズムだけの問題ではなく，企業組織内部の制度的なコーディネーションに媒介されつつ，それが雇用

や労働時間の調整と連動している点が重要である。したがって，稼働率調整は，たんに資本設備の技術的な調整なのではなく，雇用の調整と強い関連を持つことによって，制度的で社会的な意味を持っている点には，注意しなければならない。稼働率の大幅な低下は，しばしば労働者の解雇を伴うのである。

　稼働率と雇用調整との関連は，次のように定式化することができる。企業組織内において，異なる種類の労働者が共存しているという点に関しては，すでに第3章で「労働市場の分断化」として説明したが，それは，競争と資本蓄積の過程のなかでは，先に説明した「硬直性」と「バッファー」との双対的構造の1つとして機能し，資本蓄積の動態に影響を与えている。この点をわかりやすく理解するために，単純化して示すことにしよう。そのさい，「可変的労働者」と「固定的労働者」（基幹労働者など雇用が安定的な労働者）の区別が重要である（Kalecki [1971], Rowthorn [1982]）。この区別は，固定的労働者の「労働保蔵（labour hoarding）」が顕著な経済システムにおいては，とくに動学的に重要な意味を持っている。ここで，総雇用量を N，可変的労働者の雇用量を N_v，固定的労働者の雇用量を N_f とすると，

$$N = N_v + N_f \tag{4.5}$$

ここで，λ_m を労働の限界生産物とすると $\lambda_m = X/N_v$ であり，したがって，ここから雇用関数を次のように表すことができる。

$$N = \frac{u\bar{X}}{\lambda_m} + N_f \tag{4.6}$$

このように，雇用量 N は，稼働率 u と潜在的産出量 $\bar{X}$ の増加関数，および労働の限界生産物 λ_m の減少関数となる。また，完全稼働水準での可変的労働者の雇用量を $\bar{N}_v$ とすると，完全稼働水準における固定的労働者と可変的労働者の比率 θ （一定と仮定）は，$\theta = N_f/\bar{N}_v$ となり，これを用いて経済全体の労働生産性 （$\lambda = X/N$）を表すと，次のようになる。

$$\lambda = \frac{\lambda_m}{1 + (\theta/u)} \tag{4.7}$$

労働生産性 λ を稼働率 u に関して偏微分すると，

$$\frac{\partial \lambda}{\partial u} = \frac{\lambda_m \theta}{(u + \theta)^2} > 0 \tag{4.8}$$

したがって，労働生産性 λ は稼働率 u とともに上昇し，マクロ経済的には，労働生産性はプロ・サイクリカルな変動をする（ただし，ここでは雇用変動から労

働生産性への反作用を無視している)。これは，不況期で稼働率が低下したとき，固定的労働者に関して「労働保蔵」が生じ，好況期に稼働率が上昇するとそれが解消し，労働生産性が上昇するからである。さらに，簡単のため，固定的労働者の賃金と可変的労働者の賃金のあいだに格差が存在しないとすると，労働分配率 (W_s) は，次のようになる。

$$W_s = (w/p)/\lambda$$
$$= (w/p)\{1+(\theta/u)\}/\lambda_m \tag{4.9}$$

そして，もし実質賃金 (w/p) の変動が，労働生産性のプロ・サイクリカルな変動に遅れをとるなら，労働分配率はカウンター・サイクリカルに変動することになる。このような労働生産性と労働分配率の運動は，各国の「賃労働関係」における制度的編成に応じて，つねに発生するわけではないが，これまで日本経済では，とくに顕著であった。

　以上，在庫調整，稼働率調整，雇用調整を見てきたが，実際の動態的調整過程では，これら資本循環のなかで異なった時間構造を持った調整メカニズムが，制度的編成に依存しつつ，重層的に同時進行しているのであり，それは連続的で複合的な調整過程なのである。

　次に，産業部門内に複数の異質的な企業が競争しているという状況を明示的に取りあげて分析しよう。ここでは，物的，人的，技術的結合としての企業が生み出す技術革新と模倣のダイナミズムが，産業全体の需要と供給の調整を担っている点が中心問題であり，これは「技術と企業組織の移行過程による調整」と呼ぶことができる。それは，技術革新と模倣によって生じる異なる技術体系の間の移行過程であり，したがって「調整 (adjustment)」であるとともに産業組織と技術体系の「進化 (evolution)」の過程でもある。まさに，シュンペーター的動学過程である。このような産業内の動態を図示したのが，図4-2である。

　ある産業部門に対する需要は，その部門をとりまくよりマクロ的な環境に依存しているが，ここではまず，需要が増加している状態を考えよう。このとき，この部門で標準的技術を十分な実行段階で使用している企業群 (x_3 を生産している企業群) は，迅速にこの需要の増大に対応して生産量を増やすことができ，そのマークアップ価格 ($\bar{p}=(1+m_3)C_3$) によって，産業の「価格のノルム」が規定される。こういった状況のなかで，やがて他の企業も市場における技術情報の伝播にともないその企業の技術を模倣し，採用することになる。こうして産業にお

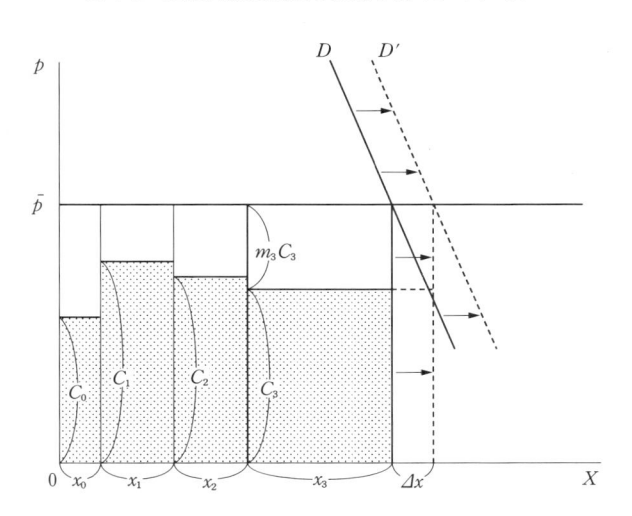

図 4-2 産業内格差構造と技術革新のダイナミクス

ける標準的技術が形成されるのである。さらに，最先端の新技術を開発し導入している革新的企業（x_0 を生産している企業群）には，超過利潤が発生し，それはやがて他企業による模倣と普及によって消滅する。もちろん，x_3 の企業群がそのまま最先端技術を有効に実用化して販売量を増やし，費用を引き下げていくという，一種の「動学的収穫逓増」のケースも考えうる。この場合，一定期間にわたって格差増幅的過程が進行することもありうる。いずれにしても，このような過程を通じた「超過利潤の生成と消滅」が，このシュンペーター的動学過程の価格タームでの表現である。このような動学過程の結果，既存の資本設備は陳腐化し，第2章で説明した「道徳的磨損」というかたちでの資本減価が発生し，やがて廃棄されることとなるのである。

また，その産業部門に対する需要が減少しているときは，市場において支配的な企業が価格を低下させる可能性があり，これによって，技術革新に対応することが遅れ費用条件が相対的に悪い企業は，生産削減による過剰生産能力の発生や，さらには倒産を余儀なくされることにもなる。こうして，資本減価と資本価値の破壊が進んでいくのである。このような市場メカニズムの破壊的側面は，市場を制度論的に理解するうえできわめて重要なものである。

以上のようなシュンペーター的動学過程による調整は，所与の技術に対して価格と数量が同時的に変化する新古典派的な市場調整メカニズムとはまったく異なったものである。それは，技術革新とそれに対する模倣とが企業間に存在する構造的格差を創造しては消滅させる調整過程であり，それが産業全体の需要と供給のダイナミックな調整を担っているのである（Dosi [1984]）。このような競争過程は，勝者とともに敗者を生み出していくが，その敗者が，社会的にみてどのような状態に置かれるかは，競争をとりまく制度的環境に依存している。とくに，企業の倒産や労働者の失業に対してどのような制度的ルールが設定されているかに影響される。そして，このことは，社会経済システム全体の安定性に影響を与えるので，それは競争という調整メカニズムと社会的諸制度との関係を考えるうえで決定的に重要な点である。

② 商品市場の動態と競争過程による調整(2)——部門間競争と資本移動による調整

　次に，複数の産業部門をまたがった調整メカニズムを見ていくことにしよう。そこでは，各産業における標準的企業のもとでの利潤率が重要な役割を演じる。すなわち，産業部門間で利潤率格差が存在する場合，企業はより利潤率が高いと予想される産業分野へ参入しようとする。このような産業部門間での企業の競争を，「部門間競争」という。そこでは，産業の利潤率と産業の需給関係との間でダイナミックな調整過程が存在している。調整メカニズムには，いくつかの異なったタイプが存在する。それは，以下の4つの調整メカニズムの組み合わせとして整理することができる（Flaschel, Franke and Semmler [1997]）。いまここで，n個の部門が存在すると考える（$i=1, \cdots, n$）。

(I)　$p_i > cost_i \Rightarrow \Delta p_i < 0$,　$p_i < cost_i \Rightarrow \Delta p_i > 0$

(II)　$p_i > cost_i \Rightarrow \Delta X_i^s > 0$,　$p_i < cost_i \Rightarrow \Delta X_i^s < 0$

(III)　$X_i^d > X_i^s \Rightarrow \Delta X_i^s > 0$,　$X_i^d < X_i^s \Rightarrow \Delta X_i^s < 0$

(IV)　$X_i^d > X_i^s \Rightarrow \Delta p_i > 0$,　$X_i^d < X_i^s \Rightarrow \Delta p_i < 0$

(4.10)

ここで，p_iは価格，$cost_i$は正常利潤を含んだ費用，X_i^dは需要量，X_i^sは供給量である。

　まず(II)と(IV)を組み合わせた動学過程が発生するケースを考えることができる。この調整過程は，価格関係（利潤率）と数量とが相互に反応しあう過程なので，

しばしば「交差双対ダイナミクス（cross dual dynamics）」と呼ばれている（Morishima [1976] [1977]）。それは，通常，数多くの企業が原子的に競争する「古典派的競争」を描写したものと理解されている。すなわち，古典派経済学者やマルクスが想定していた競争である。この競争過程では，コストを上回る価格の上昇が利潤率の上昇をもたらし，その部門に企業が参入することによって，産業全体の生産量が増大するのである。また，同時に需要と供給のギャップに価格が反応し，需要が供給を上回るときには，価格は上昇する。このような過程を通じて，はたして部門間で利潤率が均等化するのか否かという問題が，経済学の歴史の中では大きな問題であった。多くの経済学者がこの問題にチャレンジし，特に投資財と消費財の二部門モデルでこの問題が分析されてきたが，これは「価格調整」と「数量調整」に関する仮定や所得分配の決定に関する仮定に依存し，まだ明確な定説が出ているわけではないようである（Semmler (ed.) [1984], Duménil and Lévy [1987], Nikaido [1996]）。価格と数量の変化の動態的な波及過程に関しては，「交差双対ダイナミクス」においては，価格の変化と生産量の変化の産業間の波及が相互に関連しあいつつ同時に進行することが，とくに重要である。

　次に，寡占市場を持つ産業では，異なった調整メカニズムが一般的なものとなっている。すなわち，産業の需給ギャップに対して，価格ではなく数量が反応する場合は，(I)と(III)を組み合わせた調整過程が成立するのである。これは，カレツキアンのモデルが想定する調整過程であって，しばしば「双対ダイナミクス（dual dynamics）」と呼ばれている（Morishima [1976] [1977]）。すなわち，価格はマークアップ原理によって決まり比較的硬直的であり，需給ギャップに反応して生産量が調整される。この場合，生産量は在庫水準に反応し，また，投資決定に際しても，稼働率の変化が重要な役割を演じる。したがって，先に説明した在庫—稼働率—資本ストックという多段階的数量調整過程が進行することになる。価格と数量の変化の動態的な波及過程に関しては，「双対ダイナミクス」の世界では，価格の変化と生産量の変化の産業間での波及は，それぞれ独立に進行する。生産量の変化によって利潤率も変化するので，他部門からの企業の参入の可能性もあるが，しばしば参入を阻止する水準に価格が設定されている。このような調整過程においては，部門間でマークアップ率や資本装備率が異なる場合には，利潤率が均等化される保証はないことが示されている（Dutt [1990]）。

とくに，部門間の利潤率均等化は，「参入障壁」によっても影響を受ける。「参入障壁」としては，規模の経済に基づく最低企業規模，計画的過剰能力，さらに，先に説明した産業内の技術革新と模倣のシュンペーター的動学過程において生じる動学的参入障壁（Dosi [1984]）などがある。とくに，収穫逓増的技術の場合には，それを用いていち早く生産を実行した企業は，かなりの期間にわたって他の企業の追随を許さず，価格を低下させていくことができ，このことが産業全体として新規参入者の参入を阻むのである。また，退出するときにコストが顕在化する場合があり，これは「埋没費用（sunk cost）」と呼ばれている。「埋没費用」は，「退出障壁」としての効果を持つ可能性がある。1つの産業部門への企業の参入と退出や生産量の変化にともない雇用も調整される。その雇用調整のメカニズムは，産業内の企業の分布や関連産業の動態などの影響を受ける。産業レベルの雇用の局所的な調整が，経済全体のより大域的な雇用の調整とどのように関わるかは，労働組合が解雇と新規雇用・中途採用とに関してどのような制度的ルールを承認しているか，また労働者の再訓練と再雇用のためにどのような制度が存在するか，といった各国経済の事情に依存する。

　本章の後半の資本蓄積論においては，寡占経済を想定しているので，不完全稼働状態では，基本的に(I)と(III)を組み合わせた「双対ダイナミクス」の調整過程が成立するものと考えている。ただし，ここで本書の制度分析の観点から注意すべきことは，これらの調整過程を真空中の力学的運動のように考えることは適当ではないということである。価格の調整や生産量の調整に関して，ノルムや制度的ルールが介在しているものと理解すべきだろう（Hodgson [1988]）。すなわち，このような市場的調整が機能しているとしても，それは，「局所的調整」にとどまるものであって，「大域的調整」は市場的調整と制度的調整の複合的連関のなかで生み出されているという点が重要である。このような複合的連関によって，多部門モデルのフレームワークでどのようなダイナミクスが生み出されるか興味深いものであるが，きわめて複雑なものとなるので本書では扱わず，後の議論では，1部門の資本蓄積モデルを検討するにとどめざるをえない。

③　産業構造変化による調整

　経済の動態的な調整メカニズムは，産業構造の変化を通しても行われる。シュンペーター的動学を伴う成長過程は，同時に，「発展産業」と「衰退産業」が交代する動態的過程でもある（Pasinetti [1981], Dosi [1984]）。経済成長過程は，

通常，産業部門間において需要の不均等な拡大と生産性の不均等な上昇を伴う過程なのである。この過程のなかで，好況局面で経済成長を牽引するのは「発展産業」であり，不況局面で退場していくのが「衰退産業」であって，このような長期的な過程を通じて産業構造は進化する。各国の産業構造の変化は，その国の貿易構造にも影響を受ける。

この「産業構造変化による調整」においては，生産性上昇率格差と需要成長率格差に伴い資本と労働が部門間を移動する。したがって，産業部門内および産業部門間競争による調整メカニズムや雇用におけるコーディネーションがその一環に組み込まれている。とくに，先に説明した多段階的な数量調整メカニズムとシュンペーター的動学，そして企業の産業部門間移動が重要な役割を果たしているといえる。さらに，新規産業に対する信用の供与や競争に関わる制度的ルールが，このような産業構造変化のダイナミクスに大きな影響を与えている。

このような産業構造変化の結果として，産業ごとの雇用量が決定される。すなわち，nの産業部門が存在し，各部門の成長率を$\hat{X}_i$，労働生産性上昇率を$\hat{\lambda}_i$とするとき，雇用量成長率$\hat{N}_i$は$\hat{N}_i = \hat{X}_i - \hat{\lambda}_i \ (i=1,\cdots,n)$なので，各部門のこれら3変数は，相互規定的複合的な調整過程を通じて連動して決定されるのである。また，産業間で生産性上昇率格差が存在する「産業構造変化による調整」の過程において，産業間で賃金の平準化傾向のある場合には，産業構造の動態と価格体系の調整とが連動して進行するという調整過程が生じ，それが低生産性部門でインフレーション圧力を生み出していく。いわゆる「生産性格差インフレーション」である（高須賀［1965］，これらの問題については，第6章で詳しく論じられる）。

④ 制度的ルールによる調整（コーディネーション）

法律や協約で明示化されたルールも，経済システムの調整において重要なマクロ経済的効果を持っている。これは，「制度的ルールによるコーディネーション」と呼ぶことができる。これは，独立に存在するというよりも，競争による調整，産業構造変化による調整などのなかに埋め込まれて作用している。そして，このようなコーディネーションは，経済主体の期待に影響を与える点が重要である。「制度的ルールによるコーディネーション」は，ローカルなレベル，ナショナルなレベル，グローバルなレベルと様々なレベルで存在していて，たがいに入れ子型構造を形成している。

「制度的ルールによるコーディネーション」として代表的なものとして，産業政策によるコーディネーションと団体交渉制度をあげることができる。政府の産業政策は，ルールやガイドラインを設定することによって業界団体の利害を調整し，長期的な観点から企業行動を特定の方向に誘導する。また，特定産業からの企業の撤退などを促進する。したがって，産業政策は，しばしば地域間の産業的な利害調整にも関わる。団体交渉制度は，経営者団体と労働組合とが，賃金や雇用条件を交渉によって決める。このような団体交渉制度が，産業ごとに成立するのか，あるいは全国レベルで成立するのかは，各国の歴史的に形成された制度的編成によって異なっている。一般的に言って，団体交渉制度は賃金構造を規定するのであって，それがもたらす賃金波及効果と賃金の産業間平準化傾向は重要である（Tsuru [1992]）。このような労使交渉制度のもとでの「制度的ルールによるコーディネーション」は，市場的調整に対して補完的であるだけでなく，それ自体が所得分配を規定することによって，マクロ経済的な所得と需要の循環を媒介する（Aglietta [1976], Marglin and Schor（eds.）[1990]）。また，それは，技術革新や労働意欲などにも影響を与えることによって，生産性の上昇を規定するのである。

⑤ 経済成長と景気循環による調整

経済のマクロ的なレベルでは，経済成長と景気循環の動態そのものが，社会的諸集団間の利害の「調整（コーディネーション）」を大きく規定する。経済成長が促進されると，分配されるべき所得が増大するので，分配をめぐるコンフリクトが緩和され，そのことによって様々なレベルでの調整メカニズムが安定化する可能性が生じる。また，経済成長は，企業の持続的成長を可能にし，これによって企業内での労働者の昇進や昇給の可能性も拡大するので，このような企業内の関係からも労働者の意識や行動を安定的に誘導することができる。これは，「ミクロ・マクロ・ループ」のうち，マクロ経済の状態からミクロの経済主体の意識や行動に与える重要な影響である。

これに対して，不況局面は，資本主義という経済システムにとって，きわめて重要な固有の調整メカニズムとなっている。すなわち，恐慌や不況によって企業の収益性が極端に悪化し，そのために過剰設備の廃棄が促進されたり，企業が倒産したりすることによって，非効率的な資本設備がいっきょに調整されるのである。第3章で見たように，企業組織は空間的統一性と時間的持続性を持つとはい

え，恐慌や不況の局面ではそれが不連続的に調整されるのである。その意味で，景気循環は，資本主義において資本価値を調整するマクロ的な調整メカニズムなのである。また，それを通して，企業組織の新しいルーティンやノルムなどが形成，新技術の採用などが促進されることも重要である。このように，景気循環は，それ自体，在庫循環や設備投資循環を含むものであるが，それは，ミクロレベルの期待形成や調整メカニズムに対するマクロ的環境を形成しつつ，巨大な動態的調整機構となっているのである。

(2) 「賃労働関係」の制度化による「調整」とその構造効果

これまで主として商品市場における動態的調整過程の雇用への影響を問題としてきたが，ここでは，反対に雇用システム，あるいは「賃労働関係」の領域における制度化がマクロ経済動態に与える効果を検討する。労働領域における調整の問題を考える場合，第3章で詳しく検討したように，対象領域を「労働市場」として把握するより，レギュラシオン理論の「賃労働関係」の概念を用いて，労働の使用と再生産に関わる諸制度の総体を問題とした方が有効である。それは，社会経済システムのミクロ的次元とマクロ的次元とをつなぐ1つの媒介概念であり，そこには雇用慣行や労使交渉制度だけでなく性別分業や社会福祉制度など様々な制度とそれを支える社会規範が関わっている。このような諸制度が経済全体に与える影響は，短期的な費用最小化を基準とした「静学的効率性（static efficiency）」のレベルだけでなく，規模の経済性や技術革新，そして社会経済システムの長期的再生産に関わる「動学的効率性（dynamic efficiency）」のレベルで考えられなければならない。新古典派経済学では，「完全競争的な労働市場」が最も効率的なものと考えられているが，本書では，「賃労働関係」に関わる制度的諸構造は，完全競争市場の実現を阻む「摩擦」なのではなく，むしろ「動学的効率性」を高めうるのであり，経済を不安定化させる力に抗して，経済を安定化させる役割を演じうる可能性がある点を強調したい（Boyer [1994]）。第3章では，「賃労働関係」における制度化の問題を主としてミクロ的な企業レベルの観点から検討したが，ここでは，それが持つマクロ経済的な含意を検討することにしよう。

① 労働時間・雇用量・賃金率の制度的調整

まず初めに，経済システムにとっての総賃金の規定要因を考えてみよう。総賃

金を W,時間当たりの賃金を w,雇用量を N,労働時間を H とすると,$W=wHN$ なので,企業の総賃金コストの変化は,労働時間の調整,賃金の調整,雇用量の調整の複合的結果となる。通常,労働時間の調整は,雇用量の調整より容易であり,経済変動に対応してまず初めに調整されるのは,労働時間である。雇用調整と賃金調整とがどのように組み合わされるかは,各国の制度的特質に依存している。例えば,レイオフ制度のあるアメリカのように比較的雇用調整が容易である経済と,正規労働者の雇用保障がある日本のように雇用調整が容易でなく賃金調整が中心となっている経済が存在する(平野［1996］)。またそれらの雇用と賃金の調整は,正規労働者と非正規労働者など様々な雇用形態ごとに相違があり,多層的で複合的な雇用と賃金の調整メカニズムが形成されている。

② 雇用調整:雇用保障は技能形成とイノベーションを促進

ここで,雇用調整とそれに対する制度化の問題を検討しよう。雇用の調整は一般的,少しずつ逐次的に行われる。この点を定式化したのが,通常,「部分調整モデル」と呼ばれているものである。

$$N_t - N_{t-1} = \gamma(N_t^* - N_{t-1}), \quad 0 \leq \gamma < 1 \qquad (4.11)$$

N_t^* は適正雇用量であり,生産量の推移や収益率に応じて決定される。また,制度的観点から重要なのは,生産量や収益率の変化がある閾値内であれば,γ の値が γ_1 で,それを越えると $\gamma_2(\gamma_2 > \gamma_1)$ に不連続に上昇するということが,雇用調整の特徴である。その閾値自体は,各国の企業システムや雇用システムの制度的特質によって規定される。また,労働時間の調整の制度的特質とも関連を持っている。

ここで,雇用と解雇に関して課される法的制約や雇用保障の効果を考えてみよう。それらは,「内部労働市場」の維持と雇用の安定に寄与するが,短期的には賃金費用を上昇させる。この意味では,それは静学的効率性を損なう結果をもたらす。しかし,雇用保障は長期的には労働者の技能形成とイノベーションを促進する可能性があり,その意味では,動学的効率性を高めることができる。つまり,「内部労働市場」が発達し,制度的に雇用が保障されるとき,長期的な視野に立って労働者の技能形成へ投資することが可能となるのである。また,雇用が保障され配置転換などを通じた内的フレキシビリティが確保されるもとでは,イノベーションへの対応が柔軟に行われ,生産性の上昇も促進される。

雇用保障に関する制度化の形態は様々であるが,注意すべきは雇用保障される

労働者に対する補完的バッファーとして，フレキシブルに雇用調整される労働者群が存在することである。これは，第3章で説明した「分断的労働市場」の持っている調整メカニズムとしての側面である。すなわち，雇用保障されている正規労働者と雇用がフレキシブルに調整される非正規労働者とが存在し，両者が補完的構造を作り上げていることが，不確実性のもとでの企業組織の安定化と企業への労働者の統合に重要な役割を果たしているのである。とくに，日本経済においては，この要請に対応して，労働市場が階層的企業間関係と補完的に結びつき洗練された階層的構造を作りあげており，それが1つの動態的調整メカニズムとなっている。われわれは，これを「階層的市場—企業ネクサス（the hierarchical market-firm nexus)」と呼んでいる（海老塚・磯谷・植村［1996］)[3]。日本の雇用システムにおいて雇用量を下方に調整する方法は，特徴的な多段階的構造を持っている。短期的な変動に対しては，非正規労働者の契約不更新で対応し，次には，採用抑制し退職による自然減を生じさせ，さらに出向や転籍を促進し，最終的に収益の赤字が続くと解雇に踏み切ることになる。雇用調整も，「硬直性」と「バッファー（緩衝)」との双対的関係によって多段階的構造を形成していて，異なる段階の調整は，それに要する固有の時間構造を持っている点が重要である。

③　賃金調整：労働意欲に影響

賃金調整には，第3章で説明したように，労働市場の需給状態だけではなく，雇用に関する慣習やノルム，さらには「公正（fairness)」の観念が大きく関わっている。それらは，企業で働く労働者の労働意欲に影響を与える。次に，賃金決定に関する制度化の持つ効果，とくに，賃金が労働意欲に与える影響をマクロ経済的観点から検討することにしよう。

まず，企業組織内で長期的に雇用保障される労働者では，企業内の人事管理政策が重要な役割を果たし，これに対応して，労働インセンティブ，技能形成，労働者の生活保障などの諸原理の合成結果として一定の賃金体系が形成される。そして，第3章で説明したように，賃金プロファイルは，昇進ルールなどと結びつきつつ，ある意味で企業組織内部での労働者のコミットメントへの報酬に関する「公正」の基準を示すものであって，それを介して労働者の納得が引き出され労働意欲が刺激される。これは，労働者の企業組織への積極的なコミットメントをうながす仕組みである。

これに対して，外部労働市場に接している労働者に関しては，現行賃金と次善

の雇用機会のもとで受け取る賃金との差によって，労働意欲が引き出されると同時に退出が抑制される。このような理解は，「失業コスト (job-loss costs)」を軸にすえた一種の「効率賃金仮説」である。重要な点は，失業コストが失業保険や福祉制度など企業と労働者をとりまく制度的環境と深く結びついている点である (Bowles [1985], Bowles and Boyer [1990a])[4]。日本経済の場合には失業率は低いので，「失業コスト」は顕在化しにくいが，転職や転籍のさいの生涯所得の大きな喪失というかたちで，きわめて制度化された形態をとって存在している。これを，われわれは「制度化された失業コスト (institutionalized job-loss costs)」と呼んでいるが，それは労働者の労働意欲を高めることによって，マクロ的に生産性上昇に貢献するものである（海老塚・磯谷・植村 [1996]）。また，この賃金と労働意欲の関連は，賃金交渉制度の形態とも不可分に結びついている。すなわち，生産過程の特質に応じた自発的な労働努力と積極的なコミットメントの必要度やインサイダーの力の強さによって，賃金交渉制度がどの程度集権化されるか，その度合いが影響を受けるのである (Summers [1988], Ramaswamy and Rowthorn [1993])。

④　産業予備軍効果と賃労働関係の制度化

「失業コスト」の効果は，資本蓄積の動態過程においては，「産業予備軍効果 (reserve army effect)」と呼ばれているマクロ・ダイナミックな効果として現れる。問題の核心は，資本主義の資本蓄積過程において「失業」の持つマクロ経済的な効果という点であり，その分析は経済学のなかでは長い歴史を持っている。例えば，19世紀にはK. マルクスが「産業予備軍」について分析し，20世紀に入ってからはM. カレツキがその重要性を強調し，さらにはニュー・ケインジアンやラディカル派のSSA理論によって理論化されてきた（SSA理論については，第4章コラムを参照）。

K. マルクスは，失業者の集団を「産業予備軍」と呼び，それを「資本主義的生産様式の1つの存在条件」であると言った。そして，それが労働者を資本に釘づけにし，賃金の上昇を抑制して資本蓄積の順調な進行を可能にする点を強調したのである (Marx [1867])。これを受けて，20世紀において，カレツキは失業が労働者の労働意欲と労使関係に与える影響に注目した。有効需要の管理によって完全雇用が到達可能であるとするケインズの考えに対してカレツキは異を唱えたので，それは，「完全雇用の逆説」と呼ばれている。

カレツキは,「完全雇用の政治的側面」(Kalecki [1943]) という論文のなかで,この問題について次のように言っている。「実業の主導者がいっそう重くみるのは利潤よりはむしろ『工場の規律』であり,『政治的安定性』である。永続する完全雇用というものは彼らからみると不健全であり,失業こそ正常な資本主義システムのかなめである,とこのように彼らの階級本能は語るのである」(Kalecki [1971] 邦訳 pp. 143-144)。すなわち,完全雇用は労働者の規律と政治的安定を損なう可能性があり,有効需要の管理だけでは完全雇用の維持は不可能だというのである。このようにカレツキは失業の脅威による労働者の規律づけの問題を強調したが,この認識を「失業コスト (job-loss costs)」を用いた効率賃金仮説で精緻化し,失業の脅威による労働者の規律づけの問題を,労働努力と実質賃金の決定理論として理論化したものが,SSA 理論でいう「産業予備軍効果 (reserve army effect)」である。

ここで,この「産業予備軍効果」が資本主義の正常な運行にとって不可欠のものか否か,という大きな理論問題が存在する。この問題に対して,本書では次のように考えている。失業の脅威が直接的に労働者を規律づけることが可能なのは,競争的な労働市場に接している労働者に対してのみであり,「内部労働市場」の内部にいて直接に失業の脅威にさらされない労働者に対しては,直接的なかたちではこの効果は作用しにくい。その意味では,「賃労働関係」における制度化の深化は,経済全体として,「産業予備軍効果」を低減させる可能性を持っている。しかしながら,制度化された「賃労働関係」においては,それに対応して,様々なかたちで制度的なインセンティブ装置が発達しており,それは労働者を企業組織に統合する作用を持った「社会化装置」として機能している。たとえば,企業内の昇進・昇給システムもこれにあたるし,また日本の場合には,先に説明したように転職時の生涯所得の大きな減少(「制度化された失業コスト」)が「産業予備軍効果」の「機能的等価物 (functional equivalent)」として作用している点も重要である。したがって,産業予備軍の存在が,資本主義の維持にとって必要不可欠なものとはいえないかもしれないが,「産業予備軍効果」が小さい場合には,企業組織内部や「賃労働関係」全体を通じて労働者にインセンティブを与え規律づけるための「機能的等価物」となる制度的装置が必要となるのである。

⑤ 賃金構造の産業構造変化への影響

次に,産業構造に対応した賃金構造を問題としよう。産業間の賃金構造は,マ

クロ経済的には産業構造の変化に対する効果を持っている。とくに，産業間での平等な賃金構造は，産業構造の変化を促進する。北欧諸国のように集権的な賃金交渉制度を持つ経済では，産業間にわたって平等な賃金構造ができあがるが，それは収益性の高い産業や企業により多くの利益を，収益性の低い産業や企業により多くの損失をもたらすことによって，産業構造の転換と産業の合理化を促進するのである（ローソン［1994］）。さらにそのことによって，経済全体の生産性を高め，合理化投資を促進する可能性を持つのである。このような効果は，これまで社会民主主義諸国などで，平等な賃金構造の優位性を主張する大きな論拠となってきた。産業間賃金格差の生産性や産業構造に与える影響は複雑であって，産業間賃金格差の縮小は，労働インセンティブを低めるかもしれないが，産業構造の変化を促進するという意味で，反対方向の作用を持っているといえる。

⑥ 「賃労働関係」の期待形成と需要形成への影響

「賃労働関係」における諸制度が，企業家や労働者の期待形成に影響を与える点は，重要である。通常，設備投資に関する期待は「長期期待」と呼ばれるが，それは特定の社会制度の枠組みのなかで形成される（Hodgson［1988］）。ここでも，「制度論的ミクロ・マクロ・ループ」における制度的規定関係が重要な役割をはたす。不確実性下で形成される「長期期待」は，資本蓄積の状態や金融市場での投機的活動に影響されるが，それと並んで，労使関係からも影響を受ける。とくに，企業家の期待は，労使関係の安定性と組織体としての企業の持続的成長可能性によって影響を受けるものと考えることができる。制度化された安定的な労使関係は，不確実性を軽減させることにより安定的な「長期期待」の形成を促すのであり，逆に，労使コンフリクトが激化する環境では，「長期期待」は抑制されがちなものとなるのである。

また，労働制度を所得循環の観点からマクロ的にながめると，所得分配と需要形成という問題が浮かび上がってくる。すなわち，賃金と雇用の制度的調整は，生産物単位当たりの賃金コスト（マクロでみれば賃金シェア）の水準を決定し，総需要に影響を与える。賃金は企業にとってはコストであるが，同時に労働者の所得でありマクロ的に見れば消費需要の源泉である。したがって，一般的に言って，賃金シェアの上昇は，消費にはプラスの，また輸出にはマイナス，輸入にはプラスの効果を持つ。ここで，需要の動向を大きく規定するのは，投資行動と所得分配の関係であり，それは一意的には確定しえない。この点の分析は，本章3

節で詳しく検討するが，そこには，先の期待形成の問題が大きく影響を与えているのである。

(3) 制度の補完性と調整の構造的両立性

これまで，「調整の重層性」に注目しつつ様々なレベルの「調整」を見てきたが，これら調整作用の全体が生み出す効果は，個々の調整作用のたんなる総和ではない。様々な調整の生み出す構造効果は補完的に強めあったり，逆に相殺しあって弱めあったりする。さらに，場合によっては，システムの維持が困難になる「調整様式の不整合」(Sapir [1992]) が発生することもある。この点を分析する枠組みとして重要なのが，レギュラシオン理論のR. ボワイエによって提起された「構造的両立性 (structural compatibility)」という考え方である。社会経済システムが有する様々な制度やそのもとで成立する調整メカニズムが整合的に作用し，安定的なマクロ経済動態や社会的再生産が生み出されるとき，それらの諸制度は「構造的両立性」を持っていると考えられる。

この「構造的両立性」ときわめて類似した概念として，「制度的補完性 (institutional complementarity)」という概念が，近年様々な制度経済学で使用されるようになっている。両者は，ある程度まで共通の内容を有しているが，「制度的補完性」が主としてミクロ的な制度間の関係を問題にするのに対して，「構造的両立性」は，調整作用のマクロ的整合性を問題としている点で異なっている。まず，「制度的補完性」について言えば，比較制度分析，資本主義の多様性アプローチ，レギュラシオン理論など様々な制度経済学の研究において注目され，共通の分析概念となっている。例えば，「比較制度分析」の研究を進める青木昌彦は，「制度的補完性」の概念を，次のように説明している。「適合的な制度が他のドメインに存在しているときには，他のタイプでなく，あるタイプの制度が当該ドメインにおいて存続可能になり，その逆も成立している」(Aoki [2001b] 邦訳 p. 246)，そのような状態だというのである。青木は，これをゲーム理論の戦略的補完性の概念を用いて基礎づけている。また，D. ソスキスたちの「資本主義の多様性アプローチ」においても，「制度的補完性」の問題が重視され，いまや広く使用される共通概念となっている。これに加えて，S. ボウルズは，「制度的補完性」だけでなく，その反対の現象として，ある制度が他の制度の存在を脅かす「制度的クラウディングアウト (institutional crowding out)」という問題を分析

している (Bowles [2004])。

このように,「制度的補完性」の枠組みは魅力的なものであるが, それがミクロ的な個別主体の戦略的行動の補完性の側面に光を当てている反面,「制度的補完性」に関するマクロ経済的観点からの分析は, 十分になされているとは言いがたい。これに対して, レギュラシオン理論の R. ボワイエは, ミクロレベルでの制度間の関係のマクロ的基礎を重視しつつ, レギュラシオン理論における「制度的補完性」の考え方の特徴として, 制度諸形態の階層性 (hierarchy), 制度諸形態の両立性と共進化, 調整様式の整合性の事後的性格を強調しているのである (Boyer [2005])。このような点を重視し, 諸制度とそれが生み出す調整作用のマクロ的整合性と安定性を問題とする場合,「制度的補完性」とは別に, それをも包摂するより広い概念として,「構造的両立性」という概念を使用する意義があるように思われる。もちろん, ミクロレベルにおける制度間の「補完性」を問題とするときには,「制度的補完性」という言葉を用いて差し支えない。しかし, 本書では, とくに, 諸制度のもとで成立する調整作用によって生み出されるマクロ的動態や社会的再生産の状態を問題とするときには, 意識的に「構造的両立性」という言葉を使用している。すなわち, 制度と主体の相互構成的な関係に基づいて, ミクロ的主体とマクロ・レベルのパフォーマンスとの相互規定関係を問題とする「制度論的ミクロ・マクロ・ループ」において, メゾ・レベルの構造効果の間の「補完性」を問題にするときには,「構造的両立性」という言葉を使用しているのである。

さて, われわれの考える「構造的両立性」を説明することにしよう。それは, 次のようないくつかの側面から分析することができる。まず第 1 に, 特定の人的および物的資源と技術体系のもとで, 諸制度のなかに埋め込まれている様々なインセンティブ・メカニズム間の両立性の問題が重要である。これは, とくに, 制度が生成し再生産される場における「主体」と「制度」の相互構成的な関係において問題となるものである。例えば, 企業組織の内部で労働意欲や技能形成・能力形成を促進するインセンティブ・メカニズムと企業組織を取り巻く制度的環境におけるインセンティブとが両立性を持っていることが必要である。このようなインセンティブの両立性は, 企業においては, それが同時に労働者の能力を高めるように作用する点がとくに重要である。それが維持できなければ, 企業組織の安定的発展は望めない。つまり, ここでの両立性にとって重要なのは, そのコス

ト節約的な側面ではなく，むしろ生産性を向上させる側面，さらには生産活動を創造的に発展させる側面なのである。

　第2に，構造的両立性は，技術的および組織的な要因によって規定される「硬直性」と「バッファー」の双対関係を軸に成立する。例えば，生産システムにおいては，技術体系固有の性質からもたらされる硬直性に対しては，在庫調整や稼働率調整といったバッファーが存在し，また，雇用システムにおいては，長期雇用の労働者の硬直性に対して，非正規労働者というバッファーの柔軟性が存在する。また，企業組織においては，そのコアとなる資源や能力と補助的な資源や能力との補完関係が重要であり，この関係をいかにコントロールするかということが，企業組織の境界に影響を与える。この観点から見ると，日本の企業システム・雇用システムにおけるコアとなる正規労働者と多様な形態での非正規労働者の存在，また親企業と下請けネットワークとの関係は，諸制度間に「構造的両立性」を与えつつ，同時にシステムのフレキシビリティを生み出すことで，1つの動態的調整メカニズムとなっているのである。このように，硬直性とバッファーとの両立性は，技術的関係からのみ生じるのではなく，企業組織に関わる制度的要因に規定されるのであり，したがって，そこにはしばしば労働組合の対応などといった政治的要因も関わっているのである。

　第3に，本書の基本視角である貨幣と労働にかかわって指摘すべき問題として，特に金融システムと雇用システムとの「制度的補完性」の問題がある (Aoki [2001b])。われわれの理解では，この問題の中心に位置するのが，企業組織の持続的成長に対する不確実性の程度と企業の所有関係の安定性の度合いである。これらは，銀行システムと資本市場からなる金融システムの制度的編成の影響を強く受けている。そして，それが，労働者の技能の性格や雇用システムの硬直性/柔軟性との間で「補完性」を持っているのである。例えば，日本のメインバンク・システムのもとでは，長期的視野に立った融資によって企業の持続的成長が保障され，長期雇用が可能となっていた。これに対して，アメリカでは，資本市場中心の金融システムであるため，企業は買収や吸収・合併にさらされやすい。このような環境では，長期雇用は適合的ではなく，短期的な雇用契約がそれと「補完性」を持っている。もっとも，「制度論的ミクロ・マクロ・ループ」を重視する本書からすれば，金融システムと雇用システムとの「制度的補完性」もマクロ経済のパフォーマンスとの関係で論じられるべきものである。金融システ

ムと雇用システムとの接合が，安定的な経済成長を生み出しているときには，「補完性」が維持されていても，株価の暴落や不良債権問題による金融システムの機能不全をともなって不況が長期化した場合には，雇用システムとの「補完性」が維持できなくなる事態も生じるのである。この意味で，金融システムと雇用システムの「制度的補完性」は，よりマクロ的に，諸制度の生み出す構造効果の「構造的両立性」の観点から分析されなければならないのである。

第4に，「構造的両立性」を社会経済システムのマクロ・ダイナミクスの観点から分析する場合，制度間の補完性のマクロ経済的基礎という考え方が，重要となる。通常，「マクロ経済学のミクロ的基礎」という言葉が使われるが，ここで問題とされているのは，逆に，「ミクロ的制度のマクロ的基礎」であり，ミクロとマクロの相互規定的関係である。その場合に，とくに諸制度がマクロ経済レベルの需要形成や生産性上昇に与える影響における整合性が重要である。需要形成についていえば，M. カレツキが強調したように，ある経済主体の「費用」はその「支出」でもあり，それは別の主体の「所得」になり，さらに次の「支出」をうながす。同様に，賃金は個別企業にとっては「費用」であるが，マクロ的に見れば労働者の「所得」であり「消費」の源泉でもある。この相反する性格を軸に需要形成のダイナミクスが生まれる (Kalecki [1954] [1971])。次に生産性上昇であるが，それには技術革新や企業組織の革新といった「ミクロ的基礎」だけではなく，成長が規模の経済を通じてマクロ的に生産性上昇に貢献するという，「生産性上昇のマクロ的基礎」の問題が重要である。これは，N. カルドアが指摘した問題である (Kaldor [1978])。したがって，このようなマクロ経済の動態に関する分析においては，まさにメゾ・レベルに生じる調整作用の間の両立性が重要なものとなるのである。つまり，「構造的両立性」の分析は，制度間の「補完性」がまずは問題になるとしても，その問題の分析に最終的に結論を与えるのは，諸制度と経済主体の相互関係によって生み出されるメゾ・レベルでの調整作用の事後的な整合性と安定性なのである。しかも，マクロ経済の状態は，ミクロレベルでの経済主体の意識や行為に影響を与え，それがそれぞれの制度の安定性にも影響を与えることになる。一般的に言って，マクロ経済のパフォーマンスが良好なときには，制度間の補完性は維持されやすいが，それが悪化するときには，それまで存在してきた制度間の補完性が維持できなくなるのである。したがって，このようなミクロとマクロの相互規定的関係を視野に納めたときには，

まさに「構造的両立性」という言葉を使用することが，妥当性を持つのである。

第5に，この「構造的両立性」による分析は，さらにその視野を社会経済システム全体にまで拡げ，様々な社会システムや社会制度との接合関係をも問題としなければならない。言いかえれば，たとえ経済システムの内部で諸制度がいかに強固な補完性を持っていたとしても，社会経済システム全体の再生産の要請との整合性がなければ，長期的には，諸制度は維持できなくなるのである。とくに，「労働力の社会的再生産」に関わる様々な社会制度，すなわち，教育制度や技能形成システム，また育児，介護，医療に関する社会保障制度との間で両立性を維持できるか否かが，きわめて重要な問題となる。もし，企業組織や雇用システムに関わる諸制度が，社会システムとの間に大きなコンフリクトを持つならば，それは経済システムのなかでの主体の意識や行為にも反作用を及ぼし，長期的にはシステム全体の維持と発展に対して悪影響を与えることになるのである。

2 資本蓄積モデル（構造的カレツキ＝カルドア・モデル）

さて，ここでは簡単な資本蓄積モデルによって，資本蓄積の動態を分析することにしよう。ここで重視されるのは，第1に，投資による利潤の実現というカレツキ的な観点，第2に，賃金と雇用の制度的調整とその構造的効果という観点，そして第3に，寡占経済のもとでの数量調整という観点である。ただし，多段階的な調整過程全体をつねに念頭にはおくが，ここでは中長期的な資本蓄積モデルが問題となっているので，超短期の在庫調整過程は捨象し，稼働率調整に焦点を合わせることにする。そこでは，不完全稼働状態の数量調整が完全稼働状態で価格調整へと転換する点が重視される。また，生産性上昇の問題もできるかぎり内生的にとりあげたい。その意味では，ここで示すモデルは一種のカレツキ＝カルドア型モデルであって，近年展開されている「構造的マクロ経済学（structuralist macroeconomics）」の成果をできるかぎり取り入れるように努めている。これは，不完全稼働状態と不完全雇用状態の双方が生じる世界を記述する非均衡論的な中期的動学理論である[5]。

(1) 利潤率の決定要因と稼働率—利潤率関係

まず初めに，利潤率の決定要因について見ていくことにしよう。利潤率は，資

本蓄積のバロメーターなので，その推移を見ることによって，資本蓄積がどのような状態であるかを概観することができる。

利潤率の決定式は，次のように「国民所得勘定」から導出することができる（第2章の(2.14)式を参照）。以下では，モデルを簡単にするために，減価償却 D を捨象し，国民総生産と国民所得とを区別しないとすると，

$$pX = rpK + wN \tag{4.12}$$

ここで，p は一般物価水準，X は実質生産量，r は利潤率，K は実質資本ストック，w は雇用者1人当たりの貨幣賃金率，N は雇用量である（以後第4章では，I, S, C, K, Π などは，一般物価水準 p でデフレートした実質値を表すものとする）。したがって，これを r について解くと，次の式がえられる。

$$\begin{aligned} r &= \{1-(w/p)/(X/N)\} \cdot \frac{X}{K} \\ &= \{1-(w/p)/\lambda\} \cdot \frac{X}{\bar{X}} \cdot \frac{\bar{X}}{K} \\ &= \frac{\Pi}{X} \cdot \frac{X}{\bar{X}} \cdot \frac{\bar{X}}{K} \\ &= \pi \cdot u \cdot \bar{\sigma} \end{aligned} \tag{4.13}$$

ここで，r は利潤率，Π は利潤，π は利潤シェア，X は実質産出量，$\bar{X}$ は潜在的実質産出量，u は稼働率，$\bar{\sigma}$ は潜在的産出量・資本比率，そして (w/p) は生産物賃金率（1部門モデルなので，実質賃金率と考えてさしつかえない）であり，λ は労働生産性である。

さて，利潤率の規定要因を，背後にある制度的編成を明確にしつつ，1つずつ説明していくことにしよう。まず，利潤シェア π であるが，これは1から賃金シェア $((w/p)/\lambda)$ を引いたものであり，賃金シェアは，実質賃金率 (w/p) を労働生産性 λ で除することでえられる。貨幣賃金は，労働市場の需給状態と賃金交渉制度に依存して決定される。ケインズが強調するように，労働者が直接に交渉できるのは貨幣賃金であるが，「インデクセーション」の制度化しだいでは，ある程度までは実質賃金率に影響を与えることができる。労働生産性 λ を規定する要因としては，技術革新，労働インセンティブ，資本の更新，規模の経済などがあげられる。先に見たように，日本のように「労働保蔵」が顕著な経済においては，循環的にはこのことからも大きな影響を受ける。

稼働率 (u) を規定する要因は，需要の成長と資本ストックの成長であり，した

がって，稼働率の水準は商品市場の需給状態を反映する。この点を，より正確に言えば，それはハロッドが強調したように投資の「需要創出効果」と「生産能力効果」の相対的強度に依存するのである。また，不況期の資本設備の廃棄も稼働率に影響を与える。先に見たように，稼働率の変化は，商品市場の需給調整が，数量調整を通して行われるのか価格調整を通して行われるのかにも依存し，寡占的市場環境の不完全稼働水準（$u<1$）においては，それは需給調整の媒介装置としての役割を果たし需要増加とともに上昇するが，完全稼働水準（$u=1$）に到達すれば，それ以上需要が増加しても，変化しない。

　潜在的産出量・資本比率（$\bar{\sigma}$）は生産技術の性質に依存し，一般的に言って，機械化が進めばこの変数の値は低下する可能性があるが，同時に，資本 K の減価の速度によっても影響を受けるので，一般的な傾向があるわけではない。したがって，本書のモデルではこれは外生変数として扱われている。

　これら変数の規定関係を考えるうえで重要なのが，投資と利潤との相互規定関係と賃金が持つ三重の役割である。すなわち，投資は，期待利潤率に基づき決定され，利潤は投資決定によって実現される。また，第3章で説明したように，賃金には「消費需要の源泉，単位労働コストの構成要素，したがって利潤からの控除，そして資本による労働の規律づけの手段」（Bowles and Boyer ［1990a］邦訳 p. 206）という三重の役割がある。これらの多面的な効果は，資本蓄積のマクロ的な動態を大きく規定するものである。

　さて，(4.13) の利潤率の決定式から，次のような利潤率 r，稼働率 u，賃金シェア W_s の関係が導かれる。

$$r = (1 - W_s) u \bar{\sigma} \tag{4.14}$$

ここで，完全稼働水準の労働生産性を λ_f とすれば，(4.7) より次のように表わすことができる。

$$\lambda = \lambda_f (1+\theta) / \{1 + (\theta/u)\} \tag{4.15}$$

これを用いて，(4.9) より賃金シェア W_s は次のように変形することができる。

$$W_s = \frac{(w/p)}{\lambda}$$

$$= \frac{(w/p)}{\lambda_m} \cdot \{1 + (\theta/u)\} \quad (4.16)$$

$$= \frac{(w/p)}{\lambda_f} \cdot \frac{\{1 + (\theta/u)\}}{(1+\theta)}$$

ここで,この(4.16)から得られる完全稼働水準の賃金シェアを $\bar{W}_s$ で表せば,それは次のようになる。

$$\bar{W}_s = \frac{(w/p)}{\lambda_f} \quad (4.17)$$

これは,稼働率 u の影響を捨象した構造的な賃金シェアなので,本書では「構造的賃金シェア」と呼ぶことにする。「構造的賃金シェア」($\bar{W}_s$)は,もし完全稼働水準の労働生産性 λ_f が一定ならば,実質賃金率 (w/p) の変化と並行的に変化することがわかる。この「構造的賃金シェア」($\bar{W}_s$)を用いて,賃金シェア W_s を書きかえれば,

$$W_s = \bar{W}_s \cdot \{1 + (\theta/u)\}/(1+\theta)$$

となるので,利潤率 r は,次の式に書き換えられる。

$$r = [1 - \bar{W}_s \cdot \{1 + (\theta/u)\}/(1+\theta)] u \bar{\sigma} \quad (4.18)$$

ここから,稼働率 u,利潤率 r,構造的賃金シェア $\bar{W}_s$ の3変数間の関係を図示すれば,次の図4-3のようになる。図の縦軸は,「ケンブリッジ方程式」によって,$r = g/s$ として与えられる。

図4-3をいま少し解析的に検討しておこう。(4.18)は次のように変形することができる。

$$r = [1 - \bar{W}_s/(1+\theta)] u \bar{\sigma} - \bar{W}_s \theta \bar{\sigma}/(1+\theta) \quad (4.19)$$

本書では,この $r-u$ 平面上の直線を「利潤曲線」と呼ぶことにしたい。利潤曲線は右上がりでその傾きは $[1 - \bar{W}_s/(1+\theta)]\bar{\sigma}$ であり,切片は $[-\bar{W}_s \theta \bar{\sigma}/(1+\theta)]$ となる。したがって,構造的賃金シェア $\bar{W}_s$ の上昇は,利潤曲線の傾きを小さくしつつ曲線自体を下方へシフトさせる。また,$r-\bar{W}_s$ 平面上に完全稼働状態のもとで成立する直線は,通常の呼び名にしたがって,「賃金−利潤フロンティア」と呼ぶことにしよう。ただし,ここでは構造的賃金シェアと利潤率との背反関係であることに,注意する必要がある(これは,完全稼働水準の労働生産性 λ_f が不変ならば,実質賃金率と利潤率との背反関係に対応する)。これは,

第4章　資本蓄積の理論　*221*

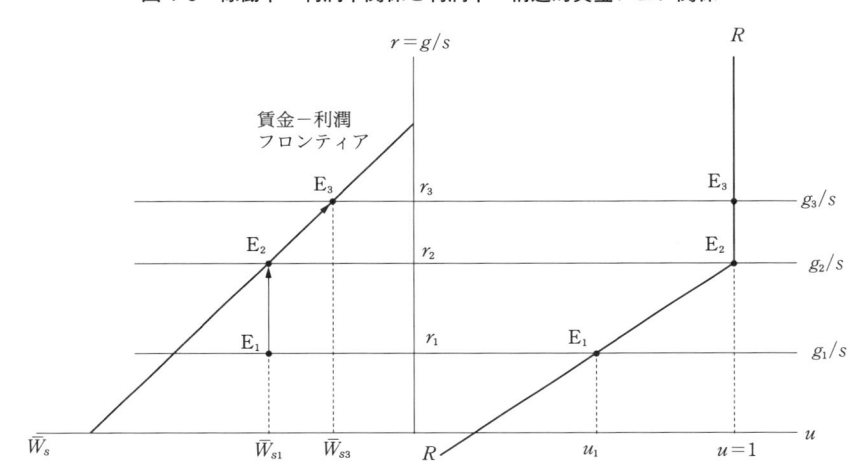

図4-3　稼働率―利潤率関係と利潤率―構造的賃金シェア関係

(4.18)に $u=1$ を代入することによって，次のようにえられる。

$$r = (1-\bar{W}_s)\bar{\sigma} \tag{4.20}$$

したがって，「賃金―利潤フロンティア」の r 切片は $\bar{\sigma}$ であり，$\bar{W}_s$ 切片は1である。

　ここで重要な点は，不完全稼働状態 ($u<1$) においては，稼働率 u の上昇にともなって，利潤率 r と構造的賃金シェア $\bar{W}_s$ がともに上昇することが可能となるということである。言いかえれば，賃金―利潤の背反関係が厳密なかたちで成立するのは，完全稼働状態 ($u=1$) の「賃金―利潤フロンティア」上においてのみである。この点をより正確に理解するために，ここでは資本蓄積率 g を外生的に扱って，ひとまず構造的賃金シェア $\bar{W}_s$ から独立とし，その変化にともなう各変数の変化を確認しよう（次節では，投資関数を導入し，資本蓄積率 g を内生化する）。

　まず，資本蓄積率が g_1 から g_2 に上昇したときには，かりに構造的賃金シェアを $\bar{W}_{s1}$ で一定だとしても（そのほうが図が簡明なので），稼働率も利潤率もともに上昇する。すなわち，稼働率は u_1 から1に，そして利潤率は r_1 から r_2 に上昇するのである。したがって，不完全稼働状態では，利潤率と構造的賃金シェアとの背反関係は存在しない。ところが，完全稼働水準に到達して以降は，資本蓄積率が g_2 から g_3 に上昇して，利潤率が r_2 から r_3 に上昇するのにともなって，

構造的賃金シェアは $\overline{W}_{s1}$ から $\overline{W}_{s3}$ に低下するのを余儀なくされる。すなわち，利潤率と構造的賃金シェアとのあいだに背反関係が発生するのである。この関係は，このような不完全稼働状態を含むモデルで，資本蓄積と所得分配の関係を考えるさいには，決定的に重要な問題である。

(2) 設備投資の決定

さて，それでは，資本蓄積のダイナミズムを生み出す中心的存在である設備投資について，定式化することにしよう。設備投資は不安定になりやすく，それだけに投資決定に関する通説的理論が確立しているわけではない。ここでは，これまでの投資理論において比較的広く受け入れられている3つの規定要因，すなわち，期待利潤率 r^e，稼働率 u，実質利子率 $i_R(=i-\hat{p})$ を説明変数として，投資決定を定式化することにしたい。まず，出発点として，これら3つの変数を説明変数とする投資関数を示すことにしよう。

$$\frac{I}{K} = g(r^e, u, i_R) \qquad (4.21)$$

ここで，$I = \Delta K$ であるから，左辺は，資本蓄積率 $g = \Delta K/K$ である。

説明変数のうち，まず，期待利潤率 r^e であるが，これは投資収益に対する企業家の「期待」を表している。ケインズが強調したように，ここで重要なのは将来は不確実であって，投資決定はそのような不確実な将来に対する決断であるという点である。ケインズやJ. ロビンソンは，したがって，投資決定を行おうとする企業家の精神を「アニマル・スピリッツ (animal spirits)」と呼んだのである。もちろん，本書における「制度論的ミクロ・マクロ・ループ」の観点からは，企業家の持つ投資収益に関する「期待」は，完全に主観的なものではなく，金融システムの状態や労使関係の状態などのいわば制度的環境とマクロ経済的状態が，期待形成に影響を与える点を，強調しなければならない。

次に，稼働率 u であるが，これは先に多段階的数量調整の過程を説明したときにふれた「資本ストック調整原理」を表している。企業は，現実の稼働率を標準稼働率の水準に近づけるように，設備投資を行うものと考えられる。これは，M. カレツキ，R. ハロッド，J. シュタインドルなどによって強調された投資の決定要因である。このような調整過程は，需要の増加が設備投資を誘発する重要な経路となるのである。

実質利子率 $i_R(=i-\hat{p})$ の影響に関しては，投資を行うさいには内部資金だけでなく外部から資金が調達されることによって，その影響が発生する。すなわち，投資に先立って貨幣が必要であり，銀行からの借入れや債券市場からの資金調達がなされることは，第2章ですでに見たとおりである。銀行からの貸付に関する貸付利子率の場合でも債券利回り（長期利子率）の場合でも，もしその影響が有意であるとすれば，その低下は投資の増大を，その上昇は投資の減少をもたらす。周知のように，ケインズは，『一般理論』のなかで資本の限界効率と利子率とが一致する水準で投資が行われると説明した。債券市場の状態が，投資決定に影響を与えるのである。もっとも，のちのオックスフォード調査では，利子率が投資に与える影響について，否定的な結論が示されたことも有名である。これに対して，投資決定において利子率を重視する見解も存在する。実際の経済過程で利子率がどの程度重要な役割を果たすかは，金融システムの制度的環境や金融資産価格の変動の程度，そして企業の財務状態などに依存しているといえるが，いずれにしても，利子率と投資との連関は，金融システムと商品市場の動態とを結びつける重要な結節点である。

さて，具体的に投資関数を定式化しよう。期待利潤率 r^e は，現在の利潤率 r によって最も影響されると考え，これにおきかえると，通常「カレツキ＝シュタインドル型投資関数」と呼ばれている投資関数を示すことができる。それを線形関数のかたちで表すと，次の式のようになる。

$$g_i = g_0 + g_r \cdot \{r-(i-\hat{p})\} + g_u \cdot u \tag{4.22}$$

ここでは，資本蓄積率（$g_i=I/K$）が，利潤率と実質利子率の差および稼働率に反応して行われることが仮定されている。ここで注意しなければならないのは，(4.22)において稼働率が利潤率とは独立に資本蓄積率に影響を与えていることである。また，投資の独立部分（g_0）はここでは定数となっているが，実際には「長期期待の状態」や長期的な労働生産性の動態から間接的に影響を受けるものと考えられる。

つぎに，貯蓄関係であるが，簡単のために「労働者は貯蓄せず，貯蓄は利潤からのみ行われる」と仮定する。このとき，利潤からの貯蓄率を s とすると，次の貯蓄関数が与えられる。

$$S = s\Pi \tag{4.23}$$

また，総需要は消費と投資から構成され，総供給は消費と貯蓄から構成されるの

で，それぞれ次の式で表される。

$$総需要：pX^d = wN + pI, \quad I = g_i K \quad (4.24)$$

$$総供給：pX^s = wN + pS, \quad S = g_s K = s\Pi \quad (4.25)$$

ここで，商品市場は，「適正在庫水準」で均衡していると仮定し，したがって，$pX^d = pX^s$ とおく（すなわち，$g_i = g_s = g$）。これは，商品市場の均衡条件式である。在庫調整を考慮するとモデルが複雑になるので，ここでは在庫調整は捨象し，在庫は「適正在庫水準」で変化しないと仮定し，需要と供給のギャップはもっぱら稼働率によって調整されるものと仮定する。商品市場の均衡条件から $I = S$ が成立し，したがって次の式が得られる。

$$gK = s\Pi$$

すなわち

$$g = sr \quad (4.26)$$

これは，第2章の (2.18) で説明した「ケンブリッジ方程式」である。(4.26) の g に，投資関数 (4.22) の右辺を代入することによって，次の式が得られる。

$$g_0 + g_r \cdot \{r - (i - \hat{p})\} + g_u \cdot u = sr \quad (4.27)$$

(4.27) を，利潤率 r について解くと，次の式が得られる。これは，商品市場で需給が均衡している（すなわち，「適正在庫水準」で需要と供給が対応している）状態における稼働率 (u) と利潤率 (r) の関係を表している。したがって，$u-r$ 平面上での「IS 曲線」である。

$$r = \frac{g_u}{s - g_r} \cdot u + \frac{g_0 - g_r(i - \hat{p})}{s - g_r} \quad (4.28)$$

ここで，分母の $s - g_r$ の符号は重要であるが，通常，$s - g_r > 0$ が仮定される。これは，J. ロビンソンが仮定したことから「ロビンソニアン安定条件」と呼ばれるものである。ただし，好況期において企業の投資がきわめて活発なときには，$s - g_r < 0$ となることもありうる。これは，商品市場で不均衡の累積過程が発生する場合であり，一般にはその可能性は否定できないが，ここでの分析では，不均衡累積過程は分析の対象外となっている。

(3) 労働生産性上昇の重層的規定要因――労働保蔵効果，産業予備軍効果，カルドア＝ヴェルドーン法則

労働生産性上昇率を規定する要因は，きわめて複雑な構造を持っている。それ

図 4-4 労働生産性上昇の重層的規定要因

```
                   労働保蔵効果           稼働率 u（商品市場の変動）——— 短期
                        ↘        (＋)
労働生産性 λ ←——— 産業予備軍効果 ———— 雇用率 h（労働市場の状態）——— 中期
                        ↗        (－)
           カルドア＝ヴェルドーン法則    (＋)   資本蓄積率 g（資本蓄積の動態）— 長期
           （生産システムの進化）
```

は、「調整の重層性」に対応して経済システムが重層的な時間的構造を持っていることに起因している。このような労働生産性の重層的な規定要因を図示すれば、図 4-4 のようになる。そこでは、労働保蔵効果、産業予備軍効果、カルドア＝ヴェルドーン法則の重層的な効果が描かれている。

まず、労働生産性に影響を与える最短期の要因として、稼働率の変動と労働保蔵の効果を見ることにしよう。先に見たように、労働生産性は、次の式で与えられる。

$$\lambda = X/N = \frac{\lambda_m}{1+(\theta/u)} \tag{4.7}$$

ここで、(4.8) で見たように、$(\partial \lambda/\partial u) > 0$ であるから、「賃労働関係」の領域から λ_m への効果を捨象すれば、短期では労働生産性には稼働率の上昇にともなってプロ・サイクリカルな循環的変動が生じる。

しかし、これは労働生産性の短期的な変動の説明であって、長期的で持続的な上昇を説明するものではない。労働生産性の上昇に影響を与えるもう 1 つの循環的要因としては、失業率 U あるいは雇用率 h（$=1-U$）の水準が労働生産性に影響を与えることが考えられる。先に説明した「産業予備軍効果」である。これは、固定的労働者の労働生産性よりは外部労働市場に接している可変的労働者の労働生産性の方により大きな影響を与えるので、ここでは λ_m に与える影響をまず定式化しよう。もちろん、これらの影響の受け方は、労働市場の制度的編成によって規定され、とくに、失業給付などの制度化のされ方は大きな影響を与えるといえよう。このことをふまえて、「産業予備軍効果」とより長期的な労働生産性上昇のトレンドとを分離して定式化するとすれば、次のようになる。

$$\lambda_m = \lambda^* \cdot \xi((w/p)-(w/p)_0, h)(1+\theta)$$
$$\partial\xi/\partial[(w/p)-(w/p)_0] > 0, \quad \partial\xi/\partial h \leq 0 \tag{4.29}$$

ここで，λ^* は完全稼働水準で基準化した「産業予備軍効果」とは独立な労働生産性の長期的水準（「長期的労働生産性」）を表し，$\xi((w/p)-(w/p)_0, h)$ は「産業予備軍効果」による労働生産性の変動を表している。$(w/p)_0$ は効率賃金効果の社会的基準となる中長期的な実質賃金の水準である。これは，失業給付の水準だけでなく，企業組織内外の「賃労働関係」の制度的編成や社会的規範に依存している。そして，このような効率賃金効果の基準となる水準は経済の成長に伴い上昇していくが，そこには労使交渉制度や福祉制度などの制度的要因が大きく関わっているので必ずしも確定的なトレンドがあるわけではない。また，雇用率 h は再雇用される確率を規定するので，これが低下すれば，失業の脅威が増大し労働者の規律づけに貢献する。(4.7) と (4.29) から，労働生産性 λ は次の式のようになる。

$$\lambda = \frac{\lambda^* \cdot \xi((w/p)-(w/p)_0, h)(1+\theta)}{1+(\theta/u)} \tag{4.30}$$

ところで，資本設備のスクラッピングがきわめて激しいときを除いて，通常は，稼働率 u の上昇は雇用率 h の増加をもたらすので，労働保蔵の効果と産業予備軍効果とはある局面で相殺しあうこととなる。たとえば，好況の初期の局面では，稼働率の上昇の効果で労働生産性が上昇していくが，好況末期には失業率が低下し，失業の脅威による労働者の規律づけがゆるむ結果となり，生産性上昇に歯止めがかかる。したがって，労働生産性の循環的変動は，通常，非線形的な動きをするのである。また，ここから完全稼働水準の労働生産性 λ_f は，次の式で与えられる。

$$\lambda_f = \lambda^* \cdot \xi((w/p)-(w/p)_0, h) \tag{4.31}$$

次に (4.31) における労働生産性の長期的水準 λ^* の変化を考えてみるために，ここで，「長期的労働生産性上昇率」を $\hat{\lambda}^*$ で表すことにしよう。ここで，重要なのが，成長率あるいは資本蓄積率と労働生産性上昇率との間に正の相関関係が存在するということである。これは，「カルドア＝ヴェルドーン法則（Kaldor＝Verdoorn law）」と呼ばれているものである。いま，それを資本蓄積率 g の長期的労働生産性上昇率 $\hat{\lambda}^*$ に対する影響と理解して線形関数で表すと，次の式のようになる。

$$\hat{\lambda}^* = \lambda_0 + \lambda_g \cdot g, \quad \lambda_g > 0 \qquad (4.32)$$

ここで，係数 λ_g を規定する要因としては，単純な「規模の経済」だけではなく，そこには，様々な「動学的規模の経済 (dynamic increasing return to scale)」が働いている。例えば，資本蓄積にともない，資本設備が更新されてその生産性が高まる。また，資本蓄積が進行するなかで，技術的および組織的なイノベーションや生産システムの進化を促進させたり，労働者の技能水準が高まったりすれば，労働生産性が上昇する。そして，ここには，先に制度間の「構造的両立性」を説明するさいに論じたように，社会経済システムの内部に存在する様々な制度が互いに「構造的両立性」を維持し，内生的に労働生産性の上昇を促進しているか否かが問題となるのである。また，資本蓄積率とは独立の要因 λ_0 は，新技術の発見と応用によるイノベーションの発生などの効果を表している[6]。

(4) 貨幣賃金率の決定要因と実質賃金の変動

次に，マクロ経済的レベルでの賃金決定を考察することにしよう。資本主義という貨幣経済における賃金の支払いは，ケインズが強調したように，貨幣タームでなされ，したがってまず貨幣賃金が決定されることは重要である。貨幣賃金率の決定に影響を与える諸要因を整理すると，図4-5のようになる。

貨幣賃金率の決定は，経済のなかでもきわめて制度化されている領域であるが，通常，この関係は，次のような一般的な式で分析されているので，ここでは，まずそれを説明しよう。

$$\hat{w} = w_p \cdot \hat{p} + w_\lambda \cdot \hat{\lambda}_f + w_h \cdot (h - h_N) \\ w_p > 0,\ w_\lambda > 0,\ w_h > 0 \qquad (4.33)$$

貨幣賃金上昇率 $\hat{w}$ は，物価上昇率 $\hat{p}$，完全稼働水準の労働生産性上昇率 $\hat{\lambda}_f$，雇用率 h の関数である。ここで，w_p が有意な値をとるときは，「貨幣賃金の物価へのインデクセーション」が明示的，あるいは暗黙に制度化されていることを意味する。その意味では，ケインズの否定した「実質賃金経済」に近い状態が，労使関係の制度化のいかんによっては生じる可能性が存在する。事実，戦後の先進資本主義諸国においては，「貨幣賃金の物価へのインデクセーション」が，かなりの程度で観察された。しかしながら，原理的に考えた場合，のちに本章のインフレーションを論じる箇所で説明するように，貨幣賃金の上昇が価格上昇を完全に先取りすることは，不可能であるといってよい。また，われわれのモデルで

図 4-5　貨幣賃金率の決定要因

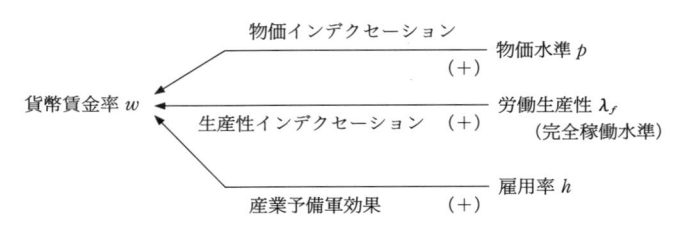

```
                      物価インデクセーション         物価水準 p
                                        (＋)
貨幣賃金率 w ←        生産性インデクセーション         労働生産性 λf
                                        (＋)       （完全稼働水準）
                      産業予備軍効果                 雇用率 h
                                        (＋)
```

は，不完全稼働状態では，価格は一定なので価格変化の影響は問題とはならず，これが問題となるのは完全稼働状態のときである。

　w_λ が 1 に近い値をとるときは，「賃金の生産性へのインデクセーション」が明示的，あるいは暗黙に制度化されている場合である。労働者に対する効率賃金効果を考えれば，ある程度将来の生産性上昇を先取りして賃金が決定されうるものの，完全な「インデクセーション」によって事前に労働生産性上昇を先取りするように賃金を決定するのは，制度的に大きな困難が伴うといえよう。

　w_h が十分に有意な正の値をとるときは，「産業予備軍効果」が効いているときである。ここで，h_N は貨幣賃金の上昇を加速化させない雇用率の水準である。雇用率がこの水準以上に上昇すると，賃金の上昇圧力は高まっていく。これがどの程度強く効くかは，賃金交渉制度と労働組合の態度に依存する。労働市場の需給状態が賃金決定に大きく影響を与える環境においては，「産業予備軍」の吸収による賃金上昇の効果は大きく働くが，賃金交渉の制度化がすすみ，失業率が低下しても労働組合が賃金上昇を抑制する環境のもとでは，この効果は小さなものとなる。

　したがって，貨幣賃金率の決定に対して，以上の諸要因が関わっているので，実質賃金の変化率（$\hat{\omega} = \hat{w} - \hat{p}$）は，必ずしも規則的な動きをするとは限らない。実質賃金率の動きについては，それがカウンター・サイクリカルに動くのかプロ・サイクリカルに動くかについてしばしば論争がなされてきた。とくに，カウンター・サイクリカルに動くと想定したケインズとプロ・サイクリカルに動くことを主張したダンロップとの論争は，有名である（ケインズ＝ダンロップ論争）。また，近年では，J. ショアーなどによる各国比較の研究成果が存在するが，国ごとの労働市場の制度的編成や活動水準によって様々であり，各国に共通した規

則性があるとは言い難いようである (Schor [1985])。この点でも,実質賃金率は,マクロ動態過程全体の結果であって,それ自体を直接調整するメカニズムは存在しないと考えるのが妥当であろう。

　以上の考察から,貨幣賃金率の決定には,マクロ経済的な要因だけでなく,賃金交渉制度や労働組合,さらには企業組織内の慣行などの制度的要素が大きく関わっていると言える。ここでは,のちの分析を容易にするために,このような影響を与える諸要因を念頭におきつつ,以下のように一般的なかたちで定式化するにとどめよう。

$$w = \eta(p, \lambda_f, h) \tag{4.34}$$

ここで,$(\partial w/\partial p) \geqq 0$, $(\partial w/\partial \lambda_f) \geqq 0$, $(\partial w/\partial h) \geqq 0$ であると仮定する。ここでは,物価水準は,不完全稼働状態では不変であり,完全稼働状態になって可変的になると想定しており,貨幣賃金率と雇用率の関係もこれに対応して,雇用率が貨幣賃金率の水準を決定すると仮定している。もちろん,スタグフレーションなどの時期においては,物価水準と貨幣賃金率とのスパイラルが生じることがあるが,それに関しては,本章5節で論じているので,そちらを参照されたい。

(5) 基本モデルの方程式体系

　これまでの説明にもとづいて,資本蓄積の動態を分析するための「構造的マクロ経済学」の基本モデルを示すことにしよう。これまでの分析に基づき,雇用に関する後の分析を多少先取りして,14本の方程式からなる方程式体系を与えることができる。このモデルにおいて内生変数は,$g_i, g_s, u, p, r, W_s, \bar{W}_s, \lambda, \lambda_f, \lambda^*, w, N, LP, h$ の14の変数である。14本の方程式体系のなかには,変数の水準 x と変化率 $\hat{x} = dx/x$ とが混在しているので,変換式 $x = x_0 \exp(\hat{x}t)$（ここで,x_0 は x の初期値で,t は時間）によって,変数の水準と変化率とを変換する必要がある。

　この基本モデルでとくに重要な外生変数は,潜在的産出量・資本比率 $\bar{\sigma}$, 貨幣利子率 i, 労働力の成長率 τ, 貯蓄率 s であり,これらはモデルにとっては外生変数であるが,社会経済システムの内部における制度的編成に大きく依存しつつ決定されているものと考えられる。例えば,貨幣利子率は,中央銀行の政策や金融システムの制度的構造に依存し,労働力の成長率や貯蓄率は,人々の生活様式に依存している。この方程式体系が,本書の「構造的カレツキ＝カルドア・モデ

⟨資本蓄積の基本モデル⟩

		参照すべき式
$g_i = g_0 + g_r\{r-(i-\hat{p})\} + g_u u$	(4E.1)	……(4.22)
$g_s = sr$	(4E.2)	……(4.26)
(if $u<1$)		
$\quad g_i = g_s$	(4E.3)	
$\quad p = \bar{p} \quad (\hat{p}=0)$	(4E.4)	
(if $u=1$)		
$\quad \hat{p} = \alpha(g_i - g_s), \alpha > 0$	(4E.3)′	
$\quad u = 1$	(4E.4)′	
$r = (1-W_s)u\bar{\sigma} \quad (\bar{\sigma}=const)$	(4E.5)	……(4.14)
$W_s = (w/p)/\lambda$	(4E.6)	……(4.9)
$\bar{W}_s = (w/p)/\lambda_f$	(4E.7)	……(4.17)
$\lambda = \lambda_f(1+\theta)/\{1+(\theta/u)\}$	(4E.8)	……(4.15)
$\lambda_f = \lambda^* \cdot \xi((w/p)-(w/p)_0, h)$	(4E.9)	……(4.31)
$\hat{\lambda}^* = \lambda_0 + \lambda_g \cdot g_s$	(4E.10)	……(4.32)
$w = \eta(p, \lambda_f, h)$	(4E.11)	……(4.34)
$\hat{N} = g_s + \hat{u} - \hat{\lambda}$	(4E.12)	……(4.41)
$\hat{LP} = \tau \quad (const)$	(4E.13)	
$h = N/LP$	(4E.14)	

g_i：資本蓄積率（需要），g_s：資本蓄積率（供給），u：稼働率，p：価格
r：利潤率，W_s：賃金シェア，$\bar{W}_s$：構造的賃金シェア，λ：労働生産性
λ_f：完全稼働水準の労働生産性，λ^*：長期的労働生産性，w：貨幣賃金率
N：雇用，LP：労働力，h：雇用率．
また，ここで $\hat{x}=dx/x$ は，それぞれの変数の変化率を表している．

ル」の基本骨格である．

　この方程式体系における商品市場での調整は，不完全稼働水準（$u<1$）と完全稼働水準（$u=1$）とで異なる点に特徴がある．すなわち，不完全稼働状態では，価格は固定的で財市場が均衡するように数量調整が行われるが，完全稼働状態では超過需要が発生し，これによって価格が上昇する．先に図4-1に示したように，不完全稼働水準（$u<1$）から完全稼働水準（$u=1$）に達すると，価格と数量の調整メカニズムが転換することが仮定されているのである．さて，これに基づいて制度的構造と資本蓄積との関連を分析し，比較成長体制分析の基礎を与えることにしよう．

3 資本蓄積の動態——資本蓄積のレジームアプローチ

(1) 資本蓄積と所得分配

「資本蓄積の基本モデル」に基づいて，資本蓄積の動態を分析することにしよう。ただし，先の14本の方程式をそのまま全体として解析することは大きな困難が伴い，テキストとしての本書の守備範囲をはるかに超えてしまう。そこで，ここでは次のような2段階にわけて分析を進める。まず，構造的賃金シェアを外生変数として扱い，投資—貯蓄と利潤率との関係を分析する。そして，次には反対に稼働率や雇用率を外生変数として構造的賃金シェアの変化を分析することにしたい。

① 需要形成パターンと「インフレーション・バリア」

まず最初に，所得分配と需要形成パターンに関して分析しよう。経済学では，古くから「資本蓄積を促進するためには，賃金シェア（労働分配率）を低下させる方がよいのか，上昇させる方がよいのか」という問題が議論されてきたが，ここではこの理論問題を検討する。この問題は，近年「構造的マクロ経済学」によって積極的に分析が進んだものであり，そこから「利潤主導型成長（profit-led growth）」と「賃金主導型成長（wage-led growth）」という対概念が提起されている。

この問題を分析するにあたり中心となるのは投資行動である。投資行動が利潤率や稼働率にどのように反応するかによって，構造的賃金シェア，資本蓄積率，稼働率の関係が決まってくるのである。先に説明した(4.28)式から$u-r$平面上に投資—貯蓄バランスを表すIS曲線をひくことができ，(4.19)式から$u-r$平面上に利潤曲線をひくことができる。このIS曲線と利潤曲線との傾きによって，「賃金主導型」と「利潤主導型」という2つの需要形成パターンを区別することができるので，以下ではこの点を見ていこう。

1）賃金主導型成長

不完全稼働状態で投資が利潤率に対して弱くしか反応せず，むしろ稼働率に反応するとき，需要形成パターンは「賃金主導型成長」となる（ただし，投資が稼働率にあまり強く反応しすぎるとシステムが不安定化してしまう）。この「賃金主導型成長」は，構造的賃金シェアの上昇が稼働率を上昇させ，利潤率と資本蓄

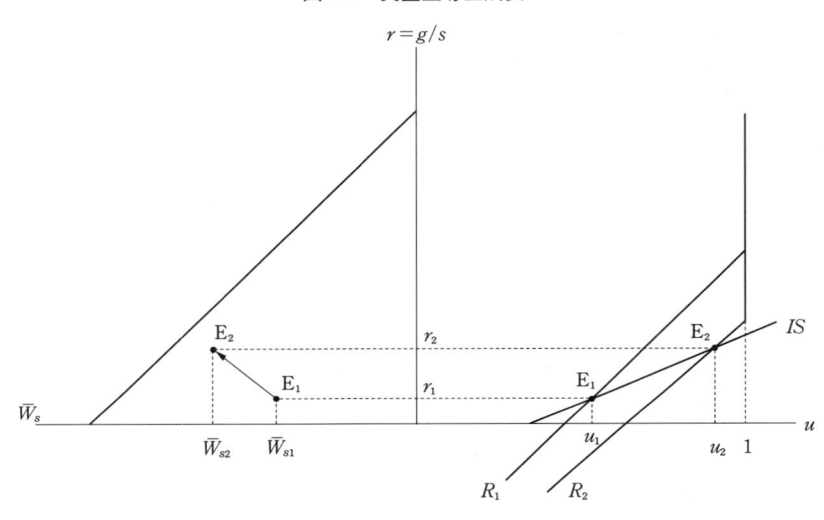

図 4-6 賃金主導型成長

積率の上昇をもたらすというケースである。中心的な論理を示せば、次のようになる。すなわち、

　　構造的賃金シェア↑⇒需要↑⇒稼働率↑⇒資本蓄積率↑⇒利潤率↑

という連鎖が発生する。

「賃金主導型成長」が成立する場合、構造的賃金シェアと利潤率とがともに上昇することが可能となる点が特徴である。したがって、このパターンで資本蓄積が続く限り、企業の利害と労働者の利害との対立が緩和される。そこには、労使協調が可能となるマクロ経済環境が成立しているのである。この「賃金主導型成長」が成立するための条件は、「利潤曲線」を表した (4.19) と「IS 曲線」を表した (4.28) から、次のように求められる。

$$0 < g_u/(s-g_r) < [1-\overline{W}_s/(1+\theta)]\overline{\sigma} \qquad (4.35)$$

すなわち、この条件は IS 曲線の傾きが利潤曲線の傾きより小さいことを意味している。このためには、投資の利潤率に対する感応性がさほど大きくなく、むしろ稼働率に感応的であり、かつ利潤からの貯蓄率が高いことが必要である。この需要形成パターンを示したのが図 4-6 である。

いま、構造的賃金シェアが $\overline{W}_{s1}$ から $\overline{W}_{s2}$ に上昇し、利潤曲線が R_1 から R_2 へと下方へシフトした場合を考えよう。このとき、経済の状態は E_1 から E_2 に移

動する。この過程で，構造的賃金シェア $\bar{W}_s$，利潤率 r，稼働率 u は，すべて上昇している。このようなことが可能となるのは，図4-6の左側からわかるように，経済システムが不完全稼働の低い水準から完全稼働水準の「賃金—利潤フロンティア」へ向かって移動しているからである。

ここでのモデルでは，構造的賃金シェアの上昇を考えているが，不完全稼働状態で投資が利潤率よりも稼働率に強く反応する場合には，一般的には賃金以外の「費用」であっても，それは同時に「支出」となるので，その上昇は同様の結果をもたらすことが指摘されている。このような現象は，「費用の逆説」と呼ばれている（Rowthorn［1982］）。これは，第2章で説明した「費用の二重性」の資本蓄積過程におけるマクロ的帰結である。

2）利潤主導型成長

「利潤主導型成長」は，投資が利潤率に強く反応するときに成立する。この需要形成パターンでは，賃金コストの削減によって，資本蓄積が促進される。すなわち，構造的賃金シェアの低下が，利潤シェアの上昇をもたらし，これが利潤率の上昇と資本蓄積率の上昇をもたらすのである。すなわち，

構造的賃金シェア↓⇒利潤シェア↑⇒利潤率↑⇒資本蓄積率↑⇒利潤率↑

という連鎖が発生する。

このような需要形成パターンが成立しているときには，資本蓄積を追求する企業と賃金の上昇を要求する労働者との対立が激化する可能性がある。このように，「利潤主導型成長」においては，不完全稼働状態においても構造的賃金シェアと利潤率との背反関係が発生している点が重要である。まず，安定的な「利潤主導型成長」のケースが成立する条件を検討しよう。この「利潤主導型成長」が成立するための条件は，「利潤曲線」を表した（4.19）と「IS曲線」を表した（4.28）から，次のように求められる。

$$-1/[1-\bar{W}_s/(1+\theta)]\bar{\sigma} < g_u/(s-g_r) < 0 \qquad (4.36)$$

ここで，稼働率に対する投資の反応係数 g_u の符号について，注意する必要がある。すなわち，利潤率は，利潤シェアと稼働率との積に比例するので，投資が利潤シェア（コスト条件）に対して大きく感応的になり，稼働率にさほど反応しない場合には，$g_u<0$ となることがありうるのである[7]。このとき，「ロビンソニアン安定条件」が満たされるならば，$g_u/(s-g_r)$ は負となり，IS曲線は，図4-7で示されるように，右下がりとなる。ここでは，構造的賃金シェアが $\bar{W}_{s1}$ から

図 4-7　利潤主導型成長(1)――安定的なケース

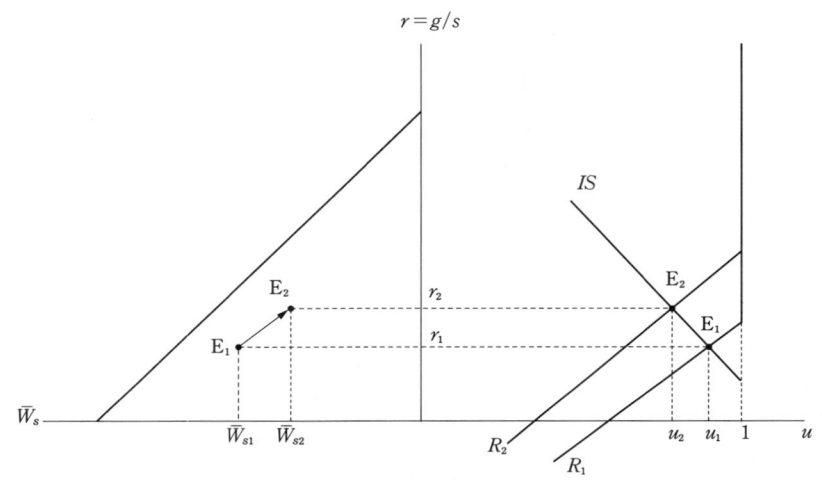

図 4-8　利潤主導型成長(2)――不安定なケース

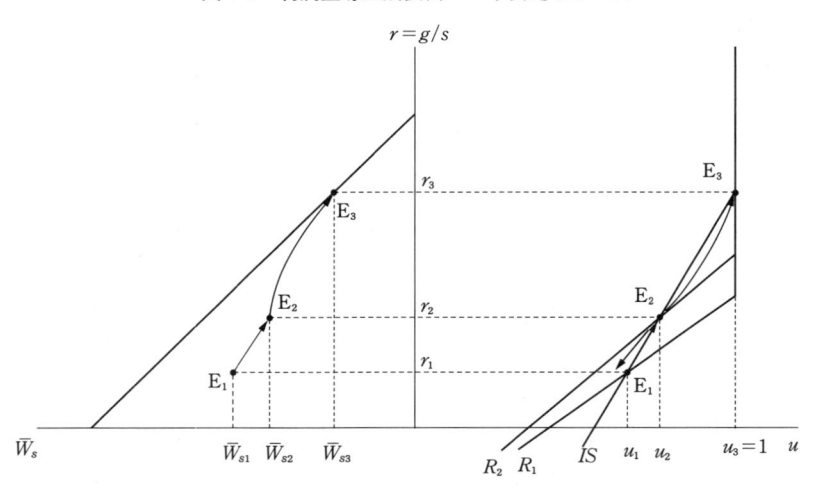

$\bar{W}_{s2}$ に低下し，利潤曲線が上方へシフトした場合，経済の状態は E_1 から E_2 に移動し，利潤率 r と資本蓄積率 g は上昇する。

　もっとも，「利潤主導型成長」によって，動学システムが不安定化する場合が

存在する。次の2つのケースが考えられる。その条件を，(4.19) と (4.28) から，以下のように示すことができる。

$$0 < [1-\overline{W}_s/(1+\theta)]\bar{\sigma} < g_u/(s-g_r)$$
$$\text{または } g_u/(s-g_r) < -1/[1-\overline{W}_s/(1+\theta)]\bar{\sigma} < 0 \qquad (4.37)$$

すなわち，第1のケースは，投資が，利潤率に対しても，稼働率に対しても積極的に行われるケースである。このタイプの「利潤主導型成長」を示したのが，図4-8である。ここで，構造的賃金シェアが低下し，利潤曲線が上方へシフトした場合，状態は E_1 から E_2 に移動する。このとき，構造的賃金シェアは低下するが，利潤率も稼働率も上昇している。ただし，ここでの均衡点は不安定である点に注意する必要がある。システムを不安定化させる論理は，資本蓄積率を介して成立する利潤率と稼働率との相互促進的関係である。システムは上方にも下方にも不安定化するが，仮に，上方への不安定化が生じた場合，完全稼働水準に到達するまで累積過程が進行し，完全稼働水準に至って安定的な「利潤主導型成長」の状態となる（図4-8の E_3）。第2のケースは，投資の稼働率に対する反応に関して $g_u<0$ となり，しかもその度合いがきわめて大きなケースである。ただし，これは通常の投資行動では生じにくいだろう。

3）インフレーション・バリアへの突入の1ケース

次に，需要形成パターンの転換の注目すべきケースとして，J. ロビンソンによって提起された「インフレーション・バリア（inflation barrier）」を含む動学過程を検討しよう。J. ロビンソン自身は，実質賃金率と利潤率との背反関係が成立する完全稼働モデルでこれを論じた（Robinson [1962a]）。のちに，S. マーグリンは，それをコンフリクト理論の枠組みと結びつけて，投資要求と実質賃金要求との対抗関係がインフレーションをもたらす過程として発展させ，「マルクスとケインズの総合」を試みた（Marglin [1984a] および本書第5章を参照）。これに対して，不完全稼働状態を含むここでの「構造的カレツキ＝カルドア・モデル」では，「インフレーション・バリア」が発生するのは完全稼働状態のときだけであることに，とくに注意する必要がある。なぜならば，完全稼働のときにのみ構造的賃金シェアと利潤率との背反関係が「賃金―利潤フロンティア」上で成立するからである。過剰設備が存在する不完全稼働状態においては，稼働率が上昇することによって構造的賃金シェアと利潤率がともに上昇しうるので，「インフレーション・バリア」の状態にはならないのである。

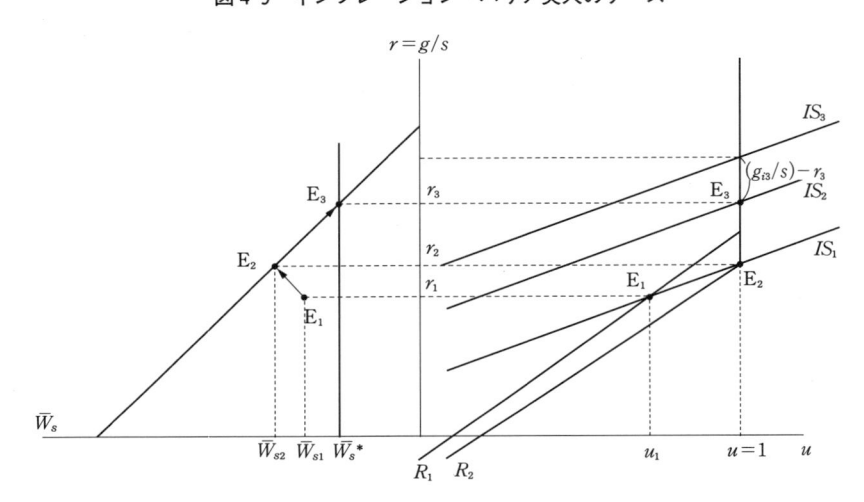

図4-9 インフレーション・バリア突入のケース

　ここで,「インフレーション・バリア」が発生する1ケースを,示すことにしよう。それを図示したのが図4-9である。ここにおける「インフレーション・バリア」の発生過程は,次のようなものである。最初は E_1 で不完全稼働状態にあり,そこでは「賃金主導型成長」の論理が支配している。この状態で,構造的賃金シェアが上昇し利潤曲線が R_1 から R_2 に下方にシフトすれば,稼働率 u,利潤率 r,成長率 g がともに上昇する。こうして,完全稼働水準 E_2 に到達すれば,「賃金―利潤フロンティア」上で構造的賃金シェアと利潤率との背反関係が成立する。それ以降,さらに投資が活発化し資本蓄積率が上昇すると ($IS_1 \to IS_3$),構造的賃金シェアは反転して低下し始める。この低下が,労働者の社会的再生産の要求水準 $\bar{W}_s^*$ にまで達すると,それ以上の実質賃金率の低下を,労働者は受け入れることができず,構造的賃金シェアは低下しなくなる。その水準でさらに投資が活発である場合は,貨幣的に投資支出が増加して資本蓄積率を押し上げる圧力が生じるが,実物的には IS_3 は構造的賃金シェアの下限 $\bar{W}_s^*$ に阻まれて実現しない。こうして生じた商品市場の需給ギャップ ($g_{i3} - sr_3$) によってインフレーションが加速化する不均衡動学過程が生み出される。これが,「インフレーション・バリア」の状態である。このとき,物価上昇によって実質利子率 ($i_R = i - \hat{p}$) が低下し,このことによってさらに貨幣的な投資支出の増加が加

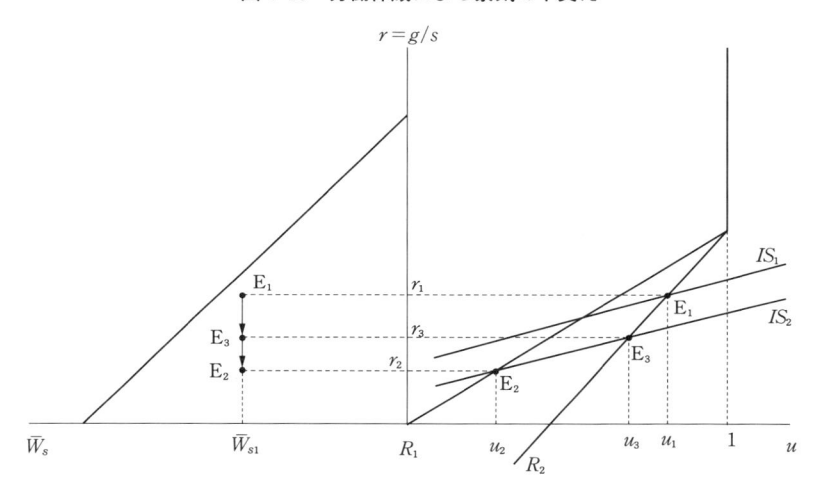

図 4-10　労働保蔵による景気の下支え

速されれば，貨幣体系と実物体系との強い相互反応が生じることになる。

「インフレーション・バリア」の理論的含意は，きわめて重要である。「インフレーション・バリア」は，再生産系としての社会経済システムにとっての最大可能な「剰余」が利潤によって汲み尽くされた状態であると理解することができる。したがって，そこでは，企業による資本蓄積の要求と労働者の社会的再生産の要求との対抗が生じているのである。第2章で見たように，貨幣的な投資支出は，必ず貨幣的な利潤を生み出すが，「インフレーション・バリア」のケースでは，それが社会経済システムの再生産の要請との対抗関係を持つことで実物的な所得としては実現されず，このギャップによってインフレーションを発生するのである。ここで問題となった，社会経済システムにとっての「剰余」のより立ち入った制度論的分析は，第5章で行われる。

4）不況期における労働保蔵による景気の下支え

「賃労働関係」の制度化がもたらす構造効果の1つとして，不況期における「労働保蔵」が景気の下支え効果を持つという興味深い現象を説明しよう。これは「賃金主導型成長レジーム」と労働保蔵による賃金シェアの上昇との相互作用であり，図4-10は，労働保蔵がある場合とない場合とを比較したものである。

まず，不況期においては，稼働率は低く過剰生産能力が存在する。したがっ

て，投資は需要条件に大きく制約されていて，需要形成パターンは「賃金主導型」となる可能性が大きい。不況過程では，このような「賃金主導型」の IS 曲線が，図4-10で示されているように，IS_1 から IS_2 に低下する。このとき，もし労働保蔵が存在しない場合（すなわち $\theta=0$），利潤曲線が R_1 となり，経済は E_2 の位置まで低下する。しかし，労働保蔵が存在する場合（$\theta>0$），利潤曲線が R_2 まで低下し，これによってかえって稼働率と利潤率の低下が抑制されるという効果が発生し，経済は活動水準のより高い位置 E_3 にとどまる。このような，労働保蔵による景気の下支えも，「費用の二重性」あるいは「賃金の二重性」の1つの重要な帰結であり，制度分析とマクロ分析との重要な接点である。

以上のように，需要形成パターンが異なると，所得分配の需要形成への影響は異なるものとなり，所得分配に関する制度的調整や所得分配に対する政策の効果も異なるものとなるのである。

② 構造的賃金シェアの動態と利潤曲線の大域的形状

次に，これまで外生的に扱ってきた構造的賃金シェア $\overline{W}_s$ の動きを分析することにしよう。ここでは，ひとまず長期的労働生産性 λ^* と雇用率 h が外生変数として扱われている。労働生産性 λ の変化，貨幣賃金率 w，物価水準 p の動きを視野におさめた大域的な構造的賃金シェアは，(4.17), (4.31), (4.34)から次の式で与えられる[8]。

$$\overline{W}_s = \frac{(w/p)}{\lambda^* \cdot \xi((w/p)-(w/p)_0, h)} \\ = \frac{\eta(p, \lambda_f, h)/p}{\lambda^* \cdot \xi((\eta(p, \lambda_f, h)/p)-(w/p)_0, h)} \tag{4.38}$$

ここで，(4.38)で示された構造的賃金シェア $\overline{W}_s$ は，雇用率 h の変化にともなってどのように変化するのであろうか。この点を調べるために，雇用率 h で偏微分すると次のようになる（ただし，ここでは，長期的労働生産性 λ^* と雇用率 h とは，ひとまず独立なものと扱う）。

$$\frac{\partial \overline{W}_s}{\partial h} = \frac{\{(\partial \eta/\partial h)\lambda^* \cdot \xi(\cdot) - \eta(\cdot) \lambda^* \cdot (\partial \xi/\partial h)\}/p}{\{\lambda^* \cdot \xi((\eta(\cdot)/p)-(w/p)_0, h)\}^2} \tag{4.39}$$

先に示したように，$(\partial \eta/\partial h) \geqq 0$ であり，「産業予備軍効果」が十分に働けば $(\partial \xi/\partial h) \leqq 0$ となると考えることができるので，$(\partial \overline{W}_s/\partial h) \geqq 0$ となる。したがって，「産業予備軍効果」が十分に作用するときには，雇用率 h の上昇とともに労働生産性は低下し，かつ貨幣賃金率は上昇するので，物価水準が一定（$p=\bar{p}$）

の不完全稼働状態では，構造的賃金シェア $\bar{W}_s$ は上昇する。また，完全稼働状態においては価格上昇が発生するので，実質賃金率 (w/p) の動きは賃金関数 $\eta(p, \lambda_f, h)$ に関して，価格上昇に対する賃金上昇の反応を示す $(\partial\eta/\partial p)$ の大きさに依存する。この場合も，「産業予備軍効果」が強く作用しているときには，雇用率 h の上昇にともなって実質賃金率 (w/p) が上昇するものと考えられ，したがって，構造的賃金シェア $\bar{W}_s$ は上昇するのである。

以上をふまえて，次に需要水準を外生的に扱って稼働率 u を所与とし，利潤率の大域的な変化を考えてみたい。利潤率は (4.18) より次の式で表すことができる。

$$r = \left[1 - \frac{\eta(p, \lambda_f, h)\{1+(\theta/u)\}/p}{\lambda^* \cdot \xi((\eta(p, \lambda_f, h)/p) - (w/p)_0, h)(1+\theta)}\right] \cdot u\bar{\sigma} \qquad (4.40)$$

ここで，稼働率 u の上昇は，生産量を増加させることによって直接的に利潤率 r を上昇させるだけでなく，(4.8) で見たように固定的労働者を持った経済においては労働生産性を上昇させることによって間接的にも利潤率 r を上昇させるように作用する。これに対して，雇用率 h の上昇は，いま見たように「産業予備軍効果」が効いている場合には，構造的賃金シェアを上昇させることによって利潤率 r を低下させるように作用する。問題は，両者の相反する効果によって，利潤率の大域的変化がどのようなものになるかである[9]。

稼働率や雇用率の水準に対する利潤率の大域的変化の問題を分析するのに重要なのが完全稼働水準と完全雇用水準の位置関係である。通常，急速なスクラッピングによって資本減価が加速化するケースをのぞいて，稼働率 u と雇用率 h とは同一方向に連動して変化するとしても，完全稼働水準と完全雇用水準との関係は各々の経済状態に依存し，単純ではない。$N = K(X/\bar{X})(\bar{X}/K)(N/X) = K \cdot u \cdot \bar{\sigma}/\lambda$ であり，ここでは $\bar{\sigma}$ を定数としているから，雇用の成長率 $\hat{N}$ は次の式によってえられる。

$$\hat{N} = g + \hat{u} - \hat{\lambda} \qquad (4.41)$$

また，$\widehat{LP}$ を労働力の成長率，LP_0 を労働力の初期値とすると，雇用率 h と稼働率 u との間には，次のような関係が成り立つ。

$$h = \frac{K\bar{\sigma}}{LP_0 \exp(\widehat{LP} \cdot t) \cdot \lambda} \cdot u \qquad (4.42)$$

したがって，雇用率 h と稼働率 u とを厳密に並行的に扱えるのは，資本量 K と

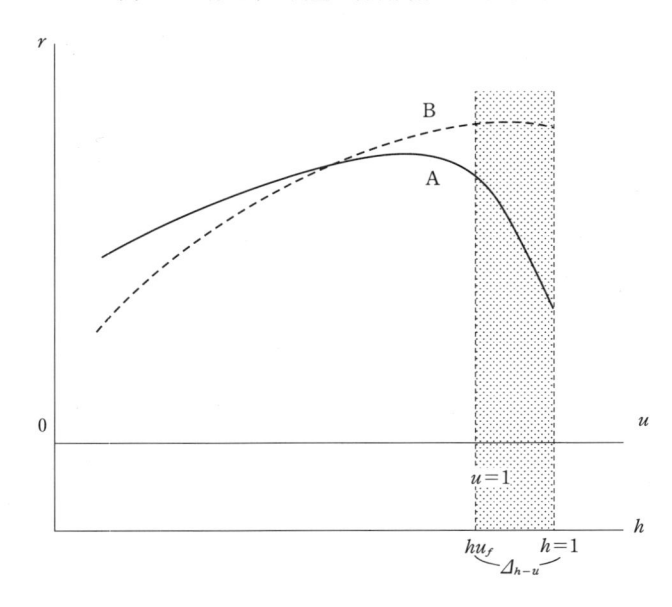

図 4-11　分配率の調整と利潤曲線の大域的形状

労働生産性 λ が変化しない「短期」に限られる。この「短期」の想定をはずせば，両者の関係は，資本蓄積率 $g=\hat{K}$，労働生産性上昇率 $\hat{\lambda}$，労働力の成長率 $\hat{LP}$ とそれぞれの初期値に依存するのである。このため，雇用率 h と稼働率 u との間には多様な位置関係が成立しうる。それは，各国の財市場や労働市場の制度的特質と資本蓄積の状態によって規定されるのである。

そこで，本書では「完全雇用－完全稼働ギャップ」という概念を導入して分析を進めることにしよう。いま，完全稼働水準の雇用率を hu_f とすれば，「完全雇用－完全稼働ギャップ」(Δ_{h-u}) は次のように定義できる。

$$\Delta_{h-u}=1-hu_f \tag{4.43}$$

したがって，$\Delta_{h-u}>0$ の場合には完全稼働水準においてもまだ失業が存在している状態であり，$\Delta_{h-u}<0$ の場合には不完全稼働水準で完全雇用に達することを意味する。「完全雇用－完全稼働ギャップ」は，循環的変動の分析から資本蓄積の長期分析へと進むさい，重要な分析概念である。

いま，$\Delta_{h-u}>0$ のケースを図示すれば，図 4-11 のようになる。ここで，経済は完全稼働水準より高くはなりえないので，$hu_f \leqq h \leqq 1$ の領域では，雇用率 h

の変化は $h=hu_f$ 自体の変化となる点に注意する必要がある。この完全稼働水準の領域では、稼働率の上昇がないので、稼働率の上昇による利潤率へのプラスの効果は消滅する。図4-11の曲線Aは、「産業予備軍効果」が十分に効いている社会経済システムにおける利潤曲線の大域的形状であり、雇用率 h が完全雇用水準 $h=1$ に近づくにつれて利潤率は低下する。これが、「利潤圧縮（profit squeeze）」と呼ばれているマクロ経済的現象である。曲線Bは「産業予備軍効果」があまり効いていない社会経済システムにおける利潤率の大域的形状であり、完全雇用水準 $h=1$ に近づいても利潤率は低下しない。また、図4-11とは異なって、$\Delta_{h-u}<0$ の場合には、稼働率の上昇による利潤率へのプラスの効果が存在するので、利潤率の低下は発生しにくくなる。

　もちろん、先に説明したように、「産業予備軍効果」がどのように作用するかは、労使交渉制度などの「賃労働関係」における制度化のあり方や「産業予備軍効果」の「機能的等価物」としての役割をはたす社会的諸制度に大きく影響されるのであり、各国、各時代ごとに多様な様相を持つと考えられる。そして、各国における「産業予備軍効果」の強度を規定するものは、労働市場や企業の内部組織に関わる諸制度、さらに社会保障制度などであり、それを媒介とした資本蓄積の動態と社会経済システムの再生産の要請の相互規定関係である。

(2) 資本蓄積レジームの多様性と比較成長体制分析

　これまで、「資本蓄積の基本モデル」を需要形成パターンと構造的賃金シェアの決定メカニズムにわけて説明してきた。次に問題となるのが、「資本蓄積の基本モデル」全体の変数の相互依存関係のなかでのこの両者の相互作用である。ただし、これを厳密なかたちで解析するのは、本書の範囲を超えている。しかしながら、方程式の誘導型をもとに異なった資本蓄積レジームを分類するのは比較的容易にでき、しかも示唆に富むものである。本書における資本主義理解との関連でとくに重要なのは、ここでの多様な資本蓄積レジームが、「商品市場・資本循環」（CC: Commodity market-Capital）と「賃労働関係」（WLN: Wage-Labour Nexus）という二層的システムの対抗的規定関係が形成する動学的レジームを表しているものと理解することができることである。したがって、これは、序章で説明した「資本主義の構造的二層性」を資本蓄積論において、分析するものである。

「資本蓄積の基本モデル」(4E.1)-(4E.14)から，不完全稼働状態($u<1, p=\bar{p}$)においては，8つの変数 $g_i, g_s, r, u, p, \bar{W}_s, \lambda_f, h$ からなる次のような6本の誘導型の関数が導かれる：$g_i=f_1(r, u)$, $g_s=sr$, $r=f_2(\bar{W}_s, u)$, $\bar{W}_s=f_3(\lambda_f, h, p)$, $\lambda_f=f_4(g_s, h, p)$, $h=f_5(g_s, \lambda_f, u)$。さらに，不完全稼働状態のときには，$g_i=g_s$, $p=\bar{p}$ の2本の方程式が，完全稼働状態のときには $u=1$, $\hat{p}=\alpha(g_i-g_s)$ の2本の方程式がこれに追加される。これら8つの変数を主として「商品市場・資本循環」の領域に属する変数 (g_i, g_s, r, u, p) と「賃労働関係」の領域に属する変数 ($\bar{W}_s, \lambda_f, h$) にわけ，2つの領域の相互作用を各変数の規定関係に関する有向グラフとして示すことができる。このグラフをもとに，稼働率水準や産業予備軍効果の効き方，さらにはそれらに影響を与える制度的編成に応じて複数の資本蓄積レジームが析出される。それを図示したのが，図4-12である。

ここでは，次のような複数の資本蓄積レジームが，理論的に考えられる。

①　ネオ・ケインジアン・レジーム（完全稼働状態＋賃労働関係の規定力なし）：経済が完全稼働状態にあり，労働市場では完全雇用以下の低い水準にあるとき，「完全雇用−完全稼働ギャップ」が存在する（$\Delta_{h-u}>0$）が，このようなときに発生する資本蓄積レジームである。これは，J. ロビンソンや N. カルドアなどのネオ・ケインジアンが想定した経済状態なので，「ネオ・ケインジアン・レジーム」と呼んでいる。資本蓄積のダイナミクスを決定するのは投資であり，投資を通じて長期期待（g_0）や利子率（i）の影響が動学過程を規定している。また，完全稼働状態なので，需要形成パターンは「利潤主導型」である。経済が完全稼働状態にあるために，つねに賃金と利潤の背反関係が成立しているが，「産業予備軍効果」が作用しておらず，構造的賃金シェア（完全稼働なので賃金シェアと一致）の低下を労働者が受け入れるので，コンフリクトは発生していない。このため，賃金シェアは，従属変数となる。いいかえれば，このレジームでは，資本蓄積のダイナミクスを規定しているのは，商品市場や金融システムの状態であって，賃労働関係は，受動的な役割しか果たしていないのである。

②　ロビンソン＝マルクス・レジーム（完全稼働状態＋賃労働関係の規定力あり）：完全稼働で賃金と利潤の背反関係が成立しているところに，「完全雇用−完全稼働ギャップ」がほとんど消滅し（$\Delta_{h-u}\fallingdotseq 0$），完全雇用近傍で構造的賃金シェアの低下に対して抵抗し，あるいは上昇させる圧力が「賃労働関係」の側から働くケースである。完全稼働なので，需要形成パターンは「利潤主導型」であり，

第4章 資本蓄積の理論 *243*

図 4-12 資本蓄積レジームの多様性

① ネオ・ケインジアン・レジーム
・$u=1$, $h<1$ ($\therefore \ \Delta_{h-u}>0$)
・利潤主導型

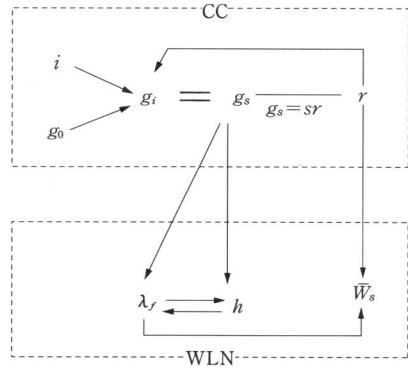

② ロビンソン＝マルクス・レジーム
・$u=1$, $h\fallingdotseq 1$ ($\therefore \ \Delta_{h-u}\fallingdotseq 0$)
・利潤主導型

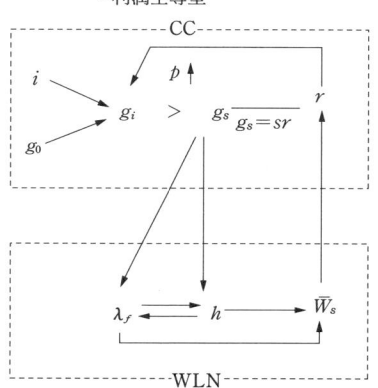

③ カレツキ・レジーム
・$u<1$, $h<1$, $p=\bar{p}$
・賃金主導型（or 利潤主導型）

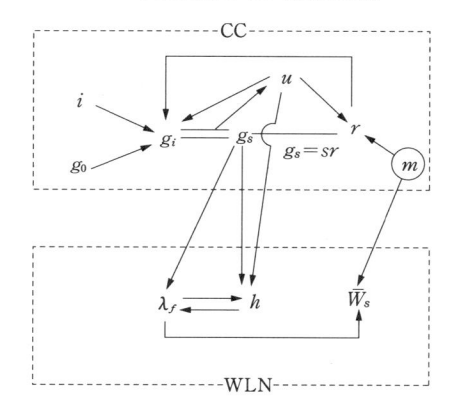

④ カレツキ＝マルクス・レジーム
・$u<1$, $h<1$, $p=\bar{p}$
・賃金主導型（or 利潤主導型）

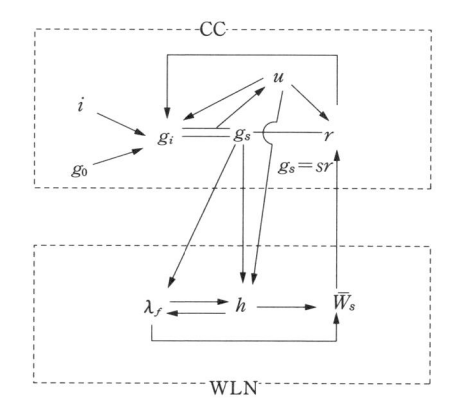

したがって，賃金と利潤の対抗関係が先鋭化するのである。その意味で，このレジームはマルクス的である。先に説明した，J. ロビンソンが「インフレーション・バリア」として呼んだケースであり，その意味で，「ロビンソン＝マルクス・レジーム」と呼ぶことができる。このように構造的賃金シェアからの規定力が働くのは，賃金交渉制度が制度化され，賃金切り下げに対する労働側の強い抵抗が発生する場合や，「産業予備軍効果」が作用するもとで準完全雇用状態になり，失業率の低下が実質賃金の急上昇を結果する場合である。この場合，「商品市場・資本循環」と「賃労働関係」の対抗的規定関係は，貨幣的支出の実物的実現をはばむことによって価格上昇を帰結するのである。

③　カレツキ・レジーム（停滞論レジーム）（不完全稼働状態＋賃労働関係の規定力なし）：これは，経済が不完全稼働状態（$u<1$）にあり，かつ不完全雇用状態（$h<1$）にあるとき生じるレジームである。その意味でカレツキ的な世界である。不完全稼働状態なので，需要形成パターンは，「利潤主導型」である場合も「賃金主導型」である場合も生じうる。ただし，稼働率水準がかなり低い場合には，稼働率調整が重要なものとなるので，「賃金主導型」である可能性が大きい。また，資本設備のスクラップによって「完全雇用―完全稼働ギャップ」が拡大すれば（$\Delta_{h-u} \gg 0$），稼働率が上昇しない限り失業率がさらに高まるのである。この状態では，失業率が高いため「賃労働関係」からの規定力が小さく，構造的賃金シェアは，企業の設定するマークアップ（m）の従属変数となっている。したがって，長期経済停滞期には，このような資本蓄積レジームが成立する可能性がある。資本設備も労働力も過剰な状態であるから，有効需要の拡大は生産量の拡大に結びつく。このような状態で，需要形成パターンが「賃金主導型」であれば，構造的賃金シェアの上昇が資本蓄積率の上昇に結びつく。したがって，このようなレジームは，構造的マクロ経済学の研究者から，「停滞論レジーム（stagnationist regime）」と呼ばれている。

④　カレツキ＝マルクス・レジーム（不完全稼働状態＋賃労働関係の規定力あり）：稼働率が不完全稼働水準でかつ賃金シェアに関して「賃労働関係」の規定力が発生しているケースである。「賃労働関係」の規定力が効いているので，マルクス的なレジームである。「完全雇用―完全稼働ギャップ」がほとんど消滅している（$\Delta_{h-u} \fallingdotseq 0$）か，あるいは過剰な資本蓄積の結果，負のギャップが生じている（$\Delta_{h-u}<0$）ことが，この資本蓄積レジーム発生の前提となる。また，不完全稼

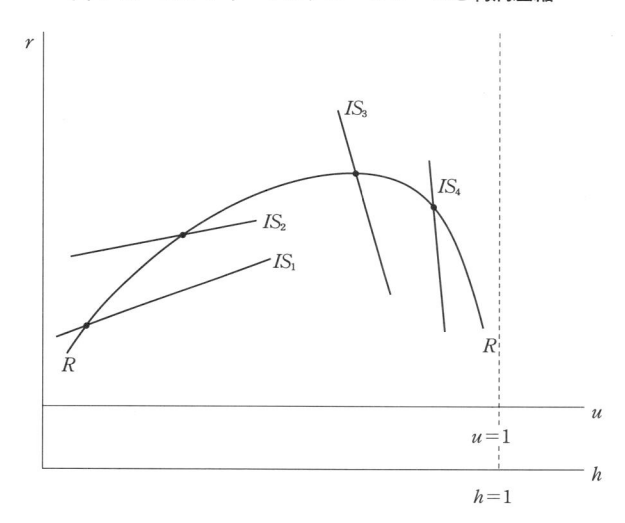

図4-13　カレツキ＝マルクス・レジームと利潤圧縮

働状態（$u<1$）でかつ不完全雇用状態（$h<1$）であっても，賃金交渉が制度化されている場合には，「賃労働関係」からの強い規定力が発生していることがある。このような場合には，需要形成パターンと構造的賃金シェアへの「賃労働関係」からの規定力との両立性がきわめて重要な問題となる。すなわち，需要形成パターンが「賃金主導型」ならば，賃金上昇圧力の増大は資本蓄積率の上昇をもたらす。これに対して，需要形成パターンが「利潤主導型」であったり，また上方への不均衡過程の結果，完全稼働状態に到達し資本蓄積レジーム自体が「ロビンソン＝マルクス・レジーム」に転換していくならば，賃金上昇圧力の増大による利潤シェアの低下は，資本蓄積を大きく減退させることになるのである。これは，資本蓄積が進行し，まさに過剰蓄積の結果として生じる「利潤圧縮（profit squeeze）」の現象である。この様子を示したのが，図4-13である。

⑤　資本蓄積レジームの転換の可能性：これまで説明してきた資本蓄積レジームは，相互に転換する可能性がある。資本蓄積レジームの内生的転換に関しては，その理論化はきわめて難しいが，今後，制度分析と「非線形動学（non-linear dynamics）」の手法とを組み合わせたモデル化が期待される領域である（Zhang [1991], Day [1994], Flaschel et al. [1997], Lordon [1997]）。そこでは，

資本蓄積レジームの転換の「不可逆性（irreversibility）」の問題が検討されることになるが，そのような作業は本書の守備範囲を超えるので，ここでは，ただ資本蓄積レジームの転換の可能性をいくつか紹介しておくことにとどめたい。

第1のケースは，カレツキ＝マルクス・レジームがロビンソン＝マルクス・レジームへ転換する可能性である。これは，比較的理解しやすい変化である。資本蓄積の加速化により稼働率が上昇し，不完全稼働水準（$u<1$）から完全稼働水準（$u=1$）に移れば，この転換が生じることになる。これは，すでに説明してきた変化であり，完全稼働状態では，賃金シェアと利潤率との背反関係が顕在化する。

第2のケースは，カレツキ・レジームからカレツキ＝マルクス・レジームへの転換であって，「賃労働関係」からの規定力が無視できない大きさになることによって生じるものである。これには，労使交渉制度の構造変化や労働生産性上昇率の低下による労働市場の需給状態の大きな転換が必要となる。したがって，これは，資本蓄積過程における「賃労働関係」の領域での制度変化の問題がかかわっている。

第3のケースとしては，カレツキ＝マルクス・レジームやロビンソン＝マルクス・レジームで過剰蓄積が進み，その結果として賃金シェアが上昇して「利潤圧縮」が生じ，資本蓄積が大きく下方へ転換するケースである。「利潤圧縮」の主要な原因としては，完全雇用状態における賃金爆発や生産システムの不可逆的な衰退などが考えられる。このような転換の結果，下方への累積過程が生じ，長期不況の状態が長引けば，不完全稼働状態のカレツキ型のレジームが成立することになる（Uemura［2000b］）。こうして成立する資本蓄積レジームが，「賃労働関係」からの規定力がほとんどないカレツキ・レジームであるか，「賃労働関係」からの規定力が有効であるカレツキ＝マルクス・レジームとなるかは，労使交渉制度の制度化の度合いや労働組合の組織化の程度などに依存する。

第4のケースとして経済の国際化の影響による資本蓄積レジームの転換がある。これは，各国の制度的相違に応じて様々であるが，一般的に言って，国際化の進展にともない賃金のコストとしての側面が需要の源泉としての側面より強く作用するようになるので，「賃金主導型成長」の維持は困難となる（Bowles and Boyer［1990b］［1995］）。このような国際化が賃金交渉制度に与える影響は，国によって異なっているとはいえ，賃金交渉制度を分権化させる圧力を持っている

のは確かである。

　以上より，様々な資本蓄積レジームの識別とその転換の可能性の分析を基礎に，それと生産システムや労使交渉制度，さらには金融システムなどの制度的編成とを統合することによって，各国の比較成長体制分析を行うことができるのである。

(3) 諸制度の「構造的両立性」と累積的因果連関

　次に，資本蓄積のより長期的な動態を考えてみよう。そのような長期的な資本蓄積過程の動態を分析する枠組みとして，「累積的因果連関（cumulative causation）」がある。これは，特定の環境のもとで原因が結果を生み，それが次の過程の原因となるという累積的過程を通じて，経済の長期的な「好循環」や「悪循環」が生み出されていく動態をさすものである。社会経済システムは，重層的な諸制度によって構成されており，それぞれの制度は固有の慣性と進化の過程を持っている。したがって，資本蓄積の長期的動態は，様々な制度の接合関係の「構造的両立性」と共進化の過程によって大きく規定されている。それらの過程は，マクロ的に集約され，長期的な需要の成長と生産性の上昇に表現される。諸制度の接合によって，安定的な需要成長と生産性上昇がもたらされるとき，諸制度のあいだに「構造的両立性」があると考えることができる。したがって，「累積的因果連関」は，長期的な需要成長と生産性上昇との相互促進的連関として理論化することができるのである[10]。

　本書では，「累積的因果連関」を，これまで展開してきた資本蓄積モデルを用いて明確に定式化することにしよう。とくに，「累積的因果連関」の過程は，分配関係が比較的安定していて利潤シェア π を外生変数として扱える場合には，比較的簡単な方程式として定式化することができる。「資本蓄積の基本モデル」の方程式体系のうち，(4E.1) から (4E.5) と (4E.10) を用い，かつ (4E.1) と (4E.5) を次の式のように修正する（ただし，$i_R = i - \hat{p}$）。

$$g_i = g_\lambda \hat{\lambda}^* + g_r(r - i_R) + g_u u \qquad (4.44)$$
$$r = \pi u \bar{\sigma} \qquad (4.13)$$

(4.44)式においては，資本蓄積率 g_i が長期的労働生産性上昇率 $\hat{\lambda}^*$ に反応して上昇するものと仮定している。すなわち，長期的に生産性が上昇する場合には，技術革新や企業組織の革新が，投資に関する「期待」の改善と設備投資競争をもた

らすのである。これは，長期の資本蓄積に関しては，無理のない仮定であるといえよう。(4.13)は，先に説明した最も単純なかたちでの利潤率の決定式である。

(4.44)(4E.2)(4E.3)(4E.4)(4.13)(4E.10)より，長期的労働生産性上昇率と資本蓄積率に関する次のような2本の誘導型の方程式を求めることができる。

$$\hat{\lambda}^* = \Phi(g)$$
$$= \lambda_0 + \lambda_g \cdot g \qquad (4.45)$$
$$g = \Omega(\hat{\lambda}^*)$$
$$= \Lambda \cdot (g_\lambda \hat{\lambda}^* - g_r i_R) \qquad (4.46)$$
$$\Lambda = \pi \bar{\sigma} s / \{(s - g_r)\pi \bar{\sigma} - g_u\}$$

Λには，長期的労働生産性上昇率$\hat{\lambda}^*$の資本蓄積率gに対する直接的効果と利潤率rや稼働率uとの相互連関を介した間接的効果が反映されている。

ここで示されている双方向の因果連関について，本書でもレギュラシオン理論における呼び方にしたがって，$\hat{\lambda}^* = \Phi(g)$を「生産性レジーム (productivity regime)」，$g = \Omega(\hat{\lambda}^*)$を「需要レジーム (demand regime)」と呼ぶことにしよう (Boyer [1988])。「生産性レジーム」は，資本蓄積が生産性上昇をもたらす度合いを表しており，「需要レジーム」は生産性上昇に伴ってどの程度需要が拡大するかを示している。資本蓄積の長期的動態過程においては，「生産性レジーム」と「需要レジーム」との間にポジティヴ・フィードバックが生じ，「累積的因果連関」が生じる可能性があるのである。ここではそのための条件を検討することにしよう。

まず，そのための条件としては，$\lambda_g > 0$，および$\Lambda > 0$であることがあげられる。$\lambda_g > 0$という条件は，雇用システムや技能形成システムなどの諸制度の間で「構造的両立性」が成立し，長期的に「カルドア＝ヴェルドーン法則」が作用する状態のもとで成立する。さらに，$\Lambda > 0$であるためには，次の条件が必要である。

$$(s - g_r)\pi \bar{\sigma} - g_u > 0 \qquad (4.47)$$

これは，先に検討した(4.35)(4.36)(4.37)に対応している条件であり（ただし，πを外生変数として扱っている点に注意），このうち(4.35)と(4.36)，すなわち，「賃金主導型成長」と「安定的な利潤主導型成長」の場合は，(4.47)の条件を満たしている。もちろん，ここでは長期モデルなので，「ロビンソニアン安定条件」

は満たされ，$(s-g_r)>0$ と考えられる。したがって，(4.47)の条件が満たされるためには，投資の利潤率に対する感応性 g_r や投資の稼働率に対する感応性 g_u が極端に大きくないことが必要とされる。また，体系が安定であるためには，

$$0<g_\lambda \Lambda \lambda_g<1 \tag{4.48}$$

という条件が満たされなければならない。これが満たされないときは，長期的労働生産性上昇率 $\hat{\lambda}^*$ と資本蓄積率 g に不安定な動きが生じてしまう。したがって，長期的なマクロ経済動態においては資本蓄積と生産性上昇との「累積的因果連関」が安定的に作用するための条件としては，「動学的規模の経済」が作用するだけではなく，分配関係が安定的であること，商品市場で不均衡累積過程が持続的に発生しないこと，生産性上昇と資本蓄積の相互作用が適切な強度であることなどがあげられよう。諸制度の間の「構造的両立性」は，このような長期的なマクロ経済動態のなかで理解されるべきものといってよい。

「累積的因果連関」が作用している場合の稼働率 u の長期的水準も (4.13), (4.45), (4.46) から以下のように求めることができる。

$$u=\Lambda(g_\lambda \lambda_0 - g_r i_R)/s\pi\bar{\sigma}(1-g_\lambda \Lambda \lambda_g) \tag{4.49}$$

これが稼働率の長期的水準であり，これが不完全稼働水準ならば，稼働率はこの水準で安定すると考えられる。また，この値が1を越えるならば，それは実現せず，物価上昇をともないつつ，資本蓄積と所得分配が完全稼働水準にあわせて調整されることになるのである。

次に，「累積的因果連関」において，稼働率の長期的水準のもとでの，長期的雇用成長率 $\hat{N}^*$ を求めることができる。ここで稼働率は，その長期的水準のもとで変化率 $\hat{u}=0$ なので，(4.41) より，

$$\hat{N}^*=g-\hat{\lambda}^* \tag{4.50}$$

となる。そこで，長期的雇用成長率 $\hat{N}^*$，資本蓄積率 g，長期的労働生産性上昇率 $\hat{\lambda}^*$ の関係を図示すると，図4-14のようになる。$\hat{\lambda}^*=\Phi(g)$ と $g=\Omega(\hat{\lambda}^*)$ の交点が45度線の上に位置するか，下に位置するかによって，長期的雇用成長率 $\hat{N}^*$ の方向が決まるのである。この関連は，多部門モデルにおいて，特に製造業部門とサービス業部門，あるいは貿易財部門と非貿易財部門という部門間の連関を考えるうえでも重要である（この点に関しては，第6章を参照されたい）。

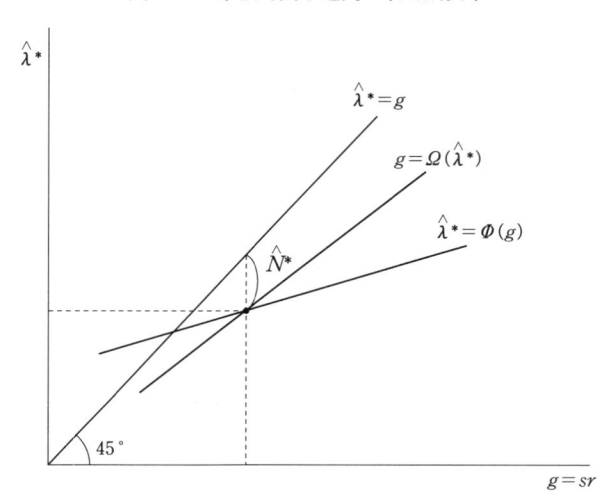

図 4-14　累積的因果連関と雇用成長率

グラフ中のラベル:
- 縦軸: $\hat{\lambda}^*$
- $\hat{\lambda}^* = g$
- $g = \Omega(\hat{\lambda}^*)$
- $\hat{\lambda}^* = \Phi(g)$
- $\hat{N}^*$
- 45°
- 横軸: $g = sr$

(4) 景気循環の諸要因と諸類型

これまで景気循環については理論的分析を行ってこなかったので，ここで補論的な説明を加えておくことにしよう。景気循環は，そのうちに在庫循環や設備投資循環を含む複合的なものであり，それは企業や労使関係などに関わるミクロ的「調整」に対するマクロ的環境を形成しつつ，ダイナミックな大域的調整機構となっている。そのような複雑な動きは，本章のような単純なモデルによる説明の範囲を超えるので，ここでは，ただ景気循環の諸類型を示すにとどめたい。

資本蓄積を規定する力の相互作用は多元的なものであって，それに応じて景気循環には，様々なタイプが考えられる。まず大別して，景気循環を内生的景気循環と外生的景気循環に分けることができる。内生的景気循環とは，経済システムの内的論理にしたがって，循環が発生するものをいう（Flaschel et al. [1997]，浅田 [1997]）。また，外生的景気循環とは，技術革新や外生的な供給ショックなどによって，循環が発生するものをいう。ここで，それらを既存の理論モデルに即して整理したのが表 4-2 である。

在庫循環は，商品市場の需給状態に反応した在庫調整過程によって在庫の積み増しと取り崩しが循環を描くものである。景気の循環的変動のなかでは最短期のものであり，3 年から 4 年の周期を持つ。この在庫循環の重要性は，ホート

表4-2 景気循環の諸類型

	商品市場要因	金融的要因	労働市場要因
A　内生的景気循環			
在庫循環	○		
カレツキ＝カルドア型循環	○		
グッドウィン型循環			○
メディオ型循環（ハロッド＝グッドウィン型）	○		○
ミンスキー型循環	○	○	
B　制約循環			
ハロッド的不安定性	○		
C　外生的景気循環			
シュンペーター型循環	技術革新要因		
その他，原材料価格のサプライショックなど			

レーや宇沢弘文によって強調されている。

　カレツキ＝カルドア型循環は，もっぱら商品市場における投資・貯蓄関係の非線形的な変化によって，もたらされるものである。とくに，投資の加速的拡大から減少に転じる過程では，投資の収益機会が減少し投資の関わる危険が逓増したり，また資本ストックが次第に生産能力化し，これによって発生する過剰な資本ストックが投資の足を引っ張ったりするのである。これは，設備投資循環と呼ばれる循環的変動であり，通常10年程度の循環期間を持つ。また，貯蓄に関しては，所得の一時的上昇が貯蓄率を高めることも循環に影響する（Kaldor ［1960］, Kalecki ［1971］, 浅田 ［1997］）。

　グッドウィン型の循環は，別名マルクス型循環とも呼ばれる。商品市場が均衡していることを前提とし，労働市場の需給状態で賃金シェアが調整されることによって，利潤主導型の投資行動のもとで循環を描くものである。このような循環の非線形モデルによるモデル化は，R. グッドウィンによって初めてなされた（Goodwin ［1967］）。また，宇野弘蔵の「恐慌論」（宇野 ［1953］）も循環の局面に応じた「資本の有機的構成」（労働装備率に対応する）の内生的変化を組み入れているが，基本的構造は労働市場の需給関係で循環が生じるマルクス型循環である。しかし，マルクス型循環においてつねに商品市場が均衡していると想定しているのには無理があり，現実には，投資・貯蓄関係で不均衡の累積的過程が発生

しうるものと考えられる。

　マルクス型循環にこのような投資・貯蓄関係の不均衡過程を組み入れたものは，それを初めて非線形モデルで定式化した A. メディオにちなんでメディオ型循環と呼ばれたり，あるいは商品市場の不均衡の累積的拡大を定式化したハロッドにちなんでハロッド＝グッドウィン型循環と呼ばれたりする（Medio [1980], Flaschel et al. [1997]）。この循環では，好況過程で活発な投資によって商品市場の超過需要が拡大するが，その過程で投資が利潤に感応的になり，完全雇用の近傍での実質賃金上昇によって投資が急速に減退し，景気が反転するというものである。すなわち，ここでは，需要形成パターンが不安定な利潤主導型のそれであることが前提とされる。このような，好況期の商品市場の超過需要状態が，完全雇用近傍での実質賃金の上昇をまって反転するハロッド＝グッドウィン型循環になるか，あるいは，それ以前に投資・貯蓄関係自体の論理で反転するカレツキ＝カルドア型の循環になるかは，労働力の成長率や「賃労働関係」の制度化のあり方などに依存してケース・バイ・ケースである。いずれにしても，本章で示した資本蓄積モデルを景気循環モデルへと発展させた場合，これらの循環と類似したものになるだろう。

　ミンスキー型循環は，第2章で説明した「金融不安定性」に基づいて発生する循環である（Minsky [1975] [1982]）。好況過程でキャッシュフローが順調に還流してくると次第に負債構造が脆弱となり，投資が利子率の変化に対して過敏になって，利子率の上昇によって投資の減退を招くのである。またミンスキー型循環における不況過程の「負債デフレーション」も不況を深刻化させる重要な要因である。

　「内生的景気循環」のほかに，完全雇用の「天井」と不況の「床」とを制約されて，両者のあいだを不安定に行き来する「制約循環」も存在する。典型的なものは，ハロッドの不均衡累積過程である（Harrod [1973]）。もっとも，これに，商品市場の非線形的運動や，労働市場の規定性が加われば，前述のカレツキ＝カルドア型循環やハロッド＝グッドウィン型循環といった内生的循環に変化する。

　さらに，「外生的景気循環」としては，技術革新の群発によって，景気が上昇していき，それが飽和し停滞すると下降局面をたどるといった循環がある。代表的なものは，シュンペーターによって示された景気循環である。また，原材料価格の変動などの外生的変化も景気変動の引き金となる。

実際の景気循環は，以上の異なった循環期間を持つ様々な内生的景気循環と外生的景気循環のいくつかが組み合わされた「複合循環」であることが多い。この「異種のサイクルの交錯」という視点はシュンペーターによって強調されたものである（篠原［1994］）。景気循環は，「調整」の多段階的で重層的な性格に対応して，重層的な構造を持っているのである。そして，そのような重層的な循環が「構造安定性」を持った資本蓄積レジームを形成するときには，循環的変動は一種のアトラクターを形成し，マクロレベルでの「大域的」な調整機構となると考えることができる。これに対して，構造的に不安定な時期においては，資本蓄積の動態は資本蓄積レジームの不可逆的な転換と絡み合っていることもあって，きわめて不規則で複雑な動きをするのである。

4 戦後資本主義の「黄金時代」とマクロ経済構造

(1) 戦後資本主義の制度的特徴と利潤率の長期的変動

戦後資本主義の経済動態を検討する前に，これまで第2章と第3章で説明された戦後資本主義の制度的特徴を，そのマクロ経済的効果に力点をおいて簡単にふりかえっておこう。

第1に，第3章で詳しく説明したように，戦後における制度的特徴としては，寡占市場と法人企業組織が重要である。寡占市場に関しては，企業は価格支配力を持ち，これがインフレーション傾向をもたらした。また，法人企業組織に関しては，巨大な法人企業組織が成立し，しかも，「所有と経営の分離」だけでなく「所有と支配の分離」がかなり一般的となったことで，企業の行動については企業組織の維持と拡大が自己目的となり，企業組織の自律性が高まった。

第2に，「テーラー主義」が広く採用されるようになった。とくに，アメリカの企業においては1920年代に企業内訓練が必要とされ，内部労働市場の形成が見られたが，そのとき企業の主導理念となったのが，「テーラー主義」と「科学的管理」である。このテーラー主義によって大量生産が可能となり，製造業の生産性が飛躍的に上昇したのである。

第3に，内部労働市場と分断的労働市場の形成である。企業組織内部の労働の配分は第3章で詳しく説明したように「内部労働市場」という言葉で表される。労働者は，企業内部において様々な職種や職務に配置され，その賃金は企業内に

おいて決められる。「内部労働市場」はかなりの程度閉鎖され，それによって労働市場が相対的に高い賃金と安定的な雇用を持つ「第1次市場」とそのような制度化を欠き低賃金と不安定な雇用の「第2次労働市場」とに「分断化」される。「労働市場の分断化」の形態や程度が各国間で相違している点は重要であり，例えば，アメリカや日本は「分断化」の度合いが大きいが，スカンジナビア諸国は小さい。

第4に，戦後における「賃労働関係」の大きな制度的変化としては，団体交渉制度の確立をあげることができる。とくに，アメリカにおいてはタフト＝ハートレー法の制定（1947）により，団体交渉制度（collective bargaining）が一般化していく。団体交渉制度の成立により労使交渉が集権化し，かつその内容が労働条件をめぐる交渉から賃金をめぐる交渉へと変化した。言いかえれば，「階級闘争」は，制度化された枠組みのなかで行われるようになったのである。

第5に，管理通貨制度の確立があげられる。第2次大戦以降の先進資本主義諸国においては，管理通貨制度が一般化し，マクロレベルで信用の弾力的供給が行われた。それにより，管理通貨制度のもとでは，「金準備」に制約されることのない裁量的な金融政策が可能となったのである。

次に，このような制度的編成を背景として，戦後資本主義全体にわたって資本蓄積のバロメーターである利潤率の推移がどのようなものであったかを分析することにしよう。利潤率を，以下のように簡単に分解する。

$$r = \{1-(w/p)/\lambda\} \cdot \frac{X}{K}
= \pi \cdot (X/K) \tag{4.51}$$

戦後資本主義の利潤率の推移は図4-15に，また，各地域ごとのデータは表4-3に示されているが，そこから次のような事実が確認できる（ここで，ACC：Advanced Capitalist Countries は OECD 7大国の平均を示す）。表4-3の数字は，ピーク年を1.00としたときの割合を示している。ピーク年とは，収益性の持続的低下が始まる年の前年を示すものである。それは，具体的には，ACC で1968年，US で1966年，Euro. で1960年，Jap. で1970年である。これらから次の事実が確認できる。

第1に，ACC において，50年代と60年代の「黄金時代」には利潤率はきわめて高かったが，利潤率低下は60年代にはすでに開始した。重要な点は，とく

図4-15 戦後における先進資本主義諸国のマクロ経済変数

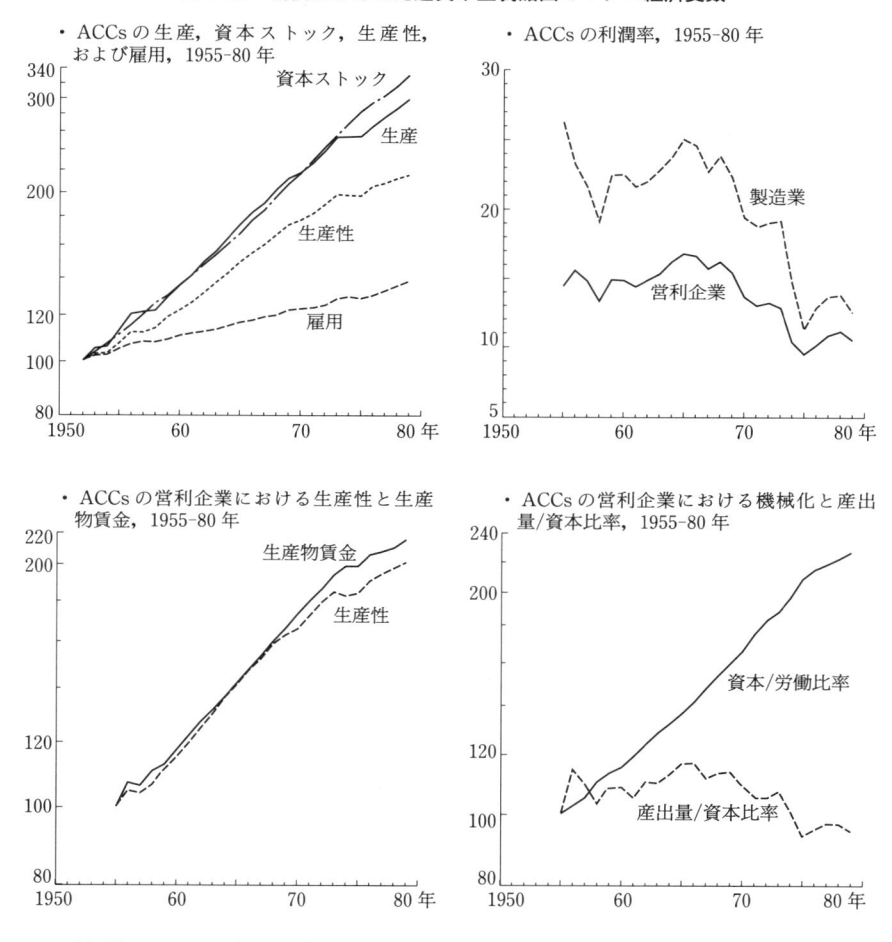

・ACCsの生産，資本ストック，生産性，および雇用，1955-80年

・ACCsの利潤率，1955-80年（製造業，営利企業）

・ACCsの営利企業における生産性と生産物賃金，1955-80年

・ACCsの営利企業における機械化と産出量/資本比率，1955-80年（資本/労働比率，産出量/資本比率）

(出所) S・マーグリン＝J・ショアー編著『資本主義の黄金時代』東洋経済新報社，1993年（Marglin and Schor（eds.）[1990]），図2-1，図2-2，図2-3，図2-4。

にアメリカの場合には利潤率の低下は，60年代中期に始まっており，それはオイルショックに先立っていたという点である。第2に，利潤シェア π の低下も60年代中期から70年代にかけて発生した。これは，後に説明するように，60年代後半からほぼ完全雇用状態になり，それによって「完全雇用利潤圧縮」(full-employment profit squeeze) が生じたことによるのである。第3に，産出量・資

表4-3 利潤率低下の要因分解

	1973				1979			
	ACC	US	Euro.	Jap.	ACC	US	Euro.	Jap.
r	0.80	0.66	0.68	0.61	0.63	0.54	0.57	0.46
π	0.85	0.74	0.75	0.79	0.78	0.70	0.67	0.66
X/K	0.93	0.89	0.91	0.77	0.83	0.77	0.85	0.66

（出所）S・マーグリン＝J・ショアー編著『資本主義の黄金時代』東洋経済新報社, 1993年（Marglin and Schor (eds.) [1990]）, 第2-10および第2-13より作成。

本比率 X/K の低下も60年代後半に開始したのであって，それは資本蓄積の低下に先立っている。第4に，利潤率の低下に対して，1973年以前では利潤シェア π の低下の影響が大きい。とくに，アメリカとヨーロッパでは，これが大きな影響を持った。表には直接示されてはいないが，内容的には，ヨーロッパでは，「賃金爆発」による実質賃金率の上昇が，アメリカでは生産性上昇率の低下が大きく効いている。アメリカの生産性上昇率の低下については，レギュラシオン理論ではフォード主義の行き詰まりによって，SSA理論では「失業コスト」の減少による労働意欲の低下によって説明される。これに対して，日本では産出量・資本比率 X/K の低下の要因が大きく効いている。第5に，1973年以降では，産出量・資本比率 X/K の低下の要因が大きくなるが，これは長期不況による稼働率の低下が効いているといえよう。

比較成長体制的観点から見た場合，次の点がとくに重要である。まず，「利潤率の低下」は，けっして長期趨勢的な傾向法則ではなく，趨勢として上昇する時期と低下する時期があり，各国の成長体制の盛衰に応じて大きく変動するのである。したがって，利潤率の長期的変動は，成長体制の転換の一指標となる。また，産出量・資本比率の変動も主として供給要因によって影響を受ける時期と需要要因によって影響を受ける時期とがありうるのである。

(2) 「黄金時代」の成長パターン

さて，「黄金時代」の制度的諸編成と利潤率の変動との構造的関係を理解するために，成長パターンの背後にある因果連関を検討することにしよう。この時期の経済成長において特徴的なのは，次のような事実である。第1に，労働生産性と労働者1人あたりの資本ストックがともに並行的かつ急速に上昇した。このこ

第4章　資本蓄積の理論　257

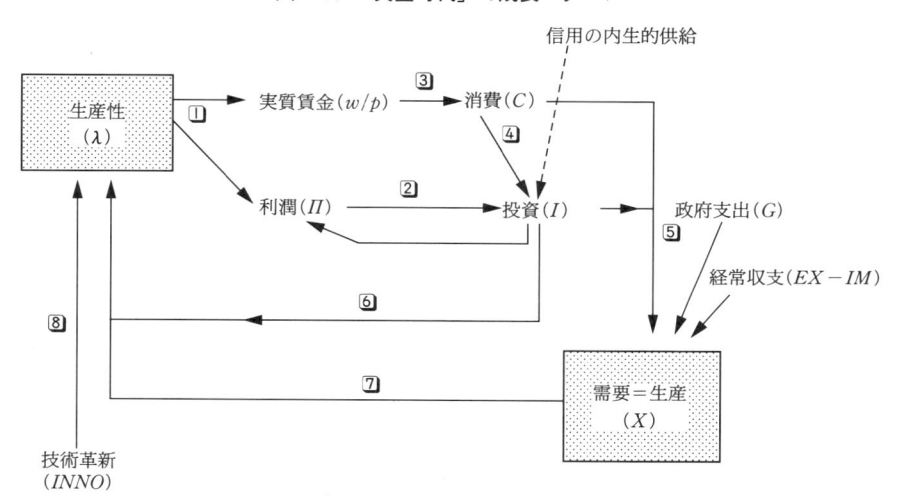

図 4-16　「黄金時代」の成長パターン

とが，産出量・資本比率をほぼ一定に維持した。第2に，趨勢として実質賃金が労働生産性と並行的に上昇した。このことは，趨勢的に利潤シェアが一定であることを保証した。第3に，60年代中葉までは利潤率がほぼ一定に維持された。さらに，第4に，こうして国内市場中心の大量生産・大量消費の成長体制が成立した。

さて，このようなマクロ経済構造が持つ動学的特性の構図を分析しよう。本書の資本蓄積モデルに基づき，レギュラシオン理論でいう「フォード主義的蓄積体制（Fordist regime of accumulation）」の「累積的因果連関」の図式を修正して描けば，図 4-16 のようになる。

ここで示されているのは，生産性と成長率との相互促進的関係に関するカルドアの論理と賃金—利潤間の所得分配と需要形成に関するカレツキの論理とを統合したものである。この累積的成長の論理をたどっていこう。まず，戦後資本主義においては，テーラー主義が一般化した（ただし，日本などは非テーラー主義的要素を多く持っている）。また，生産ラインの機械化も進んだ。こうした制度的編成をミクロ的基礎として，高い生産性上昇が達成されたのである。このような生産性上昇は大きな生産能力の増加をもたらし，それが十分な需要の成長によって実現することによって所得を生み，その所得は賃金と利潤に分配された（①）。ここで重要なことは，所得の成長が高いので，賃金と利潤との間で分配をめぐる

コンフリクトが緩和されたことである（成長による調整）。また，実質賃金の生産性に対する並行的上昇が観察された。これについては，しばしばレギュラシオン理論において「インデクセーション」と呼ばれているが，明示的なインデクセーションが実現したのは，ごくわずかな国の短い時期である。アメリカ合衆国においては，明示的なインデクセーションは存在しておらず，3年ごとの賃金交渉においてある程度，生産性上昇の先取りがなされたこと，および成長にともなう事後的な実質賃金の上昇が観察されただけである。しかし，それによって持続的賃金上昇が達成されたのは事実である。

　こうして分配された賃金と利潤のうち，まず利潤については，その増大が期待利潤率を上昇させ投資が増大する。増大した投資支出は同時に高水準の利潤を実現する（②）。カレツキやロビンソンが強調した投資と利潤の相互促進的連関である。そのもとで高水準の利潤率が実現したのである。さらに，これとともに「黄金時代」においては金融システムが比較的安定していて，投資計画に対して信用貨幣の内生的供給が順応的になされたことも，投資の活発化に重要な役割を果たした。次に，賃金から消費への連関であるが，賃金からの消費性向の方が利潤からの消費性向よりも大きいので，実質賃金の上昇は消費需要の上昇をもたらす（③）。このようにして，持続的賃金上昇は持続的な消費の拡大をもたらし，それが戦後の大量消費を支えたのである。

　次は，消費と投資の連関である（④）。この連関には，少なくとも2つの異なったタイムホライズンを持った効果が存在すると考えられる。1つは短期的なものであり，稼働率の調整を介して需要の拡大が投資に影響を与えるという経路である（「資本ストック調整原理」）。もう1つはより長期的なもので，消費需要の持続的拡大が期待形成に影響を与えて投資の持続的な成長を促すものである。もちろん，現実の投資決定は，これら2つの効果と先の期待利潤率の影響が複雑に絡み合っている。そして，すでに見たように，それらの効果の合成結果として，賃金シェアと成長率との関係は正にも負にもなりうるのである。そこから，「利潤主導型成長」となる場合もあるし，「賃金主導型成長」となる場合もある。戦後資本主義の「黄金時代」あるいは「フォーディズム」の成長パターンを「賃金主導型」のそれに一元化してとらえる傾向が一部の論者に存在するが，それは過度の単純化であって，成長の各局面や国ごとのマクロ経済構造の特質によっても異なっていたといえよう。

投資需要と消費需要との合計に政府支出（G）と経常収支（$EX-IM$）を加えると，総需要となる（⑤）。このうち，政府支出は，ケインズ主義的な総需要管理政策の要として，重要な役割を演じた。経常収支については，この時代の先進資本主義諸国，とくにアメリカや日本に関しては，影響が小さく内需主導型の成長をとげたものといえる。貨幣的総支出の増大は実質生産量の増加をもたらし，物価上昇はマイルドなものであった。

さて，次は投資や総需要の成長から生産性の上昇への連関である。まず，投資の増大は，設備の更新をもたらし生産性を上昇させる（⑥）。そこから，新設備の導入と旧設備の廃棄のダイナミズムが生み出される。それは，先に見たように部門内競争の状態に依存する。また，総需要の増大は製造業を中心にいわゆる「カルドア・ヴェルドーン法則」の効果を生みだし，生産性を上昇させる（⑦）。これらが，「生産性上昇のマクロ的基礎」である。これとともに労働者の労働意欲を引き出すミクロのインセンティブ・メカニズムも存在していた。「産業予備軍効果」が重要な意味を持っていたアメリカのような国もあるし，スウェーデンや日本のように制度化されたインセンティブ・メカニズムが存在していた国もある。さらに，これらと密接に絡み合っているが，とりあえず独立の要因として活発な技術革新の要因を考えることができる（⑧）。

以上総括し，需要の成長（$\hat{X}$）から生産性上昇（$\hat{\lambda}$）への連関（「生産性レジーム」）と生産性上昇（$\hat{\lambda}$）から需要の成長（$\hat{X}$）への連関（「需要レジーム」）とが相互に累積的な影響を及ぼし，一種の「累積的因果連関」を形成したと考えることができる。したがって，需要の成長と生産性上昇との累積的連関の結果として，安定的な雇用の成長率（$\hat{N}=\hat{X}-\hat{\lambda}$）がえられた。戦後資本主義の「黄金時代」においては，この「累積的因果連関」が，安定的にかつポジティヴに作用し，雇用も大きく成長したのだった。

戦後の高成長を以上のように理解したとき，まだ十分に解明されていないいくつかの論点が存在する。第1に，ヨーロッパや日本のアメリカに対する追跡過程と新技術の国際的波及という問題であり，この点はヨーロッパや日本の高成長を理解する場合には，欠かすことのできない要素である。第2は，労働市場の構造の各国間の相違をどのように理解するかという問題である。アメリカにおいては，戦後，「労働市場の分断化」が観察された。これがマクロ経済の動態にどのような影響を与えたかは，十分に解明されているとは言えない。とくに，実質賃

金が生産性に連動して上昇することが制度的に保証されているのは，第1次市場の労働者だけであり，第2次市場の労働者は競争的な労働市場に直面している。このような構造のマクロ経済的効果をどのように理解するかは大きな問題である。また，スウェーデンなどでは，「労働市場の分断化」そのものがかなり抑制されていたことも注意すべきである。

(3) 「黄金時代」の行きづまり

1960年代後半から70年代に至る「黄金時代」の崩壊過程は，成長率の低下，生産性上昇率の低下，利潤率の低下を伴うとともに，失業率の上昇とインフレーションの加速化の併存という，いわゆる「スタグフレーション」を伴うものであった。この点を次に説明しよう。

まず，利潤率の低下が，「黄金時代」の崩壊過程に重要な役割を演じたことは，想像するにかたくない。先の利潤率の要因分解からも分かるように，それは，当初は，生産性上昇率の低下と実質賃金率の上昇によってもたらされた。

このなかで，生産性上昇率の低下については，大きく分けると2つの原因が指摘されている。まず，第1に，「テーラー主義」の行き詰まりという問題である。これは，レギュラシオン理論によって主張された。すなわち，「構想」と「実行」の過度の分離によって，労働者の労働意欲の喪失がもたらされたとされるのである。第2には，「産業予備軍効果」の低減であり，これはSSA理論によって強調された点である。すなわち，経済システムが完全雇用の近傍に至ったことや，失業給付が整備され充実したことなどの制度的要因によって，「失業コスト」が減少し，それによって，労働者の労働インセンティブが低下したというのである。確かに，アメリカを対象にする限り，アブセンティーイズムなど，労働者の規律がゆるんだことは否めない。

実質賃金の上昇に関しては，経済システムが完全雇用の近傍へ至ったことの影響が大きい。とくに，ヨーロッパでは，「賃金爆発（wage explosion）」と呼ばれるような加速度的な賃金上昇が見られた。ある意味で，「マルクス的レジーム」への転換である。もちろん，完全雇用の近傍での実質賃金の上昇に関しては，「賃労働関係」に関する各国の相違が見られ，例えば，日本ではさほど顕著ではない。

以上，マクロ的に集約すれば，1960年代後半には「利潤圧縮（profit squeeze)」が生じたのである。その意味では,「黄金時代」の終焉の主要な原因は,国内のサプライサイドにある。この時期では,まだ投資は比較的堅調であったが,「利潤主導型」の需要形成パターンが一般化するなかで,投資が「利潤圧縮」によって減退していったのである。これに加えて,1973年にはオイルショックが発生し,サプライサイドの困難がさらに深刻化し,長期不況となっていった。こうして,1970年代には,やがて投資に関する期待も冷え込み,ディマンドサイドの問題も顕在化していったのである。

5 失業とインフレーション

ここでは,現代資本主義の2大病弊である失業とインフレーションについて説明することにしよう。

(1) ケインズ型失業とマルクス型失業

まず,失業率は,次のように定義される。

$$U = \frac{LP - N}{LP} \tag{4.52}$$

ここで,U は失業率,N は雇用者数,LP は労働力である。このうち,労働需要に関しては,商品市場の需要状態を表す稼働率 u と労働生産性 λ によって規定される。この点をより詳しく説明することにしよう。いま,稼働率を u,潜在的産出量・資本比率を $\bar{\sigma}$,資本を K,労働の限界生産物を λ_m とし,また可変的雇用 N_v と固定的雇用 N_f という制度的な要素を考慮すると,失業者数 N_{un} は次の式で表わされる。

$$\begin{aligned} N_{un} &= LP - (N_v + N_f) \\ &= LP - \{u \cdot \bar{\sigma} \cdot K \cdot (1/\lambda_m) + N_f\} \end{aligned} \tag{4.53}$$

したがって,失業の原因は,大別すれば次の2つとなる。第1に,商品市場の需要不足によって生じる失業であり,稼働率 u の低下によってもたらされる失業である。これは,「ケインズ型失業」あるいは「需要不足型失業」と呼ばれる。このような失業を解消するためには,商品市場での有効需要の拡大が必要である。ここで制度分析の観点から注意すべきは,先に説明したように労働生産性 λ は稼働率 u の関数であり,この有効需要の雇用に対する影響は経済システムの

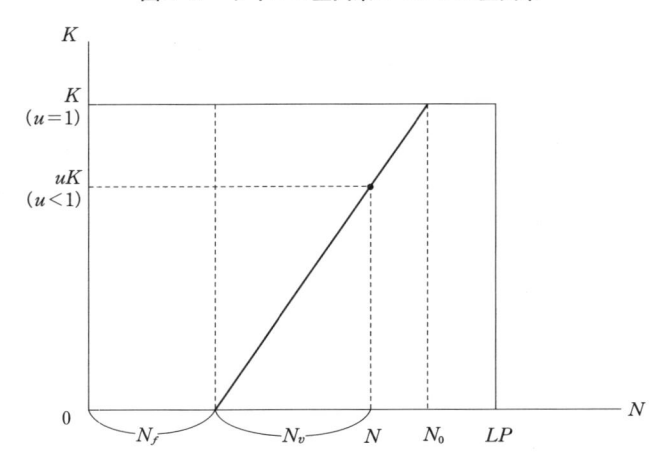

図 4-17 ケインズ型失業とマルクス型失業

制度的特質，とくに雇用調整の制度的メカニズムに依存する，ということである。第2には，たとえ資本設備が完全稼働して，$u=1$ であっても，資本の絶対量が不足して，$(\bar{\sigma} K/\lambda_m + N_f)$ が LP を下まわり，失業が発生するケースが存在する。先の説明で言えば，正の「完全雇用—完全稼働ギャップ」が存在するのである（$\Delta_{h-u} > 0$）。このような状態で発生する失業は，「マルクス型失業」あるいは「資本不足型失業」と呼ばれる。この両者の関係を森嶋［1983］を参考にして図示すれば，図 4-17 のようになる。ここで，$N_0 - N$ は「ケインズ型失業」であり，$LP - N_0$ は「マルクス型失業」である。したがって，次の式が成立する。

現実の失業＝ケインズ型失業＋マルクス型失業

ここで，$N_0 = \bar{\sigma} K/\lambda_m + N_f$ なので，

$$N_{un} = LP - N \\ = \underbrace{(1-u)\bar{\sigma} K/\lambda_m}_{\text{ケインズ型失業}} + \underbrace{\{LP - (\bar{\sigma} K/\lambda_m + N_f)\}}_{\text{マルクス型失業}} \quad (4.54)$$

もちろん，ここで，資本ストック K と稼働率 u は，資本蓄積の動態によって与えられる。J. ロビンソンは，「マルクス型失業」は，低開発国において発生するものであると説明したが，先進国においても資本の急速なスクラップに伴って生産性上昇が生じる場合には，このタイプの失業が発生する。もちろん，それは不況状態であるから，一般に有効需要不足の「ケインズ型失業」を伴うものであ

る。

　次に，労働の供給側の構造を説明しよう。生産年齢人口を Pop とすると，「労働力率（participation rate：PR）」は次のように表すことができる。

$$PR = \frac{LP}{Pop} \tag{4.55}$$

したがって，失業率は，労働需要によって決定される雇用者数 N だけでなく，労働供給にかかわる生産年齢人口 Pop，労働力率 PR によっても規定されるのである。このために労働供給は，人口成長といった社会的要因によって規定されるとともに，制度的・経済的要因である労働力率 PR の影響もうけるのである。労働力率の長期的趨勢と変動は，制度的要因によって大きく規定され，高失業が持続すると，一般に労働力率は低下する。とくに，女性の労働力率の年齢別の形状やその変化は，雇用システムや福祉制度など「労働力の再生産」に関わる制度的構造に大きく依存し，各国間で相違が見られる。

　ところで，本章の議論で中心的な位置にある稼働率と失業率（あるいは雇用率）との相対的位置関係や変動の連動関係は，雇用システムに関する比較制度論的な分析の重要な対象である。図4-18は，70年代以降の失業率と稼働率の変動に関する国際比較を表したものであり，その背後に各国間での雇用システムの制度的相違が見てとれる。

(2) インフレーション

　インフレーションとは，全般的に物価が上昇する現象をさすが，物価上昇率の程度やその原因によって，様々に区別することができる。

　まず，物価上昇率による区別が考えられる。歴史上，年率100％をはるかに超えるインフレーションを何度も経験している。たとえば，最も有名なものとして，第1次世界大戦直後のドイツのインフレーションがある。このように，年率数10％あるいは100％をも超えるインフレーションを，「ハイパー・インフレーション」という。これに対して，第2次大戦後の先進資本主義国では，年率3％から5％程度のインフレーションが見られた。このようなマイルドなインフレーションを「クリーピング・インフレーション」という。

　また，原因による区別も存在する。需要超過によって，物価が全般的に上昇する現象を，「ディマンド・プル・インフレーション」と言い，これに対して，賃

図 4-18　失業率と稼働率の変動：国際比較

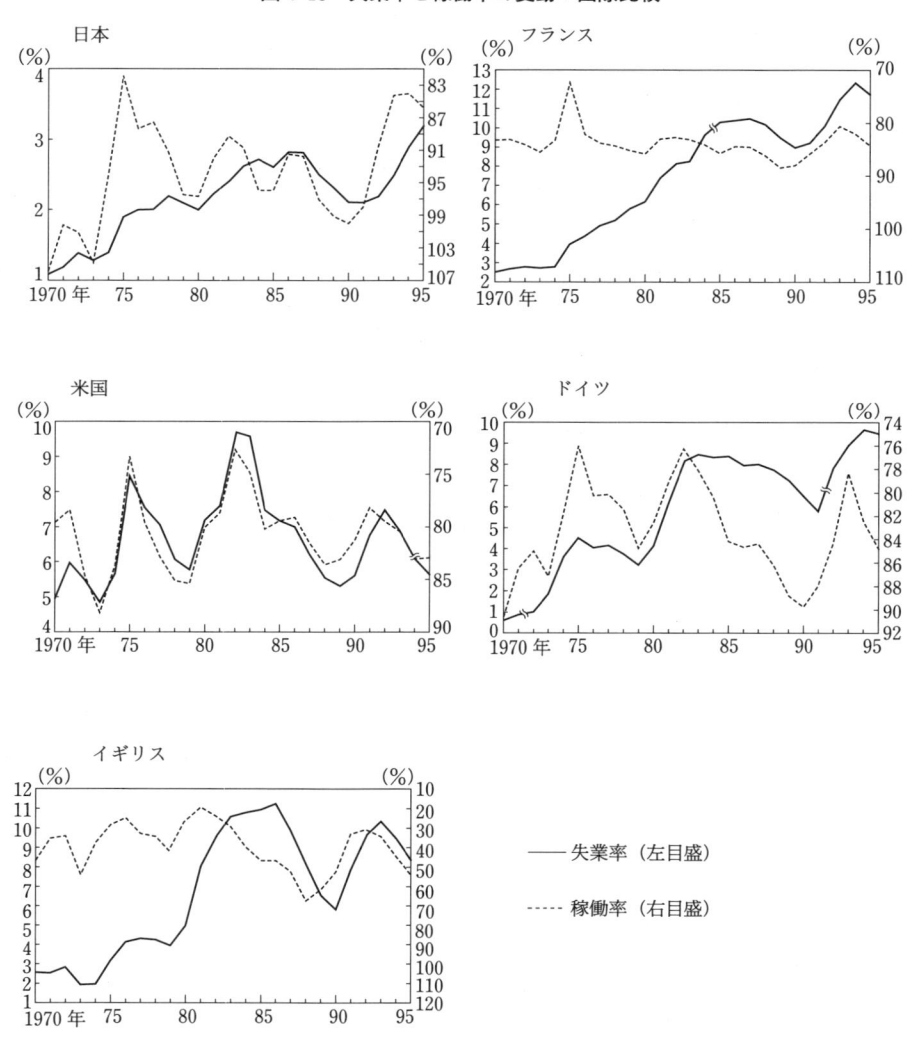

(注)　イギリスの稼働率はフル生産を行っている企業の割合である。
(出所)　日本銀行『国際比較統計』1996 年。

金や原材料価格などのコストが上昇し，これが価格に転嫁されることによって発生する全般的な物価上昇を，「コスト・プッシュ・インフレーション」という。「コスト・プッシュ・インフレーション」を発生させる要因には，完全雇用状態における賃金の上昇や原材料価格の高騰などがある。先に説明した「インフレーション・バリア」もコスト・プッシュ・インフレーションの一形態である。また，「コスト・プッシュ・インフレーション」の一種として，「生産性格差インフレーション」と呼ばれている構造的インフレーションも存在する。これは，経済に生産性上昇率がことなる部門がある場合に，部門間での賃金の平準化というコスト・プッシュ要因によって，全般的な物価上昇が生じるものである（高須賀 [1965]）。これについては，第 6 章で詳しく扱われる。いずれにしても，ここで重要なのは，第 2 章でも論じたようにインフレーションは「貨幣数量説」が言うように純粋に貨幣的現象なのでは決してなく，経済システムの内部で作用する様々な実体的な調整メカニズムの構造的連関が大きく関わっているということである。したがって，その分析には「構造論的アプローチ」が必要なのである。

(3) スタグフレーションとコンフリクト理論

① フィリップス曲線

「フィリップス曲線」とは，フィリップスが，過去約 100 年にわたるイギリスのデータをもとに検証した関係であり，当初は，貨幣賃金上昇率と失業率との背反関係であったが，のちに物価上昇率と失業率との背反関係も「フィリップス曲線」と呼ばれるようになった。これを表したのが，図 4-19 である。

この「フィリップス曲線」は，本書のこれまでの議論との対応関係から言えば，産業予備軍効果の一表現であると言える。しかし，本章の分析から言えば稼働率 u と雇用率 h とが連動して動いている「短期」においては，この曲線は安定的であるが，労働生産性上昇率や産業予備軍効果の作用が変化する長期的な過程においては，変化するものと考えることができるのである。

② スタグフレーション

「フィリップス曲線」では実証的に，またケインジアン理論では理論的に，失業と物価上昇率の背反関係が結論づけられているが，1970 年代にはこの関係に反する現象が一般化した。これが，「スタグフレーション」である。「スタグフレーション（stagflation）」とは，「停滞（stagnation）」と「インフレーション

図4-19　フィリップス曲線

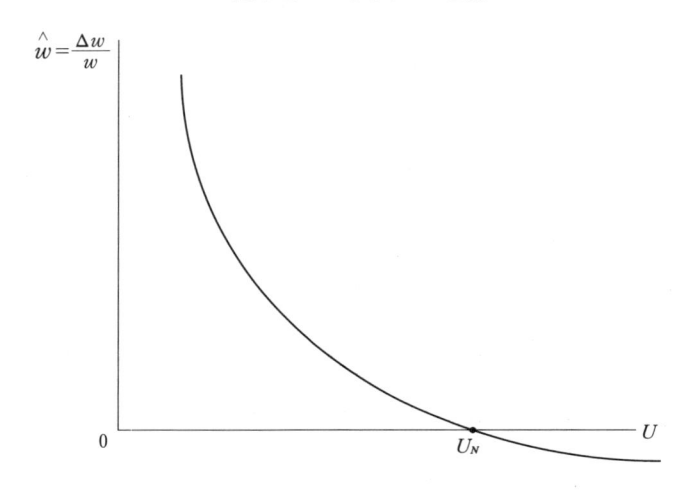

(inflation)」の合成語で，不況（失業率の上昇）とインフレーションとの併存を指す言葉である。スタグフレーションでは，失業率とインフレ率が同時に上昇するので，フィリップス曲線は，右上にシフトすることになる。このような状態においては，貨幣的支出によってもたらされる有効需要の増大はインフレーションの加速化をまねき，こうしてケインズ政策は，このスタグフレーションという事態に直面して有効性を大きく喪失したのである。

③　スタグフレーションに対する2つの理論

スタグフレーションという現象は，理論的にどのように説明されうるのであろうか。まず，期待物価上昇率を加えた「修正されたフィリップス曲線」が議論の出発点となる。これは，物価上昇率が期待物価上昇率に影響をうける点を考慮し，フィリップス曲線を修正したものである。ここで，簡単のために，物価上昇率を $\hat{p}$ とし，期待物価上昇率を $\hat{p}^e$ とすると，

$$\hat{p}=f(U)+\hat{p}^e \tag{4.56}$$

となり，これを図示すると，図4-20のようになる。このように，フィリップス曲線に期待物価上昇率を組み入れて修正したばあい，フィリップス曲線は，$\hat{p}^e$ だけ上方にシフトする。したがって，期待物価上昇率が現実の物価上昇率を押し上げ，それがさらに期待物価上昇率を上昇させる場合，フィリップス曲線は，連

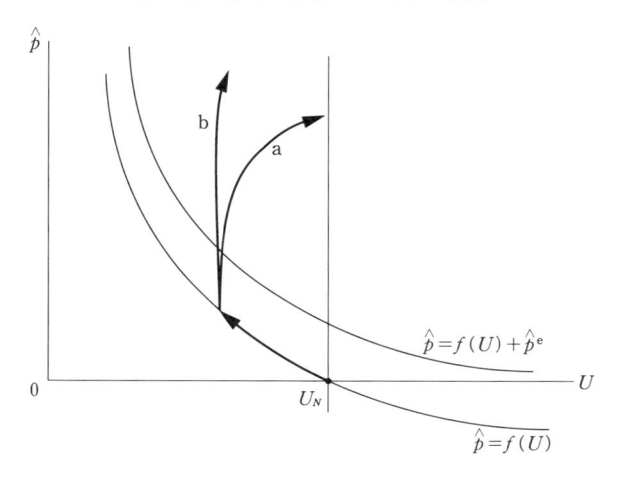

図 4-20　修正されたフィリップス曲線

$\hat{p} = f(U) + \hat{p}^e$

$\hat{p} = f(U)$

続的に上方へシフトしていくことになる。先の「構造的カレツキ＝カルドア・モデル」においては，不完全稼働状態では，物価水準は一定であったが，このような「修正されたフィリップス曲線」を仮定することで，不完全稼働状態でも物価上昇が発生することになるのである。

スタグフレーションの説明は，この「修正されたフィリップス曲線」が出発点となり，この方程式を出発点として，2つの対立する説明が存在している。

1) マネタリスト (M. フリードマン) の説明

もっとも有名なものは，マネタリストのM. フリードマンの説明である。フリードマンの議論で重要な役割を演じているのが，長期と短期の区別である。この長期と短期の区別は，マーシャルやケインズのものとは異なる。すなわち，かれは，適応的な期待形成の結果，期待値と実現値が一致する状態を「長期」と呼ぶのである。それは，「修正されたフィリップス曲線」に即して言えば，期待物価上昇率と現実の物価上昇率とが一致することを意味する。すなわち，$\hat{p} = \hat{p}^e$ となる状態である。このとき，$f(U) = 0$ となり，これに対応する失業率 U_N が「自然失業率 (natural rate of unemployment)」であり，「長期」において経済はそれを実現する垂直線上に位置することになる。したがって，結局，「自然失業率」より失業率を下げようとするいかなる試みに対しても，図4-20の矢印aのように経済が「長期」均衡状態に収束するならば，物価を上昇させるだけの結果とな

る。したがって，スタグフレーションとは，マネタリストによれば，過度の有効需要政策やサプライショックによって，「自然失業率」よりも失業率を下げようとすることによって発生するものである。そして，スタグフレーション過程それ自体は，「長期」均衡状態へと収束する一過程ということになるのである。このために，スタグフレーションからの脱却の手段としては，政府の介入を避け，市場の調整能力に任せることが主張される。

しかしながら，第2章で見たように貨幣供給は内生的で，つねに貨幣と実物とのあいだに相互作用があるものと考えるならば，「長期」においては貨幣は中立的なものとなり，過大な貨幣供給がインフレーションをもたらすというマネタリストの論理は成立しなくなる。また，期待値と実現値の一致の仮定は，完全合理的な経済主体を想定することを意味し，「合理性」が社会的なコンテキストに依存しつつ限定されていると考える本章の立場からは採用しがたい[11]。

2）ポスト・ケインジアンの説明——コンフリクト理論

これに対して，ポスト・ケインジアンあるいは「制度の経済学」では，インフレーションは，構造的現象であり，価格決定，賃金交渉制度，産業構造に関わる現象として理解される。それは，単なる貨幣的現象に解消することはできないのであって，「構造論的アプローチ」が必要なのである。とくに，1970年代のスタグフレーション期におけるインフレーションの加速化を，労使間のコンフリクトによって説明するものとしては，「インフレーションのコンフリクト理論」がある。それを初めて定式化したのは，R. ローソンであり，M. ソーヤーや M. ラボアなども同様な枠組みで議論している（Rowthorn [1980]）。その理論を理解するうえでのキーワードが，「アスピレーション・ギャップ（aspiration gap）」であり，それは次のように表すことができる。

$$A = \Pi_d + W_d - 1 \qquad (4.57)$$

ここで，A が「アスピレーション・ギャップ」である。Π_d は企業の利潤シェアの要求水準，W_d は労働組合による賃金シェアの要求水準であり，その合計から1を引いたものが「アスピレーション・ギャップ」（A）となる。成長率や生産性上昇率が低下すると，企業の要求利潤シェアと労働者の要求賃金シェアの合計が，1を大きく上回り，アスピレーション・ギャップ A は大きなものとなる。そして，アスピレーション・ギャップが大きくなると企業はその製品価格を上昇させ，労働組合はより高い貨幣賃金を要求するようになるのである。このアスピ

レーション・ギャップをもちいて,「修正されたフィリップス曲線」を書き換えると次のようになる。

$$\hat{p} = g(A) + \hat{p}^e, \quad g'(A) > 0 \tag{4.58}$$

ここで, 稼働率と雇用率とが並行的に動く短い期間を考えれば, 稼働率に正に反応する企業の要求利潤シェア Π_d と雇用率に正に反応する労働組合の要求賃金シェア W_d とは, 並行的に増減する。したがって, 失業率との関係で言えば, それらはともに失業率とは負の関係を持つので, $(dg(A(U))/dU) < 0$ となる。ただし, ここで重要なのは社会的・政治的要因によってアスピレーション・ギャップが大きくなるならば, たとえ不完全稼働でしかも不完全雇用の状態であってもインフレーションが発生するということである。

さて, コンフリクト理論によれば, スタグフレーションのプロセスは, 次のように説明される。1960年代後半から生産性上昇率が鈍化し, また70年代に入って成長率も低下した。このように所得分配のためのパイが増大しなくなるにつれて, アスピレーション・ギャップ A が増加した。それに加えて, オイルショックなど原材料価格の高騰や租税負担の増大が, さらにアスピレーション・ギャップを拡大させた。これによって, インフレーションが進行し, それがある一定水準を超えて持続すると, インフレ期待が実際の物価上昇に大きく反映するようになり, インフレーションはさらに加速化したのである。このような物価上昇の加速化に対しては, これに対応して貨幣が内生的に供給されると考えることができる。このフレームワークにおいては, フリードマンの「長期」の仮定は採用されておらず, 図4-20のbの矢印のように収束しない軌跡を描いていく可能性がある。したがって, インフレーションが加速化しない失業率 U_N も, 単に現象記述的に,「インフレ非加速的失業率:NAIRU (Non-Accelerating Inflation Rate of Unemployment)」と呼ばれる。

このような状態からの脱出策は, 労使交渉制度のなかで生産と所得分配に関するルールを明確化し, それによって労働意欲を高め技術革新を促進して生産性を上昇させ, アスピレーション・ギャップを小さくすることである。それは, 社会制度的な調整による解決ということができる。

以上, スタグフレーションに対する2つのアプローチを比較したのが, 表4-4である。

表4-4 マネタリストとポスト・ケインジアンのスタグフレーション理解

	スタグフレーションの原因	スタグフレーションのプロセス	スタグフレーションの性格	経済過程の行き先	経済政策
マネタリスト	政府による過度の需要拡大 外生的ショック	期待物価上昇率の上昇 $\hat{p}=f(U)+\hat{p}^e$	長期均衡への収束過程	長期均衡 期待値=実現値 自然失業率	新自由主義 小さな政府
ポスト・ケインジアン	成長率の低下 生産性上昇率の低下	アスピレーションギャップの増大 $\hat{p}=g(A)+\hat{p}^e$ $A=\Pi_d+W_d-1$	分配をめぐる社会的コンフリクトの激化の過程	不均衡の持続 NAIRUに収束するとは限らない	新しいケインズ主義 社会制度的調整

(4) マクロ経済変動が経済主体の期待や行動へ与える影響――「制度論的ミクロ・マクロ・ループ」再論

資本蓄積は，物質的な再生産だけでなく社会関係の再生産をもたらすことは，K. マルクスによって強調された点である。また，資本蓄積過程は，同時に経済主体の期待や意識の再生産でもある。したがって，マクロ経済的動態の変化は，経済主体の意識や行動に影響を大きく与える。これは，序章で詳しく説明したように，「制度論的ミクロ・マクロ・ループ」のうち，マクロからミクロへいたる規定関係である。安定的な成長が達成されているときには，重層的に編成された諸制度を介して，それに対応した経済主体の意識や行動パターンが形成され，構造的な長期不況のときには，経済主体の意識や行動パターン自体が変化する可能性が生まれる。これが，制度編成の組み替えや新たな制度の形成へと至る場合もある。ここでは，成長率，失業率，インフレーション率などのマクロ経済変数の変化が，ミクロ主体の意識と行動にどのような影響を与えるか，検討しておくことにしよう。

まず第1に，成長率の変化の影響については，次のように言える。成長率の変化は，将来にわたる企業の成長可能性にも変化をもたらす。それが，例えば人事戦略に影響し，昇進の可能性に変化をもたらす。そのような企業組織での変化は，そこで働く労働者の意識と行動に影響を与えることになるのである。もちろん制度の持つ「慣性」は無視できない役割を演じるが，企業が労働者を統合する力は，企業成長可能性が大きいときの方が強く，それが小さくなると弱まる傾向がある。また，成長率の低下は，国家の財政危機などを通じて，公共的な場での

発言や意識に，すなわち「社会統合」に影響を与える。

　第2に，失業率の上昇は，深刻な社会問題である。失業率が上昇すれば，生活を維持することができない労働者の数が増加する。失業者は，単に賃金を得られないという所得上のペナルティをうけるだけでなく，その社会のあり方によっては，社会からの落伍者としての烙印も押される可能性もあり，精神面でも大きな打撃を受けることになる。もちろん，失業者が社会的にどのように扱われるかは，その社会の労働倫理，さらに制度的には失業保険や職業訓練制度などに大きく左右される。失業の社会的影響として，とくに重要なのは，失業は，すべての人に平等に配分されるわけではなく，年齢，性別，人種などによってきわめて不平等に割りふられる点である。言いかえれば，失業問題は社会的弱者をねらい打ちする傾向があるのである。このようにして，失業者が増加すると社会が不安定になり，これに対して人々の政治的行動が起これば，政治的な動揺が生じる可能性がある。

　第3に，インフレーションの影響も重要である[12]。資本主義においては，市場における取引主体の商品に関する個別的評価が，通時的関連のなかで社会的評価として再評価されるメカニズムが存在するが，それを媒介するものが貨幣である。通常，個別的経済主体は，貨幣の購買力が，すなわち貨幣価値が安定しているという意識を持っている。これを，「貨幣錯覚」と言う。貨幣価値は不断に変動しているが，それにもかかわらず，この貨幣価値の安定性神話が維持されるのは，資本蓄積が構造的安定性を持ち，貨幣価値の変動が一定の範囲内に保たれているからである。ところが，資本蓄積が不安定化したり，あるいは構造的危機に陥ったりすると，この貨幣価値の安定性神話は揺らいでくるのである。とくに，インフレーションが恒常化する場合には，貨幣価値は持続的に低下し，過去の評価と現在の評価との間にズレが生じ，時間を通じた不等価交換が一般化してしまう。このような状態が恒常化すれば，人々は，それを当然のこととして受け取り，それぞれの「期待」に貨幣価値の傾向的変化を組み入れるようになる。とくに，インフレーションのもとでは，借り得の状態となり，経済主体間の貸借対照関係に変化を与える。また，企業の価格設定や労使の賃金交渉については，労使交渉制度などの制度的編成にしたがいつつ，賃金の物価インデクセーションなどの様々なインデクセーションの制度的ルールを生み出す。もちろん，「貨幣錯覚」が存在し続ける限り，いかなるインデクセーションの制度も将来の価格上昇を完

全に予見して先取りすることはできないが，それでもこのような制度的調整は，マクロ経済の動態に大きな影響を与えるのである。また，制度が持つ「慣性」のために，制度的ルールは変更されにくく，これによって，例えば年金生活者などは，年金支払額が目減りするので，インフレ弱者となってしまうのである。ここには，マクロ経済の状態の変化と制度変化とが互いに影響を与えつつも，ある程度独立していることの影響も見逃せない。

補論　景気循環と成長の基礎理論

本補論では，景気循環論や比較成長体制分析を発展させるためのマクロ経済学的基礎を与えてくれる経済理論として，ケインズ，カレツキ，ハロッドの経済学を紹介しよう。

(1) ケインズ『一般理論』

ここでは，J. M. ケインズによって書かれた文献のうち，1936年に出版された『雇用・利子および貨幣の一般理論』(Keynes [1936])にしぼって，そのエッセンスを説明することにしよう[13]。

① ケインズ理論の制度認識：第1に，市場における取引に関しては，ある経済主体の「費用」は，同時に「支出」であり，それは，他の経済主体の「売上げ」として「所得」を形成するものと理解されている。第2に，投資は企業に貯蓄は家計によって行われ，企業と家計とは動機を異にする別の経済主体であると考えられていた。この点は，代表的家計のみを考える新古典派マクロ経済理論と決定的に異なる認識である。第3に，株式会社制度が一般化し株主と経営者とが別の経済主体となっていることが前提とされており，したがって労働者，経営者，株主の3階級モデルであることが特徴である。また，そこでは，企業を構成する実物的生産要素は高い固定性を持っているのに対して，金融資産市場は高い流動性を持つことが強調されている。

② ケインズ『一般理論』の理論的性格：まず，ケインズ『一般理論』の理論的性格としては，以下のものがあげられる。第1に，「一般理論」としての性格がある。すなわち，古典派が完全雇用という特殊な状態を想定したのに対して，それを部分として含むような「一般理論」である。なお，ケインズの使用する「古典派」とは，ケインズ以前の「セー法則」の信奉者のことであり，マーシャ

ルもピグーもセー法則の信奉者として「古典派」に含められているので，注意が必要である。第2に，「短期理論」としての性格がある。すなわち，固定的生産要素が一定であるという仮定がもうけられており，マーシャルのいう意味での「短期（short period）」の枠組みを踏襲している。第3に，ケインズの理論は，集計量の決定理論である。雇用量，所得，物価水準などの集計量が扱われている。

　③　古典派経済学の公準：ケインズは，まず古典派経済学の2つの公準を問題とする。「第一公準」とは，労働に対する需要は，労働の限界生産物が実質賃金に等しい水準に決まるという「公準」である。これは，企業の利潤最大化の条件から導出される。ケインズは当初，「第一公準」を採用していなかったが，R. カーンの勧めで『一般理論』の段階ではこれを採用したといわれる。のちに，この「第一公準」は，所得分配の社会的・制度的決定を重視するポスト・ケインジアンによって批判された。「第二公準」とは，労働供給は，労働の支出にともなう「限界不効用（marginal disutility）」と実質賃金が等しくなる水準に決まるという「公準」である。ケインズはこれを否定し，労働者が働きたくても働けない状態である「非自発的失業（involuntary unemployment）」の概念を提起したのである。

　④　古典派失業理論に対するケインズの批判：「非自発的失業」の分析にあたって，ケインズが次のような制度的認識を示している点が重要である。まず第1に，資本主義は貨幣経済なので，労働者への賃金支払いは，実質賃金ではなく，貨幣賃金で行われているという点である。第2に，生産量の変化に対応して企業が雇用量を調整し，労働時間の長さは労働者の関与できないことがらであるという認識である。ただし，資本主義の基本的関係としては，もちろんケインズの認識が正しいとしても，制度分析の観点から見た場合，これらの点は第4章の本論で詳しく説明したように，労働市場の制度的編成にも大きく依存し，各国間で大きな制度的相違が見られる点には，注意する必要がある。

　⑤　有効需要の原理：ケインズは総需要曲線と総供給曲線との交点に対応する総需要を，「有効需要（effective demand）」と呼んでいる。「第一公準」を採用しているため，それを均衡点で定義しているのであるが，需要が供給を決定するという因果関係は保持されていると解釈してよいだろう。総需要は，政府支出と純輸出とを捨象して考えれば，消費（C），投資（I），からなる。すなわち，総需

要 (Y_d) は

$$Y_d = C + I \qquad (4\text{A}.1)$$

この総需要によってもたらされた所得は消費され,消費されなかった残りが貯蓄 (S) となる。

$$Y_s = C + S \qquad (4\text{A}.2)$$

ここから,「投資＝貯蓄」($I = S$) がえられる。この式は,在庫投資を投資に含めるか否かによって意味が違ってくるが,ケインズは『一般理論』では在庫投資を投資に含めたうえで,なおかつこの式で投資が貯蓄を決定していると主張している。この点は,ホートレーから批判されることとなった。これは,「ケインズ＝ホートレー論争」と呼ばれている。

⑥ 消費関数と乗数過程：消費関数については,ケインズは次のような所得の関数として,消費関数を示している。

$$C = a + bY, \quad 0 < b < 1 \qquad (4\text{A}.3)$$

ここで,$\Delta C/\Delta Y = b$ は「限界消費性向」と呼ばれる。このとき,$1/(1-b)$ は「乗数 (multiplier)」であり,投資増加 ΔI と所得の増加 ΔY の間には,次のような関係があることは,重要である。

$$\Delta Y = \frac{1}{1-b} \Delta I \qquad (4\text{A}.4)$$

⑦ 投資決定論——金融市場の制度的認識：ケインズは,企業家の投資決意が経済の変動を決定すると考え,「資本の限界効率表」によって,投資決定を説明した。そこでは,投資収益に対する長期期待を所与として,利子率の変化が投資の変化をもたらすとされている。そこでは,資本の限界効率 (E) ＝利子率 (i),あるいは資本資産の需要価格＝資本資産の供給価格となる水準で,投資が決定されると説明されている。その前提として,投資の予想収益に関する「長期期待 (long-period expectation)」が所与とされている。すなわち,

$$I = I(i, E), \quad i = E \qquad (4\text{A}.5)$$

ここで,「長期期待」の状態は,将来の出来事に対する心理的な状態の反映であって,「不確実」であると考えられている。ケインズは,かなり経験的確率が高く (probable),かつその確率について確実な知識を持っている場合を「確信の状態 (the state of confidence)」と名づけ重視する。株式市場の組織化の影響を重視し,株式会社制度が一般化して所有と経営の分離がすすみ,組織された投

資市場が存在するもとでは、「社会全体にとっては、『固定している』投資も個々人にとっては『流動的』なものとなる」が、その反面、株式の流動化は特定の資本資産に対する評価を、株式市場における強気弱気、楽観悲観の波にさらすことになると強調している。この点については、有名な「美人投票」のたとえがある。このような投資の不安定性に対して、ケインズは有名な「投資の社会化」論を展開しているが、そこでは、通常の財政政策よりは、むしろ銀行や公的企業などの「半自治的組織体」を重視していた（この点は、鍋島［2001］が詳しい）。

⑧　ケインズの利子論——流動性選好論：ケインズの利子論のエッセンスは、「流動性選好論」である。それは、利子がフローとしての貸付資金の需給によって決定されるとする「貸付資金利子説」を否定し、ストック（資産）としての貨幣と債券との売買を通して決定されると考えている点である。このように、『一般理論』においては、貨幣のストック（資産）としての側面が重視されているのである（この点は、第2章における「流動性選好論」の説明も参照）。ケインズは、貨幣需要を主として取引動機に基づく需要と投機的動機に基づく需要などからなるとしており、以下のように貨幣需要方程式を考えていた。

$$貨幣需要方程式：M^d = \underset{\text{取引動機}}{M_1^d(Y)} + \underset{\text{投機的動機}}{M_2^d(i)} \quad (4A.6)$$

他方、貨幣供給に関しては、ケインズは、『一般理論』のなかでは中央銀行がこれを外生的に決定できると想定しており、貨幣供給量の変化が、利子率（＝債権利回り）に影響を与えることになっている。これに対してその後のポスト・ケインジアンは貨幣供給の内生性を主張している（貨幣供給の内生性と外生性については、第2章を参照）。

⑨　『一般理論』体系の要約：以上を総括して、ケインズ『一般理論』の体系を図式化して要約すれば、次のようになる（伊東［1993］を参考に、一部修正）。『一般理論』の体系は、雇用量の決定理論であり、雇用量にむかって論理的因果連鎖が進んでいる。したがって、『一般理論』の体系は、同時決定体系と考えるより論理的因果連鎖を持った体系と考えたほうが、体系の持っている意味を理解しやすい。

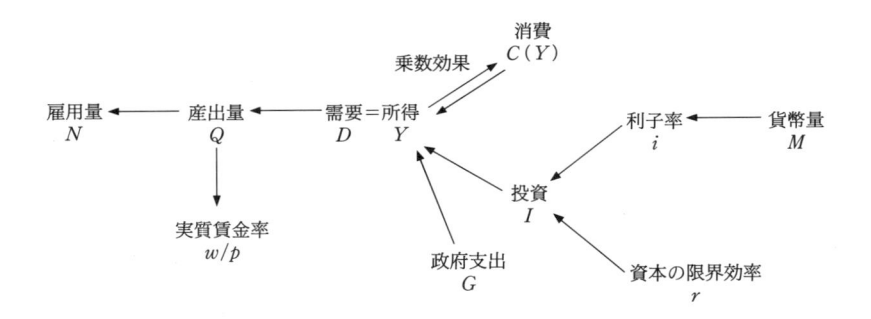

```
            消費
         乗数効果  C(Y)
              ↑↓
雇用量 ← 産出量 ← 需要=所得      利子率 ← 貨幣量
  N      Q      D   Y         i         M
          ↓           ↑       ↓
       実質賃金率      投資
         w/p          I
                ↑      ↑
              政府支出  資本の限界効率
                G       r
```

ケインズ『一般理論』の体系では，貨幣量と資本の限界効率が独立変数で，実質賃金率と雇用量が従属変数となっている。その意味で，ケインズ『一般理論』の体系は，まさに雇用の決定理論なのである。

(2) カレツキの経済動学

カレツキは，ポーランド出身で，その後オックスフォード大学で研究した経済学者であり，ケインズと同時に「有効需要の原理」を定式化したことで有名である。カレツキは，新古典派の系譜ではなく，マルクスやローザ・ルクセンブルグといった理論的系譜から出発しているので，限界生産力説に基づくことなく，所得分配や経済動態を理論化している点が特徴である[14]。

① 「景気循環理論概説」(Kalecki [1933]) と有効需要の原理の同時発見：この論文は，1933年にポーランド語で発表され，しかもそれは『一般理論』の本質的部分を含んでいるものであった。その英訳は，'A Macrodynamic Theory of Business Cycles', *Econometrica*, vol. 3, 1935. として発表された。このように，「有効需要の原理」はカレツキによって同時発見されたものである。このことを指して，J. ロビンソンは，「カレツキはケインズとは独立に，一般理論を発見したが，この発見は，科学の暗合の最もすぐれた一例であった」(Robinson [1952]) と言っている。ケインズと比較したとき，カレツキの経済動学は，次の点を特徴としている。第1に，利潤と賃金への所得分配を明示的に主題化している点があげられる。とくに，投資による利潤の実現を分析している点は重要である。第2に，貨幣的要因と労使関係などの社会制度的要因の相互関係を分析しており，経済における政治的要因の果たす役割に注意を払っている。

② カレツキ景気循環論の基本的フレームワーク：カレツキの「景気循環論」の基本的フレームワークは，以下のようなものである（記号はカレツキ自身の表記を使用している）。まず，「実質粗利潤」は，単位時間当たりの減価償却を含む資本家の実質総所得であり，それらは資本家の消費と貯蓄からなる。

$$P = C + A \tag{4A.7}$$

P：実質粗利潤，C：資本家によって消費されるすべての財，A：固定資本の再生産と拡張のために使用されるすべての財（＝粗蓄積）。カレツキのフレームワークでは労働者による貯蓄および労働者の「資本家的所得」は捨象される。資本家の個人的消費は次の式で与えられる。

$$C = B_0 + \lambda P \tag{4A.8}$$

B_0：固定部分，λP：粗利潤に比例する部分（$0 < \lambda < 1$）。したがって，

$$P = B_0 + \lambda P + A$$
$$\therefore \quad P = \frac{B_0 + A}{1 - \lambda} \tag{4A.9}$$

容易に見てとれるように，一種の「乗数効果」を示している。カレツキもケインズと同様に乗数効果を認識していたのである。

カレツキにおいては，「投資の懐妊期間」が重視され，投資活動は次の3段階で行われるものとされる。1）投資財の注文（I：その単位時間当たりの量）。2）投資財の生産（＝粗蓄積 A）。3）完成資本設備の引き渡し（D：その単位当たりの量）。したがって，θ を「建設期間」とすると，$D_t = I_{t-\theta}$ となる。

「投資関数」としては，次のような「利潤原理」に基づく投資関数を設定している。資本蓄積率が，利潤率の関数となっているのである。

$$\frac{I}{K} = F\left(\frac{P}{K}\right) \tag{4A.10}$$

ここで，K は資本設備なので，P/K は利潤率を表している。カレツキは，これを次のような線形の関数に置き換えている。

$$\frac{I}{K} = m\frac{B_0 + A}{K} - n \tag{4A.11}$$

すなわち，

$$I = m(B_0 + A) - nK \tag{4A.12}$$

したがって，ここから次のような循環が描かれることになる。カレツキは，景気

循環を，回復期，好況期，後退期，不況期という 4 局面にわけている。まず回復期であるが，そこでは，投資財注文量 (I) が更新必要量を上回っているが，まだ新設備引き渡し量 (D) は更新必要量を下回っているので，資本設備 (K) はまだ減少している。これに対して，投資財の生産 (A) は増加しているので，投資財注文量 (I) は急激に増加する。続く好況期には，新設備引き渡し量 (D) が更新必要量を上回るので，資本設備 (K) は増加するが，資本設備のあまりの増加でやがて利潤率が低下し，投資財注文量 (I) が減少に転じる。こうして景気後退期へと突入する。景気後退期では，回復期とは逆に，投資財注文量 (I) が更新必要量を下回っているが，まだ新設備引き渡し量 (D) は更新必要量を上回っているので，資本設備 (K) はまだ増加している。ここで，投資財の生産 (A) も減少しているので，投資財注文量 (I) は急激に減少していく。さらに不況期では，新設備引き渡し量 (D) が更新必要量を下回るので，資本設備 (K) は減少するが，それによって利潤率が回復し，投資財注文量 (I) が増加に転じるのである（カレツキの景気循環モデルに関しては，浅田［1997］を参照）。

③　カレツキにおける投資—利潤関係：カレツキにおける利潤の決定論は，きわめて重要である。カレツキによれば，投資の水準が利潤の水準を決定するのであって，その逆ではない。

$$P = C + A \tag{4A.7}$$

$$\Delta P = \frac{1}{1-\lambda} \Delta A \tag{4A.13}$$

これは，マクロ経済的恒等式であり，つねに成り立つ関係である。カレツキは，「もし，ある資本家が投資財か消費財を購入するために貨幣を支出するならば，彼の貨幣は利潤の形態をとって他の資本家たちに手渡される」という認識を示している。そして，この投資の資金は，銀行からの信用によって供給される。また，同時に，(4A.10) で示されているように，資本蓄積率は利潤率の関数なので，投資と利潤には，双方向的な規定関係が生じるのである。ただし，ここで重要なのは，投資水準が利潤の水準を決定する (4A.13) は，マクロ経済的恒等式であるのに対して，利潤率が資本蓄積率に与える影響を示す投資関数 (4A.10) は，行動方程式である点である。

④　賃金の二重の役割：賃金は「企業にとっての費用」であるとともに「消費需要の源泉」である。カレツキもケインズと同様に，費用は他の経済主体の所得

であるという認識を持っており，この「賃金の二重の役割」に関する理解は，そのことの現れである。所得分配をめぐる労使コンフリクトのマクロ動学的効果は，この2つの回路を通じてマクロ経済動態に影響をおよぼす。後に見るように，この2つの効果がどのように調整されるかは制度的編成に依存し，また様々なレジームを形成しうる。

⑤ 「完全雇用の政治的側面」(Kalecki [1943])：カレツキは，完全雇用においては労働者の規律が緩む可能性のあることを指摘し，安定的な完全雇用を達成するのを政策目標とするケインジアンとは一線を画した。このカレツキの主張は，すでに第4章の本論で説明してきたが，「完全雇用の逆説」とも呼ばれるもので，アメリカのラディカル派経済学の「産業予備軍効果 (reserve army effect)」に受け継がれている。完全雇用に関するカレツキとケインズの考え方の相違は，重要である。詳しくは，第4章の本論を参照されたい。

(3) ハロッド成長理論：資本主義の不安定性

R. ハロッドは，ケインズに影響を受けたイギリスの経済学者であり，ハロッド成長理論は，ケインズの短期理論の長期化を目指したものと考えることができる (Harrod [1973])。そこで，重視されたのが，「投資の二重性」(すなわち，①生産能力効果，②需要創出効果) である。それらは，以下のように定式化される。

① 生産能力効果：これは，投資による資本設備の増加が生産能力を増加させる効果であり，「資本係数（資本・産出量比率）」($\rho = \Delta K / \Delta Y$) をもちいれば，次のように定義される。

$$\Delta Y = \frac{1}{\rho} I \qquad (4\text{A}.14)$$

② 需要創出効果：これは，投資需要の増加が，乗数効果を通じて総需要を増加させる効果であり，次のように定義される。$S = sY$，s：貯蓄率より，

$$Y = \frac{1}{s} I \qquad (4\text{A}.15)$$

(4A.14) と (4A.15) より

$$G = \frac{\Delta Y}{Y} = \frac{s}{\rho} \qquad (4\text{A}.16)$$

「資本係数」は稼働率の水準と反対方向に変動するが，これら「生産能力効果」

と「需要創出効果」が「標準的資本係数 (ρ_w)」の水準を維持するかたちで，均衡する成長率が，「保証成長率（warranted rate of growth）」であり，次のように表される。

$$G_w = \frac{s}{\rho_w} \qquad (4A.17)$$

この「保証成長率」は，貯蓄率 s と標準的資本係数 ρ_w によって決まる。これが，長期的に財市場が均衡する成長率である。しかしながら，投資行動によってもたらされる両効果の調整メカニズムは，財市場の不均衡を累積させる可能性があり，この保証成長率が達成されるとは限らない。いわゆる「不安定性原理」である。ハロッドにおいては，$\Delta G = \alpha(\rho_w - \rho)$, $\alpha > 0$ という投資関数が設定されており，そのため上方あるいは下方への不均衡累積過程が発生する。

また，保証成長率は，次の式で定義される「自然成長率（natural rate of growth）」と一致する必然性もない。

$$G_n = \hat{LP} + \hat{\lambda} \qquad (4A.18)$$

ここで，$\hat{LP}$ は人口成長率（ここでは，労働力の成長率と同一だと仮定されている），$\hat{\lambda}$ は労働生産性上昇率で，したがって，経済がどのような状態から出発しても $G_w \neq G_n$ のときは，やがて失業や労働力不足が常態となる。つまり，ハロッドによれば，「現実の成長率 (G)」と「保証成長率 (G_w)」と「自然成長率 (G_n)」はそれぞれ一致するメカニズムを持っていない。

ハロッド成長理論の登場以降，保証成長率を自然成長率と一致させる調整メカニズムがあるか否か議論された。これには，2つの方向で議論の展開がある。1つは，R. ソローによってなされたものであり，実質利子率と実質賃金率という価格パラメータによって，マクロ・レベルで資本と労働という生産要素間の代替が行われ，保証成長率 G_w が自然成長率 G_n へと調整されると考えるものである。これが，いわゆる「新古典派成長理論」であり，そこでは，長期的に（保証）成長率は自然成長率に規定されることになるのである。しかし，ソロー・モデルが想定する集計的な「資本」が所得分配から独立にその価値が定義できるか否かをめぐって J. ロビンソンや P. スラッファから批判がなされ，「ケンブリッジ資本論争」が生じた（第2章の注4を参照）。マクロ・レベルで資本と労働との生産要素間代替がスムーズに行われるか否かに関しては，議論の余地があるのである。

保証成長率は，$G_w = s/\rho_w$ として定義されるので，保証成長率を調整する第2のメカニズムとしては，マクロ的な貯蓄率 s の変化をあげることができる。例えば，N. カルドアは，消費性向が所得階層によって異なることによって，所得分配の変化が貯蓄率の変化をもたらすと考えたのである。貯蓄率が社会階層間でどのように異なるかという問題は，重要な実証研究の課題である（石川［1991］）。

注

1) レギュラシオン理論のなかで，当初，本章で問題としている「調整」の複合的・重層的構造について十分な検討がなされているとは言えなかった。もっともそのようななかで，清水［1990］が，「部分的レギュラシオン」と「全体的レギュラシオン」の関係を問題提起しており，また，それをうけて，海老塚・磯谷［1991］が「接合論的視角」という観点からレギュラシオン理論を理解している点は，「調整の重層性」理解の先駆的な研究といってさしつかえないだろう。ただし，古くは岸本［1976］においても，部分と全体との動態的連関のなかで，ローカルな調整とグローバルな調整との関係が分析されていることは，記しておきたい。いずれにしても，本書では，「調整の重層性」に関して，とくに次のような観点を重視している。第1に，市場的調整と制度的調整の複合性という観点，第2に，「調整」の重層構造とそれを介して成立する「制度論的ミクロ・マクロ・ループ」という観点である。近年，進化経済学においても，調整の重層性・多層性が重視されており，それはレギュラシオン理論と進化経済学との共通の研究領域になっている。植村［2007b］も参照されたい。
2) 「多段階的数量調整」に関しては，西部［1996］，西部編著［2004］の研究がある。また，「在庫調整」に関しては，Metzler［1941］が古典的研究である。「在庫調整」に関しては，近年かなり進んだ研究が行われている。塩沢［1990］，進化経済学会編［2006］，谷口［1991］［1997］，森岡［1991］［2005b］を参照されたい。
3) 「階層的市場―企業ネクサス（hierarchical market-firm nexus）」と「制度化された失業コスト（institutionalized job-loss costs）」という概念は，日本の雇用システムを分析するために，われわれが作った概念である。この概念の詳細とこの概念を用いた日本経済の制度分析に関しては，次の文献を参照されたい：海老塚・磯谷・植村［1996］，Ebizuka, Uemura and Isogai［1997］，磯谷［1996b］，Isogai, Uemura and Ebizuka［1997］［2000］，磯谷・植村・海老塚［1999］，植村［2007b］，Uemura and Ebizuka［1994］，Uemura, Isogai and Ebizuka［1999］。
4) 「失業コスト（job-loss costs）」と「産業予備軍効果（reserve army effect）」はSSA理論の中心概念であるが，その詳細については，次の文献を参照されたい：Bowles［1982］，Bowles, Gordon and Weisskopf［1983］，Bowles［1985］，Bowles and Boyer［1990a］，Tsuru［1991］。
5) 「構造的マクロ経済学（structuralist macroeconomics）」とは，M. カレツキや N. カルドアの影響を受けて，特定の経済システムの構造的特質を考慮してモデルを構築

し，その運動類型を分析するマクロ経済学である。発展途上国の分析に端を発するが，先進資本主義国の制度的構造と成長の比較分析へと発展している。主要文献は，以下のものである：Dutt [1984] [1990], Epstein and Gintis [1995], Foley and Michl [1999], Marglin and Schor (eds.) [1990], Salvadori (ed.) [2006], Salvadori and Balducci (eds.) [2005], Taylor [1983] [1985] [1988] [1991] [2004], Rowthorn [1982], ローソン [1994], Uemura [2000a] [2000b]。また，近年は，構造的マクロ経済モデルによる計量経済分析も進められている。例えば，Barbosa-Filho and Taylor [2006], Stockhammer and Onaran [2004] などがある。

6) ここで，長期的労働生産性の初期値を λ_0^* とすると，(4.30) と (4.32) から労働生産性 λ の一般式は次のようになる。

$$\lambda = \frac{\lambda_0^* \cdot \exp((\lambda_0 + \lambda_g g)t) \cdot \xi((w/p) - (w/p)_0, h) \cdot (1+\theta)}{1 + (\theta/u)}$$

この式の λ は，$(w/p)_0$ が長期的にどのような動きをするかしだいで，その動きは確定的なものとは言えない。しかし，もし $(w/p)_0$ が労働生産性 λ と並行的に上昇するならば，労働生産性は，その長期的トレンド $\lambda_0^* \cdot \exp((\lambda_0 + \lambda_g g)t)$ の回りを，循環的に変動することも予想される。

7) 稼働率に対する投資の「直接的な」反応係数 g_u は，負になることも考えられる。なぜなら，(4.22) より，

$$g_i = g_0 + g_r \cdot \{r - (i - \hat{p})\} + g_u \cdot u$$
$$= g_0 + g_r \cdot \{\pi u \bar{\sigma} - (i - \hat{p})\} + g_u \cdot u$$

となり，投資が利潤シェア π に強く反応し，稼働率 u にはさほど反応しない場合，g_u が負となってもおかしくないからである。このため，マーグリン＝バドゥリは，投資関数の説明変数として，利潤シェアと稼働率をもちいている（Marglin and Bhaduri [1990] を参照）。

8) 長期的労働生産性をも考慮に入れた構造的賃金シェア $\bar{W}_s$ の一般式は，次のようになる。

$$\bar{W}_s = \frac{\eta(p, \lambda_f, h)/p}{\lambda_0^* \cdot \exp((\lambda_0 + \lambda_g g)t) \cdot \xi((\eta(p, \lambda_f, h)/p) - (w/p)_0, h)}$$

ここから，構造的賃金シェア $\bar{W}_s$ は，労働生産性の上昇を規定する構造的要因，労働市場の需給状態に関わる循環的要因，そして賃金決定に関する制度的要因によって規定されていることがわかる。

9) 注6の労働生産性 λ の一般式と (4.13) から，長期的な利潤率の一般式を次のように求めることができる。

$$r = \left[1 - \frac{\eta(p, \lambda_f, h)\{1 + (\theta/u)\}/p}{\lambda_0^* \cdot \exp((\lambda_0 + \lambda_g g)t) \cdot \xi((\eta(p, \lambda_f, h)/p) - (w/p)_0, h)(1+\theta)}\right] u \bar{\sigma}$$

この式を厳密に解析するのは容易ではないが，利潤率に影響を与える要因として，短期的には稼働率を介して作用する需要要因の影響が重要であり，より長期的には，産業予備軍効果の強さおよび労働生産性上昇率と実質賃金上昇率との関係が規定的な役割を果たす。そこには，「賃労働関係」に関わる制度的諸要因が大きく関わっている。

10) 「累積的因果連関（cumulative causation）」とは，K. G. ミュルダールによって不均

等発展が深化する過程を説明するのに使用された概念であるが，N. カルドアは，規模に関する収穫逓増と結びつけ，製造業における成長と生産性上昇との相互促進的過程を説明する枠組みへと発展させた。近年は，進化経済学やレギュラシオン理論によっても重視されている。詳細は，以下の文献を参照されたい：Fujita [2007], Kaldor [1978] [1985], Myrdal [1957], Thirlwall [1983], Toner [1999], Petit [1988], Setterfield [1997a] [1997b]。また，「累積的因果連関」の実証研究としては，宇仁 [2007] がある。

11) ここで問題としている「現実の物価上昇率」と「期待物価上昇率」との相互促進的規定関係も一種の「ミクロ・マクロ・ループ」である。「期待形成」の過程を「ミクロ・マクロ・ループ」の観点から分析することは，「合理的期待形成仮説」とは異なる方向で，制度経済学の期待形成論を発展させるうえで，きわめて重要なものである。

12) インフレーションが社会経済システムのなかの人々の期待や行動に与える影響については，高須賀 [1981] の分析が興味深い。

13) ケインズ『一般理論』の解説書と成立史としては，次のものが有益である：浅野 [1987], 宮崎・伊東 [1961], 伊東 [1962] [1993] [2006], 宇沢 [1984], 吉川 [1995]。

14) カレツキの経済理論に関する文献としては，鍋島 [2001] および Sawyer [1985] が詳しい。カレツキは，現代のポスト・ケインジアンの経済学の源泉として，重要な役割をはたしてきた。鍋島 [2001] は，カレツキとケインズについて，理論・思想・政策の3つの側面から，比較検討し，ポスト・ケインズ派経済学の総合的発展を目指している。

15) レギュラシオン理論の基本文献としては，以下のようなものがある：Aglietta [1976] [1995], Aglietta and Brender [1984], Aglietta and Orléan [1982] [1995] [2002], Aglietta and Orléan (eds.) [1998], Aglietta and Rebérioux [2004], Amable [2003] [2005], Amable, Barré and Boyer [1997], Boyer [1986] [1988] [1992] [1994] [1995] [2004a] [2005], Boyer and Freyssenet [2002], Boyer and Saillard (eds.) [1995], Boyer and Yamada (eds.) [2000], Coriat, Petit and Schméder [2006], Hollingsworth and Boyer [1997], Lipietz [1985], Petit [1988] [2005]。また，SSA 理論の基本文献としては，以下のようなものがある：Bowles [1985], Bowles, Gintis and Gustafsson (eds.) [1993], Bowles, Gordon and Weisskopf [1983], Gordon [1998], Kotz, McDonough and Reich [1994]。また，レギュラシオン理論の R. Boyer と SSA 理論の S. Bowles との共同論文としては，次のものが有名である：Bowles and Boyer [1990a] [1990b] [1995]。以上のようなレギュラシオン理論と SSA 理論とを母体とし，世界中の様々な左派経済学者が結集した「国連大学付属開発経済学研究所（WIDER）」の成果としては，次のようなものがあげられる：Chang and Rowthorn (eds.) [1995], Epstein and Gintis (eds.) [1995], Marglin and Schor (eds.) [1990], Pekkarinen, Pohjola and Rowthorn [1992], Schor and You (eds.) [1995]。WIDER の研究については，Marglin and Schor (eds.) [1990] の邦訳あとがきを，参照されたい。2000年代に入って，レギュラシオン理論と SSA 理論

との共同研究は行われていないが，両者ともより広く「制度と進化の経済学」の流れと合流しつつ発展を見せている。特に，S. Bowles は，サンタフェ研究所で研究を行い，「進化的社会科学（evolutionary social science）」に基づく制度のミクロ経済学の構築を進めている：Bowles [2004], Bowles and Gintis [2006], Gintis, Bowles, Boyd and Fehr (eds.) [2005]。Bowles [2004] の書評としては，Isogai and Uemura [2007] を参照されたい。また，レギュラシオン理論では，Chavance [2007] などの成果が生み出されている。

> コラム　レギュラシオン理論と SSA 理論

　戦後資本主義の「黄金時代」がどのように成立し，成熟し，崩壊したかを体系的に説明するものとしては，フランスの「レギュラシオン理論」とアメリカの「社会的蓄積構造（SSA）理論」の研究蓄積がある[15]。

　「レギュラシオン理論」は，フランスを中心に 1970 年代以降展開されてきた反新古典派理論であり，M. アグリエッタの『資本主義のレギュラシオンと危機（邦訳書名：資本主義のレギュラシオン理論）』（Aglietta [1976]）を出発点とするものである。ここで，「レギュラシオン（régulation）」とは，様々な社会的諸要素が対立と闘争を通じて，矛盾をはらみつつも統一性を生みだしていく動態を表す言葉であって，L. アルチュセールに代表される構造主義的マルクス主義の「再生産」概念を乗り越えるべく提起されたものである。

　レギュラシオン学派に属する研究者としては，M. アグリエッタのほか R. ボワイエ，A. リピエッツなどがあげられ，彼らにほぼ共通した枠組みは，次のようなものである。すなわち，彼らによれば，「賃労働関係」(rapport salarial)，「競争形態」，「貨幣制約」，「国家形態」，「国際体制」といった「制度諸形態（あるいは構造諸形態）」及びそれらの結びつきの特定の歴史的あり方が，特定の時期における異なった国々の大きな多様性を持つ資本主義の「調整様式（mode de régulation）」を生みだし，それら制度諸形態の適合性に応じてマクロ経済的規則性たる「蓄積体制（régime d'accumulation）」が決定されるものと考えられる。このように，レギュラシオン理論は「経済的・社会的動態の時間的空間的可変性」を強調する。このような理解に基づき，戦後先進諸国の「蓄積体制」は「フォーディズム」と呼ばれ，その成立と瓦解の過程が分析されてきた。

　「フォーディズム（Fordism）」とは，もともと，フォード社の社長 H. フォードの経営理念や同社の生産システムを表す言葉であったが，A. グラムシの議論を経由して，近年，レギュラシオン理論の理論家によって独自の概念構成がほどこされ，戦後の先進資本主義諸国の「蓄積体制」を表す言葉として用いられている。20 世紀初頭には「構想と実行の分離」で特徴づけられるテーラー主義の導入が進められ，高い生産性上昇が可能となったが，分配面ではフォード社の高賃金政策は企業レベルにとどまり波及しなかった。そのことによって，大量生産された商品は販路を確保しえず，両大戦間期の不況がもたらされた。これに対して，戦後はテーラー主義に加えて機械化が進展すると同時に，労働者はテーラー主義を受容する代わりに生産性上昇にみあった実質賃金上昇を保証されるという労使間の「妥協」が成立した。それによって広範な消費需要の形

成が可能となり，大量生産・大量消費の「蓄積体制」が成立した。これが，レギュラシオン理論の言う「フォーディズム」である。しかし，それは 60 年代後半以降，テーラー主義の行き詰まりによる労働意欲の低下や耐久消費財市場の飽和，さらには減速する生産性上昇を超えた実質賃金上昇によって，構造的危機に陥ったと説明されている。

これに対して，アメリカの「SSA 理論」は，アメリカのラディカル派経済学 (radical economics) の一部から生まれたものである。ここで，〈ラディカル〉とは，経済学を政治的，文化的，歴史的諸要素と切り結びつつ，その枠組みを根底的 (radical) に変革することを意味している。アメリカのラディカル派経済学は，特に，S. ボウルズ，S. マーグリン，H. ギンタスなどを中心に，制度学派，マルクス，カレツキの伝統を継承しつつ，新古典派経済学との間に緊張関係を持って理論展開をしてきた。その基本的な考え方は，資本主義経済を資本・労働間のコンフリクトを軸とした権力システムとして把握することである。彼らは，マルクスの労働力商品論を発展させ，労働力からの労働の抽出にこそ資本主義的労働過程の根本問題があると把握する。このような基本認識に基づいて，D. ゴードンによって提起された長期動態論が「社会的蓄積構造 (Social Structures of Accumulation)」理論であり，その集大成が S. ボウルズ，D. ゴードン，T. ワイスコフの共著『荒れ地を超えて (邦訳書名：アメリカ衰退の経済学)』(Bowles, Gordon and Weisskopf [1983]) である。それによれば，資本主義は長期的な興隆と停滞の局面を経験するものと理解され，その意味では「長期波動論的視角」を持った分析であると言える。この観点からアメリカの「戦後コーポレート・システム」の形成と瓦解の過程が，「資本と労働の暗黙の合意」などの制度的構造を軸に分析された。また，近年においては，労働市場と信用市場での強制力の行使を不可欠とする権力関係を論じた「抗争交換 (contested exchange)」論などのミクロ理論の展開が見られる（詳しくは，第 5 章を参照されたい）。また，S. ボウルズは，「進化的社会科学 (evolutionary social science)」に基づいて，ミクロ理論を発展させている (Bowles [2004])。

われわれがこれらの理論から学ぶべきものは，決してこれらの「学派」の形成に貢献している「体系」ではなく，社会に対する根底的 (radical) な思考と現代資本主義に対する現実的 (actual) な問題意識である。

第5章　所得分配と社会的再生産

　第4章で記述されたのは，すべてが静止することができない動態的世界であった。シュンペーターが述べるように，「静止した資本主義は形容矛盾である」。成長と循環のマクロ動態過程を本質的特徴とする資本主義経済システムにおいては，失業や倒産，在庫や過剰生産能力などが不可避な現象として存在する。しかしながら，このような不完全稼働状態と不完全雇用状態の双方が不断に生じうる資本主義経済システムという非均衡的な世界においても，次のような原則——これは，再生産定常系が存在するための原則と言い換えることができよう——が満たされねばならない。どのような社会であれ，年々生産された生産物が，その生産に使用された物的投入財（生産手段）の補塡，生産（労働）した人々の消費，翌年の生産の拡大，生産活動に関与しない人々が存在する社会ではそれらの「非労働」者の消費に「分配」されることによって，翌年の生産活動を繰り返すことができるというのがそれである。これは，ケネーから古典派経済学，マルクスへ，そして現代ではスラッファに至る長い伝統の中で脈々と受け継がれてきた「再生産」の発想である。そして，この「再生産」の思想の伝統は，社会の構成員の間への社会的生産物（＝社会的「純」生産物）の分配の問題に対する一つの接近法である「剰余アプローチ」に基づく議論の伝統と重なり合う。こうした伝統の中で想定されてきた経済社会像とは，「『生産要素』から『消費財』へと通ずる一本道」という近代理論によって示された見解とは対照的な「循環的過程としての生産と消費の体系」（Sraffa［1960］）にほかならない。本章において——そして本書で——一貫して採用されているのは，後者の経済像である。この経済像において想定される経済の基本構図は，生産，分配（流通），消費の3つを本質的契機とする図5-1のようなフィードバック・ループとして描かれるであろう。

　①のループは生産システムの再生産系を表し，②のループは労働力を含む再生

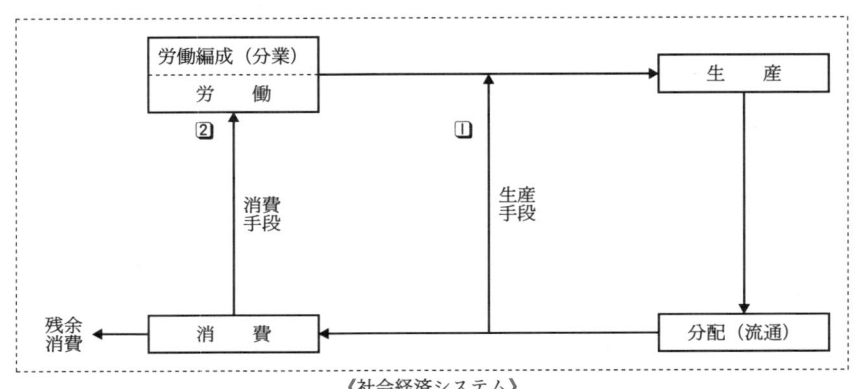

図 5-1 生産, 分配(流通), 消費のフィードバック・ループ

```
┌─────────────────────────────────────────────────────────┐
│   労働編成(分業)                                         │
│   ┌──────────┐────────────────────→┌──────────┐       │
│   │   労 働  │                      │  生 産   │       │
│   └──────────┘         ①            └──────────┘       │
│       ↑②              ↑                    │           │
│     消費              生産                  │           │
│     手段              手段                  ↓           │
│ 残余  ┌──────────┐         ┌──────────┐               │
│ 消費←│  消 費   │←────────│分配(流通)│               │
│       └──────────┘         └──────────┘               │
│                  《社会経済システム》                    │
└─────────────────────────────────────────────────────────┘
```

産系を表している。これら2つのループからなる全体が，社会経済システムの再生産構造を表すことになる。この再生産構造の性格は分配様式に大きく依存している。なぜなら，社会構成員への社会的純生産物の分配のあり方に応じて，その社会の労働編成，すなわち社会的分業の様式が異なり，次にこれは生産構造のあり方を規定するという形で，再生産構造全体のあり方を規定するからである。

さて，本章で問題にしようとする課題とは，すでに存在し，存続していくであろう経済システムを前提として，その存続の条件を検討する「再生産」の理論である。また，この課題は，ある経済システムについての何らかの「定常性」が保たれるための条件は何かを検討すると言い換えることもできる。この意味で，本章は，これまでの第2章，第3章，第4章において，われわれが議論してきた資本主義経済における種々の制度的調整の結果として成り立つ一定の構造を分析する，資本主義の「構造」理論を展開することを意図している。

1 剰余アプローチと再生産

(1) 2つの経済把握

極端な単純化という犠牲を払って述べるならば，現在までの経済分析の歴史の中には，2つの異なる経済把握の伝統が存在すると言えるだろう。たとえば，松嶋 [1996] は，一方を「近代」的パラダイム，もう一方を「古典」的パラダイム

と区別し，前者における経済把握を〈「稀少性システム」としての経済把握〉（より正確には，「稀少性を規定する諸要因を経済均衡の基本的説明変数とみなす経済システム把握」）と呼び，後者のそれを〈「社会的再生産システム」としての経済把握〉と呼ぶ。さらに，後者における経済像は，次の4つを構成要素とするとされる。

① 社会的分業のネットワークとしての経済
② 社会的剰余の階級的分配過程としての経済
③ 社会経済構造の再生産過程としての経済
④ 循環過程としての経済

この経済把握において鍵となるのは，「分業」「剰余」「分配」「再生産」「循環」といった諸概念であり，この把握は，ケネー，リカード，マルクスによって定礎・確立され，現代では，レオンチェフ，ノイマン，スラッファによって継承・発展させられてきたものである。

ところで，②における「社会的剰余」とは，社会におけるそれぞれの財の生産に使用された投入財の総額とそれらの生産に必要な労働にたずさわる人々とその家族の生活資料の総額を，その社会の再生産過程にとっての必要部分と見なし，社会的純生産物の価値（国民純所得）から生活資料総額（総賃金）を差し引いた「残り」の部分を指している。社会的に「剰余」が生み出されるようになると，その社会はもはや同一規模の生産を繰り返すだけではなく，生産を拡大し消費を増大させ，社会構成員の数を増やす可能性を手に入れることになる。この剰余の処分について考えようとすると，この剰余が誰の所有に帰するのかという問題に突き当たる。というのも，資本主義社会の法的側面である近代市民法の体系のもとでは，処分は所有権の内容を構成しているからである。剰余が誰の所有に帰するのか，これが古典派経済学以来，受け継がれてきた階級的「分配」の問題である。このように剰余アプローチとは，社会全体で生み出された総産出を，社会の再生産に必要な部分と，残余の部分，言うなれば社会的に再分配可能な部分の2つに分けて経済分析を試みようとするものである。

(2) 投入産出表

ここでは，以下で展開される議論のための技術的な予備知識として，投入産出表の考え方とその応用について述べておこう。第Ⅰ部門（生産財生産部門）と第

表5-1 投入産出表

投入＼産出		中間需要		最終需要	産出計
		第Ⅰ部門	第Ⅱ部門		
中間投入	第Ⅰ部門	x_{11}	x_{12}	f_1	X_1
	第Ⅱ部門	x_{21}	x_{22}	f_2	X_2
付加価値		V_1	V_2		
投入計		X_1	X_2		X_1+X_2

Ⅱ部門（消費財生産部門）からなる閉鎖経済を想定しよう。表5-1は，この経済に関する投入産出表を表す。この表を横に読むと，各部門の生産物に対する各部門からの中間需要，その部門への最終需要（消費，投資，政府支出からなる）の順に配列されており，縦に読むと，中間投入財の量と付加価値（賃金，利潤，間接税からなる）が配列されている。

ところで，この表の各セルに記入されている数値は金額表示のものである。金額で表示された投入産出表は「金額表」と呼ばれるのに対して，トンやキロリットルのような物量単位で表示された投入産出表は「物量表」と呼ばれる。次で定義するように「投入係数」は技術的関係を表すものであり，投入産出分析の基礎となる投入産出表は物量表でなければならない。しかしながら，利用の便利さという点で，通常は金額表を物量表と見なして分析に用いるのがほとんどである。すなわち，投入産出表が作成された時点の貨幣価値を物量の測定単位とし，金額表の数値を，貨幣価値1単位で購入できる物量と見なすことによって金額表を物量表として利用するのである。

① 投入係数表

表5-1での，「第Ⅰ部門の生産物 X_1 単位を生産するために，自部門の生産物を x_{11} 単位使い，第Ⅱ部門の生産物を x_{21} 単位使った」という関係は，「第Ⅰ部門の生産物を1単位生産するためには，自部門の生産物が x_{11}/X_1 単位，第Ⅱ部門の生産物が x_{21}/X_1 単位必要である」という関係に言い換えることができる。第Ⅱ部門についても同様の関係が言える。このように，縦に並んだ一連の投入量をその部門の産出量で割った数値は「投入係数」と呼ばれる。したがって，この経済における「投入係数表」は表5-2のような形になる。

$a_{ij}=x_{ij}/X_j$ であり，a_{ij} は「第 j 部門の財1単位生産するのに必要な第 i 部門

表5-2　投入係数表

	第Ⅰ部門	第Ⅱ部門
第Ⅰ部門	a_{11}	a_{12}
第Ⅱ部門	a_{21}	a_{22}

の財の分量」を表す。この投入産出表に含意されているのは，経済的というよりも技術的な関係である。したがって，この経済における生産技術に関する事情が変化しない限り，それぞれの投入係数は定数と見なすことができる。

②　価格と投下労働量

投入係数表の各列は，ある部門の財1単位を生産するために投入される各部門の財の単位数を表している。この数値に，投入される各財の価格をかけて足し合わせると，各部門の財1単位あたりの投入コストを導くことができ，これに財1単位あたりの付加価値を加えると，その財の単位価格が導出される。

$$\left. \begin{array}{l} p_1 = a_{11}p_1 + a_{21}p_2 + v_1 \\ p_2 = a_{12}p_1 + a_{22}p_2 + v_2 \end{array} \right\} \quad (5.1)$$

ここで p_i は単位価格，v_i は財1単位あたりの付加価値で，$v_i = V_i/X_i$ である ($i=1, 2$)。v_1 と v_2 を外から与えてやると，対応する p_1 と p_2 を求めることができる。

ところで，(5.1)式をほんの少し修正すれば，財1単位あたりの投下労働量を求める式としても使用できる。ある財の投下労働量という場合，中間投入財の生産にすでに投下された労働量（間接投下労働量）とその財の生産工程で直接に投下された労働量（直接投下労働量）の和を指す。財1単位あたりの投下労働量を t_i，直接投下労働量を l_i とする ($i=1, 2$) とすると，つぎのような連立方程式が成り立つ。

$$\left. \begin{array}{l} t_1 = a_{11}t_1 + a_{21}t_2 + l_1 \\ t_2 = a_{12}t_1 + a_{22}t_2 + l_2 \end{array} \right\} \quad (5.2)$$

(5.1)と(5.2)の2つの式を見比べれば分かるように，もし $v_1 : v_2 = l_1 : l_2$ ならば，$p_1 : p_2 = t_1 : t_2$ が成り立つ。すなわち，部門別の付加価値の分量がそこで雇用されている労働の量に比例するという関係が成り立つとき，価格は投下労働量に比例することになる。通常，(5.1)式は「価格方程式」，(5.2)式は「価値方程

式」と呼ばれる。

(3) ケネー・マルクス・スラッファ——再生産論の系譜

① ケネーの「経済表」

経済を再生産システムとして把握する最初の試みは，F. ケネーの「経済表」によってなされた。「経済表」は，社会を構成する3階級——地主階級（地主のほか，主権者（君主）と10分の1税徴収者を含む），生産階級（農業に従事する階級で，農業労働者と農業資本家もともに含む），不生産階級（商工業者）——の間にいかなる商品・貨幣循環と生産活動が行われれば，年初に存在していた経済諸条件が期末において再現するのかを解明したものだった。この「表」は，その後「単純再生産」「拡大再生産」と呼ばれる図式が意図しているもの，循環的過程としての再生産のシステムというケネー的構想を学んだマルクスの「再生産表式」論へと引き継がれていった。ところでケネーの経済表には，いくつかの版がある。最終的に見やすい形に整理されたのが，図5-2のような「範式」と呼ばれるものである。

この「範式」を解説しよう。最上段には，前年度の生産と分配の結果として各階級の手元に残されている価値額が記入されている。再生産総額は50億である。

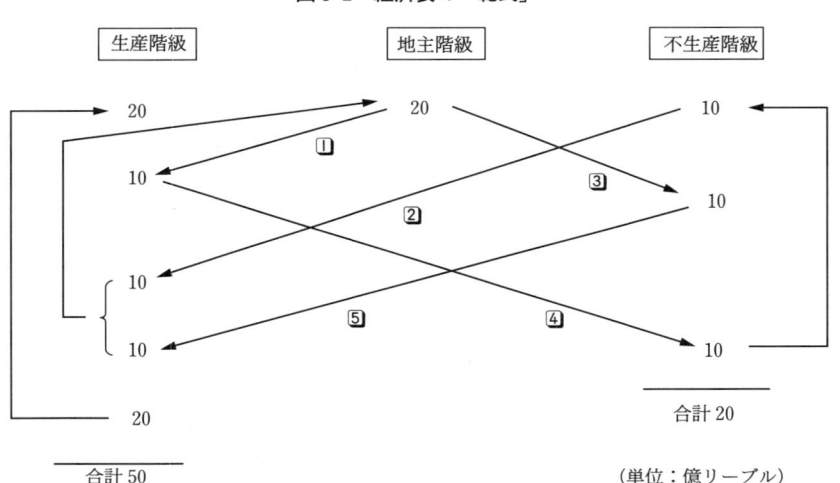

図5-2 経済表の「範式」

(単位：億リーブル)

「範式」の運行は，生産階級がその「年前払い」——種子，肥料，生活維持に必要な食料など，生産過程の進行を支えるのに必要な出費——20億を用いて生産活動を行うことから始まり，50億の生産物が生まれる。そのうちの20億は次年度の生産のために生産階級の手元に残される。残りの30億が他の階級によって需要されるが，まず地主階級が手持ちの貨幣のうちの10億を消費用としての農産物の購入にあてる（①）。不生産階級は手持ちの貨幣10億で農産物を購入し（②），これを原料にして生産を始め，20億の工業製品が出来上がる。この工業製品は他の階級から需要される。地主階級は手持ちの貨幣の残り10億を支出して，消費用としての工業製品の購入にあてる（③）。生産階級は地主階級への販売で獲得した貨幣10億を工業製品の購入にあて（④），これを「原前払い」——農機具などの耐用年数が1年をこえる生産手段への出費——の回収にあてる。いまや不生産階級の手元には20億の貨幣がある。このうちの10億を食料の購入にあて（⑤），残りの10億は次年度の生産のために手元に残す。他方，生産階級は農産物を販売して得た30億のうちの10億を原前払いの回収のために支出しているから，20億の貨幣が手元に残っている。これを地代として地主階級に納める。こうして生産と分配が一巡して，各階級は年初と同じ立場に再び戻るのである。ところで，生産階級は50億の生産物のうちの30億を原料として投入して，50億分の農産物を産出したのだから，新たに20億分を生産したことになる。これをケネーは「純生産物」と呼ぶ。これがケネーの体系における「剰余」である。これに対して，不生産的階級は20億のものを投入して20億のものを産出する。純生産物はゼロである。したがって，ケネーにあっては「剰余」は農業部門においてのみ生ずる。

② マルクスの「再生産表式」

マルクスの「再生産表式」論であるが，その基本型である単純再生産表式は，補塡投資以外の投資のない状態を表現したもので，以下のようになっている。第Ⅰ部門は生産財生産部門，第Ⅱ部門は消費財生産部門，閉鎖経済が想定される。

$$\left.\begin{array}{ll} \text{第Ⅰ部門} & 4000c+1000v+1000m=6000 \\ \text{第Ⅱ部門} & 2000c+\ 500v+\ 500m=3000 \end{array}\right\} \quad (5.3)$$

この2本の式は代数方程式ではない。c や v や m は変数の記号ではなく，これらに先立つ数字の内容を説明する文字であることに注意する必要がある。まず

表5-3 単純再生産の投入産出表による例示

		中間需要		最終需要 （利潤からの需要）	産出計
		生産財	消費財		
中間 投入	生産財	4000	2000	0	6000
	消費財	1000	500	1500	3000
	利潤	1000	500		
	投入計	6000	3000		9000

　生産にあたって両部門で消耗した生産財の価値は $4000c$ と $2000c$ で，その合計6000は第I部門で今期新たに生産された生産財の価値と一致している。また，生産に従事した両部門の労働者の労働力は，$1000v$ と $500v$ との合計1500だけの消費財によって再生産される。さらに両部門の資本家は $1000m$ と $500m$ との合計1500だけの剰余価値を得ているから，それを消費支出へと回す。両部門の労働者と資本家の消費財に対する需要の合計である3000は，第II部門で今期新たに生産された消費財の価値と一致しており，消費財生産部門においても需給は一致する。こうした単純再生産表式に対応する投入産出表を作成すると，表5-3のようになる。

　この表示例からも明らかなように，生産財の需給一致から考察しても，消費財の需給一致から考察しても，最終的な需給一致条件は，第I部門の $v+m=$ 第II部門の c となる。要するに，第I部門の生産財2000と第II部門の消費財2000との交換が成り立つならば，両部門での素材補塡と価値補塡が完了し，次期においても今期と同じ総生産が反復されるのである。

　③　スラッファの「商品による商品の生産」

　以上のケネーの経済表やマルクスの再生産表式論によって明らかにされた各部門相互の間の素材補塡の関係を，スラッファ［1960］は「生産および生産的消費の方法」，あるいは「生産方法」と名付ける。この「生産方法」というのは，前項で説明した投入産出表の記号を使うならば，$(x_{11}+x_{21}\to X_1)$，$(x_{12}+x_{22}\to X_2)$ という関係を指している。ここでは，産出された生産物が，原料や機械として再び投入され，それがまた生産物を作り出すという循環的な過程が出現し，しかもその際，ある部門の生産物が別の部門の投入として使用され，その別の部門の生産物が最初の部門の投入として使われたりするような相互補塡の関係が見られるの

である。スラッファは，まさに経済をこのような生産物の各部門間での相互補塡的な再生産のネットワークとして把握したのである。

さて，この概念の導入によって，スラッファが意図したことは，次のような短い文章の中に込められている。「もしそれ〔一意の交換価値の組合せ（引用者）〕が市場によって採用されれば，生産物の当初の配分を復元し，その過程を反復することが可能になるだろう。かくして価値は，生産方法から直接に発生してくる」[1] というのがそれである。この文章にこそ，ケネーの「経済表」に発する再生産（「循環的過程」としての生産）の着想とリカードを頂点とするイギリス古典派経済学の「価値と分配の理論」の構想を融合しようとするスラッファの問題意識を見出すことができるのである（菱山［1993］）[2]。

まず，体系を構成するどの商品についても，ちょうど全体として生産的に消費された数量しか生産しない，「生存のための生産」という最も単純なケースで，この点を確認してみよう。小麦と鉄の2産業からなる経済を考え，ここでの生産体系の連立式モデルを，以下のように表示しよう。

$$\left.\begin{array}{l} 280p_1 + 12p_2 = 400p_1 \\ 120p_1 + 8p_2 = 20p_2 \end{array}\right\} \quad (5.4)$$

p_1 は小麦の単位価格，p_2 は鉄の単位価格である。(5.4)式の第1式は，物量にのみ注目すれば，労働者消費分も含む280クォーターの小麦（x_{11}）と12トンの鉄（x_{21}）を生産に投入して，400クォーターの小麦（X_1）を産出するという小麦産業での「生産方法」を表している。第2式の鉄産業についても同様である。この連立方程式体系において，小麦を価値尺度財とし，$p_1 = 1$ と置けば，$p_2 = 10$，すなわち鉄1トンは小麦10クォーターと交換される。この比率で交換が行われれば，年初に見られた各生産物の各産業への配分を復元し，同一規模で次年度も生産を継続する条件が再生産される。すなわち，単純再生産，$(x_{11} + x_{12} = X_1)(x_{21} + x_{22} = X_2)$ が成立する。

このように体系全体としては，400クォーターの小麦と20トンの鉄が生産的に消費されて，同じ数量の小麦と鉄が生産される。これを，(5.4)式をもとに行列表示に書き直すと，

$$
\overset{T}{\begin{bmatrix} 280 & 120 \\ 12 & 8 \end{bmatrix}} \rightarrow \begin{bmatrix} 400 & 0 \\ 0 & 20 \end{bmatrix}
$$

投入行列　　　　　産出行列

のように書くことができる。スラッファは，体系を構成する両産業への各種の投入のフローを，各種の産出のフローに変換する特定の仕組み（T）を仮定して，体系の再生産の継続を可能にする「一意の交換価値の組合せ」を発見しようとするのである。しかも，ここでの一意の価格の組合せは，市場における生産物の交換において採用されるものであって，交換によって決まるものではない。結局，ここでの価格の組合せを決めるのは，投入行列と産出行列を結びつける特定の仕組み T，すなわち特定の「生産技術」ということになる。すなわち，

$$T \rightarrow p \tag{5.5}$$

ここで，p は各産業の単位価格を成分とする価格ベクトルである。

次に，「剰余を含む生産」を解説しよう。小麦産業で生産性が上昇し，同一の生産手段を使用して 400＋175＝575 クォーターの小麦が生産できるようになったとする。ここでは，体系の生産技術が 175 クォーターの「社会的剰余」を産出するような仕方で変化したのである。175 クォーターの剰余は，各産業に投下された生産手段の価値に応じた均等な比率，すなわち利潤率（r）で分配されるとしよう。この時，各産業の生産条件が単純再生産され，かつ同一の比率で剰余の分け前にあずかるとすれば，小麦と鉄は，以下の連立式を満たすような価格で交換されねばならない。

$$\left. \begin{array}{l} (280p_1+12p_2)(1+r)=575p_1 \\ (120p_1+8p_2)(1+r)=20p_2 \end{array} \right\} \tag{5.6}$$

小麦を価値尺度財とし，その価格 $p_1=1$ とすると，$p_2=15$ となり，これに対応して $r=25\%$ になる。鉄 1 トンと小麦 15 クォーターが交換されるが，このとき両産業間の素材補塡の関係は次のようになる。鉄産業が産出した 20 トンのうち，8 トンを使用した鉄の補塡に使い，小麦産業との交換で残りの 12 トンによって 180 クォーターの小麦を手にいれる。この小麦のうち 120 クォーターが使用した小麦の補塡に使われるので 60 クォーターの小麦が利潤となる。同様にして，小麦産業では（575－180）－280＝115 クォーターだけの小麦が利潤として残る。結

局，両産業ともに小麦で換算して25%の利潤を得たことになる。このように，価格ベクトル $\boldsymbol{p}$ と r は同時決定される。(5.4)の連立式モデルと比べ，このモデルでは，価格の決定のほかに剰余の比例的配分という新しい要素が加わるが，それらの決定の仕組みは(5.5)と本質的に変わらない。すなわち，

$$\boldsymbol{T} \to \begin{cases} \boldsymbol{p} \\ r \end{cases} \tag{5.7}$$

であり，生産技術の特定の構造（$\boldsymbol{T}$）が，価格と分配の決定を左右するのである。

　以上の2つのモデルでは，労働者の賃金は，生活資料の形で，生産手段とともに投入行列の各要素の中に含みこまれており，労働の投入も明示化されていない。そこで(5.6)の連立式モデルにおいて，賃金と労働量を明示的に表示して考えてみる。労働の投入をそれぞれ，$l_1, l_2(l_1+l_2=1)$ とし，労働単位あたりの賃金を w とする。

$$\left. \begin{array}{l} (280p_1+12p_2)(1+r)+(2/3)w=575p_1 \\ (120p_1+8p_2)(1+r)+(1/3)w=20p_2 \end{array} \right\} \tag{5.8}$$

　小麦を価値尺度財に選び，その価格を1に等しいと置く。未知数の数は3個となり，この体系は自由度1を持つ（ただし，スラッファ自身は，価格については社会的純生産物の価値（国民純所得）を1に等しいとする方程式を加えるが，自由度については同じことになる）。したがって，たとえば利潤率 r が外生的に与えられると，賃金 w と価格ベクトル $\boldsymbol{p}$ が決定し，逆に賃金が与えられると，それに応じて利潤率と価格ベクトルが決まり，体系が完結する。この連立式モデルでは，「剰余」の賃金と利潤への配分という「分配」の問題が明示的に登場するが，価値と分配の決定の仕組みに本質的な違いが生じているわけではない。結局，(5.7)に代わり，次のような形になる。

$$\left. \begin{array}{l} \boldsymbol{T} \\ r(\text{or } w) \end{array} \right\} \to \begin{cases} \boldsymbol{p} \\ w(\text{or } r) \end{cases} \tag{5.9}$$

　ただし，このままでは賃金と利潤との間にどのような関係があるのかは分からない。そこで，スラッファは「標準体系」と「標準商品」を導入して，両者の関係を明らかにしようとする。「標準体系」とは，投入の商品構成比と産出の商品構成比が等しい生産体系のことであり，この商品構成比で合成された商品組が

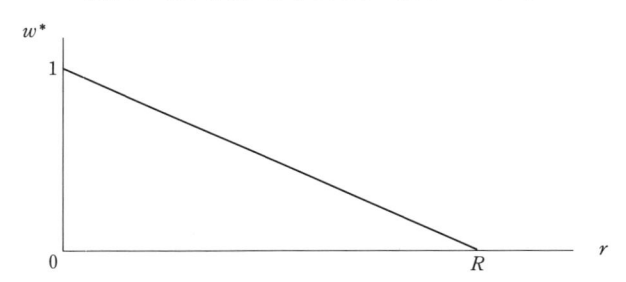

図 5-3　標準体系における賃金―利潤フロンティア

「標準商品」である。さらに標準体系における生産手段に対する純生産物の比率は「標準比率 (R)」と名付けられる。(5.6) 式の数値例から標準体系を構成すると，次のようになる[3]。

　　280 クォーターの小麦＋12 トンの鉄 ⟶ 575 クォーターの小麦
　　180 クォーターの小麦＋12 トンの鉄 ⟶ 30 トンの鉄

鉄の生産量は増加しているが，投入される生産手段の比率と産出量の割合に変化はない。この場合 460 クォーターの小麦と 24 トンの鉄が投入され，575 クォーターの小麦と 30 トンの鉄が産出されている。いま 115 クォーターの小麦と 6 トンの鉄からなる合成商品を考えると，この体系では，その合成商品を 4 単位投入して 5 単位の産出を得た，すなわち 25% の増加と考えることができる。産出量のこの水準では，投入における小麦と鉄の構成が産出された生産物におけるそれに等しいために，このような演算が可能になるのである。このように考えると，価格という尺度を用いなくても，物量そのものの比率として利潤率を考えることができる。標準体系における利潤率 (r) は次のように定義される。

r ＝ 利潤総量／生産手段総量
　＝ (標準純生産物 − 総賃金)／生産手段総量
　＝ (標準純生産物／生産手段総量) − (総賃金／標準純生産物)
　　× (標準純生産物／生産手段総量)
　＝ $R - w^* R$
　＝ $R(1 - w^*)$ 　　　　　　　　　　　　　　　　　　　(5.10)

ここで w^* は標準純生産物で表した賃金率である。(5.10) 式は図 5-3 のような利潤率と賃金率の線形の背反関係を表すことになり，利潤と賃金は共通の剰余から

の控除であることが示唆されることになる。

以上，スラッファが『商品による商品の生産』で果たそうとしたことを総括しておこう。

第1は，再生産を保証するものとしての「価格」という発想である。それは，ある体系の特有の「生産技術」を所与として，その体系の存続を可能にする一意の価格の組合せを発見しようとするものであるが，「価格一定」（ケネー）や「価値通りの交換」（マルクス）を前提して，体系の再生産の円滑な進行を可能にする素材補塡関係（スラッファの「生産方法」）を発見するというのとは反対の方法であった。しかし，ケネー，マルクス，スラッファに共通するのは，ある特定の条件が満たされるならば，年初に存在していた各部門への生産物の配分状況が復元され，次年度にも生産過程を反復することが可能になるという「循環過程としての生産」＝「再生産」の思想である。この時，スラッファが発見しようとする一意の価格の組合せは，すでに述べたように，市場の交換によって決定されるものではない。それゆえ，スラッファの議論は，市場における特定の調整様式を前提とするものではなく，むしろ何らかの調整の結果として成立する「構造」を述べるものである。しかも，かれの議論は，新古典派経済学における市場均衡論的な経済把握とは一切無縁である。というのも，「均衡」は，いわば「卵の状態から（ab ovo）」，各時点で新たに成立するものとして論じられるが，年々の「再生産」というのは新たに成立するものではなく，反復し繰り返される過程にほかならないからである。

第2は，スラッファによるイギリス古典派の特徴であった分配に関する「剰余アプローチ」の復権の試みである。新古典派経済学の限界主義理論（「限界生産力説」）では，分配問題は単に一般的価格形成過程（生産量・価格・分配率の同時決定の過程）の一局面にすぎないのに対して，価格の決定に先だって分配率が決定される，したがって分配は市場の価格決定過程の外部あるいはその基層にある諸要因——歴史的・政治的・社会的・制度的な諸要因——によって決まるというリカード以来の考え方を，スラッファは新たに再構築したのである（菱山[1993] 序章）。

(4) 「剰余アプローチ」の制度論的解釈

すでに述べたように，剰余アプローチとは，社会全体で生み出された総産出

を，社会の再生産に必要な部分と社会的に再分配可能な部分の2つに分けて経済分析を試みようとするものである。ここでは，この「剰余アプローチ」に含意されている発想を，本書において一貫して貫かれる「制度論」的視点から，4点にわたって確認しておこうと思う。

まず第1に，社会経済システムの再生産は，市場システムだけでは保証されないということである。第4章において経済過程の重層的・多段階的調整について詳しく議論したように，この再生産には「市場」的調整と「制度」的調整の全体が関わり，最終的には，資本蓄積の動態によって，それが保証されるのである。調整の重層的構造が作り出す，いわゆる「構造的安定性」が経済システムの再生産を保証し，持続させる条件となる。もちろん，本書の序章で述べたような，経済システムを諸制度の様々な接合として捉える制度分析への接合論的アプローチという観点からすれば，それぞれの制度やサブ・システムの再生産には，固有の時間的構造が存在することに注意しなければならない。

第2に，社会経済システム全体の再生産を問題にする場合，図5-1で見たようにその再生産構造は生産システムの再生産系と労働力の再生産を含む社会経済システムの再生産系という2つから構成されていることに注意すべきである。生産システムは，一定程度の弾力性を持つが，その構造は硬く，歴史のある一時点では固定的なものと見なされる。同時に，新しい発明や新技術などの群生が生じれば，その硬い構造のゆえに，生産システム自体が激しい変化を被ることになる。これに対して，社会経済システムの再生産には，人々の価値規範や慣習，様々な制度，経済主体間・諸集団間のコンフリクトが大きく関わっている。この再生産構造には様々な制度的な仕組みが組み込まれている。それらが変化に対する「緩衝」として機能することにより，その構造は柔軟なものとなる。しかも，この構造は過去から受け継いだ伝統や慣習，そして社会的規範といった大きく変化しえない層を持っているのである。

第3に，剰余とは，ある程度社会的，歴史的に規定されつつも，労使コンフリクトなどの要因によって動かしうる，あるいは再配分しうる領域を意味するということである。これは，第2の論点として述べた社会経済システムの再生産における柔軟な構造に対応すると言える。生産システムの構造は，スラッファがいう生産技術の特定の構造（T）に依存し，ある一定の時点ではたしかに「所与」と見なされる。しかし，経済システムを歴史的時間の中で進行する動学過程の中に

おけば，この生産技術の特定の構造にしても，企業における組織革新や労働努力の水準，企業間の競争関係などの結果として与えられるのであって，これらから独立に定義できるわけではない。この論点は，社会的剰余の分配においても同様に当てはまる。社会的剰余の分配は，資本家と労働者双方の要求水準の対立がどのような状態にあるのかに依存する。労使対立の状態は決して不変ではなく，歴史的な可変項だからである。1つの例として，中期的な動学過程の中で生ずる「インフレーション・バリア」を取り上げてみよう。これは，社会経済システムの再生産が維持されつつも，社会経済システムにとって最大可能な剰余を利潤がくみ尽くしてしまう状態だと理解しうる。要するに，この時点で，労働者の社会的再生産のために必要な要求賃金水準の最低限が画されることになる。しかしながら，このような賃金の最低限がどの水準までであるのか，さらにそれを超える賃金部分がどの程度のものであるのかも，経済システムにおける特定の制度編成に依存すると言えるだろう。

　第4に述べておかねばならないのは，第1章において指摘した物的再生産と貨幣システムの相互規定的な関係，すなわち「貨幣的再生産」の理論をめぐる諸論点である。本節における剰余アプローチと再生産の議論──そして本章の全体──においては，再生産における貨幣的側面を表だっては取り上げていない。むしろ貨幣システムは，生産システムの再生産系と労働力の再生産を含む社会経済システムの再生産系にとって「所与」のものとして前提されているにすぎない。ところで，われわれはこの「貨幣的再生産」の理論の構築という課題が重要であることを十分に自覚している。しかし，現時点では，貨幣的再生産論を展開する上で不可欠であると思われるいくつかの論点を指摘するにとどめざるをえない。

　まず「貨幣的再生産」の理論にとって核心となる課題は何かが問われよう。支出によって生み出された所得は貨幣的な所得であるが，それが実物的にも所得となるか，それとも単なる名目的な所得の増加になるかは，貨幣的な支出増加に対する実物的な連関──在庫，稼働率，投資，イノベーションの形態，産業内の革新と模倣の関係，賃金交渉制度──の反応いかんによるというのがそれである。典型的な例は，第3の論点でも述べた「インフレーション・バリア」のケースに見出すことができる。このケースでは，高水準の投資が高水準の貨幣的利潤を実現するものの，賃金交渉制度がこれに適応できず，結果としてインフレーションが発生する。この場合，賃金交渉制度における変更がない限り，企業家の意図す

る実質利潤の増大が阻止されることになるのである。同時に，インフレーションは，実質利子率の低下を介して貨幣システムにも影響を及ぼす。このように，このケースでは，貨幣的体系と実物的体系との複雑な相互反応の関係を指摘できるのである。

また同様のことは，貨幣システムにおける費用（＝支出）・所得関係と生産技術の体系を表す生産システムにおける投入・産出関係との間においても指摘することができる。問題のポイントは，投入，すなわち費用という点にある。もし仮に費用，すなわち支出の変化に生産過程が十分に適応できないとすれば，価格の上昇が生じ，貨幣的所得は単なる名目的所得になってしまうだろう。これは，設備の完全稼働の状態であったり，企業組織要因に起因する摩擦などがあったりした場合には起こりうる事態である。実物的体系におけるこのような反応がある場合には，それが今度は，投入量に，また制度的回路を通じて雇用量にも影響する。これらの変化は，生産における投入係数にも反映されるから，ここから投入－産出関係それ自体も変化することになる。第3の論点としてすでに述べたように，生産技術の構造はそれ自体としては独立に定義できるわけではないのである。この点にも，貨幣的体系と実物的体系との間の複雑な相互反応という「貨幣的再生産」の理論における核心的な問題の1つがあると言えるだろう。

2 　所得分配論の基礎

ここでは，社会構成員の間への社会的生産物の分配という問題に接近する2つの異なるアプローチを概説する。前節で述べた「2つの経済把握」に対応するアプローチである。一方は，新古典派経済学の分配モデル，すなわち「限界生産力」説に基づく分配モデルであり，他方は，「剰余」アプローチに基づく分配モデル（マルクス・モデル，およびネオ・ケインジアン・モデル）である。

(1) 限界生産力説 vs. 労働価値説
① 限界生産力説

「限界生産力説」というのは，労働と資本を等しく生産に貢献する生産要素として把握し，その貢献度を「限界生産力」で測ろうとする考え方を指している。

まず労働と生産 X の関係のみを考えてみよう。N 人の労働者がそれぞれ1単

第5章 所得分配と社会的再生産 303

図 5-4(a) 労働の限界生産力曲線

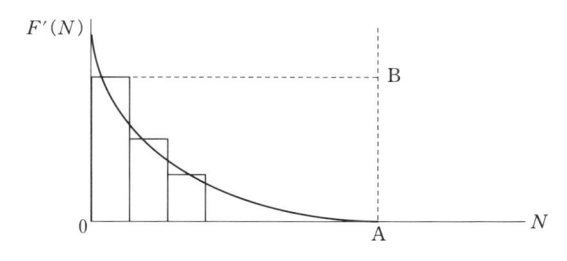

図 5-4(b) 生産物曲線

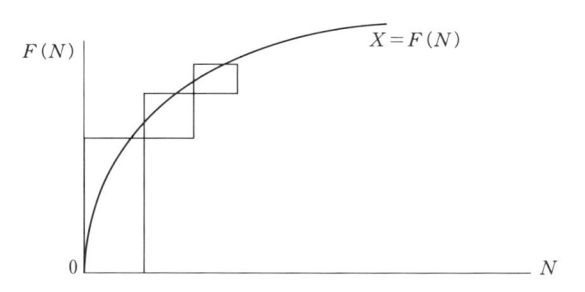

位の労働を行う時，各人の単位あたり労働がもたらす生産量を「限界生産力」と呼ぶ。この場合，総生産量 $X=F(N)$ は，各人の限界生産力の合計に等しいものとなる。ただし，各人がもたらす生産量は，個人の能力や資質により異なるだろうから，各人によって異なる限界生産力を大きい順に並べ，それらについて連続な関数（図 5-4(a)のように）を仮定すれば，この関係は，

$$\int_0^N F'(t)dt = F(N),$$

で近似できる。この場合の生産関数は図 5-4(b)のように図示できることになる。

このケースでは労働のみが生産要素であるから，労働者に対して，それぞれの貢献度に等しい（たとえば，限界生産力の最も高い労働者には AB の長さだけの）所得が分配されるべきだと考える。さらに，ここで 1 台の機械（資本）が導入されたとする。各人の限界生産力は，生産要素が労働だけの場合より増大する。この増大した限界生産力の部分は，各労働者の貢献というよりも，資本の貢献（「資本の限界生産力」）に基づくと見なし，資本の提供者には，この限界生産

力分に等しい所得が分配されるべきだと考える。以下では，こうした限界生産力説に基づく分配のモデルを構成してみよう。

生産関数を，次のように表そう。
$$X = F(N, K) \tag{5.11}$$

労働 (N) を雇用し資本 (K) の導入を決定する主体は，企業である。企業は，与えられた実質賃金 ω と資本コスト（利子率）r のもとで，利潤 Π を最大化するという企業の利潤最大化行動を仮定する。したがって，その最大化問題は，

$$\text{Max}\, \Pi = X - (\omega N + rK) \tag{5.12}$$
$$\text{s.t.} \quad X = F(N, K)$$

となる。この問題を解くと，

$$\partial \Pi / \partial N = \partial X / \partial N - \omega = 0 \quad \therefore \quad \partial X / \partial N = \omega \tag{5.13}$$
$$\partial \Pi / \partial K = \partial X / \partial K - r = 0 \quad \therefore \quad \partial X / \partial K = r \tag{5.14}$$

である。これら2つの式は，利潤最大化を目指す企業は，各生産要素の価格がそれぞれの限界生産力に等しくなるように労働と資本の投入量を決めることを意味している。かくして，生産要素への所得（生産物）分配分は，$\omega N + rK$ となるが，この分配分が必ず X と等しくなるとは限らない。すなわち，$X - (\omega N + rK) = 0$ が成り立たなければ，限界生産力説は分配モデルとして完結しないのである。

② 完全配分と所得分配

$X - (\omega N + rK) = 0$ が成り立つための1つの解法は，(5.11) の生産関数において，N と K に関する「一次同次」を仮定することである。一次同次の生産関数においては，オイラーの定理によって，次のような関係が成り立つ。すなわち，

$$X = (\partial X / \partial N) N + (\partial X / \partial K) K \tag{5.15}$$

となる。この式に，(5.13) 式と (5.14) 式を代入すると，

$$X = \omega N + rK$$

となり，生産される生産物すべてが労働と資本に配分され尽くす「完全配分」の条件が成り立つことになる。ところが，このような完全配分の条件が整ったとしても，このことだけでは，所得分配のモデルとして完結しない。というのも，ここでは ω と r が与えられた時に，企業が要素需要をどのように決めるのか（これは「配分問題」と呼ばれる）を論じているにすぎず，ω と r がどのように決まるか（これは「評価問題」と呼ばれる）が未解決のまま残されているからである。

モデルを構成する方程式の数は (5.11) (5.13) (5.14) の 3 個であり，未知数の数は X, N, K, ω, r の 5 個である。そこで，生産要素の完全雇用（利用）を仮定する，次の 2 つの方程式，

$$N = N^f \qquad (5.16)$$
$$K = K^f \qquad (5.17)$$

を追加することで，モデルは完結する。このように，労働が完全雇用され，資本が完全利用されている限りで，限界生産力説に基づく所得分配モデルが構成され，生産に投入された労働と資本の限界的な貢献度が賃金と利潤（正常利潤）という分配変数を決定することが主張されることになる。これに対して，生産要素の限界生産力に依拠せずとも，利潤の存在を論証できるというのが，マルクスの（投下）労働価値説とそれに基づく「マルクスの基本定理（Marxian fundamental theorem）」である。

③ 労働価値説と「マルクスの基本定理」

前節での議論と同様に，第 I 部門と第 II 部門からなる閉鎖経済を想定する。両部門のそれぞれにおいて，資本 K_i，直接投下労働 L_i を用いて X_i $(i=1, 2)$ が生産されるとする。ただし，ここでの資本は流動資本のみであり，古典派経済学の通例にならい賃金部分も資本の一部だと仮定する。この場合，前節の (5.2) 式にならって「価値方程式」を構成すると，次のようになる。

$$\left.\begin{array}{l} t_1 = k_1 t_1 + l_1 \\ t_2 = k_2 t_1 + l_2 \end{array}\right\} \qquad (5.18)$$

ここで，t_i は第 i 部門の生産物 1 単位あたりの投下労働量（あるいは，投下労働「価値」），k_i は i 部門の生産物 1 単位あたりの生産に必要な生産財，l_i は i 部門の生産物 1 単位あたりの生産に必要な直接労働である $(i=1, 2)$。(5.18) 式を解くと，次のような解を得る。

$$t_1 = l_1/(1-k_1), \quad t_2 = k_2 l_1/(1-k_1) + l_2 \qquad (5.19)$$

これから明らかなように，各部門の生産物の「価値」は，社会的に標準的な生産方法——第 4 章において議論した市場価格のノルムを規定する生産方法がこれにあたる——における物的データによってのみ決定される。

さて「剰余価値」という用語には，労働者が自分の生活に必要なものを生産するのに要する労働時間をこえて労働することによって，剰余ないし利潤が生ずる

という見解が含意されている。こうした見解は，スミス，トレンズ，リカード，J. S. ミルなどの古典派経済学に共通するものであったが，マルクスの独自性は，「剰余価値」を非労働所得の源泉（いわゆる「搾取」の理論）として把握しようとする点にあった。この点については，すでに第1章において議論した。剰余価値は，次のように定義される。

　　剰余価値（あるいは，剰余労働時間）＝投下労働量（時間）－必要労働量（時間）
また，

　　剰余価値率＝剰余価値／必要労働量

である。

いま MV を剰余価値，mv を剰余価値率とし，ω を実質賃金率とすると，剰余価値と剰余価値率はそれぞれ，以下のようになる。

$$MV = (L_1+L_2)-(L_1+L_2)\omega t_2 = L(1-\omega t_2) \qquad (5.20)$$

$$\text{ただし，} L = L_1 + L_2$$

$$mv = MV/L\omega t_2 = (1-\omega t_2)/\omega t_2 \qquad (5.21)$$

以上の価値体系に対して，この生産体系における「価格方程式」は，次のように構成される。

$$\left.\begin{array}{l} p_1 = (1+r)(k_1 p_1 + l_1 \omega p_2) \\ p_2 = (1+r)(k_2 p_1 + l_2 \omega p_2) \end{array}\right\} \qquad (5.22)$$

p_i は両部門の商品1単位あたりの価格 ($i=1, 2$)，r は均等利潤率である。

それぞれの部門で，正の利潤が存在するためには，

$$p_1 > k_1 p_1 + l_1 \omega p_2 \qquad (5.23)$$
$$p_2 > k_2 p_1 + l_2 \omega p_2 \qquad (5.24)$$

が成り立たねばならず，これらは以下のように書き換えることができる。

$$p_1/p_2 > l_1\omega/(1-k_1)$$
$$p_1/p_2 < (1-l_2\omega)/k_2$$

この2式より，$(1-l_2\omega)/k_2 > l_1\omega/(1-k_1)$ となり，これを整理すると，

$$1 > [k_2 l_1/(1-k_1) + l_2]\omega \qquad (5.25)$$

となり，この時，両部門において正の利潤が存在する，すなわち $r>0$ となる。

ところで，(5.25) 式の右辺の中括弧内は，(5.19) 式での第II部門の商品1単位あたりの価値 (t_2) に等しく，結局，(5.25) 式は，$1-\omega t_2 > 0$ と書きかえることが

できる。要するに，正の利潤，そして正の均等利潤率が存在するための条件は，(5.20)式より剰余価値が正，そして(5.21)式より剰余価値率が正であるのと同値だということになる。このように〈労働者の「剰余労働」なしには利潤はありえない〉，この命題が「マルクスの基本定理」と呼ばれるものである（置塩［1965］［1977］，森嶋［1973b］）。

(2) マルクスの所得分配モデル

マルクスの体系における生産された商品の価格 p_i と分配変数 r, ω との関係は，(5.22)の連立式で表されている。これを消費財を価値尺度財とした場合の相対価格 $p(=p_1/p_2)$ を用いて書き直すと，次のようになる。

$$\left.\begin{array}{l} p=(1+r)(k_1 p+l_1 \omega) \\ 1=(1+r)(k_2 p+l_2 \omega) \end{array}\right\} \quad (5.26)$$

(5.26)は，未知数の数が p, r, ω の3個で，方程式の数が2個であるから，自由度1の体系である。ここで p を消去すると，ω-r 平面上に描かれる図5-5のような「賃金―利潤フロンティア」を得る。

この曲線自体は，賃金率と利潤率との背反関係を表すだけであり，この曲線上のどこで分配が決まるのかについては何も語らない。そこで，実質賃金率の水準を，労働者とその家族の生存に必要な「生活費」の水準は文化的・歴史的に規定された水準，いわゆる「生存賃金」水準にある（$\omega=\omega^*$）と仮定すると，$\omega=\omega^*$ 線と賃金・利潤率曲線との交点で分配が確定し，対応する利潤率 r^* も決まる。

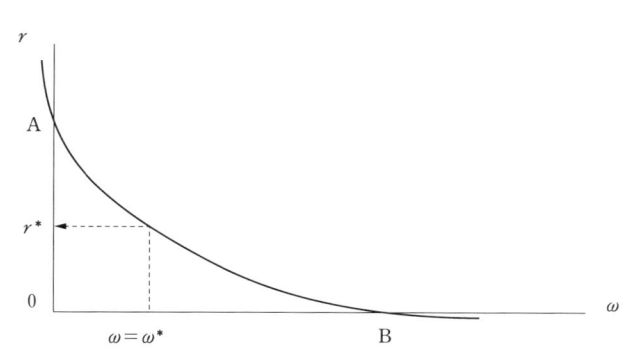

図5-5 マルクス体系における賃金―利潤フロンティア

ところで $\omega=\omega^*$ に消費財1単位あたりの投下労働量を掛ければ，〈労働力の価値〉を与えたことになる。すなわち，労働力の価値を与えることによってはじめて利潤率の高さが確定するということになるわけである。このように，労働力の価値を基礎にして所得分配を説明するというのが，マルクスの所得分配論にほかならない。

ところで，$\omega=\omega^*$ を追加しないと分配は確定しないが，〈労働力の価値〉という概念を用いるだけでも，図5-5においていくつかの主張をすることができる。第1に，利潤がゼロである時，分配はB点で決まる。この点では，労働力の価値は労働者の労働時間（投下労働量）に等しい。それゆえ，第2に，AB曲線上のB点以外の点では，労働力の価値は必ず労働者の労働時間を下回る。B点以外のAB曲線上においては利潤率は正である。利潤率が正であるためには必ず剰余労働が存在しなければならない。これこそが「マルクスの基本定理」が主張する命題にほかならない。しかも，図5-5における賃金—利潤フロンティアの導出の手続きが示しているように，上述の2つの主張は，相対価格の構造からは独立である。この意味で，「マルクスの基本定理」は〈労働力の価値〉という概念を用いてマルクスの所得分配論を再定式化する試みだということになる。

(3) ポスト・ケインジアン（ネオ・ケインジアン）の所得分配モデル

ここでは，N. カルドア，J. ロビンソン，L. パシネッティなどによるポスト・ケインジアン（ネオ・ケインジアン）の分配モデルを取り上げる。所得分配と経済成長というリカード的な問題を現代に再生させたのが，このポスト・ケインジアンであると言われるが，かれらの議論の直接の源泉は，ケインズとカレツキにある。ポスト・ケインジアンは，ケインズとカレツキから乗数理論の分配論への適用を，カレツキから資本家と労働者という2階級区分——カレツキ自身は，マルクスの「再生産表式」論を基礎にしていた（Kalecki [1971] 第7章）——を受け継ぎ，同時に古典派経済学以来の階級的分配の問題に現代的な定式化と内容を与えたのである（以下の議論では，前項のモデルと異なって1部門モデルであるが，両部門において資本・労働比率が同一であると仮定することにより，2つのモデルの間の変換は容易である）。

① カルドア [1956] の主張

総純所得 X は，賃金 W と利潤 Π という2つの範疇に分類され，そして総貯

蓄 S も 2 つの範疇，すなわち労働者の貯蓄 S_w と資本家の貯蓄 S_c に分類されるとしよう（これらは，いずれも実質値である）。

$$X \equiv W + \Pi \tag{5.27}$$
$$S \equiv S_w + S_c \tag{5.28}$$
$$S_w \equiv s_w W \tag{5.29}$$
$$S_c \equiv s_c \Pi \tag{5.30}$$

s_w と s_c は賃金と利潤からの貯蓄性向であり，$1 \geq s_c > s_w > 0$ を仮定する。
(5.27)～(5.30) の 4 式から，次式を得る。

$$S = (s_c - s_w)\Pi + s_w X \tag{5.31}$$

人口増大と技術進歩にちょうど見合うために必要となる投資量を I とすると，体系が動学的な均衡状態に保たれるための条件，$I = S$ より，

$$I = (s_c - s_w)\Pi + s_w X \tag{5.32}$$

となり，直ちに次の 2 つの式を導出できる。

$$\Pi/X = 1/(s_c - s_w) \cdot I/X - s_w/(s_c - s_w) \tag{5.33}$$
$$\Pi/K = 1/(s_c - s_w) \cdot I/K - s_w/(s_c - s_w) \cdot X/K \tag{5.34}$$

ここで労働者は貯蓄しない（$s_w = 0$）と仮定すると，

$$\Pi/X = (1/s_c) \cdot I/X \tag{5.35}$$
$$\Pi/K = (1/s_c) \cdot I/K \tag{5.36}$$

が成り立つ。これら 2 つの式においては，すでに第 2 章において述べたように，「支出が所得を生む」という理解からすれば，右辺が左辺を決定するのである。結局，長期的な均衡状態においては，利潤分配率も利潤率も，資本家による貯蓄および投資の決定によって決まるのであり，利潤の分配の説明は資本の限界生産力を考慮に入れる必要がないということになる。

② パシネッティ [1962] の再定式化

パシネッティは，カルドア・モデルに対して，次の恒等式を追加する。

$$\Pi \equiv \Pi_c + \Pi_w \tag{5.37}$$

Π_c および Π_w は，それぞれ資本家が得る利潤と労働者が得る利潤を表す。これは，労働者が貯蓄をするならば，労働者も利潤の一部を利子所得として受け取らねばならないことを意味している。この点を考慮に入れると，労働者の貯蓄は $S_w = s_w(W + \Pi_w)$，資本家の貯蓄は $S_c = s_c \Pi_c$ となる。$I = S$ より，次式を得る。

$$I = s_w(W + \Pi_w) + s_c \Pi_c = s_w X + (s_c - s_w)\Pi_c \tag{5.38}$$

この式から，次の2つの式を得る。

$$\Pi_c/X = 1/(s_c - s_w) \cdot I/X - s_w/(s_c - s_w) \quad (5.39)$$

$$\Pi_c/K = 1/(s_c - s_w) \cdot I/K - s_w/(s_c - s_w) \cdot X/K \quad (5.40)$$

ところで，利潤分配率と利潤率はそれぞれ，$\Pi/X = \Pi_c/X + \Pi_w/X$，$\Pi/K = \Pi_c/K + \Pi_w/K$ である。K_w を，労働者が資本家への貸付を通して間接的に所有している資本ストックとし，i をその貸付利子率とすると，$\Pi_w = iK_w$ となる。したがって，利潤率は，

$$\Pi/K = 1/(s_c - s_w) \cdot I/K - s_w/(s_c - s_w) \cdot X/K + i(K_w/K)$$

となる。また，動学的な均衡状態では，

$$K_w/K = S_w/S = s_w(X - \Pi_c)/I = s_w(X/I) - s_w(\Pi_c/X)(X/I)$$
$$= s_w s_c/(s_c - s_w) \cdot X/I - s_w/(s_c - s_w)$$

が成り立つ。この式を前式に代入し，さらに長期均衡においては，利子率は利潤率に等しい，すなわち $i = \Pi/K$ であることを考慮に入れると，最終的に次式を得る。

$$\Pi/K \cdot [s_c(I - s_w X)/I] = (I - s_w X)/K \quad (5.41)$$

利潤分配率についても，同様の手続きを繰り返すことにより，次式を得る。

$$\Pi/X \cdot [s_c(I - s_w X)/I] = (I - s_w X)/X \quad (5.42)$$

$I - s_w X \neq 0$ を仮定することにより，次の2つの式が導出される。

$$\Pi/K = (1/s_c) \cdot I/K \quad (5.43)$$

$$\Pi/X = (1/s_c) \cdot I/X \quad (5.44)$$

結局，カルドアのモデルの (5.35) 式，(5.36) 式と同じ形を得ることになる。これらは，労働者の貯蓄性向に関して何らの仮定も設けずに導かれたのであり，同時に，利潤率も利潤の分配も資本の限界生産力とは無関係であることを示している。

(5.35) 式や (5.43) 式に注目しよう。これは，

$$r = (1/s_c)g \quad (5.45)$$

と書き換えることができる（g は資本蓄積率で，$g = I/K = \Delta K/K$ である）。これは，すでに第2章および第4章において説明した「ケンブリッジ方程式」である。この式は，1) 資本家の投資意欲が大であればあるほど，さらに 2) 資本家が節約的でないほど，資本家集団全体が獲得できる利潤は大きくなることを示している[4]。

第 **5** 章　所得分配と社会的再生産　*311*

図 5-6　ネオ・ケインジアン分配モデル

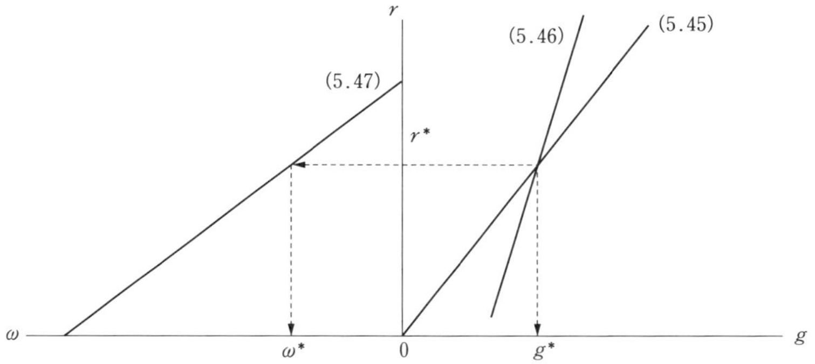

③　ネオ・ケインジアンの分配モデル

カルドア，パシネッティの議論に，以下のような投資関数を追加しよう。

$$g = g_0 + g_r r \tag{5.46}$$

ここで $1 > g_0, g_r > 0$ であり，企業家の「アニマル・スピリット」を表している。この投資関数は，ロビンソン［1962a］が「企業のアニマル・スピリット（「血気」）は，期待利潤水準に生産的資本のストックの望ましい成長率を関連づける関数」と呼んだものである。(5.45) 式とこの (5.46) 式に注目するならば，その交点において，資本家が期待する蓄積率を継続的に可能にする蓄積率 (g^*) とともに，その蓄積率が「乗数」過程を通じて生み出す利潤率 (r^*) も決まる。この関係は，図 5-6 の第 1 象限のように図示される。

さて，(5.46) 式の投資関数を考慮に入れたネオ・ケインジアンの分配モデルは，(5.27)(5.28)(5.29)(5.30)(5.32)(5.46) の 6 個の方程式から構成される。変数は，X, W, Π, S, S_w, S_c, I, K, の 8 個である。したがって，このモデルを完結させるためには，次のような仮定が必要になる。すなわち，変数をすべて K で正規化し，X/K を固定する，たとえば資本設備の完全稼働を想定することである[5]。このように仮定することにより，図 5-6 の第 2 象限に描かれるような次式のような関係が成立する。

$$r = \Pi/K = (1 - \omega N/X) \cdot X/K = (1 - \omega/\lambda)\sigma \tag{5.47}$$

仮定により，σ は完全稼働の水準にあり，同時に労働生産性 λ も外生的に所与とすると，この σ と λ に対応する 1 つの「賃金―利潤フロンティア」を描く

ことができる。こうして, (5.45)式と(5.46)式の交点における利潤率に対応して, 実質賃金率(ω^*)の水準が一意的に確定することになる。

ところで, 資本家の活発な血気により, 資本蓄積率が高めに維持されるならば, これに対応する実質賃金率は低く, 賃金と利潤の背反関係が成り立つことになる。以上, ネオ・ケインジアンの分配モデルでは, 資本蓄積率 g が特定されない限り, 分配は確定しない。そして, この g は資本家の投資決意に決定的に依存するのである。

(4) 3つの所得分配モデルに関する総括

ここでは3つの項目に分けて, これまで議論してきた分配モデルについての「総括」をしてみよう。

① マルクス・モデルとネオ・ケインジアン・モデル, その「総合」の試み

マルクスの所得分配モデルとネオ・ケインジアンのそれに共通するのは, 生産要素の限界生産力に依存せずとも分配が確定されるという点である。すなわち, いずれの分配モデルでも, 限界生産力説を必要とせず, 当然それに含意される経済主体の最適化原理や財の同質性や完全代替性などの前提も必要としない。

その一方で, 2つのモデルの相違は, 分配モデルの「閉じ方」における違いにあらわれる。マルクス（あるいはネオ・マルクシアン）の分配論は, 長期において実質賃金率(ω)が労働者の生存水準において定まるものとして先決され, 利潤は純生産物のうちから実質賃金を控除した後の残余であると考える。これを(5.45)式における「ケンブリッジ方程式」で表現すれば, 利潤率(r)が独立変数で資本蓄積率(g)が従属変数になるということ, すなわち左辺が右辺を決定することを意味する。これに対して, ネオ・ケインジアンは, 長期においても資本蓄積の推進力となるのは投資だと考えるから, 資本蓄積率を独立変数とし利潤率は従属変数であると見なす。こうして利潤率が先決され, 実質賃金が残余となる。もし利潤率と資本蓄積率との間のこれら2つの因果が同時に作用するとすれば, 体系は過剰決定になってしまう。この過剰決定の状態は, 図5-7のように示される。

果たして体系を過剰決定の状態にすることなしに, これら2つの分配論を「総合」するのは可能だろうか。S. マーグリン［1984a］［1984b］による「マルクスとケインズの総合」の試みがある。マーグリンは, 所得分配が決定される現実的

図 5-7 マルクス・モデルとネオ・ケインジアン・モデル：過剰決定

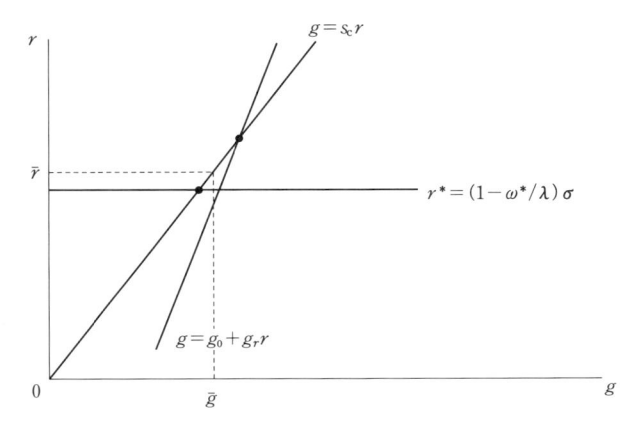

$$g = s_c r$$
$$r^* = (1 - \omega^*/\lambda)\sigma$$
$$g = g_0 + g_r r$$

過程を，資本家と労働者双方の要求水準がぶつかり合いインフレーションを発生させる過程として理解する「コンフリクト理論」の発想を受け継ぎ，資本家の投資決意と労働者の賃金要求の双方がともに完全に満たされずにぶつかり合う一種の不均衡動学モデルを，定常成長状態——ここでは，$g > s_c r$ である——で構成することを試みる。その理論構成では，資本家とともに労働者も満足のいく結果が得られない。そこで，労働者は，要求実質賃金率と現行の実質賃金率との差に応じて貨幣賃金率を引き上げる。他方，価格は商品市場における需給の不均衡，すなわち意図された投資と意図された貯蓄との差に応じて上昇する。したがって，定常成長の条件とは，貨幣賃金上昇率が価格上昇率に等しくなることであり，このもとでは実質賃金率と利潤率とが不変にとどまることになる。こうした定常成長状態は，結局，ネオ・マルクシアン均衡とネオ・ケインジアン均衡との中間地点で成立することになる。

ところで，このマーグリンによる「総合」の試みは，その問題意識の鮮明さにもかかわらず，資本設備の完全稼働を前提とする定常成長状態という分析枠組みの狭さのために，有効需要の変化が経済に対して持つ効果を十分に分析しえないという問題を抱えていた[6]。すなわち，寡占的な市場環境での不完全稼働水準において，稼働率が需給調整を媒介する役割を果たすということが見落とされることになり，結果として，不完全稼働状態における需要のダイナミクスの分析を欠如することになってしまったのである。E. ネル [1985] の論文タイトル「ジャ

ン・バプティスト・マーグリン」が如実に示すように，賃金と需要，および需要と成長との関係は，経済が完全稼働状態にあるか，不完全稼働状態にあるかに応じて全く異なってくることを，マーグリンの「総合」の試みは分析しえないからである。こうした欠陥が，「資本蓄積のレジームアプローチ」への展開を動機づけるものとなったのであるが，われわれ自身のモデル化については，本書の第4章においてすでに提起した。それゆえ，ここでは，この問題にこれ以上踏み込むことをせず，第4章の2節，3節の議論に立ち戻って，再度の確認を請うことだけにとどめておこうと思う。

② 「機能的」分配論と「個人間」分配論

以下においては，所得分配の分析には，これまで述べたものとは異なる観点からの2つのアプローチがあることを考えてみよう。第1のアプローチは，国民所得が各生産要素（土地，労働，資本など）の間にいかに分配されるのかを，生産におけるこれら生産要素としての機能の分析を通して解明しようとする「機能的分配」の理論である。第2のアプローチは，諸個人間に所得がどのように分配されるのかを扱う「個人間分配」の理論である。

ここで注意しておかねばならないのは，機能的分配の理論が直接に個人間分配の理論に結びつくわけでないということである。それでは，機能的分配の理論と個人間分配の理論とを結びつける媒介項は何か。それは諸生産要素が出発時点で諸個人間にどのように分配されているのかという事実にある。所得の個人間分配は，個々の経済主体が提供する生産要素の価格を所与としても，労働力という人的・非物的資産を所有しているか，それとも土地ないし生産手段という物的資産を所有しているか，またそれらをどれだけ所有しているのかによって異ならざるをえなくなる。こうして，諸個人の所有する生産要素の種類と量に対応して，所得の「個人間分配」が「機能的分配」を通じて現実に決定されていくのである。

このような観点からすれば，限界生産力説に基づく所得分配論は，機能的分配の理論にすぎず，個人間分配の理論と直接には結びつきえないと言わねばならない。この理論では，「分配」は，個々の生産要素に対する企業の需要行動から説明され，生産に関する企業の意思決定，すなわち利潤最大化の原則に基づいて，どの生産要素をどれだけ必要とするかという「選択」の一部をなすものと理解されている。このような理解が可能なのは，所得の機能的分配を個人間分配に結びつける生産諸要素の「所有関係」——この生産要素の所有関係が各経済主体の生

産の場への参加条件を規定する——が「所与」として前提されているからである。さらに付け加えられるべきは，個人間分配の理論と直接に結びつきえないばかりか，それは個人間分配の「公正」を自動的に保証するわけでもないということである。というのも，出発点における生産諸要素の所有関係という「与件」そのものの調整について，このモデルは何らの議論も行いえないからである。限界生産力説に基づく分配モデルでは，まさしく出発点における分配関係あるいは所有関係を所与として，そこからの変化分についてのみ問題が設定されるにすぎない。いま仮に出発点における所有関係が著しく不平等と思われるような場合でも，それを所与と見なし，最終的に達成される「完全配分」という状態は効率性や最適性といった名称でもって表現されることになってしまうのである。

こうした所得分配の「公正性」をめぐる問題については，経済学はこれまで，いわゆる「市場の失敗 (market failure)」を例示する 1 つの事例として議論してきた。確かに市場のメカニズムそれ自体は，出発点における所有関係を是正したり，結果としてもたらされる分配状態を何らかの公正基準にもとづいて是正する機能を持っていない。「市場の失敗」論が所得分配の問題をその項目の 1 つに含めることは，この限りでは妥当だということになる。この点は，次節において再び立ち戻ることにする。

③ マルクスの基本定理の「不備」

以上の「機能的」分配の理論において述べた論点は，「マルクスの基本定理」に基づく所得分配論にも同様に当てはまるだろう。この定理は，〈労働力の価値〉という概念を用いて，マルクスの所得分配論を再定式化する試みであり，そこにおいて導かれる結論は，相対価格 p が価値に比例するか否かからは独立している。すなわち，それは，相対価格の構造がどうであれ，全部門で正の利潤が存在するならば，労働力の価値は労働者の労働時間（投下労働量）を下回っている，すなわち，剰余労働の存在が全部門での利潤存在のための必要条件であることを意味している。しかしながら，この定理それ自体は，所得分配の決定理論であるわけではない。というのも，それは，全部門で利潤が生じているような分配の状態が与えられた時，それを投下労働量の観点から解釈すれば，剰余労働が存在している，すなわち「搾取」がある状態と解釈できると述べているにすぎず，こうした状態を生み出すメカニズムについては何も述べていないからである。結局，ここでも生産諸要素，とくに生産手段の所有関係は「所与」とされたままであ

る。「機能的」分配論において議論した論点が，ここでも当てはまるというのは，まさしくこの点においてである。生産手段の所有関係やどのようなメカニズムを通じて，現状のような分配が生じているかという問題を取り扱うためには，所有権の分布についての1つの前提がなければならない（三土［1992］）。次節では，この〈分配と所有〉に関わる諸問題を取り上げることにしよう。

3　市場・所有・分配

(1)　市場経済と所有制度

① いわゆる「市場の失敗」をめぐって

「市場の失敗（market failure）」（あるいは「市場の欠落」）とは一般に，市場の調整メカニズムが作用したとしても，資源配分の最適性が達成されない場合が存在することを指している。この「市場の失敗」論の一項目に所得分配論が含められることはすでに述べたが，それ以外の項目としては，通常，寡占・独占，規模に関する収穫逓増，外部効果の存在，公共財の存在，情報の不完全性などが挙げられる。

ここでは，外部効果（あるいは外部性）の存在に焦点を絞って議論してみよう。外部効果の問題とは，個々の経済主体の活動の間に，市場を経由しない直接的依存関係がある場合の問題である。これは，市場を通じて他の経済主体に影響を及ぼす「金銭的外部効果」と区別して「技術的外部効果」と呼ばれる。この市場を経由しない直接的依存関係には，他の経済主体に有利な影響を与える「外部経済」と不利な影響を与える「外部不経済」の2つが生じうるが，いずれの場合にも，社会全体の資源配分の最適化と市場「内」での最適化との間に乖離が生ぜざるをえず，この意味で市場は社会全体の最適な資源配分に失敗する。この時，社会的限界純生産物と私的限界純生産物との乖離（ピグー），社会的費用と私的費用との乖離（カップ）といった事態が生じ，社会的最適水準に比して，「過大」あるいは「過小」な生産が行われることになる。外部不経済と「過大」な生産の関係を図示すれば，図5-8のようになる（ただし，ここでは単純化のために，費用曲線は原点を通るものとする）。D は市場需要曲線，S は私的限界費用曲線，S' は社会的限界費用曲線である。x^* が競争的均衡生産量で，x^{**} が社会的最適生産量であるから，ここでは x^*-x^{**} だけの「過大」な生産が行われる。

図 5-8　外部不経済と「過大」な生産

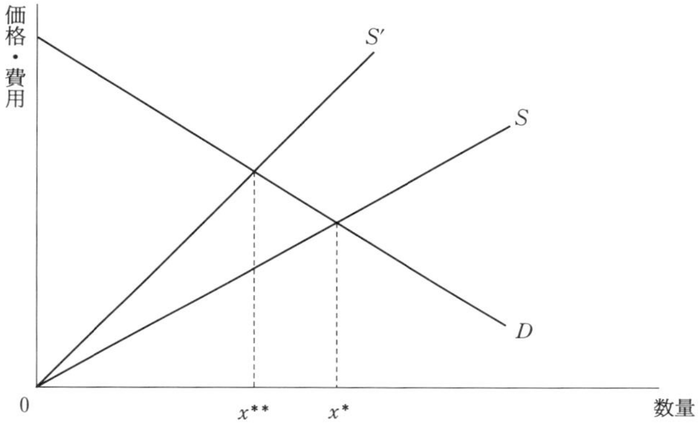

　これらの問題に対処するためには，いくつかの方法を考えることができる。

　第1は，ピグーが指摘したように，外部経済に対しては補助金を与え，外部不経済に対しては課税をするという方法である。すなわち，外部不経済が存在する場合，財の生産1単位あたりについて一定の税金を課し，企業の供給曲線を上方にシフトさせることによって均衡生産量を減少させ，社会的に最適水準の生産量を実現させる。他方，外部経済が存在する場合，財の生産1単位あたりについて一定の補助金を与えて，企業の供給曲線を下方にシフトさせることによって均衡生産量を社会的に最適水準にまで増大させるというものである。第2は，外部効果の中のあるものについては，プラスあるいはマイナスの価格を持つ財として新たに市場を設定したり，社会的費用を私的費用に組み入れたりする，いわゆる外部性の「内部化」を行うことである。

　しかしながら，こうした2つの方策にしても，市場そのものをその「失敗」から完全に救いだすことにはならないだろう。まず，教科書的説明において必ず取り上げられるピグーによる指摘は，次のような問題を含んでいる。すなわち，不経済を発生させた企業から得られた税金が不経済を被る第3者にどのような形で補償されるのかは，現実的に困難な問題を伴うし，実際に補償として移転されるという保証もない。逆に，外部経済に対して与えられる補助金は，必ずしもその外部経済を享受している経済主体から徴収されると限らない。これらはいずれも，所得分配に関わる問題と言える。ところが，税金や補助金による外部効果の

調整は，私的限界費用と社会的限界費用の乖離をなくし，社会的総余剰の最大化を目的にしているにすぎず，所得分配問題に関わる調整策であるわけではない。

また，外部性の「内部化」という方策についても，次のような問題点を指摘できる。外部効果の享受者とそうでない者を区別すること，またその享受の程度を数量化することにはかなりの技術的困難さを伴う。さらに外部効果を市場化するためには，その財の使用への対価を支払わない者（「フリー・ライダー」）を排除しなければならず，そうした排除のための費用は巨額なものになろう。仮に外部効果の市場化が可能であったとしても，外部効果をめぐる市場参加者の間に交渉力の著しい格差が存在するために，パレート最適に見られる相互有利化がスムーズには達成されないという問題が起こりうるだろう。しかしながら，この外部効果の「内部化」という問題に対しては，新古典派経済学の伝統の中で独特の発展を遂げてきた2つのアプローチが存在する。次に，それらのアプローチについて簡単な解説をし，それらに含意される論点を考察してみよう。

② 「所有権アプローチ」と「公共選択の理論」──「法と経済学」の周辺

新古典派経済学は，所有権が完全で外部性が存在しないこと，かつ取引費用が存在しないことを前提にして，市場＝価格メカニズムの理論化を行ってきた。この仮定を緩めた時の，個々の経済主体の合理的行動を論じることから市場経済と所有制度との一体となった発展を論じようとするのが，「所有権アプローチ」の立場である。この理論は，「シカゴ学派」による法・諸制度の価格理論による分析，また制度の変遷そのものをも価格メカニズムの論理から説明しようとする伝統を背景にしている。すなわち，取引費用や取引に要する情報収集の労力は市場や貨幣制度の発達によって節約できるが，これらの費用節約の便益が，制度を作り上げること自体に要する費用を上回るので，市場や貨幣に関わる諸制度が発達する。また財の排他的な支配と処分の権利を内容とする近代的な所有権制度の発展は，財に対する分化した使用権の並存する状態よりも，排他的な権利を設定した状態の方が，社会全体における取引費用を節約でき，その生産性を増加できることから生ずると主張する。このアプローチでは，様々な不経済や危険や不安の増大といった形態をとる社会的費用の低下を個別的な禁止や規制によらずに，価格メカニズムを通して達成しようとする点に特徴を持つ。たとえば，自動車事故の場合を考えてみよう。それをどれだけ減少させたらよいかを予め政策的に決定せず，損害賠償のルールを適切に定めておくことによって，どれだけ他の便益を

犠牲にして事故を減少させるかを，個々の経済主体の合理的行動によって決定させ，価格メカニズムによってこれを集計しようとするのである（Calabresi [1970]）。

さて，もう1つの「公共選択の理論」であるが，所有権制度を外部性・取引費用と関連づけて効率性の観点から論じようとする態度は「所有権アプローチ」と共通する。ここでは，ある分野の活動がどのような形で行われるのか，すなわち，私的で個人主義的な活動，集合的な活動，公共の活動として政府の手で行われる活動かどうかは，それぞれの場合における外部性の内部化による利益と集合的あるいは公共的活動を組織する費用との比較によって説明できるものとされる。ただし，この理論では，所有権制度の自生的な発展を強調する所有権アプローチとは異なり，明示的な社会的選択によって制度の形成が論じられることになる。

ところで，こうした2つのアプローチにおける論理の先駆は，コース［1960］に求めることができる。情報が完全で権利の割当てが明確に定義されており，取引や交渉が任意に，かつ費用をかけずに行いうる社会では，外部性に関する市場が成立し，外部性は内部化されて（すなわち，社会的費用が最小化されて）資源配分の最適性が達成されるという，いわゆる「コースの定理（Coase's theorem）」がそれである。この定理は，次のように主張する。公害による被害の場合，環境権が被害者にあるか加害者にあるか，欠陥商品による消費財市場での被害の場合，責任が買手にあるか売手にあるかにかかわりなく，相互に自由な交渉を認めれば，最終的に同じ効率性が達成されるというのである。もしこの通りであるならば，資源配分の効率性は私権の配分と切り離して分析することが可能になり，新古典派経済学における市場＝価格理論の伝統的立場が生きることになる。

このようにコースの定理は，一方では，価格メカニズムの論理の強力さを示すものであるが，他方では，所得分配の状態とは無関係に自由な交渉・契約による効率性の達成という観点にのみ立った議論でもあると言える。社会的費用の減少の総額がたとえ同じであったとしても，それをだれが負担するのかという損害賠償のルールいかんによって所得分配への影響が大きく異なることになるが，コースの定理による議論がこの種の問題に立ち入ることはない。所得分配への影響を考慮せざるをえないということになれば，結局は，財および権利の配分の公正さの問題，さらにはそれをめぐる階級対立の問題などを議論せざるをえないものと

なる。また，たとえ効率性上の合理化が達成される形での制度の移行，ルールの変更が行われるような場合でも，その実現のためには，社会的な合意の要因，そして権力（power），政治的な要因が決して無視されてはならないものになる。〈所有制度の政治的側面〉とでも言うべき問題が存在する。また簡潔に，〈所有と権力〉の問題と言い換えることもできる。そして，所有の実体を社会的な生産関係と見なして，この問題への接近の重要性を強調したのは，ほかならぬマルクスであった。そこで，次項では，前節での「マルクスの基本定理の『不備』」において述べた論点に再び立ち戻ることにする。

(2) 所有と権力

ここでは，マルクス的伝統を受け継ぎ，とりわけ〈所有と権力〉をめぐるマルクスの視点の現代的な再定式化を試みる2つの議論——J. ローマーらに代表される「分析的マルクス主義（analytical marxism）」とS. ボウルズ，H. ギンタスによる「抗争交換（contested exchange）」の理論——を取り上げる。

① 所有権の不平等な分布とローマーによる例示

「マルクスの基本定理」に基づく所得分配論は，利潤率が正ならば剰余価値率も正，また逆も言えるという形で，賃金と利潤などの生産要素間のマクロ的分配だけに分配問題を解消する傾向があった。これに対する批判としては，わが国では三土［1992］があるが，三土が議論の中で依拠する「分析的マルクス主義」の代表的論者の1人であるローマー［1982］［1986］は，生産手段の所有の不平等が所得分配の不平等を生み出すケースを設定し，そこに「搾取」を見出すという議論を構成する。

ローマーの議論は，次のように構成される。1000人からなる社会があり，そこには，小麦と余暇という2つの財があり，小麦の生産には，以下の2つの代替的な生産技術があると想定する。

第1技術（「農場」）：労働3日＋種もみ0→小麦1
第2技術（「工場」）：労働1日＋種もみ1→小麦2

生産期間は1週間で，500の種もみのストックがあるとする。こうした想定の下で，まず第1に，所有が平等なケースを考える。すなわち，種もみが1人あたり1/2単位平等に所有されているとする。人々は，1週間に小麦1を消費し，かつかれらのストックを減少させない限りで，自らの労働支出を最小化しようとす

ると想定する。この時，各人は1/2日だけ第2技術を用いて小麦1を生産し，これを消費すれば，後の3/2日はストックを補填するために第1技術を用いて小麦1/2単位を得る。こうして各人は，2日働いて小麦1単位の純産出を得る。かれらが支出した労働時間（2日間）はちょうどかれらが獲得する小麦に体化された労働時間に等しく，ここには「搾取」は存在しない。第2に，所有が不平等なケースとして，5人だけが種もみを100ずつ所有し，残りの995人は労働力のみを所有しているものとする。種もみを所有していない者は，第1技術で3日間働いて小麦1単位を獲得するが，もし種もみを所有する者が，1日あたり1/2単位の小麦を支払うので第2技術での小麦の生産に従事して欲しいと申し出るとすれば，種もみを所有しない者たちにとって，この申し出を断る理由は何もない。むしろ競って雇用されようとするだろう。そこで，種もみの所有者たちはそれぞれが，100/2＝50人を2日間雇い，小麦200単位を産出することになる。このうち来期用の種もみ100単位を残し，さらに50単位を賃金として支払っても，種もみの所有者1人あたりで50単位の剰余が発生する。

　以上のように，所有の平等状態では搾取は生まれないが，所有が不平等になると搾取が生まれる。かくして搾取を生んだ原因は，所有の不平等状態にあると主張されるのである。これが，マルクスの基本定理に基づく分配論の「不備」に対するローマーによる解答にほかならない。しかも，ここで主張されているのは，直接的な強制や欺瞞によるのではなく，所与の資産制約のもとで最適化する個人の競争の結果として搾取が生み出されるということである。言い換えるならば，すべての生産者が，その資産制約のもとで最適化行動をとるならば，資産の保有状態に対応して，労働を雇用する人々は搾取階級となり，雇用される人々は被搾取階級となるというのである。ローマーは，これを「階級・搾取対応原理(class exploitation correspondence principle)」と呼ぶ。

　上のローマーによる仮設例では，各経済主体は自らの目的の最大化（労働支出の最小化，すなわち余暇の最大化）を求めて行動しており，その結果得られる競争均衡における搾取階級と被搾取階級への分化は，定義により「パレート最適」な状態だと見なされることになる。このように新古典派経済学の枠組みにおいてさえ，資産の保有，所有権の分布の初期状態に応じて，階級分化と経済主体間の非対称性が生ずることになるわけである。

② 「抗争交換」の理論——「交換の政治学」のモデル化への試み

続いて，ローマーらとは異なる視角から，資本主義経済を権力システムとして捉えるアメリカ・ラディカル派政治経済学における2人の論者，ボウルズとギンタス［1988］［1990］［1992］［1993a］［1996］の主張を取り上げよう。かれらもまた，競争均衡における権力の存在を認めようとしない新古典派経済学の分析枠組みはまったくの虚構であるとして，ローマーと共通の立場に立つ。ワルラス的一般均衡モデルでは，政治と経済は完全に分離され，「経済」は純粋に資源配分の体系，「政治」は国家と同一視され，それは純然たる権力の体系と見なされる。交換ないし取引の契約が包括的——考えうるすべての状況を網羅的に契約に明記できること——で，かつ情報が完全であり，さらに取引費用が存在しないならば，こうした2分法——〈市場＝私的領域〉対〈国家＝公的領域〉という伝統的な図式——は確かに成り立つものと言える[7]。しかし，契約履行に関するこのような仮設は，前項で議論した「コースの定理」が想定するものと同一であり，これは理論的な「寓話」にすぎない。現実には取引ないし交換の対象となる財やサービスの特性が容易に特定されえないからである。交換される対象が，複雑でかつ監視するのが困難であるような何らかの側面を持つために，包括的契約が実現できないか，第三者（一般には国家）によっても強制しえない場合，交換当事者は内生的な契約履行の戦略をとらざるをえなくなる。このような契約履行のプロセスを，ボウルズ＝ギンタスは「請求権の内生的な履行（endogenous claim enforcement）」と呼ぶ。そして，この請求権の内生的な履行を特徴とする取引が，「抗争交換」である。交換が「抗争的」であると定義されるのは，経済主体Bとの交換を行う経済主体Aにとって，Bの財・サービスが価値ある属性を持ち，Bがそれを提供するには費用がかかるにもかかわらず，費用なしで履行できる契約ではその属性を完全には特定できない場合である。こうした交換の典型例は，労働市場と資本市場の交換において容易に見出すことができる。

労働市場における経済主体Aを雇用者，経済主体Bを労働者とする。労働力は雇用者にとって価値を持つが，雇用者が期待する努力水準での労働を労働者が生産において必ず実行するという約束は雇用契約の中で完全には明記できない。かくして雇用者と被雇用者（労働者）との取引関係は，1つの抗争交換になる。

次に，資本市場における資金の貸し手をA，借り手をBとし，借り手Bは，貸し手Aからある額の貨幣と引き替えに，将来のある一定期日に特定の利払いとと

もに借入を返済する契約を結ぶとする。貸し手はある一定の利子率のもとで融資を行い，借り手はこの融資された資金をもって自らの投資計画を実行する。借り手は，この投資からの期待収益の最大化を求めるが，より高い予想収益の投資計画には，より高いリスク，投資計画のより高い失敗の確率を伴うだろう。このようなハイ・リスク＝ハイ・リターンの投資戦略の選択から得られる利潤は借り手のものになるのに対して，この戦略のコスト，すなわち債務不履行の可能性の増大の方は貸し手の負担となる。貸し手と借り手との間には投資計画に関するリスク・テーキングをめぐる利害の対立が存在する。もしリスクと収益率の多様な組合せを持つ投資計画に対する借り手の選択を，契約によって細かく指定でき，また第三者によってその履行を強制できるならば，ここでの交換は，新古典派の論理に従うが，実際にはそうでない。契約によって借り手の行動を完全に規定できるわけでもなければ，無謀な借り手に課されるペナルティは，借り手の持つ公開処分される資産――例えば，融資の条件として提供を要求される「担保」――によっても制限されるからである。こうして資本市場での貸し手と借り手の取引関係においても，抗争交換が伴うことになる。

以下では，ボウルズ＝ギンタスが試みる抗争交換のモデル化を解説しておこう。

労働市場における交換のモデル化においては，次の2つが仮定される。第1は，労働者は労働努力の水準（e）を主体的に選択できること，そして第2に，雇用者は，労働者のeの選択が努力提供の費用と，その努力の成果に雇用者が満足しない時に課されるペナルティ――雇用契約を更新しないという解雇の脅し――との両方に反応して行われることを知っているということである。

そこで，労働者の仕事を1つの「資産」と見なすならば，その価値（＝雇用の価値v）は，解雇される確率を考慮に入れた労働者の将来所得の割引現在価値として定義され，賃金率ωの増加関数$v=v(\omega), v'>0$となる。また解雇される労働者にとっての将来所得の現在価値をzとすると，$v(\omega)-z$が「雇用レント」あるいは「失業コスト」と呼ばれるものになる。雇用レントがゼロ，すなわち所与の$v(\omega)$とzを等しくさせるような賃金水準ω_{min}は，留保賃金（reservation wage）と呼ばれ，労働者にとって雇用と解雇が無差別であるような賃金水準を表す。こうした設例では，賃金が上昇するほど失業コストは増大し，労働者にとっての失業の脅威が増すことになる。労働者は解雇を回避しようとして労働努

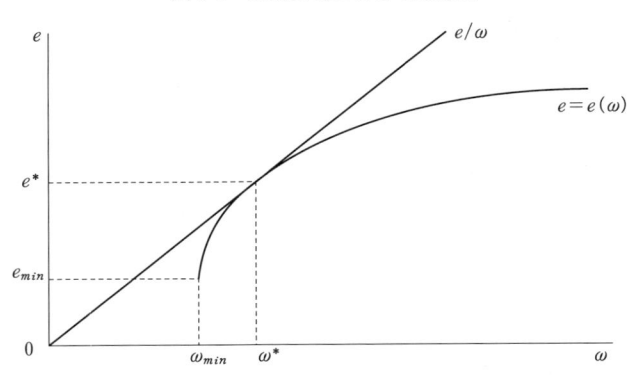

図 5-9 労働市場における最適化

力 e を高めるだろう。この関係は,「労働抽出関数 (labour extraction function)」として,次のように表すことができる。

$$e = e(\omega) \qquad e_\omega > 0, \ e_{\omega\omega} < 0, \qquad (5.48)$$

これは,所与の賃金率に対する労働者のファースト・ベスト反応のスケジュールを表し,雇用者は,このスケジュールを所与として,賃金1単位につき達成される労働努力 e/ω を最大にする ω を選択する。したがって,雇用者の最適化問題の解は,

$$e_\omega = e/\omega \qquad (5.49)$$

となる。この最適化問題は,図 5-9 のように図示できる。

最適点 (ω^*, e^*) では,1) $e^* > e_{min}$ と 2) $\omega^* > \omega_{min}$ が成り立っている。これら2つの帰結は,次のことを意味している。1) は,雇用者が望むような労働をしなければ再雇用しないという戦略——これは「条件付きの契約更新 (contingent renewal)」戦略と呼ばれる——が効果的であることを示している。2) は,競争均衡では労働市場が清算されないことを示している。この賃金率の水準では,労働者にとって雇用と解雇は無差別ではありえず,同じ労働者でありながら,非自発的失業者となるか,意に添わない職に就く者がいることになるからである。

さて,これら2つの帰結から,どのような含意を引き出すことができるのだろうか。2) は,本書の第3章ですでに議論した効率賃金理論が導く結論と同一である。むしろ,抗争交換の理論において決定的に重要な論点と言えるのは,帰結

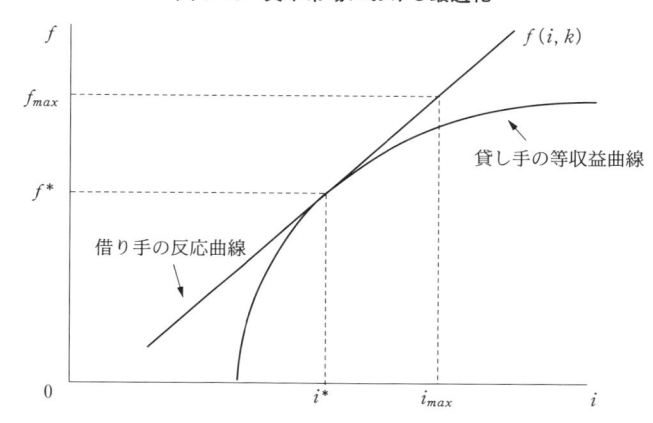

図 5-10 資本市場における最適化

(図中ラベル: f, f_{max}, f^*, $f(i,k)$, 貸し手の等収益曲線, 借り手の反応曲線, 0, i^*, i_{max}, i)

1)である。労働市場は清算されず,供給過剰の状態にあるのだから,雇用者は欲するだけの労働を市場から購入でき,数量の制約を受けることはない。このように雇用者は労働市場の「ショート・サイド (short side)」に立ち,他方で,労働者は市場の「ロング・サイド (long side)」に立つ。雇用者が市場のショート・サイドに立つことができるのは,雇用者による条件付きの契約更新の戦略が効果的であるからである。この限りで,雇用者は,レントの支払いを受けることの見返りにかれらの権威を受け入れる労働者を市場で見出すことができる。このようにして,市場においてショート・サイドに立つ雇用者は,ロング・サイドに立つ労働者に対する支配力,経済的な権力——これは「ショート・サイド・パワー (short side power)」と呼ばれる——を持つことになる。抗争交換のシステムでの競争均衡は非清算市場のショート・サイドに立つ経済主体に権力を付与するという,この点にこそ,第3章で議論した効率賃金の理論に比したボウルズ=ギンタスの議論の核心があると言える。

以上の労働市場における交換のモデル化の枠組みは,融資条件としての担保の提出という論点を加えるだけで,資本市場における貸し手と借り手との関係にもそのまま当てはまる。次に,そのモデル化を見よう。

資本市場における資金の貸し手による最適利子率 (i^*) の選択は,図 5-10 のように図示される。縦軸の f は,借り手の投資計画が失敗する確率を表している。$f(i,k)$ は,担保 k をさしだす借り手のファースト・ベストの反応関数を表し,

$f_i>0$ である。i_{max} は，借り手にとって融資を受け入れることと拒否することが無差別であるような利子率の水準であり，借り手の留保利子率を表している。利子率がこの留保利子率の水準以下である限りで，借り手は担保をさしだし進んで融資を受け入れようとするインセンティブを持つことになる。かくして留保利子率と貸し手が提示する利子率の差，$i_{max}-i$ が，債務返済を確約する借り手に与えられるレントとなる。$f_i>0$ であるから，利子率が高くなればなるほど，借り手にとって投資計画の現在価値はそれだけ低下し，レントもまた小さくなり，債務不履行の確率はそれだけ大きくなる。この時貸し手は，借り手の反応関数を所与として，期待収益を最大化するような i と k の水準を選択する。担保については，借り手が費用なしで提供できる限られた額の担保を持っていて，それ以上の額では費用が無限大になるとすれば，貸し手による k の選択は当面無視することができ，貸し手の最適化問題は，最適利子率の決定だけとなる。図5-10からも明らかなように，結果として得られる最適解 (i^*, f^*) では，$i^*<i_{max}$ と $f^*<f_{max}$ の2つが成り立っている。

$i^*<i_{max}$ が成り立つということは，i^* で融資を受けたいと望みながら，それができない（いわゆる「信用の割当て」を受ける）借り手がいることを示唆している。この場合，貸し手が資本市場のショート・サイドに立ち，借り手に対して支配力を行使することになる。この市場で貸し手がそうした権力を行使しうるのは，（労働市場における場合と同様に）市場のロング・サイドに立つ経済主体が契約の更新の不確定性にさらされているからであり，さらに担保の喪失という損失を負う可能性があるからである。

以上，経済均衡という新古典派経済学の枠組みにおいてさえ，経済的な権力の存在を論証しうるというのが，ボウルズ＝ギンタスによる抗争交換の理論の主張なのである。

③ 評価——社会経済システムの再生産と制度論の視点から

さて，所有と権力をめぐるマルクス的視点の現代的な再定式化の試みである，以上の2つの議論をどのように評価すべきだろうか。前節で問題設定された〈マルクスの基本定理の「不備」〉に対する1つの解答を示すという点では，いずれの議論もかなりの程度成功していると言えるだろう。2つの点を確認できる。

第1に，ローマーの議論は，技能や資産（富）の所有格差に基づく個人間分配の不平等を問題にしうる枠組みを提供しているし，また抗争交換のモデルでは，

資本主義経済を構成するそれぞれの市場における契約履行レントの「偏在」に，所得分配の不平等の原因を求めることのできる分析枠組みを提起している。とりわけ市場のロング・サイドでは，取引に成功してレントを受け取る経済主体と取引に失敗して市場から排除される経済主体とに分化することが示され，ここには明らかに所得分配の格差が存在する。

　第2に，ローマーの「階級・搾取対応原理」が示すように，経済均衡という新古典派経済学の分析枠組みにおいてさえ，階級分化と経済主体間の非対称性を説明することができ，同様に，抗争交換システムにおける経済均衡でも，市場のショート・サイドに立つ経済主体に権力が付与されることが示された。これは，市場領域＝経済が純粋に資源配分の体系であるとは決して言えないこと，したがって経済と政治の不可分離性を端的に物語っている。そして，これらの議論が資本主義経済に対するマルクス的視点の現代的な再定式化であるというのは，まさしく次の点に拠っている。マルクスの剰余価値論は，投入行列に消費財バスケットを含めた行列が「ホーキンス＝サイモンの条件」を満たす（すなわち，「剰余条件」の成立）ということ以上の情報を与えない。投入と産出を労働で集計し，そこに経済主体の非対称性を読み込むことは可能であろうが，それは単に「読み込む」ということにすぎず，それ以上のものではない。これに対して，ローマー，そしてボウルズ＝ギンタスの議論のいずれもが，経済諸主体相互の主体的行動の帰結として，経済主体間の経済的・政治的な非対称性が生まれることを導いている。この意味で，これらは資本主義の政治経済学のための〈ミクロ経済学的基礎づけ〉と呼ぶにふさわしい新たな試みと言えよう。

　だが一方で，2つの議論の間には明らかな相違点も存在する。ローマーの議論では，労働市場における交換は抗争的であるという現実を否定しないものの，階級と資本主義的搾取の存在は交換が抗争的であるという事実には依存しないとする。なぜなら，たとえ契約が完全で，それが費用なしで履行できるという新古典派的枠組みにおいてさえ，資産（富）の保有の不平等性が経済均衡における階級分化と搾取を説明するからである。これに対して，ボウルズ＝ギンタスは，市場のショート・サイドに立つ経済主体だけに権力が付与されるのであって，富の所有が資本市場にアクセスするための必要条件にすぎないと主張する。しかも資本市場においては，貸し手も借り手もともに「富める者」であり，したがって，富の保有と権力が一対一に対応するわけではない。この点に関しては，ボウルズ＝

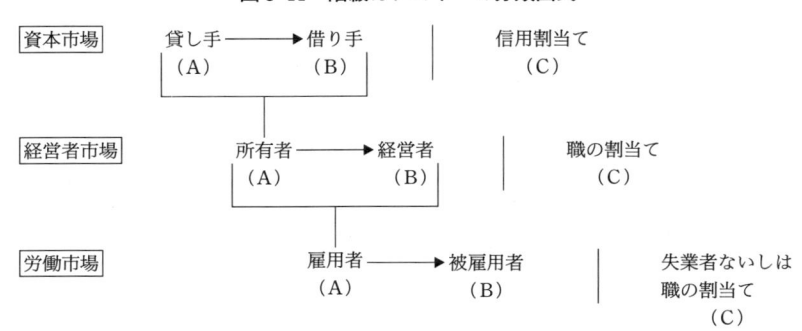

図 5-11 階級カテゴリーの分類図式

```
資本市場    貸し手 ――――→ 借り手        信用割当て
           (A)           (B)          (C)

経営者市場   所有者 ――――→ 経営者        職の割当て
           (A)           (B)          (C)

労働市場    雇用者 ――――→ 被雇用者       失業者ないしは
           (A)           (B)          職の割当て
                                     (C)
```

(注) (A)はショート・サイダー, (B)は取引に成功したロング・サイダー, (C)は取引に失敗したか, 次善の取引を強いられたロング・サイダーを表す。矢印は権力行使の方向を示す。
(出所) Bowles and Gintis [1990] p. 196.

ギンタス [1990] による階級カテゴリーの分類図式 (図 5-11) がきわめて示唆に富んでいる。

この図の中での「経営者」の位置は独特である。経営者は富を所有しないが, 雇用者として被雇用者に対して権力を行使する立場に位置しているからである。このように経営者市場を考慮に入れると, 富の所有は, ショート・サイド・パワーを保有するための必要条件でも十分条件でもないという命題が妥当する。こうしたボウルズ＝ギンタスの議論は, 本書の第１章で論じた「貨幣的従属関係」, さらに第２章での「貨幣的非対称性」や「ビジネス・デモクラシー」批判で析出した経済主体の「多層性」把握という本書において強調してきた論点とかなりの部分で重なり合う。しかしながら, ローマー, そしてボウルズ＝ギンタスの議論に対し, これまでの各章の議論で一貫して採用してきた視角からの疑問がないわけではない。

以下では, 本章の議論の総括を兼ねながら, 「再生産」と「制度論」の視角から, これら２つの議論に対する問題を提起し, われわれ自身の立場を再度確認しておくことにしたい。

第１に, ミクロ経済主体の主体的行動を前提し, その相互作用の結果として生ずる階級分化と搾取の存在の論証 (ローマー), また搾取に限定されない多様な権力関係の解明 (ボウルズ＝ギンタス), これらの試み自体は新たな〈ミクロ的基礎づけ〉として評価に値しよう。しかし, その一方で, マクロ理論はまったく

の不在となってしまっている。本書が採用する〈制度論的「ミクロ・マクロ・ループ」〉の視点から見て，これらの2つの議論には，マクロ・パフォーマンスの変化がミクロ的主体の意識と行動のあり方に影響を及ぼす回路は存在せず，したがって，ミクロとマクロの円環的規定関係を媒介する「制度」への注目もないと言わざるをえない。むしろ，制度は，それぞれの時点で，経済主体の行動にとって「所与」のものと見なされるといった方が正確かもしれない。

　第2は，第1の点と密接に関連するが，2つの議論には動学分析が欠如している。ミクロ・スタティックな議論にとどまっているということである。この点は，本章において強調する「再生産」視角の欠如にもつながるものとなろう。再生産論の系譜において，リカード，マルクス，スラッファは，経済を「剰余」が繰り返し再生産されるシステムと捉える。剰余とは，ある程度社会的，歴史的に規定されつつも，労使コンフリクトなどの要因によって動かしうる，あるいは再配分しうる領域である。しかし，ローマーの議論ではこうした「剰余」の概念は失われてしまっていないだろうか。経済均衡における剰余の発生は，資産保有の不平等にのみ起因すると主張されるからである。ここでは剰余アプローチに基づく「再生産」の視点も欠如することになろう。ところで，再生産とは，剰余の再生産だけでなく，剰余を生み出す社会経済的関係そのものの再生産をも意味している。抗争交換の理論は，経済均衡における権力関係を明らかにするが，特定の権力関係がなぜ持続し，発展していくのか，そして，それがどのようなプロセスを経て変容するのかについては明確な解答をなしえないであろう。というのも，この理論で行いうるのは，異時点間の比較均衡分析にすぎないものであろうからである。

　第3は，効率と公平に関わる問題である。上のような2つの問題を指摘しうるとしても，抗争交換のシステムにおけるショート・サイド・パワーの存在を指摘することは重要である。この指摘を，効率と公平に関わる論点をめぐるものとして，本書の観点から敷衍するとすれば，果たしてどのようなことが言えるだろうか。ボウルズ＝ギンタスが主張するように，富の所有がショート・サイド・パワーを保有するための必要条件でも十分条件でもないとすれば，資産（富）保有の平等化が直ちに不公正な所得分配を是正するという主張はあまりにもナイーブだということになる。それは資本主義経済の「政治的」構造を変えるものでないからである。本書が強調する「貨幣的従属関係」や「貨幣的不均衡取引」では，

市場は清算されるとは限らず,職務や信用の割当てが行われる。市場のショート・サイドとロング・サイドに立つ経済主体間の分化が生じ,同時にロング・サイドの側でも取引に成功する者と取引に失敗する者との分化が生ずる。それゆえ,第4章で議論した調整のそれぞれの段階には,それぞれに固有のショート・サイド・パワーが存在し,固有の権力関係が埋め込まれている。このように,資本主義経済の構造には,調整の重層性に対応した権力関係の重層性が存在すると言える。まさしく,資本主義経済とは抗争交換の一大領域をなすわけである。結果として,資本主義経済は,第1に,経済を構成するそれぞれの市場での契約履行レントの偏在と,第2に,市場のロング・サイドでの取引に失敗し市場から排除される経済主体の存在とによって特徴づけられることになる。

ところで,市場の調整メカニズムの作用だけでは,市場から排除された経済主体を救いあげることはできない。ここに「セイフティ・ネット」の制度化の問題が存在することになる[8]。社会経済システムの「再生産」視角からすれば,社会システムの再生産——ここには人々の生命の再生産も含む——と存続可能性が保証されない限り,社会経済システムの構造的安定性も達成されないからである。事実,社会保障制度,土地住宅政策,「最後の貸し手」としての中央銀行機能や預金保険機構などセイフティ・ネットに関わる様々な制度化を作り出してきたことは,資本主義の歴史そのものが如実に物語っている。もちろん,これらの制度化の過程には,各国に固有の特性が反映されるのは言うまでもない。

次に,「剰余アプローチ」の観点から言えるのは,上記の第1の特徴である「偏在」するレントの再分配をめぐってである。そのためのいくつかの方向性を考えることができるが,そこには必ず新たな制度化とそれへの信認を伴うことに注意しておかねばならない。

1つの例として労働市場におけるレント再分配の可能性を考えてみよう。

図5-12での V は,労働者に所与の所得の現在価値水準をもたらす e と ω の組合せを表す等雇用-現在価値曲線である。V の右側では,所得の現在価値水準はより高いものとなる。いま賃金率の水準 ω^a で経済均衡が成り立っているが,雇用者は $(e/\omega)^a$ 線よりも上の部分を選好しようとし,労働者は V^a の右側を選好しようとするだろう。それゆえ,a点と比べて雇用者と労働者の双方にとってより好ましい領域b(影付きのレンズ部分)が存在することになる。ここで,労働者は賃上げ要求を行わず,同時に労働者相互の監視により e^a よりも大きい労

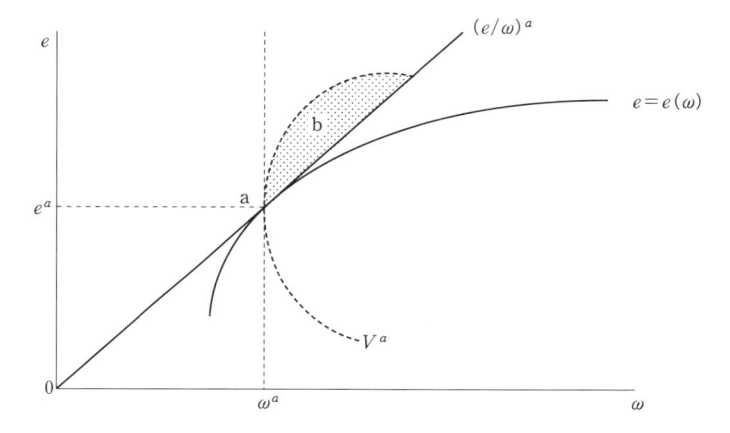

図 5-12 労働市場におけるレント再分配

働努力の提供を約束することの見返りに，雇用者は増大する利潤の一部を労働者に分け与えるという一種の「利潤分配制（プロフィット・シェアリング）」が実現できるならば，労働抽出関数の上方へのシフトとともに，新たな均衡が領域 b の内に出現することになる。こうした事態の成立を，「剰余アプローチ」の観点から述べるならば，それは経済が生み出すことのできる最大剰余を増大させる，別言すれば，「賃金—利潤フロンティア」それ自体を外側へとシフトさせる供給サイドの戦略と言えるだろう。これは効率とともに分配の公平をも確保しうる１領域を達成しようとする戦略にほかならないが，そのためには協調的な労使関係に基づく「信頼」の形成や企業経営の意思決定に関する「説明責任性（accountability）」などの制度的な革新が前提されねばならない。効率とともに公平をも確保しようとする戦略は，何も供給サイドからのものだけに限らない。ケインズ左派的伝統に基づく戦略もある。これは，第４章において議論した賃金主導型成長を前提とし，より消費性向の高い低所得者層に向けて購買力の再配分を行うことで総需要を拡大させ，稼働率の上昇を促すというものである。これは，稼働率水準の上昇を通じて経済を「賃金—利潤フロンティア」に向かって近づけさせようとする需要サイドの戦略である。ボウルズ＝ギンタス［1995］を援用するならば，表 5-4 のような分類が可能となろう。

表 5-4 における，1）については第４章で，2）は本章で議論された。残りの

表5-4 分配戦略の諸類型

		政策の分配に対する含意	
		平等主義的	反平等主義的
経済問題	需要サイド	1）左派ケインジアン（賃金（福祉支出）主導型成長）	3）低賃金・輸出主導型成長
	供給サイド	2）生産性上昇促進型再分配	4）IMF型「構造調整」政策

3）と4）の戦略については，第6章において議論されることになる[9]。

補論　分配の公正・平等化をめぐって：ロールズとセン

　われわれは，所得分配の公正あるいは平等化にどこまで立ち入るべきなのだろうか。これはとくに平等主義的価値観に関心を持つ政策立案者であれば，誰でもが直面する根本的な問題であろう。熱烈な平等主義者であれば，完全な平等に向かうあらゆる方策を推進することこそが正しいと論ずるかもしれない。しかし，大半の人びとはそうした政策がおそらく経済的インセンティブに対して負の影響をもたらし，その負の影響が分配・再分配政策に対するブレーキとして働くのではないかと考えるかもしれない。例えば，A. オークンによる著名な著作［1975］の表題（*Equity or Efficiency : The Big Tradeoff*）は，平等化の推進がGDPやその成長率の低下など効率性の犠牲を伴わざるをえないという考えを要約的に示したものと言える。しかし，すべての経済学者がこのような考えに同意する訳ではない。

　ここには「分配的正義（distributive justice）」の理論に関わる問題，すなわち必要または権利要求の競合している個人の間で，社会（集団）が希少な資源または生産物をどのように配分すべきかを問う問題が関わっている。この分配的正義についての研究は少なくとも二千年前のアリストテレスやプラトンにまで遡ることができるが，J. ロールズ『正義論』（1971年）の刊行以来，この問題についての哲学的関心の再興がなされたし，その経済学の分野への影響も大きなものがあった。1970年代以降，明らかに新しい経済学的手法によって正義論は一段と深化したし，また古典的正義論（功利主義的正義論）に対する新たな吟味もなされてきた。この補論では，分配の公正・平等を議論する時に今日では欠かすこと

のできない 2 人の研究者，J. ロールズと A. センの主張[10] を取り上げる。

まずロールズとセンに共通する基本的な視座を確認することから始めよう。両者はともに，第 1 に，人びとの主観的な効用のみに基づいて，かれらが社会において享受する福祉状態に関する評価を行おうとする立場・方法論（「厚生主義」）を批判する点で，第 2 に，ある経済的仕組み，制度，および政策をもたらす結果や，何らかの行動の結果として個人が達成する状態にのみ注目して評価・判断を行う立場（「帰結主義」）を批判する点で，共通する。

続いて，J. ロールズの主張である。ロールズが提起する「正義の二原理」とは，次の 2 つから構成される。すなわち，すべての人びとに平等な基本的自由を保障する「第一原理」と，公正な機会均等の下で，社会の最も恵まれない人びとに最も有利になるような不平等な分配スキームを要求する「第二原理」である。「第一原理」は「平等な自由原理」と呼ぶことができ，そして，「第二原理」の前半部分は「公正な均等原理」，その後半部分は「格差原理（difference principle）」と呼ばれる。ところで，ロールズの主張の中で最も注目を集めたのは，格差原理である。その眼目は，社会の中の最も恵まれない集団に最も有利な分配ルールを定めるという点にある。それ故，それは社会の最も不利（ミニマム）な立場に置かれた人びとの所得を最大化（マックス）するような分配が公正であると考える「マキシミン公正原理」と言い換えることができ，次のように定式化される。

$$\text{Max } M(y) = \text{Max}(\min[y_1, \ldots, y_n]) \qquad (5A.1)$$

ここで，$M(y)$ は社会の中で最も所得の少ない人びとの所得を表している。

この原理における公正を判断する根拠は，かれが「原初状態」と呼ぶ想定の中に求められる。この原初状態とは，伝統的な社会契約説の中で「自然状態」とされてきた状況を，社会生活というゲームを始める前にその基本的ルールをプレーヤー全員で協議し採択する場と読みかえたものである。ここでは 3 つの制約，すなわち，①「無知のベール」という情報の不完全性，②各人は，他人の利益に無関心で，自分の生活条件の改善だけを合理的に追求するということ，③決定されるルールがどんな形式を備えるべきかを各人が予め了解しているという条件が課せられる。こうした状態下では，各人は自らの能力や選択の結果として生ずる自分の社会的位置を予知しえない。それゆえ，自分が最も不利な状態に置かれる危険を予想して，社会における最低所得ができるだけ高い水準になることが合意さ

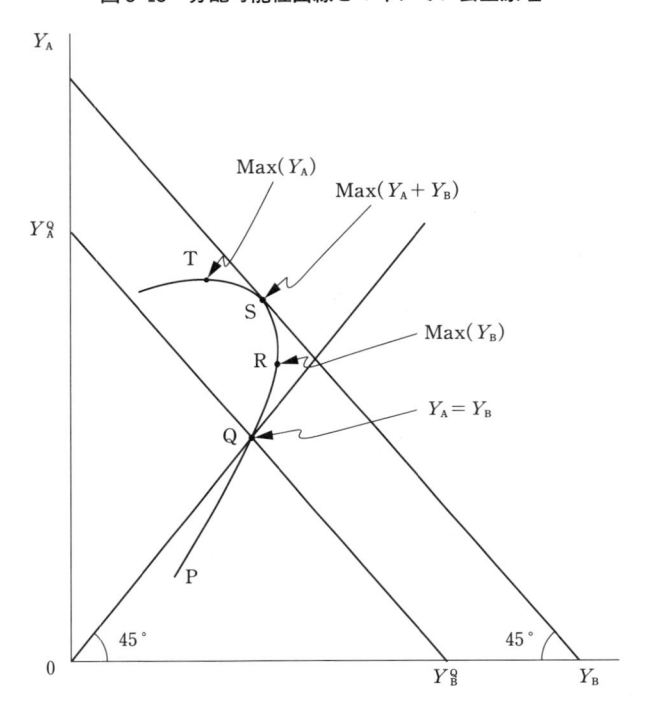

図 5-13　分配可能性曲線とマキシミン公正原理

れるものとする。これを図 5-13 によって説明しよう。図においては，各人の生産への貢献度は，その人が持つ知識や技能の質に依存し，その質そのものは教育や訓練に依存し，さらにそれらは各人の所得に依存すると仮定する。また国民所得≡国民生産であるとする。

縦軸にAの所得 Y_A，横軸にBの所得 Y_B をとると，曲線 PQRST は AB 間の分配可能性曲線を表している（ここではAの方がBよりも生産への貢献度が大であると仮定）。この曲線上の各点について説明しよう。まず Q 点では，平等な分配 ($Y_A = Y_B$) が実現し，この時の生産量は，$Y_Q = Y_A^Q + Y_B^Q$ となる。Q 点から曲線上を東北方向に進むにつれ，分配は不平等化するが，A，B とも絶対的な所得は増大する。R 点で相対的に不利な状態にある B の所得が最大になる。この点では，S 点と比べ生産力も少なく，分配も平等ではないが，最も不利な状態にある人の所得を最大にするというマキシミン・ルールを満たしている。

以上の説明には，いくつかの特徴と問題点を含んでいる。第1は，分配の変化と生産量それ自体の変化との相互規定性が注目されていることである。これは所得分配のあり方は生産のあり方から独立でありえないことを示唆している。第2は，各人が持つ知識や技能の質に注目することで，機能的分配と個人間分配とを関連づける1つの方法を示唆していることである。

しかし，第3に，次のような問題点も存在する。すなわち，ロールズの公正原理でさしあたり問題にされるのは，最も不利な状況にある人びとの所得水準にすぎないことである。それゆえ，有利な状況にある人びとが不利な状況にある人びとの所得増大のために，いかなる形でどの程度の負担をすべきかという負担の公平性の問題が依然として残り，また所得のミニマム水準さえ引き上げられれば，その水準以上の部分での極端な不平等は勤労意欲が損なわれない限り許容されるという結果を招きかねない。要するに，ロールズの議論には，不平等の是正のための「絶対的」基準が設定されていないという問題が残されているのである。

ところで，図5-13の説明では，所得の分配のみが取り上げられているにすぎない。むしろロールズにおいては，合理性・公正性といった個人の基本的能力を保持するために必要不可欠であり，多様な目的を達成するための手段として一般性の高い財を，社会的に保障すべき基本財，すなわち「社会的基本財（social primary goods）」と定めた上で，それらに関する公正な分配方法を明らかにするという「社会的基本財アプローチ」が採用される。ロールズが社会的基本財と呼ぶものは，基本的な権利，自由と機会，所得と富，自尊の社会的基盤などから構成される。かくして，ロールズが提唱する正義の原理とは，すべての社会的基本財は，これを構成する財のいずれかを不平等に分配することが最も不遇な個人に有利に作用する場合を除いて，平等に分配されるべきであるというものに他ならない。

しかし，当然予想されることながら，ロールズの正義の二原理，とりわけ格差原理に対しては，より自由主義的な立場からと，より平等主義的な立場からのそれぞれから，無視しえない原理的批判がこれまで加えられてきた。また，実際的な問題として，「最も不利な状況にある人びと」をいかなる基準・手続きによって確定するかという点についてロールズ自身の説明がきわめて不十分であることも指摘されてきた。そうした中で，ロールズに対する最も根源的な疑問を提起したのは，A. センであろう。

ロールズの「社会的基本財アプローチ」に対するセンの批判は，正義の二原理や格差原理の考え方そのものが問題というのではなく，個人の境遇を評価し判断する際の情報的基礎として社会的基本財を用いることは適切でないという点にある。すなわち，社会的基本財や資源を，自己にとって必要な機能を達成するための自由へと変換する個人の能力は，社会的・個人的特性によって差異が生じうる。したがって，社会的基本財や資源の保有がたとえ平等であったとしても，人びとが享受している自由には深刻な不平等が伴う可能性がある。そこで，センは，人びとの福祉（well-being）の個人間比較を行おうというのならば，財の保有量を問うのではなく，その財を活用して人は何をなしうるか，あるいは人はどのような存在になりうるかという点にまで分析を深めなければならないとする。ここでセンが主張する「福祉（well-being）」とは，裕福であること（well-off）とも「厚生（welfare）」とも異なり，個人の生き方・在り方（being）の良さ（wellness）を捉える概念にほかならない。さらに個人の生活は，様々な価値ある「機能（functioning）」——その個人が何をなしうるか，どのような存在になりうるか——から構成されると主張する。様々な機能の在り方によって，人の生き方が決まる。その生き方をそれぞれが選択する際の諸機能の集合を，センは「潜在能力（capability）」と呼ぶ。同じように餓死しそうな人であっても，それが食物を買うことができないためなのか，それとも政治的あるいは宗教的な理由から自発的に断食しているためなのかとでは大きな違いがある。後者の場合には，人びとは餓死に対して自主的に価値を賦与していることになる。このような「価値評価問題」を個人の生活の在り方に関連づけようとするのが，センの「潜在能力アプローチ」に他ならない。セン自身は，こうした点を次のように定式化する（Sen [1985]）。

　x_iを個人iが所有する財ベクトル，$c(\cdot)$を財ベクトルをその特性ベクトルに変換する関数とし，$f_i(\cdot)$を個人iが実際に行いうる財の利用パターンを反映する個人iの利用関数とする。この時，この個人iが達成できる機能ベクトルを$\boldsymbol{b}_i$とすると，それは次式によって与えられる。

$$\boldsymbol{b}_i = f_i(c(\boldsymbol{x}_i)) \tag{5A.2}$$

ベクトル$\boldsymbol{b}_i$は人の在り方・生き方——例えば，栄養は行き届いているか，服装はきちんとしているか，移動能力は備わっているか，など——を表している。

　個人iが実際に選択可能な利用関数$f_i(\cdot)$の集合をF_iとし，この集合の中か

ら1つの利用関数を選択するとすると，ベクトル $\boldsymbol{x}_i$ が与えられた時に個人 i にとって実現可能な機能ベクトルの全体は，次の集合によって与えられる。

$$P_i(\boldsymbol{x}_i) = \{\boldsymbol{b}_i | \exists f_i(\cdot) \in F_i : \boldsymbol{b}_i = f_i(c(\boldsymbol{x}_i))\} \qquad (5\text{A}.3)$$

さらに，個人 i が集合 X_i 内の財ベクトルのみ選択できるとすれば，個人 i が実現できる機能ベクトルの集合は，次のように与えられれる。

$$Q_i(X_i) = \{\boldsymbol{b}_i | \exists f_i(\cdot) \in F_i, \ \boldsymbol{x}_i \in X_i : \boldsymbol{b}_i = f_i(c(\boldsymbol{x}_i))\} \qquad (5\text{A}.4)$$

集合 $Q_i(X_i)$ は個人 i の「潜在能力集合」と呼ばれ，個人 i は，財の特性を機能に変換する個人的特徴 F_i と財貨支配権 X_i の制約の下で $Q_i(X_i)$ に属する機能ならば，自由に選択することができる。この意味で，潜在能力集合とは，各個人がそれぞれ評価する機能，すなわち各個人の生き方・在り方を実行可能な選択肢の中から選択して，自らを社会的に実現する自由度を表すものだということになる。このような観点から，潜在能力集合を人の「福祉的自由（well-being freedom）」，すなわち自己にとって望ましい状況＝福祉を自らの意思的選択によって達成しうるということの指標と見なすのが，センの潜在能力アプローチの核心にある考え方なのである。

以上のセンの潜在能力アプローチからの主張[11]を，3点にわたって要約しておこう。第1は，平等・不平等の基準は，所得や満足の度合いにではなく，潜在能力の豊かさに置かれることである。すなわち，人それぞれの生き方・在り方を可能にするニーズに着目し，個々人の選好がかれらのニーズを適切に反映しえているのかどうかに平等性や公平性を論ずる際の基準が設けられる。「『よい人生』とは真の選択のできる人生であって，他の面でどんなに豊かであったとしても特定の生き方を強制されるような人生ではないのである。」（Sen [1985]）

第2に，社会経済システムの在り方への評価に際しては，実際に達成されるものの重要性だけでなく，それらを達成するための自由，すなわちその過程での各個人の生き方・在り方の選択の幅がどれだけ保障されているかの重要性が強調される。(5A.4)式から明らかなように，個人は，財貨支配権，すなわちかれの利用可能な財ベクトルの集合 X_i と，財の利用に関するかれの個人的特徴 F_i という2つの要因を制約として，潜在能力集合 $Q_i(X_i)$ の中から，かれが評価する機能を自由に選択できる。しかし，もし選ぼうと思えば選べたはずの諸機能が不足していると判断されるならば，その場合にはその種の機能を社会的に補填する手だてが施されねばならない。かくして，最終的に選ぶのは各個人である（「選択の

自由」)という枠組みを残しつつ,実際に選ぶことを可能にする条件——「福祉的自由」を人びとに平等に保障すること,そのために必要な制度的な諸条件——を整備するのが,当該社会経済システムの義務であるとされるのである。

　第3は,潜在能力アプローチにおける平等と効率の関係をめぐってである。潜在能力,すなわち各人の生き方・在り方の選択の自由においては,効率と平等とがともに重要であるとセンは主張する。例えば,悲惨な境遇にあるために自由を享受していない人びとの自由を縮小させながら,有利な状態にある人びとの自由を一層拡大させることは明らかに不公正である。自由に対する要求はつねに平等に結びついている。かくして,自由の価値の中には,それが平等に配分されねばならないという考えが組み入れられているのである。

　注
1) Sraffa［1960］p. 3, 訳 p. 4。
2) 以下での論述は,菱山［1993］に多くを負っている。スラッファ理論については,なによりもまずSraffa［1960］を読むことを勧める。その解説については,菱山［1993］の他,菱山［1990］,松本［1989］,Mainwaring［1984］が有益である。またスラッファ理論の研究として有益なのは,塩沢［1990］の第II部,有賀［1998］の第II部・第III部である。
3) ここでは,小麦生産部門に1を,鉄生産部門に3/2をかけるというように,適当な乗数をかけることで,投入の商品構成比と産出の商品構成比が等しくなるように「標準体系」を構成している。
4) カレツキは,これらの2点について,次のように述べる。「こうして資本家は全体としてみると,かれらの投資や個人的消費の額によってかれら自身の利潤を決定するのである。ある意味ではかれらは『自分自身の運命の支配者』である」(Kalecki［1971］訳 p. 14)と。(5.45)の方程式は,産出量決定の理論であるケインズの投資乗数の理論を利潤決定の理論に応用したものといえる。
5) 本書では,すでに第4章で稼働率の変動を考慮に入れたより一般的な動学理論を展開している。ここでの分配に関するネオ・ケインジアンモデルは,前章で展開した中期的動学理論の一特殊ケースとして成立するものであることに注意して欲しい。カルドア・モデルにおける生産資源の「完全利用」の仮定の理論的意味については,野口［1990］,池田［1996］を参照されたい。
6) マーグリンの「試み」では,意図された貯蓄がつねに実現されるという結果から,より高い利潤シェアは自動的により高い蓄積テンポを導くという枠組みが問題にされているにすぎないことになる。第4章で議論した「利潤主導型成長」の枠組みがそれである。この利潤主導型成長に対して「賃金主導型成長」の枠組みを主張するのが,「停滞論者(stagnationist)」と呼ばれる論者たちである。代表的な論者として,Dutt

[1990], Taylor [1991] を挙げることができる。
7) A. ラーナーは, 次のように述べている。「経済的取引とは, すでに解決済みの政治問題のことである。経済学は, 解決済みの政治問題をその学問領域に選びとることによって, 社会科学の女王という称号を獲得したのである」(Lerner [1972] p. 259) と。
8)「セイフティ・ネット」の制度論的分析については, 法政大学比較経済研究所・金子編 [1996], 金子 [1997] を参照されたい。
9) 本章における「剰余アプローチ」の観点からの所得分配における「効率性と平等性のトレード・オフ」の問題への理論的接近については, 植村 [2007] を参照されたい。
10) ロールズとセンの著作と論考は極めて多数にのぼる。ここでは日本語訳で利用可能なものだけを挙げておく。ロールズについては, ロールズ [1967] [1971] [1979] [2001], またセンについては, セン [1982] [1985] [1987] [1992] [1999] である。またロールズとセンに関する日本人研究者による文献としては, 絵所・山崎編 [2004], 川本 [1997], 後藤 [2002], 塩野谷 [2002], 塩野谷・鈴村・後藤編 [2004], 鈴村・後藤 [2002], 若松 [2003], 渡辺 [1998] などがある。
11) センの潜在能力アプローチをめぐっては, 国立社会保障・人口問題研究所の主催による公開セミナー（第3回厚生政策セミナー「福祉国家の経済と論理」『季刊 社会保障研究』第35巻第1号, 1999年）においてなされた橘木俊詔のコメントとそれへの鈴村興太郎の回答が興味深い。橘木は,「機能や潜在能力といった変数を一体どのように実証するか, それらは果たして実証にのるような概念かどうか」(p. 38) という疑問を提起したのに対して, 鈴村は,「概念の重要性が理解されて初めて, そのような概念を現実に対応させ, それを具体的に計測するインセンティブも出てくる。……理論家がやるべき事柄は, 新しい概念を切り口として本当に意味のあることを示すことです。……理論がはっきりしてきますと, それを実際に経験的に遂行するためには, データがどういうものであって欲しいかという要請もはっきりしてきます」(pp. 44-45) と返答する。

> **コラム**　経済格差の拡大を考える

　格差拡大・格差社会をめぐる論争が，今では政治的な問題として国会の場でも取り上げられるようになった。1976年のOECDレポートが，所得格差の指標から見て日本を12カ国中4番目に平等な国と位置づけて以来，わが国は先進各国の中で極めて格差の少ない国と見なされてきた。「一億総中流」という言葉がそれを端的に示していた。しかし，南［1996］の推計によれば，第2次大戦前の日本，特に戦間期には，所得分布の不平等化の現象が顕著に見られ，戦前期の日本は紛れもない格差社会であった。その後，戦後の高度成長期と安定成長期には，所得分布の平等化が進展し，そして今，再び不平等化の拡大が大きな注目を浴びている。

　1980年代以降の日本での格差拡大の論争の口火を切ったのは，橘木［1998］であった。橘木［1998］では，ジニ係数で見た所得分配の不平等が1980年代から拡大傾向にあり，日本は国際的に見ても不平等な国になりつつあること，かつ機会の平等にも黄信号がともっていると主張した。橘木［1998］が嚆矢となって，異なる専門分野からの出版が相次いだ。1つは社会学からの佐藤［2000］であり，もう1つは教育社会学からの苅谷［2001］である。前者では，親の職業が子供の職業を決めている（世代間の地位再生産）として，職業アクセスへの機会平等が欠如しつつあると主張し，後者では，親の経済状況や教育水準が子供がどこまで教育を受けることになるかを決める（世代間の学歴再生産）と主張した。これら3者には，主題の違いや分析方法に違いはあるものの，いずれもわが国では不平等化が進行しているのではないかという点で共通していた。

　これらの主張に対して，数多くの批判が登場し，活発な論争が展開されることになった。論争における係争点は次の2つであった。①1980年代・90年代の日本において，所得格差が拡大し，さらに機会の平等化が失われつつあるのは本当か。②先進各国の中で日本は不平等な国であると言えるのか。橘木［1998］から2000年前後までの様々な分野からの論者による論争の経緯は，『中央公論』編集部編［2001］で確認できるし，経済学における専門研究者による議論については，『日本労働研究雑誌』2000年7月号での「所得格差」に関する特集号においてある程度の整理がなされたと言って良いだろう。論争の経過の中で明らかになってきたのは，所得格差の拡大をどのような要因によって捉えるのか，その捉え方によって政策的な対応も異なってくるということである。2つの立場が明確になった。すなわち，一方は，不平等化の進行に対して何らかの政策的対応が必要であるという見解であり，他方は，指摘された格差の拡

大は「見せかけ」の格差拡大に過ぎず,「真の」格差部分がどの程度であるのかを弁別しない限り,それは真の政策的課題にはなりえないという見解である。

　後者の見解を代表したのが,大竹［2005］であった。大竹は,日本の世帯間所得格差が1980年代半ば以降上昇し続けていることは統計的事実であると認める。利用しうるどの所得統計データ（『所得再配分調査』および『国民生活基礎調査』［厚生労働省］,『家計調査』［総務省］,『全国消費実態調査』［総務省］）をとっても,1980年代以降,ジニ係数における上昇トレンドが観察できるからである。問題はその理由にあるとする。世帯主を年齢別で見ると,そのジニ係数は若年層では小さく,高年齢層になるほど大きくなる。しかも,格差の水準は80年代・90年代を通してどの年齢層でもほぼ安定的に推移していた。かくして,このような構造のもとで人口の高齢化が進むと,格差の大きなグループのシェアが増し,結果として全体の所得格差が拡大したように見えることになる。また,若者や高齢者などに多い単身世帯の増加も,見かけ上の格差を拡大させる可能性がある。こうした可能性の検出の結果として,大竹［2005］では,80年代以降の所得格差拡大の真の理由は,日本の人口高齢化と単身世帯や二人世帯の増加という世帯構造の変化にあり,これらが見かけ上の不平等化を生み出したと主張した。内閣府『2006年（平成18年）版　財政経済白書』においても,大竹と同様の立場が採用されている。ただし,大竹［2005］では,1990年代以降,とくに若年層での所得格差の拡大傾向や消費格差の拡大が認められているし,また,金融資産の同一年齢層内格差の拡大も認められている。2006年の『財政経済白書』では,直近までの統計データを用いて,今後の動向をも含めて注意すべきこととして,以下の諸点を挙げている。①25歳未満での若年層でのジニ係数が増大しているとともに,個人単位の労働所得で見た格差動向でも,97年以降,20歳代,30歳代での格差の拡大幅が大きくなっている。これは97年以降の厳しい若年雇用情勢を反映したものだと言えるが,こうした若年層は親と同居している場合が多く,現時点では格差問題として,統計上に顕著に現れてこないという問題がある。②さらに,97年以降,労働所得格差が急速に拡大したが,これは97年以降,全体としての非正規雇用の増大が加速化したことと関連している可能性が高い。③99年から2004年までの間に全世帯で見たジニ係数はわずかながら縮小したという事実（総務省『全国消費実態調査』に基づく推計）を見出すが,これは世帯平均所得が低下する中で所得分布が低位に集中したことによるものと見られ,所得格差の縮小のみが必ずしも望ましい結果でもないことを示していると述べられている。

　現時点では,少なくとも80年代・90年代のわが国の所得格差拡大は,高齢者世帯比率の上昇という高齢化要因によってかなりの部分が説明できることが,

多くの研究（樋口美雄・財務省財務総合政策研究所編著［2003］，貝塚啓明・財務省財務総合政策研究所編著［2006］，小塩・田近・府川編［2006］など）で確認されている。この点については，格差論争の一方の当事者である橘木の新書（橘木［2006］）においても，その根拠自体を否定するつもりはないと論ずる。ただし，その上で，ここ10年から15年の間に，わが国におけるセーフティネットの規模は，質と量の双方において縮小してきたと指摘する。それは様々な所得維持政策の縮小を意味するから，人々の所得が低下し，貧困者の数を増やすことにつながる。こうした政策を採りながら，統計上の格差拡大は見かけ上のものに過ぎないと主張することは自己矛盾しているのではないかと再反論する。さらに橘木・浦川［2006］でも，所得格差の拡大が人口の高齢化によって説明される部分が大きいとしても，そのことをもって格差拡大に問題がないとは決して言えないと再反論する。わが国には，高齢者世帯（とりわけ単身の高齢者世帯）に生活保護基準を下回る多数の貧困世帯が存在している。高齢者世帯の所得格差が大きく，かつ高齢者世帯の貧困が高いということは，高齢者世帯に対する再分配政策が十分に機能していないことを示しており，ここに政策的な対応を必要とする課題の1つがあるというのである。

　確かにわが国では，ここ10年から15年の間に，様々な制度的な再編が実施されてきた。そうした制度再編は，新自由主義の政策路線に基づくものとして特徴づけられることが多い。この政策路線の資源配分における特徴の1つは，一方における大企業や高所得者層への優遇的な減税の実施，他方における福祉的支給の切り詰めや制度見直しを通じた，所得再配分メカニズムの転換にある。さらにこれらの政策路線には，労働市場の規制緩和とそれを法的根拠とする非正規雇用の拡大の加速化を伴っていた。この種の政策路線の正当性はおそらく次のように主張されるだろう。規制緩和や市場ルールの整備は，市場の資源配分メカニズムの機能を改善させることを通じて経済的資源配分をより効率化させ，社会的厚生の改善に寄与するだろう。また，一連の税制改革や労働市場の規制緩和などは，総じて国家予算配分を，社会的弱者向けの福祉関連項目から国内主要産業の競争力強化対策に向けた項目へのシフトを可能にさせるだろう。このことが，国民経済全体の生産性と国際競争力を維持・向上させることにつながり，これによって，長期的には社会的弱者の雇用の改善や拡張，福祉関連予算の確保や拡張を見込むことができ，結果として，社会的弱者の境遇も長期的には改善させるだろう，というのがそれである（吉原［2006］）。

　しかし，吉原［2006］が述べるように，以上のような正当化の議論だけで新自由主義の政策路線にすべてを委ねてしかるべきという結論に対しては，当然の留保を置こうとする人々も決して少なくはないはずである。新自由主義の政

策路線が，結果として貧富の格差の拡大や機会の不平等化に結びついているならば，そうした格差拡大や機会の不平等化を果たして放置したままで良いのか，あるいはその是正をどの程度まで制度化すべきかについては，伝統的な経済学における評価基準を超えた別種の価値判断の基準，これまで「非経済学的」とされてきた道徳的・倫理的な価値判断の基準が新たに必要になるだろう。

　この点については，本章の「補論」で取り上げた A. センの見解が再び参照に値する。塩野谷［1999］での，「先進諸国では福祉国家の改革に対する関心が高まっています。福祉国家が直面する問題は，経済が成熟し停滞する現在，増え続ける福祉関連支出を賄うことは難しいということです。……ここで重要になる道徳的問題は，政府による福祉の提供が適切な倫理学に基づいてどのように正当化されるかです。あなたが，社会政策に対する潜在能力アプローチを提唱する際，道徳的要請と財政的考慮との間でどのような妥協点を見出すのでしょうか」という塩野谷の質問に対して，センは次のように答える。「人間の良き生活に関する道徳的判断が財政的考慮に先行すべきもの」だとし，財政基盤が確保されていない限り，社会保障制度はもちろん維持不可能であるが，財政支出の内容は政治的に決定しうるものだとする。さらに「財源がないから社会保障ができないという例は稀であり，他の事業との関係での政治的判断の問題」，すなわち人間の生き方・在り方についてどのような社会的評価の仕組みを採用するかの問題であるとする。

第❻章　資本蓄積の構造変化と国際経済関係

　資本蓄積は,「市場システム・資本循環」と「賃労働関係」に関わる様々な制度的要因に規定されつつ展開し,その結果として所得と富の分配が決定され,社会階層が再生産される。ところで,一国の資本蓄積をより長期的な観点から見た場合,資本蓄積は社会技術的変化や労使コンフリクトの変容などの内的な要因によって構造変化が生み出されていると同時に,それは国際経済関係などの外的な要因の変化によっても,直接的あるいは間接的に様々な影響を被っている。本章では,このような資本蓄積の長期的な構造変化や国際経済関係による影響について,とくに1970年代以降の先進資本主義経済における産業構造の高度化や金融システムのグローバリゼーションといった構造変化を念頭におきながら検討することにしたい。

　近年,「制度の経済学」の諸潮流が強調するように,「資本主義の多様性」への認識が高まっている。そして,21世紀は,グローバリゼーションのもとでの多様な資本主義の競争の時代となりつつある。このような見方は,本章でも重視されている。しかし,このような一般的な展望とともに,ここで強調しておきたいのは,次の点である。第1に,「市場システム・資本循環」と「賃労働関係」との相互的連関は重層的な構造を持ち,このことが「資本主義の多様性」を規定するということである。したがって,資本蓄積の構造と動態の多様性が生み出されているのは,市場的調整と制度的調整とが複合的かつ重層的に作用する結果だと理解される。第2に,資本蓄積の構造変化においては,国内的連関と国際経済的連関との相互作用が重視されなければならない。とくに,国内的調整と国際的調整との相互規定関係が,資本蓄積の累積的発展過程を大きく左右することになる。いわゆる「歴史的経路依存性 (historical path-dependence)」の認識は,このような連関を視野におさめて深められなければならない。「資本主義の多様性」とは,このように重層的な時間構造と空間構造を持ったシステムのダイナミック

な特性なのである。

　したがって，本章では，グローバリゼーションの結果，「市場」の一元的支配が貫徹するようになるという「市場主義」の平板な考えを受け入れることはできない。各国の資本主義は，慣性を持った諸制度の重層構造として成立している。したがって，ここでは「社会経済システムの制度分析」の観点から，資本蓄積の長期的な構造変化とグローバリゼーションのもとで進行する国際経済関係の変化が金融システムや「賃労働関係」に与える影響を重層的に分析することが目指されるのである。

1　資本蓄積の構造変化

　まず，資本蓄積の長期的な構造変化をもたらす国内的要因を検討することにしよう。この大きな問題はしばしば K. マルクスや J. シュンペーターといった経済学の巨人にとってグランド・テーマとなってきた（Marx ［1867］, Schumpeter ［1926］）。しかしながら，ここでこのような壮大な問題について「一般理論」を展開することは，きわめて困難な作業であるし，われわれは資本主義の「長期的趨勢」に対して言及することには，とくに慎重でなければならないと考えている。したがって，ここではそれにかえて，資本蓄積の長期的構造変化をもたらすと思われる重要な要因のいくつかを列挙して説明するにとどめざるをえない。ここで取りあげるのは，まず，「技術パラダイム（technological paradigm）」の変化と労使コンフリクトによって引き起こされる「賃労働関係」の変容の問題である。次に，1980 年代以降，国際競争が激化するなかで活発な議論が行われている生産組織や労働市場の「フレキシビリティ（flexibility）」の問題を検討し，さらに，先進資本主義諸国が直面するきわめて長期的な構造変化である「脱工業化（de-industrialization）」の問題について，資本蓄積論の観点から分析することにしたい。これらの問題の検討をとおして，現在の先進資本主義国の資本蓄積にどのような構造変化の顕在的あるいは潜在的圧力が存在するのか，確認していきたい。

(1) **技術体系の変化——技術パラダイムと SSI**
　資本蓄積の構造変化をもたらす大きな要因の 1 つとして，技術体系の長期的変

化をあげることができる。例えば，これまでの資本主義の歴史では，蒸気機関，内燃機関，エレクトロニクスと技術体系が大きく変化するにつれて，資本蓄積を支える技術的基盤も変わってきた。現在では，エレクトロニクスや情報通信技術の発展が大きな影響を持つに至っている。

　まず，このような技術体系の変化の問題を理論的に考えてみよう。技術革新は，能動的に行動する「自己組織系」としての企業組織によって，まず小規模で局所的なかたちで生み出され，それが選択され普及していく「進化過程（evolutionary process）」である。しかも，それは「賃労働関係」にかかわる様々な社会的関係が関与し，様々な制度間の補完性が作用している累積的過程なのである。したがって，技術体系は，すべての地域で「最善な」技術体系に収斂していくわけではなく，そこには企業間や地域間で多様性と格差が存在している[1]。

　技術体系の長期的変化に関しては，ネオ・シュンペータリアン（neo-Schumpeterian）の理論が示唆に富むものである[2]。そのうち，G.ドーシによって示された「技術パラダイム（technological paradigm）」と「技術軌道（technological trajectory）」という理論的フレームワークは，とくに有名である(Dosi[1984])。「技術パラダイム」とは，自然科学からもたらされる特定の原理，あるいは基礎技術に基づいた特定の技術上の問題解決の「モデル」や「パターン」であると説明されている。つまり，技術進歩は，特定の「技術パラダイム」の内部で発生するのである。次に，「技術軌道」とは，ある「技術パラダイム」の内部における問題解決のパターンの軌道であって，同一の「技術パラダイム」のなかでも複数の「技術軌道」が展開する可能性が存在する。以下，G.ドーシにしたがって，技術進歩の過程を説明することにしよう。まず最初に，科学技術の発展にともなって「技術パラダイム」が形成される。もちろん，そこにも教育システムや研究・開発システムなどの社会的関係が大きく関与している。次に，特定の「技術パラダイム」の内部で，一群の「技術軌道」の形成が可能となる。つまり，1つの「技術パラダイム」のなかで関連づけられた技術的要素間の多次元的なトレード・オフのなかで，多様な選択可能性が生じるのである。この時点でのきわめて重要な問題は，複数の「技術軌道」が選択される制度的プロセスの問題である。つまり，様々な可能な「技術軌道」は，企業によって実行可能性，商品化の可能性，収益性などの基準で選択されるが，それだけでなく，労働の節約が労使のコンフリクトに対して重要な意味を持っている点も見逃せない。言い

第❻章　資本蓄積の構造変化と国際経済関係　*347*

かえれば，労使のコンフリクトがどのような状態か，労働者が新技術の導入に対して協力的か否かなどが，新技術の導入過程において重要な決定要因となるのである。そして，最後に，「技術軌道」は，市場的選択のもとにさらされることになる。そこでは市場における競争過程による「事後的選択」がなされるのである。こうした過程を通じて，一連の技術変化が産業構造に影響を与えていく。すなわち，まず，新技術が出現する初期的な試行錯誤の段階においては，新たな市場機会をもとめて，普及段階にある技術とは異なる「特異な技術」を実用化し利用しようとする革新的な企業行動が現れる。それらは市場的淘汰の過程にさらされ，その後，その技術が普及し，産業が寡占的成熟段階に入ると，この「技術軌道」自体が企業の行動様式と産業構造とを大きく規定するようになるのである。

　このようなG. ドーシの理解に対して，その後，技術革新の過程をよりマクロ的なシステムを視野に納めつつ制度論的な観点から説明する試みがなされている。例えば，C. フリーマンの「イノベーションの国民的システム（the national system of innovation）」があり，また対象地域を国民経済からより社会的な領域に広げて発展させたものとしてはB. アマーブルやR. ボワイエの「イノベーションの社会的システム（SSI：Social Systems of Innovation, systèmes sociaux d'innovation）」という枠組みが提起されている（Amable, Barré and Boyer [1997]）。このSSIの構成要素としては，科学，産業，労働力と人的資源，教育訓練，金融，国家の介入などがあげられ，それらの諸要素のあいだの「補完性」が分析されている。そして，これに基づいてSSIを，アングロ・サクソン諸国の「市場型モデル」，日本などの「メゾ・コーポラティズム・モデル」，フランスなどヨーロッパ諸国の「公的統合型モデル」，北欧諸国の「社会民主主義型モデル」に分類し，必ずしも「市場型モデル」が最良の技術的パフォーマンスを生み出すわけではないことを強調している。とくに，長期的な視野を必要とする技術革新の分野では，市場的解決が必ずしも好ましいパフォーマンスを生み出すとはかぎらないという点は，きわめて重要である。

　また，R. ボワイエたちは，SSIの進化過程についても分析を試みており，それは技術的要因，制度的要因，国際経済環境などの相互作用に規定されると説明している。これを図示したのが図6-1である。

　まず，各地域の一般的条件と制度的選択にもとづいて，ルールやコーディネーションの形態が定まり，研究・技術訓練の様式が決定される。そして，そのもと

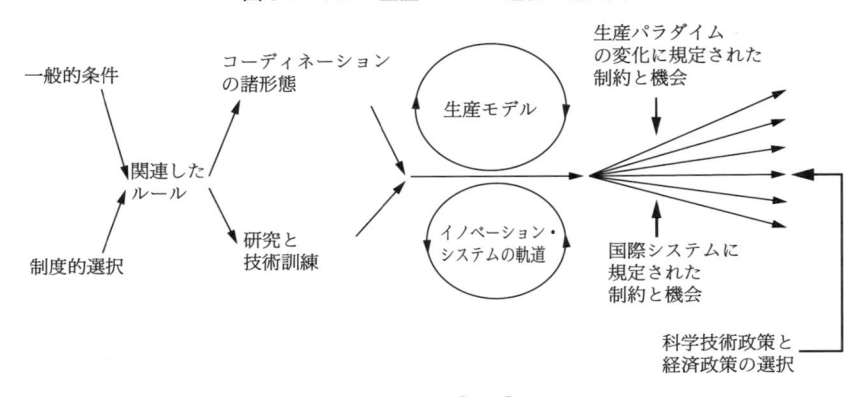

図 6-1 SSI と生産モデルの進化の諸要因

（出所）　Amable, Barré and Boyer [1997], Diagramme 8.1.

で，特定の生産モデルとイノベーション・システムの軌道が展開する。このようなSSIの展開は累積的過程であって，そのなかでは一定の幅を持った発展の可能性が生み出される。これに対して，生産パラダイムの変化，国際システム，科学技術政策と経済政策が影響を与え，特定の進化の軌道が決定される。また，国際システムの影響としては，貿易や市場競争だけでなく，技術の移転，国際的な技術ノルムの形成と技術の模倣，生産設備の移転やプラントの移転，技術者の交流，さらには国際的な信用の供与などが重要なものとされている。たしかに，技術開発プロジェクトに対して信用がどのように供与されるかは，SSIに対する金融システムの影響を考えるうえで中心問題であり，将来的に可能性のある技術開発プロジェクトに安定的に信用が与えられるためには，どのような金融システムが望ましいか，という問題をたてることができるのである。また，技術システムと社会経済システムの様々な要素との適合性も問題となる。需要構成は技術システムの発展を長期的に制約するし，技術システムの発展は設備投資を介して部門ごとの成長率や雇用成長率に影響を与えることによって，社会経済システム全体に影響を与えていく。企業組織に関わることで言えば，とくに部門ごとの技術革新のパターンと技能形成や雇用調整の制度的メカニズムとの適合性の問題が重要である。このような諸要因の相互作用を通じたSSIの進化によって，一国の産業構造やマクロ経済の動態が規定されてくるのである。

(2) 賃労働関係の変化——労使コンフリクト

資本蓄積の構造変化を生み出すもう1つの大きな要因として,労使コンフリクトをあげることができる。労使コンフリクトは,労使関係に関わる諸制度が安定しているときは顕在化しないこともあるが,社会経済システムが不安定化する時期には顕在化し,大きな制度変化を誘発することがある。この問題は,きわめて難しい問題であるが,ここでは序章で説明した制度論的「ミクロ・マクロ・ループ」を基礎として,この問題を考えてみることにしたい。

まず初めに,マクロ的な環境やパフォーマンスの変化がどのように労使コンフリクトの状態に影響を与えるか,次には,その労使コンフリクトの激化がどのように制度的編成やマクロ的パフォーマンスに影響を与えるか,ここではこのような円環的規定関係を具体的に検討することにしよう。

労使コンフリクトの強度は,歴史的にも,また地域的にも決して一様ではないので,社会経済システムがどのような状態のときに,労使コンフリクトの強度が高まるか,いくつかの可能性をあげてみることにしよう。まず第1に,資本主義の発展の初期段階においては,労働者がまだ資本主義の社会経済システムに十分に統合されていないので,労働者の意識が反資本主義的なものであったり,また反資本主義的な共同体的組織や同業者組合組織がしばしば労働運動と結びつくといったことが見られる。これは,歴史的に形成された諸制度間の軋みからコンフリクトの激化が生じる典型的なものである。しかし,このようなコンフリクトは,資本主義化が順調に進んで,経済発展が実現され,労働者が資本主義のシステムに統合されるにしたがって,一般的には緩和されてくる。第2に,発達した資本主義においても,資本蓄積が長期的に停滞した場合には,コンフリクトが激化する可能性がある。それは,長期停滞期においては,所得の増加が期待できず,失業者も増加するので,労働者の不満も高まるからである。その不満がどのようなかたちで組織的な運動になるかは,その国の労働運動の歴史やどのように労使関係が制度化されているかに応じて様々な可能性がありうるだろう。ここでも,「制度」が「社会化装置」であるということが重要な意味を持っているのである。とくに,「制度化」の問題に関しては,20世紀後半において,いくつかの先進資本主義諸国で,労働組合,経営者団体,さらに政府の関与によって集権的な労使交渉制度が形成され,「コーポラティズム (corporatism)」と呼ばれている[3]。このような労使交渉制度は,経済的変動に対して長期的な視野に立った経

済のコーディネーションを実現しうることがしばしば指摘されている。第3に，国際的な思想や文化の伝播も労使コンフリクトに影響を与える。まず，労働者の権利拡大の理念や政策が外国から入ってきた場合，労使コンフリクトが強まる可能性がある。この点に関しては，とくに20世紀前半における「マルクス主義」の政治理念の国際的波及が，各国の労働運動を高揚させたという歴史的事例が特筆すべきであろう。さらに，戦後は「アメリカ的生活様式」が先進資本主義国の労働者の生活様式に一定の「目標」を与えたことも無視しえない。第4に，国際競争の激化やのちに見る国際労働力移動の進展も国内の様々な部門の集団間でコンフリクトを激化させる可能性がある。実際，1980年代以降の国際競争の激化が，各国の労働組合を分断化ないし弱体化させる圧力として働いたことは見逃すことができない。北欧諸国の「コーポラティズム」は，しばしば「社会コーポラティズム」と呼ばれるが，それが90年代にはいって困難な状況にたち至ったのもこのような圧力と無関係ではないのである。

　次に，労使コンフリクトの激化が資本蓄積過程にどのように影響するか考えてみよう。労使コンフリクトは，企業組織内外の「制度」の改革や組み替えを発生させたり，「技術軌道」の方向を大きく変化させたりすることによって，資本蓄積に影響を与えていく。まず，それが既存の「制度」の改革に結びつくケースを考えてみよう。序章で説明したように，「制度」は，人々を一定の「思考習慣」と慣習的行動の枠のなかに誘導する「社会化装置」であり，それは「誘因」と逸脱に対する「サンクション」とを持っている。したがって，通常は，それに対するマイナーな逸脱行動があったとしても，「制度」が維持される範囲内に誘導される。問題は，労使コンフリクトの激化と逸脱行動が，散発的なものではなく組織的なものとなり，その組織的活動内部で新たな規範やルールが形成されるとき，それは既存の「制度」やルールと対抗的な関係を持つようになることである。このような局所的で萌芽的な規範やルールが，どのように大域的に支配的なものになるかは，それに対する企業や経営者団体の対応や政治制度に大きく依存している。時には，コンフリクトの特定の局面で，権力関係が組みかわり，労使の「妥協」の結果として，新たな「制度」が支配的となることもある。いずれにしても，このような新たな「制度」が，他の既存の諸制度と「構造的両立性」を持つならば，安定的な資本蓄積を実現する可能性が生まれるのである。しかしながら，新たな「制度」の普及が，つねにこのような整合性を持ったプラスの結果

をもたらすとは限らず，パフォーマンスにマイナスの効果を与えることもありうるのである。また，「技術軌道」に対する影響は，次のようなものが考えられる。すなわち，労使コンフリクトが激化すると，企業はコンフリクトを避けるために，より資本使用的な技術を採用するようになる。しかし，このことは一方で企業の合理化を進めるが，他方で長期的な視野に立った技能形成や企業組織の成長に対しては，必ずしもプラスの影響とはならない可能性もある。

　もちろん，労使コンフリクトの状態だけから資本蓄積の動態を説明するのは，過度の単純化である。しかし，歴史的に見て，労使コンフリクトの状態と資本蓄積の動態との間にある程度の対応関係があるのは，興味深い。第3章で説明したことであるが，とくに，「社会的蓄積構造（SSA）理論」が強調するように，例えば，アメリカでは，「単純統制」，「技術的統制」，「官僚制的統制」というような労働者に対する「統制（control）」のあり方の歴史変遷が資本蓄積の動態とある程度対応関係を持っていることが観察されるのである（SSA理論については，第4章のコラムを参照）。現在の経済グローバリゼーションのなかでは，企業自体が多国籍化しており，労使コンフリクトも産業部門ごとで様相を異にし，かつその関わる領域はグローバルな広がりを持つものとなっている。この点は，のちに詳しく見ることにしよう。

(3) 生産組織と労働市場のフレキシビリティ

　1980年代以降，国際化のなかで経済システムの効率性を高めるためのキーワードの1つが，「フレキシビリティ（flexibility）」である。しかし，「フレキシビリティ」の問題について，まず注意しなければならないのは，内容がきわめて多岐にわたっていることである。

　1980年代において「フレキシビリティ」の問題が重視されるようになった背景には，次のような事情が考えられる。まず，1970年代のスタグフレーションの時期になると，需要の成長が不安定となり，かつての大量生産・大量消費の好循環がもはや望めなくなった。また，これに加えて，為替レートが大幅に変動するとともに国際競争も激しくなり，このような国際経済環境の変化に対する生産システムや企業組織の柔軟な対応が必要になったのである。

　この点を，よりアカデミックな議論にしぼって見た場合，次のような様々な議論が背景として存在する。第1に，M. ブルーノとJ. サックスの「賃金ギャップ

(wage gap)」の議論，第2に，M. ピオーリとC. セーブルの「フレキシブル・スペシャリゼーション（flexible specialization）」の研究，そして第3に，日本の「ジャスト・イン・タイム・システム」に対する世界的な注目などがあげられる。

まず，第1の「賃金ギャップ」の議論から見てみよう。これは，M. ブルーノとJ. サックスがその著書 Economics of World Wide Stagflation (Bruno and Sachs [1985]) のなかで示した概念であり，現行の実質賃金と均衡実質賃金との差で示される。すなわち，

賃金ギャップ ＝ 現行の実質賃金 － 均衡実質賃金

J. サックスたちによれば，オイルショックによって原材料価格が高騰したときに，もし実質賃金が伸縮的ならば資本から労働への生産要素間の代替が進んだところを，1970年代の現実においては，実質賃金が伸縮的に低下しなかったことによって，均衡実質賃金より高い水準で実質賃金が固定化されることになった。そして，これによって経済が効率性の低い水準にとどまることになり，利潤率を低下させたと説明された。したがって，このような状態から脱却するためには，実質賃金のフレキシビリティを高め，賃金ギャップを解消する必要があることになる。このような考えは，F. クラウとA. ミッテルシュテットによってOECDの政策提言ともなっていく。もっとも，これは費用としての賃金の側面のみに注意をはらう新古典派的なサプライサイドの議論であって，「賃金の三重の役割」を強調する本書では，実質賃金の水準が経済動態に対して持つ規定関係は，もっと複雑なものであると考えている。

第2に，大きな影響を持ったのは，M. ピオーリとC. セーブルの『第二の産業分水嶺』(Piore and Sable [1984]) で提起された「フレキシブル・スペシャリゼーション」の議論である。それは，現代の産業システムにおいては，大量生産から多品種少量生産への大きな転換が生じていると主張するものである。需要の変動が大きくなり，需要構造の差別化が進むなかでは，かえって高い熟練を持った中小企業のネットワークの方が，こういった変化にフレキシブルに対応できるというのである。すなわち，そこでは，「大量生産」から「フレキシブル・スペシャリゼーション」への産業システムの移行が展望されている。このようなフレキシブルな企業間ネットワークのモデルとなっているのは，具体的には，北イタリアの中小企業群である。

表6-1　フレキシビリティの諸側面

	生産編成	技能形成と技術革新	労働者の可動性	賃金形成
	生産システムの フレキシビリティ サプライヤーの フレキシビリティ	労働者の技能の適応力 新技術への対応	雇用と労働時間の変動 産業間労働移動	賃金のフレキシビリティ
例	FMS Just-in-time System	ジョブ・ローテーション OJT	レイオフ パートタイマー残業	能率給 ボーナス制度

　第3に注目を集めたのは，日本の「ジャスト・イン・タイム・システム (Just-in-time System)」であり，この「必要なものを，必要なときに，必要なだけ」供給するシステムは，他の先進諸国から日本の製造業の高い国際競争力の源泉であるように見られた。これは，いわば生産システムのフレキシビリティの問題である。

　このように，フレキシビリティには，様々な側面があり，それらをR. ボワイエにならって表にして整理したのが，表6-1である。ここには，「生産編成」，「技能形成と技術革新」，「労働者の可動性」，「賃金形成」など，それぞれの側面からフレキシビリティの問題が整理されている。そして，これらのどの側面のフレキシビリティを問題にするかで，フレキシビリティの意味が異なってくるのである。

　フレキシビリティを高める政策的対応に関しては，R. ボワイエによる「攻めのフレキシビリティ」と「守りのフレキシビリティ」との区別が有名である (Boyer [1986])。ボワイエによれば，経済変動に対して短期的に雇用や賃金のフレキシビリティを高めていくことは，経済を不安定化させる「守りのフレキシビリティ」であって，これとは対照的に長期的な観点に立って，生産システムのフレキシビリティを高め，技能形成や新技術の導入を促進する「攻めのフレキシビリティ」が目指されなければならないとされる。これは，産業システムの目指すべき姿を考えるうえで示唆に富む政策論である。しかしながら，現実に各国の経済システムのフレキシビリティの構造を実証的に分析するさいには，異なったタイプのフレキシビリティの接合関係とそれらの「構造的両立性」が問題とされなければならないと本書では考えている。そして，市場的なフレキシビリティの増

大が，同時に「労働市場の分断化」と格差の拡大を伴う可能性があることも注意しなければならない。たとえば，日本においては，フレキシブルな労働時間，会社への積極的なコミットメント，OJT による高い技能形成，技術革新の促進といった大企業男子正規労働者に関わる企業組織内的なフレキシビリティは，大企業の非正規労働者と中小企業の正規および非正規労働者の賃金と雇用に関する外的なフレキシビリティと補完関係にある（海老塚・磯谷・植村［1996］）。このようななかで「雇用の流動化」が労働者にとってどのような意味を持つかは，流動化された労働者層の技能形成のあり方あるいは賃金や年金の体系といったまさに制度的なルールによって大きく左右されるのである。したがってフレキシビリティの問題を十分に理解するためには，様々な側面のフレキシビリティを個々に問題にするだけでは不十分であって，異なるフレキシビリティの間の複合的な調整メカニズムを，制度論的に分析しなければならないのである。

(4) 脱工業化と産業構造の進化

　先進資本主義において，製造業の雇用シェアの減少や名目生産量の相対的減少が，重要な長期的構造変化として議論されるようになってきた。とくに戦後資本主義の「黄金時代」の瓦解に直面した1970年代には，工業の相対的縮小とは対照的に進行したサービス経済の拡大をどのように評価するか，ということが問題になった。当初，D. ベルや A. トレーヌなどに代表される「ポスト・産業社会（post-industrial society）」の議論が展開されるが，それが示す積極的な未来像に反して資本蓄積の長期停滞が続くなか，80年代以降，しだいにサービス化のポジティヴな側面とネガティヴな側面とをともに視野に納めた「脱工業化（de-industrialization）」の議論が展開されるようになった[4]。「脱工業化」の実際の姿を概観するために，とくに製造業の就業者比率の長期趨勢と国際比較を示したのが，図6-2である。

　① 「脱工業化」の理論的フレームワーク

　まず，第4章で説明した「累積的因果連関（cumulative causation）」の枠組みから出発することにしよう。ここでは，とくに N. カルドアが注目した成長と生産性上昇との相互連関を軸としてこの考え方を用い，脱工業化と資本蓄積がどのように関連しているか考察していくことにする。すなわち，これは「ミクロ・マクロ連接領域」に大きく関わるとともに，それが産業部門ごとの集計量の動態に

第**6**章 資本蓄積の構造変化と国際経済関係 355

図 6-2 製造業の就業者の比率

A 製造業の就業者比率の長期変動：国際比較

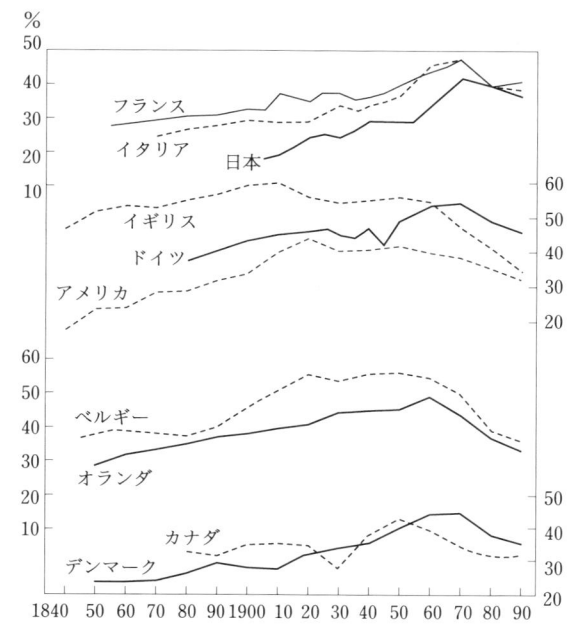

B 製造業の就業者比率と1人当り GNP との関係：国際比較（1987年）

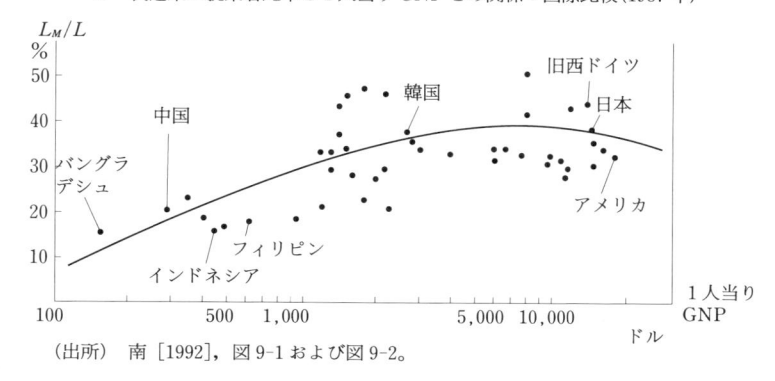

（出所） 南 [1992], 図 9-1 および図 9-2。

関わる問題である。したがって，ここでは第4章で説明された「動態的調整の制度分析」をふまえて，「脱工業化（de-industrialization）」のもとでの「累積的因果連関」を考察することになる。この観点から見るとこの因果連関の各構成部分は，市場的調整と制度的調整との複合的で重層的な効果に媒介されて成立するものと考えられる。したがって，そこではそれら様々な調整作用の間に「構造的両立性」が存在するか否か，またそこからいかなる構造効果が生み出されるかが重要なポイントである。言いかえれば，長期持続的に安定的な構造や長期的に一定方向に生じる進化と比較的短い時間で変動する構造との接合関係およびそれが生み出す構造効果が問われることになるのである。マクロ経済構造のグローバルな連関の全体から生産システムをとらえる方法を，P. プチは「生産システムへのグローバル・アプローチ」と呼んでいるが，それはこのように理解することが可能だろう（Petit [1988]）。

　いま，ここでこのような分析の枠組みを基礎に，工業部門とサービス部門それぞれの生産量の成長と生産性上昇，さらには雇用の成長との連関を図式化すれば，図6-3のようになる。図からは次のような関係が見てとれる。まず第1に，工業とサービス業全体で，生産量の成長と生産性上昇との間には，累積的な相互促進的関係があり，とくに工業の内部ではこの関係が強く働く。この連関を牽引するのは有効需要の拡大であり，それには投資需要，消費需要，政府支出，外国貿易などが貢献している。中長期的に考えると，そのうち，投資行動には金融システムにおける諸制度のあり方が，消費に関しては労働者の生活様式が影響を与えている。このようにして与えられた需要に対応して生じる生産量の増加は，資本設備の更新や「規模の経済」を通じて，生産性上昇をもたらす。これは，第4章で説明したように，製造業に関してしばしば「カルドア＝ヴェルドーン法則」と呼ばれるものであり，また，経済全体に関する同種の連関は「生産性レジーム」と呼ばれる。そして次には，この生産量の増大が賃金と利潤への所得分配を介して，消費需要と投資需要を形成する。これは，「需要レジーム」である。このような相互連関に関してとくに重要なのは，実際に国民経済レベルでこのような累積的連関が明確に成立するか否かは，資本蓄積の状態に依存する，ということである。第2に，一般的に言って，サービス業は工業ほどには「規模の経済」が働かない。したがって，実質タームで需要のサービス業へのシフトが起こり，サービス化が進行した場合には，国民経済全体として，累積的因果連関が弱まる

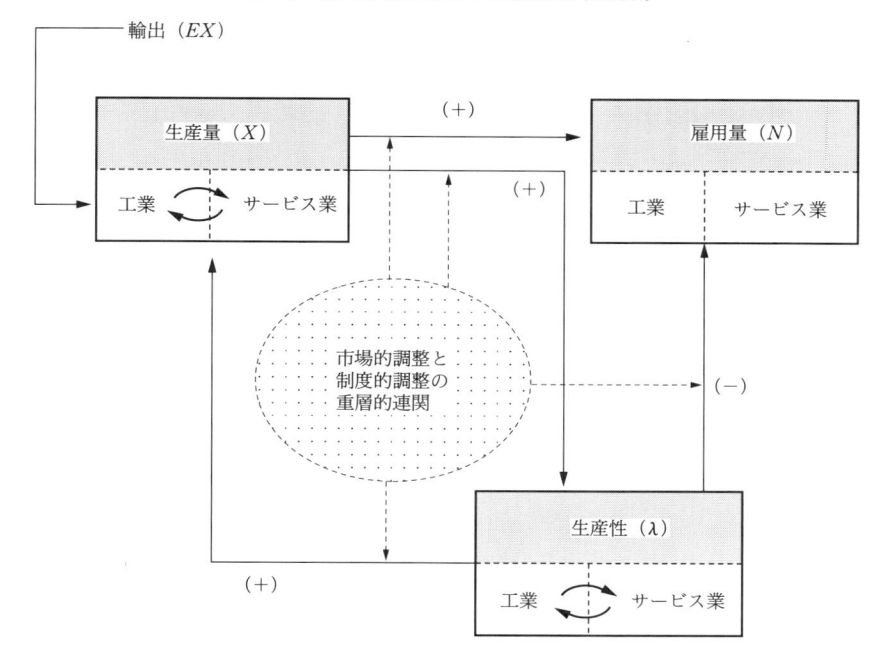

第❻章 資本蓄積の構造変化と国際経済関係　357

図6-3　脱工業化のもとでの累積的因果連関

可能性がある。すなわち，いま工業部門の生産性上昇率$\hat{\lambda}_i$とサービス部門の生産性上昇率$\hat{\lambda}_s$をそれぞれの成長率との関係で示せば，次のようになる。添字はiが工業部門を表し，sがサービス部門を表す。

$$\hat{\lambda}_i = \Phi_i(\hat{X}_i), \qquad \hat{\lambda}_s = \Phi_s(\hat{X}_s) \tag{6.1}$$

ここで，$(d\Phi_i/d\hat{X}_i) > (d\Phi_s/d\hat{X}_s) > 0$という関係が成り立つのである。

　第3に，工業部門とサービス部門とのあいだでは，互いに中間投入がなされているが，そのことによって，それぞれの部門の生産量と生産性とに及ぼす相互作用が存在する。生産量に関しては，両部門間での需要の波及効果が問題となり，生産性については，例えば対企業サービスが工業の生産性上昇に寄与したり，サービス業への機械設備の導入がその生産性を上昇させるといった連関が存在する。

　第4に，この生産量と生産性との累積的連関は，雇用に対しては，生産量からは正の効果を，生産性からは負の効果を持っている。これは，工業，サービス業

それぞれにおいて成立している。すなわち，両部門の生産量の成長率，価格上昇率，労働生産性上昇率，雇用の成長率の間には次のような関係が成り立つ。

$$\hat{N}_i = \hat{Y}_i - \hat{p}_i - \hat{\lambda}_i, \qquad \hat{N}_s = \hat{Y}_s - \hat{p}_s - \hat{\lambda}_s \qquad (6.2)$$

ここで，$\hat{N}$ は雇用の成長率，$\hat{Y}$ は名目生産量の成長率，$\hat{p}$ は価格上昇率，したがって，$\hat{X} = \hat{Y} - \hat{p}$ は実質生産量の成長率，そして $\hat{\lambda}$ は労働生産性上昇率である。(6.2) の両式から雇用の構造変化に関する次の一般的関係式が得られる。

$$\begin{aligned}\hat{N}_i - \hat{N}_s &= [(\hat{Y}_i - \hat{p}_i) - \hat{\lambda}_i] - [(\hat{Y}_s - \hat{p}_s) - \hat{\lambda}_s] \\ &= [(\hat{Y}_i - \hat{p}_i) - (\hat{Y}_s - \hat{p}_s)] - (\hat{\lambda}_i - \hat{\lambda}_s)\end{aligned} \qquad (6.3)$$

ここから，次のような一般的な命題が導かれる。農業部門の雇用シェアがきわめてわずかなものとなっている「成熟経済」においては，雇用量のタームで脱工業化＝サービス化が発生する条件は，(6.3) 式が負になること，すなわち製造業部門の実質生産量の成長率から生産性上昇率を引いた値が，サービス部門における実質生産量の成長率から生産性上昇率を引いた値よりも小さいことである。これは，言いかえれば，雇用の動向が両部門の実質生産量の成長率格差と生産性上昇率格差によって決定されることを意味する。このような雇用のシフトを初めてモデル化したのは W. ボーモルであり，R. ローソンの脱工業化のモデルもこの論理を脱工業化のプロセスに応用したものである（Baumol [1967]，Rowthorn and Wells [1987]）。しかし，ここでカルドア的な論理，すなわち工業における実質生産量の成長と生産性の上昇との間の相互促進的関係が依然として作用しているために，実質生産量の成長と生産性の上昇とは互いに独立ではない，という点は強調されなければならない。

　工業部門とサービス部門の相対価格の長期趨勢的な動態と所得分配メカニズムに関しては，次のような動態的調整メカニズムが存在している。まず，賃金の調整ルールとして団体交渉制度の存在を前提しよう。生産性上昇率の高い工業部門ではそれに見あった賃金上昇が達成され，さらに部門間に賃金上昇のスピルオーバーが達成されるもとでは，両部門間で賃金が平準化され上昇する。工業部門では，寡占価格の形成が行われているため生産物の価格は硬直的であり稼働率調整で需要の拡大に対応している。これに対してサービス部門の価格は比較的伸縮的である。したがって，このような状況のもとでは，この賃金のコスト圧力の上昇によって，サービス部門の価格が持続的に上昇するのである。この調整メカニズムを価格方程式を明示して確認しよう。いま，両部門のグロス（粗）のマーク

アップ率を $\mu_i(=1+m_i)$, $\mu_s(=1+m_s)$ とすると，価格方程式は次のように表すことができる．

$$p_i X_i = \mu_i w_i N_i, \quad p_s X_s = \mu_s w_s N_s \tag{6.4}$$

したがって，変化率をとると，

$$\hat{p}_i = \hat{\mu}_i + \hat{w}_i - \hat{\lambda}_i, \quad \hat{p}_s = \hat{\mu}_s + \hat{w}_s - \hat{\lambda}_s \tag{6.5}$$

ここから，次の式が得られる．

$$\hat{p}_s - \hat{p}_i = (\hat{\mu}_s - \hat{\mu}_i) + (\hat{w}_s - \hat{w}_i) + (\hat{\lambda}_i - \hat{\lambda}_s) \tag{6.6}$$

まず，両部門には生産性上昇率格差があるので，$(\hat{\lambda}_i - \hat{\lambda}_s) > 0$ である．賃金が平準化されているので $(\hat{w}_s - \hat{w}_i) \fallingdotseq 0$ であり，かつ両部門でほぼ等しいマークアップ率が実現されれば，$(\hat{\mu}_s - \hat{\mu}_i) \fallingdotseq 0$ となる．このとき，生産性上昇率格差 $(\hat{\lambda}_i - \hat{\lambda}_s)$ は，価格上昇率格差 $(\hat{p}_s - \hat{p}_i)$ に反映される．そして，工業においては，寡占的価格設定のためにその価格 p_i が硬直的であり，そのためサービス部門の価格 p_s が持続的に上昇するのである．そして，こうした価格調整機構によって，両部門で生産性上昇にある程度見合った生産物賃金（w_i/p_i および w_s/p_s）の上昇が達成される．これは，相対的価格調整機構としての性格を持った「構造的インフレーション」であって，これまで，「生産性格差インフレーション」と呼ばれてきたものである（高須賀［1965］）．この「生産性格差インフレーション」は，工業部門とサービス部門との間だけでなく，大企業部門と中小企業部門など経済システムのなかに生産性上昇率のことなるサブ・システムが存在し，その間である程度の賃金の平準化が達成されることで，それが価格上昇圧力として作用するならば，発生する現象である[5]。

また需要構造に関わる数量的連関に対して，外国貿易，とくに財貿易とサービス貿易との間で特化が，次のような影響を与えることは重要である．すなわち，工業は規模の経済性が働き，かつ世界市場に大量に輸出可能な製品を生産しうることによって「累積的因果連関」の起点となりうる．そして，そこから「好循環」や「悪循環」の進化が展開していく可能性があるのである．これは，国際経済関係から見た「成長のエンジンとしての製造業」の問題である．したがって，輸出に牽引された工業に対する需要の拡大は，工業部門の投資を増大させ，もし国内の制度的編成，とくに「賃労働関係」に関わる諸制度のあり方がそれに適合的であれば，持続的な「輸出主導型成長」を生み出すことになる．したがって，雇用タームでの脱工業化の進展は，資本蓄積の動態の結果であって，たんなる比

較優位の結果ではない点に注意する必要がある。

②　戦後資本主義の脱工業化過程

　戦後資本主義の「黄金時代」においては，平均して見れば，実質生産量のタームで工業部門とサービス部門の構成のシフトは発生しておらず，雇用のタームでの脱工業化＝サービス化の進展した原因は，両部門間の生産性上昇率格差であった。R. ローソンは，このような持続的成長の成功の結果としてもたらされる脱工業化を「ポジティヴな脱工業化（positive de-industrialization）」と呼んでいる。アメリカやイギリスなどでは，「黄金時代」の時期にこのタイプの脱工業化が発生したのである。すなわち，とくにこの時期には，すでに農業部門から賃労働者への人口移動が完了し，それに加えて製造業での「テーラー主義」を基礎とした大量生産システムが普及したことにより生産性が上昇し，さらに大量生産・大量消費のマクロ的連関を軸に「累積的因果連関」が作用して，その成功の結果として工業の雇用シェアが低下したのである。

　第4章で詳しく見たように，1960年代後半から70年代にかけて，フォード主義的な生産システムの行きづまりによって生産性上昇率が低下し，それと同時に準完全雇用状態に達することによって労使コンフリクトが激化して賃金が急上昇した。こうして，利潤圧縮が発生し，生産量の成長と生産性の上昇との間の「累積的因果連関」が十分に作用しなくなった。そして，これによってもう1つの形態の脱工業化が発生することになったのである。すなわち，資本蓄積の停滞が長期化するなか，一方で工業部門においては，需要が大きく落ち込んだが，それと同時に資本設備の廃棄が促進されることで，工業部門の生産性低下が緩和され，他方，サービス部門は国際競争にさらされることが少ないので需要低下が相対的に小さく，かつ低生産性が改善されなかったことにより，不十分ながらも様々な形態で雇用を吸収する「スポンジ」の役割を果たし続け，このために停滞下の脱工業化が進行したのである。このような経済停滞によって生じる脱工業化を，R. ローソンは「ネガティヴな脱工業化（negative de-industrialization）」と呼んでいる。

　このような70年代から80年代に至る脱工業化の形態については，地域によって若干の相違がある。すなわち，まず，ヨーロッパ諸国であるが，国際競争圧力と長期化する不況のために，成長率はきわめて低いままにとどまった。同時に，そのもとで合理化とスクラッピングが進行して生産性が表面的にはそれなりに上

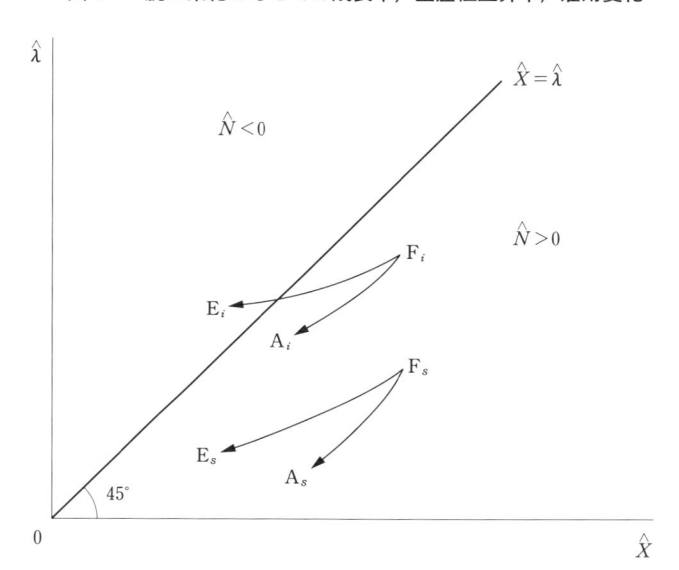

図6-4 脱工業化のもとでの成長率，生産性上昇率，雇用変化

昇し続けたので，雇用は大きく伸びなやみ，大量の失業が発生した。これに対して，労使交渉制度がきわめて分権的なものになっていったアメリカでは，生産性上昇率が低下するもとで賃金上昇も減速し，これに対してサービス業などを中心に需要の拡大が維持されたので，雇用の成長はそれなりに確保された。

以上のような「脱工業化」の形態変化の過程を，第4章の図4-14と類似した成長率（$\hat{X}$）と生産性上昇率（$\hat{\lambda}$）の「累積的因果連関」の図を用いて整理すると図6-4のようになる。ここでは，工業部門とサービス部門に分けて表示されており，それによって，いわゆる「フォーディズム」の時期とそれ以降の時期におけるヨーロッパとアメリカの軌跡の概観を整理したものである。まず，図の中で，$\hat{X}=\hat{\lambda}$ の45度線より下の領域では雇用は増加し（$\hat{N}>0$），それより上の領域では雇用は減少する（$\hat{N}<0$）。また，雇用の変化の大きさは，$\hat{X}=\hat{\lambda}$ の45度線との距離で測られる。さて，戦後の先進資本主義経済にわたる変化であるが，「フォーディズム」の時期は，工業部門は F_i に，サービス部門は F_s に位置し，工業を中心に「累積的因果連関」が作用していた。それが，1970年代以降の長期不況期には，成長が停滞するなかで生産性の上昇がそれなりに維持されたヨーロッパは工業部門が E_i に，サービス部門が E_s に移動した。また，生産性は伸

び悩んだが需要の拡大が見られたアメリカでは，工業部門が A_i に，サービス部門が A_s に移動したのである。このように，脱工業化の形態は，時代により，また地域によって異なっているが，この図において，サービス部門の位置が製造業部門の位置よりも 45 度線から下方により大きく離れている限り，脱工業化が生じるのである。言いかえれば，脱工業化＝サービス化そのものは，実質需要の大きな傾向的シフトがないとすれば，両部門での生産性上昇率格差が覆されないかぎり不可避的に進行する雇用構造の長期的進化であるが，それはより短い時間で変動する資本蓄積の動態に応じて異なった形態で発現してきたのである。

「脱工業化」の展開によって，「賃労働関係」の変化ももたらされている。一般的に言って，サービス部門の労働編成は，パートタイム労働者や自営業が多く，雇用関係は工業と比べて不安定なことが特徴である。また，賃金形成に関しても，サービス部門では団体交渉による賃金決定が成立しにくいので，フレキシブルではあるが不安定なものになりやすい。そして，実際，1970 年代以降，拡大したサービス部門では，女性のパートタイマーが大きく増加したが，それはきわめて不安定な就業となったのである。また，サービス業には，「対企業サービス」から「対個人サービス」まで様々な内容が含まれ，したがってサービス業の雇用は知的熟練が必要で雇用関係の比較的制度化された専門職から熟練があまり必要とされず雇用が不安定なパートタイマーに至るまで，幅広い雇用のスペクトラムを持っているので，「二重構造」や「労働市場の分断化」が一層大きなものとなり，社会経済的格差が拡大していく可能性が存在するが，もちろん，これは各国の雇用システムにおける制度的ルールに大きく影響を受けるものでもある。さらに，こうしたなかで，現在の情報通信技術の進展に支えられて，サービス業と製造業とが融合した新しい「技術パラダイム」が発展する可能性も見られる。いずれにしても，先進資本主義国の産業構造と社会経済システムの長期的趨勢を考える場合，「脱工業化」の問題を避けて通ることはできない。

2　国際貿易と資本蓄積

次に，これまで捨象されてきた国際的連関の問題を明示的にとりあげ，それを視野に納めて資本蓄積の動態や社会経済システムの変動を考察することにしよう。とくに，通常語られている「国際競争力」や「内外価格差」といった問題

も，「調整の重層性」や資本蓄積過程の「累積性」の観点から接近する必要があると考え，この観点から分析をすすめることにしたい。

(1) 国際収支

「国際収支」は，国際経済関係を分析するうえでの基本カテゴリーであるが，それは国際的な「貨幣支払システム」を記述したものである（「貨幣支払システム」については，第1章を参照されたい）。すなわち，国際的な統一様式である「IMF（国際通貨基金）方式」の「国際収支表」は，ある国の人や企業が外国の人や企業と行った取引のフローを，複式簿記の原則にしたがって記述したものである。すなわち，「経常収支」を BT，「資本収支」を BC とすると，「総合収支（TB）」は次のように表すことができる。

$$TB = BT + BC \\ = (EX - IM) + IE + CTE + BC \qquad (6.7)$$

この「総合収支（TB）」は，「外貨準備の増減（CR）」に対応している。すなわち，会計上の恒等式として「総合収支（TB）」＝「外貨準備の増減（CR）」が成立するのである。したがって，

$$TB = CR \qquad (6.8)$$

この等式は，国際収支表が複式簿記であることから，帰結されるものである。

「経常収支（BT）」は，財やサービスのフローの取引を表し，日本の場合，それは「貿易・サービス収支（$EX-IM$）」，「所得支出（IE）」，「経常移転支出（CTE）」から成り立つ。「貿易・サービス収支」は，プラスのとき輸出超過であり，マイナスのときは輸入超過である。「資本収支（BC）」は民間経済主体による金融資産の取引を表しており，プラスのときは資本の借入超過であり，マイナスのとき貸付超過である。「経常収支（BT）」がプラスやマイナスであった場合には，国と国とのあいだで貸借対照関係が発生し，これによって資本移動が生じ，それが「資本収支」や「外貨準備の増減」に反映されるのである。この意味で，国際間における取引でも「支出」と「受取」の関係から生ずる「黒字」や「赤字」は，ストックとしての「外貨準備」の増減で調整されるのである。ただし，国際取引の決済通貨がドルであるために，アメリカだけは中央銀行の貨幣創造によってこれを調整することができるきわめて特権的な地位にある点は重要である。

(2) 為替レートの決定

次に,「為替レート」について説明しよう。1つの主権国家の通貨は,原則としてその国内でしか通用しないので,異なる国どうしで通貨を交換することが必要となる。「為替レート」とは,この2国通貨間の交換比率である。したがって,n の国があれば,$n(n-1)/2$ の為替レートが存在することになる。1971年の金ドル交換停止(いわゆる「ニクソンショック」)によって,国際通貨制度は変動相場制に移行したが,この変動相場制のもとで為替レートはどのように決まっているのか,その決定メカニズムを理論的に考えてみよう。そこでは,貿易のフローだけでなく,国際金融市場における金融資産ストックの取引が大きく影響を与えるようになっている。

ここでは,まず吉川 [1992] [1995] の明快な定式化を手がかりとして,分析を進めることにする。「期間分析」(ここでは,1期間を1年と考えるのが妥当である) のなかで,内外債の「裁定 (arbitrage)」を考えることにし,この裁定の内容を表したのが,図6-5である。ここで,e_t:期首の為替レート,e_{t+1}:期末の為替レート,i:国内債の利子率(利回り),i_F:外国債の利子率(利回り)である(ここで,為替レートは,例えば,1ドル=e 円を表している)。

「期首」に,日本企業が1円を持っていて,その1円で国内債を購入した場合には,「期末」には $(1+i)$ 円になる。これに対して,「期首」に外国債を購入すると,「期末」には $(1+i_F)/e_t$ ドルになり,これを円に転換すると,$(1+i_F)(e_{t+1}/e_t)$ 円となる。この分析において,「期首」の t 時点においては,e_{t+1} は未だ期待値であるから,その変動には不確実性がともなう。したがって,それに対する「リスクプレミアム」を,β (>0) とすると,

$$(1+i)(1+\beta)=(1+i_F)(e_{t+1}/e_t) \tag{6.9}$$

となる。ここで,為替レートの変化率 $(e_{t+1}-e_t)/e_t$ は期待値なので,これを $\hat{e}^e$ と表すと,次の式がえられる。

$$(1+i)(1+\beta)=(1+i_F)(1+\hat{e}^e) \tag{6.10}$$

両辺の自然対数をとり,$\log(1+x)≒x$ という近似式を用いれば,次の式がえられる。

$$\hat{e}^e = i - i_F + \beta \tag{6.11}$$

これは,国際金融資産市場での裁定の結果であり,これを「利子率平価 (interest rate parity)」という。ただし,これだけでは為替レートの実際の決定

図 6-5 内外債の裁定

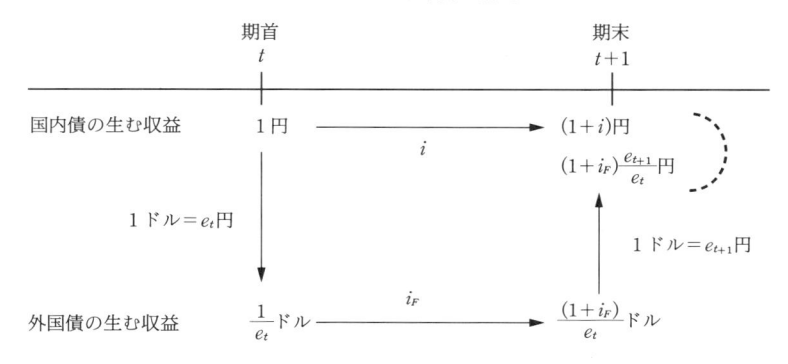

```
              期首                    期末
               t                     t+1
───────────────┼─────────────────────┼──────────
               │                     │
国内債の生む収益  1円  ────── i ──────→ (1+i)円        ╲
                                     (1+i_F) e_{t+1}/e_t 円   ╱
               │                     ↑
1ドル=e_t円     │                     │ 1ドル=e_{t+1}円
               ↓                     │
外国債の生む収益 1/e_t ドル ── i_F ──→ (1+i_F)/e_t ドル
```

を示すことはできない。

ここで，為替レートに対する期待形成に関して，ある水準への自己調整メカニズムが働いていたとし，その水準を e^* で表すと，次のような為替の調整方程式をたてることができる。

$$\hat{e}^e = \hat{p} - \hat{p}_F + \zeta(e^* - e), \quad \zeta > 0 \qquad (6.12)$$

ここで，$\hat{p}$ は自国の物価上昇率，$\hat{p}_F$ は外国の物価上昇率，ζ は為替レートの調整速度であり，したがって，(6.12) は，為替レートの変化率の期待値 $\hat{e}^e$ が，自国と外国の物価上昇率（$\hat{p}, \hat{p}_F$）の影響を受けつつ，ある水準（e^*）に向かって調整されることを示している。(6.11) と (6.12) から，次の式がえられる。

$$e = e^* + \frac{1}{\zeta}\{(i_F - \hat{p}_F) - (i - \hat{p}) - \beta\} \qquad (6.13)$$

すなわち，為替レート（e）は，長期的水準（e^*）を基準として，自国と外国との実質利子率の差により影響を受けるのである。

為替レートの長期的水準（e^*）がどのように決まるかは，きわめて難しい問題である。これに対して，しばしば貿易財部門の「購買力平価（PPP：purchasing power parity）」が，長期的な為替レートの水準を規定するものと説明されることがある。貿易財は，両国の通貨で評価されるので，その2つの評価が一致するような水準が考えられているのである。すなわち，貿易財部門の購買力は貿易財価格の逆数であるから，

$$e_{PPP} = p_{ex}/p_{Fex} \qquad (6.14)$$

ここで，e_{PPP} は貿易財部門の購買力平価，p_{ex} は自国の貿易財価格，p_{Fex} は外国の貿易財価格である。

これを，両国の貿易財部門の粗マークアップ率 μ_{ex}，μ_{Fex}，貨幣賃金 w_{ex}，w_{Fex}，労働生産性 λ_{ex}，λ_{Fex} を用いて書き換えると，次のようになる。

$$e_{PPP} = \frac{\mu_{ex} w_{ex}(1/\lambda_{ex})}{\mu_{Fex} w_{Fex}(1/\lambda_{Fex})} \tag{6.15}$$

ここから，貿易財部門の「購買力平価」の変化率 $\hat{e}_{PPP}$ は，次の式で表すことができる。

$$\begin{aligned}\hat{e}_{PPP} &= \hat{p}_{ex} - \hat{p}_{Fex} \\ &= (\hat{\mu}_{ex} - \hat{\mu}_{Fex}) + (\hat{w}_{ex} - \hat{w}_{Fex}) - (\hat{\lambda}_{ex} - \hat{\lambda}_{Fex})\end{aligned} \tag{6.16}$$

したがって，両国で名目賃金やマークアップ率に変化率格差がないときは，貿易財部門の「購買力平価」の変化は，両国の貿易財部門間での労働生産性上昇率格差を反映することになる。

いずれにしても，$e^* = e_{PPP}$ が成りたつ場合には，貿易財部門に関する「購買力平価説」が成立していることを意味する。しかしながら，ここで注意しなければならないのは，この世界は「貨幣と実物の二分法」が成立する世界でもある。したがって，第2章の「貨幣数量説」批判をふまえて言えば，「購買力平価」は為替レートの変動を考えるうえでの1つの基準となりえても，為替レートが長期的にそこに落ち着く「長期均衡」と考えることには無理がある。なぜなら，国際間の金融取引は，財・サービスの取引の数10倍にもおよび，国際金融市場はそれ自体で独自の運動をしていて，そこでの金融資産の取引が為替レートの動きを大きく左右しているからである。したがって，市場メカニズムだけで為替レートを適切な水準に安定化させることは，きわめて難しいものとなっているのである。これに加えて，現在，国際金融市場における金融資産価格は循環的連動性を示すようになり，それが大きな影響を持つようになってきている。

(3) 国際競争力

現在，先進資本主義経済間の競争は，激しさを増している。各国のそれぞれの産業の「国際競争力」は，どのような要因によって決定されるのであろうか。まず注意しなければならないのは，「国際競争力」を規定する要因は，きわめて複合的なものだという点である。通常，国際競争においては，外国企業との間で，

輸出製品をめぐって競争が行われるが，それは「価格競争」と「非価格競争」との双方を通じて行われている。「価格競争」には，製造コストと為替レートが，重要な規定要因となる。「非価格競争」は，品質やデザインなどが，大きく関わっている。もちろん，これら2つの競争は，必ずしも対立するものではなく，製造技術の水準いかんでは品質の良い製品を低いコストで製造することも可能である。

　ここで，このような競争力を決定する要因を，技術水準，単位当たり労働コスト，産業の持つ規模の経済性，産業構造などに関して考えてみよう。まず，技術水準に関していえば，それは先に「イノベーションの社会的システム（SSI）」の枠組みで説明したように，科学技術の研究，労働者の熟練，資金力，そしてそれらを結びつける企業組織の制度的能力（コンピタンス）が重要である。また，このような過程には，国家の科学技術政策が大きく影響を与えている。特定の社会技術的システム（socio-technological system）のもとで生み出される産業の技術力に関して重要なのは，それが「価格競争」だけでなく品質などの「非価格競争」を大きく規定するということである。また，現在のハイテク産業などでは，技術的な「標準」を素早く制した国の産業が勝者となっていき，それがいわゆる「デファクト・スタンダード」を決めていくので，技術開発力は決定的に重要なものとなっているのである。

　国際競争力を規定する労働コストは，輸出財部門に関する外貨建ての単位当たり労働コストであり，それは次の式で与えられる。

$$ULC_{ex} = \frac{1}{e} \cdot \frac{w_{ex}}{\lambda_{ex}} \tag{6.17}$$

ここで，e は為替レート（1ドル＝e円），w_{ex} は輸出財部門の貨幣賃金，λ_{ex} は輸出財部門の労働生産性である。したがって，輸出財部門の貨幣賃金の上昇が抑制され，輸出財部門の労働生産性が高く，さらに為替レートが減価している場合には，輸出財部門に関する外貨建ての単位当たり労働コストは減少する。そして，これは輸出財産業の価格競争力を高める効果を持つ。したがって，国際競争が激化するという環境のもとで，輸出財産業の賃金抑制圧力が生じるということは，現在，多くの先進資本主義国で見られるものである。しかし，その影響は決して一様ではなく，国際競争の状態と賃金交渉制度の各国ごとの相違がそこには反映しているのである。

輸出財産業の労働生産性は，輸出財産業における「規模の経済」の効果を受ける。すなわち，輸出財産業，とくに加工組立型の産業がスケール・メリットを利用して大規模な輸出を行っている場合，そこには「規模の経済」が働き労働生産性を持続的に上昇させることができる。それがまた輸出を増加させるから，そこには，輸出財産業の規模とその産業の輸出量とのあいだにダイナミックな累積的連関が発生するのである。

　産業構造と産業連関が輸出財部門の国際競争力に与える影響は，複雑である。まず第1に，労働以外の投入要素がどの程度安い価格で国内で購入できるかということは，貿易財のコスト構造を大きく規定する。すなわち，産業連関上のいわゆる後方連関に位置する産業の能力が重要な意味を持つのである。とくに，調達資材の価格だけでなく，エネルギー価格やインフラストラクチャの価格も大きな影響を与える。第2に，製造業のほかに，天然資源や農業生産物などが輸出財となっている国では，その輸出が為替レートに影響を与え，それが製造業の製品の外貨建て価格に影響することが考えられる。このようなかたちで，産業構造と製造業の国際競争力との関係はきわめて複雑である。一般的には，為替レートの変動に対して，産業構造がフレキシブルに対応することが必要とされるが，それは第4章で見たように「動態的調整」の重層的構造の全体が関わっているのである。

(4) 開放体系における成長パターン——輸出主導型成長と内需主導型成長

　国際貿易を視野におさめた場合，一国の経済成長のパターンは国内需要を中心に達成される「内需主導型成長」と輸出を牽引車とする「輸出主導型成長」に分けることができる。それぞれの成長パターンで，資本蓄積のあり方がどのように異なるものとなるか，ここで考えてみよう。第4章で導出した「需要レジーム」と「生産性レジーム」とからなる「累積的因果連関」のモデルをもとに，この問題を理論的に検討しよう。そのために，(4.45)式と(4.46)式からなる動学システムに，輸出 (EX) を加えて定式化する（ただし，ここでは資本 K 1単位当たりの輸出を表す）。輸出 (EX) は，貿易財部門の外貨建ての単位当たり労働コストの影響を大きく受けると考えると，$EX = EX(w_{ex}/e\lambda_{ex})$。ただし，ここでは，1部門モデルなので，利潤シェア π を用いて経済の全体の単位当たり労働コストを $(1-\pi)p$ で表すことにする。ここで，p は国内物価水準である。このとき，外

貨建ての単位当たり労働コストを用いて，$EX=EX((1-\pi)p/e)$となる。以上にもとづいて，「累積的因果連関」のモデルを書きかえる（簡単のために，稼働率や雇用率の変動の影響を捨象した長期的労働生産性上昇率を$\hat{\lambda}$と表す）。

$$\hat{\lambda} = \Phi(g) \tag{6.18}$$
$$= \lambda_0 + \lambda_g \cdot g$$
$$g = \Omega(\hat{\lambda})$$
$$= \Lambda \cdot \{g_\lambda \hat{\lambda} - g_r i_R + g_e EX((1-\pi)p/e)\} \tag{6.19}$$
$$\Lambda = \pi \bar{\sigma} s / \{(s-g_r)\pi \bar{\sigma} - g_u\}$$

ここで，Λは商品市場を介して作用する資本蓄積促進効果を示している。また，g_eは資本蓄積率の輸出に対する反応の強度を表す係数である。(6.18)と(6.19)から，成長率と労働生産性上昇率の長期的な定常水準$(g^E, \hat{\lambda}^E)$を次のように求めることができる。

$$g^E = \frac{\Lambda g_\lambda \lambda_0 + \Lambda\{g_e EX((1-\pi)p/e) - g_r i_R\}}{1-\Lambda g_\lambda \lambda_g} \tag{6.20}$$

$$\hat{\lambda}^E = \lambda_0 + \frac{\lambda_g[\Lambda g_\lambda \lambda_0 + \Lambda\{g_e EX((1-\pi)p/e) - g_r i_R\}]}{1-\Lambda g_\lambda \lambda_g} \tag{6.21}$$

ただし，このシステムが安定的であるためには$g^E \leqq s\pi\bar{\sigma}$でなければならず，これが満たされないときには，「インフレーション・バリア」の状態になる。g^Eがこの条件を満たすとき，累積的因果連関が安定的に働いて，定常的な経済成長率と労働生産性上昇率が得られる条件は，第4章の(4.48)に基づけば，次のようになる。

$$0 < g_\lambda \Lambda \lambda_g < 1 \tag{6.22}$$

このモデルの定式では，次の2つの要因が成長パターンに影響を与える。第1は，資本K 1単位当たりの輸出EXの大きさであり，とくに輸出の額が大きい場合には，輸出の変動によって，経済成長が大きく影響を受けるのである。その意味で，資本蓄積過程の対外開放度が大きなものとなる，「輸出主導型成長」の可能性が生じるのである。第2は，需要形成パターンであり，これは第4章で詳しく説明したように，「賃金主導型」と「利潤主導型」の2つのパターンが考えられる。これらの要因の変化が資本蓄積率にどのような影響を与えるか検討しよう。

まず，第1の輸出EXの影響の大きさの問題であるが，これが大きく輸出の

動きに資本蓄積が大きく反応する場合には，単位当たり実質労働コストを反映する利潤シェアの動きが，資本蓄積過程に対して重要な影響を与える。いま，輸出を利潤シェアで偏微分すると，

$$\frac{\partial EX}{\partial \pi} = -(p/e)EX' > 0 \qquad (6.23)$$

となる。なぜなら，単位当たり実質労働コストの低下，すなわち利潤シェアの上昇は，輸出を増加させるからである。したがって，第2章や第4章で論じた「賃金の二重性」のうち，国際化にともなって，経済の対外開放度が高まれば，賃金の費用としての側面がより強く働くようになるのである。

次に，第2の内需に関する需要形成パターンの問題を考えよう。この点を考えるためには，資本蓄積促進効果を左右する Λ への利潤シェア π の効果を検討する必要がある。

$$\frac{\partial \Lambda}{\partial \pi} = \frac{-\bar{\sigma} s g_u}{\{(s-g_r)\pi\bar{\sigma} - g_u\}^2} \qquad (6.24)$$

ここで，「賃金主導型成長」の場合と「利潤主導型成長」の場合とで，需要形成効果が異なるものとなる。まず，「賃金主導型成長」の条件は，第4章の(4.35)に対応して次のようになる（説明変数として π を用いている点に注意）。

$$0 < g_u/(s-g_r) < \pi\bar{\sigma} \qquad (6.25)$$

このとき，(6.24)より，$(\partial \Lambda/\partial \pi) < 0$ となる。したがって，賃金シェアの上昇，すなわち利潤シェアの低下は，「累積的因果連関」のなかでの資本蓄積促進効果を強めることになる。

次に，第4章で検討した「安定的な利潤主導型成長」と「不安定な利潤主導型成長」のケースを考えてみよう。まず，「安定的な利潤主導型成長」の条件は，

$$-1/\pi\bar{\sigma} < g_u/(s-g_r) < 0 \qquad (6.26)$$

であり，このとき $(\partial \Lambda/\partial \pi) > 0$ となるので，利潤シェア π の上昇が資本蓄積促進効果を強めることになる。次に，投資が活発な場合の「不安定な利潤主導型成長」の条件は，

$$0 < \pi\bar{\sigma} < g_u/(s-g_r) \qquad (6.27)$$

となる。このときは $\Lambda = \pi\bar{\sigma}s/\{(s-g_r)\pi\bar{\sigma} - g_u\} < 0$ となってしまい，一時的に累積的因果連関の作用は減退する。しかし，第4章で見たように，このとき上方への累積過程が進むならば，完全稼働水準に到達すると $g_u = 0$ となることによっ

て，$\Lambda = s/(s-g_r) > 0$ が成立し，「累積的因果連関」が安定的に作用する。容易にわかるように，完全稼働状態では「利潤主導型成長」となるが，資本蓄積促進効果Λは利潤シェアπから独立なものとなる。

以上の分析をふまえて，開放体系の成長パターンの問題を検討してみよう。まず，資本1単位当たりの輸出EXの影響が小さければ，「内需主導型成長」になる。このとき，需要形成パターンは，投資の利潤率や稼働率に対する感応性いかんで「賃金主導型」である場合も「利潤主導型」である場合もある。これに対して，資本1単位当たりの輸出EXの影響が大きければ，「輸出主導型成長」が成立する可能性が生じてくる。ただし，輸出は賃金シェアの低下によって促進されるので，そこには内需に関する需要形成パターンとの適合性の問題が存在する。すなわち，内需の需要形成パターンが「賃金主導型」であるときは，賃金シェアの低下は投資の減少効果を持ち，加えて資本蓄積促進効果を減少させるので，賃金シェアの低下による輸出増大が総需要に対して与える効果はある程度相殺される。これに対して，需要形成パターンが「利潤主導型」のときには，投資の増大と資本蓄積促進効果の増大によって，それを増幅する力が働くのである。この意味で，「利潤主導型」の内需形成パターンのほうが，「輸出主導型成長」と適合的であるといえよう。そこではまた，輸出の増大が企業の「長期期待」をより楽観的で積極的なものとすることによって，輸出から投資へ至るダイナミックな連鎖が確立することもありうるのである。これは，先のモデルではg_eの上昇をもたらす。

このように，「グローバリゼーション」のもとでの国際競争は，「賃金主導型成長」を困難なものとする可能性があり，この点が，まさに現在ケインズ左派的な所得政策が難しくなっている原因でもある。しかし，「輸出主導型成長」がつねに賃金の抑制を必要とするわけではない点もまた強調しなければならない。なぜなら，輸出は，賃金コストの低下によってだけではなく，技術革新と品質の改善といった非価格競争要因によって拡大しうるからである。そして，長期的にはこのような要因を通じて競争力を強めていくほうが好ましい場合が多い。これが，さらに投資の拡大を誘発するならば，輸出の増加と賃金の上昇は両立しうるのである。この点は，国際競争のもとでの国内の所得分配構造を考えるうえで，忘れてはならない点である。

ところで，「輸出主導型成長」には，一般的に言って2つの隘路が存在してい

るように思われる。第1に，輸出主導型成長の結果，経済が完全稼働状態に達し，かつそのとき「完全雇用－完全稼働ギャップ」が小さく完全雇用の近傍にあるならば，資本蓄積の減退が起こる可能性が生じる。なぜなら，完全稼働状態で需要形成パターンは「利潤主導型」となり，それに加えて労働市場で需給が逼迫しているので，もし賃金上昇を抑制する制度的メカニズムがないならば，賃金爆発が発生し資本蓄積の減退がもたらされることになるからである。このようなケースが生じるのは，国内の社会経済システムのなかに存在する労使交渉制度などの制度的編成が「輸出主導型成長」と構造的に両立可能ではないからである。これは，R. ボワイエによって「偽の輸出主導型成長」と呼ばれているケースである (Boyer [1994])。第2に，輸出主導の需要形成と輸出財部門の国際競争力の上昇との相互促進的関係が，生産性上昇率の大きな部門間格差と価格体系のゆがみをもたらすことによって，一種の悪循環を発生させる可能性がある。すなわち，輸出財部門の生産性上昇が自国為替レートの上昇をもたらし，さらにそのもとで競争力を維持するための企業の必死の努力で輸出財部門のさらなる生産性上昇が生み出され，一層の自国為替レートの上昇が結果する。これによって，サービス部門をはじめとする非輸出財部門の外貨建て価格が大きく上昇する，というケースである。これは，輸出財部門の突出した資本蓄積と生産性上昇がもたらす結果にほかならない。このような過程を通じて，産業構造と価格体系にゆがみが生じた場合，安定的に内需主導型の資本蓄積へと転換することはかなり難しいものとなるだろう。この点を次に詳しく検討しよう。

(5) 国際経済関係と為替レート・産業構造・価格体系

ここでは，貿易構造を視野に納めつつ，為替レートと産業構造の関係，さらにそれに伴う価格体系の変化を分析することにしたい。

国際競争は，価格体系に大きな影響を与える。輸出財部門が資本蓄積を突出させつつ「輸出主導型成長」を実現する場合，価格体系に大きなゆがみをもたらす可能性があるのである。いま，この点を詳しく見ていくことにしよう。先に説明した「生産性格差インフレーション」の式を，貿易財部門と非貿易財部門に関して適用すると，次のようになる。

$$\hat{p}_{ue} - \hat{p}_{ex} = (\hat{\mu}_{ue} - \hat{\mu}_{ex}) + (\hat{w}_{ue} - \hat{w}_{ex}) - (\hat{\lambda}_{ue} - \hat{\lambda}_{ex}) \qquad (6.28)$$

ここで，$\hat{p}_{ue}$：非貿易財部門の物価上昇率，$\hat{p}_{ex}$：貿易財部門の物価上昇率，

$\hat{\mu}_{ue}$：非貿易財部門の粗マークアップの上昇率，$\hat{\mu}_{ex}$：貿易財部門の粗マークアップの上昇率，$\hat{w}_{ue}$：非貿易財部門の貨幣賃金上昇率，$\hat{w}_{ex}$：貿易財部門の貨幣賃金上昇率，$\hat{\lambda}_{ue}$：非貿易財部門の生産性上昇率，$\hat{\lambda}_{ex}$：貿易財部門の生産性上昇率である。

　次に，為替レートであるが，為替レートの決定原理として「貿易財部門の購買力平価説」を想定することは，「貨幣と実物の二分法」におちいってしまうことになり，それを全面的に採用することはできない。なぜなら，そこには，国際金融市場における金融資産の取引による大きな影響が存在するからである。しかし，長期的に貿易財部門の労働生産性の趨勢が為替レートの水準に大きな影響を与えることもまた否定できないだろう。それをふまえて，為替レート（例えば，1ドル＝e円）の変化率 $\hat{e}$ と両部門の労働生産性上昇率 $\hat{\lambda}_{ue}$, $\hat{\lambda}_{ex}$ との関係を定式化すれば，次のようになる。

$$\hat{e} = E(\hat{\lambda}_{ex}), \quad \partial E / \partial \hat{\lambda}_{ex} < 0 \tag{6.29}$$

$$\hat{\lambda}_{ex} = \Phi_{ex}(g_{ex}), \quad \hat{\lambda}_{ue} = \Phi_{ue}(g_{ue}) \tag{6.30}$$

ここで，サービス部門などを含む非貿易財部門より製造業を中心とした貿易財部門のほうが「動学的規模の経済」が強く働くので，$(\partial \Phi_{ex}/\partial g_{ex}) > (\partial \Phi_{ue}/\partial g_{ue}) > 0$ となる。(6.30)を代入すると，(6.28)をさらに次のように変形することができる。

$$\hat{p}_{ue} - \hat{p}_{ex} = (\hat{\mu}_{ue} - \hat{\mu}_{ex}) + (\hat{w}_{ue} - \hat{w}_{ex}) - \{\Phi_{ue}(g_{ue}) - \Phi_{ex}(g_{ex})\} \tag{6.31}$$

これは，「動学的規模の経済」を考慮に入れた「生産性格差インフレーション」の式であり，成長率格差と価格上昇率格差との関係が示されている。ここからみてとれることは，国内で粗マークアップ上昇率と貨幣賃金上昇率とを均等化させる力が働く限り，「動学的規模の経済」が強く働く貿易財部門の突出した資本蓄積は，貿易財部門の価格と非貿易財部門の価格との間に大きな上昇率格差をもたらすということである。さらに，(6.29)と(6.30)から為替レートの変化を考慮に入れ，外貨建ての非貿易財価格の動きを検討しよう。

$$\begin{aligned}\left(\frac{\hat{p}_{ue}}{e}\right) &= \hat{p}_{ue} - \hat{e} \\ &= \hat{p}_{ue} - E(\hat{\lambda}_{ex}) \\ &= \hat{p}_{ex} + (\hat{\mu}_{ue} - \hat{\mu}_{ex}) + (\hat{w}_{ue} - \hat{w}_{ex}) - E(\Phi_{ex}(g_{ex})) \\ &\quad - \{\Phi_{ue}(g_{ue}) - \Phi_{ex}(g_{ex})\}\end{aligned} \tag{6.32}$$

為替レートは，長期的には，貿易財部門の生産性上昇の趨勢から影響を，したがって資本蓄積の影響を受けて上昇する。言いかえれば，外貨建ての非貿易財価格（国内物価水準）は，貿易財部門が突出した資本蓄積を行った場合（$g_{ex} > g_{ue} > 0$），貿易財部門の「動学的規模の経済」と「生産性格差インフレーション」との相互作用によって，持続的に上昇するのである。これが，いわゆる「内外価格差」を発生させる中心的なメカニズムである。したがって，「内外価格差」が存在するのは，「規制に守られた産業」が存在するためというしばしば聞かれる説明は，あまりに静学的な理解であることがわかる。それは，より動学的な過程としてながめると，生産性上昇率格差を基盤として作用する相対的価格調整機構が，輸出財産業の突出した資本蓄積と生産性上昇，さらにそれに伴って生じた大幅な為替レートの増価によって大きく歪んできた結果なのである。したがって，「規制緩和」だけで容易に解消できるのではない。

　さらに，ここで重要なことは，このような状態におけるサービス価格を含む非貿易財価格一般の上昇は，一種の所得の平準化メカニズムであり，必ずしも国際競争と「輸出主導型成長」の論理だけから取り除くべきだとするのも適当ではないということである。なぜなら，第2章や第4章で強調した「費用の二重性」の観点からすれば，「費用」は同時に「支出」であって，「高コスト構造」は同時に「高支出構造」であり「高所得構造」だからである。したがって，問題はそこでどのような経済主体がどのような所得を得ているかということであり，また，そのことによって経済システムの動態的調整とダイナミズムにどのような影響を与えているか，ということである。たしかに，経済の開放度が高まれば，先に見たように「輸出主導型成長」の論理が強く働くようになろう。しかし，そこで真に問われるべきは，特定の費用構造が需要構造の形成に中長期的にどのように連関を持っているかということであり，それを媒介する市場的調整と制度的調整のありかたいかんということである。

　次に，現在の金融システムのグローバリゼーションのなかで，為替レートの変動が生産性上昇率だけでなく，国際金融市場における金融資産取引によっても影響を受け，大きくオーバーシュートする場合に，それが産業構造に与える影響を考えてみよう。産業構造は資本蓄積の累積的連関の結果として成立するので，一種の「履歴効果（hysteresis）」を持っている。したがって，産業構造の変化には不可逆性が存在する。それには，いくつかの原因が考えられる。第1に，企業組

織の発展には累積的効果があり，過去の経験の蓄積が重要な役割を演じる。第2に，産業連関の進化は関係特殊的な熟練や制度的知識の累積の結果として生み出されるものである。そして第3に，産業への参入と退出に大きな費用が存在する場合には，「参入費用」や「退出費用」が各部門の資本蓄積に大きな影響を与えるのである。これらの点をふまえて，問題を理論的に検討しよう。近年，M. セッターフィールドは，「累積的因果連関」における効果の歴史的累積性に注目して，モデルを展開している（Setterfield [1997a] [1997b]）。それを参考にして，ここでは為替レートのオーバーシュートによる産業構造への，とくに貿易財部門の進化への影響を考えることにしたい。ここで，貿易財部門における「累積的因果連関」のモデルを，歴史的累積性を考慮して次のように書きかえることができる。

$$\begin{aligned}
&\hat{\lambda}_{ex_t} = \Phi(g_{ex_0}, g_{ex_1}, \cdots, g_{ex_{t-1}}) \\
&\quad \partial \Phi / \partial g_{ex_{t-n}} \geq 0 \quad (n = 1, \cdots, t) \\
&g_{ex_t} = \Omega(\hat{\lambda}_{ex_0}, \hat{\lambda}_{ex_1}, \cdots, \hat{\lambda}_{ex_{t-1}}, e) \\
&\quad \partial \Omega / \partial \hat{\lambda}_{ex_{t-n}} \geq 0 \quad (n = 1, \cdots, t), \quad \partial \Omega / \partial e > 0
\end{aligned} \quad (6.33)$$

ここから，次のような過程を考えることができる。いま，国際金融市場における金融取引の影響を受けて，為替レートが貿易財部門の生産性上昇率を超えて大幅に増価の方向にオーバーシュートし（すなわち e が低下し），それがかなり長期にわたって持続したとする。このとき，交易条件の悪化によって貿易財産業の資本蓄積率が長期にわたって停滞し，その累積的影響によって生産性上昇率が低下する。さらに長期間にわたる生産性上昇率の低下によって産業の競争力が落ち，資本蓄積率が大きく低下するという過程が発生する。このような産業の衰退は過去のパフォーマンスが累積した結果なので，たとえ急に為替レートが減価して（すなわち e が上昇して）交易条件が改善されたとしても，いったん低い水準の「累積的因果連関」に「ロックイン（lock-in）」した場合には，容易に回復することはできないものとなるのである。こういった状態においては，製造業が「成長のエンジン」としての力を失い，「ネガティヴな脱工業化（negative de-industrialization）」や「産業空洞化（hollowing-out of industry）」が発生する可能性が大きい。

　以上のことと関連して，「エンジンとしての製造業」が効率的な発展をしているか否かを判定する基準が問題となる。この点に関しては，A. シンの「開放経済における効率的製造業部門」という考えが説得的である。それは，次のような

ものである。すなわち，国際収支の他の要素の正常な水準を所与としたとき，国内消費者の需要を満足させるだけでなく，その国の輸入の要求に対して十分に支払うことができるほどに外国に生産物を売ることができる製造業であり，それは同時に生産量，雇用，賃金，為替レートの社会的に受け入れることが可能な水準でこれらの目標を達成することができる，という基準である。容易に見て取れるように，この基準は，国際経済関係のなかでの循環・再生産系としての国民経済の安定的な成長可能性は，その国の製造業それ自体のダイナミズムはもちろんのこと，消費様式や国内の社会的政治的状況，さらには国際間の政策協調のあり方の問題と不可分な関係にあることを示すものである。ここで A. シンが強調するようなマクロ経済構造の観点は，われわれが「産業空洞化」の問題を考えるとき，技術的優位性の問題や対外直接投資にともなう産業基盤の喪失の問題とともに，1つの重要な参照基準となることだろう。

3 「グローバリゼーション」のなかの貨幣・資本と労働

次に，「社会経済システムの制度分析」の観点から，グローバリゼーションの問題を考察しよう。ここで取り上げるテーマは，対外直接投資と多国籍企業，グローバリゼーションのもとでの貨幣・金融システムと「賃労働関係」という問題である。たしかに，現在，金融システムや多国籍企業の事業展開はグローバル化が急速に進行しつつあり，「グローバル・スタンダード」といった概念のもとに新たな「収斂論」さえも提起されてきている。はたして，各国の資本主義は，グローバルな規模で均質なシステムに「収斂」するという議論が妥当するのだろうか。本書では，むしろ，生産システムや雇用システム，租税制度や福祉制度には各国ごとの相違が存在すると考えている（Boyer and Drache (eds.) [1996]）。この問題は，原理的には「市場システム・資本循環」と「賃労働関係」という資本主義の「構造的二層性」と「諸制度の重層性」の問題に関わるものであり，したがって，ここでは，この観点からグローバリゼーションのもとでの資本主義の構造変化と多様性の問題に接近することにしたい。

(1) 対外直接投資と多国籍企業

第2章で議論した産業資本の運動形式を援用するならば，国際貿易とは，その

循環局面のうちの2つの流通過程，$M-C(MP)$と$C'-M'$の部分が，国民経済の枠組みを超えて展開されたものにほかならない。資本循環の国際的展開は，歴史的にも論理的にも，まずこの流通過程の国際化として進行する。つづいて，生産過程（$MP/A\cdots P\cdots C'$）の国際化，すなわち生産過程が外国に移転されたり，数カ国にまたがって分割・配置されたりする状態が現れる。「資本の国際化」とは，このような2つの形態の展開を伴うことになる。より高次の形態である後者は，対外直接投資（foreign direct investment）による「生産の国際化」を意味し，これを企業形態の側面から捉えるならば，「多国籍企業（Multinational Corporation (MNC)；Transnational Corporation (TNC)）」を意味するものとなる。今日，国際経済論の標準的な教科書では，これらは財・サービスの国際的交換である国際貿易に対比して，「国際要素移動」とも呼ばれている。しかし，第2章の「資本循環への制度論的アプローチ」で強調したように，この「移動」には制度的要因が大きく関わり，国際的な資本の移動，労働者の移住，多国籍企業の形成に伴う資本形態や制度の複雑な国際的結合などが含まれるのである。

　まず，多国籍企業に関する様々な理論を概説することから始めよう。

　多国籍企業の理論においてまず検討されるべきは，1980年代前半までのこの理論分野での進展に多大な影響を与えたハイマー［1976］の先駆的研究である。ハイマー以降の多国籍企業論は，大きく2つの潮流に分けることができる。1つは，産業の市場構造ないし競争構造の変化そのものが企業の多国籍化の根本原因をなすと考えるアプローチである。R. ヴァーノン［1966］の「プロダクト・サイクル」論や投資のバンドワゴン効果（bandwagon effect）を重視するF. T. ニッカボッカー［1973］の「フォロー・ザ・リーダー仮説」などがそれである。もう1つの流れは，多国籍企業の優位性の源泉を探る研究が活発化する中から登場した「内部化」理論である。市場取引，とくに中間財市場や要素市場における取引費用の存在に注目して企業の多国籍化を説明しようとするバックレー＝カッソン［1976］やティース［1976］などを挙げることができる。

　ところで，後に議論することからも明らかなように，ハイマーを先駆とする多国籍企業研究の諸潮流は，本書の第3章で議論した「企業組織の理論」と多くの点で重なり合う。まず，生産の国際化——ハイマーは，これを「対外事業活動（international operation）」と呼んだ——をめぐるハイマーの問題提起から始めよう。というのも，70年代後半以降の多国籍企業研究は，かれが提起した諸問

題に対してどのように答えるかという形で進行してきたと言えるからである。

① S. ハイマーの問題提起

ハイマーは，まず証券投資と直接投資とが峻別されねばならぬことを強調する[6]。国際的な資本移動を，利子率の国際的格差の裁定を根拠として説明する伝統的な資本移動論は，証券投資を対象とした理論であり，それは直接投資には妥当しないとみなすからである。さらに，伝統的アプローチでは説明できない理論的な限界として，次の4点が指摘される。

1) 海外進出企業の現地における資金調達を説明できない。
2) 直接投資の相互浸透現象を説明できない。
3) 直接投資の担い手のほとんどが企業であるから，それは企業の国内活動と結びつけて考えねばならず，証券投資の理論では説明できない。
4) 利子率の格差に基づくならば，投資は特定国の全産業に対して行われるはずだが，実際の直接投資は一部の産業に集中し，かつすべての国に対して行われている。

これら4点のうちの2）3）4）の論点は，直接投資と寡占企業の国際活動を結びつけて捉える国際的な寡占化過程の問題に関連する。さらに1）の論点に対するアプローチとしては，宮崎［1974］［1982］による「企業内部純余剰仮説」の提起がある。

② ハイマーの「独占的優位性」モデル

ハイマーは，直接投資を説明するためには，何よりもまず投資先国での企業活動の「支配」について説明しなければならないとする。この観点から，直接投資の動機として2つの要因が特定される。第1は，競争の排除による高利潤獲得の動機である。これは，他企業との競争を排除して自らの生産量を増大させ，できれば市場を一手に掌握したいという寡占企業の行動動機にほかならない。こうした行動が一国内にとどまらず，多数国の企業に及ぶとき企業の多国籍化が進行するのである。第2は，「独占的優位性」の活用による高利潤の獲得である。これはハイマー理論においてとりわけ重要な位置を占めている。こうした優位性の源泉として，かれは，信用，マーケティング能力，製品差別化能力，効率的な生産工程のノウハウなどを挙げる。ところで，ある国の企業が持つ多種多様な経営上の「独占的優位性」を武器にした事業活動の国際化という説明は，実のところ第3章で述べた J. S. ベインの「制限価格モデル」を援用したものにほかならない。

というのも，既存企業が新規参入企業に対して持つ絶対的優位性を利用した参入阻止行動というベイン・モデルの論理が，ハイマーにおいては，ある国の企業が保持する優位性は外国の既存企業ないしは潜在的競争企業に対して活用されるというようにそのままの形で転用されるからである。しかも，直接投資の結果として新しく生まれた企業の国籍が自国であるか外国であるかは，当該の企業が現地企業と比べて不利な条件（情報入手，現地政府や消費者による種々の差別待遇，為替リスクなど）をカバーして余りある優位性を保持することができるかどうかによって決まる。したがって，ハイマー・モデルにおける多国籍企業とは，国内利潤率より高い海外利潤率を求めるだけでなく，現地企業よりもさらに高い利潤率の実現を期待できるがゆえにこそ，現地企業を支配下におく直接投資形態をとって海外進出を企てる企業であるということになる。

③　プロダクト・サイクル理論

　この理論の特徴は，「新製品」段階・「成熟製品」段階・「標準化製品」段階という工業製品のライフ・サイクルの進行と関わらせて，当該商品の生産立地および貿易構造の国際的変化をとらえようとする点に求められる。この理論を構成している一般的な論理を列挙するならば，次のようになろう。1）新技術の開発とその適用には，国ごとにタイム・ラグがある，2）その結果，技術上の相対的先発国企業は世界市場で優位性を確保し，超過利潤を獲得しうる，3）後発国企業のキャッチ・アップが始まり，国際的な技術格差は縮小する，4）先発国企業の優位性は相対的に低下する，5）先発国企業の輸出における商品実現条件が悪化し始め，これが引き金となり海外生産への移行が行われる。こうした1）から5）までの過程を，アメリカとヨーロッパの関係として図示したものが図6-6である。

　この図における t_0 時点から t_1 時点までが「新製品」段階であり，t_1 時点から t_3 時点までが「成熟製品」段階となる。この段階での t_2 時点から，ヨーロッパでの現地生産が開始され，t_3 時点までの期間，ヨーロッパにおける消費量は，アメリカからの輸出とヨーロッパにおける現地生産の合計によって満たされることになる。そして t_3 時点を過ぎると，ヨーロッパの現地生産量が急増し，ヨーロッパの現地消費を満たして余りある部分がアメリカ向けに輸出される。それゆえ，t_3 時点以降を「標準化製品」段階と見なすことができる。

　以上，プロダクト・サイクル論は，アメリカ企業の新製品開発と内外市場に向

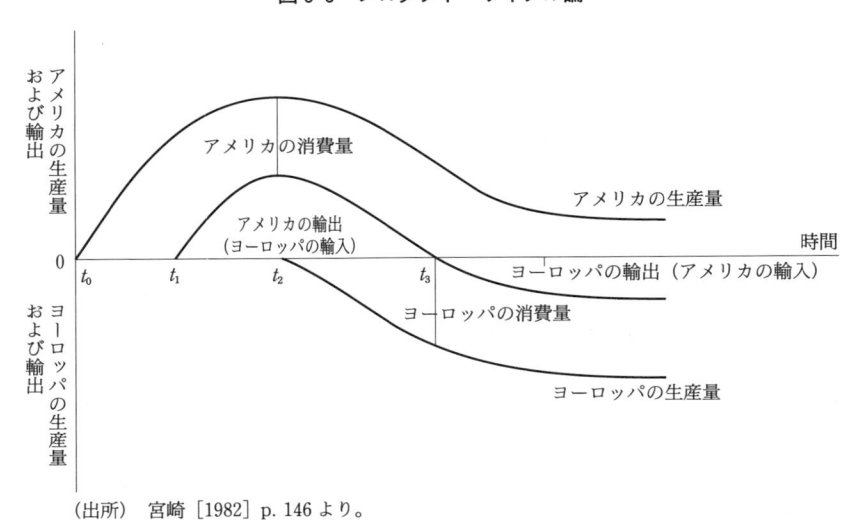

図6-6 プロダクト・サイクル論

(出所) 宮崎［1982］p. 146 より。

けての波及を説明する要因を明らかにすることによって，アメリカ企業の多国籍化の過程を示す1つのプロトタイプの役割を果たしてきたと言える。

④　ハイマー・モデルとヴァーノン・モデルの対比

ヴァーノンは，商品のライフ・サイクルとともに生産立地一般が，アメリカから他の先進国へ，さらに発展途上国に向かって移動する産業構造のグローバルな移動の構図を描き出すことをめざす。これに対して，ハイマーの場合は，証券投資と区別される直接投資に固有の論理を明らかにするとともに，直接投資の相互浸透という現象の解明に焦点を絞る。また2つのモデルには，次のような相違も見出すことができる。プロダクト・サイクル論では，直接投資への移行を非アメリカ企業の台頭という脅威に対する防御の手段であると考えることで，アメリカ企業の多国籍化を防衛的なものとして描きだそうとする。この視点は，多国籍企業の寡占的反応としてニッカボッカーによって主張された「バンドワゴン効果」にもそのまま受け継がれている。「バンドワゴン効果」とは，アメリカの巨大多国籍企業が同一業種ごとに群れをなして続々と海外に進出する現象を指すが，これはアメリカの多国籍企業同士がたがいに競いあいながら，海外におけるライバル企業との競争激化をおさえようとするヴィジョンにほかならない。これに対し

て，ハイマーにおいては，「独占的優位性」の果実を獲得するための市場支配という「資本」の拡張的本性に力点が置かれていると言える。

しかしながら，こうした相違にもかかわらず，両者のモデル化の基礎にあるのは，本書の第３章で議論した寡占的市場構造下での寡占企業の行動に関する諸理論であるという点で共通する。ハイマー・モデルが参入阻止価格の理論におけるベインの制限価格モデルを援用したものであることはすでに述べた。また，かれのモデルでは，直接投資の相互浸透現象に関しても，互いに相手に対する脅威を感じたアメリカ企業とヨーロッパ企業が，参入阻止戦略として積極的に企業統合を推進する結果として生じたものであるとし，これが国際市場の寡占化を招くと予想する。これもまた国籍を異にする寡占企業間の相互作用的な企業行動という考え方を応用したものである。そして，ヴァーノンのモデル化にしても市場構造それ自体の変化を分析する動態的寡占理論を応用したもので，市場構造および需給構造の変化のプロセスを，製品の持つライフサイクルという概念を主軸に据えることで段階的にパターン化する試みであったと言える。

このようにハイマーとヴァーノンの多国籍企業の理論が，市場の不完全性を前提とする寡占企業の理論の伝統を受け継ぐものであるとすれば，1970年代以降の「企業の経済学」の新しい潮流を多国籍企業の分析に適用するのが，次の「内部化」理論である。

⑤　内部化理論

市場における取引には，その不完全性のゆえに費用がかかり，この費用が大きくなれば，費用節約的な取引形態が追求されねばならないが，その１つが市場取引の内部組織化，すなわち企業という階層組織内取引であるというのが，コース＝ウィリアムソン流の内部組織の理論であった。この論理を多国籍企業分析に直接に応用し，多国籍企業化の様々な形態の根拠を内部化のメリットという観点から探ろうとするのが，このアプローチにほかならない。たとえば，同一の機能を本国と外国で同時に行う「水平的統合」と，分離可能な一連の生産工程の中の機能を本国と外国で分担する「垂直的統合」という２つのケースを考えてみよう。前者において重要なのは，本社から子会社に対する生産やマーケティングに関するノウハウ・技術・情報などの円滑な移転である。これらの経営資源を外部市場で取引しようとすれば，買い手の不確実性やただ乗り，人的コンタクトの必要性などにより，その費用は経営資源が複雑になればなるほど高くなる。階層組

織による内部化のメリットは，これらの費用を低下させることにある。後者のケースでは，多国籍企業の側から現地企業に部品，半製品，原材料などが供給され，現地で生産が行われる。この場合，現地企業は特殊な生産設備への投資を要求され，こうした企業特殊的資産の存在のゆえに，契約更新や不測の事態に対処するための条項の見直しはスムーズに行うことができず，取引コストは上昇する。したがって，ここでの内部化のメリットは，この種の交渉を不要とし，集権的な意思決定による不確実性への逐次対応が可能となる点にある。

　ところで，「垂直的統合」の重要性は，国際貿易全体の中に占める「企業内貿易」の比重の増大として現実化する。この企業内貿易の拡大は，国際貿易に関する伝統的な観念を大きく揺さぶるものとなる。なぜなら，世界的な生産物流通のかなりの部分が市場に媒介されずに，企業の中に直接に内部化された形での商品連鎖が形成されることになるからである。企業内貿易で流通する生産物（中間生産物）に対しては，当然外部市場は存在しないのだから，その取引においては，シャドウ・プライス（shadow price）によって処理する以外に方法がない。これが，多国籍企業内取引での「移転価格操作（transfer pricing）」と呼ばれるものである。移転価格操作とは，多国籍企業がグローバルな税引き後利潤を極大にするために内部価格を人為的に操作する価格政策のことである[7]。この価格操作は中間財市場の不完全性を活用したものであるから，世界的規模での資源配分を分断し，それに重大な影響を及ぼし，場合によっては資源配分に大きな歪みをもたらすことにもなろう。

　さて，この内部化理論の理論的な問題点を指摘するとすれば，第3章で述べた〈企業組織への契約論的アプローチ〉への批判がそのまま当てはまる。第1は，内部化の根拠や内部化の度合い，その結果としての企業規模の決定までもが，取引費用の節約を基準とする市場と組織の合理的選択の問題に還元されてしまうのだから，ここでのアプローチはあくまでも静学的な枠組みにとどまるものとなる。第2に，この結果として，内部化理論は一貫して動学的視点を欠如したものとなる。内部化理論に依拠する企業の多国籍化に関するダイナミックな考察としては，ラグマン［1981］による外国市場参入方式に関するモデル化の試みが存在する。だが，より重要なのは，内部化によって生ずる市場構造それ自体の変化と変化する市場構造と多国籍企業との間の相互依存的な関係というダイナミクスを解明することである。この動学的な視点に関する限りでは，プロダクト・サイク

ル論の方がより優れた枠組みを提起していると言える。ただし，プロダクト・サイクル論では，最終生産物のみが取り扱われ，部品ないし中間生産物の取引がなされる企業内貿易を分析できないこと，さらに，産業立地の発展途上国へ向けての一方向的な移動が問題にされるだけで，直接投資の相互浸透現象を十分に説明できないことに注意しなければならない。むしろ直接投資の相互浸透現象において問題とされるべきは，世界的規模での産業構造の変化のなかで事業展開を行う寡占的大企業としての多国籍企業の行動そのものなのである。

⑥　多国籍企業の資金調達問題と対外直接投資の「必然性」をめぐって

ところで，多国籍企業の理論が多分に企業組織の理論の応用問題という性格を持つならば，企業の対外事業活動の展開のために必要な資金をどのように調達するのか，すなわち多国籍企業の資金調達問題も重要な設問の1つをなすと言える。いわゆる「企業金融」の問題である。この設問に対しては，宮崎による「企業内部純余剰の増加傾向」という興味深い仮説の提起がある（宮崎［1982］）。

この仮説を簡単に解説しておこう。「企業内部純余剰」というのは，内部資金（これは内部留保と減価償却との和[8]からなる）から企業内の新設備投資資金を差し引いたプラスの差額を指している。したがって，内部資金の設備投資資金に対する比率を内部資金比率とすれば，この比率が1を超える事態を，宮崎は「企業内部純余剰の増加傾向」と呼ぶ。宮崎は，アメリカと日本に関する内部資金比率の動きを追跡し，アメリカでは第2次大戦後一貫して，内部資本比率が1を超え，そして日本では70年代後半にこの比率が1を超えるという事実を確認する（宮崎［1982］第3章を参照）。この内部資本比率の推移に対し，アメリカと日本の対外直接投資額の推移を見ると，アメリカの対外直接投資額は1956年以降急増し，日本では1972年以降，とくに78年以降の急増が判明する。ここから，宮崎は内部資本比率が1を超えて急上昇する事態と，対外直接投資の急増との間には密接な関連があると仮説する。こうした経験的事実の検証に加え，おそらくより重要なのは，この仮説に込められた理論的な含意の方である。2つの理論的な含意が見てとれる。第1は，国民的利潤率の高低によって資本の過剰か不足かを判断する「マクロ」の古典的資本過剰論（レーニン，ヒルファーディングの「資本輸出」論）とは異なり，個別企業ごとに，企業内新設備投資の限界収益率と企業外の直接投資の限界収益率を比較して，内部資金の使途を選択する一種の「ミクロ」の資本過剰論だということである。企業の多国籍化の進展は，内部資金比

率が1を超える事態と関連する。したがって，第2の含意は，低利子率国の個別企業が自らの内部資金によって，高利子率国において直接投資を行うだけではなく，高利子率国の個別企業が，その限界投資収益率の高さのゆえに，低利子率国においてその国の子会社を「支配」する目的のために直接投資を行うケースが同時併行的に生じうることを明らかにできるという点にある。このように宮崎の仮説は，多国籍企業の資金調達と直接投資の相互浸透現象というハイマーが提起した問題に直接に答えようとする1つの試みであったと言える。

ところで，宮崎の「企業内部純余剰仮説」の提起が，ハイマーの問題提起に始まる多国籍企業論の展開の中での1つの独創的な試みであることは疑いない。ただし，80年代以降の多国籍企業の展開においても，この仮説が有効なのかと言えば，必ずしもそうではない点に注意しなければならない。というのも，80年代以降の多国籍企業の世界戦略は，世界経済の構造変化に伴い新たな展開を示し始めるからである。いくつかの特徴的な変化を列挙しておこう。

第1は，80年代以降，主要先進諸国の金融システムが大変貌を遂げたことである。金融システムの質的変革である金融革新と金融のグローバリゼーションが急速に進行した。この中で，企業金融は，いわゆる「証券化（securitisation）」──証券化とは，証券形態による資金調達および金融資産・債権を裏付けにした証券発行によるファイナンスの2つを指す──と呼ばれる新たな展開を見せた。

第2は，ME化を中心とする技術革新のテンポが速まり，各国の時系列的な発展格差が縮まるとともに，国際的ロジスティクス[9]が変化したことである。

第3は，地域主義の台頭に見られるように，本国政府および受け入れ国政府の態度が変化したことである。

第1の変化は，多国籍企業の資金調達の形態と源泉における多様化をもたらした。このことは，宮崎が主張する内部資金による資金調達だけが唯一の方法でないことを物語っている。第2・第3の変化は，対外直接投資に限らない多様な企業戦略，すなわち資本参加や合弁事業のような「資本提携」やライセンシングのような「非資本提携」の重要性の高まりをもたらした。とくに多国籍企業相互の企業間提携は，国際下請け生産のような従来の提携が一方的・包括的・固定的な性格が強かったのに対して，双務的・限定的・流動的性格が強いことを特徴としている。すなわち，ハイマー＝宮崎が強調する在外子会社の「支配」という視点は相対的に弱まり，技術開発費の負担増，規模の経済の重要性の一層の増大によ

り，世界市場のシェア確保のためにも進出先のパートナー企業と提携することが不可欠となってきているのである。

(2) **多国籍企業と「労働の国際化」**
① 労働市場の国際化

ここでは，世界的規模における資本蓄積の展開に規定された労働力移動，いわゆる「国際労働力移動」の問題を取り上げる。前項では「資本の国際化」を生産の国際化の問題として取り上げたが，資本の国際的移動，とりわけ第三世界諸国への直接投資は，現地における労働力の空間的・社会的配分に，したがって「賃労働関係」に大きな影響を与えることになる。この点を最も明確に意識し，資本の移動と労働の移動とが不可分な関係にあるものとして分析されねばならないとするのが，S. サッセン［1988］であり，また森田編著［1995］，森田［1997］である。サッセンは対外直接投資がいかにして移民を促進するのかを問い，その経路を次の3つに整理している。

第1に，人口の新たな部分の賃金労働への編入，および，それと関連して生じた伝統的労働構造の解体。第2に，新しい工業労働力における女性化の進展と，それが新しい工業地帯および伝統的労働構造の双方における男性の労働機会に与える影響。第3に，大部分の海外投資の供給源たる高度工業諸国との実体的およびイデオロギー的紐帯の強化（この紐帯とは，西欧化効果の一般化と，労働者が高度工業諸国の人々や企業のための財を生産している自分たちの状況を自覚するような特殊な労働環境の2つを意味する）。

さらに森田の場合には，サッセンと問題意識[10]を共有しつつ，資本の移動と労働の移動との相互の関連の中から現れる労働市場の国際化の「2つの形態」をより明快に析出する。すなわち，一方では，従来先進工業諸国に集中していた工業生産の一部が，多国籍企業の直接投資を通じて周辺部に移転され，これまで賃労働の経験を持たなかった人々が雇用に引き入れられる。かれは，これを労働市場国際化の第1形態と呼ぶ。他方で，国際労働力移動を通じて，第三世界諸国の労働者が様々な形態で中心部に流入し，特定の産業部門分野への労働供給の中で無視しえない比重と役割を持つようになる。これは労働市場国際化の第2形態である。結果として，中心部の先進工業諸国にとっての労働市場は，国民経済の枠を大きく超えて国際化する。国内での雇用と海外での雇用とは密接に連動し，労

働市場は一国的な枠を越えた連関を持つことになるというのである。この労働市場の国際化を，森田はアメリカの電子産業および半導体産業を事例にして実証している。アメリカ企業は，60年代初めから，アジア諸国に労働集約的工程を移転させるが，これを反映してアメリカ国内とアジア諸国における雇用の職種別構成に著しい対照が作り出される。アメリカ国内では，経営・管理・事務・研究開発などの雇用比率が4割から6割であるのに対し，アジア地域のプラントでは，生産労働者の雇用が圧倒的比重を占める。そして，この生産労働者の圧倒的部分が若年女性労働者である。これに対して，アメリカ国内の電子産業における雇用構造は次のような特徴を持つ。この産業部門での生産労働者の絶対的・相対的減少に加え，生産労働者の主力は女性労働者によって担われ，また人種別に見れば，非白人として分類される人々（黒人，先住民，中南米・カリブ・アジア出身者）の中でも，女性は多く生産労働者として雇用されている。このようにアメリカの電子産業では，オフショア生産においてばかりか，アメリカ国内でも多くの第三世界出身の女性を，主として生産労働者として雇用していることが明らかにされる。

　森田は，この労働市場の国際化という事態を，〈新しい国際分業〉の概念を主唱する論者たちとともに「世界労働市場」の成立と捉える。ただし，第3章の「労働市場の分断化」において議論したように，労働市場を一国の枠内で捉えたとしても，それは決して同質的な構造ではありえず，階層化された分断的労働市場として存在する。さらに，そこには性別・人種別の分断化も加わる。それゆえ，「世界労働市場」においても，中心部先進諸国と周辺部発展途上国とを包摂した重層的な階層的構造が形作られ，賃金格差や労働諸条件における差異が，諸国間・諸地域間に存在することになる。ローカル・レベルにおいてであれ，グローバル・レベルにおいてであれ，いずれのレベルで成立する労働市場も分断化された階層的構造を持つことこそが，労働市場の本質的特徴をなす。この点から，労働供給の分断化された多様な源泉が存在することになる。そして，この多様な労働供給源泉を柔軟に利用しようとする多様な企業組織や雇用システムの形態が生み出されるのである。

　② 国際労働力移動の経済効果

　以下では，国際労働力移動によって引き起こされる社会経済的諸変化について，とりわけ移民受け入れ国の国内労働者への影響という問題――移民労働者流

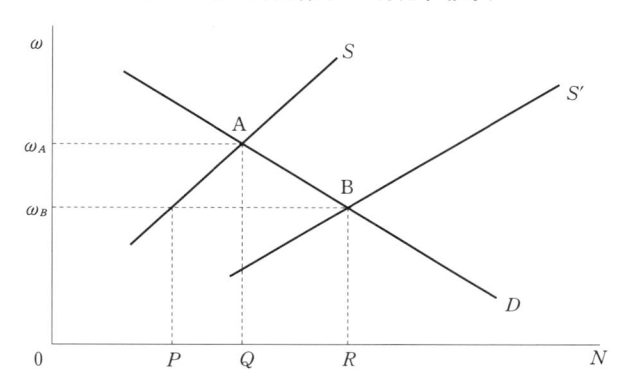

図 6-7　移民労働者流入の労働市場効果

入の労働市場効果——を，標準的な労働市場分析の枠組みを用いて考えてみよう[11]。図 6-7 は，移民労働者が流入する受け入れ国の労働市場——これを差し当たり「不熟練労働市場」と呼ぶことにする——の需給状態を表している。

　移民労働者の移民流入以前の不熟練労働市場は，点 A で均衡しているとする。移民労働者の流入が始まり，労働供給曲線が S から S' にシフトしたとすれば，現行の賃金率 ω_A の下では労働の超過供給が生じ，市場の調整作用を通して新たな均衡点 B に達することになる。新たな賃金率は ω_B となり，この賃金水準で $R-P$ だけの移民労働者が雇用される。一方で，国内労働者の雇用は P となり，当初の雇用 Q よりも減少する（国内労働者の供給曲線は変化しないと仮定する）。こうして移民労働者の流入は，かれらと同種の労働サービスを提供する国内労働者の雇用機会を奪うが，それがどの程度のものになるかは，労働需要と労働供給の弾力性の値と移民流入の規模に依存することになる（移民労働者流入の直接効果）。また移民労働者の存在は，かれらと直接の競合関係にない国内労働者にも影響をおよぼすかもしれない（移民労働者流入の副次的効果）。不熟練労働市場から撤退した $Q-P$ の国内労働者の一部が，新たに別の労働市場——便宜上「熟練労働市場」と呼ぼう——に参入する可能性があるからである。こうした事態が生じれば，この熟練労働市場では賃金低下の圧力が生まれるだろうし，もしこの市場で現行の賃金率が維持されるならば，新たな非自発的失業が顕在化するだろう。さらに，移民流入の結果生じた不熟練労働の相対賃金の変化が，国内熟練労働者に対する労働需要に何らかの影響を及ぼす可能性も問題となる。こ

の影響は，熟練労働需要の「交叉弾力性」，すなわち熟練労働需要の変化率/不熟練労働賃金の変化率の値をとることによって確認できる。この値が正であるならば，移民労働力と国内熟練労働力とは代替関係にあることになり，移民労働者の流入は熟練労働者の雇用に悪影響を及ぼすことになる。ここまでの分析の枠組みに関する限りでは，たしかに移民の流入は国内労働者の不利益につながる。しかし，移民流入の労働需要サイドへの効果も同時に考慮されねばならない。かれらの流入による賃金低下は，少なくとも移民雇用部門では，流入以前と比べて雇用・生産の拡大という帰結をもたらすだろう。ここで資本と労働の代替による資本利用の大幅な低下が生じないとすれば，国内所得増大への期待が，新たな投資需要および消費需要を生み出し，国内の労働需要拡大の方向へと作用することとなる。また移民流入に伴う送り出し国から受け入れ国への購買力移転という現象も存在する。移民労働者の流入当初には，雇用されると否とに関わりなく，直ちに消費支出を行わざるをえず，この支出は移民出身国からの所得移転によって賄われねばならない。こうした購買力の移転は受け入れ国の労働需要にとって正の効果をもたらすだろう。

　以上のように，移民労働者の流入は，国内労働者に対して雇用削減と雇用創出という相反する2つの効果をもたらすことになる。これら2つの効果の大きさがどの程度で，また2つの効果のうちのどちらが優勢であるのかを判断するのは，以上のような単純な分析の枠組みからはほとんど不可能である。ただし，実証研究のレベルでは，移民研究の先発国アメリカにおいて，次のような事実が報告されている。賃金にせよ，雇用量にせよ，移民労働者の存在が国内労働者の雇用条件に甚大な被害をもたらしているという確実な証拠は認められないというのがそれである (Borjas [1990])。

　こうした事実は，「外国人労働者」問題を議論するさいの視角にとって重要であるばかりか，資本の国際化と労働の国際化との密接な関連の中から登場するとされた「世界労働市場」を議論するさいにも，同様に重要な視角を提起するだろう。〈新しい国際分業〉を主張する論者は，労働市場の国際化に伴い，中心部諸国の労働者が，いまや世界的規模を持つ労働市場のなかに位置づけられ，発展途上国の労働者と仕事口をめぐって競争せざるをえなくなったことを強調するからである。しかし，ここから何らかの一般的結論や一般的傾向を導くことができるとするならば，それはあまりに性急であるということになろう。仕事口をめぐる

競争の度合いやその雇用構造への影響については，現時点では，理論的にも実証的にもそれらを確実に判定しうるだけの根拠が提示されていないからである[12]。むしろ，各国において多様な労働市場の構造，雇用システムのあり方，賃金決定のあり方によって，導かれる結果は異なることになると考えられる。まさに，ここでも各国における制度編成のあり方こそが重要になるわけである。

(3) 「グローバリゼーション」のもとでの金融システムと賃労働関係との構造的両立性

　本書では，資本主義を，貨幣システムを基礎とした「市場システム・資本循環」と社会システム全体に開かれたものとしての「賃労働関係」とによって成り立つものとして，すなわち「構造的二層性」を持つものとして分析してきた。各国の社会経済システムにおいては，様々な制度は，重層的連関のなかで相互に補完的な構造をつくりあげている。第2章の「資本循環への制度論的アプローチ」や第3章の企業組織論で説明したように，原理的に言って，資本循環は既存の様々な社会関係と接合し，またそれを変化させ新たな制度を作り出す。このために，資本循環の重要な結節点には様々な制度が「埋め込まれている」のであって，それが各国の多様な制度的編成を生み出している。とくに，異なったタイプの金融システムと「賃労働関係」の接合の仕方には，様々な可能性が存在していて，それは「資本主義の多様性」に関して着目すべき重要な点である。

　ところで，現在われわれが直面しているグローバリゼーションのなかでは，多国籍企業がグローバルな事業展開を行い，国際金融市場では大量の金融資産の取引が行われるようになってきた。このような動きのなかで，各国の社会経済システムとそこにおける諸制度はどのように変化しつつあるのだろうか。この点をこれまでの本書の分析，すなわち諸制度の「接合論的アプローチ」と市場的調整と制度的調整による「調整の重層性」の認識をふまえて考えてみたい。資本主義の社会経済システムには様々な制度の「入れ子型構造」が存在するので，この点を図6-8のように図示しておこう（この図と完全に同じではないが，Hollingsworth and Boyer [1997] なども諸制度の「入れ子型構造（nestedness）」を強調している）。この図で重要なことは，第1に，資本主義は「市場・資本循環」と「賃労働関係」との「構造的二層性」を持っており，その結節点において組織化を行うものが「企業組織」であるという点である。この意味で，資本主義は企業

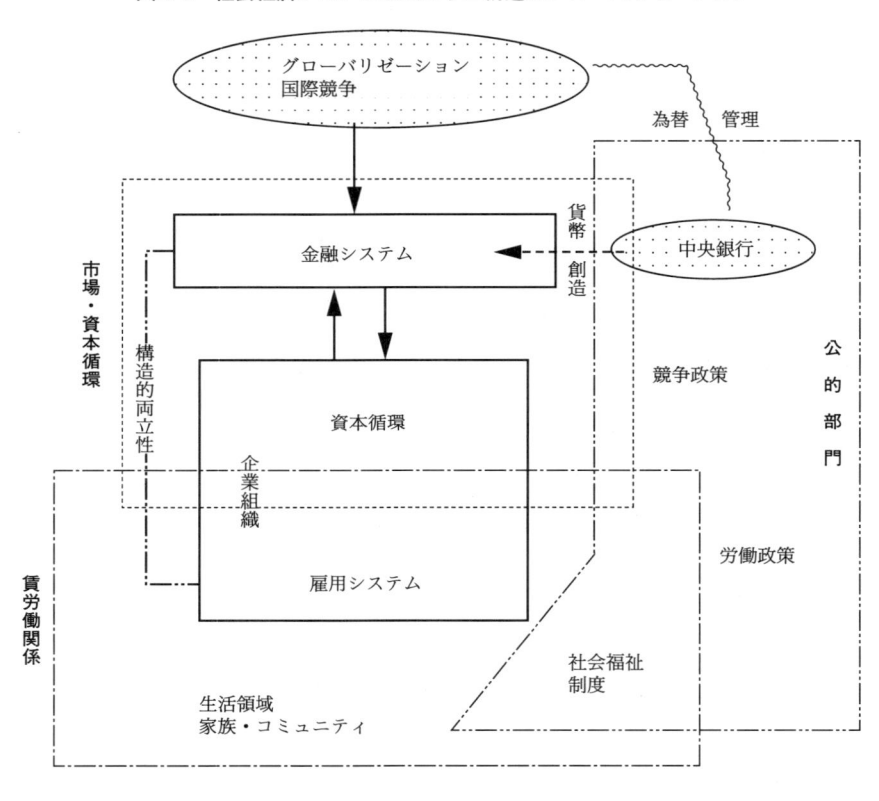

図6-8 社会経済システムの入れ子型構造とグローバリゼーション

組織を核とした所有と支配の「入れ子型構造」でもある。そして，企業組織の変化を直接に規定するものとして先に説明した技術体系と労使関係がある。また，公的部門はこれら2つのサブ・システムのそれぞれに深く関わっている。金融システムには，中央銀行が「貨幣創造」と中央銀行の割引利子率の決定や債券残高の調整などの金融政策で影響を与えている。また，「賃労働関係」には，労働政策や技術政策，さらに社会福祉制度を介して関与している。

第2に，ここでは金融システムの運動から生じる規定関係と「賃労働関係」から生じる規定関係の対抗が存在し，それによって資本蓄積のダイナミクスが生み出されることは第4章で見たが，1970年代以降，その規定関係に構造変化が生じてきたと考えられるのである。この点は，近年，レギュラシオン理論によって，

「制度階層性（institutional hierarchy）」の変化として分析されている問題である（Amable [2003], Boyer [2005]）[13]。すなわち，1950年代，60年代のいわゆる「資本主義の黄金時代」においては，ブレトンウッズ体制のもとで管理通貨制度が機能し，国内均衡が優先されたことで，労使間の「妥協」や制度的ルールの形成といった「賃労働関係」の制度化が資本蓄積に規定的な影響を持った。そして，60年代後半には，「賃労働関係」の論理がマクロ的にも規定力を持ち，生産性の動向や賃金水準が経済動態に対して重要な規定要因となり，いわゆる「利潤圧縮」が生じたのであった。言うなれば，「マルクス的レジーム」が出現したのである。これに対して，1970年代以降には，変動相場制のもとで国際金融市場における金融取引が急拡大し，さらに国際競争も激化するようになって，特に90年代以降は金融システムと国際競争の論理が国家の経済政策や労使関係を強く逆規定するようになっているように思われる。この変化は，ある意味で金融システムが経済動態に対して規定力を持つ「ケインズ的レジーム」の出現と言える側面を持っている。しかし，それは，とくに90年代以降，アメリカを中心とした金融システムのグローバルな規模での規定力の強まりである点に，現代的な特徴がある[14]。

　第3に，しかしこうした規定関係の転換を単線的に理解するのは適切ではないと，「制度の重層性」を重視するわれわれは考えている。なぜなら，グローバリゼーションの影響をより大きく受けるのは，金融システムやそれを基盤として運動する資本循環であって，「賃労働関係」への影響はより間接的であり，そのあいだに重層的な諸制度の入れ子型構造が存在するからである。これまで説明してきたように，たしかに多国籍企業のグローバルな事業展開によって生産の国際化と労働の国際化が進んではいる。しかし，多国籍企業の事業は，各国における既存の「賃労働関係」を前提とし，あるいはそれを部分修正するかたちで進められている。「賃労働関係」は各国で固有の「慣性」を持っており，たとえグローバリゼーションの影響を受けるとしてもそれは間接的で緩慢なのである。言いかえれば，資本は，国際金融市場を通じて世界を瞬時に動きまわり，企業組織も多国籍企業というかたちで国境を越えて展開するが，社会や文化に深く根ざして生活する人間は，地域を越えた国際的移動がなかなか難しいのである。したがって，グローバリゼーションの影響によって，社会経済システムのなかの制度的編成のすべてが一挙に変化するわけではない。

　以上から言えることは，グローバリゼーションのもとでの制度変化を考える上

では，諸制度の「構造的両立性」の問題を制度の重層的で階層的な連関に即して検討する必要があるということである。ここでは，この問題をマクロからミクロへと逐次見ていくことにしよう。

① 金融のグローバリゼーションと金融資産価格の変動

現在，国際金融市場においては，きわめて大量の金融資産の取り引きが行われている。国際的な情報ネットワークの発展に支えられて，ニューヨーク市場，ロンドン市場，東京市場と巨大な金融資産取引が瞬時のうちに行われており，それが各国の為替レートや金融取引に大きな影響を与えるようになっているのである。このようななかで，金融システムに関して，とくに取引規制と金利規制の撤廃や会計基準の統一といった「規制緩和」が各国で実行されるようになってきている。

第2章で述べたように，各国の金融システムは銀行からの借入れを中心とする「銀行中心型金融システム」と資本市場からの資金調達を中心とする「資本市場中心型金融システム」に分類することができるが，金融システムのグローバリゼーションによって資本市場の力が強まり，各国の金融システムが「資本市場中心型金融システム」へと転換する圧力が強まっている。もちろん，こうしたなかでも銀行の信用供与の機能，より原理的に言えば「貨幣創造」の機能は，資本主義における銀行システムの本質的機能なので，この意味での銀行システムの存在意義が大きく変化することはない。しかしながら，資本市場における金融取引の影響力は強まり，金融システムの動態を大きく規定するようになってきた。第2章でとりあげたようにカレツキは「ビジネス・デモクラシー」を批判し，信用の供与を受けるためには資産を所有していなければならないことを強調したが，資本市場における取引の拡大は，この資産格差を拡大させる可能性を持つのである。こうして，金融システムにおける企業が保有する金融資産の集中をまねき，さらに大規模な金融資産取引がしばしば投機的に行われることにもなる。そのような取引にも信用が供与されるので，それは金融資産取引を一層不安定化させる可能性を持っている。ある意味で，ここでも第1章や第2章で原理的に考察した「貨幣資本循環の暴走性」の問題が存在するのであり，それが，投機的な「期待」の形成に媒介されて，巨額な金融資産の取引を生み出しているのである。このような変化によって，一国レベルでの財政金融政策の効果はより不確実なものとなりつつある。

ここで，国際金融市場における金融資産取引が大規模になり不安定化すると，それが各国の景気循環にも大きな影響を与えるようになる点が，とくに重要である。すなわち，投機的な「期待」の変化にもとづいて金融資産価格の大きな変動が生じ，そのことによって設備投資が抑制され，実体経済に深刻な不況をもたらすのである。しかも，いったん不況に突入すると，資産価格の大幅な下落が企業のバランスシートを悪化させ，不況を長期化させる可能性がある。このような現象は1980年代後半以降のアメリカや1990年代の日本でも発生したものであって，従来の有効需要の不足や設備投資の落ち込みにとどまらない，金融的要因と実物的要因の相互作用から発生する不況である。わが国では宮崎義一が「複合不況」と命名した現象であり，また，同様な性格の景気変動が発生することを M. アグリエッタなども強調している（宮崎［1992］, Aglietta［1995］)[15]。この問題を解明するためには，第2章で強調した銀行システムを通じて内生的に供給されるフローとしての貨幣と金融市場におけるストックとしての金融資産との関係，さらにこうした金融的要因と実物的要因との相互連関の理解が，深められなければならないだろう。

② 為替レートの変動と産業構造

国際金融市場における金融資産の取引の増大やそれにともなう巨額の短期資金の流出入によって，しばしば為替レートが大幅に乱高下するといった事態が生じている。先に見たように，変動相場制のもとでの国際金融市場における取引の拡大は，為替レートの大幅なオーバーシュートをもたらす結果となっている。これは，現在，国際金融システムのなかで，最も深刻な問題の1つである。しかし，その影響は金融システムの内部の問題にとどまらない。これは産業構造にきわめて深刻な影響を与える可能性があることが看過できないのである。これは，先に見たように，産業構造の変化の累積性と不可逆性に関わる問題である。産業構造には，一種の「履歴効果」があるので，大幅な為替レートのオーバーシュートは，産業構造の不可逆的変化をもたらすのである。

このような不可逆的変化をもたらす原因としては，より具体的には，第1に，先に見たように製造業には「動学的な規模の経済性」が働いていて，このことが産業部門の成長に「ポジティヴ・フィードバック」をもたらすということがある。このことは言いかえれば，いったん為替レートがオーバーシュートして大幅に増価し，ある産業がその国際競争力に大きなダメージを受けたり，あるいは対

外直接投資の急速な増加によって，産業基盤そのものが脆弱なものになった場合，その後，たとえ為替レートが減価したとしても，その産業の発展が回復するのが難しいのである。このような過程を通じて，為替レートの大幅な変動が「ネガティヴな脱工業化」や「産業空洞化」をもたらす可能性もある。第2に，特定産業の縮小には，労使コンフリクトや社会経済的格差の拡大など様々な摩擦がともなうので，それは必ずしも容易ではない。このようななかで，為替レートがオーバーシュートすると貿易財産業部門と非貿易財産業部門との間で，また貿易財産業内の企業間や労働者間でも利害の対立を激化させていくといった事態が生じることになる。したがって，為替レートが大幅に変動する国際経済環境のもとでは，企業システムのフレキシビリティを維持し，安定的労使関係のもとで経済変動に迅速に対応できる制度的ルールが存在することが，好ましいものとなるのである。

③　金融システムの変容と企業のイノベーション活動

金融システムが「資本市場中心型金融システム」へとシフトし，資本市場からの資金調達の比率が増大すると，産業に供給される資金が短期的なものとなり，かつ非常に不安定なものになることが予想される。まさに，M. アグリエッタが，現在直面する「革新の困難が，金融の市場化と無関係であるとはいえない」(Aglietta [1995]) と洞察した事態が現実的重要性を増すのである。それは，企業と産業の進化プロセスに悪影響を与える可能性がある。というのは，現在，R&D の高費用化と製品ライフサイクルの複雑化と短縮化とが組み合わされた結果，複数の製品のサイクルにわたって投資資金を回収せざるをえなくなり，そこに長期的で統一的な視野が必要になっているにもかかわらず，これに対して短期的な視野のもとに変動する資本市場は安定的な金融を行うことが難しいからである。したがって，資本市場の支配が進むことがかならずしも活力のある「イノベーションの社会的システム（SSI）」を保証するとは限らないのである。

イノベーション活動と金融システムとの「構造的両立性」の問題を考えるさいには，産業の成熟度や企業規模ごとに多様な金融のタイプが存在しうるという問題に関して，より詳細な考察が必要であるように思われる。例えば，ベンチャー・ビジネスには，ハイリスク・ハイリターンの資本市場による資金調達がチャンスをもたらすかもしれないし，成熟した「技術パラダイム」のもとで成長する成熟産業には，銀行信用の安定的な供与が適合的かもしれない。いずれにし

表6-2　金融システムと雇用システムの適合性

	日 本	アメリカ
金融システム	銀行中心型 （メインバンク・システム）	資本市場中心型
雇用システム	長期雇用	短期的雇用契約

ても，資本市場の一元的な支配にまかせることは避けるべきであり，階層的な金融システムが全体として技術革新や成長にどのように貢献できるか慎重に検討し，より複合的な金融システムによって多様なイノベーション活動との「構造的両立性」が追求されるべきであろう。

④　コーポレート・ガバナンスの変化と賃労働関係の変容

よりミクロの企業システムのレベルでは，金融システムのグローバリゼーションの結果として，コーポレート・ガバナンスの変化が大きな問題となっている。第3章で説明したように，「コーポレート・ガバナンス」とは，1）企業における経営上の意思決定の仕組み，2）利害関係のある諸主体（株主，経営陣，従業員，債権者など）相互間の関係を調整する仕組み，3）株主が経営陣をモニタリングし，またコントロールする方法，の3者からなる概念である。そこで説明したように，アメリカの企業ガバナンスは，「外部（市場）コントロール」型であり，日本は「内部コントロール」型であると，ひとまず分類することができる。しかし，ここで中心的に分析されなければならないのは，とくに金融システムと雇用システムとの「制度的補完性」の問題である。この点に関しては，表6-2で示されているように，しばしば，アメリカは資本市場中心型の金融システムと短期的雇用契約を持った雇用システムのあいだで補完性があり，日本は銀行中心型の金融システムと長期雇用を持った雇用システムの補完性があると主張されることがある（小佐野［1996］）。

このような分類は，問題への一次接近としては，きわめて有効である。とくに，日本型企業システムにおけるメインバンク・システムと長期雇用関係との補完性は——それが大企業において妥当するという留保をつける必要があるとしても——，十分に説得的である（Aoki［1988］）。しかし，金融システムと雇用システムの補完性を問題とする場合には，社会経済システム全体を視野に納めつつ，とくに次の点に一層の注意をはらわなければならない。第1に，金融システ

ムを理解するうえでは，単に銀行システムと資本市場とを対立的に把握するだけでは不十分である。第2章で見たように，銀行システムによる信用創造と資本市場の動態との構造的関連こそが問題とされなければならない。そして，重要な問題は，資本市場の支配が強まったときに，銀行システム内部での信用創造や金融資産取引がどのように変化し，それがコーポレート・ガバナンスにどのような影響を与えるかということである。第2に，金融システムと雇用システムとの適合性を考える上で，各々の産業の成熟度や企業規模の問題が視野に納められなければならない。第3章で本書の企業組織の理解を説明するさいに，企業は「コア・コンピタンス」をもって環境へのダイナミックな進化的適応をはたしていると述べたが，それぞれの企業の多様な進化的適応の状態に応じて，金融システムに対しても異なった適合性のタイプが考えられるのである。その意味で，企業の異質性を視野に入れた，より詳細なメゾ・レベルの分析が必要となっている。例えば，巨大多国籍企業の資金調達と先端部門や中小企業部門などの資金調達とは区別する必要がある。後者のような企業に対しては，公的金融の必要性も存在するのである。

　さらに第3に，雇用システムは，決して一様ではなく，労使関係の制度化の度合や「労働市場の分断化」の状態に応じて，多様な複合性を持っているということである。例えば，アメリカでは，ホワイトカラー労働者とブルーカラー労働者とではその雇用契約の性格に違いがあり，両者は職業階層として不連続である。また，日本では，長期雇用のもとにあるのは正規従業員だけであって，パートタイム労働者，派遣労働者，臨時工といった非正規従業員の雇用はこれとは大きく異なり不安定である。したがって，そこには階層化された「分断的労働市場」が存在するのである。そして，とくに雇用のフレキシビリティを説明したときにふれたように，雇用のフレキシビリティの増大（より一層の雇用契約の短期化）は，不安定雇用層を増加させることによって「労働市場の分断化」を強めるように作用する可能性がある点は，留意すべきであろう。したがって，雇用の「流動化」は，どのような制度的背景のもとで進行するかで，その結果が大きく異なってくるのであり，年金制度や退職金制度，さらに技能形成システムの適切な発展が必要となるのである。第4に，多国籍企業の事業展開のなかで，アメリカやアジア諸国への工場の海外移転が活発におこなわれており，そのなかで企業システムの「ハイブリッド化」と淘汰が進行している点も，重要な制度変化として視野

に納めておく必要があろう（Boyer and Orléan［1994］）[16]。

　こうした一般的な状況のなかで，日本において現在の金融システムの「自由化」にともなって企業システムに生じた大きな制度変化は，所有構造「持ち株会社化」である。はたして，「持ち株会社化」は，「賃労働関係」にどのような影響を与えているのだろうか。ここで，とくに注意しなければならないのは，持ち株会社によって労務管理と技能形成，そして雇用調整にどのような影響があるかということである。まず雇用調整の問題に関していうと，持ち株会社を中心とする企業システムにおいては，金融的関係を通じて子会社の統廃合が行われるので，労働者の選別が強化される可能性が強く，大規模な解雇が生じやすくなるために，雇用関係の流動化や不安定化を招きやすい。そこで重要になるのが，環境に対してダイナミックな進化的適応をおこなう企業の「コア・コンピタンス」をどのように維持しうるか，という問題である。この問題に接近する1つの切り口は，技能形成システムの問題である。周知のように，技能形成には，職場内技能形成（OJT）と職場外技能形成（Off-JT）とがある。このうち，日本型の雇用システムはOJT中心であって，それが日本企業の「コア・コンピタンス」の中核にあって高パフォーマンスの1つの源泉であった。しかし，持ち株会社の導入に伴う制度変化によって雇用の流動化が進行した場合には，このコアは失われる可能性がある。したがって，もしコーポレート・ガバナンスのレベルで持ち株会社が一般化するのであれば，技能形成システムにおいてOff-JTを可能とする公的な制度の構築がないと制度的補完性を欠くものともなりかねないように思われる。しかし，歴史的な経験のとぼしい日本の場合，その実現には大きな困難がともなうことだろう。

(4)　**グローバリゼーションのもとでの制度変化と社会経済システムのガバナンス**
① 　制度変化の理論分析に向けて

　社会経済システムについていかにガバナンスを行うかという問題を論じる前に，制度の形成と変化のダイナミクスに関する近年の理論分析を整理しておこう。それは，現在もっとも発展しつつある研究分野の1つであり，ここではその研究動向を参考にしつつ，制度変化をもたらすいくつかのプロセスについて整理しておきたい。

　制度形成と制度変化は，現代経済学において，しばしば進化ゲーム論（evolutionary game theory) を用いて分析されている。進化ゲーム論の理論的枠組みにおいて，社会の中で異なった行動規範を持った複数の集団が存在する場合には，それらの集団の淘汰によって，制度変化が起こりうることが示される。しかも，S. ボウルズが強調するように，制度と人々の選好とは，異なる行動規範を持った諸集団の淘汰のメカニズムを通じて，共進化するのである（Bowles [2004]）[17]。その際，人々が行動規範を変化させる基準として，より有利な行動を選択する場合や他の主体が行っている行動に同調する場合などの異なったパターンが存在しうる。また，人々が社会的空間において互いに出会いマッチングするパターンには，ランダムなマッチングとともに，集団によって分断化されたマッチング（Bowles [2004]）やマッチングの頻度が社会的空間内の距離によって異なる局所化されたマッチング（Boyer and Orléan [1991] [1992] [1994]）などがありうる。実際，現実の社会経済システムのなかでは，異なった慣習を持った集団の接触によって，それらの慣習の分布が変化し進化していくプロセスが観察されるのである。

　さらに近年，青木昌彦たちの「比較制度分析」によって，ゲーム理論に基づく制度進化の分析の精緻化がはかられている。「比較制度分析」では，「制度」をゲームの均衡として把握しているので，制度変化は，ある均衡から別の均衡への移行として理解される。さらに，均衡の縮約的表現である共有予想の変化や「制度の通時的連結」・「通時的な制度的補完性（diachronic institutional complementarity)」の概念が新たに導入され，より精緻な議論が展開されるようになっている（Aoki [2001b]）。まず，共有予想の変化であるが，ゲームの前提となっているルール，プレーヤーの特徴，特定の行動選択に伴う利益・損失などが変化したり，IT化やグローバル化の急速な進展や政策の変更などによって外的な環境条件が変化したりする場合には，既存の制度に対する認知的危機が生じ，プレーヤーは，新しい情報を基礎にして自分の予想を再構築しようとする。このような新たな予想に基づく新たな戦略的な選択行動が臨界的水準を超えた規模で起こるようになれば，そうした状態が制度変化をもたらし，それがやがて新しいゲームのプレーの仕方についての共通理解へと収斂していく。そして，次には「通時的な制度的補完性」が問題となる。新たに形成されつつある制度がある場合，また政策によって何らかの制度を導入しようとする場合，もし他のドメインにそれと補完的な制度が存在するならば，両者の間で発生する相互強化が新しい

制度の形成を増幅し促進する。逆に，新しい制度と補完的な制度が存在せず，それを支える資源や人びとの能力の蓄積が低い場合には，新しい制度形成が実現されない可能性も生じる。このように制度変化を，他の諸制度との補完性を視野に納めて分析することは，重要である。

もっとも制度変化は，たんなるゲーム理論的な説明にはおさまりきれない政治的側面を持っている。例えば，レギュラシオン理論においては，諸制度間の相互関係を視野に納めつつ動態的な制度変化の理論が展開されている。とくに，アマーブルやボワイエによって新たに導入されている概念が，「制度階層性（institutional hierarchy）」である（Amable [2003], Boyer [2005]）。この概念は，制度的補完性の概念の拡張から得られるものである。すなわち，制度的補完性は相異なる諸制度間での相互規定・相互強化の関係を指すものであるが，もしある制度の他の制度に対する規定が一方的に強いといった場合には，諸制度間に「階層性」が生ずることになる。そして，この制度間の階層性に組み換えが起こり，それが全体的な制度配置を変化させるというのが，近年のレギュラシオン理論における制度変化論である。アマーブルによれば，階層最上位に位置する制度は，支配的社会ブロック，すなわち支配的な社会政治諸集団の連合の利害に深くかかわり，変化にさらされにくい。他方，階層下位の制度であればあるほど，支配的社会ブロックとの利害関係は弱く，変化にさらされやすい。したがって，局所的な変化が階層下位の制度から始まった場合，それが制度補完性の回路を通じて階層上位の制度に波及していくかどうかが重要なものとなる。変化の影響が階層最上位の制度に及ぶときには，支配的社会ブロックの形成を支えてきた観念・イデオロギーが揺らぎ，それが支配的社会ブロックの修正や編成替えを導くかもしれない。結果として，既存の全体的な制度配置は新しいそれに取ってかわられることになるのである。レギュラシオニストたちが指摘するように，制度変化に際しては，政治的要素の果たす役割は大きい。

制度変化を理論化する作業は，現在様々な理論家が研究を進めているものの，未だ発展途上にある。しかし，現実には様々な制度変化がつねに進行しており，たんにそれを理解するだけではなく，社会的合意に基づき制度変化をいかに誘導するか，というまさに実践的な課題が存在しているのである。

② グローバリゼーションのもとでの社会経済システムのガバナンス

現在，グローバリゼーションの荒波のなかで，各国の諸制度は進化を遂げつつ

ある。このなかで、とくに「規制緩和」を合い言葉に制度的ルールを取り除き、市場的調整にすべてをまかせようとする主張とこれに基づく制度改革が支配的なものとなっている。しかし、そもそも市場自体が制度的基礎をもって初めて機能する点を考えれば、それは原理的に不可能であるし、たとえ部分的に制度的調整を除去したとしても、それはやり方しだいでは、資本主義的市場システムの運動を不安定化させ社会経済的格差の一層の拡大を招きかねないものである。このような事態に対して、「グローバリゼーションのなかでは平等性よりも効率性を優先すべし」とのさらに厳しい主張もしばしば聞かれるようになっている。はたして、グローバリゼーションのもとでは、「平等性」は放棄すべき社会的価値なのであろうか。

例えば、この問題をS. ボウルズとH. ギンタスは次のように整理している。彼らは、「経済的アクターが直面するインセンティブや制約を規制し、したがってコーディネーションの失敗の性質やその実行可能な解決を規定するところの所有権ルール、競争の形態、規範、慣習」を「経済のガバナンス構造（structure of economic governance）」と呼んでいるが、「経済的不平等と経済的パフォーマンスとの関係は、経済のガバナンス構造に媒介されている」（Bowles and Gintis (eds.) [1998], p.5）と説明している。つまり、経済のガバナンスのあり方が効率性と平等性の関係を決定するのであって、諸制度の編成の仕方しだいでは、平等でしかもパフォーマンスの高い社会経済システムを実現することが可能だというのである。このような理解をふまえ、ここでは、あらためてグローバリゼーションが進行するもとで平等性と社会の安定的再生産を確保する方向を探ってみたい。

ここで注意しなければならないのは、制度変化が持つ効果は、制度の接合の持つ入れ子型の構造と「制度階層性」、そして、そこから生み出される「調整の重層性」によってきわめて複雑な規定関係を持つことである。そのことをふまえて、ここでは本書のこれまでの分析をできる限り活用して、平等性と経済パフォーマンスとの関係を考えるうえで重要だと思われる論点を整理しよう。表6-3は、諸制度の重層的連関と再生産に関わる社会的領域の存在を意識して、ボウルズ＝ギンタス [1995] によって示された表（本書第5章表5-4）を拡充し、この問題を整理したものである。

社会経済システムのガバナンスに関して重要と思われる論点を、確認することにしよう。まず第1に、需要形成パターンの問題がある。たしかに、国際化の進

表6-3 グローバリゼーションのもとでの平等性と社会的再生産

	平等主義的		反平等主義的
需要形成パターン	賃金（福祉支出）主導型成長	ミクロ・マクロ・ループ	賃金抑制・輸出主導型成長
供給サイド制度的構造	連接領域の （企業間関係，労働市場	構造的両立性 産業構造）	
	生産性上昇促進型再分配		格差拡大型「構造調整」政策
社会的再生産	社会福祉制度の充実 （育児・介護の社会化）		社会的再生産の私的領域化

展にともなって「賃金主導型（あるいは福祉支出主導型）成長」は困難となり，賃金抑制をてことした「輸出主導型成長」の論理が強まっている。しかしながら，それが需要形成パターンを規定する唯一の論理ではない。技術革新を進めて非価格競争力を高めることによって輸出と投資を活発化させることができれば，賃金の抑制が成長の必要条件とはならない。したがって，開放体系のもとでは，技術革新を通じて国際競争力を高めることと単位当たりの労働コスト（すなわち労働分配率）を調整することとは，相互に関連づけて調整されるべき問題となる。また，政府の介入によって国際的な資本移動がある程度コントロールできれば，需要形成の安定性が増すことになる。さらに，より構造的な政策も存在しうる。国際競争によって抑制圧力が強まるのは生産物賃金であるから，次のような社会政策によって消費需要を拡大する余地もある。すなわち，女性と高齢者が安心して就業できる環境を整備することで，たとえ生産物賃金がある程度抑制されていても，家計全体の可処分所得が増加し，これが消費需要の安定的拡大を支えるという政策的な可能性が存在するのである（Rowthorn and Glyn［1990］によるスウェーデンの例を参照されたい）。これは，まさに経済の社会的ガバナンスによって可能となる需要形成パターンである。この点に関連して，サービス経済化のもとでの対個人サービスの充実が必要であり，とくに，日本のように若年層の激減による「高齢化」に直面して，社会の再生産のために必要不可欠なサービスに対する大きな潜在的需要が存在している場合には，これらの需要に対する供給

の適切なシステムを構築することで，潜在的需要を貨幣循環のなかで有効化させていくことが必要である。このためには，長期的な視野に立った社会的観点から社会保障制度を再構築することが必要なのである。

　第2に，国際競争が激化するなかにおいても，企業組織と産業の合理化を促進し，労働者の雇用調整をてことしたコスト削減を目指す経済格差拡大型の「構造調整」政策が唯一の選択ではないということが重要である。むしろ，企業組織の進化プロセスを創造的に誘導することが必要となっている。もし，生産組織のフレキシビリティを維持しつつ，企業内では明確なルールのもとで安定的な労使関係を構築して労働者の積極的なコミットメントを実現し，同時に企業を超えた公的なレベルで技能形成のための制度を構築することができれば，生産性上昇を十分に促進する可能性が生じる。さらに，企業の資産の所有権を労働者に分配する政策が可能となれば，それによって労働者のより積極的なコミットメントを引き出すことも可能となる（Bowles and Gintis (eds.) [1998]）。これは，ある意味で第5章で検討した「生産性上昇促進型再分配政策」の具体的形態の1つであると考えることができる。そして，そのような企業システムが存続し続けられるような制度的環境を整備することも必要となる。

　以上述べた様々な政策的可能性を，「賃労働関係」の制度化の観点から原理的に言い直せば，次のようになろう。これまで説明してきたように，賃金には，企業のコスト，消費需要の源泉，労働インセンティブの3つの機能がある。それをふまえると，ここで問題となっているのは，開放体系下で，これらの「賃金の三重の役割」を適切な制度的装置によって相対的に切り離し，そのことを通じて平等性を維持しながら，しかも需要形成と生産性上昇をいかに促進できるか，という課題であることがわかる。「賃金の三重の役割」は，その具体的な現れにおいては，関連して重層的な諸制度に媒介されてはじめて意味を持つのである。例えば，賃金の企業のコストとしての側面には租税制度が，消費需要の源泉としての側面には雇用政策と可処分所得の大きさが，インセンティブとしての側面には企業組織に関わる様々なインセンティブ装置が重要な役割を持っている。したがって，変化しつつある諸制度の持つ効果相互の整合性を実現する政策的対応が必要になるのである。

　第3に，国際化のなかで育児や介護，さらに教育などの「社会的再生産」を維持するための費用をどのように負担するかという問題がある。それは私的に負担

されるのか，公的に負担されるのか問題となる。先に見たように，単位当たり労働費用は，国際競争力を規定する重要な要因であり，国際競争の激化のなかで，勢い社会保障費などの間接賃金を削減する圧力が強まることが予想される。たしかに，社会的再生産の費用を家族などの私的領域に押しつけることは，短期的には企業や政府にとってコストの削減になるかもしれない。しかし，このことは，社会の再生産を不安定化させたり，教育や技能形成を衰退させることによって，長期的には生産性の上昇と資本蓄積に悪影響を与える可能性が生じる。したがって，社会的再生産のコストは，金銭的かつ短期的な基準だけでなく，長期的な生産性上昇や資本蓄積，さらには社会そのものの安定的再生産の確保といった基準から評価されるべきものだろう。

　第4に，ここで強調したいことは，以上の様々なレベルでの二方向のシナリオは，「二者択一」の問題ではないということである。ここでは，あくまで「平等性」を維持しうるか否かという問題を考えるうえでの1つの座標軸を与えたにすぎない。S. ボウルズとH. ギンタスは，社会の平等性を高めるために，市場，コミュニティ，国家という異なったタイプのガバナンスをいかに組み合わせるかが重要だと言っているが，ここでの理解も同様である。しかも，先の制度変化の理論的分析をふまえて言うならば，各国においては，その歴史的前提条件をふまえ，変化する環境と生じつつある制度変化のもとで，異なったタイプのガバナンスの整合的なシステムを構築しなければならないことに注意する必要がある。経済システムの制度的編成は，「自由に選択可能」なわけではない。各国には歴史的に与えられた制度的制約や国際的制約があり，そのもとで諸制度が接合することによって多様な資本主義が成立している[18]。したがって，制度変化や制度改革は，R. ボワイエやB. アマーブルが強調するように，すぐれて各国の諸制度の「階層性」と「構造的両立性」に関わる問題である。このため，局所的に観察される限りでは，同じ制度変化であっても，その国の他の諸制度との関連を視野に納めたより大域的なコンテキストにおいてみると別の意味を持つことも十分にありうるのである。つまり，具体的な政策形成においては，「歴史的経路依存性（historical path-dependence）」を持った各国の制度的編成の全体的な連関とその変化をふまえて，整合的な政策を立てることが望まれるのである。

　また，経済のグローバルな関連を視野に納めたときには，金融システムを安定的に誘導する政府の積極的役割と安定的な国際通貨システムの構築に際しての各

国間の調整が，きわめて重要なものとなってくる。とくに，国際的な資本移動に関して，資本が特定国に対して大規模に流出入しないように，どのようにコントロールするかということは，為替レートの安定性の問題との密接に関連しているのである。しかも，為替レートの変動は，一国の産業に大きく影響するので，産業構造などの実物的関係にも大きく影響を与える。したがって，それによって，このような変動は究極的に一国の通貨そのものの信認に大きく影響するのであり，ここには，一国の枠を超えた主権国家間の調整によって，安定的な通貨システムをいかに構築するかというきわめて重要な問題が存在するのである。

注
1) 現在，新古典派経済学においては「内生的成長論 (endogenous growth theory)」が積極的に研究されており，生産性の内生的上昇が分析対象となったという点では，これは歓迎すべきことである。とくに，P. ローマーのように研究開発を扱ったものもあり興味深い (Romer [1990])。しかし，研究開発や技術革新を最適化の結果として分析していることは，技術革新の実際の過程からは大きく乖離しているように思われる。例えば，「進化論的企業経済論 (evolutionary theories of the firm)」の観点から技術・生産管理論を展開する藤本は，システム発生のロジックとして，「合理的計算」，「偶然的施行」，「環境制約」，「企業者的構想」，「知識移転」をあげ，そのうえで「一般に新しいシステムの発生・変容は，企業特殊的な進化能力，歴史的・環境制約，および偶然の合作だといえる」と示唆に富む指摘をおこなっている (藤本 [1996])。
2)「ネオ・シュンペータリアン (neo-Schumpeterian)」とは，技術革新と経済成長のダイナミクスに関するシュンペーターの理論的洞察を発展させようとする研究者であり，とくに R. ネルソンと S. ウィンターの著書 *An Evolutionary Theory of Economic Change* (Nelson and Winter [1982]) の出版や G. ドーシの精力的な研究活動などに刺激され 1980 年代以降ヨーロッパを中心に一大勢力となっており，進化経済学の中核部分の1つとなっている。主要な文献には以下のものがある：Dosi [1984] [2000], Dosi et al. (eds.) [1988], Freeman and Soete (eds.) [1987], Freeman, Clark and Soete [1982], Metcalfe and Cantner (eds.) [2003], Nelson and Winter [1982], Silverberg, Dosi and Orsenigo [1988]。また，彼らの理論とシュンペーターの長期経済変動理論との関連については有泉 [1994] が参考となる。また，有泉が大田他 [1998] で強調している「技術と社会経済システムとの適合関係」という問題は，本書でも重視されているものである。
3)「コーポラティズム (corporatism)」とは，社会諸階層の利害を，職業団体や企業と労働組合，さらには政府の介入を媒介として，集約・調整する政治的・経済的体制を言う。ヨーロッパ諸国において様々なタイプが見られるが，とくに労働組合や各種の協同組合が大きな力を持つ北欧タイプのものは「社会コーポラティズム (social corporatism)」と呼ばれる。「コーポラティズム」に関する主要文献には以下のものが

ある：Brunetta and Dell'Aringa (eds.) [1990], Goldthrope (ed.) [1984], Pekkarinen, Pohjola and Rowthorn (eds.) [1992], Schmitter and Lehmbruch (eds.) [1979]。

4）「脱工業化（de-industrialization）」に関する研究は非常に多岐にわたるが，基本文献は，以下のものである：Cohen and Zysman [1987], Coriat and Petit [1990], 原田 [1997], Petit [1988], Rowthorn and Glyn [1990], Rowthorn and Wells [1987], 植村 [1991b] [1996], 宇仁 [1993]。特に，原田 [1997] においては，ローソン・モデルとプチ・モデルの詳細な検討が行われている。また，「脱工業化」を産業連関分析を用いて分析したものとして，Franke and Kalmbach [2005] がある。

5）「生産性格差インフレーション」は，わが国では一般的な経済用語となっているが，オリジナルな古典は高須賀［1965］である。日本の高度経済成長期においては，「卸売物価安定，消費者物価上昇」という現象が観察されたが，これを独占的大企業部門と中小企業部門との生産性上昇率格差によって説明したのが，この理論の原型である。もちろん，本文でも述べたように，「生産性格差インフレーション」は，経済システムのなかに生産性上昇率の異なるサブ・システムが存在し，そのあいだで賃金の平準化が達成されれば発生する。より一般的な議論としては，Pasinetti [1981] も多部門モデルで同様のメカニズムを論じている。「生産性格差インフレーション」は，本書で試みたように，脱工業化における雇用シフトや開放体系のもとでの内外価格差の拡大メカニズムなどにも関連づけて議論できるものである。

6）「直接投資（direct investment）」とは，投資者の属する国以外の経済で活動する企業に対して，永続的な利害関係を取得するために行われる投資と定義され，その目的は，企業の経営に対する有効な発言権を確保することにあるとされる。具体的には，外国における企業創設，支店の設置，外国企業の買収や経営支配権を得るに足る株式取得，在外子会社・支店に対する長期貸付けなどである。「証券投資（portfolio investment）」とは，直接投資および外貨準備に含まれる以外の，外国の長期債券と企業株式の購入という形態での投資である。

7）移転価格操作の目的は，次のような諸点にある。第1に，諸国の税率（とくに企業税）・関税率の相違を考慮して税負担を全体として最小にすること。第2に，利潤送金の制限や為替制限に対抗して資金の流動性を確保すること。第3に，為替変動やインフレ，現地の社会的・政治的不安定，国有化や企業接収などに由来する様々なリスクを回避すること，などである。

8）「内部留保」とは，本来株主に配当として還元されるべき価値を企業の貯蓄として留保するものである。また「減価償却」とは，企業の所有する機械設備の価値減少分を毎期費用として計上するもので，事実上は企業収益の一部を強制的に内部留保することになる。

9）ロジスティクス（logistics）とは，市場の需要を満たすために，中間生産物・部品・製品の工場立地，販売網，輸送等の組合せを国際的に最適に配置することをいう。

10）森田は，さらに Fröbel, Jürgen and Kreye [1977] によって提起された「新しい国際分業（new international division of labor）」論とも共通の問題設定を行う。この

〈新しい国際分業〉の概念の核心は，労働諸過程のトランスナショナルな組織化にある。

11) ここでの考察の枠組みは，式部［1992］に多くを負っている。

12) 移民労働者流入の国内雇用への効果とは別に，対外直接投資が国内雇用に及ぼす影響の検討も必要となろう。後者の検討には，輸出代替による雇用機会喪失効果，現地企業からの逆輸入による雇用機会喪失効果，雇用・原材料輸出による雇用創出効果という3つの推計が不可欠である。しかし，推計の出発点となる輸出代替率の推計には理論的にかなりの困難性を伴うと見なされている。

13) 「制度階層性（institutional hierarchy）」は，近年レギュラシオン理論によって提起されている概念であって，B. アマーブルは，次のように説明している。「補完性の概念は，特定の構造設計におけるさまざまな制度と組織様式とを結びつけ，システム全体の整合性を条件づけている各種要素間の相互作用に焦点を当てるものである。これに対して階層性の概念は，補完性の構造にとって1個ないし若干の制度が総体的な重要性をもっているということや，そのものとしての制度的構造設計が動態性をもっていることに力点を置いている」（Amable［2003］p.93）。「制度階層性」については，さらに次の文献がある：Boyer［2004a］［2005］，原田［2005］。

14) グローバリゼーションの中心地であるアメリカにおいて金融資産価格が経済成長に大きく影響するようになった事態を，レギュラシオン理論では，「資産的成長体制（Aglietta and Rebérioux［2004］）あるいは「金融主導型成長体制」（Boyer［2004c］）と呼んでいる（山田［2004］，坂口［2005］）。

15) 「複合不況」という用語は，宮崎［1992］によって問題提起されたものである。これは，バブル崩壊による資産価格の大幅な下落に90年代の不況の根本原因を見るものである。90年代不況の原因としては，80年代後半の過剰な設備投資などのより実物的な要因も重要であるように思われるが，金融システムのグローバリゼーションと金融自由化が金融資産価格の大幅な変動をもたらし，それが景気を大きく左右するようになったという指摘はきわめて重要である。

16) 異なるタイプの企業の接触と淘汰の問題を進化ゲーム論を用いて分析した興味深いモデルとして，Boyer and Orléan［1991］［1992］［1994］がある。そこでは，「局所的マッチング」が行われる環境では，より多数のタイプの企業，あるいはより優位な企業がつねに支配的なものとなるとは限らず，多様な企業の棲み分けが生じることが示されている。今後，労使関係や政治的過程など，より社会システムに関わる問題をも視野に納めることで発展が期待される領域である。

17) S. ボウルズは，サンタフェ研究所の共同研究プロジェクトにおいてゲーム理論に基づく社会経済制度の進化に関する研究を進めており，『ミクロ経済学：行動・制度・進化』は，近年の研究を集大成したものである（Bowles［2004］）。そこでボウルズが提起している「進化的社会科学（evolutionary social science）」においては，ゲーム理論を基本的ツールとして用いつつも，要素還元主義や方法論的個人主義を相対化する観点から，制度と選好の共進化や制度変化のプロセスを分析している（Isogai and Uemura［2007］をも参照）。

18) 近年，レギュラシオン理論においては，資本主義の多様性に関する研究が進んでいる。特にB. アマーブルは，製品市場，賃労働関係，金融システム，社会保障，教育の5つの領域を分析することによって，「市場ベース型」，「社会民主主義型」，「大陸欧州型」，「地中海型」「アジア型」の5つのタイプの資本主義を比較分析している（Amable [2003]）。

おわりに
―社会経済システムの制度分析の発展にむけて―

　本書は,『社会経済システムの制度分析』(1998年)の新版であり,旧版が出版されてから8年あまりの歳月が経過している。その間に,ポスト・マルクシアンやポスト・ケインジアンの経済学とともに,とくに,制度経済学あるいは進化経済学が,めざましい理論的発展を遂げた。本書で展開されている基本概念や分析的枠組みは,旧版が出版された当時においては,斬新なものであったかもしれないが,今日では制度と進化の経済学にとって,すでに共通の理解となっているものも多い。このような状況をふまえ,最後に,われわれの『社会経済システムの制度分析』が,制度と進化の経済学におけるいくつかの根本問題にいかに解答を与えているか,また,これらの問題に関する研究をいかに有効に発展させようとしているのかを示して,本書の締めくくりとしたい。

(1) 社会経済システムの制度分析における制度と進化
　経済学において「制度」と「進化」の概念をどのように理解すべきか,今なお確立した定説があるとは言いがたい。だが経済学に制度と進化の視点を導入することの必要性と重要性は,本書の旧版が出版された当時にも増してますます多くの研究者の共通した了解となってきている。
　序論で述べたように,本書における「制度」理解の基本として念頭においたのは,ヴェブレンおよびホジソンによる制度理解である。そして,制度と進化の経済学において出発点にすべきだと思われるのは,ここでもまた「経済学はなぜ進化論的科学ではないのか」(1898年)と鋭く問うたヴェブレンであろう。ヴェブレンが「進化論的科学」と呼んだものの主要なメッセージは次の4つである。第1は,因果の過程,最初の原因と最終の結果との間の不安定性と移行の中間期間が研究の第一位に置かれなければならないという過程の理論である。第2に,この過程は自己継続的ないし自己増殖的であり,いかなる最終地点も持たない。この意味で,進化の過程とは累積的変化の過程とみなされる。進化の過程がこのよ

うに理解されるならば，過程は過程そのものによって説明されることになる。したがって，第3に，その過程には予定された何か特定の状態に向かうとか何か最善のものに向かう傾向が存在するといった目的論的な発想は拒否される。第4に，過程の結果だけが主題ではない。むしろ，過程の中で生み出される変異と多様性こそが主題とされねばならない。ヴェブレンは，これら4つのメッセージを体系的に論じることをしなかった。本書の制度分析の理論的射程を，制度論的・進化論的経済学の視点からさらに拡張しようとするならば，これらの4つは極めて重要である。以下では，ここ10年余りの進化経済学における理論展開の動向を踏まえて，上の4つのメッセージが本書にどのような形で生かされているのかについて述べておこう。

まず「過程」の重視は，均衡分析に対立するものとしての過程分析へと導く。均衡分析は，決定の時間的流れを追うことなく，主体の決定がこれ以上変化しない状態を分析対象とし，システムがその状態にあるか，あるいはその近傍にあると想定する。これに対して，過程分析は，それぞれの場面において過去が現在を，現在が未来をどのように決定するかを考察し，その連鎖を追跡することを試みる（塩沢［2006］）。過程の結果が急速な均衡への収束をもたらすならば，塩沢［2006］が述べるように，過程分析は不要である。しかし，実際の経済過程の進行は，多くの場合このような均衡への急速な収束を許さない。これを概念化するのが，進化過程の「経路依存性」である。経路依存性は，進化の過程は不可逆的な時間の中で進行し，一度選択された経路が，長く続けば続くほど，他の経路への移行がより困難になることをいう。さらに，この経路依存性を発生させる要因の1つに，規模の経済や範囲の経済，ネットワーク外部性などの「収穫逓増効果」が強く働く場合があることも明らかにされている。このため，経路依存的な進化過程は，ある特定の状態への収束といった結果を導かない。

これに加えて，本書では，ヴェブレンが，進化の過程は自己継続的ないし自己増殖的であり，いかなる最終地点も持たない累積的変化の過程にほかならないとした主張を，「累積的因果連関」論と「制度論的ミクロ・マクロ・ループ」の枠組みに基づいて再構成するように試みた。ミクロ・マクロ・ループとは，主体（ミクロ・レベル）と社会経済システム（マクロ・レベル）との間に存在する循環的相互規定関係を指すが，本書が提示する「制度論的ミクロ・マクロ・ループ」の問題構成において，われわれが特に重視しているのは，ミクロとマクロの

中間（メゾ・レベル）にあって両者を媒介する制度・慣行・ルールがミクロとマクロ両レベルと相互作用する点である。このメゾ・レベルにある個々の制度はそれぞれが多様な形態をとりうると同時に，諸制度の接合と連結，また諸制度の補完性のあり方も多様なものでありうる。社会経済システム全体の多様性は，それを構成する個々の諸制度の多様性とそれらの全体としての接合や配置の多様性から生ずる。諸制度はそれぞれある程度の自律性を持つものとして機能するが，それらの接合や連結のあり方が全く自由であるというわけではない。なぜなら，諸制度の接合や配置の構造は，その集合的な作用を通じて，社会経済システム全体の再生産を可能にするようなものでなければならないからである。本書（序章と第4章）では，これを「構造的両立性」の問題として議論した。

　他方で，制度は，個々の主体（個人）や集団にとって，彼らが行動する際に利用する認知枠組みとしても機能する。各主体は，外的な認知枠組みとしての制度を利用することによって，ある一定の範囲での行動の自由を獲得する。その際，各主体は，制度を内面化しつつも，彼らが意思決定や行動をするのに際して外的環境を解釈し定義するのに役立つそれぞれに固有の内的な心的モデル（スキーマ，フレーム，世界観，パースペクティブ，観念などを含む「メンタル・モデル」）を持つ。内的な心的モデルと外的な認知枠組みとしての制度との間にずれを伴いつつ，学習や模倣が生じる。学習や模倣によって，主体は現在の思考習慣の変更，さらには新たな思考習慣の獲得を可能にし，そして今度は，獲得された新しい習慣に基づく新しい意図や選好が生まれ，これが既存の制度の変更を促すことになるのである。ヴェブレンは，このプロセスを「今日の事態が，選択的で強制的なプロセスを通じて，人間の習慣的なものの見方に作用することによって明日の制度を形づくる。こうして，過去から受け継いできたものの見方や精神態度を変更したり強化したりするのである」（Veblen［1899］pp. 132-133）と記述する。ホジソンやシャバンスが注目するように，ヴェブレンにおいては，主体（個人）の選好は制度進化の過程を通じて「内生化」されている。ただし，本書での制度論的ミクロ・マクロ・ループの問題構成の下では，こうした選好の内生化も，ミクロとマクロの中間にあって両者を媒介する制度・慣行・ルールがミクロ・マクロの両レベルと相互作用するという二重のループのダイナミクスの中で分析しうるものと考えている。

　ところで，進化過程における変異について，塩沢［2006］は，「内発的な変異」

と「外発的・環境誘発的な変異」の2つに分け，経済においては，内発的な変異であっても外発的な要因が強く作用し，また環境との関連で，変異の方向や頻度，速度が加速されたり減速されたりもし，2つを厳密に区別するのは困難であると指摘する。その上で，変異の環境ないし場をなすのは，多くの場合，組織，企業組織であると述べる。企業は，商品開発や技術開発から行動や制度，組織の運営その他に及ぶ様々な革新を不断に強要される市場における競争に投げ込まれているからである。変異の環境ないし場としての企業組織の重要性については，本書（第3章）でも共有されている。進化経済学には，E. S. アンデルセンがそれを特徴づける第1のものとして挙げる「個体群思考（population thinking）」という発想法がある。これは，個々の主体は事前に合理的に思考して行動すると考えるのではなく，高い利得を得る，難しい行動に成功するといった相対的に優れた結果をもたらした行動が保存され，それが普及することによって，大多数の主体にそうした行動が行き渡り，事後的に合理的な結果が達成されると考えるものである。異なる特性と行動原理を持つ主体（個人）を前提とする点で，それは独立した同質的個人を存在論的与件とする新古典派の主体像や経済像に対するオルタナティヴを提起しうるだろう。

　だが，われわれは，次の2つの点を組み入れることによって，この種の発想法に基づく議論のなお一層の展開が必要なのではないかと考えている。1つは，個体群（集団）内部での異質な主体（個人）というだけではなく，「企業」の「異質性」や「産業」の「異質性」を組み込んだ形での議論の展開が必要であるというのがそれである。こうした議論の理論的な基礎となるのは，企業組織を契約の束とみなす契約論アプローチであるというよりも，コンピタンス・ベースの企業組織の理論であり，コンヴァンシオン理論が重視する「集合的学習論」であろう。もう1つは，本書での制度論的ミクロ・マクロ・ループの問題構成に従って，マクロからミクロへの規定関係，いわゆる「下方への因果連関（downward causation）」も重要だということである。これに「制度階層性」の概念を考慮に入れるならば，マクロとミクロの相互的因果連関は，多段階的・多層的になり，その様相はかなり複雑なものになるだろう。とはいえ，この下方への因果連関を重視することにより，進化とは累積的変化の過程にほかならないというヴェブレンのメッセージをより明確に，そしてより具体的に議論できるようになると考えている。しかしながら，本書では，これらの議論を十分な形で展開するまでには

至らず，今後の課題とせざるをえなかった。

(2) 制度分析におけるミクロ―メゾ―マクロ

　近年，制度経済学においては，ミクロの個別主体でもなく，マクロの全体システムでもない，メゾ・レベルの領域の分析の重要性が認識されつつある。社会経済システムにおけるメゾ・レベルとは，共通のルールや共通の属性を持った構造やその動態が示す規則性を指している。例えば，企業などの様々な組織や異質的な市場と産業の構造，あるいは金融システムや賃労働関係などの制度諸領域の慣習やルール，そしてそれらの相互規定関係がこの領域に属している。このようなメゾ・レベルの分析の重要性は，本書が一貫して強調してきたものの1つである。

　例えば，近年，「進化的社会科学」に基づきミクロ経済学を発展させているS. ボウルズは，個別的要素から全体システムを構成しようとする要素還元主義や方法論的個人主義を批判しつつ，個人の選好と集団レベルの諸制度は共進化しているので，経済システムの「より低次の実体にも，より高位の実体にも，いかなる特権も付与していない」(Bowles [2004] p. 481) と自らの方法を特徴づけている。さらに，ヨーロッパにおける進化経済学界で活躍しているK. ドファーたちは，「われわれは，ミクロ―マクロの算術的操作を行うことはできるが，経済システムの挙動は，ミクロ―メゾ―マクロというタームで最もよく理解される」(Dopfer, Foster and Potts [2004] p. 207) として，「より深い，より微妙な利点は，ミクロ―メゾ―マクロの観点が，経済学における2つの主要な問題，すなわちコーディネーションと変化に関わる問題を統合するための枠組みを提供することである」(Dopfer, Foster and Potts [2004] p. 208) と強調している。

　このように，現在，メゾ・レベルの分析が重要であるということは，制度と進化の経済学にとって，共通の認識になりつつある。このような近年の研究動向を念頭において，本書のメゾ・レベル分析の特徴を確認すれば，次のようになる。第1に，メゾ・レベルの分析が，「制度論的ミクロ・マクロ・ループ」の枠組みに基づいてなされている点である。すなわち，企業組織や様々な制度的構造の動態は，一方でミクロ的主体の行為によって生み出されるとともに，他方で社会経済システム全体の調整とマクロ・パフォーマンスからの規定を受けているのである。そのために，メゾ・レベルの分析においては，つねにマクロ的な経済動態と

ミクロ的な主体の意識や行為が念頭におかれなければならない。また，ミクロ主体の行為を分析するときには，先に述べた「下方への因果連関（downward causation）」が重要であり，ミクロ主体の行為のマクロ的基礎やメゾ・レベルの基礎が重視されるのである。こうして，社会経済システムのマクロ的動態は，メゾ・レベルの諸構造における調整と変化に媒介されて生み出されることとなる。

第2に，本書のメゾ・レベル分析は，第4章で示した「調整の重層性」論によって，時間の流れを伴う動態的過程の分析として展開されていることである。経済主体は，その意思決定や行為に際して，外的環境を解釈するためのそれぞれに固有の内的なモデルに基づき，局所的な変化に対応しているのであって，それらの総体が，大域的には，重層的な調整の束を形成しているのである。メゾ・レベルの調整作用は，時間的にも空間的にも互いに絡み合った重層的な入れ子型構造を形成しているが，本書では，重層的調整の動態を分析対象としてきた。もちろん，まだ本書では，調整の重層的構造の全体を十分に分析するまでには至っていない。しかし，少なくとも，「調整の重層性」をとらえる基本視角とその基本構造の理解は，本書を通じて提示したつもりである。制度としての市場システムにおける価格調整と多段階的数量調整（在庫調整―稼働率調整―資本ストック調整），また，企業組織の制度的特質に媒介されつつ稼働率や資本ストックの調整に連動している多段階的雇用調整，企業組織の進化によって誘導される産業構造の調整，貨幣・金融システムと賃労働関係に関わる制度領域における調整メカニズムの相互規定関係などを分析し，様々なレベルの調整が重層的に複雑に絡み合っている点を強調してきた。

第3に，本書が，ミクロ―メゾ―マクロの関係を視野に納めつつ，マクロ・ダイナミックな制度の経済学を構築しようと試みている点は，再度ここで強調しておきたい。この点は，新古典派の系譜に属する制度経済学とは異なった，まさに本書の重要な特徴となっているのである。ここで，制度の安定性やその変化が，マクロ経済の動態によって大きく影響を受けることは，とくに重要なものと考えている。また，貨幣―実物の相互作用および資本蓄積と所得分配を重視するポスト・ケインジアン理論やレギュラシオン理論の成果を継承し，資本蓄積と再生産の過程のなかで諸制度の再生産と変化を分析している。そして，マクロ・レベルの資本蓄積の動態は，諸制度のもとで生み出されるメゾ・レベルの重層的調整によって誘導され，ミクロ・レベルの主体の意識と行為によって突き動かされてい

る。こうした連関において、メゾ・レベルで生じる制度変化や構造変化が、マクロ的に集約されて累積的過程を生み出しているのである。

このように、本書で展開されたミクロ―メゾ―マクロの重層的連関の分析は、「調整の重層性」の分析と貨幣―実物的関係の相互作用を含む資本蓄積と再生産の過程を視野に納めることによって、マクロ・ダイナミックな制度経済学の発展の可能性を生み出していると言える。

(3) 金融システム―賃労働関係の動態的規定関係

本書では、資本主義を市場システム・資本循環と賃労働関係の二層構造からなるシステムとして把握し、その動態について分析を行った。この二層構造は、より現実的には、貨幣・金融システムと賃労働関係（あるいは雇用システム）における諸制度とその相互連関を通じて把握されている。貨幣・金融システムと賃労働関係の相互作用として、資本蓄積過程を分析するのは、もともとカレツキやポスト・ケインジアンの伝統であるが、近年、レギュラシオン理論においては、金融システムと賃労働関係との構造的な規定関係に関する理解が深まっている。このようななかで、本書では、金融システムと賃労働関係の動態的規定関係に関して、とくに、長期的な構造変化と中期的な資本蓄積の動態とを統一的に理解するように努めてきた。

レギュラシオン理論においては、様々な制度諸形態の相互規定関係が論じられてきたが、とくに、近年、R. ボワイエや B. アマーブルは、「制度階層性」という概念を用いてこの問題を分析している（Amable [2003], Boyer [2004a]）。これは、本章の第6章で説明したように、もしある制度の他の制度に対する規定力が一方的に強い場合には、諸制度間に「階層性」が生ずることになると理解するものである。そして、構造的危機などを通じて、この制度間の階層性に組み換えが生じ、それが全体的な制度配置を変化させるというのが、アマーブルたちの理解である。とくに、実際の歴史過程においては、フォーディズムの時代には、賃労働関係が階層の上位に位置し、そこでの制度的妥協が経済の動態に対して強い規定力を持っていたが、90年代以降は、階層性に逆転が生じ、金融システムが階層の上位に位置するようになり、賃労働関係の諸制度に強い規定力を持つようになってきたと説明されるのである。

本書では、このような金融システムと賃労働関係との規定関係について、とく

に，長期的な構造変化と中期的な資本蓄積の動態の両面から分析を行っている。
まず第1に，長期歴史的には，本書は，資本主義を市場システム・資本循環と賃労働関係の二層構造からなるものとして把握し，それらの規定関係が，歴史的な時期や各国経済の特質によって変化するものであることを，一貫して強調している。とくに，第6章では，レギュラシオン理論と同様に，90年代以降，経済のグローバリゼーションのなかで，国際金融市場の影響が強まっているとの認識に立って，各国の社会経済システムに対するその影響と問題点を分析した。

第2に，中期的マクロ動態分析として，ポスト・ケインジアン経済学や構造的マクロ経済学の成果を取り入れつつ，資本蓄積論を展開した。その際，とくに「貨幣と実物の二分法」を否定しつつ，金融システムや商品市場から投資に至る規定関係と賃労働関係から労働生産性と貨幣賃金に至る対抗的規定関係を含む過程として，資本蓄積を分析した。そして，それらの規定関係の位相や強度に応じて複数の資本蓄積レジームが形成されることを示した。もちろん，本書で展開した資本蓄積モデルを，さらに金融システム内部の動態をも視野に納めて発展させる，という課題が残されている。

また本書の展開において，中期的なマクロ経済動態と金融システム―賃労働関係の制度階層性の長期的な構造変化との相互関係を十分に分析するまでには至っていない点も，確認しておかなければならない。例えば，資本蓄積が構造的危機に陥ったときに，いかなるプロセスを通じて制度階層性の転換が生じるのか，また制度階層性の変化が，資本蓄積パターンにどのような影響を与えるのか，といった点について，より立ち入った研究が今後必要であろう。

(4) 資本主義の多様性と制度分析

今日，資本主義の「多様性」や「複数性」が再び経済学における理論的・実証的な課題になってきている。「多様性」と「進化」の視点は，1980年代後半からの制度と進化の経済学の理論的な深化から次第に獲得されてきたものであり，多様性は進化の産物であるとともに，新たな進化のための源泉であることも共通の理解となってきている。だが，今日再び議論される「多様性」の問題は，急速な技術変化と経済のグローバル化の圧力下にあって，各国経済が1つの同じモデルに収斂するのか，それとも各国経済の間に経済パフォーマンスを条件づけるような相違が存在し，その相違が今後も持続するのかを問うものであり，現実経済の

変化とそれへの政策的対応がその背景にある。本書旧版の出版以後，P. ホール＝D. ソスキス［2001］とB. アマーブル［2003］といった注目すべき研究成果が登場した。

　ホール＝ソスキスは，企業を各国の経済システムの中核的位置にあるとみなし，システムを構成する制度領域——彼らは，金融システム（とコーポレート・ガバナンス），労使関係，教育・訓練システム，企業間システムの4つを検出する——において，企業は企業活動に関わる様々な利害関係者との間で生ずるコーディネーション問題にどのような制度的解決によって対処するのかに焦点をあてる。企業はコーディネーション問題への制度的解決の方法を自由に採用できるわけではない。諸制度の組み合わせ，制度補完性のあり方に応じて，彼らは競争市場を通じた調整と戦略的相互作用を通じた調整という2つの理念型的なコーディネーション様式を検出できるとし，この2類型に基づいて，「自由市場経済 (Liberal Market Economies : LMEs)」と「コーディネートされた市場経済 (Coordinated Market Economies : CMEs)」という資本主義モデルの競合と共存が提示される。同時に，LMEsとCMEsの2類型は，それぞれが「比較制度優位」を持ち，これにより対照的な産業特化のパターンを示すことができ，これが長期的な経済パフォーマンスに帰結することが示される。アマーブル［2003］は，ホール＝ソスキスの資本主義の多様性論に対して，制度的補完性や制度階層性といった諸概念の理論的な厳密化を行うとともに，政治的次元の議論の追加という拡張がなされる。具体的には，システムを構成する制度領域として，生産物市場，労働市場，金融・コーポレート・ガバナンス，社会保障・福祉国家，教育・訓練システムの5つが取り上げられ，これらの諸領域間での制度的補完性の観点から，5つの資本主義モデルの競合と共存が検出される。市場ベース型，社会民主主義型，大陸ヨーロッパ型，地中海型，アジア型の5モデルがそれである。

　さて，「多様性」の概念は，本書においても，接合論的視角のもとで，一貫して重視されている鍵概念である。第2章での「資本循環の制度論的アプローチ」においては，資本循環が生産と流通に関わる多様な制度に媒介されることによって成立しているという点に，資本主義が各国ごとに多様な制度編成を持つ原理的な根拠があることを見定め，同じく第2章では，金融システムの2類型として，「銀行中心型金融システム」と「資本市場中心型金融システム」を検出し，これ

らの相異なる金融システムの下で，H. ミンスキーによって主張された「金融不安定性」の発生形態のどのような差異と多様性が生まれるのかが議論されている。第3章では，雇用システムと労働市場の制度的多様性が取り上げられる。ここでは，雇用契約の不完備性に対処するための雇用ルールの4類型が提示され，それぞれのルールの違いに応じて雇用関係の内容が異なり，その相違が最終的に雇用システムの多様性に帰着することが示される。雇用システムは企業組織のガバナンス構造と相互に補完的な関係にある。1990年代以降の現実的な問題として重要であるのは，雇用システムと企業組織のガバナンス構造の相互規定関係の中長期的な変化がどのような方向に向かうのかである。この点については，本書ではなお理論的な素材を提供するにとどまっているにすぎない。第4章では，市場システム・資本循環と賃労働関係の二層構造における対抗的な規定関係から生まれる動学的レジームを表すものとしての資本蓄積レジームの多様性が論じられ，その上で，レジーム転換の可能性を検討する試みがなされる。資本主義の多様性は，マクロ・レベルにおいても把握されることになるのである。

このように本書では，どの章においても種々多様な制度への言及がなされている。これは，原理的には，資本循環過程の重要な各結節点に様々な制度が埋め込まれているからであり，現実には，社会経済システム全体が，多様な諸制度とそれらの多様な結合と配置から構成されているからでもある。しかも諸制度の間には，競合性だけでなく，補完性が強く作用する場合が多い。同時に，諸制度は，複雑な入れ子型構造をなしており，このことが諸制度の連関を多段階的・重層的なものにし，それによって，資本蓄積の動態および所得と資産の分配を生み出しているのである。それゆえ，より良い制度が何であり，より良いシステムが何であるかを判断するのは容易でない。主流派経済学では，「効率的な制度」と「非効率的な制度」といった言い回しや「結局のところ，パレート効率的な制度やシステムだけが生き残る」という主張がなされることもあるが，多様性こそが進化の状態なのであり，多様性の分析は，効率的なものだけが生き残るという主張を疑問とし，社会経済システムの進化過程が歴史的規定性を持っていることを認識するために，必要かつ重要な作業なのである。

以上，4点にわたって，本書の締めくくりとしての議論を行った。本書は，制度論を軸とした異端派諸理論の総合の書であることを意図している。旧版出版以

来 8 年間を経ても，アカデミズムの世界において，主流派経済学は依然として支配的であるかのように見える。本書新版がこの支配にどこまで風穴を開けることができているかについては，読者の判断に待ちたい。もちろん，旧版からの改訂である本書においても残された課題は多い。本書において欠けている項目や取り扱えなかった理論，異なる視点からの議論については，本書旧版の刊行以後に出版された類書（宇仁宏幸・坂口明義・遠山弘徳・鍋島直樹『入門社会経済学』2004 年，八木紀一郎『社会経済学』2006 年）によって補うことができるだろう。本書の刊行が，これらの類書とのシナジーを発揮して，再び新たな類書の登場を促す一契機になれれば幸いである。

参考文献

Abraham, F. and Berrebi, E. [1997] *Prices, Profits and Rhythms of Accumulation*, Cambridge University Press.
足立英之 [1994]『マクロ動学の理論』有斐閣。
—— [2000]『不完全競争とマクロ動学理論』有斐閣。
Aglietta, M. [1976] *Régulation et crise du capitalisme*, Calmann-Lévy. 若森章孝・山田鋭夫・大田一廣・海老塚明訳『資本主義のレギュラシオン理論』大村書店, 1989年。
—— [1986] *La fin des devises clés : Essai sur la monnaie internationale*, La Découverte. 斉藤日出治訳『基軸通貨の終焉:国際通貨体制へのレギュラシオン的接近』藤原書店, 1989年。
—— [1995] *Macroéconomie financière*, La Découverte. 坂口明義訳『成長に反する金融システム:パフォーマンスと今後の課題』新評論, 1998年。
—— and Brender, A. [1984] *Les métamorphoses de la société salariale*, Calmann-Lévy. 斉藤日出治・若森章孝・山田鋭夫・井上泰夫訳『勤労者社会の転換』日本評論社, 1990年。
——, Brender, A. and Coudert, V. [1990] *La globalisation financière : une aventure obligée*, Economica.
—— and Orléan, A. [1982] *La violence de la monnaie*, PUF. 井上泰夫・斉藤日出治訳『貨幣の暴力』法政大学出版局, 1991年。
—— and Orléan, A. [1995] *Souveraineté, légitimité, de la monnaie*, A.E.F./C.R.E.A.
—— and Orléan, A. (eds.) [1998] *La monnaie souveraine*, Odile Jacob.
—— and Orléan, A. [2002] *La monnaie entre violence et confiance*, Odile Jacob.
—— and Rebérioux, A. [2004] *Les Dérives du capitalisme financier*, Albin Michel.
Akerlof, G. A. [1982] "Labor Contracts as Partial Gift Exchange," *Quarterly Journal of Economics*, Vol. 97, November. Reprinted in Akerlof and Yellen (eds.) [1986].
—— and Yellen, J. L. (eds.) [1986] *Efficiency Wage Models of the Labor Market*, Cambridge University Press.
Alchian, A. A. [1950] "Uncertainty, Evolution, and Economic Theory," *American Economic Review*, Vol. 58, No. 3.
—— and Demsetz, H. [1972] "Production, Information Costs, and Economic Organization," *American Economic Review*, No. 62.
Alexander, J. C. et al. (eds.) [1987] *The Micro-Macro Link*, University of California Press. 石井幸夫他訳『ミクロ―マクロ・リンクの社会理論』新泉社, 1998年。
Althusser, L. [1970] "Idéologie et appareils idéologiques d'Etat : notes pour une recherche," *Pensée*, juin 1970. 西川長夫訳『国家とイデオロギー』福村出版, 1975年。
—— et al. [1965] *Lire le Capital*, tome II, François Maspero. 今村仁司訳『資本論を読む(中)』ちくま学芸文庫, 1997年。
Amable, B. [2000] "Institutional Complementarity and Diversity of Social Systems of Innovation and Production," *Review of International Political Economy*, Vol. 7, No. 4. Reprinted in Coates (ed.) [2002] Vol. 1.
—— [2003] *The Diversity of Modern Capitalism*, Oxford University Press. 山田鋭夫・原田裕治他訳『五つの資本主義――グローバリズム時代における社会経済システムの多様性』藤原書店, 2006年。
—— [2005] *Les cinq capitalisms : diversité des systèmes économiques et sociaux dans la mondialisation*, Économie humaine.
——, Barré, R. and Boyer, R. [1997] *Les systèmes d'innovation : à l'ère de la globalisation*, Economica.
Andersen, E. S. [1994] *Evolutionary Economics : Post-Schumpeterian Contributions*, Pinter. 八木紀一郎監訳『進化的経済学』シュプリンガー・フェアラーク東京, 2003年。

Aoki, M. [1984] *The Co-operative Game Theory of the Firm*, Oxford University Press. 『現代の企業——ゲームの理論からみた法と経済』岩波書店, 1984年.
—— [1988] *Information, Incentives and Bargaining in the Japanese Economy*, Cambridge University Press. 永易浩一訳『日本経済の制度分析——情報・インセンティブ・交渉ゲーム』筑摩書房, 1992年.
青木昌彦 [1989a]『分配論』筑摩書房.
—— [1989b]『日本企業の組織と情報』東洋経済新報社.
—— [1995]『経済システムの進化と多元性——比較制度分析序説』東洋経済新報社.
Aoki, M. [1996a] "Towards a Comparative Institutional Analysis," *The Japanese Economic Review*, Vol. 47, No. 1.
青木昌彦 [1996b]「経済学は制度をどう見るか」大山道広・西村和雄・吉川洋編『現代経済学の潮流1996』東洋経済新報社.
Aoki, M. [2001a] *Information, Corporate Governance, and Institutional Diversity : Competitiveness in Japan, the USA, and the Transformational Economies*, Oxford University Press.
—— [2001b] *Towards A Comparative Institutional Analysis*, The MIT Press. 滝澤弘和・谷口和弘訳『比較制度分析に向けて』NTT出版, 2001年.
青木昌彦 [2002]『移りゆくこの十年 動かぬ視点』日経ビジネス文庫.
—— [2005]「比較制度分析の方法：制度のシュンペータ的革新と革新の制度」『比較経済体制学会年報』第42巻第1号.
——・安藤晴彦編著 [2002]『モジュール化：新しい産業アーキテクチャの本質』東洋経済新報社.
Aoki, M. and Dore, R. [1994] *The Japanese Firm*, Oxford University Press. NTTデータ通信システム科学研究所訳『システムとしての日本企業』NTT出版, 1995年.
—— and Dosi, G. [1992] "Corporate organization, finance and innovation," in Zamagni, V. (ed.), *Finance and the Enterprise*, Academic Press.
青木昌彦・奥野正寛編著 [1996]『経済システムの比較制度分析』東京大学出版会.
——・奥野正寛・岡崎哲二編著 [1999]『市場の役割 国家の役割』東洋経済新報社.
Aoki, M. and Patrick, H. [1994] *The Japanese Main Bank System : Its Relevance for Developing and Transforming Economies*, Oxford University Press. 白鳥正喜監訳『日本のメイン・バンクシステム』東洋経済新報社, 1996年.
—— and Saxonhouse, G.R. [2000] *Finance, Governance, and Competiveness in Japan*, Oxford University Press.
青木昌彦・寺西重郎編著 [2000]『転換期の東アジアと日本企業』東洋経済新報社.
青木達彦 [1995]『金融脆弱性と不安定性——バブルの金融ダイナミズム』日本経済評論社.
荒井一博 [2001]『文化・組織・雇用制度』有斐閣.
荒川章義 [1999]『思想史のなかの近代経済学』中公新書.
—— [2003]「制度の経済学とプラグマティズム」九州大学大学院経済学研究院・政策評価研究会『政策分析2003——政策・制度への歴史的接近の視軸から』九州大学出版会.
Arendt, H. [1963] *On Revolution*, Viking Press. 志水速雄訳『革命について』ちくま学芸文庫, 1995年.
Arestis, P. and Glickman, M. [2002] "Financial crisis in Southeast Asia : dispelling illusion the Minskyan way," *Cambridge Journal of Economics*, Vol. 26.
有泉哲 [1994]「技術変化の主導するマクロ経済成長と停滞の叙述的モデル——シュムペーター長期波動論の再構成へ向けて」『経済学雑誌』第94巻第5・6号.
—— [2002]「アメリカにおける労働市場の変容——進化ゲームによる検討」『茨城大学人文学部紀要[社会科学論集]』第36号.
Arthur, B. W. [1994] *Increasing Returns and Path Dependence in the Economy*, The University of Michigan Press. 有賀裕二訳『収穫逓増と経路依存——複雑系の経済学』多賀出版, 2003年.
有賀裕二 [1998]『スラッファ理論と技術攪動』多賀出版.
—— [2004]『進化経済学の数理入門』共立出版.
浅田統一郎 [1997]『成長と循環のマクロ動学』日本経済評論社.

浅子和美・大瀧雅之編［1997］『現代マクロ経済動学』東京大学出版会。
浅野栄一［1987］『ケインズ『一般理論』成立史』日本評論社。
浅沼萬里［1997］『日本の企業組織：革新的適応のメカニズム』東洋経済新報社。
Aubin, J.-P. [1997] *Dynamic Economic Theory : A Viability Approach*, Springer-Verlag.
Azariadis, C. [1975] "Implicit Contracts and Underemployment Equilibria," *Journal of Political Economy*, Vol. 83, December.
Baily, M. [1974] "Wages and Employment under Uncertain Demand," *Review of Economic Studies*, Vol. 41, January.
Bain, J. S. [1952] "A Note on Pricing in Monopoly and Oligopoly," *American Economic Review*, March.
Baker, D., Epstein, G. and Pollin, R. [1998] *Globalization and Progressive Economic Policy*, Cambridge University Press.
Baldner, J.-M. and Gillard, L. (eds.) [1996] *Simmel et les normes sociales*, L'Harmattan.
Baldwin, C.Y. and Clark, K. B. [2000] *Design Rules : the Power of Modularity*, MIT Press. 安藤晴彦訳『デザイン・ルール：モジュール化パワー』東洋経済新報社，2004年。
Barbosa-Filho, N. H. and Taylor, L. [2006] "Distributive and Demand Cycles in the US economy - A Structuralist Goodwin Model," *Metroeconomica*, Vol. 57.
Barro, R. J. and Grossman, H. I. [1976] *Money, Employment, and Inflation*,Cambridge University Press. 加藤寛孝・大住栄治訳『貨幣・雇用およびインフレーション』マグロウヒル好学社，1982年。
Batifoulier, P. (ed.) [2001] *Théorie des conventions*, Economica. 海老塚明・須田文明監訳『コンヴァンシオン理論の射程──政治経済学の復権』昭和堂，2006年。
Baumol, W. J. [1962] "On the Theory of Expansion of the Firm," *American Economic Review*, December.
──── [1967] "Macroeconomics of Unblanced Growth : the Anatomy of Urban Crisis," *American Economic Review*, Vol. 57, No. 3, June.
Becker, G. S. [1976] *The Economic Approach to Human Behavior*, The University of Chicago Press.
──── [1996] *Accounting for Tastes*, Harvard University Press.
Benassy, J.-P. [1986] *Macroeconomics : An Introduction to the Non-Walrasian Approach*, Academic Press.
Berle, A. A. and Means, G. C. [1932] *The Modern Corporation and Private Property*, Macmillan. 北島忠男訳『近代株式会社と私有財産』文雅堂，1958年。
Bessy, C. [2002] "Institutional Embeddedness of Economic Exchange : Convergence between New Institutional Economics and the Economics of Conventions," in Favereau and Lazega (eds.) [2002].
Bhaduri, A. and Robinson, J. [1980] "Accumulation and Exploitation : An Analysis in the Tradition of Marx, Sraffa and Kalecki," *Cambridge Journal of Economics*, Vol. 4, No. 2.
Bharadwaj, K. and Schefold, B. (eds.) [1990] *Essays on Piero Sraffa : Critical Perspectives on the Revival of Classical Theory*, Unwin & Hyman.
Böhm, B. and Punzo, L. F. [2001] "Productivity-investment fluctuations and structural change," in Punzo (ed.) [2001].
Boltanski, L. and Thévenot, L. [1991] *De la justification. Les économies de la grandeur*, Gallimard. 三浦直希訳『正当化の理論：偉大さのエコノミー』新曜社，2007年。
Boltanski, L. and Chiapello, E. [1999] *Le nouvel esprit du capitalisme*, Gallimard. 一般的序論の第1節のみ『思想』2005年10・11月号に訳載。
Borjas, G. [1990] *Friends or Strangers*, Basic Books.
Bortis, H. [1997] *Institutions, Behaviour and Economic Theory : A Contribution to Classical-Keynesian Political Economy*, Cambridge University Press.
Bowles, S. [1982] "The Post-Keynesian Capital-labor Stalemate," *Socialist Review*, No. 65.
──── [1985] "The Production Process in a Competitive Economy : Walrasian, Neo-Hobbesian,

and Marxian Models," *American Economic Review*, Vol. 75, No. 1.
―― [1996] "Markets As Cultural Institutions : Equilibrium Norms In Competitive Economies," Working Paper 1996-5, University of Massachusetts.
―― [1998] "Endogenous Preferences : The Cultural Consequences of Markets and other Economic Institutions," *Journal of Economic Literature*, Vol. 36, No. 1.
―― [2002] "Globalization and Redistribution : Feasible Egalitarianism in a Competitive World," in Freeman (ed.) [2002].
―― [2004] *Microeconomics : Behavior, Institutions and Evolution*, Princeton University Press. 塩沢由典・磯谷明徳・植村博恭訳『ミクロ経済学：行為・制度・進化』NTT 出版，近刊。
――, Boyd, R., Fehr, E. and Gintis, H. [1997] "*Homo reciprocans* : A Research Initiative on the Origins, Dimensions, and Policy Implications of Reciprocal Fairness," mimeograph, accessed at http://www.people.umass.edu/gintis.
―― and Boyer, R. [1988] "Labor Discipline and Aggregate Demand : A Macroeconomic Model," *American Economic Review*, Vol. 78, No. 2.
―― and Boyer, R. [1990a] "A Wage-led Employment Regime : Income Distribution, Labor Discipline, and Aggregate Demand in Welfare Capitalism," in Marglin and Schor (eds.) [1990].
―― and Boyer, R. [1990b] "Labour Market Flexibility and Decentralisation as Barriers to High Employment ? Notes on Employer Collusion, Centeralised Wage Bargaining and Aggregate Employment," in Brunetta and Dell'Aringa (eds.) [1990].
―― and Boyer, R. [1995] "Wages, aggregate demand, and employment in an Open Economy : An Empirical Investigation," in Epstein and Gintis (eds.) [1995].
―― and Gintis, H. [1988] "Contested Exchange : Political Economy and Modern Economic Theory," *American Economic Review*, Vol. 78, No. 2.
―― and Gintis, H. [1990] "Contested Exchange : New Microfoundations for the Political Economy of Capitalism," *Politics and Society*, Vol. 18, No. 2.
―― and Gintis, H. [1992] "Power and Wealth in a Competitive Capitalist Economy," *Philosophy and Public Affairs*, Vol. 21, No. 4.
―― and Gintis, H. [1993a] "The Revenge of Homo Economicus : Contested Exchange and the Revival of Political Economy," *Journal of Economic Perspectives*, Vol. 7, No. 1.
―― and Gintis, H. [1993b] "Post-Walrasian Political Economy," in Bowles, Gintis and Gustafsson (eds.) [1993].
―― and Gintis, H. [1995] "Escaping the Efficiency-Equity Trade-off : Productivity-enhancing Asset Redistributions," in Epstein and Gintis (eds.) [1995].
―― and Gintis, H. [1996] "Efficient Redistribution : New Rules for Markets, States, and Communities," *Politics and Society*, Vol. 24, No. 4.
―― and Gintis, H. (eds.) [1998] *Recasting Egalitarianism : New Rules for Communities, States and Market*, Verso. 遠山弘徳訳『平等主義の政治経済学』大村書店，2002 年。
―― and Gintis, H. [2000] "Walrasian Economics in Retrospect," *Quarterly Journal of Economics*, November.
―― and Gintis, H. [2006] "Can Self-interest Explain Cooperation ?," *Evolutionary and Institutional Economics Review*, Vol. 2, No. 1.
――, Gintis, H. and Gustafsson, B. (eds.) [1993] *The Market and Democracy*, Cambridge University Press.
――, Gordon, D. and Weisskopf, T. [1983] *Beyond the Waste Land : Democratic Alternative to Economic Decline*, Anchor Press/Doubleday. 都留康・磯谷明徳訳『アメリカ衰退の経済学』東洋経済新報社，1986 年。
Boyer, R. [1986] *La théorie de la régulation : Une analyse critique*, 2e éd., La Découverte. 山田鋭夫訳『レギュラシオン理論――危機に挑む経済学』新版，藤原書店，1990 年。
―― (ed.) [1986] *La flexibilité du travail en Europe*, La Découverte (English version : *The Search for Labour Market Flexibility : The European Economies in Transition*, Clarendon

Press). 井上泰夫訳『第二の大転換：EC統合下のヨーロッパ経済』藤原書店，1992年。
—— [1988] "Formalizing Growth Regimes," in Dosi et al. (eds.) [1988].
—— [1992] "Labour Institutions and Economic Growth : A Survey and A "Regulationist" Approach," *CEPREMAP*, No. 9218, Paper presented to the Fourth Annual Conference of The European Association of Labour Economists [E. A. L. E.] Warwick, September 4-7th 1992.
—— [1994] "Do Labour Institutions Matter for Economic Development ? : A "regulation" Approach for OECD and Latin America with an Extension to Asia," in Rogers, G. (ed.), *Workers, Institutions and Economic Growth in Asia*. 植村博恭訳「経済発展における労働制度の重要性：OECDならびにラテンアメリカへのレギュラシオン的接近とそのアジアへの拡張」ロベール・ボワイエ／山田鋭夫編『レギュラシオン・コレクション4：国際レジームの再編』藤原書店，1997年。
—— [1995] "Is the Japanese Wage-labor Nexus Decaying or Evolving ? Part One : Theoretical and Historical Background," Paper presented to the International Seminar on *Regulation Approach to Japanese Typed Capitalism*, Hitotsubashi University, January 28-29th.
—— [1996] "The Seven Paradoxes of Capitalism," Paper presented to the International conference on Socio-Economics (SASE) at Geneva University, July.
—— [2001] "The Diversity and Future of Capitalisms : A Régulationnist Analysis," in Hodgson, G. M. et al. (eds.) *Capitalism in Evolution*, Edward Elgar. Reprinted in Coates (ed.) [2002], Vol. I.
——[2004a] *Une théorie du capitalisme : Est-elle possible ?*, Odile Jacob. 山田鋭夫訳『資本主義vs資本主義』藤原書店，2005年。
—— [2004b] *The Future of Economic Growth : As New Becomes Old*, Edward Elgar.
—— [2004c] "New growth regimes, but still institutional diversity," *Socio-Economic Review*, Vol. 2, No. 1.
—— [2005] "Coherence, Diversity and Evolution of Capitalism : The Institutional Complementarity Hypothesis," *Evolutionary and Institutional Economics Review*, Vol. 2, No. 1.
—— and Drache, D. (eds.) [1996] *States Against Markets : The Limits of Globalization*, Routledge.
—— and Freyssenet, M. [2000] *Les modèles productifs*, La Découverte.
—— and Freyssenet, M. [2002] *The Productive Models : The Condition of Profitability*, Palgrave Macmillan.
—— and Orléan, A. [1991] "Les transformations des conventions salariales entre theorie et histore : d'Henry Ford au fordisme," *Revue Economique*, Vol. 42.
—— and Orléan, A. [1992] "How Do Conventions Evolve ?," *Journal of Evolutionary Economics*, Vol. 2.
—— and Orléan, A. [1994] "Persistance et changement des conventions : Deux modèles simples et quelques illustrations," in Orléan, A. (dir.) *Analyse économique des conventions*, PUF.
—— and Petit, P. [1991] "Kaldor's Growth Theories : Past, Present and Prospects for the Future," in Nell and Semmler (eds.) [1991].
—— and Saillard, Y. (eds.) [1995] *Théorie de la Régulation, L'etat des Savoir*, La Découverte.
—— and Yamada, T. (eds.) [2000] *Japanese Capitalism in Crisis : A regulationist interpretation*, Routledge.
Boyer-Xambeu, M.-T., Deleplace, G. and Gillard, L. [1986] *Monnaie privée et pouvoir des princes*, Editions du CNRS (English version, [1994] *Private Money and Public Currencies ; The 16th Century Challenge*, Sharpe).
Brunetta, R. and Dell'Aringa, C. (eds.) [1990] *Labour Relations and Economic Performance*, Macmillan.
Bruno, M. and Sachs, J. [1985] *Economics of Worldwide Stagflation*, Harvard University Press.
Buchanan, J. M. and Tullock, G. [1962] *The Calculus of Consent*, University of Michigan Press. 宇田川璋仁監訳『公共選択の理論――合意の経済理論』東洋経済新報社，1978年。

Buckley, P. J. and Casson, M. [1976] *The Future of the Multinational Enterprise*, Macmillan.
文春新書編集部編 [2006] 『論争　格差社会』文藝春秋。
Burton-Jones, A. [1999] *Knowledge Capitalism : Business, Work, and Learning in the New Economy*, Oxford University Press. 野中郁次郎監訳『知識資本主義』日本経済新聞社, 2001年。
Calabresi, G. [1970] *The Costs of Accidents*, Yale University Press.
Cappeli, P. [1999] *The New Deal at Work : Managing the Market-Driven Workforce*, Harvard Business School Press. 若山由美訳『雇用の未来』日本経済新聞社, 2001年。
Carlin, W. and Soskice, D. [1990] *Macroeconomics and the Wage Bargain : A Modern Approach to Employment, Inflation and the Exchange Rate*, Oxford University Press.
Cartelier, J. [1985] "Théorie de la valeur ou hétérodoxie monétaire : les termes d'un choix," *Economie appliquée*, Vol. 38, No. 1.
―― [1987] "Pour une approche théorique en histoire de la pensée économique," *Mélanges en l'honneur de G. Boulvert*, Nice.
―― [1991a] "Marx's value, exchange and surplus value theory : a suggested reformulation," *Cambridge Journal of Economics*, Vol. 15.
―― [1991b] "Monnaie et système de paiement : le problème de la formation de l'équilibre," *Revue française d'économie*, Vol. 6, No. 3.
―― [1995] *L'économie de Keynes*, De Boek-Wesmael.
―― [1996] *La monnaie*, Flammarion.
―― and de Vroey, M. [1989] "L'approche de la régulation. Un nouveau paradigme?," *Economie et Sociétés, Théorie de la régulation*, No. 4, novembre.
―― and Frydman, R. [2001] *L'économie hors de l'équilibre*, Economica.
Cencini, A. and Baranzini, M. (eds.) [1996] *Inflation and Unemployment ; Contributions to a new macroeconomic approach*, Routledge.
Chamberlin, E. [1933] *The Theory of Monopolic Competition : A Re-orientation of the Theory of Value*, Harvard University Press. 青山秀夫訳『独占的競争の理論』至誠堂, 1966年。
Chandler, A. D. [1959] "The Beginnings of 'Big Business' in American Industry," *Business History Review*, Vol. 33.
―― [1962] *Strategy and Structure : Chapters in the History of Industrial Enterprise*, The MIT Press. 有賀裕子訳『組織は戦略に従う』ダイヤモンド社, 2004年。
―― [1977] *The Visible Hand : The Managerial Revolution in American Business*, Harvard University Press. 鳥羽欽一郎・小林袈裟治訳『経営者の時代（上）（下）』東洋経済新報社, 1979年。
―― [1990] *Scale and Scope : The Dynamics of Industrial Capitalism*, Harvard University Press. 安部悦生・川辺信雄・工藤章・西牟田祐二・日高千景・山口一臣訳『スケール・アンド・スコープ』有斐閣, 1993年。
―― [1992a] "Organizational Capabilities and the Economic History of the Industrial Enterprise," *Journal of Economic Perspectives*, Vol. 6, No. 3.
―― [1992b] "Corporate Strategy, Structure and Control Methods in the United States During the 20th Century," *Industrial and Corporate Change*, Vol. 1, No. 2.
Chang, H.-J. [1996] *The Political Economy of Industrial Policy*, Macmillan.
―― and Rowthorn, R. E. (eds.) [1995] *The Role of the State in Economic Change*, Oxford, Clarendon Press.
Chavance, B. [2007] *L'économie institutionnelle*, La Découverte. 宇仁宏幸・中原隆幸・斉藤日出治訳『入門制度経済学』ナカニシヤ出版, 2007年。
『中央公論』編集部編 [2001] 『論争・中流崩壊』中公新書ラクレ。
Clower, R. W. [1965] "The Keynesian Counter-Revolution : A Theoretical Appraisal," in Hahn, F. and Brechling, F. P. R. (eds.) *The Theory of Interest Rates*, Macmillan.
―― [1967] "A Reconsideration of the Microeconomic Foundation of Monetary Theory," *Western Economic Journal*, No. 5.

Coase, R. H. [1937] "The Nature of the Firm," *Economica*, Vol. 4, November. Reprinted in Coase [1988].
—— [1960] "The Problem of Social Cost," *Journal of Law and Economics*, Vol. 3, October. Reprinted in Coase [1988].
—— [1988] *The Firm, the Market, and the Law*, University of Chicago Press. 宮沢健一・後藤晃・藤垣芳文訳『企業・市場・法』東洋経済新報社，1992 年。
Coates, D. (ed.) [2002] *Models of Capitalism : Debating Strengths and Weakness*, 3vols, Edward Elgar.
Cohen, S. S. and Zysman, J. [1987] *Manufacturing Matters*, Basic Books. 大岡哲・岩田悟志訳『脱工業化社会の幻想』TBS ブリタニカ，1990 年。
Commons, J. R. [1924/1995] *Legal Foundations of Capitalism*, Transaction Publishers.
—— [1931] "Institutional Economics," *The American Economic Review*, Vol. 21, No. 4.
—— [1934/1990] *Institutional Economics : Its Place in Political Economy*, Transaction Publishers.
Coriat, B. [1982] *L'atelier et le chronomètre*, Christian Bourgeois Editeur, 2e édition.
—— [1990] *L'atelier et le robot*, Christian Bourgeois Editeur.
—— [1991] *Penser à l'envers : Travail et organisation dans l'entreprise japonaise*, Christian Bourgeois Editeur. 花田昌宣・斉藤悦則訳『逆転の思考』藤原書店，1992 年。
—— and Dosi, G. [1998a] "The Institutional Embeddedness of Economic Change : An Appraisal of the 《Evolutionary》 and 《Regulationist》 Research Programmes," in Nielsen and Johnson (eds.) [1998].
—— and Dosi, G. [1998b] "Learning How to Govern and Learning How to Solve Problem : On the Co-Evolution of Competences, Conflicts and Organizational Routines," in Chandler, A. D. et al. (eds.) *The Dynamic Firm : The Role of Technology, Strategy, Organization, and Regions*, Oxford University Press. Reprinted in Dosi [2000].
—— and Dosi, G. [2002] "Evolution and *Régulationary* Theories : Similarities and Differences," in Boyer, R. and Saillard, Y. (eds.) *Régulation Theory : The State of the Art*, Routledge.
—— and Petit, P. [1990] "De-industrialization and Tertiarization: A Regulationist Perspective," a paper presented at EAEPE Conference, 'Rethinking Economics : Theory and Policy for Europe in the 21th Century'.
——, Petit, P. and Schméder, G. [2006] *The Hardship of Nations : Exploring the Paths of Modern Capitalism*, Edward Elgar.
Crotty, J. [1986] "Marx, Keynes and Minsky on the Instability of the Capitalist Growth Process and the Nature of Government Economic Policy," in Helburn, S. W. and Bramhall, D. F. (eds.) *Marx, Schumpeter and Keynes : A Centenary Celebration of Dissent*, M. E. Sharpe.
—— [1994] "Are Keynesian Uncertainty and Macrotheory Compatible ? : Conventional Decision Making, Institutional Structures, and Conditional Stability in Keynesian Macromodels," in Dymski and Pollin (eds.) [1994].
Crouch, C. and Streeck, W. (eds.) [1997] *Political Economy of Modern Capitalism : Mapping Convergence and Diversity*, Sage Publications. 山田鋭夫訳『現代の資本主義制度――グローバリズムと多様性』NTT 出版，2001 年。
Cyert, R. M. and March, J. G. [1963] *A Behavioral Theory of the Firm*, Prentice Hall. 松田武彦・井上恒夫訳『企業の行動理論』ダイヤモンド社，1967 年。
David, P. A. [1994] "Why are Institutions the 'Carriers of History' ? : Path Dependence and the Evolution of Conventions, Organizations and Institutions," *Structural Change and Economic Dynamics*, Vol. 5, No. 2.
—— [2001] "Path Dependence, Its Critics and the Quest for 'Historical Economics'," in Garrouste, P. and Ioannides, S. (eds.) *Evolution and Path Dependence in Economic Ideas*, Edward Elgar.
Davidson, P. [1978] *Money and the Real World*, 2nd ed., Macmillan. 原正彦監訳『貨幣的経済理論』日本経済評論社，1980 年。

Day, R. H. [1994] *Complex Economic Dynamics, Volume I : An Introduction to Dynamical Systems and Market Mechanisms*, The MIT Press.
—— and Chen, P. [1993] *Nonlinear Dynamics and Evolutionary Economics*, Oxford University Press.
Deleplace, G. [1979] *Théories du capitalisme : une introduction*, Presse universitaire de Grenoble. 高須賀義博監訳『「政治経済学」とマルクス主義——対立する資本主義観』岩波書店，1988 年。
—— [1999] *Histoire de la pensée économique ; Du《royaume agricole》 de Quesnay au《monde à la Arrow-Debreu》*, Dunod.
—— and Nell, E. J. (eds.) [1996] *Money in Motion : The Post Keynesian and Circulation Approaches*, Macmillan.
Delorme, R. and Dopfer, K. (eds.) [1994] *The Political Economy of Diversity : Evolutionary Perspectives on Economic Order and Disorder*, Edward Elgar.
Demsetz, H. [1967] "Toward a Theory of Property Rights," *The American Economic Review*, Vol. 57, May.
—— [1983] "The Structure of Ownership and the Theory of the Firm," *Journal of Law and Economics*, No. June.
Denzau, A. T. and North, D. C. [1994] "Shared Mental Models : Ideologies and Institutions," *Kyklos*, Vol. 47.
Deprez, J. and Harvey, J. T. (eds.) [1999] *Foundations of International Economics : Post-Keynesian Perspective*, Routledge.
Dobb, M. [1946] *Studies in the Development of Capitalism*, Routledge & Kegan Paul. 京大近代史研究会訳『資本主義発展の研究』岩波書店，1955 年。
—— [1973] *Theories of Value and Distribution since Adam Smith : Ideology and Economic Theory*, Cambridge University Press. 岸本重陳訳『価値と分配の理論』新評論，1976 年。
Dopfer, K. (ed.) [2001] *Evolutionary Economics : Program and Scope*, Kluwer Academic Publishers.
—— (ed.) [2005] *The Evolutionary Foundations of Economics*, Cambridge University Press.
——, Foster, J. and Potts, J. [2004] "Micro-meso-macro," *Journal of Evolutionary Economics*, Vol. 14.
Dore, R. [2000] *Stock Market Capitalism : Welfare Capitalism : Japan and Germany versus the Anglo-Saxons*, Oxford University Press. 藤井眞人訳『日本型資本主義と市場主義の衝突』東洋経済新報社，2001 年。
Doringer, P. B. and Piore, M. [1971] *Internal Labor Market and Manpower Analysis*, Heath Lexington Books.
Dosi, G. [1984] *Technical Change and Industrial Transformation*, Macmillan.
—— [1994] "Firm, Boundaries of the," in Hodgson, G. M. et al. (eds.), *The Elgar Companion to Institutional and Evolutionary Economics*, Vol. 1, Edward Elgar.
—— [2000] *Innovation, Organization and Economic Dynamics : Selected Essays*, Edward Elgar.
——, Freeman, C., Silverberg, G. and Soete, L. (eds.) [1988] *Technical Change and Economic Theory*, Pinter Publishers.
—— and Marengo, L. [1994] "Some Elements of Evolutionary Theory of Organization Competence," in England, R. W. (ed.), *Evolutionary Concepts in Contemporary Economics*, University of Michigan Press. Reprinted in Dosi [2000].
—— and Orsenigo, L. [1988] "Coordination and transformation : an overview of structures, behaviours and change in evolutionary environments," in Dosi et al. (eds.) [1988].
——, Pavitt, K. and Soete, L. [1990] *The Economics of Technical Change and International Trade*, Harvester Wheatsheaf.
Douglas, M. [1986] *How Institutions Think*, Syracuse University Press.
Dow, S. and Hillard, J. (eds.) [1995] *Keynes, Knowledge and Uncertainty*, Edward Elgar.
Duménil, G. and Lévy, D. [1987] "The dynamics of competition : a restration of the classical analysis," *Cambridge Journal of Economics*, Vol. 11.

Dunning, J. H. [1993] *Multinational Enterprises and the Global Economy*, Addison-Wesley Publishing Company.
Dupuy, J.-P., Eymard-Duvernay, F., Favereau, O., Orléan, R., Salais, L., Thévenot, L. [1989] 《L'économie des conventions》, *Revue économique*, Vol. 40, No. 2, mars.
Dusenberry, J. S. [1949] *Income, Saving and the Theory of Consumer Behavior*, Harvard University Press. 大熊一郎訳『所得・貯蓄・消費者行為の理論』巌松堂，1955年．
Dutt, A. K. [1984] "Stagnation, Income Distribution and Monopoly Power," *Cambridge Journal of Economics*, Vol. 8, No. 1.
—— [1990] *Growth, Distribution, and Uneven Development*, Cambridge University Press.
—— (ed.) [1994] *New Directions in Analytical Political Economy*, Edward Elgar.
Dymski, G. A. [1990] "Money and Credit in Radical Political Economy : A Survey of Contemporary Perspectives," *Review of Radical Political Economics*, Vol. 22, No. 2-3. 野下保利・坂口明義訳「ラディカル派政治経済学における貨幣と信用——現代的視角のサーベイ」『政経論叢』(国士舘大学) 第72号，1990年．
—— [1999] "Asset Bubbles and Minsky Crisis in East Asia," *University of California : Riverside : Research Paper*, April.
——, Epstein, G. A. and Pollin, R. (eds.) [1993] *Transforming the U.S. Financial System : Equity and Efficiency for the 21st Century*, M. E. Sharpe.
—— and Pollin, R. [1992] "Hyman Minsky as Hedgehog : The Power of the Wall Street Paradigm," in Fazzari, S. M. and Papadimitriou, D. B. (eds.), *Financial Conditions and Macroeconomic Performance : Essays in Honor of Hyman P. Minsky*, M. E. Sharpe.
—— and Pollin, R. (eds.) [1994] *New Perspectives in Monetary Macroeconomics : Explorations in the Tradition of Hyman P. Minsky*, University of Michigan Press.
海老塚明 [1983] 「宇野原理論体系と『生産論』における価値法則の『論証』」『一橋論叢』第88巻第2号．
—— [1986] 「資本主義認識の革新——レギュラシオン理論の紹介と検討」『思想』第739号．
—— [1997] 「価値論と貨幣論の位相——『経済学』批判と貨幣論の射程(1)」『経済学雑誌』第97巻第5・6号
——・磯谷明徳 [1991] 「現代危機の分析視角——SSAアプローチとレギュラシオン・アプローチ(1)(2)」『経済学雑誌』第91巻第5・6号，第92巻第1号．
——・磯谷明徳・植村博恭 [1996] 「戦後日本経済へのレギュラシオン・アプローチ(1)(2)——『階層的市場-企業ネクサス』論」『経済学雑誌』第96巻第5・6号，第97巻第2・3号．
Ebizuka, A., Uemura, H. and Isogai, A. [1997] "L'hypothèse de 《la relation hiérarchisée marché-firme》 et l'économie japonaise d'après guerre," *L'Année de la régulation : économie, institutions, pouvoirs*, Volume 1.
Edwards, R. [1979] *Contested Terrain : The Transformation of the Workplace in the Twentieth Century*, Basic Books.
Eichner, A. S. [1976] *The Megacorp and Oligopoly*, Cambridge University Press. 川口弘監訳『巨大企業と寡占』日本経済評論社，1983年．
Eiteman, W. J. and Guthrie, G. [1952] "The Shape of the Average Cost Curve," *American Economic Review*, Vol. 42, No. 5.
Elster, J. [1989] *The Nuts and Bolts for the Social Sciences*, Cambridge University Press. 海野道郎訳『社会科学の道具箱——合理的選択理論入門』ハーベスト社，1997年．
Epstein, G. A. [1989] "Financial Instability and the Structure of the International Monetary System," in MacEwan, A. and Tabb, W. K. (eds.) *Instability and Change in the World Economy*, Monthly Review Press.
—— [1991] "Profit Squeeze, Rentier Squeeze and Macroeconomic Policy under Fixed and Flexible Exchange Rates", *Economies et Sociétés*, Tome. 25, n°11-12.
—— [1992] "Political Economy and Comparative Central banking," *Review of Radical Political Economics*, Vol. 24, No. 1.
—— [1993] "Monetary Policy in the 1990s : Overcoming the Barriers to Equity and Growth," in

Dymski, Epstein and Pollin (eds.) [1993].
―― [1994] "A Political Economy Model of Comparative Central Banking," in Dymski and Pollin (eds.) [1994].
―― [1996] "International Capital Mobility and the Scope for National Economic Management," in Boyer and Drache (eds.) [1996].
―― and Gintis, H. M. (eds.) [1995] *Macroeconomic Policy after the Conservative Era*, Cambridge University Press.
―― and Schor, J. B. [1990a] "Macropolicy in the Rise and Fall of the Golden Age," in Marglin and Schor (eds.) [1990]. 由井敏範訳「黄金時代の盛衰におけるマクロ政策」磯谷明徳・植村博恭・海老塚明監訳書に所収。
―― and Schor, J. B. [1990b] "Corporate Profitability as a Determinant of Restrictive Monetary Policy : Estimates for the Postwar United States", in Mayer, T. (ed.) *The Political Economy of American Monetary Policy*, Cambridge University Press.
絵所秀紀・山崎幸治編 [2004]『アマルティア・センの世界――経済学と開発研究の架橋』晃洋書房。
Esping-Andersen, G. [1990] *The Three Worlds of Welfare Capitalism*, Polity Press. 岡本憲芙・宮本太郎監訳『福祉資本主義の三つの世界』ミネルヴァ書房, 2001 年。
―― [1996] *Welfare States in Transition : National Adaptations in Global Economies*, Sage Publications. 埋橋孝文監訳『転換期の福祉国家――グローバル経済下の適応戦略』早稲田大学出版部, 2003 年。
Eymard-Duvernay, F. [2004] *Economie politique de l'entreprise*, La Découverte. 海老塚明他訳『企業の政治経済学：コンヴァンシオン理論からの展望』ナカニシヤ出版, 2006 年。
―― (ed.) [2006] *L'économie des conventions : méthodes et résultats*, Tome I, II, La Découverte.
Fama, E. F. [1980] "Agency Problems and the Theory of the Firm," *Journal of Political Economy*, April.
Favereau, O. and Lazega, E. (eds.) [2002] *Conventions and Structures in Economic Organization : Markets, Networks and Hierarchies*, Edward Elgar.
Favier, J. [1987] *De l'or et des épices ; Naissance de l'homme d'affaires au Moyen Age*, Librairie Arthème Fayard. 内田日出海訳『金と香辛料――中世における実業家の誕生』春秋社, 1997 年。
Fher, E. and Gächer, S. [1998] "Reciprocity and Economics : The Economic Implication of Homo Reciprocans," *European Review*, Vol. 42.
Fher, E. and Gächer, S. [2000] "Fairness and Retaliation : The Economics of Reciprocity," *Journal of Economic Perspectives*, Vol. 14, No. 3.
Field, A. J. [1979] "On the Explanation of Rules Using Rational Choice Models," *Journal of Economic Issues*, Vol. 13, No. 1.
―― [1981] "The Problem with Neoclassical Institutional Economics : A Critique with Special Reference to the North/Thomas Model of Pre-1500 Europe," *Explorations in Economic History*, Vol. 18.
―― [1984] "Microeconomics, Norms, and Rationality," *Economic Development and Cultural Change*, Vol. 32, No. 4.
―― [2004] *Altruistically Inclined ? : The Behavioral Science, Evolutionary Theory, and the Origins of Reciprocity*, The University of Michigan Press.
Figuera, S. [2001] *Théorie monétaire dans l'économie capitaliste*, L'Harmattan.
Flaschel, P. [2001] "Disequilibrium growth in monetary economies : Basic components and the KMG working model," in Punzo (ed.) [2001].
――, Franke, R. and Semmler, W. [1997] *Dynamic Macroeconomics : Instability, Fluctuations and Growth in Monetary Economics*, The MIT Press.
Foley, D. K. [1982] "Realization and Accumulation in a Marxian Model of the Circuit of Capital," *Journal of Economic Theory*, Vol. 28, No. 2.
―― [1986a] *Understanding Capital : Marx's Economic Theory*, Harvard University Press. 竹田

茂夫・原伸子訳『資本論を理解する：マルクスの経済理論』法政大学出版局，1990年。
—— [1986b] *Money, Accumulation and Crisis*, Harwood Academic Publishers.
—— and Michl, T. R. [1999] *Growth and Distribution*, Harvard University Press. 佐藤良一・笠松学監訳『成長と分配』日本経済評論社，2002年。
Foss, N. J. [1993] "Theories of the Firms : Contractual and Competence Perspectives," *Journal of Evolutionary Economics*, Vol. 3.
—— [2001] "Evolutionary Theories of the Firm : Reconstruction and Relations to Contractual Theories," in Dopfer (ed.) [2001].
—— and Knudsen, C. (eds.) [1996] *Towards a Competence Theory of the Firm*, Routledge.
—— and Loasby, B. J. (eds.) [1998] *Economic Organization, Capabilities and Co-ordination*, Routledge.
Fransman, M. [1994] "Information, Knowledge, Vision and Theories of the Firm," *Industrial and Corporate Change*, Vol. 3, No. 3.
Franke, R. and Kalmbach, P. [2005] "Structural Change in the Manufacturing Sector and its impact on business-related services : an input-output study for Germany," *Structural Change and Economic Dynamics*, Vol. 16.
Freeman, C., Clark, J. and Soete, L. [1982] *Unemployment and Technical Innovation*, Frances Printer.
Freeman, C. and Soete, L. (eds.) [1987] *Technical Change and Full Employment*, Oxford, Blackwell.
Freeman, R.B. (ed.) [2002] *Inequality around the World*, Palgrave, Macmillan.
Fröbel, F., Jürgen, H. and Kreye, O. [1977] "The Tendency towards a New International Division of Labour," *Review*, Vol. 1, No. 1.
藤川清史 [2005]『産業連関分析入門』日本評論社。
藤本隆宏 [1996]「企業システムの発達と進化：いわゆるトヨタ的自動車生産・開発システムの事例を中心に」伊藤秀史編 [1996] に所収。
—— [1997]『生産システムの進化論——トヨタ自動車にみる組織能力と創発システム』有斐閣。
—— [2000]「実証分析の方法」塩沢由典・進化経済学会編 [2000] に所収。
—— [2003]『能力構築競争——日本の自動車産業はなぜ強いのか』中公新書。
——・武石彰・青島矢一編 [2001]『ビジネス・アーキテクチャー』有斐閣。
Fujita, N. [2007] "Myrdal's Theory of Cumulative Causation," *Evolutionary and Institutional Economics Review*, Vol. 3, No. 2.
深尾光洋・森田泰子 [1997]『企業ガバナンス構造の国際比較』日本経済新聞社。
Fukuyama, F. [1995] *Trust*, The Free Press. 加藤寛訳『「信」無くば立たず』三笠書房，1996年。
Furubotn, E. G. and Pejovich, S. (eds.) [1974] *The Economics of Property Rights*, Ballinger.
Furubotn, E. G. and Richter, R. [1997] *Institutions and Economic Theory : The Contribution of the New Institutional Economics*, The University of Michigan Press.
Galbraith, J. K. [1976] *The Affluent Society*, 3rd ed., Houghton Mifflin. 鈴木哲太郎訳『ゆたかな社会』TBSブリタニカ，1980年。
Garegani, P. [1960] *Il Capitale nelle Theorie della Distribution*, Giuffrè. 山下博訳『分配理論と資本』未来社，1966年。
—— [1988] "Surplus Approach to Value and Distribution," Eatwell, J. et al. (eds.) *New Palgrave Dictionary*, Macmillan.
Garud, R., Kumaraswamy, A. and Langlois, R. N. [2003] *Managing in the Modular Age : Architecture, Network, and Organizations*, Blackwell Publishing.
玄田有史 [2001]『仕事のなかの曖昧な不安』中央公論新社。
Geoffron, P. and Rubinstein, M. [1997] *La crise financière du modèle japonais*, Economica.
Giddens, A. [1984] *The Constitution of Society : Outline of the Theory of Structuration*, University of California Press.
—— [1998] *The Third Way : The Renewal of Social Democracy*, Polity Press. 佐和隆光訳『第三の道』日本経済新聞社，1999年。

Gintis, H. [1998] "The Individual in Economic Theory : A Research Proposal," mimeograph, accessed at http://www.people.umass.edu/gintis.
—— [2000] *Game Theory Evolving*, Princeton University Press.
——, Bowles, S., Boyd, R. T. and Fehr, E. (eds.) [2005] *The Moral Sentiments and Material Interests : The Foundations of Cooperation in Economic Life*, The MIT Press.
Glyn, A. (ed.) [2001] *Social Democracy in Neoliberal Times : The Left Economic Policy since 1980*, Oxford University Press.
Goldthorpe, J. H. (ed.) [1984] *Order and Conflict in Contemporary Capitalism : Studies in the Political Economy of Western European Nations*, Oxford, Clarendon Press. 稲上毅・下平好博・武川正吾・平岡公一訳『収斂の終焉：現代西欧社会のコーポラティズムとデュアリズム』有信堂, 1987年。
Goodwin, R. M. [1967] "A Growth Cycle," in Feinstein, C. H. (ed.) *Socialism Capitalism and Growth*, Cambridge University Press.
—— and Landesmann, M. A. [1996] "Structural change and macroeconomic stability in disaggregated models," in Landesmann and Scazzieri (eds.) [1996].
—— and Punzo, L. F. [1987] *The Dynamics of a Capitalist Economy : A Multi-Sectoral Approach*, Polity Press.
Gordon, D. M. [1996] *Fat and Mean——The Corporate Squeeze of Working Americans and the Myth of Managerial "Downsizing,"* The Free Press. 佐藤良一・芳賀健一訳『分断されるアメリカ：「ダウンサイジング」の神話』シュプリンガー・フェアラーク東京, 1998年。
—— [1998] *Economics and Social Justice*, Bowles, S. and Weisskopf, T. E. (eds.), Edward Elgar.
——, Edwards, R. and Reich, M. [1982] *Segmented Work, Divided Workers*, Cambridge University Press. 伊藤誠・河村哲二訳『アメリカ資本主義と労働』東洋経済新報社, 1990年。
後藤玲子 [2002]『正義の経済哲学——ロールズとセン』東洋経済新報社。
Grief, A. [1997] "Microtheory and Recent Developments in the Study of Economic Institutions through Economic History," in Kreps, D. M. and Wallis, K. F. (eds.) *Advances in Economics and Econometrics : Theory and Applications*, Vol. II, Cambridge University Press.
—— [1998] "Historical and Institutional Analysis," *American Economic Review*, Vol. 88, No. 2.
—— [2006] *Institutions and the Path to the Modern Economy : Lessons from Medieval Trade*, Cambridge University Press.
Grossman, S. and Hart, O. [1986] "The Costs and Benefits of Ownership : A Theory of Vertical and Lateral Integration," *Journal of Political Economy*, Vol. 94.
Halevi, J. and Kriesler, P. [1991] "Kalecki, Classical Economics and the Surplus Approach," *Review of Political Economy*, Vol. 3, No. 1.
Halevi, J., Laibman, D. and Nell, E. J. (eds.) [1992] *Beyond the Steady State*, Macmillan.
Hall, P. A. and Soskice, D. (eds.) [2001] *Varieties of Capitalism : The Institutional Foundations of Comparative Advantage*, Oxford University Press.
Hall, R. L. and Hitch, C. J. [1939] "Price Theory and Business Behaviour," *Oxford Economic Papers*, May.
Hamilton, W. H. [1919] "The Institutional Approach to Economic Theory," *The American Economic Review*, Vol. 9, No. 1, Supplement.
—— [1932] "Institution," in Seligman, E. R. A. and Johnson, A. (eds.) *Encyclopaedia of the Social Science*, Vol. 8, Macmillan.
原田裕治 [1997]「脱工業化の理論モデル的考察——不均等発展と累積的因果連関を中心に」『経済科学』第54号第3号。
—— [2005]「制度における補完性と階層性——B. アマーブルによる制度理論へのアプローチ」『経済科学』第52巻第4号。
Harcourt, G. C. [1972] *Some Cambridge Controversies in the theory of Capital*, Cambridge University Press. 神谷傳造訳『ケムブリッジ資本論争』日本経済評論社, 1980年。
Harrod, R. F. [1973] *Economic Dynamics*, Macmillan. 宮崎義一訳『経済動学』丸善, 1976年。
Hart, O. [1995] *Firms, Contracts, and Financial Structure*, Oxford University Press.

―― and Moore, J. [1990] "Property Rights and the Nature of the Firm," *Journal of Political Economy*, Vol. 98.
長谷田彰彦 [1977]「ケインズの貨幣」『一橋論叢』第78巻第2号。
―― [1985]「経済活動の始動因について考える――ケインズ革命を一歩前進させるために」『東京学芸大学紀要・第3部門［社会科学］』第37集。
Hayek, F. A. [1945] "The Use of Knowledge in Society," *American Economic Review*, Vol. 35, No. 4. Reprinted in Hayek, F. A. *Individualism and Economic Order*, Routledge and Kegan Paul, 1949.
―― [1968] "Competition as a Discovery Process," in Hayek, F. A. *New Studies in Philosophy, Politics, Economics and History of Ideas*, University of Chicago Press, 1978.
Henrich, J., Boyd, R., Bowles, S., Camerer, C., Fehr, E. and Gintis, H. (eds.) [2004] *Foundations of Human Sociality : Economic Experiments and Ethnographic Evidence from Fifteen Small-Scale Society*, Oxford University Press.
Hicks, J. R. [1969] *A Theory of Economic Theory*, Oxford University Press. 新保博訳『経済史の理論』日本経済新聞社，1970年。
―― [1974] *The Crisis in Keynesian Economics*, Basil Blackwell. 早坂忠訳『ケインズ経済学の危機』ダイヤモンド社，1977年。
樋口美雄・財務省財務総合政策研究所編著 [2003]『日本の所得格差と社会階層』日本評論社。
平野泰朗 [1993]「資本蓄積論とレギュラシオン・アプローチ」『思想』8月号。
―― [1996]『日本的制度と経済成長』藤原書店。
廣松渉 [1982/1993]『存在と意味』第1，2巻，岩波書店。
広田真一・池尾和人 [1996]「企業金融と経営の効率性」伊藤秀史編 [1996] に所収。
菱山泉 [1990]『ケネーからスラッファへ』名古屋大学出版会。
―― [1993]『スラッファ経済学の現代的評価』京都大学学術出版会。
Hodgson, G. M. [1988] *Economics and Institutions : A Manifesto for a Modern Institutional Economics*, Polity Press. 八木紀一郎・橋本昭一・家本博一・中矢俊博訳『現代制度派経済学宣言』名古屋大学出版会，1997年。
―― [1993] *Economics and Evolution : Bringing Life Back into Economics*, Polity Press. 西部忠監訳/森岡真史・田中英明・吉川英治・江頭進訳『進化と経済学：経済学に生命を取り戻す』2003年。
―― (ed.) [1993] *The Economics of Institutions*, Edward Elgar.
―― [1998a] "The Approach of Institutional Economics," *Journal of Economic Literature*, Vol. 36.
―― [1998b] "Competence and Contract in the Theory of the Firm," *Journal of Economic Behavior of Organization*, Vol. 35.
―― [1999a] *Evolution and Institutions : On Evolutionary Economics and the Evolution of Economics*, Edward Elgar.
―― [1999b] *Economics and Utopia : Why the Learning Economy is not the End of History*, Routledge. 若森章孝他訳『経済学とユートピア――社会経済システムの制度主義分析』ミネルヴァ書房，2004年。
―― [2000a] "What is the Essence of Institutional Economics?" *Journal of Economic Issues*, Vol. 34, No. 2.
―― [2000b] "From Micro and Macro : The Concept of Emergence and the Role of Institutions," in Burlamaqui, L. et al. (eds.) *Institutions and the Role of the State*, Edward Elgar.
―― [2001a] "Frontiers of Institutional Economics," *New Political Economy*, Vol. 6, No. 2.
―― [2001b] "From Veblen to Galbraith : What is the Essence of Institutional Economics?" in Keaney, M. (ed.) *Economist with a Public Purpose : Essays in Honour of John Kenneth Galbraith*, Routledge.
―― [2001c] *How Economics Forgot History : The Problem of Historical Specificity in Social Science*, Routledge.
―― [2002a] "The Evolution of Institutions : An Agenda for Future Theoretical Research,"

Constitutional Political Economy, Vol. 13.
―― [2002b] "Institutional Blindness in Modern Economics," in Hollingsworth et al. (eds.) [2002].
―― [2002c] "Reconstitutive Downward Causation : Social Structure and the Development of Individual Agency," in Fullbrook, E. (ed.) *Intersubjectivity in Economics*, Routledge.
―― (ed.) [2002] *A Modern Reader in Institutional and Evolutionary Economics*, Edward Elgar.
―― [2003] "The Hidden Persuaders : Institutions and Individuals in Economic Theory," *Cambridge Journal of Economics*, Vol. 27.
―― (ed.) [2003] *Recent Developments in Institutional Economics*, Edward Elgar.
―― [2004] *The Evolution of Institutional Economics : Agency, Structure and Darwinism in American Institutionalism*, Routledge.
―― [2007] "Evolutionary and Institutional Economics as the New Mainstream ?," *Evolutionary and Institutional Economics Review*, Vol. 4, No. 1.
Hollingsworth, J. R. and Boyer, R. [1997] *Contemporary Capitalism : the Embeddedness of Institutions*, Cambridge University Press.
Hollingsworth, J. R., Müller, K. H. and Hollingsworth, E. J. (eds.) [2002] *Advancing Socio-Economics : An Institutional Perspective*, Rowman & Littlefield Publishers.
Holt, R. P. F. and Pressman, S. (eds.) [2001] *A New Guide to Post Keynesian Economics*, Routledge.
法政大学比較経済研究所・金子勝編 [1996]『現代資本主義とセイフティ・ネット――市場と非市場の関係性』法政大学出版局。
Hymer, S. H. [1976] *The International Operations of National Firms : A Study of Direct Foreign Investment*, The MIT Press. ハイマー [1979] に所収。
―― [1979] "The Internationalization of Capital," in Cohen, R. B. et al. (eds.), *The Multinational Corporation : A Radical Approach*, Cambridge University Press. ハイマー [1979] に所収。
ハイマー，S. [1979]『多国籍企業論』(宮崎義一編訳)，岩波書店。
依田高典 [1997]『不確実性と意思決定の経済学――限定合理性の理論と現実』日本評論社。
池田毅 [1996]「カルドアの分配と成長の理論――「前期」モデルの再検討」『経済論究』第 94 号。
―― [2001]「再考：マクロ分配理論――人的資本理論批判の視点から」九州大学大学院経済学研究院・政策評価研究会編著『政策分析 2001――比較政策論の視点から』九州大学出版会。
―― [2006]『経済成長と所得分配』日本経済評論社。
池本正純 [1984]『企業者とはなにか』有斐閣。
池尾和人 [2003]「日本の金融制度」高山憲之編『日本の経済制度・経済政策』東洋経済新報社。
今井賢一・伊丹敬之・小池和男 [1982]『内部組織の経済学』東洋経済新報社。
稲上毅・連合総合生活開発研究所編著 [2000]『現代日本のコーポレート・ガバナンス』東洋経済新報社。
猪木武徳・樋口美雄編 [1995]『日本の雇用システムと労働市場』日本経済新聞社。
井上義朗 [1993]『市場経済学の源流――マーシャル，ケインズ，ヒックス』中公新書。
―― [1999]『エヴォルーショナリー・エコノミクス――批判的序説』有斐閣。
石川経夫 [1991]『所得と富』岩波書店。
――編 [1994]『日本の所得と富の分配』東京大学出版会。
―― [1999]『分配の経済学』東京大学出版会。
石倉雅男 [1998]「資本蓄積と所得分配――利潤分配率と貯蓄・投資の関係」『経済学研究』(一橋大学) 第 39 号。
磯谷明徳 [1990]「アメリカ・ラディカル政治経済学の地平――社会的蓄積構造理論の成果と問題点」『情況』10 月号。
―― [1994a]「現代制度主義経済学ノート――新制度派，現代制度派，レギュラシオン」『経済学研究』(九州大学) 第 59 巻第 5・6 号。
―― [1994b]「〈制度の経済学〉と現代経済学の革新――G. M. ホジソンの「現代制度主義」を中心に」細江守紀・浜砂敬郎編『現代経済学の革新と展望』九州大学出版会。
―― [1995]「日本型企業システムと企業主義的レギュラシオン――ミクロ的視点からの一考察」九

州大学国際経済構造研究会編『経済・経営構造の国際比較試論』九州大学出版会。
――［1996a］「〈社会経済システムの制度分析〉に向けて――制度の経済学への一視点」『経済学史学会年報』第 34 号。
――［1996b］「戦後日本経済への『階層的市場―企業ネクサス』論アプローチ――一つの覚書」『経済学研究』（九州大学）第 62 巻第 1-6 号。
――［2003］「雇用システムの制度的多様性――理論と現実」佐藤良一編［2003］に所収。
――［2004］『制度経済学のフロンティア――理論・応用・政策』ミネルヴァ書房。
Isogai, A., Ebizuka, A. and Uemura, H. [2000] "Hierarchical Market-Firm Nexus as the Japanese Mode of "Régualtion," in Boyer and Yamada (eds.) [2000].
磯谷明徳・植村博恭［1996］「『制度の経済学』と貨幣・労働のダイナミクス」『経済学研究』（九州大学）第 63 巻第 2 号。
Isogai, A. and Uemura, H. [1998] "The Economics of Institutions in Japan : A Critique to the Comparative Institutional Analysis," *La lettre de la régulation*, No. 24.
―― and Uemura, H. [2007] "Book Review : Samuel Bowles, *Microeconomics : Behavior, Institutions, and Evolution*, Princeton University Press, 2004," *Evolutionary and Institutional Economics Review*, Vol. 3, No. 2.
――, Uemura, H. and Ebizuka, A. [1997] "The Hierarchical Market-Firm Nexus and the Postwar Japanese Economy," 伊東弘文・徳増琤洪編『現代経済システムの展望』九州大学出版会。
磯谷明徳・植村博恭・海老塚明［1999］「戦後日本経済の制度分析――階層的市場―企業ネクサス」論の観点から」山田鋭夫/ロベール・ボワイエ編［1999］に所収。
伊丹敬之［2000］『日本型コーポレート・ガバナンス』日本経済新聞社。
――［2001］「企業という生き物：その様々な本質」『一橋ビジネスレビュー』第 49 巻第 3 号。
Itoh, H. [1994] "Japanese Human Resource Management from the Viewpoint of Incentive Theory," in Aoki and Dore (eds.) [1994].
伊藤秀史編［1996］『日本の企業システム』東京大学出版会。
伊藤誠・野口真・横川信治編著［1996］『マルクスの逆襲』日本評論社。
伊東光晴［1962］『ケインズ』岩波新書。
――［1965］『近代価格理論の構造』新評論。
――［1993］『ケインズ』講談社学術文庫。
――［2006］『現代に生きるケインズ』岩波新書。
伊藤元重［1996］『市場主義』講談社。
Iwai, K. [2001] "Schumpeterian dynamics : A disequilibrium theory of long run profits," in Punzo (ed.) [2001].
岩井克人［2003］『会社はこれからどうなるのか』平凡社。
Jacob, A. and Vérin, H. (eds.) [1995] *L'inscription sociale du marché*, L'Harmattan.
JAFEE and Aruka, Y. (eds.) [2001] *Evolutionary Controversies in Economics : A New Transdisciplinary Approach*, Springer.
Jensen, M. and Meckling, W. [1976] "Theory of Firm : Managerial Behavior, Agency Cost, and Capital Structure," *Journal of Financial Economics*, Vol. 3.
Kahn, R. [1989] *The Economics of the Short Period*, St. Martin's Press.
Kahneman, D. [1993] "New Challenges to the Rationality Assumption," *Journal of Institutional and Theoretical Economics*, Vol. 150, No. 1.
―― and Tversky, A. [1979] "Prospect Theory : An Analysis of Decision under Risk," *Econometrica*, Vol. 47, No. 2.
貝塚啓明・財務省財務総合政策研究所編著［2006］『経済格差の研究――日本の分配構造を読み解く』中央経済社。
Kaldor, N. [1956] "Alternative Theories of Distribution," *Review of Economic Studies*, Vol. 23, No. 2.
――［1960］*Essays on Economic Stability and Growth*, London. 中村至郎訳『経済安定と成長』大同書院，1964 年。

―――[1978] *Further Essays on Economic Theory*, Gerald Duckworth. 笹原昭五・高木邦彦訳『経済成長と分配理論』日本経済評論社，1989年。
―――[1982] *The Scourge of Monetarism*, Oxford University Press. 原正彦・高川清明訳『マネタリズム　その罪過』日本経済評論社，1984年。
―――[1985] *Economics without Equilibrium*, University College Cardiff Press.
Kalecki, M. [1933] *Proba teorii koniunktury*, Warsaw : Institute of Research on Business Cycles and Prices.
―――[1935] "A Macrodynamic Theory of Business Cycles," *Econometrica*, Vol. 3.
―――[1943] "Political Aspects of Full Employment," *Political Quarterly*, Vol. 14. in a slightly amended version as Kalecki [1971] Chap. 12.
―――[1954] *Theory of Economic Dynamics*, George Allen and Unwin. 宮崎義一・伊東光晴訳『経済変動の理論』新評論，1958年。
―――[1971] *Selected Essays on the Dynamics of the Capitalist Economy*, Cambridge University Press. 浅田統一郎・間宮陽介訳『資本主義の動態理論』日本経済評論社，1984年。
金子勝 [1997]『市場と制度の政治経済学』東京大学出版会。
―――・児玉龍彦 [2004]『逆システム学』岩波新書。
加納隆 [1997]「インフレーションと経済成長」浅子和美・大瀧雅之編 [1997] に所収。
Kapp, K. W. [1950] *The Social Cost of Private Enterprise*, Harvard University Press. 篠原康三訳『私的企業と社会的費用』岩波書店，1959年。
片岡浩二 [1994]「貨幣生成論の批判的検討――貨幣の存在論序説」『経済学雑誌』第95巻3・4号。
―――[1996]「純粋な流通形態の位相――貨幣の存在論(2)」『大阪市大論集』第83/84号，9月。
―――[1997]「分権的な経済と貨幣――貨幣の存在論(3)」『大阪市大論集』第89号，12月。
苅谷剛彦 [2001]『階層化日本と教育危機――不平等再生産から意欲格差社会へ』有信堂高文社。
Katz, L. F. [1986] "Efficiency Wage Theories : A Partial Evaluation," *NBER Macro-economics Annual*, The MIT Press.
川本隆史 [1997]『ロールズ――正義の原理』講談社。
Keynes, J. M. [1936] *The General Theory of Employment, Interest and Money*, [The Collected Writings of John Maynard Keynes, Vol. 7] Macmillan. 塩野谷祐一訳『雇用・利子および貨幣の一般理論』東洋経済新報社，1983年。
―――[1937] "Alternative Theories of the Rate of Interest," *Economic Journal*, Vol. 47 (CW 14, 1973).
―――[1979] *The Collected Writings of John Maynard Keynes*, Royal Economic Society (ed.), Vol. XXIX, Macmillan.
吉地望・西部忠 [2004]「自律分散型市場における多層的調整企業モデル――マルチエージェント・シミュレーションにもとづく」西部忠編著 [2004] に所収。
菊澤研宗 [2006]『組織の経済学入門――新制度派経済学アプローチ』有斐閣。
Kirzner, I. M. [1992] *The Meaning of Market Process : Essays in the Development of Modern Austrian Economics*, Routledge.
―――[1997] *How Markets Work : Disequilibrium, Entrepreneurship and Discovery*, The Institute of Economic Affairs. 西岡幹雄・谷村智輝訳『企業家と市場とはなにか』日本経済評論社，2001年。
岸本重陳 [1976]『資本制経済の理論』日本評論社。
北原徹 [1987]「再生産と貨幣の循環的流通――資本循環範式視点からの考察」『東京学芸大学紀要・第3部門 [社会科学]』第39集。
―――[1992]「ハイパワード・マネーの制御可能性と内生的貨幣供給」ポスト・ケインズ派研究会編『経済動態と市場理論の基礎』日本経済評論社。
Knickerbocker, F. T. [1973] *Oligopolistic Reaction and Multinational Enterprise*, Harvard Business School. 藤田忠訳『多国籍企業の経済理論』東洋経済新報社，1978年。
Knight, J. [1992] *Institutions and Social Conflict*, Cambridge University Press.
――― and Sened, I. (eds.) [1995] *Explaining Social Institutions*, The University of Michigan Press.
Koike, K. [1990] "Intellectual Skill and the Role of Employees as Constituent Members of Large

Firms in Contemporary Japan," in Aoki, M., Gustafsson, B. and Williamson, O. E. (eds.) *The Firm as a Nexus of Treaties*, Sage Publications.
小池和男［1991］『仕事の経済学』東洋経済新報社。
小塩隆士・田近栄治・府川哲夫編［2006］『日本の所得分配』東京大学出版会。
Kotz, D. M., McDonough, T. and Reich, M. [1994] *Social Structures of Accumulation : The Political Economy of Growth and Crisis*, Cambridge University Press.
河野勝［2002］『制度』東京大学出版会。
Krause, U. [1979] *Geld und abstrakte Arbeit*, Campus Verlag. 高須賀義博監訳『貨幣と抽象的労働』三和書房，1985 年。
Kregel, J. [1998] "Yes "It" Did Happen Again-A Minsky Crisis Happened in Asia," *The Jerome Levy Economics Institute of Bard College, Working Paper*, No. 234.
Kreps, D. M. [1990] *Game Theory and Economic Modelling*, Oxford University Press. 高森寛他訳『経済学のためのゲーム理論』マグロウヒル出版，1993 年。
——, Milgrom, P., Roberts, J. and Wilson, R. [1982] "Rational Cooperation in the Finitely Repeated Prisoner's Dilemma," *Journal of Economic Theory*, Vol. 27.
Krugman, P. R. (ed.) [1986] *Strategic Trade Policy and the New International Economics*, The MIT Press. 高中公男訳『戦略的通商政策の理論』文真堂，1995 年。
—— and Obsfeld, M. [1994] *International Economics : Theory and Policy*, The 3rd edition, Haper Collins College Publishers. 石井菜穂子・浦田秀次郎・竹中平蔵・千田亮吉・松井均訳『国際経済Ⅰ・Ⅱ』新世社，1990 年。
久場嬉子［1997］「レギュラシオン理論と労働力の社会的再生産」『東京学芸大学紀要・第 3 部門［社会科学］』第 48 集。
——編［2002］『経済学とジェンダー』明石書店。
黒木龍三［1995］「金融的景気循環」青木達彦編［1995］に所収。
Landesmann, M. A. and Scazzieri, R. (eds.) [1996] *Production and Economic Dynamics*, Cambridge University Press.
Landesmann, M. A. and Stehrer, R. [2003] "Technical change, effective demand and economic growth," in Salvadori (ed.) [2003].
Langlois, R. N. (ed.) [1986] *Economics as a Process : Essays in the New Institutional Economics*, Cambridge University Press.
—— and Foss, N. J. [1999] "Capabilities and Governance : The Rebirth of Production in the Theory of Economic Organization," *Kyklos*, Vol. 52.
—— and Robertson, P. L. [1995] *Firms, Markets and Economic Change : A Dynamic Theory of Business Institutions*, Routledge. 谷口和弘訳『企業制度の理論：ケイパビリティ・取引費用・組織境界』NTT 出版，2004 年。
Lavoie, M. [1992] *Foundations of Post-Keynesian Economic Analysis*, Edward Elgar.
Lawson, T. [1997a] "Situated Rationality," *Journal of Economic Methodology*, Vol. 4, No. 1.
—— [1997b] *Economics and Reality*, Routledge.
Lee, F. S. [1998] *Post Keynesian Price Theory*, Cambridge University Press.
Leibenstein, H. [1979] "A Branch of Economics is Missing : Micro-Micro Theory," *Journal of Economic Literature*, June.
—— [1987] *Inside the Firm : The Inefficiencies of Hierarchy*, Harvard University Press. 鮎沢成男・村田稔監訳『企業の内側――階層制の経済学』中央大学出版部，1992 年。
Lerner, A. [1972] "The Economics and Politics of Consumer Sovereignty," *American Economic Review*, Vol. 62, May.
Lesourne, J., Orléan, A. and Walliser, B. [2006] *Evolutionary Microeconomics*, Springer.
Lester, R. A. [1946] "Shortcomings of Marginal Analysis for Wage-Employment Problem," *American Economic Review*, Vol. 36, No. 1.
Lewis, D. [1969] *Convention : A Philosophical Study*, Harvard University Press.
Lichtenstein, P. M. [1983] *An Introduction to Post-Keynesian and Marxian Theories of Value and Price*, M. E. Sharpe. 川島章訳『価値と価格の理論』日本経済評論社，1986 年。

Lindbeck, A. and Snower, D. J. [1988] *The Insider-Outsider Theory of Employment and Unemployment*, The MIT Press.

Lipietz, A. [1985] *Mirages et miracles : problèmes de L'industrialisation dans le tiers monde*, La Découverte. 若森章孝・井上泰夫訳『奇跡と幻影——世界的危機と NICS』新評論, 1987 年。

Lordon, F. [1997] "Endogenous Structural Change and Crisis in a Multiple Time-Scales Growth Model," *Journal of Evolutionary Economics*, Vol. 7.

Lundvall, B.-A. [1998] "The Learning Economy : Challenges to Economic Theory and Policy," in Nielsen and Johnson (eds.) [1998]. Reprinted in Hodgson (ed.) [2002].

Magnusson, L. and Ottosson, J. [1997] *Evolutionary Economics and Path Dependence*, Edward Elgar.

Mainwaring, L. [1984] *Value and Distribution in Capitalist Economies : An Introduction to Sraffian Economics*, Cambridge University Press. 笠松学・佐藤良一・山田幸俊訳『価値と分配の理論』日本経済評論社, 1987 年。

Malerba, F. (ed.) [2004] *Sectoral Systems of Innovation : Concepts, Issues and Analyses of Six Major Sectors in Europe*, Cambridge University Press.

Mallinvaud [1977] *The Theory of Unemployment Reconsidered*, Oxford, Basil Blackwell.

間宮陽介 [1993]『法人資本主義と現代資本主義』岩波書店。

—— [1999]『市場社会の思想史』中公新書。

March, J. G. and Simon, H. A. [1958] *Organizations*, John Wiley. 土屋守章訳『オーガニゼーション』ダイヤモンド社, 1977 年。

March, J. G. and Simon, H. A. [1993] "Organizations Revisited," *Industrial and Corporate Change*, Vol. 2, No. 3.

Marglin, S. [1974] "What Do Bosses Do? : The Origins and Functions of Hierarchy in Capitalist Production, Part I," *Review of Radical Political Economics*, Vol. 6, No. 2.

—— [1984a] "Growth, Distribution and Inflation : A Centennial Synthesis," *Cambridge Journal of Economics*, Vol. 8, No. 2.

—— [1984b] *Growth, Distribution and Prices*, Harvard University Press.

—— and Bhaduri, A. [1990] "Profit Squeeze and Keynesian Theory," in Marglin and Schor (eds.) [1990].

—— and Schor, J. (eds.) [1990] *The Golden Age of Capitalism : Re-interpreting the Postwar Experience*, Oxford, Clarendon Press. 磯谷明徳・植村博恭・海老塚明監訳『資本主義の黄金時代——マルクスとケインズを超えて』東洋経済新報社, 1993 年。

Marris, R. [1964] *The Economic Theory of 'Managerial' Capitalism*, Macmillan. 大川勉・森重泰・沖田健吉訳『経営者資本主義の経済理論』東洋経済新報社, 1971 年。

—— [1998] *Managerial Capitalism in Retrospect*, Macmillan.

Marsden, D. [1998] "The Employment Relationship, Organizational Capabilities and the Theory of the Firm," *La lettre de la régulation*, No. 27.

—— [1999] *A Theory of Employment Systems : Micro-Foundations of Societal Diversity*, Oxford University Press.

Marshall, A. [1920] *Principles of Economics*, 8th ed., Macmillan. 永澤越郎訳『経済学原理』岩波ブックセンター信山社, 1985 年。

Marx, K. [1867] *Das Kapital*, Erster Band, Karl Marx/Friedrich Engels Werke, Band 23, Dietz Verlag. 岡崎次郎訳『資本論』第 1 巻, 国民文庫。

—— and Engels, F. [1947] *Die Deutsche Ideologie*. 廣松渉編訳『ドイツ・イデオロギー』河出書房新社。

正木八郎 [1989]「マルクス価値論の再検討(1)(2)——実体概念の転回に向けて」『経済学雑誌』第 90 巻第 1・2 号, 5・7 月。

—— [1992]「マルクスの貨幣商品説再考」『経済学雑誌』第 93 巻第 2 号, 7 月。

松井彰彦 [2002]『慣習と規範の経済学』東洋経済新報社。

松本有一 [1989]『スラッファ体系研究序説』ミネルヴァ書房。

松嶋敦茂 [1996]『現代経済学史 1870〜1970——競合的パラダイムの展開』名古屋大学出版会。

Mayer, T. [1994] *Analytical Marxism*, Sage Publications.
Medema, S. G. (ed.) [1998] *Coasean Economics : Law and Economics and the New Institutional Economics*, Kluwer Academic Publishers.
Medio, A. [1980] "A Classical Model of Business Cycle," in Nell, E. J. (ed.), *Growth, Profits and Property*, Cambridge University Press.
―― [1992] *Chaotic Dynamics : Theory and Application to Economics*, Cambridge University Press.
Menger, C. [1892] "On the Origin of Money," *Economic Journal*, Vol. 2, No. 2.
Metcalfe, J. S. [1998] *Evolutionary Economics and Creative Destruction*, Routledge.
―― and Cantner, U. (eds.) [2003] *Change, Transformation and Development*, Physica-Verlag.
Metzler, L. A. [1941] "The Nature and Stability of Inventory Cycles," *The Review of Economic Statistics*, Vol. 23, 1941.
Milgrom, P. and Roberts, J. [1988] "Economic Theories of the Firm : Past, Present, Future," *Canadian Journal of Economics*, Vol. 21.
Milgrom, P. and Roberts, J. [1992] *Economics, Organization and Management*, Prentice Hall. 奥野正寛・伊藤秀史・今井晴雄・西村理・八木甫訳『組織の経済学』NTT 出版，1997 年．
南亮進 [1992]『日本の経済発展（第 2 版）』東洋経済新報社．
―― [1996]『日本の経済発展と所得分布』岩波書店．
Minsky, H. P. [1975] *John Maynard Keynes*, Columbia University Press. 堀内昭義訳『ケインズ理論とは何か――市場経済の金融的不安定性』岩波書店，1988 年．
―― [1982] *Can "It" Happen Again ? : Essays on Instability and Finance*, M. E. Sharpe. 岩佐代市訳『投資と金融――資本主義経済の不安定性』日本経済評論社，1988 年．
―― [1986] *Stabilizing an Unstable Economy*, Yale University Press. 吉野紀・浅田統一郎・内田和男訳『金融不安定性の経済学――歴史・理論・政策』多賀出版，1989 年．
―― [1996] "The Essential Characteristics of Post Keynesian Economics," Deleplace and Nell (eds.) [1996].
三土修平 [1992]「搾取論の回顧と展望」『経済理論学会年報』第 29 集．
宮島洋・連合総合生活開発研究所編著 [2002]『日本の所得分配と格差』東洋経済新報社．
宮本光晴 [1991]『企業と組織の経済学』新世社．
―― [1997]『日本型システムの深層』東洋経済新報社．
―― [1999]『日本の雇用をどう守るのか――日本型職能システムの行方』PHP 新書．
―― [2000]『変貌する日本資本主義――市場原理を超えて』ちくま新書．
―― [2004]『企業システムの経済学』新世社．
宮本太郎 [1999]『福祉国家という戦略――スウェーデン・モデルの政治経済学』法律文化社．
―― [2004]「就労・福祉・ワークフェア」塩野谷祐一・鈴村興太郎・後藤玲子編 [2004] に所収．
宮崎義一 [1967]『近代経済学の史的展開――「ケインズ革命」以後の現代資本主義像』有斐閣．
―― [1974]「現代株式会社の再検討」都留重人監修『新しい政治経済学を求めて』第 4 集，勁草書房．
―― [1982]『現代資本主義と多国籍企業』岩波書店．
―― [1988]『円とドル――世界経済の新しい構造』岩波新書．
―― [1992]『複合不況』中公新書．
――・伊東光晴 [1961]『コンメンタール：ケインズ／一般理論』日本評論社．
宮沢健一 [1978]『現代経済の制度的機構』岩波書店．
―― [1988]『制度と情報の経済学』有斐閣．
Modigliani, F. [1958] "New Developments on the Oligopoly Fronts," *Journal Political Economy*, June.
Moore, B. E. [1988] *Horizontalists and Verticalists*, Cambridge University Press.
森岡真史 [1991]「短期調整過程の二類型 (1)・(2)――市場タイプによる在庫の機能の違いについて」『経済論叢』第 148 巻第 4・5・6 号，第 149 巻第 1・2・3 号．
―― [2000]「進化における定常性」塩沢由典・進化経済学会編 [2000] に所収．
―― [2005a]「資本主義の多様性と経済理論」『季刊 経済理論』第 42 巻第 3 号．

―― [2005b]『数量調整の経済理論――品切回避行動の動学分析』日本経済評論社。
Morishima, M. [1973a] *Marx's Economics : A Dual Theory of Value and Growth*, Cambridge University Press. 高須賀義博訳『マルクスの経済学』東洋経済新報社，1974 年。
森嶋通夫 [1973b]『近代社会の経済理論』創文社。
Morishima, M. [1976] *The Economic Theory of Modern Society*, Cambridge University Press.
―― [1977] *Walras' Economics : A Pure Theory of Capital and Money*, Cambridge University Press. 西村和雄訳『ワルラスの経済学――資本と貨幣の純粋理論』東洋経済新報社，1983 年。
森嶋通夫 [1983]『無資源国の経済学――新しい経済学入門』岩波全書。
Morishima, M. [1992] *Capital and Credit : A New Formulation of General Equibilium Theory*, Cambridge University Press. 安富歩訳『新しい一般均衡理論――資本と信用の経済学』創文社，1994 年。
森田桐郎編著 [1987]『国際労働力移動』東京大学出版会。
――編著 [1995]『世界経済論――《世界システム》アプローチ』ミネルヴァ書房。
―― [1997]『世界経済論の構図』有斐閣。
向井公敏 [1992]「ルービン以後のマルクス――マルクス価値論のプロブレマティーク(1)」『同志社商学』第 44 巻第 3 号，11 月。
―― [1995]「貨幣の現象学（上）――マルクス価値論のプロブレマティーク (2)」『同志社商学』第 46 巻第 5/6 号，3 月。
―― [1996]「貨幣の現象学（下）――マルクス価値論のプロブレマティーク (3)」『同志社商学』第 48 巻第 3 号，11 月。
Myrdal, G. [1957] *Economic Theory and Underdeveloped Regions*, Gerald Duckworth. 小原敬士訳『経済理論と低開発』東洋経済新報社，1959 年。
鍋島直樹 [1995]「金融危機の政治経済学――ポスト・ケインズ派とネオ・マルクス派の視角」青木達彦編 [1995] に所収。
―― [2001]『ケインズとカレツキ――ポスト・ケインズ派経済学の源泉』名古屋大学出版会。
―― [2005]「ポスト・ケインズ派経済学の史的展開――ケインズとカレツキの統合に向かって」『経済科学』第 52 巻第 4 号。
内閣府 [2006]『平成 18 年版　経済財政白書』内閣府。
中村達也 [1978]『市場経済の理論』日本評論社。
Nell, E. J. [1985] "Jean Baptist Marglin : A Comment on Growth, Distribution and Inflation," *Cambridge Journal of Economics*, Vol. 9, No. 2.
―― [1998] *The General Theory of Transformational Growth : Keynes after Sraffa*, Cambridge University Press.
―― and Semmler, W. (eds.) [1991] *Nicholas Kaldor and Mainstream Economics : Confrontation or Convergence ?*, Macmillan.
Nelson, R. R. [2003] "Bringing Institutions into Evolutionary Growth Theory," in Metcalfe and Cantner (eds.) [2003].
―― and Sampat, B. N. [2001] "Making Sense of Institutions as a Shaping Economic Performance," *Journal of Economic Behaviour and Organization*, Vol. 44.
―― and Winter, S. G. [1982] *An Evolutionary Theory of Economic Change*, Harvard University Press.
Nicita, A. and Pagano, U. [2001] *The Evolution of Economic Diversity*, Routledge.
Nielsen, K. [2001] "Institutionalist Approaches in the Social Sciences : Typology, Dialogue, and Future Challenges," *Journal of Economic Issues*, Vol. 35, No. 2.
―― and Johnson, B. (eds.) [1998] *Institutions and Economic Change : New Perspectives on Markets, Firms and Technology*, Edward Elgar.
Nikaido, H. [1996] *Prices, Cycles, and Growth*, The MIT Press.
西部邁 [1975]『ソシオ・エコノミックス』中央公論社。
西部忠 [1996]「市場の多層的調整機構（上）――最短期と短期における価格・数量調整」『経済学研究』第 45 巻第 4 号。
――編著 [2004]『進化経済学のフロンティア』日本評論社。

―― [2005]「進化経済学の現在」吉田雅明編『経済学の現在 2（経済思想第 2 巻）』日本経済評論社．
野口真 [1990]『現代資本主義と有効需要の理論』社会評論社．
Nonaka, I. [1991] "The Knowledge Creating Company," *Harvard Business Review*, Nov. -Dec..
―― and Takeuchi, H. [1995] *The Knowledge-Creating Company : How Japanese Companies Create the Dynamics of Innovation,* Oxford University Press. 梅本勝博訳『知識創造企業』東洋経済新報社，1996 年．
North, D. C. [1990a] *Institutions, Institutional Change and Economic Performance*, Cambridge University Press. 竹下公視訳『制度・制度変化・経済効果』晃洋書房，1994 年．
―― [1990b] "Institutions and A Transaction-cost Theory of Exchange," in Alt, J. E. and Shepsle, K. A. (eds.) *Perspectives on Positive Political Economy*, Cambridge University Press.
―― [1991] "Institutions," *Journal of Economic Perspective*, Vol. 5, No. 1.
―― [1995] "Five Propositions about Institutional Change," in Knight and Sened (eds.) [1995].
野下保利 [1995]「金融構造と金融不安定性の諸類型」青木達彦編 [1995] に所収．
―― [1996]「内生的貨幣供給の現代的展開――内生的貨幣供給説と OTC デリバティブ」法政大学比較経済研究所・金子勝編 [1996] に所収．
―― [2001]『貨幣的経済分析の現代的展開：非ケインズ型管理通貨制度を求めて』日本経済評論社．
小田切宏之 [2000]『企業経済学』東洋経済新報社．
岡田純一 [1982]『フランス経済学史研究』御茶の水書房．
置塩信雄 [1965]『資本制経済の基礎理論』創文社．
―― [1976]『蓄積論』（第 2 版）筑摩書房．
―― [1977]『マルクス経済学――価値と価格の理論』筑摩書房．
―― [1978]『資本制経済の基礎理論［増訂版］』創文社．
御近裕幸・橋本努編 [2003]『オーストリア学派の経済学』日本経済評論社．
奥村宏 [1991]『［改訂版］法人資本主義――「会社本位」の体系』朝日文庫．
―― [1997]『21 世紀の企業像』岩波書店．
―― [2002]『エンロンの衝撃――株式会社の危機』NTT 出版．
Okun, R. [1975] *Equity or Efficiency : The Big Tradeoff*, Brookings Institution. 新開陽一訳『平等か効率か――現代資本主義のジレンマ』日経新書，1976 年．
奥野正寛 [2002]「社会的関係と内生的文化」大塚啓二郎他編『現代経済学の潮流 2002』東洋経済新報社．
大町慎吾・花田昌宣・平野泰朗 [1998]「企業組織と市民社会」八木紀一郎他編著『復権する市民社会論』日本評論社．
大田一廣 [2000]「貨幣的秩序の存立構造序説（上）（下）」『阪南論集［社会科学編］』第 35 巻第 4 号，第 36 巻第 1 号．
――・井上泰夫・安藤金男・池尾愛子・有泉哲 [1998]『経済学の世界へ：経済の歴史と経済学の歩み』有斐閣．
――・鈴木信雄・高哲男・八木紀一郎編 [1995]『経済思想史――社会認識の諸類型』名古屋大学出版会．
大竹文雄 [2005]『日本の不平等――格差社会の幻想と未来』日本経済新聞社．
大塚勇一郎 [1986]「ケインズにおける貨幣の意味」早坂忠編著『ケインズ主義の再検討』多賀出版．
Orléan, A. (ed.) [1994] *Analyse économique des conventions*, PUF.
―― [1999] *Le pouvoir de la finance*, Odile Jacob. 坂口明義・清水和己訳『金融の権力』藤原書店，2001 年．
―― (ed.) [2004] *Analyse économique des conventions*, 2me édition, PUF.
小佐野広 [1996]「日本の金融労働システム：制度的補完性・多様性と進化」伊藤秀史編 [1996] に所収．
Pasinetti, L. L. [1962] "Rate of Profit and Income Distribution in Relation to the Rate of Economic Growth," *Review of Economic Studies*, Vol. 29, No. 4. Reprinted in Pasinetti [1974].

——[1974] *Growth and Income Distribution : Essays in Economic Theory*, Cambridge University Press. 宮崎耕一訳『経済成長と所得分配』岩波書店，1985年。
——[1981] *Structural Change and Economic Growth : A Theoretical Essay on the Dynamics of the Wealth of Nations*, Cambridge University Press. 大塚勇一郎・渡会勝義訳『構造変化と経済成長：諸国民の富の動学に関するエッセイ』日本評論社，1983年。
——[1993] *Structural Economic Dynamics : A Theory of the Economic Consequences of Human Learning*, Cambridge University Press. 佐々木隆生監訳『構造変化の経済動学』日本経済評論社，1998年。
——[1994] "Economic Theory and Institutions," in Delorme and Dopfer (eds.) [1994].
Pekkarinen, J., Pohjola, M. and Rowthorn R. (eds.) [1992] *Social Corporatism : A Superior Economic System ?*, Oxford, Clarendon Press.
Penrose, E. [1959] *The Theory of the Growth of the Firm*, Basil Blackwell.
Petit, P. [1988] *La croissance tertiaire*, Paris, Economica (English version, [1986] *Slow Growth and the Service Economy*, London, Frances Printer). 平野泰朗訳『低成長化のサービス経済』藤原書店，1991年。
——[2005] *Croissance et richesse des nations*, La Découverte.
—— and Soete, L. (eds.) [2001] *Technology and the Future of European Employment*, Edward Elgar.
Piore, M. J. and Sable, C. F. [1984] *The Second Industrial Divide : Possibility of Prosperity*, Basic Books. 山之内靖・永易浩一・石田あつみ訳『第二の産業分水嶺』筑摩書房，1993年。
Polanyi, K. [1957] *The Great Transformation : The Political and Economic Origins of Our Time*, Beacon Press. 吉沢英成・野口建彦・長尾史郎・杉村芳美訳『大転換』東洋経済新報社，1975年。
Polanyi, M. [1966] *The Tacit Dimensions*, Routledge and Kegan Paul. 佐藤敬三訳『暗黙知の次元』紀伊国屋書店，1980年。
Pollin, R. [1991] "Two Theories of Money Supply Endogenity : Some Empirical Evidence," *Journal of Post-Keynesian Economics*, Vol. 13, No. 3.
——(ed.) [1997] *The Macroeconomics of Saving, Finance, and Investment*, The University of Michigan Press.
Potts, J. [2000] *The New Evolutionary Microeconomics : Complexity, Competence and Adaptive Behaviour*, Edward Elgar.
Powell, W. W. and DiMaggio, P. J. (eds.) [1991] *The New Institutionalism in Organizational Analysis*, The University of Chicago Press.
Prahalad, C. K. and Hamel, G. [1990] "The Core Competence of the Corporation," *Harvard Business Review*, May-June.
Punzo, L. F. (ed) [2001] *Cycles, Growth and Structural Change : Theories and empirical evidence*, Routledge.
Ramaswamy, R. and Rowthorn, R. [1993] "Centralized Bargaining, Efficiency Wages, and Flexibility," IMF Working Paper. ローソン [1994] に所収。
Rawls, J. [1967] "Distributive Justice," in Laslett, P. and Runciman, W. G. (eds.) *Philosophy, Politics and Society*, Series III, Basil Blackwell. 「分配の公正」青木昌彦編『ラディカル・エコノミックス』中央公論社，1973年に所収。
——[1971] *The Theory of Justice*, Belknap Press of Harvard University. 矢島鈞次訳『正義論』紀伊国屋書店，1979年。
——[1979]『公正としての正義』（田中成明編訳），木鐸社。
——[2001] *Justice as Fairness : A Restatement*, Kelly, E. (ed.), Harvard University Press. 田中成明・亀本洋・平井亮輔訳『公正としての正義　再説』岩波書店，2004年。
Reynaud, B. [1992] *Le salaire, la règle, le marché*, C. Bourgeois.
——[2004] *Les règles économiques et leurs usages*, Odile Jacob.
Richardson, G. B. [1972] "The Organisation of Industry," *Economic Journal*, Vol. 82. Reprinted in Richardson, G. B. [1998] *The Economics of Imperfect Knowledge*, Edward Elgar.

Roberts, J. [2004] *The Modern Firm : Organizational Design for Performance and Growth*, Oxford University Press. 谷口和弘訳『現代企業の組織デザイン』NTT 出版，2005 年。
Robinson, J. [1933] *The Economics of Imperfect Competition*, Macmillan. 加藤泰男訳『不完全競争の経済学』文雅堂，1956 年。
—— [1952] *The Rate of Interest and Other Essays,* Macmillan. 大川一司・梅村又次訳『利子率その他諸研究』東洋経済新報社，1955 年。
—— [1956] *The Accumulation of Capital*, Macmillan. 杉山清訳『資本蓄積論』みすず書房，1957 年。
—— [1962a] *Essays in the Theory of Economic Growth*, Macmillan. 山田克巳訳『経済成長論』東洋経済新報社，1963 年。
—— [1962b] *Economic Philosophy*, C. A. Watts & Co. Ltd. 宮崎義一訳『経済学の考え方』岩波書店，1966 年。
—— [1966] *Collected Economic Papers*, Vol. I, Basil Blackwell.
—— [1971] *Economic Heresies : Some Old-Fashioned Questions in Economic Theory*, Basic Books. 宇沢弘文訳『異端の経済学』日本経済新聞社，1973 年。
Rochon, L.-P. [1999] *Credit, Money and Production ; An Alternative Post-Keynesian Approach*, Edward Elgar.
Roe, M. J. [1994] *Strong Managers, Weak Owners : The Political Roots of American Corporate Finance*, Princeton University Press. 北條裕雄・松尾順介監訳『アメリカの企業統治』東洋経済新報社，1996 年。
Roemer, J. E. [1982] *A General Theory of Exploitation and Class*, Harvard University Press.
—— [1986] "Should Marxists be interested in exploitation ?" in Roemer, J. E. (ed.) *Analytical Marxism*, Cambridge University Press.
—— [1996] *Theories of Distributive Justice*, Harvard University Press. 木谷忍・川本隆史訳『分配的正義の理論――経済学と倫理学との対話』木鐸社，2001 年。
Romer, P. [1990] "Endogenous Technical Change," *Journal of Political Economy*, Vol. 98.
ローソン，B. [1994]『構造変化と資本主義経済の調整』(横川信治・野口真・植村博恭訳)，学文社。
Rowthorn, R. [1980] *Capitalism, Conflict, and Inflation*, Lawrence and Wishart. 藤川昌弘・小幡道昭・清水敦訳『現代資本主義の論理』新地書房，1983 年。
—— [1982] "Demand, Real Wages and Economic Growth," *Sutudi Economici*, No. 18. ローソン [1994] に所収。
—— and Glyn, A. [1990] "The Diversity of Unemployment Experience since 1973," in Marglin and Schor (eds.) [1990].
—— and Wells, J. [1987] *De-industrialization and Foreign Trade*, Cambridge University Press. 一部は，ローソン [1994] に所収。
Rugman, A. M. [1981] *Inside the Multinationals*, Croom Helm. 江夏健一・中島潤・有澤孝義・藤沢武史訳『多国籍企業と内部化理論』ミネルヴァ書房，1983 年。
Rutherford, M. [1994] *Institutions in Economics : The Old and the New Institutionalism*, Cambridge University Press.
—— [2001] "Institutional Economics : Then and Now," *Journal of Economic Perspectives*, Vol. 15, No. 3.
佐伯啓思・松原隆一郎編著 [2002]『〈新しい市場社会〉の構想――信頼と公正の市場社会像』新世社。
佐伯胖 [1980]『「きめ方」の論理』東京大学出版会。
——・亀田達也 [2002]『進化ゲームとその展開』共立出版。
坂口明義 [1997]「金融自由化に関する M. アグリエッタの所説」『東北学院大学論集 [経済学]』第 135 号。
—— [2005]「レギュラシオン派の貨幣金融論――概念的成果とその課題」『季刊 経済理論』第 42 巻第 2 号。
Salais, R. and Thévenot, L. (eds.) [1986] *Le travail : marché, Règles, conventions,* Economica.
Salais, R. and Storper, M. [1994] *Les mondes de production. Enquête sur l'identité économique*

de la France, Editions de l'EHESS.
Salais, R., Chatel, E., Rivaud-Danset, D. (eds.) [1998] *Institutions et conventions : la réflexivité de l'action économique*, Editions de l'EHESS.
Salvadori, N. (ed.) [2003] *Old and New Growth Theories : An Assessment*, Edward Elgar.
—— (ed.) [2006] *Economic Growth and Distribution : On the Nature and Causes of the Wealth of Nations*, Edward Elgar.
—— and Balducci, R. (eds.) [2005] *Innovation, Unemployment and Policy in the Theories of Growth and Distribution*, Edward Elgar.
Sapir, J. [1992] "Régulation et transition : réflections sur l'approche en régulation à partir de l'expérience de la transition systémique dans les economies de type soviétique," 我孫子政男訳「レギュラシオンとシステム転換」ロベール・ボワイエ／山田鋭夫編『レギュラシオン・コレクション 2：転換——社会主義』藤原書店, 1993 年。
Sassen, S. [1988] *The Mobility of Labor and Capital : A Study in International Investment and Labor Flow*, Cambridge University Press. 森田桐郎他訳『労働と資本の国際移動——世界都市と移民労働者』岩波書店, 1992 年。
—— [1996] *Losing Control ? : Sovereignty in an Age of Globalization*, Columbia University Press. 伊豫谷登志翁訳『グローバリゼーションの時代』平凡社, 1999 年。
佐藤俊樹 [2000]『不平等社会日本——さよなら総中流』中央公論新社。
佐藤郁哉・山田真茂留 [2004]『制度と文化——組織を動かす見えない力』日本経済新聞社。
佐藤良一 [1996]「US ラディカル派と新古典派」伊藤誠・野口真・横川信治編著 [1996] に所収。
——編 [2003]『市場経済の神話とその変革——〈社会的なもの〉の復権』法政大学出版局。
佐藤定幸 [1984]『多国籍企業の政治経済学』有斐閣。
Sawyer, M. C. [1985] *The Economics of Michal Kalecki*, Macmillan. 緒方俊雄監訳『市場と計画の社会システム：カレツキ経済学入門』日本経済評論社, 1994 年。
Schefold, B. [1989] *Mr. Sraffa on Joint Production and Other Essays*, Unwin & Hyman.
Schmitter, P. C. and Lehmbruch, G. (eds.) [1979] *Trends Towards Corporatist Intermediation*, Sage Publications.
Schor, J. [1985] "Changes in the Cyclical Pattern of Real Wages : Evidence from Nine Countries, 1955-80," *Economic Journal*, Vol. 95.
—— and You, J.-I. (eds.) [1995] *Capital, the State and Labour : A Global Perspective*, Edward Elgar.
Schotter, A. [1981] *The Economic Theory of Social Institutions*, Cambridge University Press.
Schumpeter, J. [1926] *Theorie der wirtschaftlichen Entwicklung*, (Revised second edition), Duncker & Humblot. 塩野谷祐一・中山伊知郎・東畑精一訳『経済発展の理論』岩波書店, 1980 年。
—— [1939] *Business Cycles : A Theoretical, Historical and Statistical Analysis of the Capitalist Process*, McGraw-Hill Book. 吉田昇三監修・金融経済研究所訳『景気循環』(全 5 巻), 1958-1962 年。
Scott, W. R. [1995] *Institutions and Organizations*, Sage Publication. 河野昭三・板橋慶明訳『制度と組織』税務経理協会, 1998 年。
—— [2001] *Institutions and Organizations*, 2nd edition, Sage Publication.
Searle, J. R. [1995] *The Construction of Social Reality*, Penguin Press.
盛山和夫 [1995]『制度論の構図』創文社。
Semmler, W. (ed.) [1984] *Competition, Instability and Nonlinear Cycles*, Springer-Verlag.
Sen, A. K. [1963] "Neo-Classical and Neo-Keynesian Theories of Distribution," *Economic Record*, Vol. 39, March.
—— [1982] *Choice, Welfare, and Measurement*, Basil Blackwell. 大庭健・川本隆史訳『合理的な愚か者』勁草書房, 1989 年。
—— [1985] *Commodities and Capabilities*, North-Holland. 鈴村興太郎訳『福祉の経済学』岩波書店, 1988 年。
—— [1987] *On Ethics and Economics*, Blackwell. 徳永澄憲・松本保美・青山治城訳『経済学の再

―――[1992] *Inequality Reexamined*, Clarendon Press. 池本幸生・野上裕生・佐藤仁訳『不平等の再検討――潜在能力と自由』岩波書店，1999 年。
―――[1999] *Development as Freedom*, Alfred A. Knopf. 石塚雅彦訳『自由と経済開発』日本経済新聞社，2000 年。
Setterfield, M. [1997a] " 'History versus equilibrium' and the theory of economic growth," *Cambridge Journal of Economics*, Vol. 21.
―――[1997b] *Rapid Growth and Relative Decline : Modelling Macroeconomic Dynamics with Hysteresis*, Macmillan.
―――[2002] "A model of Kaldorian traverse : cumulative causation, structural change and evolutionary hysteresis, in Setterfield (ed.) [2002].
―――(ed.) [2002] *The Economics of Demand-led Growth : Challenging the Supply-side Vision of the Long Run*, Edward Elgar.
―――[2003] "Neo-Kaleckian growth dynamics and the state of long-run expectation : wage-versus profit-led growth reconsidered," in Salvadori (ed.) [2003].
―――and Cornwall, J. [2002] "A neo-Kaleckian perspective on the rise and decline of the Golden Age," in Setterfield (ed.) [2002].
Shapiro, C. and Stiglitz, J. E. [1984] "Equilibrium Unemployment as a Worker Discipline Device," *American Economic Review*, Vol. 74, June.
式部信 [1992]「『外国人労働者問題』と労働市場理論」伊豫谷登士翁・梶田孝道編『外国人労働者論』弘文堂。
Silverberg, G., Dosi, G. and Orsenigo, L. [1988] "Innovation, Diversity and Diffusion : a Self-organization Model," *The Economic Journal*, Vol. 98.
清水和己 [2003]「『合理的経済人』仮説の終焉――進化と制度生成の視点から」佐藤良一編 [2003] に所収。
清水耕一 [1990]「蓄積体制とレギュラシオン――レギュラシオン・アプローチの方法論的諸問題」『経済学論集』第 41 巻第 4 号。
―――[1999]「企業への『政治経済学』的アプローチ」八木紀一郎編『制度の政治経済学の体系化』平成 8 年度～平成 10 年度科学研究費補助金（基盤研究(B)(1)）研究成果報告書。
進化経済学会編 [2006]『進化経済学ハンドブック』共立出版。
新川敏光 [2004]「福祉国家の危機と再編――新たな社会的連帯の可能性を求めて」斎藤純一編著『福祉国家/社会的連帯の理由』ミネルヴァ書房。
篠原三代平 [1994]『戦後 50 年の景気循環：日本経済のダイナミズムを探る』日本経済新聞社。
塩野谷祐一 [1984]『価値理念の構造――効用対権利』東洋経済新報社。
―――[1999]「アマルティア・セン教授との対話：福祉・自由・福祉国家」『季刊 社会保障研究』第 35 巻第 1 号。
―――[2002]『経済と倫理――福祉国家の哲学』東京大学出版会。
―――・鈴村興太郎・後藤玲子編 [2004]『福祉の公共哲学』東京大学出版会。
塩沢由典 [1981]『数理経済学の基礎』朝倉書店。
―――[1983]『近代経済学の反省』日本経済新聞社。
―――[1990]『市場の秩序学――反均衡から複雑系へ』筑摩書房。
―――[1997a]『複雑さの帰結』NTT 出版。
―――[1997b]『複雑系経済学入門』生産性出版。
―――[1998]「複雑系と進化」進化経済学会編『進化経済学とは何か』有斐閣。
―――[1999a]「当事者視点の導入は，経済学をどこに導くか」『経済学論集』（東京大学）第 65 巻第 1 号。
―――[1999b]「ミクロ・マクロ・ループについて」『経済論叢』（京都大学）第 164 巻第 5 号。
―――[2002]『マルクスの遺産』藤原書店。
Shiozawa, Y. [2004a] "Evolutionary Economics in the 21st Century : A Manifesto," *Evolutionary and Institutional Economics Review*, Vol. 1, No. 1.
塩沢由典 [2004b]「複雑系経済学の現在」塩沢由典編『経済学の現在 1（経済思想第 1 巻）』日本経

済評論社。
――― [2006]「概説」進化経済学会編 [2006] に所収。
―――・進化経済学会編 [2000]『方法としての進化』シュプリンガー・フェアラーク東京。
Simmel, G. [1900] *Philosophie des Geldes*, Duncker & Humblot. 元浜清海・居安正・向井守訳「ジンメル著作集」『貨幣の哲学』白水社，第 2 巻，1981 年，第 3 巻，1979 年。
Simon, H. A. [1951] "A Formal Theory of the Employment Relationship," *Econometrica*, Vol. 19.
――― [1976] "From Substantive to Procedural Rationality," in Latsis, S. J. (ed.) *Method and Appraisal in Economics*, Cambridge University Press. Reprinted in Simon [1982], Vol. II.
――― [1982] *Models of Bounded Rationality*, Vols. 1-2, The MIT Press.
Slylos-Labini, P. [1962] *Oligopoly and Technical Progress*, Harvard University Press. 安部一成訳『寡占と技術進歩』東洋経済新報社，1964 年。
Smithin, J. (ed.) [2000] *What is Money?*, Routledge.
Snowdon, B., Vane, H. and Wynarczyk, P. [1994] *A Modern Guide to Macroeconomics : An Introduction to Competing School of Thought*, Edward Elgar.
Soda, K. [1909] *Geld und Wert ; Eine logische Studie*, Tubingen. 川村豊郎訳『貨幣と価値』同文舘，1928 年，『左右田喜一郎全集』第 2 巻，岩波書店，1931 年に所収（原文は，『左右田喜一郎全集』第 5 巻に収録）。
――― [1911] *Die logische Natur der Wirtschaftsgesetze*, Verlag von Ferdinand Enke. 勝本鼎一訳『経済法則の論理的性質』岩波書店，1923 年，『左右田喜一郎全集』第 3 巻，岩波書店，1930 年に所収（原文は，『左右田喜一郎全集』第 5 巻に収録）。
Sraffa, P. [1926] "The Laws of Return under Competitive Conditions," *Economic Journal*, Vol. 36.「競争的条件のもとにおける収益法則」菱山泉・田口芳弘訳『経済学における古典と現代』有斐閣，1956 年。
――― [1960] *Production of Commodities by Means of Commodities : Prelude to a Critique of Economic Theory*, Cambridge University Press. 菱山泉・山下博訳『商品による商品の生産』有斐閣，1962 年。
Steedman, I. [1977] *Marx after Sraffa*, New Left Books.
Steindl, J. [1947] *Small and Big Business : Economic Problems of the Size of Firms*, Basil Blackwell. 米田清貴・加藤誠一訳『小企業と大企業』巌松堂出版，1956 年。
――― [1952] *Maturity and Stagnation in American Capitalism*, Oxford University Press. 宮崎義一・笹原昭五・鮎沢成男訳『アメリカ資本主義の成熟と停滞』日本評論社，1962 年。
Stockhammer, E. and Onaran, Ö. [2004] "Accumulation, distribution and employment : a structural VAR approach to a Kaleckian macro model," *Structural Change and Economic Dynamics*, Vol. 15.
菅野和夫 [2002]『新・雇用社会の法』有斐閣（補訂版，2004 年）。
隅谷三喜男 [1976]『労働経済の理論』筑摩書房。
Summers, L. [1988] "Relative wages, efficiency wages, and Keynesian unemployment," *American Economic Review*, Vol. 78.
鈴木和雄 [1995/96]「官僚的統制の構造（上）(下)」『文経論叢』第 30 巻第 2 号，第 31 巻第 2 号。
――― [2001]『労働過程論の展開』学文社。
鈴村興太郎 [1998]「機能・福祉・潜在能力――センの規範的経済学の基礎概念」『経済研究』第 49 巻第 3 号。
―――・後藤玲子 [2002]『アマルティア・セン――経済学と倫理学』実教出版。
Sweezy, P. M. [1939] "Demand under Conditions of Oligopoly," *Journal of Political Economy*, August.
橘木俊詔 [1998]『日本の経済格差――所得と資産から考える』岩波新書。
Tachibanaki, T. [2005] *Confronting Income Inequality in Japan : A Comparative Analysis of Caused, Consequences, and Reform*, The MIT Press.
橘木俊詔 [2006]『格差社会――何が問題か』岩波新書。
―――・浦川邦夫 [2006]『日本の貧困研究』東京大学出版会。
高哲男 [1991]『ヴェブレン研究――進化論的経済学の世界』ミネルヴァ書房。

高橋亀吉［1930］『株式会社亡国論』萬里閣書房．
髙増明・松井暁［1999］『アナリティカル・マルキシズム』ナカニシヤ出版．
高須賀義博［1965］『現代価格体系論序説』岩波書店．
――［1968］『再生産表式分析』新評論．
――［1977a］「宇野原理論の核心」『経済セミナー』第269号，高須賀義博［1979］に所収．
――［1977b］「貨幣の必然性――マルクス・宇野・左右田」『現代思想』第5巻第11号，高須賀義博［1979］に所収．
――［1979］『マルクス経済学研究』新評論．
――［1981］『現代資本主義とインフレーション』岩波書店．
――［1991］『鉄と小麦の資本主義――下降の経済学』世界書院．
谷口和久［1991］「数量調整経済における移行過程について」『経済学雑誌』第91巻第5・6号．
――［1997］『移行過程の理論と数値実験』啓文社．
谷本寛治［1993］『企業社会システム論』千倉書房．
――［1996］「企業理論のパースペクティブ」『経済理論』第272号．
――［1997］「社会経済システムにおける調整と変革」『思想』2月号．
――［1998］「複雑系とシステム論のパラダイム・シフト」『専修大学社会科学研究所月報』No. 421.
――［2002］『企業社会のリコンストラクション』千倉書房．
Taylor, L. [1983] *Structuralist Macroeconomics*, Basic Books.
―― [1985] "A stagnationist model of economic growth," *Cambridge Journal of Economics,* Vol. 9.
―― [1987] *Stabilization and Growth in Developing Countries : A Structuralist Approach*, Harwood Academic Publishers.
―― [1988] *Varieties of Stabilization Experience : Towards Sensible Macroeconomics in the Third World*, Oxford, Clarendon Press.
―― [1991] *Income Distribution, Inflation, and Growth : Lectures on Structuralist Macroeconomic Theory*, The MIT Press.
―― [2004] *Reconstructing Macroeconomics : Structuralist Proposals and Critiques of the Mainstream,* Harvard University Press.
―― and O'Connell, S. [1985] "A Minsky Crisis," *Quarterly Journal of Economics*, No. 100.
Teece, D. J. [1976] *The Multinational Corporation and the Resource Cost of International Technology Transfer*, Ballinger.
Thirlwall, A. P. [1983] "A Plain Man's Guide to Kaldor's Growth Laws," *Journal of Post Keynesian Economics*, No. 5.
Toner, P. [1999] *Main Currents in Cumulative Causation : the Dynamics of Growth and Development*, Macmillan.
都留重人編［1959］『現代資本主義の再検討』岩波書店．
Tsuru, S. [1993] *Institutional Economics Revisited*, Cambridge University Press. 中村達也・永井進・渡会勝ясов訳『制度派経済学の再検討』岩波書店，1999年．
都留重人・佐藤金三郎・高須賀義博・島田稔夫［1982］『人類の知的遺産：マルクス』講談社．
都留康［1985］「分断的労働市場：Edwards＝Gordon＝Reich による概念構成の検討」『経済研究』第36巻第2号．
Tsuru, T. [1988] "Change in the Wage-Unemployment Relation," *The Economic Review*, Vol. 39, No. 3.
―― [1991] "Unit Labour Costs, the Reserve Army Effect, and the Collective Bargaining System : A U.S.-Japan Comparison," in Mizoguchi, T. (ed.) *Making Economies More Efficient and More Equitable*, Kinokuniya Company LTD and Oxford University Press.
―― [1992] "Wage Spillover under the Spring Offensive System in Japan," *Mondes en développement*, Tome 20, No. 79/80.
都留康［1995］「現代日本の労働組合と組合員の組合離れ」猪木武徳・樋口美雄編［1995］に所収．
――編［2001］『生産システムの革新と進化：日本企業におけるセル生産方式の浸透』日本評論社．
――［2002］『労使関係のノンユニオン化：ミクロ的・制度的分析』東洋経済新報社．

──・電機連合総合研究センター編［2004］『選択と集中：日本の電機・情報関連企業における実態分析』有斐閣。
植村博恭［1985］「技術革新とマルクスの〈資本減価〉：スラッファ型固定資本モデルの一般化」『一橋論叢』第93巻第2号。
── ［1988］「資本循環における貨幣蓄蔵と信用──マルクス，ケインズ，その現代的展開」『政経学会雑誌』（茨城大学）第56号。
Uemura, H. [1989] "Demand, Distribution and Structural Change : A Neo-Marxian and Kaleckian Dynamic Model of Accumulation," Mimeo.
植村博恭［1990］「現代資本蓄積論と所得分配──利潤主導型成長と賃金主導型成長」『経済評論』第39巻第3号。
── ［1991a］「レギュラシオン／SSA理論におけるマクロ経済動学の解析」『経済理論学会年報』第28集，青木書店。
── ［1991b］「脱工業化と資本蓄積の構造変化：蓄積論的アプローチ」『経済評論』第40巻第11号。
Uemura, H. [1992] "Growth and Distribution in the Post-war Regime of Accumulation: A Theory and Realities in the Japanese Economy," *Mondes en dévelopement*, Tome 20, No. 79/80.
植村博恭［1996］「脱工業化と資本蓄積の構造変化──ポスト・マルクシアン・アプローチ」伊藤誠・野口真・横川信治編著［1996］に所収。
Uemura, H. [2000a] "Growth, Distribution and Structural Change in the Post-war Japanese Economy," in Boyer and Yamada (eds.) [2000].
── [2000b] "Demand, Distribution and Structural Change : A Neo-Marxian and Kaleckian Dynamic Model of Accumulation," *Economic Research Center Discussion Paper* (*Nagoya University*), No. 125.
植村博恭［2003］「制度分析と分配理論の再構築──剰余理論とBowles-Gintis理論の統合」佐藤良一編［2003］に所収。
── ［2004］「「選択と集中」と雇用システム：バリューチェーン変化のもとでの雇用システムと内部労働市場の職種別分析」都留康・電機連合総合研究センター編［2004］に所収。
── ［2007a］「社会経済システムの再生産と所得分配の不平等──剰余アプローチによる分析」『季刊 経済理論』第43巻第4号。
── ［2007b］「「階層的市場─企業ネクサス」と重層的調整メカニズム──制度変化が進行する日本的経済システム」山田鋭夫・宇仁宏幸・鍋島直樹編［2007］に所収。
Uemura, H. and Ebizuka, A. [1994] "Incentives and Flexibility in the Hierarchical Market-Firm Nexus : a Prelude to the Analysis of Productivity Regime in Japan," *Japon in Extenso*, n° 31.
植村博恭・磯谷明徳・海老塚明［1998］『社会経済システムの制度分析──マルクスとケインズを超えて』（初版）名古屋大学出版会。
Uemura, H., Isogai, A. and Ebizuka, A. [1999] "The Hierarchical Market-Firm Nexus and the Institutional Analysis of the Recent Japanese Economy," Schober, F., Kishida, T. and Arayama, Y. (eds.) *Restructuring the Economy of the 21st Century in Japan and Germany*, Duncker & Humblot, 1999.
植村高久［1997］『制度と資本──マルクスから経済秩序へ』御茶の水書房。
氏原正治郎［1966］『日本労働問題研究』東京大学出版会。
宇仁宏幸［1993］「日本の蓄積体制と就業構造の変化」竹中恵美子編著『グローバル時代の労働と生活』ミネルヴァ書房。
── ［1997］「レギュラシオンをともなう資本蓄積モデル」『大阪産業大学論集［社会科学編］』第104号。
── ［1998］『構造変化と資本蓄積』有斐閣。
── ［2000］「先進諸国の市場調整パターン」『経済論叢』（京都大学）第165巻第1・2号。
── ［2007］「90年代日本と米国の構造変化と資本蓄積」山田鋭夫・宇仁宏幸・鍋島直樹編［2007］に所収。

―――・坂口明義・遠山弘徳・鍋島直樹 [2004]『入門　社会経済学：資本主義を理解する』ナカニシヤ出版.
宇野弘蔵 [1953]『恐慌論』岩波書店（『宇野弘蔵著作集』第 5 巻，岩波書店，所収）.
――― [1962]『経済学方法論』東京大学出版会（『宇野弘蔵著作集』第 9 巻，岩波書店，所収）.
宇沢弘文 [1984]『ケインズ「一般理論」を読む』岩波書店.
Vaughn, K. I. [1994] *Austrian Economics in America : The Migration of a Tradition*, Cambridge University Press. 渡部茂・中島正人訳『オーストリア経済学―――アメリカにおけるその発展』学文社，2000 年.
Veblen, T. B. [1899] *The Theory of Leisure Class : An Economic Study in the Evolution of Institutions*, Macmillan. 高哲男訳『有産階級の理論』ちくま学芸文庫，1998 年.
――― [1919/1990] *The Place of Science in Modern Civilization*, Transaction Publishers.
Vernon, R. [1966] "International Investment and International Trade in Product Cycle," *Quarterly Journal of Economics*, Vol. 80, No. 2.
Villeval, M. C. [1995] "Une théorie économique des institutions ?," in Boyer and Saillard (eds.) [1995].
Vives, X. [1999] *Oligopoly Pricing : Old Ideas and New Tools*, The MIT Press.
若松良樹 [2003]『センの正義論―――効用と権利の間で』勁草書房.
渡辺幹男 [1998]『ロールズ正義論の行方―――その全体系の批判的考察』春秋社.
Weibull, J. W. [1995] *Evolutionary Game Theory*, The MIT Press. 大和瀬達二監訳『進化ゲームの理論』文化書房博文社，1998 年.
Whitley, R. (ed.) [2002] *Competing Capitalisms : Institutions and Economies*, 2vols, Edward Elgar.
Williamson, O. E. [1964] *The Economics of Discretionary Behavior : Managerial Objectives in a Theory of the Firm*, Prentice Hall. 井上薫訳『裁量的行動の経済学』千倉書房，1982 年.
――― [1975] *Markets and Hierarchies : Analysis and Antitrust Implications*, The Free Press. 浅沼萬里・岩崎晃訳『市場と企業組織』日本評論社，1980 年.
――― [1981] "The Modern Corporations : Origins, Evolution, Attributes," *Journal of Economic Literature*, December.
――― [1985] *The Economic Institutions of Capitalism*, The Free Press.
――― [1996] *The Mechanisms of Governance*, Oxford University Press.
――― [2000] "The New Institutional Economics : Taking Stock, Looking Ahead," *Journal of Economic Literature*, Vol. 38, September.
Winter, S. G. [1987] "Knowledge and Competence as Strategic Assets," in Teece, D. J. (ed.) *The Competitive Challenge : Strategies for Industrial Innovation and Renewal*, Ballinger.
――― [1988] "On Coase, Competence and the Corporation," *Journal of Law, Economics and Organization*, Vol. 4, No. 1.
Witt, U. [2003] *The Evolving Economy : Essays on the Evolutionary Approach to Economics*, Edward Elgar.
Woolfson, M. H. [1993] "The Evolution of the Financial System and the Possibilities for Reform," in Dymski, Epstein and Pollin (eds.) [1993].
八木紀一郎 [1977]「所有問題と経済理論」青木昌彦編『経済体制論第Ⅰ巻』東洋経済新報社.
――― [1992]「ヨーロッパ制度主義経済学の成立」『経済論叢』第 147 巻第 1-3 号.
――― [1993]「制度の経済学としてのマルクス経済学」『経済理論学会年報』第 30 集，青木書店.
――― [2002]「進化経済学の現在」坂上孝『「進化論」受容の社会的・文化的文脈にかんする学際的・比較研究』平成 12 年度～13 年度科学研究費補助金研究成果報告書，京都大学人文科学研究所.
――― [2003]「進化経済学の現在」坂上孝編『変異するダーウィニズム―――進化論と社会』京都大学学術出版会.
――― [2006]『社会経済学―――資本主義を知る』名古屋大学出版会.
山田鋭夫 [1991]『レギュラシオン・アプローチ』藤原書店.
――― [1994]『20 世紀資本主義』有斐閣.
――― [2004]「レギュラシオンの経済学―――フォーディズムからグローバリズムへ」塩沢由典編『経

済学の現在 1（経済思想第 1 巻）』日本経済評論社.
――／ロベール・ボワイエ編［1999］『戦後日本資本主義：調整と危機の分析』藤原書店.
――・宇仁宏幸・鍋島直樹編［2007］『現代資本主義への新視角――多様性と構造変化の分析』昭和堂.
山家悠紀夫［1997］『偽りの危機，本物の危機』東洋経済新報社.
安井修二［1998］『市場社会主義論』信山社.
横川信治［1989］『価値・雇用・恐慌――宇野学派とケンブリッジ学派』社会評論社.
吉田雅明［1997］『ケインズ：歴史的時間から複雑系へ』日本経済評論社.
吉川洋［1992］『日本経済とマクロ経済学』東洋経済新報社.
――［1995］『マクロ経済学』岩波書店.
Yoshikawa, H. [2003] "The Role of Demand in Macroeconomics," *The Japanese Economic Review*, Vol. 54, No. 1.
Yoshiwara, N. [1998] "Wealth, Exploitation and Labour Discipline in the Contemporary Capitalist Economiy," *Metroeconomica*, Vol. 49.
吉原直毅［2006］「『福祉国家』政策論への規範経済学的基礎付け」『経済研究』第 57 巻第 1 号.
由井敏範［1995］『利益概念とキャッシュ・フロー』徳山大学研究叢書.
――［1997］『利益とキャッシュ・フロー会計』白桃書房.
Zhang, W. B. [1991] *Synergetic Economics : Time and Change in Nonlinear Economics*, Springer-Verlag. 有賀裕二監訳『時間と変化の経済学――シナジェティクス入門』中央大学出版部，1994 年.

索　引

ア　行

青木昌彦　35, 213, 395, 398
アグリエッタ（Aglietta, M.）　94, 111, 285, 393
新しい国際分業　386
アルチュセール（Althusser, L.）　18, 31, 45
一般均衡理論　2, 53
一般不均衡理論　53, 65
移転価格操作　382
イノベーションの社会的システム（SSI）　347-348, 367
入れ子型構造　25, 205, 389
インフレーション・バリア　235-237, 301, 369
ウィリアムソン（Williamson, O. E.）　16, 19, 34, 144-145
ヴェブレン（Veblen, T. B.）　19, 34, 408-410
エージェンシー理論　35, 144, 146

カ　行

階級・搾取対応原理　321, 327
階層的市場－企業ネクサス　209
価格調整　193-196
過剰能力　165, 198
価値形態　40-42
「価値通りの交換」の仮定　10
稼働率調整　197-200, 217
株式会社制度　152-162
貨幣　37-53, 109
貨幣支払マトリックス　54-55, 69
貨幣循環　86-90
貨幣数量説　85
貨幣創造　50-51, 86, 92
貨幣的
　──アプローチ　8, 45, 49, 66
　──再生産の理論　58, 301-302
　──従属　61
　──生産理論　80-85, 112
　──非対称性　92-93
貨幣の中立性　85, 110
カルドア（Kaldor, N.）　112, 191, 216, 224-226, 251, 308-311
カルドア＝ヴェルドーン法則　226, 356

カルトゥリエ（Cartelier, J.）　45, 49, 54, 61, 65-67, 92, 193
カレツキ（Kalecki, M.）　13, 55, 92-93, 112-113, 191, 210, 216, 276-279
完全雇用－完全稼働ギャップ　240-244, 372
完全雇用の逆説　210
完全配分　304
企業　141-161
企業家経済　79-80
企業特殊的技能　127
企業内部純余剰　384
技術軌道　346-347
技術パラダイム　345-346, 362
規制緩和　2-4, 6, 342, 400
期待　77, 100-101, 212
技能形成　127, 138, 396
機能的分配　314-315
共同経済　79-80
金融の証券化　384
金融不安定性仮説　102-106
屈折需要曲線　168-170
グローバリゼーション　4, 6, 344-345, 376, 389-404
経営者企業　155-161, 189
経営者資本主義　161
景気循環　206, 250-253
経済格差　340-343
契約論アプローチ　144-148
ケインズ（Keynes, J. M.）　10-12, 79-85, 109, 191, 228
　──型失業　261-262
ケネー（Quesnay, F.）　292-293
限界生産力説　302-304
限定合理性　16, 189
ケンブリッジ方程式　91, 224
コース（Coase, R. H.）　16, 34, 125, 136, 144
　──の定理　319
ゴードン（Gordon, D. M.）　127-129, 286
コーポラティズム　349-350, 404
コーポレート・ガバナンス　152-161, 179-188
コア・コンピタンス　151, 397
公正賃金　134, 209
抗争交換　320, 322-326

構造的カレツキ＝カルドア・モデル　217-230
構造的賃金シェア　220
構造的なマクロ経済学　112, 191, 217, 281
構造的両立性　26-27, 213-217, 247-249, 389-404
効率賃金モデル　131-133
国際競争力　366-368
国際金融市場　366, 392-393
国際労働力移動　385-386
個人間分配　314-315
個体群思考　411
古典的二分法　11, 45
雇用ルール　135-138
コンヴァンシオン理論　35, 111
コンフリクト　27, 349-351
　　──理論　268-269

サ　行

在庫調整　197
再生産　57, 113, 236, 287-289, 292-302
再生産システム　289, 292, 326
産業予備軍効果　210-211, 238-239, 241-242, 244
参入阻止価格　170-171
市場　37-49, 192-204
市場システム　37-38, 49-59
市場主義　2-4, 7, 66, 345
市場清算賃金　131, 134
市場の失敗　315-316
市場メカニズム　53-56
失業　261-263
　　──コスト　210-211
資本主義　28-31
　　──の黄金時代　253-261
　　──の構造的二層性　28, 389
資本循環　29, 69-70, 114
資本循環への制度論的アプローチ　68, 76, 78
資本蓄積　191-253
　　──のレジーム・アプローチ　241-247
資本論争　110
社会化装置　19-20, 44, 349-350
社会経済システム　7, 28-31
　　──の制度分析　6-7, 12-14, 345, 408
社会的再生産　287-288, 300, 402
社会的蓄積構造（SSA）理論　285-286, 351
収穫逓増　162-163, 176, 201
収支バランス精算規則　51, 56
シュタインドル（Steindl, J.）　163, 172-173, 176, 198
需要形成パターン　231-233, 235, 238, 369-372, 400
需要レジーム　248, 356, 368-369
ショート・サイド・パワー　325
剰余アプローチ　288-302
所有　316-321
所有権アプローチ　318-319
進化　193, 347, 354, 408-412
　　──ゲーム　35, 397-398
進化的社会科学　286, 406
ジンメル（Simmel, G.）　44
信頼　4
スウィージー（Sweezy, P. M.）　168-169
数量調整　193-196
スタグフレーション　265-270
ストックとしての貨幣　68-70
スラッファ（Sraffa, P.）　12, 112, 163-164, 179, 287, 292-299
セー法則（Say's law）　79, 84
生産システム　281, 300
生産性格差インフレーション　205, 359, 372-374, 405
生産性レジーム　248, 356, 368-369
制度　14-26, 408-412
　　──の慣性　6, 23
制度階層性　391, 399, 406, 414
制度化された失業コスト　210
制度的クラウディングアウト　213
制度的補完性　213-214, 399
制度の経済学　14-18, 33-36
制度論的「ミクロ・マクロ・ループ」　20-26, 215, 270, 329, 349, 401, 409, 412
接合論的アプローチ　7, 26
セン（Sen, A.）　335-338, 343
潜在能力（capability）　336-338
贈与交換　134
組織としての企業　188

タ　行

対外直接投資　377-384
高須賀義博　31, 65, 205, 359, 405
多国籍企業　377-389
多層的主体把握　23
多段階的数量調整　196-197
脱工業化　354-362, 405
知的熟練　127
調整の重層性　26, 192, 213, 413

賃金　130-135
　　——関係　61
　　——シェア　218-219
　　——主導型成長　231, 370
　　——の硬直性　130
　　——の三重の役割　130, 402
賃金—利潤フロンティア　220
賃労働関係　30, 63-64, 116-120, 207
点としての企業　188
ドーシ（Dosi, G.）　346-347
動学的効率性　207
投資　82-83, 222
投資関数　222
動態的調整の制度分析　192-217
取引費用の経済学　144
ドリンジャー＝ピオーリ（Doringer P. B. and Piore, M.）　126-128

ナ　行

内生的貨幣供給　95-96
　　——論　96
内部労働市場　126-127, 208
ネオ・シュンペータリアン　346, 404
ネガティヴな脱工業化　360, 375
ノース（North, D. C.）　16
能力論アプローチ　148-152

ハ　行

ハイマー（Hymer, S. H.）　377-381
パシネッティ（Pasinetti, L. L.）　112, 204, 309-311
ハロッド（Harrod, R. F.）　12, 279-280
比較制度分析　35, 213, 398
ビジネス・デモクラシー　93
非線形動学　245
ビッグ・ビジネスの体制　161
標準体系　297-298
平等性　332-338, 400-403
費用の二重性　90-92, 238
フィリップス曲線　265-266
不完全競争の理論　163-167, 176
複合不況　393, 406
複雑系　27, 113
負債デフレーション　104, 111
プチ（Petit, P.）　356
フル・コスト原則　168-170
フレキシビリティ　138, 351-354
フレキシブル・スペシャリゼーション　352

フローとしての貨幣　49, 68-70
プロダクト・サイクル論　379-380
分析的マルクス主義　320
分断的労働市場　128, 184
方法論的個人主義　8
ボウルズ（Bowles, S.）　213, 286, 322-323, 325-329, 400, 406, 412
ホジソン（Hodgson, G. M.）　17, 19, 35, 410
ポジティヴな脱工業化　360
ポジティヴ・フィードバック　27
ポスト・ケインジアン　11, 112-113, 308
ポスト・マルクシアン　408
ボワイエ（Boyer, R.）　14, 31, 117, 184, 193, 213-214, 248, 285, 376

マ　行

マーグリン（Marglin, S.）　286, 312
マーシャル（Marshall, A.）　162
　　——の外部経済　162
　　——の内部経済　162
マキシミン公正原理　333-334
マルクス（Marx, K.）　8-10, 17, 38-42, 59-60, 191
　　——型失業　261-262
マルクスとケインズを超えて　1
マルクスの基本定理　305, 307-308
ミクロ・マクロ連接領域　26, 28, 193, 354
宮崎義一　383-384, 393, 406
ミンスキー（Minsky, H. M.）　102-106, 111, 113
メゾ・レベル分析　26, 412-414

ヤ　行

有効需要の原理　80-85
輸出主導型成長　368-372
吉川洋　364

ラ　行

ラディカル派　111, 127, 286
利潤　63-64, 71, 90, 305
　　——圧縮　241, 245, 260
　　——シェア　218
　　——主導型成長　233
　　——率　218, 254
理性主義　2-3, 7
流動性選好　99
　　——論　97-102
履歴効果　374, 393
ルーティン　20, 28, 149-152

累積的因果性　*27*
累積的因果連関　*247-249, 354, 356, 359-361, 368-370, 375, 409*
歴史的経路依存性　*344, 403*
レギュラシオン理論　*15, 35, 67, 110-111, 193, 285-286*
ローソン（Rowthorn, R.）　*112, 268, 358*
ローマー（Roemer, J. E.）　*320-321*
ロールズ（Rawles, J.）　*332-336*
労働価値説　*10, 305*
労働過程　*116-117*
労働組合　*206, 228*

労働市場　*120-140*
　——の不完全性　*125-126*
　——の分断化　*126-130, 184, 209*
労働力　*60, 62*
　——商品　*60, 114-116*
　——の商品化　*114*
ロビンソン（Robinson, J.）　*12, 112, 131, 163-164, 166-167, 311*

ワ 行

ワルラス（Walras, L. M.）　*53*

〈著者紹介〉

磯谷明徳（いそがい あきのり）
1984年　一橋大学大学院経済学研究科博士課程修了
現　在　九州大学大学院経済学研究院准教授，京都大学博士（経済学）
著　書　「『階層的市場―企業ネクサス』論の拡張に向けて」山田鋭夫他編『現代資本主義の構造変化と調整』，2007年。"Understanding Institutional Diversity of Employment Systems," Research Project Group for Policy Evaluation in Kyushu University (ed.), *Policy Analysis in the Era of Globalization and Localization*, 2006.『制度経済学のフロンティア―理論・応用・政策―』，2004年。

海老塚明（えびづか あきら）
1985年　一橋大学大学院経済学研究科博士課程修了
現　在　大阪市立大学大学院経済学研究科教授
著　書　M. アグリエッタ著『資本主義のレギュラシオン理論』（共訳，1989年）。P. バティフリエ編『コンヴァンシオン理論の射程』（共監訳，2006年）。『レギュラシオン・パラダイム』（共編著，1991年）。『日本生産性運動の原点と展開』（共編著，2004年）。"The hierarchical market-firm nexus as the Japanese mode of regulation," Boyer, R. and Yamada, T. (eds.), *Japanese Capitalism in Crisis*, 2000（共著）。

植村博恭（うえむら ひろやす）
1986年　一橋大学大学院経済学研究科博士課程修了
現　在　横浜国立大学大学院国際社会科学研究科教授
著　書　"Growth, Distribution and Structural Change in the Post-war Japanese Economy," Boyer, R. and Yamada, T. (eds.), *Japanese Capitalism in Crisis*, 2000. "L'hypothèse de《la relation hiérarchisée marché-firme》et l'économie japonaise de l'après guerre," *Année de la régulation*, 1997（共著）。「「選択と集中」と雇用システム：バリューチェーン変化のもとでの雇用と内部労働市場の職種別分析」都留康・電機連合総合研究センター編『選択と集中』，2004年。

新版　社会経済システムの制度分析

2007年9月30日　初版第1刷発行

定価はカバーに表示しています

著　者　植村博恭
　　　　磯谷明徳
　　　　海老塚明

発行者　金井雄一

発行所　財団法人　名古屋大学出版会
〒464-0814　名古屋市千種区不老町1 名古屋大学構内
電話(052)781-5027／FAX(052)781-0697

© Hiroyasu Uemura 他, 2007
印刷・製本　㈱クイックス
乱丁・落丁はお取替えいたします。

Printed in Japan
ISBN978-4-8158-0569-2

Ⓡ〈日本複写権センター委託出版物〉
本書の全部または一部を無断で複写複製（コピー）することは，著作権法上での例外を除き，禁じられています。本書からの複写を希望される場合は，日本複写権センター（03-3401-2382）にご連絡ください。

八木紀一郎著
社会経済学
―資本主義を知る―
A5・256頁
本体2,800円

鍋島直樹著
ケインズとカレツキ
―ポスト・ケインズ派経済学の源泉―
A5・314頁
本体5,500円

P.デビッドソン著　永井進訳
ケインズ経済学の再生
―21世紀の経済学を求めて―
四六・208頁
本体2,500円

G.M.ホジソン著　八木紀一郎他訳
現代制度派経済学宣言
A5・368頁
本体5,600円

J.A.シュンペーター著　八木紀一郎編訳
資本主義は生きのびるか
―経済社会学論集―
A5・404頁
本体4,800円

山口重克編
新版　市場経済
―歴史・思想・現在―
A5・348頁
本体2,800円

高哲男編
自由と秩序の経済思想史
A5・338頁
本体2,800円

竹本洋著
『国富論』を読む
―ヴィジョンと現実―
A5・444頁
本体6,600円